공동체로서의 학급만들기

원저

Vern Jones, Louise Jones

공역

이병진 · 권동택 · 정광순 · 윤수미 · 신문승

Comprehensive Classroom Management

교육의 위기를 어디서부터 어떻게 극복하여
교육의 본연의 길을 복원 발전시켜 갈 것인가?

도서출판 원미사

일러두기

1. 외국인명의 경우, 학자나 연구자의 인명은 해당국가의 발음을 충실하게 따라 한글로 표기하고 (영문)으로 함께 표기하였으며, 인용문에 나오는 학생 및 아동이름 등은 국문으로 표기하였다.
2. 내용 중에 인용된 저서 및 학술지명과 참고문헌은 영문 표기를 그대로 따라 [영문]으로 표기하였다.
3. 원문에서 강조하기 위해 표시된 **진하게**, *이탤릭체*, " ", ' ', 그리고 부연설명을 위해 쓴 ; : 등은 원문 그대로 옮겼다.
4. 인명이나 지명의 경우 국문으로 표기하였다.

역자 서문

학교가 무너지고 있다고도 하고, 학생들의 생활지도 문제가 심각의 도를 넘어 암담하기조차 하다고도 한다. 그런 중에도 경쟁력 강화라는 표방 속에 학교는 온통 시험 점수 학력 올리기에 피나는 안간힘을 쏟기에 여념이 없다. 그런 소용돌이 속에 우리의 청소년들은 물론 심지어 유치원생들조차도 각종 경시대회 참여 등 입시 준비에 휘말리고 있다. 안타깝고 가슴 아픈 일이다. 엄연한 우리 교육의 현주소다.

교육은 인간의 성장 발달을 돕는 것이 본연의 길이다. 결코 남과의 비교를 통한 승자를 가려내는 것이 본질일 수 없다. 학생 한 사람 한 사람의 역량과 처지에 맞추어 학업지도, 생활지도, 진로지도가 종합적으로 이루어져야 한다.

그럼에도 경쟁에서의 우위 확보를 위한, 교육이 아닌 훈련에 매달려 존엄한 인격체인 학습자에게 뛰어난 수험 도구가 되기만을 강요한다면 종국에는 학교도 교실도 학생도 황폐화되고 말 것이다.

그렇다면 이 교육의 위기를 어디서부터 어떻게 극복하여 교육의 본연의 길을 복원 발전시켜 갈 것인가, 그 핵심적인 요건은 교사와 학생이 직접 상호작용하는 학급(교실)에서 부터의 새로운 출발이다. 교육의 틀을 바꾸고자 하는 교육정책 교육행정도 궁극적으로는 교실의 변화에 귀결되는 것이라면 진정한 의미에서의 교육의 변화는 교실에 초점을 맞추어 교실을 변화시켜가는 데에서부터 시작해야 한다는 것이다.

성공적인 교실의 변화에는 효과적인 교사가 주축이다. 병을 고치는 이는 의사이고 억울한 누명을 벗겨주는 이가 변호사이듯이, 학생의 학습력을 높이고 문제 행동을 바로잡아 훌륭한 삶의 길로 인도하는 이는 교사이기 때문이다.

진정 "학생 교육에서 하나의 가장 중요한 요소는 효과적인 교사이다(The single most important factor in student's education is an effective teacher.)." 따라서 교사는 교육현장의 전문가로서, 학급 운영의 리더로서, 학생지도의 성공을 통해 우리 교육의 붕괴와 파행(跛行)을 바로잡아 성취의 길로 이끌어가는 교육의 중추적 요체라 할 수 있다.

그러나 불행하게도 이토록 중차대한 책무를 안고 있는 교사들에게 그 직무를 성공적으로 수행해 갈 수 있는 자질 함양의 기회와 실천 여건이 제대로 형성되지 못하고 있다는 비판이 있다.

역자는 이 점을 통감하고 학급운영과 교사에 관련한 강좌를 현직 경험이 있는 대학원생들과 다년간 수행해 왔다. 그런 중에 참고문헌으로 이 책 [Comprehensive Classroom Management(2007)]이 유독 눈에 띄었다.

이 책은 학급운영에 관한 많은 연구 업적을 섭렵한 바탕에서 구체적이고 실제적인 학생지도 방법을 체계있게 제시하고 있을 뿐만 아니라, 활동지침과 사례연구 등을 통해 성공적인 학급운영은 물론 학급을 둘러싸고 있는 학교, 가정, 지역사회에서의 교사의 역할까지 생생하게 보여주고 있다.

그런 점에서 역자는 이 책이 교실의 변화를 통해 우리 교육을 올바로 세우고 효과적으로 발전시켜가고자 하는 위대한 교사의 새로운 출현에 이바지하리라는 믿음을 가지고 권동택 교수, 정광순 박사, 윤수미, 신문승 교사와 공동으로 번역에 착수하여 우리의 교육 현장에 맞게 첨삭 보완하는 용기를 내었다.

그러나 이 역서의 효과성은 어디까지나 독자의 재해석, 재창조에 따른 현장 적용에서 더욱 두드러지게 나타날 것이다.

끝으로 이 책의 출판을 흔쾌히 받아주신 원미사 박준식 사장님과 편집과정에서 여러 가지 조언과 수고를 아끼지 않으신 편집부 양현주 님, 영업부 오동석 님의 노고에 감사드린다.

2008년 6월

다락골 우거에서 이 병 진 씀

저자 서문

이 책을 쓰게 된 목적은 학급에서 공부하는 모든 학생들이 긍정적인 관점으로 자신과 학습을 바라보도록 격려하는, 긍정적이고 지지적이며 학생을 존중하는 환경을 독자들에게 제공하고자 하는 것이다. 우리의 진심어린 바람은 학생이 자신의 존재를 믿고 학습 환경을 이해하며 학교의 권위를 세우고, 학교가 학생 스스로의 노력을 인정받는 곳으로 여기도록, 각 독자의 능력을 증가시켰으면 하는 것이다.

저자는 여러 연구 방법과 이론을 제시하였지만, 교사가 최종 의사 결정자임을 알고 있다. 우리는 학교가 인생에서 성공하는 학생의 수를 증가시키려면, 교육자가 이 책에서 제시된 많은 방법을 실천해야 한다고 믿는다(그리고 최근의 많은 교육 연구가 이를 지지한다). 우리는 교사들이 개인적으로 선호하는 교수 학습 형태와 교수 상황의 관점에서 새로운 접근을 고려해야 한다는 것을 알고 또한 이를 존중한다. 하여, 이 책에서는 수 천 명의 교사를 통해 효과성이 입증된 여러 방법들을 제시하고 있다. 새로운 연구를 실천하기 전에 신중하고, 종합적인 의사 결정에 참여하는 것은 그가 경쟁력을 갖춘 전문가라는 것을 보여주는 신호이고, 한편, 광범위한 학생에게 효과적이라고 입증된 방법을 실제 학급에서 적용하는 것에 실패하는 것은 책임감이 없는 비전문가임을 보여주는 것이다.

학급 공동체 만들기(Comprehensive Classroom Management)의 개정판은 네 부분으로 나뉘어져 있다. 1부는 학급운영과 관련된 학생의 기본적인 개인적 심리적 욕구와 관련한 주요 개념을 개괄하고 있다. 이 개괄은 각 장에서 실제적인 의견을 이해하고 사려깊게 실천하기 위한 이론적 기초를 제공한다. 2부는 학생의 학문적 성취와 개인적 혹은 사회적인 기술 개발을 강화하기 위한 기초로써의 역할을 수행하는 안전하고 편안한 지지 공동체를 제공하는 학급을 만드는 방법을 제시한다. 이것은 교사와 학생간, 또래와 학교와 가정 사이의 긍정적인 관계 형성과 학급에서의 학생 행동에 대한 분명한 기대를 개발하는 것을 포함한다. 3부는 학생의 동기 유발과 성취를 강화하는 교수 방법을 검토한다. 4부는 연속적인 심각한 행동 문제를 가지고 있는 개별 학생들을 다루는 방법을 제시한다.

각 장마다 독자에게 “잠시 멈추고” 활동을 제공하는데, 이는 제시된 방법과 개념이 교수에서 어떻게 사용되고, 이러한 아이디어를 다른 학급이나 교사들과 어떻게 공유할 것인지에 관한 것을 포함한다. 각 장의 구성은 여러분이 내용을 학급운영 과정에 실천할 수 있게 의도되어 구성되었다. 1장은 학급운영의 주제에 관한 여러분의 이해를 돕기 위한 개괄을 제시한다. 2장은 각 장의 주제 개괄로부터 시작하여 2장에서 제시된 구체적 방법을 적용하는 가치를 지지하는 연구를 제시하고 있다. 이것은 여러분의 학급에서 실천할 수 있는 구체적 방법을 만들어낸다. 각 장은 여러분이 실천하는 방법과 결과를 평가하는 것을 돕기 위한 활동을 포함하고 있다.

그동안 교사와 행정가의 교육에 사용되는 교재는 지나치게 종합적인 훈육과 운영에 국한된 관점에만 집중했다. 학급 운영의 실제적이고 실행가능한 접근법을 개발하기 위해, 교육자는 문자 그대로 "정답"을 제공할 실마리를 가진 수 많은 출처로부터의 정보를 통합하고 찾아야 한다. 학급 공동체 만들기[Comprehensive Classroom Management] 8판은 효과적인 학급운영에 관한 최근의 이론과 연구에 기반을 둔 완전한 통합을 제공한다. 이 책에서 제시한 연구에 대한 대규모의 비평과 학급 실제에서의 경험은 효과적인 학급 운영과 관련된 다음의 다섯 가지 주요한 요인 또는 기술 분야에 특히 집중한다:

1. 학생의 개인적/심리학적인 요구와 학습 요구의 확실한 이해를 개발
2. 학급내 지지 공동체를 건설하고, 보호자를 공동체에 포함하는 범위로 확장하며, 학생의 심리적 요구와의 대면을 돕는 긍정적인 교사-학생 관계와 교우 관계 확립
3. 학습을 증진하는 과제와 관련한 학생 행동을 최대화하기위한 조직적이고 집단적인 운영 방법 사용
4. 개개의 학생과 학급 집단의 학문적 요구에 반응하는 최적의 학습을 용이하게 하는 교육적 방법 이행
5. 자신과 다른 학생의 학습에 부정적인 영향을 끼치는 행동을 조사하고, 교정하는 것에 관련한 광범위하게 유용한 상담과 행동적 방법 사용

그러나 이것은 교사들이 기계적으로 이 방법을 이행하라는 것이 아니라 교사들이 선택하여 실행해야 한다는 것이고, 이 때 자신의 교수 형태, 학습 목표, 학생의 요구와 다른 맥락적 변수를 함께 고려할 것이라고 믿는다. 또한 실제 장면에 관한 상세한 설명을 제공하지 않았고, 몇몇 학급 운영 관련 서적과는 달리, 교육자가 누군가의 이론을 고려하여 자신의 행동을 연구할 것을 제안한다. 우리는 교사가 모든 학생의 학습을 격려하는 지지적 환경을 만드는 것에 관해 자신의 방법과 일치하는 특정 연구 기반 방법을 찾아볼 필요가 있다고 생각한다. 우리는 모든 교육자가 이러한 의사 결정의 기초에 접근해야 한다고 생각하기 때문에, 이

책에서 우리의 진술과 추천을 지원하기 위한 참조를 항목화했다. 대부분의 독자기 본문을 읽으며 이를 그대로 사용하기로 결심할 때, 그들은 본문을 통해 추천되는 방법을 위한 중요한 지원을 제공받게 된다.

앞서 언급한 것처럼, 우리의 방법은 긍정적인 학습 환경을 만들고, 학급 운영과 훈육에 활발히 관계되고 이해하기 위해 학생들에게도 일정한 권한을 줄 것을 강조한다. 우리는 심각한 학급운영상의 문제 대부분이, 학생의 과제와 인격존중에 관한 것이라고 강력하게 믿는다. 이 책에서 제공하는 방법들은 우리가 과거에 사용하였고, 연구와 관련하여 다수의 교사들이 사용하였으며, 이를 통해 과거 35년 동안에 우리가 연구한 것을 제시한 것이다.

이는 수 천 개의 초중고등학교 학급에서 현장 적용되었고, 이러한 설정은 도시 및 농어촌 학교의 학급들을 포함한다.

이 책의 1판은 25년 전에 출판되었다. 우리는 학급 운영에서의 현재 "인정된 실제의 최고"의 대부분이 우리가 과거 제시했던 모형과 모순이 없고 현재에도 계속 사용되고 있다는 사실에 기뻐하고 있다. 죠지 수가이(George Sugai)와 그의 동료들(Sugai, Horner & Gresham, 2002)이 제시한 [The Positive Behavior Support model]은 1981년 1판 발행 이후 이 책에서 볼 수 있는 대부분의 구성 요소를 포함한다. 또한, 제롬 프리버그(Jerome Freiberg)(1996)의 "Consistency Management", 그리고 매우 성공적으로 판명된 [Cooperative Discipline model]은, 지지의 양육 공동체 형성; 학생 스스로 학급 기준 개발; 학급과 학교 운영에서 학생에게 책임 부여; 상호 교환적, 유의미 학습 경험 충족시키기; 그리고 학생을 강화하는 것을 강조한다. 에벌린 슈나이더(Evelyn Schneider)(1996)의 "Educational Responsibility"는 공동체를 만드는 것을 포함하여, 학생에게 선택을 제공하며 학생의 학업성취를 증가시킨다. 윌리엄 글래써(William Glasser)(1990)의 [The Quality School: Managing Students without coercion]와, 커윈(Curwin)과 멘들러(Mendler)(1988)의 [Discipline with Dignity]는 학생의 개인적인 가치와 효능성을 강화하는 방법으로 비행에 대처하고, 권위 있는 학교를 만드는 것에 집중한다. 글로리어 래쓴빌링스(Gloria Ladson-Billings)(1994)가 [Dreamkeepers]에서 교사 행동의 종류와 학습 환경에 관해 말한 것과, 크리스털 키켄덜(Crystal Kuykendall)(2004)의 아프리카계 미국인과 라틴 아메리카 아동들의 성공을 돕는 [From Rage to Hope]는 이 책에서 제시한 방법과 유사하다. 드보라 마이어(Deborah Meier)(1995)의 뉴욕 중앙공원동부학교에서의 연구와, 독일 학교에 관한 안네 라츠키(Anne Ratzki)(1988)의 연구, 바버라 리이스 왜그너(Barbara Ries Wagner)(1993)의 뉴욕 제12 제임스 더피(James P. B. Duffy) 학교에서의 연구, 그리고 린다 달링해먼드(Linda Darling-Hammond) (1997)의 학교교육은 과거 25년간 우리가 공유한 수 많은 전망과 같은 비중으로 학습권에 관해 기술했다.

우리는 실제로 작가, 연구자, 교사, 행정가와 학부모들이, 모든 아동을 위한 지지적 공동체의 경험을 가능하게 하는 학급의 구성과 학교 공동체 형성에 관련된 요인들에 관해 더 관심을 갖게 되었다는 사실에 기뻐하고 있다. 우리는 이 책이 이러한 방법을 학급과 학교에서 시도해 보려는 당신의 여정을 풍부하게 할 것이라고 생각한다.

이 책은 학생의 권한을 강화하고 학생을 가치롭게 여기는 학급과 학교 환경을 만들기 위한 다수의 전략을 독자에게 제공한다. 최근의 이벤트는 학급 운영이 학생 행동만을 관리하려는 것이 아니라, 학생들이 발달상의 욕구와 개인적 욕구를 경험하면서 학습을 강화하고, 학생의 고통을 줄이면서 욕구 불만을 줄일 수 있는 지지적 공동체를 만들려고 한다는 저자의 믿음을 대해 반향을 제공했다. 게다가, 이 책은 문제행동을 감소시키고, 학생들이 존중받고 있다고 느끼며, 그들의 좌절, 노여움과 소원을 다루는 기술 습득을 가능하게 하는 최고의 연습을 제공했다.

이 책의 내용이 당신과 동료 교사가 모든 능력 수준의 학생과, 사회 경제적 계층, 인종집단, 그리고 다양한 개인적, 사회적, 인지적 배경을 가진 학생들에게 긍정적이고 양육적인 환경을 만드는 것을 돕게 되기를 진심으로 소망한다. 또한, 우리는 이 책을 통해 당신이 아동과 청소년을 교육하는, 믿어지지 않을 정도로 중요한 일에서 경험할 수 있는 기쁨과 보상을 증진시키기를 바란다.

감사의 글

종합적 학급 운영에서 제시된 방법을 현장에서 적용한 많은 교사들에게 감사한다. 대학원에서 학생 행동 변화 프로젝트를 사용하도록 허락해 준 수전 포스터(Susan Foster), 마크 골키(Mark Gaulke), 피터 그로프(Peter Grauff), 헤더 릴리(Heather Lilley), 딘 롱(Dean Long), 리서 스티븐스(Lisa Stevens), 마조리 밀러 토놀리(Marjorie Miller Tonole), 테리 밴(Terri Vann)에게 감사한다. 우리는 또한 우리에게 그림 10.6을 제공한 마티 보그(Marty Voge)에게도 감사한다. 특별히 문제해결과 관련 사례 연구에 관한 사고-느낌-행동 모형의 사용을 허락한 코리 던(Cory Dunn)에게 매우 감사한다.

우리는 지난 25년간 코리(Cory)와 함께 일을 함으로써 많은 것을 배웠다. 제2언어 학습자를 대상으로 연구한 아이디어를 공유했던 린 리어(Lynn Reer)에게도 감사하고 싶다. 그녀는 이 학생들을 위한 더 좋은 학교 환경을 만드는 것에 10년간 헌신했다. 또한 영재교육전문가인 리 앤 섀먼(Lee Ann Sharman)에게도 감사한다. 마지막으로, 초임교사 시절 4학년과 5학년을 가르쳤던 경험을 공유했던 우리 딸 새러(Sarah)에게 감사하고 싶다.

또한 이 책의 출간에 있어 조언해주신 오하이오 주립대학교의 비키 가트너(Vicki S. Gartner), 플로리다 주립대학교의 록샌 허드슨(Roxanne Hudson), 허드슨 밸리(Hudson Valley) 대학의 일리자배스 와이트먼(Elizabeth Whiteman) 등의 비평가들에게 감사한다.

저자에 관해

철학박사인 번 존스(Vern Jones)는 중학교에서 교사와 교감으로 재직하였고, 정서 및 행동 장애를 가진 학생을 위한 교육청 코디네이터였으며, 오레곤주 포틀랜드시의 루이스 앤드 클라크 대학교의 교육학부 학과장이자 교사 교육을 담당하는 교수이다. 그는 텍사스 대학교에서 상담심리학으로 철학 박사 학위를 받았다.

존스 박사의 다른 책으로는 [Adolescents with Behavior Problems (1980)], [Responsible School Discipline (1991)], [Creating Effective Programs for Students with Emotional and Behavior Disorders(2004)] 등이 있고, [Helping Teachers Manage Classrooms (1982)], [Management of Disruptive Pupil Behaviour in Schools (1986)], 그리고 [Severe Behavior Disorders of Children and Youth (1987)] 등을 공동집필했다. 그는 전미교원대학협회로부터 집필위원으로 선정되어 [Handbook of Research on Teacher Education(1996)]을 집필하였다. 최근에는 [Handbook for Classroom Management: Research, Practice, and Contemporary Issues (2006)]에서 "교사들은 효과적인 학급 운영자가 되기 위해 어떤 방법으로 학습하는가?"를 집필했다. 존스 박사는 심각한 정신장애 학생의 처치와 선별을 위한 오레곤주 기술 협력 시험의 공동저자이다.

1986년에서 1989년까지, 존스 박사는 학급 운영에 관한 미국 교육 연구 협회의 공동 의장이었다. 존스 박사는 여러 대학에서 학자로 봉사했다. 1990년에, 그는 루이스 앤드 클라크대학에서 올해의 대학원 교수로 선정되어 벌링튼 노턴상을 수상했다. 그는 10여개 주의회에서 기조 연설을 했고, 25개 이상의 주에서 교육청 및 교사 대상 자문가로 활동했다.

루이스 존스(Louise Jones)는 32년간 초등학교에서 3학년부터 6학년을 가르치는 교사로 근무했고, 루이스 앤드 클라크대학에서 학급 운영과 사회과 교육으로 석사 학위를 받았다. 긍정적인 학급 분위기 형성에 관한 지역적, 국가적 워크샵을 개최했고, 전교적 학생 관리 계획을 계발하기 위해 여러 학교 교직원과 연구를 수행했다.

차 례

PART 2 학습 공동체 만들기

Chapter 3 교사-학생 긍정적으로 관계하기

Chapter 4 긍정적인 교우 관계 형성하기

Chapter 5 학부모와 함께 하기

Chapter 6 학급 운영을 위한 표준 개발

PART 3 학생의 학습 동기와 학습 향상

Chapter 7 학생의 학습 동기 향상시키기

PART 4 학생 행동을 바꾸는 방법

Chapter 8 규칙과 절차 위반에 대응하기

Chapter 9 행동 문제를 해결하기 위한 문제 해결 사용

Chapter 10 개인적인 행동 변화 계획

제 1 부 공동체로서의 학급 운영 이해하기

PART 1

공동체로서의 학급 운영 이해하기

과거 20년 동안 이론과 실제면에서 학급운영은 눈부시게 발전했다. 그러나 교사에게 제공된 방법들은 종종 극히 단순하고 단편적이었다. 학생 행동에 대한 대중적 관심 때문에, 만병통치약 같은 새로운 사상들이 쏟아졌다. 이미 출판된 교사를 돕기 위한 효과적인 학급 운영과 전략 교재들은 미시적 관점에서 1차적인 방법들을 제공해왔다.

이 책의 I부는 학급 운영에 대한 당신의 이해를 발전시키도록 노력할 것이다. 또한 학생 행동의 원인, 긍정적인 학생 행동과 성취를 조장하는 방법, 부정적인, 분열적인 행동에 대처하는 철학적 기초를 제공할 것이다.

문제의 증가는 학생 행동과 관련이 있기에, 1장은 학급 운영의 개념을 살펴본다. 학급 운영에서의 최근 경향을 기술하고, 학급 운영을 종합적으로 정의하며, 학급 운영과 교사의 전문성과의 관계를 논의한다. 2장은 학생의 개인적 요구를 살펴보고, 그들을 학습 과정에 적극적으로 참여하도록 한다. 학급 운영에 관한 논의는 바람직한 행동을 촉진하는 환경을 만드는 것 보다 오히려 학생 행동을 통제하는 것을 지나치게 강조했다. 2장은 개입과 예방에 다시 집중하기 위한 기초를 제공한다.

1부가 끝나면, 당신은 훈육 문제가 발생하는 이유와, 이러한 문제를 줄이기 위한 요인들을 이해할 수 있을 것이다.

이는, 이 책 전체에서 설명하는 예방과 교정전략을 사용하기 위한 기초이다. 당신의 학급 및 학교 환경을 창의적으로 분석하도록 돕고, 이 책에서 제공한 것을 실제로 실천하도록 하며, 학교에서 발생할 수 있는 행동 문제를 해결하는 데 필요한 기초를 제공할 것이다.

>>> Chapter 1

교실을 바라보는 관점

학급 운영은 학생 훈육의 개념보다 광범위하다. 학급 활동에 학생을 참여시키고 협력을 구하며 건전한 학습 환경을 만드는 것은 교사의 임무이다.

- Sanford와 Emmer, Clement (1983)-

여러 연구들은, 학급운영을 효과적인 학습 환경을 만들고 유지하는 과정으로 생각하는 교사가 권위적인 교사보다 더 성공적이다.

- Good과 Brophy(1994)

학급 운영은 복종보다 더 많은 것을 할 수 있다. 학생의 자기이해, 자기평가, 내면화를 강화하는 위한 하나의 매개물이고, 매개물이어야 한다.

- McCaslin과 Good(1992)

교사, 학부모, 학생들에게 학급훈육은 최고의 관심사이다... 학급 훈육 행동의 기술 부족은 성공적인 교직생활의 가장 큰 걸림돌이다.

- Long과 Morse(1996)

학급운영은 행동에 대한 책략이나 특정한 대응이기보다, 학급에서 일어나는 행위결과를 이해하는 지적인 구조이다.

- Doyle(1986)

학생의 행동 문제는 오랫동안 교사, 행정가와 학부모의 주요 관심사였다. 학교에서의 학생의 성취나 최근의 폭력은, 학생의 행동에 대한 대중적 관심을 집중시켰다. 비록 교사들이 불안정한 가정과 사회에서 자라는 많은 학생들을 지도해야하지만, 허용적인 학급을 만드는 교사의 기술 또한 학생의 동기, 성취, 행동에 영향을 미치는 중요한 요소이다. 1984년 3월 또한 카네기 재단[어니스트 보이어(Ernest L. Boyer) 회장의] 초임교사예비위원회는 초임교사에게 필요한 전문성 3개를 제시하였다.

1. 학급운영에 관한 지식
2. 교과내용에 관한 지식
3. 학생의 사회적 배경에 관한 이해

그로부터 10년 후, 왕(Wang), 하에르텔(Haertel)과 월버그(Walberg)(1993)는 학급 운영이 학생의 학습에 영향을 미치는 가장 중요한 요소임을 확인했다. 또 그로부터 10년 후, 여러 연구들은 효과적인 학급 운영이 학업성취의 열쇠라는 사실을 강조해왔다(Shinn, Stoner, & Walker, 2002).

주로 학생의 비행문제를 다루어 왔던 훈육의 개념은 학생들의 성취를 향상시키는 방법이며, 학생들의 개인적이고 학업적인 문제와 직결되어 있는 학급 공동체를 만드는 것으로 대체되고 있다.

학급내 문제 행동의 변화

잠시 멈추고 1.1	"가르치는 일에서 나의 흥미를 불러일으키고, 흥분시키는 것은 무엇이며, 내가 가장 관심을 갖는 것은 무엇인가?" 이 문제에 대해 동료들 또는 학우와 이야기해보라. 이 장에서는 미국의 공교육을 살펴보자.

학생 행동문제는 교육자들에게 늘 관심사였다. 1969년에 처음 실시된 **공립 학교에 대한 대중의 태도에 관한 연차 갤럽 연구**는 대중적 관심을 받는 학교 훈육의 16사례를 발표했다. 1986년에서 1991년까지 훈육문제는 미국 공립 학교의 가장 큰 문제였던 약물문제만큼이나 비중이 큰 문제였다. 1992년과 1993년에는 학생 행동에 대한 문제가 교육 재정, 약물남용에 이어 세 번째 순위를 차지했다.

대중의 관심은 훈육문제에 다시 집중되었다. 엘럼과 로즈(Elam & Rose, 1995)는 "그간의 여론조사를 통해서, 사람들이 지방 공립학교의 가장 중대한 문제로 폭력과 사소한 훈육문제를 꼽았다."(p. 54) 이러한 경향은 이후에도 계속되었는데, 대중은 1994년에서 1999년까지의 훈육과 폭력 문제를 미국 공립학교가 직면한 가장 심각한 문제로 평가했다. 파이 델타 카파/

갤럽 연구의 2001년 응답자들은 "재정 지원의 부족"과 "훈육의 부재"를 가장 중대한 문제로 지적했다. 그리고 교내 학생 싸움, 폭력, 폭력집단을 3순위로 지적했다. 2005년의 응답자 20% "재정 지원/자금 지원/자산 부족"이 공립 학교가 직면한 가장 큰 문제라 보고했다. 11%의 응답자들은 가장 큰 문제로 "과밀 학급"을, 응답자의 10%는 "훈육 및 통제의 부족"을 지적했다(Rose & Gallup, 2005).

국립 교육 통계 센터의 "학교 범죄와 안전의 지시자"(Indicators of School Crime and Safety)로 불리는 2005년 보고서는 학생의 생활을 비교하여 학교가 다른 장소보다 비교적 안전한 장소라고 지적했다. 그럼에도 불구하고, 학생들은 학교에서 폭력, 약물 남용 문제를 경험한다. 여전히 학생 행동은 학교의 중대한 문제로 남아 있지만 일부 지역에서는 학생의 문제 행동이 감소하고 있다.

- 1992년에서 2002년까지 10년간의 보고서는 과격한 범죄(4.8%에서 2.4%까지) 50% 감소 중대한 폭력 범죄 70% 감소(1%에서 0.3%까지), 그리고 도둑질 58% 감소(9.5%에서 4%까지)를 보고했다.
- 교외보다 교내의 폭력·범죄율이 더 낮았다.
- 학교에서 싸움에 가담한적이 있다고 응답한 학생들은 1993년 16%에서 2003년 13%로 감소했다.
- 2001년과 2003년 사이 12세에서 18세 학생들의 협박경험은 7%로 감소했다.
- 협박은 6학년 14%, 9학년 7%와 12학년 2%의 수준으로 감소했다.
- 2003년, 12세에서 18세 학생의 12%가 욕을 들은 적이 있다고 보고했다.
- 2003년 12세에서 18세 학생의 4%가 학교(과거 5년에 걸쳐서) 에서 피해다니는 장소가 있다고 했다
- 2003년 9학년의 12%, 10학년의 9%, 11학년의 7%, 12학년의 6%가 교내에서 무기로 인해 부상을 입었거나 위협받았다고 보고했다.
- 2003년 12세에서 18세 학생의 21%가 폭력조직에 가담한 학생이 재학 중이라고 지적했다.
- 1993년과 2003년 사이에 지난 30일 동안 총이나 칼과 같은 무기를 지닌 채 학교에 등교한다고 응답한 9학년에서 12학년 학생이 12%에서 6%로 감소했다.
- 2003년 9학년에서 12학년 학생 5%가, 지난 30일 동안에 학교에서 술을 마신 적이 있다고 응답했고, 45%는 학교든 아니든 어디든 적어도 하루에 한 잔의 술을 마신다고 응답했다.
- 2003년 9학년에서 12학년 6%가 지난 30일 동안 학교에서 마리화나를 피웠다고 응답했

고, 22%는 지난 30일 동안 교내외에서 마리화나를 피운 적이 있다고 지적했다.

• 2003년 9학년에서 12학년 29%가 지난 열 두달 동안 교내에서 마약을 누군가에게 주거나, 팔거나, 받거나, 산다고 보고했다.

아마도 20% 이상의 학생들이 정신적, 정서적, 그리고 행동문제로 고생하고 있으며, 40% 이상의 학생들이 외부 요인으로 학업에 어려움을 겪고 있다는 것은 놀라운 일이 아니다(Adelman & Taylor, 2002).

폭력이 학교에서 너무나 빈번하고 그 희생자는 주로 소년일 것 같지만, 특히 소녀들은 신체뿐만 아니라 심리적 피해를 더 많이 경험한다. "적대적인 현관(Hostile Hallways)"이라고 불리우는 1993년의 연구에서, 전미대학여성연합회(The American Association of University Women)는 학교에서, 70%의 소녀가 성추행을 경험하고, 50% 이상이 원치 않는 성적 접촉을 경험했다고 보고했다. 소녀들의 3분의 1은 성적인 소문들을 경험했고, 4분의 1은 소문 때문에 고통 받았다고 진술한다. 공립학교에 대한 대중의 태도를 연구한 1999년의 파이 델타 카파/갤럽 연구에서, 응답한 성인들의 52%가 공립학교의 학생이 다른 학생에게 저지르는 성희롱이 "매우 심각하다"고 진술했다.

교사 또한 교내 학생 범죄의 희생자들이다. 1998년에서 2002년까지 교사들이 학교에서 피해를 입은 범죄는 234,000건에 달했고, 이 중 절도가 144,000건, 학생의 교사 폭행이 90,000건, 그리고 심각한 범죄(강탈, 성폭행, 강도, 가중 폭행) 11,000건이었다. 비록 이것은 전체 교사들의 3.2%가 절도, 2%가 폭력범죄, 그리고 0.2%가 심각한 폭력 범죄를 경험한 것으로 해석할 수 있다. 놀랍게도 공립학교에 대한 교사의 태도에 관한 설문조사(Langdon, 1999)에서는 교사의 3분의 2가 훈육 문제를 중대하거나 심각한 문제로 항목화했고, 절반의 교사들은 폭력이 매우 심각한 것으로 생각하고 있었다. 공립학교에 대한 교사들의 태도에 관한 파이 델타 카파 설문은 발대꾸하고 복종하지 않는 학생들이 1989년의 설문보다 5% 증가했다고 보고했다(Langdon, 1997, p. 213). 이 조사에서 교사들은 다음의 행동들이 "거의/매우 자주" 문제가 되었다고 진술했다.

71%가 숙제나 수업시간의 과제를 완수하지 않는다.
58%가 학급 분위기를 붕괴시키는 행동을 한다.
50%가 말대꾸하거나 교사에게 불복종한다.
41%가 학교에 (무단)결석한다.

교육부와 사법부의 학교 안전에 관한 2000년 연차 보고서는 "다른 학생 문제행동(예를 들면, 물리적 저항과 무기 소지)이 증가함에 따라, 학급을 붕괴하는 학생 행동이 증가하고 있고, 과거 10년동안 전혀 개선되지 않고 있다"고 보고한다(p. 11).

교실에서 교사의 걱정거리

교사들이 학교를 이직하거나 사직하는 주요원인은 학생 행동에 대한 불만때문이다. 4번째 조사에서는 이러한 이유로 다른 학교로 전근한다는 응답이 가장 높았고(53%), 5번째에서는 학생 행동에 대한 불만이 사직의 가장 중요한 이유였다(44%)(미국 교육부, 2005).

학급 운영은 또한 초임교사가 가장 관심을 갖는 일이다(Ganser, 1999; Jacques, 2000; Ladd, 2000; McCormack, 2001). 초임 교사 82명에 관한 연구에서, 64명은 학급 운영이 가장 많은 지원을 필요로 하는 분야라고 진술했다(Stroot et al., 1999). 신규교사들은 학급운영기술 부족(82%)과 분열적인 학생들은 다루는 기술부족(57%)을 직업적 성공의 가장 큰 장벽으로 보고했다(Fideler & Haskelhorn, 1999). 신규교사들은 교실에서 일어나는 이슈에 대처할 준비가 되어 있지 않다고 느꼈다(Herbert & Worthy, 2001; Pigge & Marso, 1997). 오레곤(Oregon) 교육부에 의해 실시된 연구에서 초입기 가장 큰 도전을 학급운영이라고 했다(Dalton & Zanville, 2002). 연구는 또한 신규교사는 학생들의 가혹한 감정과 행동에 대처할 준비가 되어 있지 않다고 보고한다(Lundeen, 2002; Meister & Jenks, 2000).

> 신규교사의 가장 큰 걱정거리는 일부 학생들의 일탈행동과 다양한 요구를 적절히 다루지 못하는 것이었다. 지금까지 이러한 훈육 관련 이슈를 충분히 다루지 않았다. 훈육문제는 복잡하고 긴장하게 만든다. 신규교사들은 학생들을 대면하는 일에 준비가 더 필요하다고 느꼈다(Lundeen, 2002, p. 4).

당신이 이 책을 읽고 있고, 학급 운영의 현실에 집중하고 있다는 것 자체가 매우 희망적이다. 일반적으로 신규교사들은 대학에서의 학급 운영 관련 교육에 대해 매우 비판적이다. 그들은 단호하게, 학부과정의 교사교육과정에 학급운영에 관련 강좌가 매우 부족하여 자신들의 준비가 부족했다고 한다(Halford, 1998 ; Ladd, 2000; Pipho, 2000). 한 젊은 교사는 "나는 당황했고, 적어도 내 교사 교육 프로그램(학부과정)에 대한 배신감을 느꼈다. 내가 공부한 모든 학습 이론과 발달이론은 교실의 3학년 아이들의 요구, 필요, 특성에 직면했을 때, 실제 학급을 운영하는 데 거의 도움이 되지 않았다"라고 진술했다(Pilarski, 1994, p. 78).

경력 교사 124명을 대상으로 한 연구에서 스케일스(Scales)(1994)는 59%의 교사들이 학급 운영에 대한 경험이 더 필요하다는 것을 지적했다고 보고했다. 캘리포니아에서 졸업생 900명을 대상으로 한 설문 연구 결과, 예비교사들에게 학급 운영과 학부모와의 소통 기술에 관한 연수가 필요하다고 지적했다 (Whitney, Golez, Nagel, & Nieto, 2002). 플로리다 교사들의 설문에서는, 43%의 초임교사들이 학급운영 "준비가 부족하거나, 준비되지 않았다"고 지적했다(플로리다 경제 및 인구 조사국, 2000). 초·중등 예비교사대상 연구에서 스튜어트-웰스 (Stewart-Wells)(2000)는 교육 실습생의 50%가 학급 운영과 훈육 문제를 교사 교육 프로그램에서 중요하게 다루어야 한다고 지적한 것으로 보고했다.

"교사로써의 당신의 첫 날은 어떠했는가?"

학생 행동과 학급 운영이 교사들에게 스트레스고, 교사가 되길 원하거나, 교직에 남아 있는 교사의 수에 영향을 미치는 중요한 문제이다. 게다가, 이 문제는 자주 교사들에게 학생들을 학습 과정에 참여시키는 교육적인 방법들을 사용하는데 한계를 느끼게 한다(Brophy, 1999; Freiberg & Driscoll, 2005, Lotan, 2006). 만일 초임교사가 학생의 동기부여와 고등 사고 기술, 유의미한 교육 활동들을 충족시키려면, 학급 운영에 대해 편안한 기분이어야 한다.

그간의 학급운영분야에서 학생 행동 문제의 과함과 이러한 행동에 대한 교사들의 좌절과 지식 및 기술의 부족문제를 충분히 다루지 못했다. 저자의 학생 중 한 명이 경험한 전형적인 학급 운영 문제를 예로 들어보자. 그녀가 교생실습 때 들어간 초등학교 1학년 반에 대해 담임 교사는 "내 17년간의 교육경력 동안 가장 힘든 학급"이라고 말했다. 학생들은 학습내용에 관한 토론수업에 교생이 사용한 사회적이고도 효과적인 방법을 무시했다. 일부 학생들은 토론을 하는 동안 다른 학생들은 잡담을 계속했다. 소집단 학습은 과제 수행 행동 비율을 높이지만, 내용에 집중하도록 하기위해서는 다소의 감시나 격려를 요구한다. 이 책의 마지막 부분에서, 당신은 이런 상황을 연구한 것들을 바탕으로 다양한 전략을 배우게 될 것이다.

1980년대와 1990년대 동안 학생들의 무책임한 행동에 대해 교사들이 취한 일반적인 대처법은 칠판에 문제행동을 한 학생의 이름을 적는 것, 일련의 행동을 기록하는 것, 방과 후에 남기는 것 등이었다. 지속적인 행동 문제를 하는 학생을 광범위하게 연구한 것(Emmer & Aussiker, 1990; Nelson, 1996; Nelson, Martella, & Galand, 1998)에 의하면, 게시판에 이름 쓰기, 경고장, 특권 또는 쿠폰(상점) 빼앗기 등은 상황을 더 악화시킨다고 한다. 최근의 연구는 학생의 문제 행동에 대한 교사들의 방법이 이런 수준을 넘어서지 못하고 있음을 시사한다. 넬슨과 라버츠(Nelson & Roberts, 2000)는 학생의 문제 행동에 대해 교사들이 명령,

비난으로 대응하는 경향이 있다고 보고한다. 저자는 교사들이 "최후통첩 사용, 교실밖으로 나가라는 명령, 무시하기" 등의 예를 들었다(p. 36). 이 연구도 지속적인 행동 문제를 일으키는 학생들이 교사에게 긍정적으로 대하는 일은 불가능하다고 보고했다. 실제로 연구자들은 지속적인 행동 문제를 가진 학생들의 행동은 사실상 멈춰질 수 없는 것처럼 보인다고 보고한다. 수가이, 호너와 그레샴(Sugai, Horner & Gresham, 2002)도 비슷한 말을했다:

> 학생의 문제행동을 금지하지 않으면, 학생들은 다음과 같은 문제를 갖게 될 것이다. (a) 학교에서의 배척 (b) 퇴학 (c) 신속한 교사의 도움 요청 (d) 반사회적인 생활양식에 포함 (p.316)

"방학동안 쉬는 것이 얼마나 큰 구원인지 말할 수 없을 정도야!"

학교 관계자들은 학생 행동 문제에 대처하는, 여러 가지 방법을 개발했다. 국립교육통계센터의 2000년 보고서의 "학교 범죄와 안전 지표(2002)"에서 조사 학교의 97%가 학교에 방문하길 원할 경우 방문사유를 교무실에 미리 알려주길 요구하고, 90%는 교문을 닫아두며, 23%는 경찰 또는 보안요원이 낮 동안 학교에 상주하고, 15%는 감시 장치를 사용하며, 21%는 학생의 약물소지 여부를 검사하고, 8%는 학생들에게 무작위로 금속 탐지기를 사용한다고 보고했다. 게다가, 59%는 학교 폭력 방지 프로그램을 자체적으로 개발하여 실행하고 있다고 보고했다.

학생 행동에 영향을 미치는 사회 환경

다음 장에서는 학생 행동에 영향을 미치는 학교 외부의 요인들을 알아본다. 또 무책임한 학생 행동에 대해 효과적으로 대처하고 예방하는 긍정적인 학교 및 학급 분위기를 만드는 데 기여한 교육자들에 대한 방법도 알아본다.

비록 교사들이 학생에게 문제가 되는 환경을 즉시 또는 직접 바꿀 수는 없지만, 이 요인들을 이해하는 것은 교사로 하여금 학생들의 학업문제 행동들을 조망할 수 있게 하고, 긍정적인 학습 환경 구성을 가능하게 하며, 학생들에게 다른 상황에서는 불가능한 지원을 경험할 수 있게 한다. 학생 행동 문제를 논의할 때, 교사들은 왜 과거 10년 동안 이 문제가 증가해왔는지에 대해 의문을 제기한다. 실제로, 교육학과 심리학의 발달로 교사들은 이전보다 더 많은 교육을 받는다. 오늘날의 교사들은 15년 전의 교사보다, 인간 발달 및 학습 과정을 더 잘 이해한다. 그러므로 비록 학생 행동문제가 종종 학교와 학급 내에서 일어나긴 하지만, 오늘날 학교는 학생의 욕구에 더 귀기울이고, 10년이나 20년 전보다 학습하기에 더나은 환경이다. 비록 학생의 문제 행동에 대처하는 교사교육문제가 남아있지만, 학급에서의 훈육 문제를 종합적으로 이해하도록 배려해야 한다.

과거 50년 동안 미국에서는 이혼으로 인한 한부모 가정이 급상승하였다. 1950년대에는 출생 아동의 11%만이 부모의 이혼이나 별거를 경험했다. 그러나 1990년대에 출생한 학생들은 55% 정도가 부모의 이혼이나 별거를 경험했다. 1990년대 출생자 네 명 중 한 명이 복합가족과 살고 있고, 이런 가정환경의 아이들 절반이 두 번째 이혼으로 그들의 복합가족이 깨지는 것을 경험하는 것으로 나타났다. 2001년의 국가 인구 유동 통계 보고서에서 발표한 자료는 이 통계가 21세기 초까지도 지속되고 있음을 보여준다.

미국 아동 보고서 핵심 참살이 국가 지표(American's Children: Key National Indicators of Well-Being, 2002)는 여기에 대한 관심을 호소한다. 극빈아동 6%를 포함하여 빈곤층 아동의 비율은 18%에 이르고 있다. 2000년에 840만명의 아이들(전체 아동의 12%)이 건강보험 혜택을 받지 못했다. 1978년 이후 "부적절한 주택"에 살고 있는 아이들의 비율이 9%에서 7%까지 감소했지만, 2000년에는 50만 명의 아이들(모든 아이들의 0.8%)이 끼니를 해결하지 못하는 가정에 살고 있다. 그래도 이것은 1998년보다 다소 감소한 것이다. 미숙아도 출생(2.5kg 미만)하는 영아들의 7.6%까지 증가해 왔으며, 과거 20년 동안 가장 높은 비율이다. 2000년에, 15세에서 17세까지 소녀의 비율은 1,000명 당 27명까지 줄었다. 2000년과 2001년 사이에, 8학년과 10학년의 흡연 비율이 감소했다(10학년은 14%에서 12%로 감소했고, 8학년은 7%에서 6%로 감소하였다). 매일 담배를 피운다고 보고했던 고등학교 3학년의 비율은 19%로 감소했다. 2001년에, 12학년과 청년기의 과다 음주 비율은 2000년부터 30%로 불변이었는데, 10학년의 25%와 8학년의 13%가 2주에 적어도 한 번은 5잔 이상의 술을 마신다고 보고하였다. 유사하게 지난 30일간 마약 사용의 비율이 보고되었는데, 8학년의 12%, 10학년의 23%, 12학년의 26%가 마약을 복용하는 것으로 나타났다.

"TV에서 안 좋은 내용이 나오면 그만 보고 바로 숙제할께요"

불행하게도 가난, 미디어, 부양자가 없는 가족으로 인한 아이들의 간접 학대는 대부분 성인의 아이들에 대한 직접 학대와 더불어 더 악화되고 있다. 2003년에 미국에서 대략 900,000명 또는 1,000명 당 12.4명의 아동이 학대를 받은 피해자들이었다. 학대받는 아동의 60% 이상이 방임을 경험하였고, 19%는 육체적으로 학대받았으며, 10% 이상이 성적 학대를 경험하였고, 5%는 정서적으로 학대받았다. 이런 상황에서 과거 10년 동안 청소년 가출이 100만 명에서 200만 명으로 두 배 증가했고, 자살자의 수가 일본의 8배이다.

자주 학대받았던 아이들은 학대를 일상적으로 생각한다. 그들에게는 분명히 존중받는 경험, 정서를 표현하는 경험, 비폭력적으로 문제를 해결하는 경험이 필요하다. 학교는 이 아이들에게 따뜻하고, 지지적인 교사와 학생 관계, 동년배의 관계를 만들어 문제 행동을 줄이는 믿음과 기술을 개발해야 한다. 예를 들어, 학교와 학급의 표준 행동절차를 만들기, 인권을 논의하는 것, 문제 행동 학생 존중하기, 기술에 기반을 둔 규칙위반 문제 해결하기 등.

가정에서의 스트레스와 폭력은 사회에서 발생하는 문제만큼 심각하다. 남부 시카고 초등학교 아동에 관한 연구에서 26%의 아동이 누군가가 총을 쏘는 것을 본 적이 있고, 29%는 심각한 총상을 목격했다고 보고했다(O'Neil, 1991).

이 연구는 또 텔레비전을 보는 것이 공격적인 행동을 증가시킨다고 보고했다(Anderson & Bushman, 2002). 행동 장애 연구의 선도자인 제임스 코프만(James Kauffman)은, "TV가 폭력적이든 아니든 과도한 TV 시청은 아이들의 행동에 부정적인 영향을 끼친다"고 했다(1997, p.284).

약물 남용은 학생들의 학습 시간과 능력을 감소시키는 또 다른 사회문제이다. 성인과 학생의 마약 복용은 학생 문제 행동에 영향을 주는 요인으로써 사회와 학교 모두가 관심을 가져야 한다. 교육자는 학생들에게 영향을 미칠수는 있지만 이 문제에 대해 일차적인 책임이 없는 것은 분명하다. 그러나 학교는 학생들을 주류사회인으로 선도하는 데 실패하고 있다. 학생들이 학교 교육을 받는 동안 계속 약물을 남용할 것이고, 이 상황에서는 학교의 학습활동에 참여하기 힘들어 보인다.

학생들의 거친 요구와 직면하여 일해야 하는 교사들의 도전을 논하는 토론에서, 세계적인 전문가, 니콜라스와 윌리엄 모스(Nicholas & William Morse, 1996)는 다음과 같이 언급했다:

> 첫 번째 관심은 학습에 대한 심각한 위험에 처한 학생의 수가 증가하여 많은 수가 오히려 특수 교육 대상자가 되고 있는 것이다. 두 번째로, 병적이고 생태학적인 곤란이 심화되어가는 학생의 수가 증가하는 것이다. 많은 학생들이 깊이 절망하고 낙심하여 자살하고 또 다른 학생들은 다혈질적이며, 과격해지고, 심지어 살인을 한다.
> 특수 교육을 통해 적절한 도움을 줄 수 있는 시기임에도 불구하고, 특수 교육은 정서장애를 겪고 있는 학생들을 받아들

"학교에서 힘든 하루였니?"

이려 하지 않으며, 위험한 학생들을 교육시키기 위한 준비도 되어 있지 않다. 그러므로 오늘날 이런 학생들은 일반 학급에 소속될 수밖에 없다(pp. xiii, xiv).

이 책의 저자 중 한 명은 한 초등학교에서 문제 행동을 가진 학생과 함께 하는 워크샵에 참여할 것을 요청받았다. 저자는 그 학교의 교직원들에게 학생이 어떤 종류의 "행동 장애"를 가지고 있는지 기술해달라고 하였고, 한 교사가 한 학급 학생들에 대한 글을 보내왔다(그림 1.1).

그림 1.1 1학년 한 학급의 프로필

8명(3명은 학습장애로 판별됨)
1명은 읽기에서 개별 교수를 받고 있음
1명은 영어가 제2외국어인 학생임
3명은 언어치료를 받고 있음
3명은 학교 내에서 상담을 받고 있음
2명은 학교 밖에서 상담을 받고 있음
1명은 육체적 학대를 경험한 적이 있음
3명은 가정 폭력을 입은 적이 있음
2명은 성적으로 학대받았음
1명은 보호 가정(쉼터)에 살고 있음
1명은 유치원 이후 학교가 네 번 바뀜
다른 몇 명은 유치원 이후 세 번째 학교임
2명은 아파트에 방화하려다 실패한 적이 있음

1996년과 1999년 동안, 저자들은 그림 1.1에서 제시한 프로필이 전형적인 것은 아니라고 생각하는 2,000명 이상의 교사들을 인터뷰했다. 초등학교 교사들은 일반적으로 이 상황이 자신의 학급과 매우 유사하다고 생각하는 반면, 중등학교 교사들은 매우 보수적이라고 지적하였다.

제2장에서 더 상세하게 논하겠지만, 탐색 학회(Search Institute)라고 불리는 조직이, 학생의 잠재력 성취를 돕는 40여 가지의 목록을 개발하고, 또한 발달상의 결핍도 다음과 같이 유목화하였다 : (1) 음주 파티, (2) 집에 혼자 있기, (3) 폭력의 희생자, (4) TV 과다시청, (5) 육체적 학대. 불행하게도 "조사에 참가한 청소년의 15%만이 이런 경험을 하지 않았다"고 지적했고, 청소년의 3분의 1(32%)은 적어도 세 항목 이상을 경험했다고 보고하였다(Benson et al., 1999, p. xiii).

잠시 멈추고 1.2	학급운영 및 학생의 문제 행동에 영향을 미치는 것들에 관해 동료 또는 소집단과 함께 토론하거나 글로 진술하여 보자. 그리고 학생을 돕기 위한 신뢰할 수 있는 방법을 학교 상황에서의 신뢰도를 가진 결정이 되도록 찾아보자.

학생 행동과 학습에 영향을 미치는 학교환경

유치원부터 고등학교까지의 학교경험을 통하여 당신이 생각한 것을 찾아보아라. 그리고 학교가 안전하지 않다고 느꼈거나 당신에게 좌절이나 실패를 느끼게 하는 것이 무엇이었는지 생각해 보아라. 만일 당신이 이 문제를 학우 또는 동료와 얘기한다면, 교사들의 결정과 행동(또는 비행동)에 영향을 받았다는 것을 알게 될 것이다.

비록 여러 이유로 교직은 더 도전적이지만, 연구들은 교사와 학교가 아이들의 삶의 차이를 만든다고 지적한다. 마약, 미성년 임신, 자퇴, 청소년 비행과 같은 심각한 문제에 대한 대처와 예방법 및 원인에 관해 연구한 [위험에 처한 청년기 : 유행 및 예방(Adolescents at Risk: Prevalence and Prevention]란 책에서, 조이 드라이푸스(Joy Dryfoos)(1990)는 무엇보다 교사의 역할이 중요하다고 주장한다 :

> 대부분의 개입은 교육 프로그램을 포함한다. 실제로 청소년 비행의 예방은 학교 부적응을 예방하는 것과 관련이 있다. 청소년 비행 예방이 작업개입 또는 교육 중 어느 것이 더 나은지는 아직 미해결의 이슈이다. 범위를 확대하면, 이것은 약물 남용과 10대의 임신 예방에도 해당된다. 적당한 시기에 기본적인 이해와 기술을 습득하는 것은 모든 예방책에 중요한 요소이다(pp. 236-237).

교사들은 학생의 학업성취와 행동에 유의미한 영향을 주는 대상이다. 학교 교사는 학생들을 바람직한 행동을 하도록 함께 돕는다. 모티모어와 새먼스(Mortimore & Sammons, 1987)는 학생의 학문적·사회적 성취에 영향을 미치는 요인에 관한 대규모 연구를 하고 다음과 같이 연구결과를 요약했다 :

> 읽기 평가과정에서 우리는 학교가 학생의 배경(나이, 성, 사회계층과 인종)보다 적어도 6배 이상 중요하다는 것을 알았다. 수학과 쓰기에서는 10배 이상이다. 언어와 사회적 결과에서 가장 중요한 것은 학교이다. 교장과 교사의 리더십이 매우 중요하다. 이 요인들은 변할 수 있고 향상될 수 있다(p. 6).

다음은 교육연구개선국(OERI)에서 발행한 안전, 훈육, 학생 행동에 영향을 미치는 학교의

역할, 마약없는 학교를 위한 비평이다 :

> 과거 10년 동안의 연구로 중학교 학생의 학생 행동과 학업성취에서의 차이는 배경만으로는 설명할 수 없음을 증명했다. 아래 3가지는 이런 차이를 설명한다.
> • 목표 : 학교 내에서 학업의 강조
> • 규칙과 절차 : 끊임없이 강화되는 긍정적인 훈육
> • 분위기 : 학교에서 개인 간의 관계를 이끄는 도덕률
> 이 세 관점은 독립적으로 작용할 수 있다. 그러나 이들은 대부분 서로 연계되어 있다. 연구자들은 학교・학급 활동에 학생들을 참여시키고, 학생의 문제 행동을 감소시키며, 학생들의 성취를 증진시키는 문화가 학교의 "특성"이라는 것을 알았다(Aleem & Moles, 1993, p.12).

학생의 학습과 행동에서 중요한 변화를 가져오기 위해 우리는 학교 환경을 폭넓게 살펴보아야 하고, 우리의 교수 행동을 바꾸고, 학교의 조직을 바꾸어야 한다. 존스 홉킨스 대학에서 실시한 연구는 1학년 학급을 효과적으로 운영하는 기술이 6학년 학생의 문제 행동에 대해서도 큰 영향력을 미칠 수 있다고 주장한다. 켈럼과 그의 동료들(Kellam, et al. 1998)은 학급운영에 능숙한 1학년 교사가 가르친 공격적인 성향을 가진 6세 소년이 8학년이 되었을 때 학급운영기술이 부족한 학급에서 생활한 아동보다 공격적인 행동이 3배 감소되었다고 보고했다. 이 결과는, 워싱턴 대학교의 대이비드 호킨스(David Hawkins)가 중학교 학급을 대상으로 한 실험 연구에서도 일치했다(Hawkins, Doueck, & Lisner, 1988).

교사들의 행동이 학생 행동과 학습에 매우 큰 영향력을 미친 것을 시사하는 대규모의 자료를 제공하는 애더너시우와 동료들(Athanasiou, et al. 2002)은 교사들이 "학생 문제 행동의 어려움의 원인으로 기능의 결핍, 낮은 학업성취, 낮은 자긍심, 다른 심리학적 문제 등을 포함한 내적 특성이 외적 특성보다 더 중대하다"고 여기는 것으로 보고했던 것은 흥미 있다(p.279). 가정 환경은 학교 문제에 있어서 가장 중요한 외부 요인이다. 학생의 조력에 있어서 가장 효과적인 개입은 교사와 직접 관계가 있기 때문에 교사들은 학생 학습과 행동에 직접적으로 영향을 미치는 학교 요인을 더욱 강조한다.

효과적인 학교공동체 구성의 사례

잠시 멈추고 1.3	학생이나 전문직 교육자 등 교육에 관계된 모든 사람은 그들이 선호하는 학습 장소와 학교 형태를 가지고 있다. 여러 연구들은 이상적인 학교의 특징으로 학생들의 책임있는 행동을 지적한다. 당신이 생각하는 이상적인 학교의 특징을 항목화해 보아라. 가능하면, 이를 동료 또는 학우들과 공유해라.

우리는 몇몇 학교에서 학교공동체가 학생의 개인적 요구에 대응하여 긍정적인 영향력을 미치는 우수한 사례를 발견할 수 있었다(Ratzki, 1988). 학교 변화 계획의 목표는 전국 단위의 평가에서 학생의 학업실패를 줄이고 학업 성취를 이루는 것이었다. 학교에서의 변화는 긍정적 지지 공동체를 만드는 것에 집중했고, 학생들은 적어도 1년 동안은 동일한 집단에 소속되었다. 한편 6명의 교사들이 6년(5학년에서 10학년까지)동안 85명에서 90명의 학생들을 계속 가르쳤다. 이 교사들은 학생의 교육 프로그램에 대해 총체적 책임을 졌다; 라츠키(Ratzki)는 교사들이 학생의 "개인적이고 학업적인 문제에 대해 상담을 하며, 학급 운영을 학생과 함께 결정하고, 교육과정을 함께 만들며, 학생과 함께 점심식사를 하고, 부모님과도 대화했다고 기술했다(p.13). 이러한 학교 중의 하나인 쾰른 홀바이트(Koln-Holweide)는 30%의 소수민족 학생들과 25%가 직업이 없는 학부모 가정의 학생이 재학 중인 교외에 위치한 대규모 학교다.

> 그럼에도 불구하고 이 학교 학생들의 1%만이 중도 탈락했다(서독의 중도탈락율은 평균 14%이다). 학생의 60%가 고등학교졸업시험에서 고득점하여 4년제 대학에 입학했다(서독의 대학입학율 27%). 이 학교는 학생의 무단결석이 거의 없고, 어떤 교사도 거의 결근하지 않으며, 훈육 문제 발생도 사소하다(Ratzki, 1988, p.10).

미국에서도 유사한 결과를 뉴욕 센트럴파크 동부의 학교들에서 찾을 수 있다. 드보라 마이어(Deborah Meier)(1995)는 이 학교들에 대해 다음과 같이 진술했다:

> 뉴욕 센트럴파크 동부지역 학교의 학생들은 뉴욕시의 다른 학교처럼 대다수의 학생들은 거칠고 아프리카계이거나 라틴 아메리카계 미국인이며, 대부분 수입이 적거나 가난한 가정형편이다. 학업 성취에서 큰 차이가 난다. 일부 학생들은 자주 이사를 다닌다. 그러나 우리와 함께 학기를 시작한 학생은 5%만이 중퇴했고, 졸업생뿐만 아니라 재학생의 90%가 단과 대학에 진학하였다. 1991년도 재학생들은 졸업반에서도 입학당시와 동일한 학생 수를 유지했고, 1994년의 졸업생들은 학업성취에 있어서 그들의 선배를 앞질렀고, 우수한 대학에 진학하였다(p.16).

드보라 마이어(Deborah Meier)와 동료들은 민주적 공동체를 만든다는 철학적으로 프로그램을 만들었다. 그들은 "교직원, 학부모, 학생들과 공동체 사이의 더 큰 협력과 상호 관계를 형성하는 존중"에 집중했다(p.22). 고등학교의 교육과정을 논의하면서, 마이어(Meier)는 다음과 같이 기술하였다:

> 우리는 2시간의 통합학습을 소개하였고, 학생들에게 단답형의 쓰기 시험 보다는 오히려 전시할 수 있는 프로젝트를 요구했다. 또한 프리젠테이션, 세미나, 집단활동, 개별 학습을 그 2 시간

동안에 동시에 제공했다. 우리는 개별지도에 많은 시간을 들였는데, 이것이 더 현실적이고 가장 중요하다고 생각한다(p.32).

유사한 결과는 또한 뉴욕의 퀸스 국제 고등학교에서도 발견할 수 있었다. 이 학교에는 30개 이상의 언어를 사용하는 50개 이상의 나라에서 온 유학생이 재학하고 있고, 무상 급식 대상자이거나 식비의 일부만 부담하는 학생들이 전체의 75%였다. 1988년의 1회 졸업식 이후, 이 학교의 졸업 및 대학 진학율이 90% 이상이었다.

중학교와 소규모 학교들은 높은 학업성취가 힘들다. 사우스캐롤라이나주 컬럼비아시의 킬스초등학교는 긍정적인 변화가 일어난 학교이다(Berry, 1995). "입학 당시 읽고, 쓰며, 셈할 수 있는 학생의 수가 절반이하였지만, 1학년이 끝나기 전, 90% 이상이 수학과 읽기에서 주(州) 표준성취에 도달하였다"(Darling-Hammond, 1997, p.100). 킬스초등학교의 교사들은 "이질적 학급에서의 협동학습, 총체적 언어 교수와 수학과 과학에서의 통합학습, 사회과에서의 프로젝트 학습"을 포함하여, 여러 가지 교육적 전략을 교사들이 공동으로 실행했다. 학생들은 교육활동, 학교 훈육, 과외활동에 관한 의사 결정에 참여한다"(Darling-Hammond, pp.100, 101). 달링-해몬드(Darling-Hammond)는 가장 효과적인 학교는 다음과 같은 특징을 가지고 있다고 하였다: (1) 활동적인 심층 학습, (2) 수행 과정의 강조, (3) 발달에 집중하기, (4) 다양한 평가 방법, (5) 협동학습을 위한 기회 제공, (6) 학교교육에 대한 총체적 조망, (7) 양육적 조직, (8) 민주적 학습을 위한 민주적인 지원, (9) 가족 공동체와의 접촉(p.107).

학교와 학급 환경의 형태가 학생들의 긍정적인 행동을 지원한다는 연구들(Algozzine, Audette, Ellis, Marr, & White, 2000; Freiberg, 1999; Jones, 2002; Nelson & Roberts, 2000; Sugai & Horner, 2001)이 증가하고 있다. 이 연구자들은 행동을 분명하게 정의하고 예상하기 위해 학생들과 함께 공부하는 것이 중요하다고 지적한다. 기대하는 행동을 하도록 재교육하는 것, 규칙을 명백히 이해하고 교육적으로 해석하는 것, 타인의 권리를 위배하는 행동을 하는 학생을 개별적으로 지도하는 것은 중요하다. 여러 연구들(Freiberg,1999; Jones, 2002)은 학업의 어려움을 경험하는 학생들을 위해 수업과 교육과정을 수정해야 한다고 강조한다. 학생들이 학교를 지지의 공동체로 경험하는 것이 중요하다고 강조한다.

불행하게도, 학생들의 문제 행동을 예방하는 방법은 연구한 수많은 연구들은 학생들의 감각, 학생들에게 의미있는 곳, 학생들이 성공을 경험할 수 있는 관점들을 무시한다(Jones, 2002).

우리는 반항아를 선도하는 계획을 매년 세우고, 친사회적인 기술을 가르치기 위해 노력하는 한 학교를 방문한 적이 있다. 이런 학교들은 엄격한 분위기를 가지고 있었고, 학습 과제는 흥미롭지 않았으며, 학생들의 활발한 학습을 이끄는 데 실패하고 있었다. 일부 학생들은 학교에서 멀어졌고, 그들은 교사들이 자신들에게 관심이 없다고 생각하였다. 동년배와 학생들과 교직원 간의 개인적 접촉을 하고, 유의미하고 매력적인 학습을 이행하지 않는 한 학생들의 행동변화를 위한 일반적 접근 방법은 부적절하다.

콜로라도주 리틀톤에 소재한 학생들의 총기난사사고를 겪은 콜럼바인고등학교의 학생과 교직원의 학교 복귀에 관한 뉴스는 행동아에 대한 우리의 접근에서는 찾아볼 수 없는 화면을 보여준다. 카메라는 학생들과 성인이 "학교로 되돌아 가는 장면"에 집중했다. 밴드 연주를 했고, 치어리더들은 환호성을 질렀다. 불행하게도 카메라는 학교를 모두를 위한 지지적 공동체로 만드는 학생과 성인의 책임을 강조하지는 않았다. 모든 사람이 개인의 다양성을 알고 있고, 서로를 더 잘 이해하기 위해서는 서로 관계할 필요가 있다고 알고 있다. 밴드와 슬로건보다 더 효과적으로 그 슬픈 총기사건의 근본적 원인에 반응했다. 한 학생은, "나는 더 이상 친구를 괴롭히지 않는다. 나는 모든 사람들에게 친절하려고 노력하고 있다"라고 진술하면서, 폭력을 예방하는 것에 관해 배웠다고 말하였다. 해리스(Harris)의 비디오에 등장한 3학년 학생은, "3학년 학생이 하급생을 포함하여 다른 사람들에게 공개되어 졌다."(Goldstein, 1999, pp. 56, 57)고 말했고, 한 부장 교사는 "우리 학생들의 안전과 타인 존중에 관해, 친밀한 교제에 관하여 학생을 교육하는 일에 학교의 재정이 사용되어야 한다고 생각한다"고 언급했다(Goldstein, 1999, pp. 56, 57).

학교 폭력을 막는 열쇠는 경비원과 감시카메라를 제공하는 것이 아니라, 궁극적으로는 학생들이 보호받고 있고, 정당하며 가치롭다고 느끼게 하는 것이다.

학급 운영의 변화하고 있는 관점들

잠시 멈추고 1.4	잠시 효과적인 학급 운영에 대하여 간단하게 정의하여 보자. 효과적인 학급운영에 포함되어야 한다고 믿는 요소들이 있을 것이다. 달리 말하면 효과적인 학급 운영자로 알려진 교사들이 주로 사용하는 기술은 무엇인가? 여러분의 생각은 수 많은 요인에 의해 영향을 받을 것 같은데, 학급 아동의 가족 구성원, 공동체의 리더, 그리고 긍정적인 환경을 만들어내는 교사들을 예로 들 수 있다.

이 장에서 다루는 것들은 여러분에게 실제적인 기술을 제공하기 위한 것은 아니다. 이 장에서 설명하는 방법, 기술들은 책을 통하여 자세하게 제시하고 있다. 이 장을 읽고 나면 여러분은 학급 운영의 역사를 보다 잘 이해할 수 있을 것이다. 나중에 안전하고, 지지적인 학습 공동체를 계획하고자 할 때 이러한 것들이 필요할 것이다.

상담으로 접근하기

1960년대와 1970년대에 학생의 문제 행동을 다루는 방법은 훈육이었다. 소수의 교사만이 훈련을 받았다. 왜냐하면 1960년대 후반과 1970년대의 초 심리학은 개인 성장과 이해를 강조했기 때문에, 대부분의 방법은 학생들의 문제를 이해하고, 그들 자신을 더 잘 이해하며, 보다 생산적인 행동을 하기 위해 성인과 협력하여 학습하도록 돕는 데에 초점을 두었다.

가장 흔히 사용한 오랜 된 상담 방법중 하나는 윌리엄 글래서(William Glasser)의 실재치료 모형이다(1965). 글래서(Glasser) 모형은 청소년이 자신의 행동에 책임감을 갖도록 도와주려는 전문가의 도움이 필요하다는 것을 전제한다. 루돌프 드라이커스와 그의 동료들은(Rudolf Dreikurs, 1971) 비행을 저지르는 아동들은 그들이 받아들여야 하는 기본적인 요구에 어떻게 대처해야 하는가에 대한 오개념을 가지고 있기 때문에 비행을 저지른다고 보았다. 드라이커스(Dreikurs)는 아동이 잘못된 행동에 대응하는 다양한 방법을 제안하는데, 그의 모형은 교사들과 부모들에게 학생들의 잘못된 행동의 원인을 규명하여, 논리적으로 잘못된 대응전략을 찾게하기 위해 가족이나 교사와의 만남을 지속하도록 한다.

라벤느와 그린(LaBenne & Green, 1969) 및 퍼키(Purkey)(1970)에 의해 알려진 인본주의 심리학은 학생들의 긍정적인 자아-개념과, 학습, 행동 사이의 관계에 초점을 두고 있다. 이 연구는 탐 고든(Tom Gordon)(1974)에 의해 보다 실재적인 프로그램으로 발전하는데, 교사 효율성 훈련 프로그램은 열린 의사소통으로 학생의 잘못된 행동에 대응하는 기술을 제공하고, 상호 협력하여 문제를 해결하도록 시도한다. 1990년대 초기 중반에는, 글래서(Glasser)의 [Quaility School(1990)], 브렌드트로, 브로켄렉, 그리고 판 뵈케른(Brendtro, Brokenleg & Van Bockern)의 [Reclaiming Youth at Risk], 쿠르빈과 멘들러(Curwin & Mendler)의 [Discipline with Dignity], 멘들러(Mendler)의 [What Do I Do When…?], [How to Achieve Discipline with Dignity in the Classroom], 그리고 패이와 펑크(Fay, Funk)의 [Teaching with Love and Logic]과 같은 책으로 학생들의 요구와 문제 해결을 강조한다.

사회적 기술 훈련은 사회적 문제 해결의 개념에 초점을 두고 다른 사람들과의 상호작용 기술이 부족한 잘못된 행동에 초점을 두고 있다. 사회적 기술 훈련은 학생들에게 다른 사람들에게 긍정적인 반응을 이끌어내는 새로운 기술을 제공하여 그들의 자아-존중감을 개선하고, 사회적으로 수용될 수 있는 또래와의 긍정적 관계를 강화하며, 바람직하지 않는 행동발생을 줄인다. 그레샴(Gresham)(1998)은 사회적 기술의 부족을 다음의 세 가지 유형으로 제안하고 있다 :

> 사회적 기술 부족은 특정한 사회적 기술을 어떻게 사용하여 행동할지에 대한 지식의 부족 혹은 어떤 사회적 행동이 적합한지를 분별하는 능력의 부족을 의미한다. 사회적 수행 부족은 사회적

기술을 나타내는 것이지만, 이러한 행동이 구체적 상황에서 수용되지 않는 것이다. 유창성 부족은 모형에 대한 충분한 기술 습득 부족, 기술에 대한 불충분한 연습 혹은 수행에 대한 비일관적인 강화 등으로 발생한다.

사회적 문제 해결은 공격적인 행동을 줄이기 위한 직접적인 개입으로, 공격적인 행동을 하는 아동과 청소년에게 사용된다. 이러한 접근은 다음 네 가지 강조점이 있다:

(1) 갈등 상황에 접근할 때 학생의 사고 과정에 관심 두기
(2) 갈등 해결을 위한 절차를 구체적으로 계열화해서 가르치기
(3) 단계적으로 연습하기
(4) 학생 이해를 돕기 위한 시도, 피드백 그리고 강화

이러한 방법은 새로운 인지적 그리고 행동적 기술로 학생을 가르치는 것을 강조하는 데, 이들은 행동적 접근과 전통적인 상담 접근을 혼합하고 있다.

상담을 특별히 강조하지는 않지만, 사회적이고 정서적인 학습 발달을 강조하는 학급 프로그램은 현대 학교 상담 프로그램의 목적과 관련이 있다. 예를 들어, 아동 발달 프로젝트(CDP)는 협동적인 학습 실행, 강력한 학급만들기, 학교 공동체의 지지, 행동 표준과 문제해결 개발에 학생 참여시키기, 사회적이고 정서적인 것 강조하기, 그리고 학교-가정 상호작용 격려하기 등을 강조하는 것으로 학생행동을 친사회적으로 개선하고 성취를 높이는 것으로 증명되었다. 다른 사회-정서적 학습 프로그램의 예는 학생 자아-통제, 자신과 다른 사람의 정서 인식, 사회 문제 해결 등을 가르치는 대안적 사고 전략 촉진 프로그램(Promoting Alternative Thinking Strategies program, PATHS)이다.

교사-효과성 연구

1970년대에 상담적 접근이 대중적 인기를 얻는 한편, 학급 운영을 강조하는 새로운 경향이 생겼다. 이는 교사가 학생의 잘못된 행동에 당면하면 무엇을 할 것인가에 강조점을 두는 것이 아니라, 교사가 학생의 비행 행동을 막거나 증가시키는 방법에 중점을 둔다. 이 연구는, 나중에 교사 효과성(teacher effectiveness)으로 불리는데, 학생의 행동과 학습에 영향을 주는 교사 행동의 세 가지 면에 주목하였다:

(1) 학급 운영 활동에서 학급을 조직하고 운영하는 교사의 기술
(2) 교수 매체를 제시하는 교사의 기술
(3) 교사-학생 관계 기술

교사의 학급 운영 기술

교사의 조직 운영 기술의 중요성을 서술한 최초의 연구는 1970년대 제이콥 쿠닌(Jacob Kounin)의 책, [Discipline and Group Management in Classroom]에서 찾아볼 수 있다. 쿠닌(Kounin)과 동료들은 문제 행동이 적은 학급과 많은 학급을 수 천 시간 동안 녹화하였다. 비디오테이프는 서로 다른 두 유형의 학급에서 교사가 학생들이 잘못된 행동을 할 때 어떻게 반응하는지를 분석하였다. 결과, 구조적인 차이는 없었다. 효과적인 학급 운영자는 학급을 잘 운영하지 못하는 교사와 비교하여 현저한 차이를 나타내지 않았다. 그러나 보다 심화된 분석에서 효과적인 학급 운영자는 학생들의 문제 행동을 막기 위하여 다양한 교수법을 사용하는 모습을 보여주었다.

텍사스 교사 효율성 연구는 학급을 조직하고 운영하는 행동을 다루는 획기적인 연구이다. 제레 브로피와 캐롤린 에버츤(Jere Brophy & Carolyn Evertson)이 〈교수를 통한 학습〉이라는 제목으로 보고한 연구에서 연구자들은 59명의 교사들을 2년 넘게 관찰하였다. 교사들은 표준화된 성취 검사 점수를 이용하여 비슷한 수준으로 편성된 학급을 맡았다. 학급 관찰의 초점은 효과적인 교수와 관련된 교사의 행동에 두었다. 연구의 결과는 온화한 학급 분위기를 형성하고, 학습을 용이하게 하며, 학습을 방해하는 요소를 막는 효과적인 행동을 강조한 쿠닌(Kounin)의 결과에 기초하였다.

쿠닌(Kounin)의 연구결과와 브로피와 에버츤(Brophy & Evertson)의 연구결과는 에머, 에버츤, 그리고 앤더슨(Emmer & Evertson & Anderson) 등이 텍사스 대학교 오스틴 캠퍼스의 교사 교육 연구 개발 센터에서 수행된 학급 조직과 효과적인 교수 프로젝트에 영향을 주었다. 연구의 첫 번째 시리즈에서 이 연구자들은 3학년 28개 학급을 학년 초 몇 주 동안 관찰하였다. 연구 결과는 효과적인 교사의 학급에서 관찰된 부드러운 기능이 새 학년 처음 몇 주 동안 효과적인 계획과 조직에 영향을 미친다는 것을 보여주었다. 효과적인 학급 운영자는 학생들에게 바람직한 학급 행동에 대해 분명한 지시를 제공하며, 학생들의 수행을 조심스럽게 모니터한다. 즉, 학생들이 익히지 못한 행동을 다시 가르치는 것이다. 효과적인 교사는 또한 잘못된 행동에 대해서는 분명하게 인식시킨다. 이 연구의 결과는 중고등학교 학급 연구에서도 나타났는데, 이는 적절한 행동에서 나타나는 초기 계획과 교수의 중요성을 입증하는 것이다.

보다 최근에는 학급 조직과 운영에 있어서 학교전체의 노력을 강조하는 접근으로 확장되고 있다. 제롬 프리버그(Jerome Freiberg)의 [consistency management and cooperative discipline]은 학생과 교사 사이에 긍정적 학습 관계를 개발하기 위해서 교수 전략, 그리고 가족의 참여 등을 강조한다. 긍정적 행동을 지지하는 연구가 안전하고 지지적인 학교 환경,

행동에 대한 강화, 문제 행동을 가진 학생 재교육 등이 전반적으로 일관성 있어야 함을 강조하고 있다.

포리스트 개더코얼(Forest Gathercoal)의 사려 깊은 훈육은 학교 및 학급 운영에 관한 행동적 접근과 어느 정도 차별화된 연구이다. 개더코얼(Gathercoal)에 따르면, 학생 행동에 대한 접근은 구조적 민주주의 입장에서 일상생활에서의 학생의 권리와 책임을 학생들이 이해하도록 돕는 것에 기초할 때 가장 효과적이다. 학생들은 그들의 권리를 이해하는 것과 그들의 행동이 다른 사람의 권리를 침해하지 않아야 한다는 것을 이해할 수 있어야 한다. 개더코얼(Gathercoal)의 모형은 또한 교육자들이 학생들의 잘못된 행동을 고치는 것 뿐만 아니라, 새로운 학습기회가 된다는 것을 알아야 한다.

수업 기술

학생의 문제 행동을 막으면서 학습을 강화하는 교사대응에 대한 조사의 두 번째 분야는 이 문제를 학생들을 학습 과정에 참여시킴으로써 해결할 것이다. 이 주제에 대한 최초의 연구는 매더린 헌터(Madeline Hunter)에 의해 수행되었다. 20년 이상 그녀의 교수 이론과 실행 프로그램은 교수를 개선하기 위하여 교육심리학의 결과를 전략적으로 사용하였다. 비록 그녀의 연구가 학급 조직과 교사 · 학생의 관계에 관심을 가진 연구들이 선호했던 점을 강조하였지만, 교사가 분명한 교수 목표를 개발하고, 이를 학생들에게 설명하며, 효과적인 직접적 교수를 제공하고, 학생들의 학습과정을 모니터하는 데 기여하였다.

이 연구는 다양한 교수 패턴과 학생 성취 사이의 관계를 검증하는 연구로 확장되었다. 이러한 연구는 종종 과정-결과 연구로 불리는 데, 로젠샤인과 굳(Rosenshine & Good)은 그것들이 교수 과정과 학생 결과 혹은 산출물 사이의 관계를 검증하기 때문이라고 고찰했다.

최근에는 차별화된 교수가 강조되고 있다. 차별화된 교수는 학생들에게 정서적으로 안정되고, 적절한 도전 수준을 제공하며, 능동적인 참여를 이끌 때 가장 잘 학습한다고 주장하는 두뇌 연구에 의해 지지를 받고 있다. 차별화된 교수는 교수 전략의 폭 넓은 방향과 학생 준비도, 흥미, 그리고 정보 처리 방법 등을 강조한다. 탐린슨(Tomlinson)은 차별화된 교수를 사용한 후 다음과 같이 제시하고 있다 :

> 대수학 II 시간에 왕선생님은 학생들이 단원에서 주요 개념과 기술을 이해하도록 돕고 있다. 다양한 단원 평가 후에 학생들은 평가 결과, 과제 선택, 수업 중 워크샵 등을 하도록 격려 받았다. 그녀는 학생들이 혼자 혹은 친구와 학습할 때, 무엇이 더 효과적인지를 결정하고 그렇게 할 수 있을 때 선택을 한다고 했다.(p.7)

또 다른 연구는 경쟁적, 협동적 그리고 개별화된 교수를 비교 · 검증한다. 이 연구는 미네

소타 대학의 로저와 대이비드 존슨(Roger & David Johnson)이 수행했는데, 협동적인 학습 활동이 바람직한 학습 결과와 관계있다는 것을 보여주었다. 학습 과제를 협동적으로 수행한 학생들은 그들의 또래들과 긍정적인 관계를 맺었고, 긍정적으로 학습했고, 보다 많은 정보지식을 습득하는 경향이 있었다. 협동적인 팀 학습에 대한 추가연구는 라버트 슬래빈(Robert Slavin)에 의해 수행되었는데, 그의 연구결과는 [Cooperative Learning: Resource for Teachers]로 발간되었다.

또 다른 연구는 교사들이 학생 개인의 학습 양식에 대응하여 교수방법을 어떻게 적용할 때 학생의 학습이 잘 이루어지는 지를 연구한 것이다. 이 연구는 리타 던(Rita Dunn)에 의해 수행되었는데 학생들의 다양한 학습 기호에 맞춰진 환경에서 학습하도록 했을 때, 학생들의 학습요구를 기초로, 더 잘 배우고, 그들의 학습과 다른 사람의 학습까지도 용이하게 하는 행동을 보여주었다. 하워드 가드너(Howard Gardner)의 다중 지능에 대한 연구는 최소한 8가지 지능(언어, 수학, 음악 등)이 있으며, 개인은 다양한 분야에 소질이 있다는 것이다. 가드너(Gardner)는 교사들이 각 아동의 개인적 지능영역에 호응하는 교수와 평가를 시도해야 한다고 주장했다. 그는 또한 교사들이 학생의 세계에서 학생들이 가치롭게 여기는 것과 교수 활동이 서로 연결될 때 학업 성취가 보다 강화될 것이라고 주장하였다.

최근의 연구는 학생들이 지식과 의미를 창조하는 것, 능동적으로 참여하는 구성주의적 접근을 하고 있다. 최근의 교육학은 아동들이 학습에 그들의 접근을 알아야만 한다는 관점에 강조를 두고 있다. 이 연구는 교육과정 통합, 실생활의 문제 해결, 그리고 실제생활중심교육 등에 중점을 두고 있다. 추가되고 있는 연구는 영어를 제2외국어로 사용하는 학생들을 어떻게 도울 것인가에 초점을 둔 연구들이다.

교사-학생 상호작용

3번쌔 연구분야는 교사 효율성 패리다임, 즉 교사-학생 상호작용이 학생 성취와 행동에 어떠한 영향을 미치는가에 초점을 둔 연구이다. 이 분야의 연구는 두 부분으로 나눌 수 있다: (1) 학생의 성취와 관련하여 교사-학생 상호작용의 빈도와 질의 영향을 조사하는 연구 (2) 교사-학생 관계와 학생의 태도, 성취 등의 효과를 강조하는 연구.

라버트 로젠털과 레오노어 야콥슨(Robert Rosenthal & Leonore Jacobson)의 피그말리온 효과는 교사-학생의 관계가 학생의 성취에 미치는 영향에 대한 굉장한 호기심을 불러 일으켰다. 이 연구자들은 학생 성취에 대한 교사의 기대가 자기-충족적 예언이 된다고 보고하고 있다. 바꾸어 말하면, 학생들은 교사가 기대하는 대로 성취한다. 중요한 문제는 구체적으로 교사가 학생들과 무엇을 어느 정도 의사소통하느냐이다. 이 문제는 텍사스 대학교의 브로피와 굳(Brophy & Good)에 의해 최초로 연구되었다. 이 연구는 점차 확장되어왔는데, 통제에 대한 교사의 인식과 관련된 이론과 요소를 검증해 왔다. 다수의 연구들은 또한 교사-학생의 상호작용이 소녀들의 성취에 핸디캡이 될 수도 있다는 것을 검증했다. 1992년에 미국 여자대학 연합회(American Assocation of University Women : AAUW)는 [여학생을 무시하는 학교(How Schools Shortchange Girls)]라는 보고서에서 학교가 학교 구성원의 1/2인 여학생에게 효과적으로 봉사하려면 변해야 한다고 하였다.

연구의 또 다른 분야는 교사-학생의 정서적 관계에 초점을 두는데, 학생의 태도와 자아-개념을 포함하고 있다. 이러한 동향은 1960년대 후반과 1970년대 초반에 라벤느와 그린(Labenne & Green)의 [〈자아개념 이론의 교육적 함의(Educational Implications of Self-Concept Theory〉]와 윌리엄 퍼키(William Purkey)의 [〈자아개념과 학업성취(Self-Concept and School Achievement〉]에서 폭넓게 보고되었다. 비록 1970년대 중반에는 학급에서의 개인 관계가 덜 강조되었지만, 이후 이러한 주제에 대한 연구와 실제 아이디어는 1980년대 초반에 보다 많은 주목을 받았다.

1990년대에 교사-학생 관계에 대한 연구 대부분 어떻게 교사가 효과적으로 분열적인 학생의 문제행동에 대응하느냐하는 것이었다. 이러한 연구는 잘못된 선택을 하는 학생에게 분명하게, 지시적이고 구체적으로 알려줘서 학생들이 그들의 행동에 책임을 지도록 도와주어야 한다는 것을 강조하고 있다.

행동주의 접근

학생의 문제 행동이 제기되었을 때, 학급 훈육의 초점은 교사의 통제로 옮겨진다. 훈육에 대한 관심은 행동주의의 확산과 관계있다. 1970년대 중반에는 학생의 문제 행동을 지도하고자 하는 교사들을 돕기 위한 책들은 대부분 행동 수정 기법을 강조하였다. 교사들은 바람직한 행동을 강화하는 반면, 부적절한 행동은 무시하고, 고집이 센 학생들에게 반성문을 쓰게 하고, 타임-아웃(일정 시간 소외시키는 것) 절차를 사용해야 한다고 배웠다. 통제에 대한 이러한 방식은 캔터와 캔터(Canter & Canter)의 훈육방법으로 교사들에게 체계적으로 제공되었다. 교사들은 일반적으로 기대되는 행동을 분명하게 진술하고, 지속적으로 문제학생들을 체벌하고, 수행 행동에 대해서는 보상을 주었다. 행동 통제는 또한 프레드릭 존스(Frederic Jones)의 연구도 강조하였다. 존스(Jones)는 교사들이 효과적으로 신체 언어를 사용하고, 보상 체계의 활용, 그리고 학업 문제에 대해서는 개별 지도를 해야한다고 조언했다.

행동주의는 또한 다른 모형들의 개념을 통합하면서 변형되었다. 리 캔터(Lee Canter)는 새 학기에 매체의 증가, 부모와 협력하기, 학생의 숙제 돕기로 학생 행동을 통제하는 것으로 확장했다. 캔터(Canter)가 개발한 훈육에서 그가 추천한 기술들이 비록 1970년대와 1980년대에는 효과가 있지만, 21세기에는 바뀌어야 할 필요가 있다. 그가 말하기를, 효과적 훈육이 되기 위해서는 정중하고 지지적인 교사-학생 관계형성에 기초를 두어야 한다고 했다.

최근에 행동주의 연구들은 학생들에게 적절한 행동 기술을 가르치는 것에 관심을 두고 있다. 가장 주목할 만한 것은 긍정적 행동을 지지하는 것이라고 말할 수 있을 것이다. 이 접근들은 특히 다음과 같은 것을 강조한다는 점에서 효과적인 학급 운영에 대한 초기 연구 결과들과 좀 다르다. (1) 사회적으로 수용될 수 있는 행동을 강화하기 위해서 교직원과 협력한다; (2) 도움을 필요로 하는 학생들에게 개별적으로 접근한다; (3) 학생 행동에 영향을 미치는 요인을 상세히 분석하여 문제 행동을 계속하는 학생들에게 개별화된 계획을 세워준다. (4) 학생 개인의 학업과 행동 문제를 지지하기 위한 가정과 학교의 파트너십을 만든다.

앞서 언급한 상담적 접근에서, 보완된 관심은 학생들에게 적절한 행동을 가르치는 것이다. 비록 행동주의가 바람직한 행동으로 계속 강화하지만, 중요한 것은 학생들이 자신의 행동을 모니터하도록 돕고 새로운 행동을 하도록 하는 것이다.

학급 공동체 만들기

잠시 멈추고 1.5	효과적인 교사는 어떻게 학급을 운영하는가? 학생이 책임감을 갖도록 돕고, 학급과 학교에서 학생의 행동을 모니터하는 효과적인 태도는 무엇인가? 여러분의 생각을 목록으로 만들어 동료들과 함께 공유하면 도움이 될 것이다. 궁극적으로는 여러분만의 학급 운영 방식을 만들 수 있을 것이다.

제레 브로피(Jere Brophy)(1988)는 학급운영에 대하여 다음과 같이 정의하였다:

> "효과적인 학급운영이란 학생들의 잘못 지적을 최소화하고, 그들의 협력을 유도해 내며, 학생들의 행동을 효과적으로 중재할 수 있어야할 뿐만 아니라 학습 활동을 지속하고, 학습 활동에 대한 학생의 참여를 최대화할 수 있는 총체적인 학급운영 시스템을 구안하는 것이다."

브로피(Brophy)의 정의에 따라 학급 공동체 만들기를 효과적으로 실천하기 위해 다음의 네 가지 지식과 기술 영역을 제안한다.

첫째, 학급운영은 학급관리와 학생 개인의 심리적 요구 중심의 연구와 이론에 대한 이해를 바탕으로 한다. 학교교육 상담을 해온 저자들의 경험에 비추어 볼때, 대부분의 교사들은 왜 학생행동 및 학업 문제가 존재하는지, 또 학생과 학생의 문제와의 관계를 이해하지 못하고 있었다.

단 교사들이 학생들을 이해하고, 학생과 행동과의 관계를 이해하면, 학급 운영의 두 번째 단계로 진행한다. 둘째 단계는 학급에서 직면하게 될 학생들의 요구들을 확실하게 아는 것이다. 그러므로 학급운영의 두 번째 요소는 긍정적인 학급 분위기를 만드는 것, 교사-학생 간 및 동료 간의 인간관계를 형성하여 지지적인 공동체를 형성하는 것, 학생들의 보호자들과 긍정적인 관계를 맺으며 학생들의 바른행동과 학습을 촉진하는 데 협력하는 것이다. 많은 심리학자와 교육자는 긍정적이고 동조적인 학급 환경 조성에 집중함으로써 보다 이상적인 학생 행동을 이끄는 것을 지지하고 있다. 학생들은 그들의 기본적인 요구를 수용하는 환경에서 효과적으로 배운다.

"나는 다양한 수업 방법을 활용해 왔는데, 그 중에서 라디오 컨트롤 방식이 가장 훌륭하다는 것을 알았어."

학급에서의 긍정적인 인간관계 형성이 학생행동과 성취를 의미있게 향상시킬 수 있지만, 연구자들은 교수의 탁월성이 중요하다고 지적한다.

따라서 효과적인 학급운영의 세 번째 요소는 학급 공동체 만들기이다. 학생 개인과 학급 집단의 학습 의욕에 부합함으로써 최적의 학습이 이루어질 수 있도록 하는 것이다. 학급운영에서 "낮은 동기유발, 부정적인 자기 태도 및 실패 등은 대개 부적절한 학습 환경의 결과로 나타난다. 이런 학습 이론에 따르면 학급의 학습 환경을 변화시킴으로써 학생들의 실패를 줄일 수 있다. 그리고 그 결과, 성공에 대한 동기를 유발할 수 있다"(Covington & Beery, 1976, pp. 12-13).

효과적인 교수와 조직 기술로 긍정적인 학급 환경을 조성하는 것은 학생들의 문제 행동을 줄이고, 그들의 성취감을 증가시키는 방향으로 진행할 것이다. 그러나 아동이나 청소년을 상대하는 사람들은 대부분 좋은 학습 환경에서도 소수의 학생들은 부적절한 행동을 한다는 사실을 알고 있다. 결국, 교사들은 그들의 교수 기술을 뒷받침해줄 수 있는 행동 관리 기술이 필요하다. 학급 운영의 마지막 요소로 넓은 범위의 상담, 즉 학생들의 부적절한 행동을 진단하고 수정하는 행동 교정 방법을 사용하는 교사의 능력이다.

교사들은 학급에서 심층적인 상담 전략을 사용하기가 어렵다. 그러나 학생들의 행동을 진단하고 변화시키도록 도와주는 데 유용하게 활용될 수 있는 상대적으로 쉽고 효과적인 많은 접근 방법들이 있다. 교사들이 특별한 도움이 필요한 학생들을 가르쳐야 하는 경우가 점점 증가하기 때문에 교사들의 문제해결 및 행동 관리 기술의 습득은 더욱 필요하다.

4가지의 일반적인 기술과 관계되어 있는 내용을 그림 1.2에 요약하였다. 학급에서의 학생 행동 문제에 직면했을 때, 교사들은 대인관계나 긍정적인 학급을 만들어야 한다는 것을 신중하게 고려하기 보다는 학교 규칙만 적용하려 한다. 교사들은 긍정적인 예방을 생각하기 보다는 학생들의 문제 행동을 고치는 데 더 많은 시간을 보낸다. 미국 교육부(2000)는 "5명 중 4명의 학생 문제행동은 학교 및 담임 교사 문제에서 그 원인을 찾는다(p.10). 예방을 지지하는 흥미로운 연구는 에니스와 맥컬리(Ennis & McCauley, 2002)의 18명의 도시 학급 담임교사들이 폭력적인 학생들을 성공적으로 지도한 방법이다. 저자들은 이런 방법이 "참여 기회를 많이 주고, 긍정적으로 상호작용하며, 교육과정을 공유하고, 학생으로서의 자격을 갖도록 조장하는 학급 환경을 만드는 것과 관련이 있다"고 보고했다(p.149). 또한 이 연구에서 교사들은 학급 행동 표준을 만드는 데 학생들을 참여시켰고, 학생들과 긍정적이며 상호 협력적인 인간관계를 맺었다.

그림 1.2 본서의 구성 체계(학급 공동체를 만드는 기술)

학생들의 문제 행동 평가 및 수정 돕기	개인의 행동 변화 계획하기(10장) 문제해결 방법 사용하기(9장) 학생의 행동에 대한 전문적으로 대응하기(8장)
학생들의 학습 동기유발과 성취감 높이기	학습 요구에 부합하는 학생의 동기 유발을 위한 혼성학급 교수 방법(7장)
안전하고 지지적인 학습 공동체 만들기	학생 행동을 최적화할 수 있는 행동 기준과 도움이 되는 방법 개발하기(6장) 부모와 함께 과제 해결하기(5장) 긍정적인 동료 관계 형성하기(4장) 긍정적인 교사-학생 관계 형성하기(3장)
견실한 이론적 기초 형성하기(1, 2장)	학생들의 개인적 요구 이해하기(2장) 학급운영 이해하기(1장)

일반 학급운영 모형과 종합적인 학급운영의 비교

우리는 학급운영 분야에서 가장 잘 실천된 것들을 모아 최신판으로 편집하였다. 이 책의 체계는 상대적으로 과거 25년 동안의 것과 비교할 때 큰 변화는 없지만, 많은 독자들은 이 책에서 제시한 접근 방법과 다른 모형과의 비교를 요구하고 있다. 이 질문에 간단하게 답하면 다음과 같다.

1996년 워커와 그의 동료들(Walker, et al.)은 모든 학생들 책임감 있는 행동을 할 수 있도록 돕는다는 목표로 학교중심 개입(school-based interventions) 모형을 개발했다(그림 1.3).

그림 1.3 **표적 선정 모형과 일반 선정 모형의 비교**

표적 학생 모형	개입 접근법
보통(대표적 또는 위험하지 않은) ↓	1차개입(일반적 개입) : • 학교 전체의 교육 계획 • 갈등 해결 교육 / 분노(anger) 관리 전략 • 효과적인 교수와 학교교육 절차 ⇩
위험한 반사회적 행동 유형 ↓	2차개입(개별화, 1대1 개입) : • 아동, 청소년, 가족 집단(cluster)에 대한 동일시 • 도덕성에 대한 직접 교육 • 분노 관리와 자기 통제 • 가족 지원과 부모 교육 • 1대1 개입에 바탕을 둔 상담 ⇩
만성적인(생애 과정)	3차개입(종합적 개입) : • 아동, 청소년, 보호자와 공동체, 사회 봉사 단체와의 연결 • 개별 맞춤식, 종합적 개입 • 계획과 처치 활동에 중요한 가족 참여 • 사회봉사단체, 법률기구, 법원 및 교정기관과 협력 • 마약-알콜 상담 • 1일 치료 센터, 특수학교 등의 선택적 치료

이 모형은 이전부터 여러 학교에서 긍정적 행동 지지(Positive behavioral support, PBS)라는 이름으로 사용되어 왔다. PBS모형의 3단계 개입에 대하여 기술하면:

> 1단계-일반적 지지(universal support)-는 학교가 학생과 교직원들을 위하여 어떠한 도움을 주는가에 대해 안내한다. 2단계-집단 지지-는 학교에서 선정한 집단을 통해서 긍정적인 사회적 행동에 대한 교육을 한다. 3단계-개별화된 지지는 문제행동을 하는 학생들을 위하여 학교에서 기능적으로 평가하고 개별화된 개입을 한다(Frankland, Edmonson, & Turnbull, 2001, p.7).

그림 1.2와 1.3을 비교해 보면, 학급 공동체 만들기의 2번째 단계는 워커(Walker) 모형(혹

은 PBS모형)의 첫 번째 수준(일반적 개입-universal intervention)과 유사하다. 중요한 차이점은 학급 공동체 만들기 모형은 행동수정이나 교수 강화를 넘어서, 공동체만들기, 즉 교사-학생, 동료 간, 가정-학교와의 관계를 중시한다. 학급 공동체 만들기는 문화적으로 부합하는 교육 활동, 능동적인 학생참여를 강조한다. PBS의 둘째, 셋째단계는 학급 공동체 만들기와 매우 유사한데, 보다 책임감 있는 행동을 하도록 돕는 것, 문제행동을 최소화하도록 돕는 것, 교육자가 잘 가르침에도 불구하고 심각한 문제행동을 하는 학생을 돕기 위한 개별적인 계획(종종 팀에 의해 개발되는) 수립 등이다.

이 책에서 소개하는 학급운영에 대한 종합적 접근은 앞서 설명한 사회적-정서적 학습 방법과 많은 점에서 비교된다. 학급 운영과 관련하여 사회적-정서적 학습 방법은 학생들의 사회적 기술을 가르치는 것, 공동체를 만드는 것, 학생들이 행동 표준을 개발하도록 돕는 것, 학생들이 문제 해결에 참여하는 것 등에 초점을 둔다. 사회-정서적으로 접근하는 대부분의 프로그램은 교수와 교육과정을 통합하는 데, 예를 들면, 협동 학습, 사회적 이슈를 강조하는 점에서 그렇다. 그림 1.2에서 보듯이, 이러한 방법들은 종합적인 학급 운영의 2번째와 3번째 국면과 유사하다. 사회적-정서적 학습 연구들이 제안하는 것처럼, 교육의 목표가 표준화된 점수를 확보하는 것뿐만 아니라, 학생들이 서로 돌보고 불쌍히 여기는 자기-주도적 학습자가 되게 하는 것이다.

종합적인 학급 운영의 관점을 살펴보는 다른 하나의 방법은 몇몇 이론가와 연구자들이 제안하는 학급 운영 요소들과 비교하는 것이다. 존슨(Johnson)은 3,400명의 호주 교사들의 훈육 방식을 조사했다. 그는 교사들의 훈육 방식을 3가지 범주로 나누었다. (1) 전통주의, 교사의 권위를 특징으로 하는데, 교사가 규칙을 제시하고 규칙을 엄격하게 따르는 것, 학생들의 잘못된 행동에 대하여 분명하게 확대되는 대응하기; (2) 자유 진보주의, 의사결정과 사회적 문제해결에서 학생을 참가시키는 민주적 원칙을 적용한다; 그리고 (3) 사회적 비판주의, 부적절하거나 문제있는 행동은 학급에서 학생들의 요구를 수용하는네 실패한 결과이다.

모든 교사가 학급 운영에 대하여 그들의 스타일을 개발하여 적용하는 반면, 종합적인 학급 운영은 존슨(Johnson)의 모형이 설명하는 각 요소를 포함하고 있다. 독자들은 유치원에서 12학년 까지의 학급에서 자유적 진보주의와 사회적 비평주의를 혼용한 것을 효율적이고 책임있는 학급 운영이라고 생각할 것이다.

볼프강(Wolfgang)은 학급 운영에 대한 다른 접근을 제시했다. 볼프강(Wolfgang)의 모형은 학생 행동에 대한 많은 연구와 이론들을 분석하여 학급 운영에 대한 범주를 나누었다: (1) 규칙-결과/개입주의자, 학생들은 결과에 따른 보상경험을 통해 배우고, 명확한 구조, 결과-보상을 제공하는 것이 교사의 역할이다; (2) 대처-계약/상호주의자, 학생들은 학급과 문제해결을 통해 배우고, 도움을 필요로 한다; 그리고 (3) 관계-경청/비개입주의자, 학생들은 그들의 요구를 해결하는데 도움을 필요로 하고, 교사의 역할은 경청하고, 보호하고 지지하는 것이다. 문제는 미래 혹은 현재 교사가 대처하는 것에 있는 것이 아니라, 각 범주들의 주요 기술을 가지고 있느냐이다.

학급 운영을 살펴보는 또 다른 방법은 일관성있는 프로그램인가를 고려하는 것이다. 실제는 제한적이므로 장기적인 연구가 필요하다. 학급이라는 것이 너무 복잡해서 교사가 특정한 학급 운영 프로그램을 따르는 것은 무리다. 교사는 학생들이 능동적으로, 책임감을 가지고, 의미있는 학습에 참여하도록 하는 학급을 만드는 많은 연구를 기초로 그들을 검증하고 통합해야 한다.

종합적인 학급 운영의 기본 전제

직전교육과 현직교육을 통해서 100개의 학급 운영에 대한 것을 교사들에게 구분하여 가르쳐 봄으로써, 우리는 학급 운영에 대한 우리의 이론과 실제에 대한 기본적인 가정들을 서술할 수 있었다. 그 6가지 기본적인 가정은 다음과 같다.

1. 학급 운영은 모든 학생들이 안전하고 편안하게 느낄 수 있고, 사회적 기술과 학습을 최적화할 수 있는 학급 환경을 만드는 것이 처음이요 가장 으뜸이다.
2. 학급 운영은 효과적인 교수와 연결되어 있다. 학생들이 책임감있게 행동하면, 학습은 의미를 가지고, 학생들은 문화적으로 상대적인 지식과 기술을 배우는 데 능동적으로 참여한다.
3. 학급 운영은 학생의 학습에 대한 주인의식, 책임감, 개인적 효능감을 강화해야 한다.
4. 학급 운영은 학생들이 다른 사람과 협동하도록 돕고, 그렇게 할 때 새로운 행동 기술을 개발하도록 돕는다.
5. 효과적인 학급 운영은 교사와 학생이 함께 작업하는 것에 대한 가치와 믿음을 갖도록 한다.
6. 효과적인 학급 운영은 사려깊은 계획과 전문적 성장에 초점을 둔다. 두 가지 모두 개인적이고 전문적인 활동인데, 개인의 전문적 지식과 기술을 학생들의 요구와 필요에 주의깊게 통합해야 한다.

잠시 멈추고 1.6	효과적인 학급 운영과 관련된 개념과 주요 요소에 관하여 여러분이 쓴 것을 다시 살펴보라. 지금 막 읽은 것과 비교하면 어떤가? 여러분은 다시 쓰고 싶을 수도 있고, 동료나 소규모 집단에서 서로 의견을 나누고 싶을 수도 있을 것이다.

교사의 의사결정에 영향을 주는 요소들

잠시 멈추고 1.7	그림 1.2를 잠시 살펴보라. 종합적인 학급 운영에 대한 내용 중 어느 것이 가장 맘에 드는가? 당신에게 가장 관심있거나 가장 중요한 것으로 여겨지는 것은 무엇인가?

비록 학급 운영의 주요 개념들은 특정사황에 상관없이 일반화되지만, 맥락적인 관점에서 개념과 전략을 적절하게 조절할 필요가 있다.

학교 분위기

학급 운영은 학교 분위기, 의사 결정 구조, 전문성 개발과 같은 문제와 분리하기 힘들다. 학교 변인은 학생 행동과 학습에 중요한 영향을 미친다. 동일한 목표를 가지고 그 목표에 도달하기 위해 서로 지지하고, 협동하는 학교에서는 소수의 학생들만이 문제를 일으키는 것으로 나타난다. 이 책에서 얘기했듯이, 학생 행동은 소속감과 지지받는 느낌을 경험하는 학교에서 보다 긍정적이며, 그들 자신의 삶과 문화와 연결될 때 의미 있다. 학습 환경을 만들기 위해서는 학생들이 고독감이나 혼자된 느낌을 덜 느껴야 하며, 증원된 직원만큼 보다 많은 시간을 학생들이 혜택받도록 해야 한다. 이것은 학생들이 성인 한 명과 또래들과 보다 많은 시간을 보내도록 하는 것이다. 비슷한 맥락에서 많은 중등학교들이 큰 학교를 작게 만들어서 학생들이 서로를 더 잘 알게 하고, 소수그룹이나 성인과 보다 개인적인 관계를 갖도록 한다. 학교에서 학생과 교사들에게 권한을 주고, 생활의 질을 높일 것을 강조하는 것이 보다 안전하고, 보다 생산적인 학습 환경을 만드는 기본적인 요소이다.

교사 개인의 이전 경험

많은 연구들은 교사의 선입관이 의사 결정에 중요한 영향을 미친다고 강조한다. 클랜디닌(Clandinin)과 코넬리(Connelly)는 교사들이 학급을 설명할 때, 그들의 선입관을 통합해서 전략을 개발한다고 주장한다. 교사 인성 변인과 학급 운영에 대한 방향 사이에는 중요한 관계가 있다. 156명의 직전교육자에 대한 연구에서 캐플런(Kaplan)은 "교사의 가정교육의 경험이 학급 운영의 원천이 됨을 발견했다. 교사가 긍정적인 학급 학습 환경을 만들려고 시도할 때나 학생들의 방해행동에 대처할 때 교사 개인의 역사, 인성, 아동과의 생활경험, 학급 운영과 관련된 교직경험 정도 등이 영향을 미친다. 그래서 교사에 따라 학급운영에 접근하는 방식은 매우 다양할 것이다.

가장 중요한 것 중 하나는 모든 학습자에게 편하고 지지적인 학습 환경을 만들고 유지하기 위해 무엇을 선택할 것이냐 하는 것이다. 어떤 교사들은 그들 자신의 기호나 그들의 인성에 일치하는 접근을 선택해야 한다고 주장한다. 우리는 부모와 최소한으로 접촉하여 학생들을 통제하고자 하는 학급운영을 해온 많은 교사들과 일해왔다. 교육자들이 사용하는 방법은 그들이 가장 효과적이라고 느끼는 것이다. 확실히 모든 학생들이 성공적인 경험을 할 수 있는 학습 환경을 만드는 데, "가장 옳은 방법"은 없다. 그러나 효과적이라고 증명된 원칙, 효과적이라고 증명된 방법, 연구가 지지하는 방법, 그리고 교사들이 사용해온 방법은 있다.

우리는 여러분의 개인적 믿음과 양식이 긍정적이고, 안전하며, 지지적인 학습 환경을 만드는 데 고려되어서는 안된다고 주장하는 것은 아니다. 여러분 자신의 가치와 믿음 학생들의 나이, 가르치는 공동체, 학생들과 보내는 시간의 양, 그리고 많은 다른 요소들이 여러분의 의사결정에 영향을 미치는 것이다. 그러나 우리는 여러분이 이 장에서 효과적인 학급 운영의 네 가지 요소를 지지하는 상당히 많은 연구들을 고려해 볼 것을 권한다. 학생들의 최적의 학습을 지지하는 학습 환경을 만들고자 한다면, 여러분은 앞서 설명한 네 가지 기술을 개발해야 할 것이다. 더욱이, 전문가로서 여러분은 여러분이 선택한 방법들이 연구자들이 지지하는 것임을 알아야 하고, 여러분의 학생들이 가장 흥미있어 하는 것임을 알아야 한다.

학교 교육에 대한 신념

학급 운영 방법에 대한 교사의 의사 결정에 영향을 미치는 다른 주요 변인은 교사의 학생에 대한 목표다. "학생들을 위한 장기 목표는 무엇인가? 나와 함께 하는 시간동안 학생들이 어떤 영향을 받기를 바라는가?" 학급 분위기, 학생들의 동기, 방해 행동들은 여러분의 교육목표에 영향을 미친다.

아마도 학급운영에 대한 많은 접근이 통제와 과제 수행 행동의 극대화를 강조하는 이유는 미국 교사들이 학문적이고 인지적인 교육목표를 강조하는 경향때문일 것이다. 미국과 일본을 비교한 누부오 시마하라와 아키라 사카이(Nubuo Shimahara & Akira Sakai)(1995)는 다음과 같이 쓰고 있다:

> 교육목표에 대하여 미국 교사들은 인지적 성취와 학업의 관점을 우선시 하는데 일본 교사들은 학생의 인지적, 도덕적, 신체적, 사회적 그리고 심미적 발달을 포함한 보다 광범위한 목표를 생각한다(pp. 57, 58).

공교육의 기본 목적이 행복하고 생산적인 사회구성원이 되도록 학생들을 돕는 것이라는 점에 대해서는 거의 이견이 없다. 이러한 목적 달성을 위해 학생을 도울 수 있는 방법을 생각할 때 다음과 같은 질문을 할 수 있다: "이 목적에 도달하기 위해 학문적 지식보다 더 필요한 것은 무엇인가?" "학급운영의 목적을 성취하는 데 용이한 환경은 어떤 환경인가?"

[The Optimistic Child]에서, 마틴 셀리그먼(Martin Seligman)(1995)은 다음과 같이 쓰고 있다:

> 우리는 건강한 신체를 가진 아동 이상을 원한다. 우리는 아동에게 우정, 사랑, 높은 성취를 기대한다. 우리는 그들이 배우기를 바라고, 도전하기를 바란다. 우리는 아동에게 받은 것에 대해서는 감사하고, 성취한 것에 대해서는 자랑스러워하기를 바란다. 우리는 그들이 미래에 대한 확신과 모험에 대한 사랑, 정의감, 정의를 실천할 용기 등을 가지고 자라길 바란다. 우리는 그들이 항상 위기와 실패 상황에서 살아남길 희망한다. 그리고 우리는 그들이 좋은 부모가 되기를 바란다.(p.6)

앨피 콘(Alfie Kohn)(1991)는 학교가 단지 좋은 학습자 뿐만 아니라 좋은 사람을 길러내고자 한다면, 학생에게 봉사하고, 학교가 보다 생산적이어야 한다고 주장한다. 콘(Kohn)은 "12년의 학교교육은 관대함을 기르거나 행복해지는 데 도움을 주지 않았다. 반대로 학생들은 똑똑하다는 것이 1등이라는 숫자를 추구하는 것을 의미한다고 생각하며 졸업하게 된다"고 주장했다.(p.498)

콘(Kohn)은 학교는 학생의 타고난 본성과 관대함의 정신을 기르기에 이상적인 장소라고 주장했다. 정직한 학생을 길러낼 가족의 책임을. 교수에 대한 가족의 책임감을 교수 가치에 포함시킬 것이냐 뺄 것인가에 대한 토의에서, 콘(Kohn)은 다음과 같이 쓰고 있다:

> 도덕적 관심과 사회적 기술은 가정에서 가르쳐야 한다고 말한다. 교육이나 아동 발달 분야에서 이와 다른 생각을 가진 사람을 나는 만나지 못했다. 문제는 이러한 교수-양육과 온정을 가신, 애타주의 모형이 되는 사람, 다른 사람을 돌보는 연습을 할 기회 등등은 가정에서 발견하기 힘들다. 학교는 아동들이 다른 곳에서 얻을 수 없는 것을 제공할 필요가 있을지도 모른다. 어떤 경우든, 이런 생각을 할 수 있다(p.499).

콘(Kohn)은 학생의 미래 성공과 학습이 협동과 양육을 강조하는 학급과 학교에서 일어난다고 주장한다.

"훈육과 도덕성: 규칙과 결과를 넘어(Discipline and Morality: Beyond Rules and Consequences)"라는 논문에서 존 코바레스키(John Covaleskie, 1992)는 "아동이 좋은 사람이 된다는 것의 의미를 느끼도록 해야 하는데-특히 이것은 어떤 사람의 이익을 위해 잘못을 할 가능성에 처했을 때 옳은 역할해야 한다는 의미다"라고 주장한다(p.174). 그는 계속해서 "학교에서의 '훈육 프로그램'을 우리가 판단하는 기준은 도덕적 책임감이다: 아동들이 도덕적으로 생각하고, 말하고, 그리고 실천할 것인가? 중요한 것은 규칙에 따르는 것이 아니라, 좋은 삶, 윤리적 삶을 수 있도록 선택해야 하는 것이다"(p.176).

넬 나딩스(Nel Noddings)(1992)는 이러한 문제에 대하여 다음과 같이 쓰고 있다:

> 예를 들어, 정서적 요구를 고려해 주는 것이 반드시 수학보다 중요하지 않다고 생각하는 것은 실수이다. 이런 일은 동시에 성취될 수 있으며, 다른 사람의 입장에 설 수 있을 때 가능하다. 우리는 수학을 배우기 위해 아이들을 어떻게 다루어야 하는지 질문하지 않는다. 오히려 좋은 사람을 만들기 위해 각 교수가 어떤 효과를 발휘해야 하는지를 생각해야 한다. 수학 혹은 다른 교과를 가르치기 위한 원리들은 우리가 가르치려는 사람에 일치되는 교수 방법에 관심을 가져야 한다. 도덕적인 양육이란 여러분이 가르치는 사람들에게 어떤 영향을 미치는가? 우리가 지금 만들고자 노력하는 것은 공동체에 어떤 영향을 미치는가와 같은 질문을 해야 한다(p.499).

학교의 목적과 관련된 이슈는 교사가 교사-중심적이고, 정보-전달 교수 모형 혹은 학생-중심적인 접근들 중 무엇을 선택할 것인가와 관련있다. 캐럴린 에버츤과 캐서린 랜돌프(Carolyn Evertson & Catherine Randolph, 1995)는 "학급운영 행동은 특정한 상황에서 가치있는 지식과 참여의 종류에 대한 학생들의 정보를 의사소통하는 것"이라고 주장한다(p.120). 우리가 학생이 능동적으로 그들의 지식에 참여하도록 한다면, 우리는 권위주의적인 방법에 반대되는, 권위있는 것에 관심을 두고, 갈등을 해결하기 위해 문제뿐만 아니라 사회적 기술을 가르치는 학급을 운영해야 한다.

지지적인 공동체를 만들거나 능동적인 학습자에게 관심을 두는 한 방법으로서 학급 운영에 대한 논쟁의 하나는 "기본적인 것"을 가르치는 데 시간을 덜 쓴다는 주장이다. 수년간의 연구를 통해서, 교사가 필연적으로 학생 행동 문제를 다루는데 많은 시간을 보내는 것으로 나타냈다. 중요한 것은 언제 그리고 어떻게 시간을 보내느냐이다. 우리는 행동 표준을 학생들이 개발하고, 동의하고, 실천해서 수업이 의미있고 참여적이라면 긍정적인 학급 환경을 만드는데 시간을 보내야만 한다. 그렇지 않다면, 지지적인 공동체를 만들거나 학생들이 성공할 수 있는 의미있는 작업을 방해하는 것들에 대응하느라 셀 수 없는 시간을 보내게 될 것이다. 연구에 의하면, 공동체를 만드는 것은 아주 긍정적인 효과를 낸다.

학교에서 "공동체" 형성에 높게 참여하는...학생들은 긍정적인 결과의 주인공이 된다. 이것은 높은 교육적 기대와 학업 성취, 학습에 대한 강한 동기, 학교에 대한 선호, 결석이 거의 없음, 뛰어난 사회적 능력, 문제 행동의 적음, 약물 사용과 태만이 주는 것, 그리고 민주적

인 것에 한 발 다가서는 것 등이다.(p.17)

"기초교육"에 시간을 주는 것에 대한 또다른 반응은 "기초"가 점점 다른 사람과 잘 지내는 것, 기술, 삶에 성공하는 것 등을 포함한다는 것이다. 학교가 학생에게 직업과 관련된 것들을 제공해야 한다는 것도 타당한 것으로 보인다. 직업 시장에서 필요로 하는 것에 대한 국가적 연구에서 샌디아 국립 연구소(1993)는 "미래 가장 중요한 직업 '기술'은 학문적 기술이 아니라 오히려, 행동적 '기술'이...'아주 결정적'이다"라고 쓰고 있다. 학생에게 상호작용을 강조하는 학급 운영은 학업 기술을 발전시키도록 지지하는 긍정적인 행동을 강화할 뿐만 아니라 중요한 인생 기술을 개발하도록 돕는다.

> 내 관심은 이러한 "다른 특징들"에 있는데, 정서적 지능, 혼란스런 상황에서 자신을 동기화하고 유지할 수 있는 능력; 충동을 조절하고 만족을 기다릴 줄 아는 것; 몰입하여 분위기를 만들고 유지할 수 있는 것; 감정이입을 할 수 있고, 꿈을 가질 줄 아는 것 등이다.(p.35)

골먼(Goleman)은 450명의 소년에 대한 추수연구에서 47세에 성공하는 것은 지적 능력보다는 혼란을 다루고, 정서를 조절하며, 다른 사람과 잘 지내는 능력과 관련있다고 보고한다(Felsman & Vaillant, 1987).

잠시 멈추고 1.8	학생들이 성취하기를 바라는 학습을 강조하는 학급 환경은 어떤 것인가? 게다가 학문적 내용 지식외에, 그들이 내 학급을 떠날 때 어떤 기술과 태도를 갖고가기를 원하는가? 우리는 여러분의 답이 학급을 조직하고 운영할 때 여러분이 선택하는 방법에 영향을 끼칠 것이라고 믿는다. 이 글을 읽을 때 이 질문을 명심하고, 여러분의 학급 운영 기술을 결정하라.

학생의 문화적 배경

학생의 문화적 배경은 학생지도에 영향을 미친다. 밸린저(Ballenger)는 북아메리카 교사들의 학생 관찰 기록들을 제공하는데, 아이티 학생들을 효과적으로 학급생활에 참여시키기 위해 그들의 언어와 행동을 관찰하였다. 밸린저(Ballenger)는 문제 행동에 대해, 아이티 부모들이 학생들의 생각이나 말을 듣지 않는다는 것을 발견했다. 대신, 그들은 어떤 행동이 "나쁘다"를 강조했고, 아이들이 이러한 방식으로 행동하는 것은 어른들을 실망시키는 것임을 강조했다. 밸린저(Ballenger)는 다음과 같이 쓰고 있다:

> 북아메리카 교사는 학생들 개인의 감정이 문제와의 관계되어 있다는 것에 관심을 가지고 있다... 내가 관찰한 아이티 사람들은 집단과 집단 구성원의 가치와 책임감을 뚜렷이 구별한다.

밸린저(Ballenger)는 그녀의 관찰이 북아메리카 교사들에게서, 특히 저학년에서 나타나는 것이라고 논평을 달았다. 특히, 아이티 교사들은 교사-학생 관계를 강조하는 것으로 보였다. "북아메리카 사람들은 아이티 사람들이 언어적으로 신체적으로 벌을 주는 것을 너무 심하다고 생각한다," 이에 반해, 밸린저(Ballenger)는 학생의 문제 행동에 대하여 부모와 교사의 반응이 너무 다르면 심각한 문제가 될 수 있는데, 특히 교사와 학생 사이의 관계에 부정적인 영향을 끼치기 때문이다.

마시아스(Macias) 역시 파파고 유치원생들에 대한 연구에서 학교와 가정의 일관성에 대한 관심을 나타냈다. 그녀는 다음과 같이 서술하였다.

> 대부분의 소수 인종 학생들에게는, 초기 가정에서 학교로의 변화는 불연속성을 경험하는 시기가 되는 듯하다. 가정과 학교의 문화적 불일치에 따라 학교는 학교교육의 효율성 정도를 결정해야 한다.

마시아스(Macias)는 파파고 지역 아동의 가정에서의 자율성 제한과 규칙 등의 불일치가 학교에서도 문제가 될 수 있다고 했다. 그녀는 특히 학교에서 개인적인 강화를 사용하는 것에 대해 갈등이 있을 수 있다고 썼다.

아동 충동성 연구들을 살펴보면, 파파고 아동 양육의 중요한 특징을 알 수 있다. 파파고 아동들은 사회적 인식 경향이 있는데, 가령, 개인의 권리나 선택보다는 또래나 가족을 강조한다. 사실, 파파고 학생들은 일반적으로 한 사람에게 관심을 두는 것에 대해 부정적이며, 집단에서 사회적으로 분리되는 개인에 대해 꺼려한다.

이는 학급에서 아동이 개별과제를 우수하게 수행해서 제공하는 많은 공식적인 개별강화 상황에서 갈등이 일어날 수 있다.

마시아스(Macias)는 파파고 아동들이 가정에서의 양육상황과 일치하지 않는 방식을 학교에서 경험할 것이라고 언급했다. 마시아스(Macias)는 파파고 저학년의 헤드 스타트 프로그램(PECHS)에서 일한 경험을 언급하면서, 이 프로그램이 학교 성공에 기여하고 있다고 믿으나, 아동의 문화적 가치와 충돌하는 경험, 가정-학교의 비연속성을 경험하는 방식이라면 부정적 효과를 낼 것이라고 했다. 마시아스(Macias)가 지적하듯이, 학교가 아동의 가정 문화에서 사용하는 모든 것을 복사하듯이 수용하는 것도 바람직하지 않다. 그러나 학급에서는 아동의 문화적 가치와 스타일을 존중하는 것, 필요하다면 언제든지 통합하는 것, 사려깊게 점차적으로 새로운 행동을 소개하는 것이 중요하다.

2학년 학급을 관찰한 연구에서 죠지 노블리트(George Noblit)는 권위와 권력구조를 연구하면서 백인 중산층이 교수 개념에 접근하는 것과 흑인 미국 여성이 사용하는 구조화된 교사-지시적 교수유형을 비교하면서 설명했다.

> 나는 나의 노력 어디쯤 있는지 생각한다. 우선, 나는 아프리카계 미국인 교사들에게서 배우려고 노력해야 한다. 그들은 교육과 보육을 내 민족보다 상당히 다르게 접근한다.

학급에서 권위에 대한 노블리트(Noblit)의 초기 개념은 공립 학교의 학급보다 학교조직의 발달에 배경을 두었다.

교사가 학생의 문화에 기초한 양육 방식을 고치는 것 혹은 그들의 문화를 유지하는 것에 상관없이 중요한 것은 교육자로서 우리가 학급, 학교 그리고 공동체에 존재하는 전후 맥락적 변인들의 관점에서 학생들과 일하는 우리의 신념과 일하는 방식을 검토해야 한다는 것이다.

"문화적으로 대처하는 학급 운영의 개념 탐색"이라는 논문에서, 바인슈타인, 탐린슨-클라크, 그리고 커런(Weinstein & Thomlinson-Clarke & Curran)은 문화에 기초한 학급 운영은 틀이요, 전략 이상이어서 교사들의 학급 운영에 대한 의사결정에 영향을 미친다"고 했다. 그들은 문화적으로 대처하는 학급 운영에는 다음과 같은 것이 요구된다고 했다:

> (a) 국수주의와 편견을 인식하기; (b) 학생의 문화적 배경 알기; (c) 우리 교육 체계에 대한 폭넓은 사회적, 경제적, 정치적 맥락 이해하기; (d) 문화적으로 적합한 학급 운영 전략을 사용하려는 능력과 의지; 그리고(e) 지원적인 학급 공동체를 만들려는 협의.

우리는 여러분의 계속적인 전문성 개발 노력뿐만 아니라 교사 교육에서 바인슈타인(Weinstein)과 동료들의 설명을 제공해왔다. 이 책에서 설명하는 종합적 학급운영은 학급 공동체 만들기를 시작할 수 있도록 하기 위해 조심스럽게 접근하고 있다.

효과적이고 전문적이며 책임감있게 학급에 접근하기

많은 초보 교사는 학급 운영과 관련하여 분명히 개인적이고 전문적인 효율성이 부족하다. 교사 효율성은 "어떻게 학생을 잘 배우게 하도록 영향을 줄 수 있는지, 심지어 어려움이 있거나 동기화되지 않은 학생에게조차 교사의 믿음이나 확신"을 갖도록 하는 것으로 정의할 수 있다. 효율적인 감각을 가진 교사들은 학생들이 내용을 습득하고, 새로운 교수 방법에 참여시키는 데 보다 성공적인 경향이 있으며, 그들의 일에 만족하는 경향이 있다. 그들은 교수에 저극적인 경향이 있고, 학급에서 학생들과 보다 능동적이고 생산적으로 참여하는 경향이 있다. 이 책을 쓰는 중요한 목적 중 하나는 여러분이 교수 활동을 할 때 보다 편하고, 확신있고, 효율적일 수 있도록 감각을 개발하도록 돕는 것이다. 종합적인 학급 운영은 교사 효율성의 중요한 측면이기 때문에 우리는 이 책에서 설명한 지식과 기술을 여러분이 발전시키고, 학급 운영에 대한 여러분 자신의 아이디어 전문적 접근을 통합해서 효율성에 대한 여러분의 감각을 키우고, 학생들에게 학문적/개인적/사회적 즐거움을 경청하도록 할 것이라 믿는다.

어떻게 학급 운영에서 효율성에 대한 감각을 개발할 수 있는가? 수학의 교수 경험을 연구한 램퍼트(Lampert)는 교사들이 가르치면서 그들이 누구인지, 그들이 무엇이 되고자 하는지, 학생이 무엇을 배우는지, 이러한 것을 학급 운영에 어떻게 통합할 것인지 등을 정교하게 종합해야 한다고 했다. 가장 효과적인 학급 운영은 여러분의 학급에서 교사 스스로 교사-연구자가 되어 창조하는 것이다. 이 책에서 제시하는 이론, 연구, 전략들은 여러분이 교사-연구자로 성장하는 데 중요하고 필수적인 기초가 될 것이다. 그러나 가장 중요한 것은 학생 행동과 학습에 대한 질문을 계속하고, 이를 학급 운영 분야에 통합하려는 것, 그리고 여러분의 학급에서 학생들의 학습의 질을 강화하는 변화들을 만들기 위해 학생들과 노력하는 것이다. 우리는 이 책에서 관련 정보를 가르치는 맥락에서 분석함으로써 여러분의 실천을 돕고자 한다.

요약 SUMMARY

교사들은 학생들의 학습 환경을 방해하는 행동과 그로 인한 심각한 문제를 끊임없이 경험하고 있다. 미국 학교에서 학교 교육을 위협하는 학생의 수가 증가하는 것을 고려할 때, 앞으로 10년간 교사들은 계속적으로 학생들을 동기화하고, 문제 행동을 다루는 기술을 업그레이드할 필요가 있다.

다행히도, 학급 운영에 대한 연구는 과거 40년간 계속 발전해왔다. 교사들은 더 이상 학생들을 다루고 동기화하는 이 복잡한 과제에 대한 일차원적이고 단순한 충고에 의지할 필요가 없다. 교사들은 보다 긍정적이고, 지지적인 학급 환경을 창조할 수 있는; 학생들을 잘 조직하고 가르치는; 그래서 문제 행동을 하는 학생들의 행동에 보다 효과적으로 대응하고, 나아가서 분명하고 의미있는 교수를 통해 지원적인 학급을 만들기 위해 노력해야 한다. 새로운 방법은 교사들이 학급 운영의 분명한 철학과 학생에 대한 책임감을 이해한다면 효과적으로 강화할 수 있다. 끝으로, 학교는 모든 교육자들이 학교 내에서 학생의 문제 행동에 대처하는 방법들을 이해하고 심각한 문제 행동을 가진 학생들을 더 잘 도울 수 있도록 해야 할 것이다.

학급 운영과 교수 변화를 만들어내는 가장 훌륭한 개발 전문가는 교직원들이다. 우리가 제시하는 학생들의 학습과 행동개선을 위한 새로운 방법은 많은 도움이 될 것이다. 효과적인 학급 운영은 학생들을 돕는 노력을 하는 한쪽이 이기면 한쪽이 지는 게임이 아니다. 우리가 이 책에서 제시하는 방법들을 사용할 때, 위험에 처한 학생들 뿐만 아니라 동시에 모든 학생의 학습 경험을 강화하는 방식이다.

활동 1.1

학생 행동 다루기에 대한 철학 세우기

학생 행동에 대한 다음 질문에 여러분의 답을 써라.

- 학생의 잘못된 행동의 가장 일상적인 원인은 무엇인가?
- 학생이 잘못했을 때, 교사가 어떻게 반응하는 것이 가장 효과적인가? 왜 그러한가?
- 학교밖에서 학생을 돌보는 부모나 다른 사람의 행동 문제에 대하여 나는 어떻게 대응하는가?
- 내가 현재 사용하는 대응책은 내가 자랄 때 나에게 사용된 것과 어떤 관련이 있는가?

1. 학생의 잘못을 다루는 것에 대한 여러분의 믿음이나 철학을 간단하게 서술하라.
2. 여러분은 위 요약을 다시 읽어보고 논평이나 수정 방안을 첨가해보라. 학급 운영에 대한 당신의 중요한 문서가 될 것이다.

>>> Chapter 2

학생의 요구에 대한 이해

최적의 교육 조건에서 가르치는 것이 어렵고, 학생들과 교사들의 요구를 고려하지 못하면 교육은 거의 불가능하다. 교사 또는 학생의 요구를 무시한 어떠한 교육 방법도 실패한다.

- William Glasser(1990)

교사들은 흑인과 라틴아메리카계 학생의 독특한 문화적이고 사회적인 특징을 확인함으로써, 그들의 학업성취를 향상시킬 수 있다.

- Crystal Kuykendall(2004)

학생들은 그들의 기본적인 개인적 · 심리학적 요구를 충족시켜주는 환경에서 더 적절하게 행동하고 효과적으로 학습한다. 모든 학생들은 편안하고, 안전하며 인정된 학교 환경에서 가장 잘 학습한다. 학생의 학업 실패와 비행은 학생의 요구를 학급환경과 학교 환경을 조사함으로써 이해할 수 있고, 계속해서 예방하거나 교정할 수 있다.

교사들은 학생의 부정적 영향을 끼치는 문제 행동의 원인을 찾을 때 자주 한계를 느낀다. 아이들이 무례하게 행동하는 이유를 기술하도록 부탁받을 때, 교사들이 응답하는 것은 부정적 태도, 가난한 가정환경, 평균이하의 IQ, 부모지원 부족, 의학적이거나 정서적인 문제 등이다. 학생비행이 일어날 때, 교사들이 할 수 있는 일이란 고작 이 아이들을 벌하거나, 내쫓거나, 아이들을 설득하는 일 뿐이다. 교사들은 이와 같은 방식으로 학생의 비행에 대한 책임을 스스로 사면할지도 모른다. 그들은 자주 통제할 수 없는, 예측할 수 없는 상황에 직면한다.

비록 대부분의 학생 행동이 학교 밖의 외부요인에 의해 영향을 받는 것이 사실이라 해도, 학교와 교사 효과에 관한 연구는 학교와 교사는 학생들이 행동하고 학습하고 그리고 학생이 느끼는 것에 중요한 영향을 미친다고 증거한다. 그러므로 학생의 문제행동을 접근하는 또 다른 방법은 어떤 학급 변인이 학생 학습과 행동에 긍정적 영향을 끼칠 수 있는 지에 관해 생각하는 것이다. 이 책은 이 학급환경을 만들기 위해 교사들이 사용하는 방법을 제공한다. 그러나 유능한 교사라면, 이런 방법들을 자신의 학급에 사용하는 것보다 왜 이런 것들이 더 효과적인지를 분명하게 이해하고 싶을 것이다. 당신의 아이가 복통으로 의사에게 갔던 때를 잠시 생각해 보라. 만일 의사가 아이의 상태도 검사하지 않고 수술을 할 것이라고 한다면 당신은 어떻게 할 것인가? 왜 수술을 하려고 하는지 당신이 물었을 때, 그 의사가 지난 여름 맹장수술에 관한 수업을 들었고, 수술이 아이들에게 효과적이라고 설명한다고 치자. 당신은 분명히 당신이 생각하는 복통의 원인을 의사에게 알려주려 할 것이다. 앨런 멘들러(Allen Mendler)(1992)는 이에 대해 다음과 같이 기술했다 :

" 호튼 부인, 오늘 학교에 오실 수 있나요?"

> 적지않은 훈육 프로그램들이 부적당한 전략과 기술을 사용하도록 강조한다. 예를 들어, 건방진 아이들, 가령, 자니Johnny(건방진 사내아이를 지칭함)가 예의바르게 행동하도록 돕기 위한 훈육 프로그램이 있다고 생각해 보자. 문제는 그런 자니가 많다는 것과 훈육 프로그램이 알려주는 내용 또는 기술이 모든 사례에 해당되지 않는다는 것이다. 수천 명의 아이들을 연구한 결과, 모든 사례에 똑같이 효과적이지는 않았다… 유능한 교사는 적당한 전략을 사용하기 전에 아이들의 문제 행동에 관한 이유를 알아본다. 아이들이 못된 짓을 할 때, 아이들은 도움이 필요하다고 우리들에게 이야기하는 것이다. 아이들은 우리에게 어떤 요구가 있다고 이야기하고 있는 것이다 (pp. 25, 27).

교사들은 매일 아이들이 삶의 4분의 1에 관여하고 있다. 비록 이것이 교사에게 많은 책임을 지우지만, 이는 교사의 삶에도 명백하고 창조적인 영향을 끼친다. 교사들은 그들이 통제할 수 없는 학생 행동에 대처할 뿐만 아니라, 학생의 요구에 민감한 환경을 만들어야 한다. 이렇게 할 때, 학생 행동은 긍정적이고 목표 지향적으로 바꿀 수 있다.

이 장은 학생들이 긍정적이고 생산적인 방법으로 행동하기 위해 학생들이 기술하는 심리적 요구들을 설명한다. 여기서는 어떠한 이론가의 심층적 서술이나 아동과 성인 발달에 대한 설명도 시도하지 않을 것이다. 이 장은 학교에서 학생 행동을 강화하고, 학습을 용이하게 하는 학생들의 요구에 집중한다.

이론 살펴보기

학교에서 학생의 문제 행동을 이해하는 한 방법은 이런 행동이 그들의 기본적인 요구를 충족하지 못해서 일어난다고 보는 것이다. 이러한 설명에서 교사는 중요한 위치에 있다. 교사는 통제할 수 없는 문제 행동 자체에 반응하기 보다 학생의 행동에 끼치는 각양각색의 원인들을 통제한다.

학생의 문제 행동을 바라보는 또 다른 시각은 학생의 사회인지적 기술 부족때문으로 본다. 이런 시각의 연구들은 운동장이나 복도에서 공격적으로 행동하는 학생들은 동년배와 적절한 접촉을 하고 문제를 해결하는 기술이 부족하다고 제안한다. 유사하게 공부 시간 동안에 교실 밖에서 배회하는 학생들은 좌절하지 않으려고, 도움을 요청하는 방법이나 학습내용을 이해하기 어렵기 때문인지도 모른다. 이 사회인지적 기술부족 모형은 적절한 행동의 강화와 부적절한 행동에 대처하는 기술이 필요하다고 제안한다. 학생들은 읽기나 수학처럼 사회적 기술이나 학습 기술을 배워야 한다. 학생들이 읽기에 중대한 어려움 겪을 때, 방과 후 읽기 전문가에게 보내어지는 것과 같다. 그러나 교육자들은 동급생들로부터 고립되어 이를 배울 수 있을 것이라고 기대하지 않는다. 학생들이 독서 전문가와의 단기간 학습했다고 해서 다른 학생들과 같은 수준이 될 것이라고 기대하지는 않는다. 그러나 학생들이 그들의 행동으로 어려움을 겪을 때, 자주 그들을 고립시키고, 적절하게 행동하는 방법을 거의 지도하지 않으며, 카운셀러 또는 교장실에 가서 문제를 해결하고 나면 동급생들과 효과적으로 생활하는데 필요한 기술을 가진다고 생각한다. 학생 행동 문제가 사회인지적 기술부족때문이라고 생각만 한다면, 이것은 문제해결에 현실적이지 못하다. 교육자는 학생들이 필요한 기술을 습득할 기회를 만들어 주면서 문제 행동에 대응해야 한다. 이 장은 학생 행동을 이해하는 첫 번째 방법인, 문제 행동은 학습 환경에서 충족하지 못한 학생의 요구가 원인이라고 생각하는 과정들을 탐구한다. 9장과 10장은 학생의 문제행동을 사회인지적 기술부족 때문이라고 생각하는 관점들을 다룰것이다.

개인 욕구 이론들

애이브럼 매슬로우(Abraham Maslow)

애이브럼 매슬로우(Abraham Maslow, 1968)는 학생들이 학습 에너지를 갖기 위해서는 그들이 기본적인 개인적 욕구를 충족해야 한다고 다음과 같이 제안했다.

> 건강한 사람들은 자아를 실현하고자 하는 동기, 안전, 소속감, 애정, 존경과 자긍심과 같은 기본적인 욕구를 만족한 사람이다(p. 25).

니콜라스 롱과 윌리엄 모스(Nicholas Long & William Morse, 1996)는 다음과 같이 기술했다 :

> 불행하게도 많은 학생들이 부모와의 긍정적 유대감이나 애정 없이 공립학교에 입학하고 있다. 이 학생들 중의 대부분은 가난, 무관심, 학대, 이혼, 마약, 거부 등 정서적으로 이미 피해를 입고 있다. 그들은 다른 성인들을 신뢰하지 않거나, 집단생활 및 개별 학습에 필요한 친사회적인 기술을 습득하지 못했다. 학생들은 쉽게 좌절하고, 사회적인 상호 작용, 배려, 자긍심이 낮다. 그들의 사회적/정서적 욕구는 그들의 행동을 지배하고, 학습 과정을 붕괴한다(p. 239).

이 책의 앞장에서 아이들의 요구의 가치를 충분히 설명했지만, 학생의 욕구를 조직적으로 평가하고, 대처하도록 돕는 인간의 기본적인 욕구에 관한 매슬로우(Maslow, 1968)의 개념은 많은 이론들이 제공하는 주요 요소들을 포함하고 있다. 매슬로우(Maslow)는 인간의 기본적인 욕구 위계를 제안하고, 하위 수준의 욕구가 일반적으로 상위 욕구에 앞선다고 주장한다. 매슬로우(Maslow)의 욕구위계는 다음의 구성 요소를 포함한다 :

자아실현 Self-actualization
자긍심 Self-respect
소속감과 애정 Belongingness and affection
안전 Safety and security
생리적 욕구 Physiological needs

매슬로우(Maslow)의 견해는 사람들에게는 본능적인 욕구가 있다는 것이다. 그러므로 한 사람이 그의 기본적인 욕구를 충족하지 못했을 때 그 좌절은 문제 행동으로 나타나며, 이로 인한 문제 학생은 나쁜 아이가 아님을 지적하는 것이다. 매슬로우(Maslow)는 더 나아가 이 기본적인 욕구들을 다른 사람들의 지원 없이는 충족될 수 없다고 한다. 기본적인 욕구가 충족되었을 때 개인은 혼신의 힘을 다해 학습하고, 자아실현을 위해 동기화된다.

루돌프 드라이커스(Rudolf Dreikurs)

빈의 정신과 의사 알프레드 아들러(Alfred Adler)의 개념에 기초한 루돌프 드라이커스(Rudolf Dreikurs)의 아동의 기본적 욕구이론은 욕구는 사회적으로 수용된다는 것을 자제하고, 아이들과 함께 하는 것을 그의 아이디어의 중심에 두었다: "못된 짓을 하고 있는 아이는, 그가 있어야 할 장소를 발견하지 못해 낙담한 아이일 뿐이라는 것을 알아야 한다. 비행은 사회적으로 수용되기를 바라는 불완전한 논리에 따라 행동하는 것이다"(Dreikurs & Cassel, 1972, p. 32).

드라이커스(Dreikurs)는 학생의 문제 행동과 관련된 네 가지 의도를 제안했다:

관심끌기 attention getting

힘 행사하기 power
앙갚음 revenge
부적절성의 표현 and displays of inadequacy

그는 "학생이 학급에서 유용한 기여를 할 적절한 기회를 빼앗길 때 주의를 끄는 행동으로, 학급에서 그의 존재 증거를 찾는 것이다"라고 했다(1972, p.34). Dreikurs는 만일 성인들이 학생이 얻고자 하는 주의에 대응하지 못한다면, 학생들이 스스로의 힘을 행사할 방법을 찾을 것이라고 지적했다. 만일 이러한 반응이 교사의 물리적 통제에 의해 일어난다면, 학생들은 깊게 실망하고 앙갚음할 방법을 찾게 된다. 드라이커스(Dreikurs)는 "'소속감'을 얻기 위해 주의를 끄는 행동을 시도해 본 아이는 결국 그가 기대하고 희망했던 것을 단념하고, 실패나 패배만 생각하는 절망을 경험할지도 모른다"라고 했다(Dreikurs & Cassel, 1972, p.39). [슬픔 없는 훈육(In Discipline without Tears)](Dreikurs & Cassel, 1972)과, [학급에서의 건전함 유지(Maintaining Sanity in the Classroom)](Dreikurs, Grunwald, & Pepper, 1971)에서, 드라이커스(Dreikurs)는 교사들에게 아이가 찾고 있는 방법과 추구하는 것이 잘못된 것임을 확인할 수 있도록 돕고, 그들이 학급에서 긍정적으로 생활할 수 있도록 돕기 위한 4가지의 조력방법을 제안한다.

최근에 타피어와 그의 동료(Toppeer. et al. 1994)는 학생들의 도전적 행동과 관련된 욕구 목록을 약간 수정하여 제공한다.

- 주의(Attention)는 다른 사람과 자신에게 주의를 끄는 행동이다.
- 회피/도피(Avoidance/Escape)는 학생이 좋아하지 않는 행사 또는 활동을 회피하려는 행동이다.
- 통제(Control)는 이벤트를 제어하는 행동이다.
- 앙갚음(Revenge)은 뭔가를 당했다고 생각하여 행위를 한 사람을 벌주려는 행동이다.

"걔들의 사고방식을 꾸짖으려면 네 잔의 커피가 필요해요"

- 내방식 따라하기(Self-Regulation/coping)는 감정을 통제할 때 필요한 행동이. 예를 들면, 지루함, 당혹, 노여움, 눈물, 걱정 또는 에너지 등
- 놀이(Play)는 웃자고 하는 활동이다(p.47)

모든 행동에는 이유가 있다고 생각하는 것 학생들과 함께 하는 데 중요하다. 학생들은 나쁘지도 않고, 문제가 아니다. 그들은 단지 그들의 최고 관심사가 아니거나 다른 사람의 최고 관심사인 행동을 시도할 뿐이다. 이런 것들이 자주 주의, 통제, 회피, 내방식, 놀이와 같은 방법으로 나타난다. 학생들이 표현하는 욕구를 충족하도록 돕고, 그들이 생활 중에 이를 효과적으로 조절하도록 돕는 것이 우리 교육자의 역할이다.

윌리엄 글래써(William Glasser)

30년 이상 윌리엄 글래써(William Glasser)는 효능감과 힘, 학생 경험 확산을 위한 운동을 했다. 그의 저서 [학급 통제 이론(Control Theory in the Classroom)]에서 글래써(Glasser)(1986)는 "우리의 행동은 우리만의 발생적 구조로 생기기 때문에 5개의 기본적인 욕구를 만족시켜야 한다"라고 진술했다(p. 14). 5개의 기본적인 욕구를 글래써(Glasser)는 다음과 같이 기술하였다.

(1) 생존 및 생식에 대한 욕구 to survive and reproduce
(2) 소속 욕구 to belong and love
(3) 능력에 대한 욕구 to gain power
(4) 자유에 대한 욕구 to be free
(5) 즐거움에 대한 욕구 to have fun(p. 22)

글래써(Glasser)는 학생의 욕구가 허용되는 학교 환경에서 생산적으로 학습할 수 있다고 지적했다.

[우수한 학교 : 속박없는 학생 지도]에서, 글래써(Glasser, 1990)는 학생들의 권한을 강화하는 방향으로 그의 이론을 확장하면서 다음과 같이 기술했다.

> 학생들을 포함하여 학교에서 일하는 사람들은 그들이 해야 하는 일이 자신들의 욕구를 만족시키는 방향으로 관리되어야 한다. 그렇게 될 때 그들은 더 부지런히 일하고 공부할 것이다. 그러나 학교는 학생들의 욕구를 만족시키지 못하고, 교사들은 학생들에게 평가가 가능한 지식의 단편들을 채워주고 있다.
> 이렇게 표준화된, 단편적 접근 방식이 학생과 교사들을 만족시키지 못하기 때문에, 학생들은 더욱 저항하고, 이 저항은 훈육 문제로 발전된다. (p. 22)

학교에서의 학생들의 욕구와 행동이 학습을 지원하는 데 실패하는 이유를 이해하기 위해서, 저자는, 모든 공립학교 교사와 예비 교사들에게 학생에게 집중하도록 강력하게 권한다. 교사들이 학생처럼, 학교까지 버스를 타고 등교하고, 학생과 함께 생활(점심, 체육시간, 휴식

등을 포함하여)해 보도록 했다. 500명 이상의 교사가 이렇게 했고, 저자는 참가교사들이 학생을 따라한 경험, 불쾌한 버스좌석, 휴식시간의 부족, 낮은 학업수준을 개인적으로 경험하고 얼마나 놀라와 했는지 알고 있다. 그림 2.1(69쪽에 있는)은 학습욕구에 대한 추가적인 생각들을 제공한다.

그림 2.1 학생의 기본 욕구

브렌드트로 외 Brendtro et al. (1990)		쿠퍼스미쓰 Coopersmith (1967)		콘 Kohn (1993)		클래써 Glasser (1990)	
1. belonging	소속감	Significance	유의미	collaboration	협력	love	애정
2. mastery	지배력	competence	적성	content	내용	fun	재미
3. independence	독립	power	힘	choice	선택	power/freedom	힘
4. generosity	관대			Virtue	미덕	survival	생존

스탠리 쿠퍼스미쓰(Stanley Coopersmith)

쿠퍼스미쓰(Coopersmith, 1967)는 학생 욕구에 관한 또다른 유용한 생각을 제공한다. 자긍심 관련 요인에 관한 그의 연구에서 쿠퍼스미쓰(Coopersmith)는 높은 자긍심을 소유하기 위해서는 개인적인 유의미함, 적성과 능력을 경험할 필요가 있는 것으로 나타났다. 유의미함은 개인과 집단이 마음속으로부터 서로를 마음에 두는 긍정적인 쌍방향 관계에서 얻어지는 존재감으로 정의할 수 있다. 적성은 어떤 일(직업)을 사회적으로 보다 더 잘 실행할 수 있는 것이다. 예를 들어, 동학년 자유투 경쟁에서 승리하는 것은 그에게 적성에 관한 감각을 제공할 것이다. 사소하게 구두를 묶거나, 한 자릿 수를 추가할 수 있는 것도 그녀에게 적성에 대한 모종의 감각을 제공할 것이다. 마지막으로, 힘은 환경을 제어하는 능력을 뜻한다.

쿠퍼스미쓰(Coopersmith)의 연구는 학생들이 그들의 욕구와 직면할 때 적성뿐만 아니라 신뢰와 개인의 여러가지 감각을 경험할 필요가 있음을 지적한다. 쿠퍼스미쓰(Coopersmith)는 또한 개인이 자신과 환경에 대해 좋은 느낌을 갖기 위해서는 그들이 능력 또는 통제력을 경험해야 한다는 점에 주목했다. 분명히 학급의 규칙과 규칙적용과정을 이해하는 학생과, 배워야 할 것과 그것이 그들에게 유용할 지도 모른다고 생각하는 학생들은 능력을 감각적으로 경험할 것이다. 이와 같이 그들이 연구하는 특별한 흥미나 화제를 선택하거나, 학급이 정돈되는 방식, 그들 자신의 학습 스타일, 그들의 학습과 교사의 의사 결정과의 관계를 이해하도록 할 때, 학생들은 능력을 감각적으로 경험한다.

많은 연구자들이 학생 행동에 영향을 주는 주요한 욕구에 대해 연구하고 기록했다. 그림 2.1는 이 문제에 대한 4명의 연구자/이론가의 연구 결과이다. 네 사람은 모두 학생들이 그들의 기본적인 욕구를 충족하고, 학교에서 효과적으로 적응하기 위해 그들은 다른 것들(소속감, 유의미함, 협력, 애정)과도 긍정적인 관계를 경험할 필요가 있다고 말한다. 연구자 중의 3명은 특히, 학업 성취(지배력, 적성, 내용)에 관한 학생의 욕구에 집중했다. 4명 모두 학생들은 선택 또는 능력(choice, power)을 경험할 필요가 있다고 지적한다. 마지막으로 다른 2명은 학습을 넘어서 다른 사람에게 나눠주거나 제공할 필요가 있는 것들을 언급했다(Glasser, 1990).

학생들과의 인터뷰에 의거한 연구에서, 타퍼, 윌리엄스, 리오, 해밀튼과 폭스(Topper & Williams & Leo & Hamilton & Fox, 1994)는 학생들이 기술한 유사한 목록을 제공한다.

아동의 욕구

- 당신이 좋아하고 당신을 좋아하는 친구들
- 재미있고 매력적인 것들
- 선택하기와 선택하는 방법에 대한 학습
- 문화적 상호의존성과 자기변호를 위해, 꿈을 추구하는 데 있어 필요한 기술을 마스터할 기회
- 육체적 건강
- 현재의 상태와 멋지다는 평판
- 무조건적 사랑, 항상 당신의 대변자로 함께할 누구
- 사람들의 삶에서의 차이를 만들 기회(Topper et al., 1994, p. 7)

이론가들에 의해 만들어진 이러한 욕구와 욕망이 얼마나 유사한 지에 주목해 보자. 학생들은 상호 관심과 지지에 의한 긍정적인 인간 관계를 형성할 기회, 적성을 보여줄 기회, 의사결정 기술을 사용하고 학습할 기회, 환경에 영향을 미치는 기회, 삶의 차이를 만드는 기회를 가지길 원한다.

아동들이 학교에 올 때, 읽기에 대한 준비 정도가 극적으로 서로 다르고, 학급 사회에 참여하는 능력이 다르고, 성인들의 기대를 수용할 능력이 다르다.

일부 아이들은 이를 이해하는 데 있어서 부정적이고, 지원을 적게 받았다. 그러므로 어떤 학생들은 그들이 다른 사람을 신뢰할 수 있고, 상호작용할 수 있도록 하기위해 먼저 그들은 긍정적이고 지지적인 학급에서 개방적으로 표현할 기회와 경험을 필요로 한다.

가바리노(Garbarino, 1999)는 학생들이 학교에서 노여움과 폭력을 나타낼지도 모르는 이유가 "아직도 그들에게 학교는 너무도 참기 어려운 장소이고, 그들에게 여전히 강압적"이기 때문이라고 제안한다(p. 220). 학교는 학생들에게 마음에 두고는 약간의 감각을 경험하는

장소이고, 직성을 감각적으로 경험하는 장소이다. 그러므로 그들이 학교에서 거절되고, 고립되거나, 실패한 것처럼 느낄 때, 그들의 노여움은 강화되어 그 결과는 비참할 수 있다. 가바리노(Garbarino, 1999)는 이처럼 진술한다 :

> 아무 것도 아닌 것보다 자신에 대한 정의가 부정적일 지라도 동료들로 부터 독자성을 가지는 것은 아이들에게 중요하다. 이 점은 특히 과격하고 거친 소년들을 이해하고자 할 때 필요하다. 그가 아무것도 아닌 것처럼 느끼는 것은 소년에게는 감정적으로 견딜 수 없는 일이다(p. 227).

학교를 멀리하는 학생들을 돕는 학교 프로그램들을 논의한, 테스터먼(Testerman, 1996)은 "학교가 위험에 처한 학생들에게 개별화된 관심을 보이는 것은, 그러한 학생의 출석에 중요한 영향을 끼칠 수 있다"고 주장했다(p. 364). 테스터먼(Testerman)은 플로리다 주 내플스 시의 렐리고등학교 프로그램에서 평점 1.5 이하의 학업성취가 낮은 학생 집단에 주당 15분 동안 상담가를 제공했다. 통제 집단과 비교했을 때, 상담가와 함께 했던 집단이 효과적(통제 집단 29명 중 12명이 탈락, 실험 집단 29명 중의 5명 탈락)이다. 또한 실험집단은 실험기간동안 학업성취면에서도 통제집단의 거의 두 배 정도의 높은 평점을 얻었다.

과격한 것으로 그들을 안내할지도 모르는 과거가 있는 소년들과 함께 하는 것에 대해 말하는 것으로서, 가바리노(Garbarino, 1999)는 "주어진 시간과 포함되었다고 느끼는 것과 걸린 시간의 비판적인 중요성 이전이 결코 아니라 나는 감사하기 위해 왔었다"고 기술했다. 가바리노(Garbarino)는 과격한 범죄를 저지른 청년과 함께하면서 그들로부터 끊임없이 멸시와 학대의 역사를 발견했다. 그는 그들 자신을 더 이상의 상처로부터 보호할 필요가 있는 숨어있는 영혼을 가진 청년들에 대해 말하고 있다. 그는 이 소년들의 영혼이 살아남도록 도울 수 있는 무조건적 사랑에 대해 비판적인 시각에 대해 충고한다. 아이들은 다른 성인과 새로운 유대감을 개발할 필요가 있고, 그렇게 할 수 있다는 점에 대해 기술한다. 이 새로운 접촉은 그들이 양육자의 보살핌을 적절히 받지 못한 많은 청년들이 경험하는 비행 수준을 줄일 수 있다. 하버드 의대에서 실시한 연구는 미국 청년의 우울증이 극격히 증가하고 있음을 알려주었다(Kessler, 1998). 가바리노(Garbarino)는 이런 우울증이 범죄 청년에게서 나타나는 폭력 조짐인 것을 알았다. 게다가 그는 거부반응이 학생의 위험을 증가시킨 다는 것을 알았다. 우리가 이 소년들에게 존중과 호감을 제공하지 않는 한, 그들은 계속 낙심하여 닥치는 대로 폭력을 행하고, 감정을 드러낼지도 모른다. 게다가 거부반응이 이 소년들의 우울증과 노여움의 중심에 있기 때문에 수용적이고 지적인 동료 관계를 확립하는 것 또한 과격한 행동의 폭발을 막는 중요한 요인이다.

이 연구는 유대감과 손실에 관한 보울비(Bowlby, 1982), 매스터슨(Masterson) (Masterson & Costello, 1980)과, 넬슨(Nielsen, 1983) 이전의 연구를 지지한다. 사회적 신호를 정확히

읽고, 타인의 감정에 대해 수용적인 학생의 능력은 초기 유년시기 경험에 크게 영향을 받는다. 따라서 이 연구는 공격적 성향을 가진 학생의 초기 학령기, 나의 유년기를 조사하는 연구를 지지한다(Dishion, French, & Patterson, 1995). 그들의 생애사 때문에, 학생들은 더 안전하지 않고, 관계를 확립할 수 없으며, 구조에 익숙해지지 않은 채로 학교에 입학하였고, 학교에서 그들의 행동을 계속 모니터링했다.

학교 가치는 학생의 동기 부여와 수용에 영향을 주기 때문에, 그리고 문제 학생이 학교 구성원과 동년배들과 관계가 약하기 때문에 이 학생들이 학교 긍정적으로 참여하지 못하는 경향이 있다(Goodenow & Grady, 1993). 이런 설명이 교사에게 중요한 이유는 만일 그들이 학문적으로 그리고 행동적으로 성공하려면, 이 학생들은 지원적이고 양육적인 성인과 동료와의 관계가 필요하다는 점이다. 3장과 4장에서 이런 관계를 만드는 방법들을 제시한다.

1장에서 보듯이, 학교에서 성공하는 학생을 위해 교사는 그들의 개인적이며 적성, 에너지를 다루는 성공적인 사례를 많은 학교들이 갖고 있다. 재미있게도, 1996년 4월의 [“공립학교는 얼마나 안전한가?”(How Safe Are the Public Schools?)]라는 보고에서, 국립 센터의 교육 통계는 학교 크기가 학교폭력과 학생의 무기 소유에 대한 수치에 영향을 미치는 것으로 보고했다. 작은 학교가 학생들에게 의미있고, 에너지에 대한 학생의 욕구를 더 효과적으로 다루며, 폭력 사용의 필요성을 덜 느끼게 하는 것으로 보고되고 있다. 다음 장에서는 학생 욕구의 중요성을 주장하는 여러 이론가들의 간단한 토론자료들은 제공한다.

잠시 멈추고 2.1

한 장의 종이를 3개의 단으로 나눈 후 유의미성, 적성, 에너지 라벨을 붙인다: 당신의 학급에서 모든 학생들이 이것을 성취할 수 있는 방법을 작성해라. 목록 중의 한 개가 아주 짧거나, 거의 대부분의 학생들이 이 항목을 경험할 기회가 없으면, 당신이 이 특별한 항목을 향상시키기 위해 학급에 제안하고 싶은 것들을 추기해라. 당신이 이 목록을 다른 사람들과 공유하고, 다른 사람들의 학급에서 사용되는 방법들을 채용해 본다면 유익할 것이다.

잠시 멈추고 2.2

자신과 친구들의 학습에 부정적인 충격을 줬던 누군가를 생각해 보라. 이 학생이 보여준 특정한 상황을 떠 올려보라. 그 아이의 행동원인이 될지도 모르는, 타퍼(Topper)와 그의 동료들이 제시한 여섯 개의 욕구를 가정하라. 이것은 당신이 학생의 행동을 더 잘 이해하도록 도울 뿐만 아니라, 학생의 행동교정을 도울 수 있는 방법에 관해서 가치 있는 정보를 제공할 것이다. 당신이 학생에게 제공하려는 학생의 현재 행동을 개선할 수 있는 더 좋은 방법들을 진술해 보라.

인간발달이론

에릭 에릭슨(Erik Erikson)

에릭슨(Erikson)에 의하면 인간의 심리사회적 발달에는 8단계가 있다. 각 단계는 개인이 중요한 심리사회적인 이해를 획득하거나 갈등을 극복하면서 책임감을 개발한다. 비록 3단계는 취학 연령의 아이들이 경험할 가능성이 크며, 각 단계는 그 전 단계를 기본으로 한다. 그러므로 만일 아이가 신뢰 같은 이전 단계에서 만족스럽게 발달하지 못하면, 이는 후속하는 발달단계에 부정적인 영향을 끼칠 것이다.

첫 번째 단계는 유아기이고, 유아는 기본적 신뢰감 대 불신감을 경험한다. 에릭슨(Erikson)은 "유아의 첫 번째 사회적인 업적은 외적 내적으로 믿음을 갖는 것, 모성애와 관련된 유아의 마음을 중심으로 이 첫 번째 단계를 설명한다(Erikson, 1963, p. 247). 학대받거나, 버려지거나, 방임된 아이들은 다른 사람들의 지지에 의존할 수 있는 감각을 개발하지 못할 수 있다. 학교에서 우리는 교사에게 달라붙고, 끊임없이 안심과 지지를 호소하는 학생들을 만날지도 모른다. 반대로, 성인들을 밀어내는 아이들을 만날 수도 있고, 그들을 선도할 때 따르는 위험을 각오해야할 지도 모른다.

"사실, 나이에 맞게 행동하는 게 뭔지 잘 모르겠어요.
저는 오늘에서야 7살이 되었거든요."

두 번째 단계는 초기 아동기로 자율성과 수치심을 경험하는 단계이다. 만일 아이가 자신을 테스트할 기회를 갖게되, 문제 행동을 제한하는 긍정적이고 지지적인 환경을 제공받으면 자율성을 개발할 것이다. 이런 기회가 없었던 아이들은 수치심을 발달시킬 것이다.

세 번째 단계는 주도성과 죄의식의 단계이다. 이단계에서 아이는 다른 아이들과 상호 작용하고, 독립적으로 행하는 더 많은 자유를 가진다. "주도성은 스스로 행동하는 것으로 임무를 계획하고, 추진하는 능력이다"(Erikson, 1963, p. 255). 성인들의 지원적인 양육은 아이들의 자긍심과 능력을 개발시킬 것이고, 지지의 결핍 또는 제한은 죄의식 등 억제의 감정을 경청하도록 할 것이다.

제 4의 단계는 근면성 대 열등감이다. 이 단계의 아이들이 성취해야 할 것은 근면성으로 생산하는 능력을 개발해야 한다. 아이들은 학습하는 방법을 배워야 한다. 에릭슨(Erikson)은 이 단계의 본질을 다음과 같이 기술한다 :

> 모든 아이들이 뭔가를 할 때는 시간을 필요로 한다. 만들고 있다는 감각없이 겉치레만 있으면 불만족하게 된다. 나는 이를 근면성이라고 명명했다. 사물을 알고 있고, 일하는 방법을 알고 있는 사람들을 동일시하는 아이들은 긍정적으로 발달한다(Erikson, 1968, pp. 123, 125).

에릭슨(Erikson)의 설명에서 우리는 그가 다른 사람과의 유의미한 접촉을 통해 능력을 발달시키고, 자신을 긍정적으로 바라본다는 점을 강조한다는 것을 확인할 수 있다.

교사들이 학생의 발달상의 욕구를 만났을 때, 다음과 같이 도울 수 있다. (1) 그들이 요청된 일을 이해해라, (2) 그들에게 주어진 일을 성공적으로 완수하도록 해라, (3) 그들의 진보를 모니터링하고 기록해라, (4) 그들의 노력과 성과에 대해 긍정적인 피드백을 주어라. 학생들이 현재 소유한 기술이 아닐 때 학생의 행동을 발달시키도록 보상하고 지원하고, 이것들을 실행해라. 7장부터 10장에서 제시하는 아이디어의 대부분은 당신이 이런 학급을 만들도록 도울 것이다.

아이들의 욕구를 이해하는 것에 더하여, 초등학교 고학년 또는 중학교 교사는 청소년기의 독특한 욕구를 인식해야 한다. 청소년의 신체적 변화는 이 시기에 일어난다. 텔레비전, 아이들의 발달을 촉진하는 분위기 때문에 청소년들은 이전에 비해 더 바르다. 따라서 5~6 학년 교사는 청소년기 단계의 학생들을 다루고 있다는 것을 알아야 한다.

에릭슨(Erikson)은 다음 발달단계로 청소년기에 경험해야 할 정체성에 대해 설명한다. 11세에서 13세 사이의 총소년은, 자의식이 극적인 증가하거나 낮아지는 것을 경험한다. 청소년들은 마치 모든 사람이 그들을 관찰하고 있는 것처럼 느낀다. 엘카인드(Elkind)(1967)는 이것을 "상상의 청중(imaginary audience)"이라고 불렀다. 청소년은 개인의 문제를 특별하게 여기지만, 다른 사람들도 유사한 감정을 경험하고 있다고 생각하지 않는다. 엘카인드(Elkind)는 이 개념을 "개인적 우화(personal fable)"라고 분류했다.

비록 중학교는 학습에 대한 압력이 높아진다고 해도, 청소년이 교사와 동료에 대해 편안한 기분을 느끼고, 지원적이고 허용적인 학급에서 활동할 때, 학생의 학습과 행동은 강화된다는 것을 의미한다. 이런 분위기는 생산적인 학습에너지를 방출하여 학생들의 정체성형성 도움을 준다.

청소년들은 또한 이전에 형성한 믿음과 가치에 대해 도전하기 시작한다. 추상적인 사고와 미래 개념에 대한 증가로 청소년들은 더 비판적으로 세계를 보기 시작한다. 그러므로 청소년들은 비판적인 기본욕구를 갖고 있다. 그들은 공부해야 하는 이유를 묻거나, 성인들이 모르는 규칙을 따르기도 한다. 학생들이 청소년 중기(14세에서 16세)가 되었을 때, 그들의 환경을 더 잘 이해하고 제어할 때, 자기 지향적인 문제에 덜 마음을 빼앗길 때, 문제 행동은 감소한다. 8학년에서 10학년 사이의 학생들은 종종 성인 행동에 도전하면서, 그들의 논리 변호인지 기술을 테스트 하기도한다. 이러한 청소년 초・중기 동안에는 교과와 교수기술, 학교규칙 및 절차에 대해 청소년과 개방적으로 논의할 수 있어야 한다(Jones, 1980).

매어리 파이퍼(Mary Pipher, 1994)는 [오펠리아의 부활 : 소녀 자신의 구제(Reviving Ophelia: Saving the Selves of Adolescent Girls)]에서 많은 소녀들이 청소년기에 들어서면서 창의성과 독립적 감각을 잃어버린다고 주장한다. 파이퍼(Pipher)는 우리 사회가 청소년들에게 믿을 수 없을 정도의 스트레스와 자기상실 결과를 만들어주어 특히 소녀들은 "자율성과 여성스러워지고픈 욕구"를 일으킨다고 주장한다(p. 21). 파이퍼(Pipher)는 건강한 남성과 성인을 활동적이고, 독립적이며, 논리적으로 보는 반면, 여성을, "수동적이고, 의존적이며 비논리적"으로 본다는 점을 지적한다(p. 39). 파이퍼(Pipher)는, 유년기동안 가치롭게 여긴 소녀 경험과 청소년기 동안 형성되는 젊은 여성으로서의 기대와 행동 사이에서 불일치 경험이, 젊은 여성들에게 스트레스, 불만족, 혼란, 왜곡된 자아를 형성하도록 한다고 믿는다.

교사들은, 학생 발달 단계상의 특성을 이해해야 할 뿐만 아니라, 발달 단계의 불만족스러운 경험때문에 고군분투하고 있는 학생들을 지지하고 도와줘야만 한다. 독립성이 없어 보이는 3학년이나 6학년은 발달단계에서 요구되는 지지를 필요로 하다. 이런 아이를 도울 계획을 하는 일련의 교육자들에게 이 책에서 제시하는 종합적인 학급 운영 방법들은 도움이 될 것이다.

교사 신념과 행동에 영향을 미치는 학생의 연령

아마도 대부분의 교사들이 발달심리학을 공부했기 때문에, 학생들을 이해하는 것처럼 보인다. 제1장에서 설명한 것처럼 초등학교 교사들은 그들 자신을 진보주의자로 평하고, 학생들과의 관계는 친밀히 하며, 의사결정과정에 학생들을 참여시킨다. 반면 중등학교 교사들은 그들 자신을 보수주의자로 평하고, 권의적 방법으로 훈육하는 것 같다. 발달상 청소년은 정체성을 형성하고, 부모로부터 독립하려 한다는 것을 교사들이 알고 있기 때문에 교사들은 청소년과 거리를 유지하는지도 모른다. 파인더스(Finders, 1997)는 "중등 교사들은 보다 객관적인 역할을 한다"고 보고했다. 이러한 것은 학생의 발달단계를 교사들이 알고 있기 때문이며, 학생과의 친밀한 개인적 관계가 다른 사람들에게 오해를 삼지도 모른다는 사실을 더 염려하기 때문이다. 학생들에게 더 큰 책임을 지우고, 학생들과의 평등한 관계형성을 포함해서 발달상의 요구와 인지기술 때문에, 교사들은 학급에서 더 큰 거리감을 만든다.

우리는 자주 동일한 학급운영방법을 여러 학년에게 사용할 때 어떤 차이가 있는가 하는 질문을 논의하도록 받는다. 특히 이 책이 제시한 종합적 학급운영이 초등학생과 중등학생에게 똑같이 효과적인가에 대한 질문을 받는다. 이 질문에 대한 대답은 모든 학생이 성공할 수 있는 긍정적이고, 지지이고, 매력적인 학급을 만든다는 것은 모든 학년 수준에서 효과적이다. [Managing Secondary Classrooms(Williams, Alley, & Henson, 1999)], [Classroom Management for Middle and High School Teachers (Emmer, Evertson, & Worsham, 2006)], 또는 [Secondary Classroom Management (Weinstein, 2003)]과 [Elementary Classroom Management (Weinsein & Mignano, 2003)] 또는 [Classroom Management for Elementary Teacher(Evertson, Emmer & Worsham, 2006)]을 살펴보면, 학급운영의 기본적인 개념이 아주 유사하다는 것을 알게 될 것이다. 효과적인 학급 운영의 중요한 구성 요소는 거의 모두 같다. 차이가 있다면, 학생들과 상호 작용할 때에 사용되는 언어와 시간의 양과 가르치는 형태가 다를 뿐이다. 이 책은 당신에게 학급운영의 개념과 전략들, 그리고 초등학교와 중등학교의 예들을 제공할 것이다. 그러나 학급운영의 모든 전략들을 사용하려면, 이 책은 매우 길어질 것이다. 그러므로 이 책의 내용을 당신의 학급에 적용할 수 있는 방법에 대해 동료들과 토론해보는 것이 중요하다.

잠시 멈추고 2.3	당신이 발달심리학 강좌를 이수했을 때, 학급에서 학생들과 효과적으로 학습하는 방법과 관련된 지식을 획득하기 위해 노력했을 것이다. 비록 앞 장에서 간단히 다루었지만 이는 교사와 관련하여 중요하다. 우리는 당신이 믿는 인간 발달 이론이나 사상들이 학생의 학습에 중요한 것인지 고려해 보길 권한다.

사회적 요인 이론

데이비드 엘카인드(David Elkind)

[허둥대는 아이(The hurried child)]에서, 엘카인드(Elkind, 1981)는 아이들의 심리학적 욕구의 화제에 흥미로운 특징을 추가했다. 그는 모든 개인 사이의 관계를 진술했다. 그러나 서로를 다루는 기본 방식을 가진 아이들과 성인들 사이에서, 그는 이 방식을 묵시적 계약이라고 기술하고, 그들이 끊임없이 변화하고 있는 점에 주목했다. 그는, 아동에 의해 보여진 개인적이고 인지적인 기술을 바꾸는 것에 대한 반응으로서의 계약이 변경되었을 때, 아동들이 자신의 욕구와 대면하게 되나, 그 계약은 성인의 욕구에 대응하여 주요하게 변화되어서는 안된다고 평했다.

엘카인느(Elkind)는 성인과 아동간의 3개의 기본적인 계약을 기술했다 :

(1) 책임 - 자유 responsibility-freedom
(2) 성취 - 지지 achievement-support
(3) 충실 - 위임 loyalty-commitment

책임 - 자유 계약은 적당한 자료와 기회를 제공함으로써 "책임감을 개발하도록 하는 아동의 인지적, 사회적, 정서적 발달 수준"을 언급한다(1981. p, 124). 성취 - 지지 계약은 나이에 맞는 성취를 기대하고, 아동이 예상 목표에 도달하도록 돕는데 필요한 개인적 물질적 지지를 제공하는 것이다. 충실 - 위임 계약은 아동이 성인의 시간과 노력과 에너지 때문에 성인을 수용할 것이라고 보는 성인들의 기대이다. 비록 엘카인드(Elkind)가 부모 - 자녀 관계에 집중했지만, 이 계약은 모든 성인 - 아동 관계에도 적용할 수 있다.

엘카인드(Elkind)의 중요한 개념은 청소년과의 계약이 성인들에 의해 자주 침해되고, 이러한 침해가 청소년에게 스트레스를 준다는 것이다. 성인들이 책임에 대한 보상하지 못할 때 책임 - 자유 계약의 위반이 일어난다. 예를 들어, 교사의 요청에 대해 책임있게 행동하고도 무시되었을 때 이는 계약 침해이다. 이와 같이 학생들은 책임 - 자유 계약 위반으로 좌절과 스트레스를 경험한다. 성취 - 지지 계약은 성인들이 학생 성취에 대해 적절한 지원을 제공하지 않을 때 위반된다. 학급에서 적절한 기회를 거의 얻지 못한 낮은 성취 수준의 학생들은 질문에 답할 기회가 거의 없고, 적절한 대답을 하더라도 그에 대한 재강화가 적어서 학생들이 원하는 잠재적 성취에 상응하는 지원을 받지 못한다. 청소년들은 성인들이 이미 만들어 놓은 것을 위임하거나 노력에 상응하는 지지를 받지 못할 때 충실 - 위임 계약의 어려움이 생긴다. 성인들이 문제를 이해하고, 논의하는 것보다는 학생을 비판하거나, 포기하거나, 위임권을 다시 거두어들이는 대응을 할 성취수준이 낮은 학생들에게 더 자주 일어나는 것 같다.

조앤 립시츠(Joan Lipsitz)

채플 힐의 노스캐롤라이나 대학교에서 청소년기 센터 소장으로 봉직한 조앤 립시츠(Joan Lipsitz)는 초기 청년기의 욕구들을 기록했다. 그녀는 이 연령대의 학생들과 함께 하는 교사들에게 빈번하게 실패감을 느끼게 하는 문제 행동 때문에 성인들이 종종 이 연령대의 집단을 이해하는 데 실패한다고 보고한다. 립시츠(Lipsitz)는 청소년기의 발달상의 욕구를 만족시키는 학교 환경 조성의 중요성을 강조했다. 청년초기의 욕구는 그녀의 동료인 개일 도먼(Gayle Dorman)(1981)에 의해 다음과 같이 요약된다.

1. 다양성의 욕구
2. 자기 개발과 자아개념 정의를 위한 기회의 욕구
3. 학교와 공동체에 의미있게 참가하고 싶은 욕구
4. 친구나 성인들과의 긍정적인 사회적 상호 작용의 욕구
5. 신체 활동의 욕구
6. 능력과 성취의 욕구
7. 구조와 명백한 한계의 욕구(p. 1)

조앤 립시츠(Joan Lipsitz)(1984)의 [사려깊은 책, 젊은 청소년 위한 성공적인 학교(Successful Schools for Young Adolescents)]에서 청년초기의 욕구를 만족시키는 학교를 조사한다. 립시츠(Lipsitz)의 연구는 교사-학생 관계, 학생들의 발달적 욕구에 관한 교수적이고 훈육적인 이슈에 필적하는 최근의 연구로 지지받는다. 피안타(Pianta)(2006)는 청소년들의 통제 지향 훈육과 경쟁적인 학업은 동기 부여와 낮은 성취는 경향이 있고, 문제 행동은 더 강화된다."고 보았다. 많은 연구들이 이런 관점을 반복해서 지적한다(Roeser, Eccles, & Sameroff, 1998; Wentzel, 2003). 예를 들어, 교사들은 중학교와 청소년기의 욕구 사이에서 제대로 역할하지 못하는 것처럼 보인다(Roeser & Galloway, 2002). 이것은 동기 부여가 낮은 채로 중학교에 입학하는 학생들에게 특히 중대한 문제다(Harter, 1996). 게다가 교사들은 학생간 비교를 강조하고, 노력과 향상을 강조하는 교육방법을 강조하며, 학생들의 정체성에 대해서는 좀 더 효과적으로 대응하지 못한다(Roeser et al., 1998).

마틴 샐리그먼(Martin Seligman)

아이들과 청년들이 삶에 대해 낙천석인 관점을 개발하도록 돕는 방법을 논의하면서, 샐리그먼(Seligman)(1995)은 "낙천주의는 긍정적인 승리의 문구나 표상이 아니라 당신이 사건의 원인에 대해 생각하는 방법"이라고 진술했다(p. 52).

학생들이 자신의 행동의 원인을 찾아보는 방법에 영향을 미치는 중요한 3가지의 요인이 있다:

"오, 이 정도 일로는 전혀 스트레스를 받지 않는다오. 전에는 중학교에서 아이들을 가르쳤었지요."

(1) 영속성 permanence
(2) 보호 pervasiveness
(3) 개인화 personalization

이 3개의 요인들은 버나드 바이너(Bernard Weiner)(1979, 1990)의 항목과 유사하다. 바이너(Weiner)에 따르면, 학생들이 성공 또는 실패하는 3대 원인은 다음과 같다.

(1) 안정성 stability
(2) 책임 responsibility
(3) 소재 locus

부정적인 상황이 영원하다고 생각하는 학생은 뭐가 문제냐와 같은 말은 하지 않는다. 삶을 더 긍정적으로 보는 학생들은 대부분의 일은 일시적이라고 생각하고, 그일은 특정한 상황때문이라고 가정한다. 문제들 영속적으로 경험한 학생은 새로운 기회가 와도 도전하기 어렵다. 그들은 학생 집단안에서 인기있을 것 같지 않고, 어떤 일이든 능숙하지 않기 때문에 무능력해 보이고 호감이 가지 않는다. 책임과 지지는, 학생들이 그들 자신을 통제 하는가 또는 성공이나 실패의 원인을 어디로 돌리는지와 관련이 있다. 후속하는 연구는 외적 통제르 f하는 학생은 운 또는 일의 어려움으로(그들은 행운이거나 일이 어려웠다 또는 쉬웠다 라고 생각한다). 반면 내적 통제를 하는 학생들은 성공여부를 자신의 노력과 능력으로 생각한다.

외적 통제를 하는 학생들이 실패할 때는 교사의 설명 부족, 불운, 부모의 지원 부족 같은 요인들이 거론되지만, 내적통제를 하는 학생들은 결과에 대해 스스로 책임진다.

발달적 경험 목록

최근 교사와 정신건강담당직원은 아동과 청소년의 건강한 발달을 돕는 지지 또는 자산으로 적절한 경험을 고려하기 시작했다. 그림 2.2는 연구학회가 개인의 건강 발달과 관련된다고 보고한 40개의 발달상의 자산목록을 제시한다.

학생들의 경험에 대한 조사에서 미국의 많은 청소년들이 긍정적인 발달을 경험하지 못하고 있고, 그들의 인생을 스스로 설계하기에는 기초가 부실하다고 보고한다. 99,462명의 청소년들이 40개의 발달항목 중 평균 18개 정도 경험한다고 보고했다. 거의 3분의 2의 청소년은 40개의 자산목록 중 2분의 1을 경험하거나, 극소수만 경험한다(Benson, Scales, Leffert, a Roehlkepartain, 1999, p. v).

검색 학회에서 실시한 조사에서도 그림 2.2에서 제시한 8개의 항목 분야에서 긍정적인

그림 2.2 발달적 자산 40가지

외부 자산 목록	자산의 종류 및 정의
후원	1. 가족 후원 : 가족 생활에서 높은 수준의 사랑과 지원을 제공 2. 긍정적인 가족 대화 : 자녀와 부모간의 대화가 긍정적이고, 자녀는 부모로부터 상담과 조언을 기꺼이 구함 3. 다른 성인과의 관계 : 세 명 이상의 성인으로부터 지지를 받음 4. 이웃의 관심 : 이웃의 관심을 경험함 5. 양육적인 학교 분위기 : 학교는 학생을 보살피고 격려하는 환경을 제공함 6. 학부모의 학교교육 참여 : 학부모가 학교에서 청소년의 성공을 돕는 관련 활동에 활발하게 참여함
권한위임	7. 가치있는 청소년 : 성인이 청소년을 가치롭게 여긴다고 지각함 8. 자원으로서의 청소년 : 청소년이 공동체에서 유용한 역할을 부여받음 9. 타인에게 봉사 : 청소년이 공동체에서 1주일에 1시간이상 봉사함 10. 안전 : 청소년이 가정과 학교와 이웃으로부터 안전하다고 느낌
경계(울타리)와 기대	11. 가족울타리 : 가족규칙이 명확하고 중요하며, 청소년의 행위를 모니터링함 12. 학교울타리 : 학교는 명확하고 중요한 규칙을 제공함 13. 이웃울타리 : 이웃이 청소년 행동을 모니터링할 책임을 수행함 14. 성인의 역할모형 : 부모와 성인은 긍정적이고 책임감있는 행동 모형 15. 친구의 긍정적인 영향 : 친한 친구는 책임감있는 행동의 모형 16. 높은 기대 : 부모와 교사 모두 청소년이 잘 할 수 있다고 격려함
여가시간의 건설적 사용	17. 창조적 활동 : 청소년은 1주일에 3시간이상 음악, 연극, 다른 활동에 참여해야함 18. 청소년 프로그램 : 청소년은 1주일에 3시간이상 학교나 지역사회의 조직이나 체육 단체에 참여함 19. 종교활동 : 청소년은 종교시설에서 1주일에 1시간이상 신앙활동에 참여함 20. 가정에서의 시간 : 청소년이 밤에 특별한 일 없이 친구와 밖으로 나가는 일은 1주일에 2일이내여야 함
학습의 일치	21. 성취 동기 : 학교에서 격려 받음 22. 학교 참여 : 학습에 적극적으로 참여 23. 숙제 : 매일 한 시간 숙제를 한다 24. 학교와의 유대감 : 학교가 학생을 보호한다고 느낌 25. 독서의 기쁨 : 일주일에 세 시간 이상 즐겁게 책을 읽음
긍정적 가치	26. 보호 : 다른 사람을 돌보는 것에 높은 가치 부여 27. 평등과 사회적 정의 : 동등함을 추구하고, 배고픔과 가난을 줄이는 것에 높은 가치를 둠 28. 통합 : 신념을 가지고 행동함 29. 정직 : 용기있게 사실을 말함 30. 책임감 : 개인적 책임감을 수용하고 받아들임 31. 억제 : 성적인 행동, 알콜, 약물복용을 하지 않는것

사회적 능력	32. 계획과 의사 결정 : 계획을 짜고 선택하는 방법을 앎 33. 대인 능력 : 감정이입, 감수성, 그리고 우정 등의 능력을 가지고 있음 34. 문화적 능력 : 다른 문화/민족/인종 등의 배경에 대한 지식을 갖고 있고 익숙함 35. 저항 능력 : 부정적인 압력이나 위험한 상황에 저항할 수 있음 36. 평화적 갈등 해결 : 폭력을 쓰지 않고 갈등을 해결하고자 함
긍정적 주체성	37. 개인적 능력 : 자신에게 일어나는 일들을 통제하고 있다고 느낌 38. 자아 존중 : 자아 존중감을 가지고 있음 39. 목적 의식 : 목적을 가지고 있음 40. 미래에 대한 긍정적 관점 : 앞날에 대해 긍정적임

발달을 위해서 학생들은 긍정적인 행동에 더 많이 참여하고, 위험성이 높은 행동을 삼가야 한다는 것을 지적한다. 검색학회는 아동과 청소년의 발달 가능성을 높이기 위해 학교 및 지역사회와 함께 한다.

학교가 학생들의 발달을 돕는지를 조사한 연구에서 검색학회는 미국 213개 지역사회의 6학년에서 12학년까지의 학생들을 대상으로 거의 100,000여개의 자료를 모았다. 응답 학생의 25%가 학교 분위기가 허용적이라고 보고했고, 29%만이 의사 결정에 참여하는 기회를 가졌다고 진술했다. 41%는 그들이 높은 기대를 받고 있다고 말했고, 44%는 그들의 학교가 평화적인 분쟁해결 방법을 사용한다고 생각하며, 60%는 동료로부터 긍정적인 영향을 받는다고 생각했다(Benson et al., 1999). 학교는 학생의 학습을 쉽게 하고, 문제 행동을 줄이며, 중요한 발달적 경험을 할 수 있도록 강화하기 위해 노력할 수 있다.

대부분의 이론가와 연구자들은 학생들이 학습에 성공한다고 느끼고, 노력을 할 동기가 생긴다. 긍정적인 결과가 있을 것이고, 장래에는 성공할 것이다. 그러므로 우리는 교사와 학생들이 의미있는 접촉을 할 수 있도록 학생들이 발달 경험을 할 수 있도록 학급과 학교 환경을 조성해야 한다.

잠시 멈추고 2.4	여러분의 학교 경험을 생각해 보라. 그림 2.2의 목록 중에서 여러분이 학교에서 경험했다고 확신하는 것은 무엇인가? 여러분의 학교 경험과 앞에서 보고된 결과에 기초하여, 교사로서 학생들에게 줄 수 있는 4가지 항목을 골라라. 가능하면, 동료들과 만나서 여러분이 선택한 항목에 대해 동료와 토론해 보라.

두뇌 연구

과거 10년간 학생 행동에 두뇌가 영향을 준다는 주제는 점점 관심이 증대되어 왔다. 우리는 이러한 연구가 교사들에게 학급 운영에 대한 이익이 되는 정보를 준다고 믿는다. 비록 두뇌 연구가 안전한 학습 환경을 만들기, 학생이 유의미있게 참여하는 능동적인 교수를 제공하기, 그리고 혼란스럽고 강한 정서를 표현하는 학생들이 조용하게 다루기 등이 중요하다고 지적하지만, 학급에서 이런 학습 환경을 어떻게 만드는지 학생들의 문제행동에 어떻게 대처하는지에 대한 구체적인 방법을 제공하지는 않는다. 우리는 하워드 가드너(Howard Gardner)의 논평과 일치하게 된다:

> 두뇌 구조와 기능에 대하여 아는 것은 학습과 교육학에 대한 흥미로운 시사점을 제공한다. 그러나 어떤 것이 가능한 것인지를 아는 유일한 길은 시도해 보는 것이다.

이 책은 학급운영 연구로부터 매체를 선택하는 방법, 학생들의 학습과 행동에 방법이 구체적이고, 긍정적인 영향을 미치는 구체적인 방법에 기초를 두고 있다. 다시 우리는 하워드 가드너(Howard Gardner)의 의견을 들어보자 :

> 수업과 같은 예술에서 실제로 종합적으로 접근하는 학급운영 기술이 작동하는가 하는 문제에 귀착하게 된다; 이론이 맞는지 여부가 문제가 아니다. 반대로, 이론이 맞더라도 구체적인 교육 상황에서 작동하지 않는다면 아무 소용이 없다.

수 년동안의 신경학 연구는 가치있는 정보를 제공한다. 이 연구결과가 학급 및 학생의 학습과 행동에 어떤 시사점을 주는지 확인할 것이다.

위기에 처한 학생

위기에 처한 학생에 대한 관심은 미국 교육에서 주요한 이슈이다. 위기에 처한(at risk)이라는 말은 일반적으로 학생들이 학교에서 퇴학당할 상태를 말한다. ECS(주정부 교육위원회 산하 경제자문위원회 the Business Advisory Commission of the Education Commission of the States)는 이 개념을 젊은이를 포함시켜 확장하였다.

학생들은 위기에 처하는 이유는 다양하다. 게다가 학생들이 학급에서 개인적 혹은 발달적 욕구를 채우지 못한다면, 또 낮은 학업 성취 때문에 위험에 처한다면 그것은 다음과 같은 이유 때문이다: (1) 학교는 상대적으로 소수인 학생들의 문화적 배경을 고려하지 않는 교육과정을 제시한다; (2) 학급에서 교수는 어떻게 학생이 잘 배우는가를 고려하지 않는다; (3)

학생은 영어능력 때문에 제시된 매체를 이해하는 능력이 떨어진다; (4) 학생들은 무기력과 같은 연결된 특별한 문제를 가지고 있다; (5) 성공적인 학교생활을 위한 지지를 적게 받는다; (6) 학교밖에서 학생들이 요구하는 것들은 학습을 위한 시간과 에너지를 줄인다; 혹은 (7) 학생들은 학교 학습이 그들의 미래에 긍정적으로 영향을 준다고 생각하지 않는다.

역사적으로 유색인종의 학생, 영어를 모국어로 쓰지 않는 학생, 그리고 장애를 가진 학생 등은 혜택이 적은 사람들이다. 이 문제는 2003년에는 관심을 받지 못했는데, 42%의 공립 학교 학생들이 소수 민족 혹은 소수 인종(19%는 라틴 아메리카, 16%는 흑인)으로, 19% 학생들은 집에서 영어외에 다른 언어를 말하고 있으며, 8% 아동들이 장애를 가진 것으로 밝혀지면서부터 쟁점이 되었다.

학교 실패의 또 다른 증거는 "탈락조건"인데 이것은 학교에 출석하지 않는 학생의 비율, 고등학교 졸업장을 받지 못한 학생이다. 2002년에 16~24세 나이 대를 분석하였더니, 25.7%의 라틴 아메리카 학생, 11.3% 흑인 아메리칸, 그리고 6.5%의 백인 학생들이 탈락한 것으로 밝혀졌다. 그러나 미국 밖에서 태어난 라틴 아메리칸 1세대는 14%탈락했고, 나중 세대는 42%가 탈락하는 것으로 나타났다.

특별한 요구를 가진 학생들을 효과적으로 지도하기 위한 지식이나 기술이 부족한 교사들에게는 도전이다. 퍼텔(Futrell), 고메스(Gomez), 그리고 베덴(Bedden) 등은 학급 담임의 80%가 이질적인 배경을 가진 학생들을 가르칠 준비가 안 되어 있다는 것을 발견했다.

크리스털 키켄덜(Crystal Kuykendall)은 뛰어난 흑인 아메리칸 교육자인데 흑인 아메리카와 라틴 아메리카계(그리고 저자는 원주민 아메리칸을 보태고 싶다) 젊은이들이 "주류에서 '멀어지고' 있다. 계속되는 미성취와 고립으로 대단한 국가적 비극"이 초래되고 있다고 주장했다.

제임스 뱅크스(James Banks)는 다문화 교육분야의 선구자로서, "흑인 아메리칸, 라틴 아메리칸, 아메리카계 인디언과 같은 유색 인종인 학생의 학업성취는 백인 학생들의 성취와 거의 비슷하다. 그러나 유색인 학생들이 학교에서 오래 머물수록, 백인의 주류 학생들보다 학업이 떨어지게 될 것이다."라고 써서, 유색인 어린이들의 문제를 강조했다.

제임스 뱅크스(James Banks), 자넬러 버틀러(Johnella Butler), 해럴드 덴트(Harold Dent), 제네바 개이(Geneva Gay), 크리스털 키켄덜(Crystal Kuykendall), 그리고 제임스 가르시아(James Garcia) 등과 같은 연구자들은 미국 학교의 유색 인종 학생들의 문제에 광범위하게 접근했다. 많은 흑인 아메리칸, 라틴 아메리칸, 그리고 원주민 아메리칸 학생들이 미국 학생들보다 장 의존적이고, 집단 지향적이며, 학습이 보다 개인적이며, 경쟁적인 환경을 받아들이는 것으로 나타냈다. 제네바 개이(Geneva Gay)에 의하면 "모든 개인과 집단에 교육의 자원, 기회, 질은 동일하지 않다. 앵글로계 학생들을 위한 교사, 매체, 그리고 수업 환경이 소수 민족에게도 동등하게 필요한 것은 아니다"라고 한다. 개이(Gay)는 전통적인 학급에서 백인보다 유색인 학생들이 적응하지 못하는 세 가지 이유를 들었다.

1. 대부분은 수업에 따르는, 규준적인 기대, 다른 학생들의 수업행동을 어떻게 이해하고 처리해야 하는지를 모른다.
2. 대부분의 교육과정과 교수 매체는 유럽 중심이다. 이것들은 소수 인종보다는 앵글로계 학생들의 경험과 꿈에 더 일치되어 있다. 그래서 학습할 때, 앵글로계 학생들은 교수 매체나 방법을 넘어서 어려움을 가지지 않는다.
3. 중간 계층 앵글로계 학생들 문화와 학교 문화 사이에는 문화적 일치도가 상당히 높다. 이런 학생들은 문화적 단절 현상, 사회적-양식의 불일치, 혹은 학교에서 기대하는 행동 방식에 맞는 문화적 양식으로 자신의 문화를 바꾸는 경험을 하지 않는다.

모든 교육자들은 학생들의 행동에 대한 해석이 그들의 문화적이고 개인적인 역사의 영향을 받는다는 사실을 알아야 한다.

> 이러한 사회문화적 이론적 관점은 가난하고, 소수 민족이며, 낮은 학습성취의 이유를 설명한다. 학습자의 "내부"를 알지 못하고, 그들의 눈으로 세상을 보지 못한다면, 우리가 어떻게 학생들의 미성취를 이해할 수 있겠는가? 이런 노력을 하지 않는다면, 우리를 속이는 것이다. 이 책은 우리에게 이 세상을 반영하도록 요청한다.

[The Inner World of the Immigrant Child]에서, 크리스티나 이고아(Cristina Igoa)는 이민 온 아동들이 어떻게 그들의 문화도 미국 문화도 수용하지 못하고 고립되는 지를 관찰했다. 그녀는 그들의 문화를 확인하고 지지하는 것이 중요하다고 토로했다. 이민 온 학생의 경험에 대하여 이고아(Igoa)는 다음과 같이 썼다:

> 필리핀에서 우리는 습관적으로 다른 사람의 빰에 키스하는 인사를 한다; 미국에서는 악수를 한다. 나는 이처럼 설명되지 않는 문화적 차이를 접할 때마다, 서투름, 혼란스러움, 부끄러움, 부적당함을 느꼈다. 나는 문화적 차이에 대해 예민하다. 문화적 정체성 상실과 비동질감은 내가 학급에 앉아있을 때 내 안에서 자리잡아갔다. 나는 설명할 수 없는 공허감과 허탈감을 느꼈다. 나는 읽을 수 있고, 설명할 수 있다. 그러나 이러한 것들은 단순한 것이다. 내가 필요로 하는 것은 문화적 연결이었다. 나는 항상 적응하려고 했다.

그녀는 이민 온 아동들이 경험하는 외로움과 슬픔 그리고 그들은 보호하고 이해하는 누군가에게 연결되고 싶은 필사적인 요구들을 이야기하고 있다. 이고아(Igoa)는 중요한 관점을

제시한다;

> 이민 온 아이들에 대한 연구에서 나는 내 연구실 바깥에서의 학생들의 반응과 행동이 그들의 문화적 배경, 개인적 특성, 학생들이 이민 온 국가에서 보낸 시간 등 복합적인 것과 상호작용하다는 것을 깨달았다.

영어 능력이 다소 떨어지거나 미국 문화가 새로운 학생들처럼 학습과 행동에 특별한 필요를 요구하는 학생들은 학급, 학교 그리고 학교 바깥의 생활에서 그들이 어떠한가를 이해하는 것이 도움이 된다. 그들의 요구와 희망을 더 잘 이해하기 위해 이런 학생들의 부모나 보호자, 전문가 등을 만나는 것은 중요하다.

앞서 언급한 대로 공립 초중등학교 약 8%의 학생들이 장애를 가지고 있다. 연합법에 의하면, 특별한 요구를 가진 학생들은 최소한으로 제한적인 환경에서 교육을 받아야 한다고 되어 있다. 법은 다음과 같이 규정하고 있다:

> 장애를 가진 학생들은 장애를 가지지 않은 아동과 함께 또 별개로 교육을 받아야 한다. 정규교육으로부터 장애를 가진 학생을 분리하는 것은 아동의 장애 특징이나 심각성이 일반 학급에서 할 수 없을 때에 한해서이다.

2003-2004년 동안에 장애를 가진 학생의 1/2이 80% 이상을 일반 학급에서 보낸다고 알려졌다. 백인 장애학생들은 일반 학급에서 55% 시간을 보내며, 장애를 가진 흑인 아메리칸 학생들은 일반 학급에서 40% 이하로 시간을 보낸다(전미교육통계센터, 2005).

고소득층 아이들과 비교하면 저소득층 학생들은 학교에서 동등하지 못했다. 저소득층에서 고등학생들은 고소득층 가정 학생아이들과 비교할 때 퇴학이 6배나 더 많다(전미교육통계센터, 2005). 확실히 인종 장애 그리고 가족 수입은 미국 공립 학교에서 학업성취에 유의미하게 영향을 준다. 이 책의 목적은 여러분에게 광범위한 학생들의 학습 요구에 보다 효과적으로 봉사하는 데 필요한 지식과 기술을 제공하는 것이다. 결과적으로 이 책에서 제시하는 방법은 미국 공립 학교에서 도움을 덜 받아온 학생들에게 실제적으로 효과적이었다.

학교에서 학업문제와 행동문제를 가진 학생들은 우리에게 일반적인 학생들에게는 적절한 수업방식이 그들에게는 그렇지 않다는 것을 알려준다. 흥미롭게도, 우리가 학생의 요구에 맞추어 만든 교수 및 학급 운영 방식은 종종 그들에게 적절한 것으로 나타났다. 이 책에서 제시하는 여러 전략들은 바람직하나 절대적으로 옳은 것은 아니다. 그러나 이질적인 집단의 학생들을 가르칠 때, 이 전략들이 도움을 줄 것이다.

질서, 보호, 권력의 쟁점들

학생들의 학문적이고 개인적인 요구에 대처하는 학급과 학교는 상당한 정도의 질서를 유지하는 안전한 환경이어야 한다. 학교에서 질서의 문제는 보다 복잡한데, 왜냐하면 학생들은 그들이 학교 바깥에서 할 수 있는 것보다 훨씬 제한된 범위내에서 행동을 해야 하기 때문이다. 학생들은 도전적이면서 동시에 동적인 활동에 참여하면서도 조용히 해야 하고, 30명 혹은 그 이상의 또래들을 존중하여야 한다.

일정 수준을 요하는 과제에 참여하면서 기대에 미치지 못하는 실적을 내는 상황을 상상해 보라. 계속 성공하지 못하면, 여러분은 어떻게 하겠는가? 지금 30명이 있고, 그들 중 다수가 과제를 어려워한다. 아마도 사람들은 교사가 혼란을 다루어야 한다고 볼 것이다. 그러나 모든 사람들이 통제를 해야한다고 생각하지 않으며, 공공의 장면에서 통제가 중요한 것도 아니다. 더욱이 그들이 학급에서 자신을 통제할지라도, 좌절은 운동장에서, 복도에서, 아니 학교에서, 집으로 가는 길에 나타날 수도 있다.

많은 교사들은 비록 학생과 협력하여 긍정적이고, 지지적인 학습 환경을 만들고자 하지만, 그들은 학습 환경을 방해하는 학생들의 행동에 좌절되어 권위주의적인 통제방법을 사용하기 시작한다. 교사들이 이렇게 밖에 할 수 없는 것은 학생들의 정서적이고 사회적인 성장을 지지하면서 동시에 학습환경을 안전하고, 최대한으로 정돈하는 철학과 전략이 부족하기 때문이다. 바인슈타인(Weinstein)은 많은 교사들이 지지적인 학급과 안정된 학급을 상호 배타적이라고 잘못 생각하고 있다고 제안한다. 초임 교사는 종종 학생들이 그들을 좋아하기를 바라지만, 그들이 학생들과 만들고자 하는 서로 돌보는 관계를 위기로 생각한다. 그래서 안전하고 지지적인 분위기를 방해하는 학생들의 행동을 분명하게 한계를 설정하고, 공손하지만 확고하게 대처한다. 질서와 관련하여 중요한 문제는 질서의 존재가 필요한가라기보다는 이떻게 질서를 세우고 유지하는가이다. [Constructive School Discipline]에서 월터 스미스(Walter Smith)는 다음과 같이 쓰고 있다 :

> "이익이 되는 학대행위(beneficent tyranny)"라고 불리는 전통적인 훈육 방법이 어느 정도 실패했다는 것을 인정해야만 한다. 많은 사람들이 이것을 대체할 수 있는 적절한 훈육을 개발하지 않고 권위주의적인 통제를 버리고 있다. 새로운 훈육방법이 더 쉽지는 않을 것이다. 하지만, 독재적으로 이루어지는 훈육보다도 더 도덕적인 교육이 될 것이다.

비록 스미스(Smith)의 진술은 70년 전의 것이지만, 학교에서 학생들의 행동에 영향을 끼치는 가장 중요한 요소인 질서를 어떻게 세워야 할 것인가에 대한 문제를 제기하는 연구와 문헌들이 증가하고 있다. 윌리엄 웨이슨과 개이 수 피넬(William Wayson & Gay Su Pinnell)

은 고등학교를 내상으로 연구했는데, 그들은 "학교에서 훈육 문제가 일어날 때, 종종 개인에게서 그 원인을 찾기보다는 개인간 분위기에서, 학교의 조직이나 분위기를 추적하곤 한다." 유사한 맥락에서 페드로 노구에라(Pedro Noguera)는 안전한 학교는 교사들이 학생을 알고, 가치를 부여하면서, 그들은 돌보는 관계를 만든다고 했다. 노구에라(Noguera)는 다음과 같이 쓰고 있다:

"나는 여러분의 선생님인, 그리들리입니다. 읽고, 쓰고, 그리고 계산하는 것을 배우고, 다치는 사람이 없도록 하세요."

> 내가 아는 한 학교는 금속 탐지기도 없고, 무기를 가진 경비도 없으며, 교장이 야구 방망이를 가지고 돌아다니지도 않는다. 이 학교는 강한 공동체 의식과 집단적인 책임감을 가지고 있다. 학생에게 무서운 곳으로 보여지는 학교들은 범죄와 폭력이 일고, 개개인을 배제하는 분위기가 있다.

고등학교의 폭력에 관한 연구에서 잭슨 토비(Jackson Toby)는 학교 폭력을 다루는 첫 번째 단계를 "큰 학교의 익명성과 비인격적인 분위기를 깨뜨리고, 교사와 학생들이 서로에 대하여 잘 알게되는 것이라고 했다." 이것은 마이클 클론스키(Michael Klonsky)가 그의 소책자 [Small Schools: The Numbers Tell a Story]에서 깊이있게 다루고 있다.

심각한 행동 문제를 경험하는 학생들과 지내면서 돌보는 것에 대한 중요성을 지적하면서, 윌리엄 모스(William Morse)는 다음과 같이 썼다 :

> 학교 개혁의 목적을 특수 교육 대상의 학생들을 돌보는 것과 관계가 있다는 것에 주의를 기울이지 않는 것은 슬픈 일이다. 그러나 돌본다는 것은 특히 어려움을 겪고 위기에 처한 아동에게 필수적으로 요구되는 경험이다.

나딩스(Noddings)는 "돌본다는 것은 성공적인 교육을 위한 기반이며 현대 학교교육에 활기를 불어넣을 것."이라고 썼다. 나딩스(Noddings)가 말하기를 :

> 많은 아동들이 유용한 공동체 경험을 거의 하지 못하고 있다. 우리는 그것을 제공할 생각조차 하지 않는다. 우리는 컴퓨터, 수학 심화, 읽기 교정 등을 제공해야 한다고 생각했다. 우리는 가족의 저녁 식사 테이블에서 어른들이 훈육하는 것을 생각할 수 있다. 우리는 그곳에는 대화가 있을 것이며, 그로 인해 소속감을 강화할 것이다.

[The Quility School : Managing Children without Coercion]에서 언급하였듯이 윌리엄 글래써(William Glasser)는 학교에서 잘못된 행동이 줄어들면, 학생 출석과 성취가 높아지며, 학생의 참여와 창조는 돌보고 지지하는 공동체 만들기와 공통점이 있다고 주장한다. 커윈과 멘들러(Curwin & Mendler)는 교사들이 순종 모형이나 권위 모형 어느 것을 사용할 것인지 결정하여야만 한다고 제안한다. 유사한 맥락에서 제임스 맥로린(H. James McLaughlin)은 다음과 같이 썼다:

> 교사의 합법적인 권위는 네 가지 특성을 기초로 한다: 학생들과 개인적이고 지지적인 관계에서 온다; 가정되고 추론되는 것이다; 학교와 사회적 맥락이 이를 가능하게 한다; 그리고 돌보는 것으로서의 통제가 변해야 한다.

바우어스와 플린더(Bowers & Flinder)는 "통제와 돌보는 것은 반대 용어가 아니다; 통제의 형태는 현재 돌보는 것에 의해 변형된다"라고 제안했다.

세르지오바니(Sergiovanni)는 모범은 권위의 기초가 된다고 주장했다. 이 개념은 1970년대 초기에 존 홀트(John Holt)가 모든 교사들은 권위를 가져야 한다고 주장한 데서 유래하는데, 여기에는 두 가지 권위가 있다. 자연적 권위(Natural authority)는 교사들이 학습 과정, 문제 해결과정에서 학생들을 사려깊게, 돌보고 돕는 행동에 기초한다. 임의의 혹은 기능적 권위(Arbitrary or role-bound)는 교사, 교장, 상담가 등으로서 그들에게 부여된 권위이다. 이 권위는 교육자가 조용하고, 안전한 환경을 유지하면서 교육의 과정을 조정하는 합법적 권리에 기초하고 있다. 홀트(Holt)는 학생들이 자연적 권위에는 잘 반응하는 반면, 임의적 권위에는 대항한다고 주장했다. 그는 두 가지 타입의 권위가 혼용되기 어려우며 교육자가 자연적 권위를 많이 쓸수록 임의의 권위를 쓸 필요를 덜 느낀다. 유사하게 우리가 임의의 권위를 많이 쓸수록 학생들은 자연적 권위를 덜 느끼게 될 것이다.

[Conflict in the Classroom]에서 니콜라스 롱과 윌리엄 모스(Nicholas Long & William Morse)는 안전한 학급 환경을 유지하고자할 때, 교사에게 다음을 생각해 보도록 한다:

> 일부 교육자는, 훈육을 학생의 행동을 통제하는 교사의 힘으로 생각한다… 다른 교육자는 훈육을 민주사회에서 함께 살아가는 법을 가르치는 기회라고 생각한다. 이것은 정직, 공명 정대, 다른

> 사람의 학습 권리, 재산의 존중, 다문화의 차이점 존중 등과 같은 가치를 포함한다. 훈육은 학생들이 이러한 가치를 내면화하도록 돕는 과정이며, 그들의 욕구와 느낌을 스스로 통제하는 개발감각을 하도록 한다.

2학년 학급에서 이루어진 기술 연구에서 조지 노블리트(George Noblit)는 돌보는 것과 권위의 관계를 이해하려는 그의 노력을 하나하나 열거했다. 노블리트(Noblit)는 학교생활의 대부분을 지시만 하는 교사를 보았을 때 처음 훈육에 관심을 가졌다. 그는 점차 "교육과정과 교수가 학교의 일상적인 일이나 의례에 어떻게 관련되는지, 그리고 집단에 대한 책임감이 어떻게 학교활동과 연계되는지"를 알게 되었다. 그는 안전하고, 질서정연하며, 돌보는 공동체 의식을 가진 학급을 만들기 위해서는 사려깊은 계획이 요구된다는 것을 깨닫기 시작했다. 노블리트(Noblit)는 교사가 학급을 학생을 위해 안전한 장소로 만들기 위해 그녀의 권위를 사용하는 예를 보여주고 있다.

> 외부 방문자는 교사가 초대할 때만 학급에 들어올 수 있다. 그녀는 부모들을 문앞에서 만나고 복도로 안내한다. 나는 학급에서 음악실로 가는 문옆에 한 아동이 기대서 있는 것을 목격했다. 팸 선생님이 하라고 시킨 과제를 계속하도록 격려하기 위해 교장이 들어왔다. 그는 팸에게 "그들이 과제를 하고 있나요?"라고 물었다. 팸, 새런, 아동들 그리고 나는 그들이 모두 하고 있지 않음을 알고 있었다. 팸은 교장을 돌아보며 "잘하고 있어요"라고 대답한다. 그녀는 교장이 물은 질문에 사실그대로 대답하지 않은 것이다. 교장은 "계속 잘하도록 하세요"라고 친절하게 말했다. 그는 떠났고, 팸은 음악실로 가는 학생들의 줄을 깨달았고, 학생들이 그녀에게 와서 매달리고 줄은 흐뜨러졌다. 그녀의 장소에서 학생들은 안전하다. 그들은 그녀의 학생들이다.

그러나 이 인용문에서 설명한 것과 같은 학급에 대해 생각해볼만한 중요한 사항이 있다. 노블리트(Noblit)가 말한 교사는 학생들을 돌보고, 통제에서 벗어나 지지적인 학급을 만든다. 교육자는 이런 교사 지원 유형이 "가능"하지 않다는 것을 알아야 한다. 학습에 구조적으로 접근하는 것은 대부분 학생들의 학습을 강조하는데, 돌보는 관점으로 접근하는 학급 운영에서 학생들은 그들 자신의 문제를 해결하기 위한 환경을 만들고, 발생한 문제에 대해 토론하면서 해결하는 방법을 배운다. 교사가 학급을 통제하고 학생을 보호하는 일에 너무 많은 책임감을 느끼면, 학생들은 중요한 학습 기회를 놓칠지도 모른다. 제롬 프리버그(Jerome Freiberg)가 휴스턴 공립학교에서 시행한 프로그램은 흥미로운데, 학생들은 학급에서 중요한 하나의 역할을 맡고, 학급이 효과적으로 기능하도록 돕는다.

우리가 학급과 학교에서 다루는 학생 행동은 담임교사가 있을 때는 수용되지만, 임시 교사, 버스 운전수, 혹은 운동장 감독자 등이 지도할 때는 거부될 수 있다. 70년동안의 교육에서 분명한 것은 학급과 학교에서 일어나는 공통점은 보상과 벌을 이용하여 성인의 통제에 초점이 있다. 성인의 문제가 학생들의 행동에 영향을 주려면, 성인과 아동 사이의 권력이 변할 때 극적으로 변화할 수 있다. 현재의 방법이 효과적인 훈육이냐에 대해 대표자인 리 캔터(Lee Canter)는 가장 널리 알려진 통제/권력 훈육 방법을 다음과 같이 쓰고 있다 :

> 교사들은 점점 더 거친 아동들과 함께 하게 할 것이다-여러분은 학생들을 위해 점점 엄격한 규칙을 적용하게 될 것이다. 그러나 그것은 뜻대로 되지 않을 것이다.
> 성공적인 훈육 계획은 상호 신뢰와 존중을 기초로 한다. 이것은 90년대를 훈육방법에서 기본적인 변화이다. 어른들은 너무 많은 어린이들의 인생에 개입하고 있다. 여러분은 여러분이 옳다는 것, 여러분이 보호하고 있다는 것, 여러분의 말에 책임진다는 것을 알려줘야 한다.

다문화 교육의 주제를 다른 중요한 포럼에서 학급에서의 통제에 대한 이슈가 제기되었다. 슬리터(Sleeter)는 "나에 관해 그리고 다른 대변자와 다문화 교육의 이론가들을 위해서 다문화 교육을 학교 개혁을 위해 제안한다"고 했다. 다문화 교육, 권력부여, 그리고 사회적 변화 사이에 관계에 대해 슬리터(Sleeter)는 다음과 같이 주장한다 :

> 다문화 교육은 혹은 문화적 민주주의는 압박없는 사회, 문화적으로 다양한 사회로 학급을 재설계하려 시도다. 이러한 접근은 사회적 비평과 사회적 보전을 가르치지는 않지만, 은연중에 현재 사회와 다르다는 관점에서 다문화 학급 혹은 학교라는 입장에서 가르치고 있다. 학생들은 그들이 누구인가의 문제에 대해 개인적으로 가치를 느끼며, 다원론사회에서 산다는 사회적 변화를 느낄 것이다.

우리는 교육자로서 여러분이 내릴 중요한 결정을 믿는다. 이 결정은 실제로 학급운영 교수, 훈육이 모든 측면에 영향을 끼친다.

잠시 멈추고 2.5	학급에서의 권위, 질서 그리고 돌보는 것에 대한 여러분의 생각을 간단하게 써보라. 그리고 동료들과 모여서 토의해 보라. 여러분이 쓴 것은 이 책에서 설명한 것과 다를 것이다. 중요한 것은 여러분의 생각을 지지하기 위해 확실한 연구와 이론을 갖는 것이다. 또한 학생들이 위기, 학업성취 그리고 사회적 기술을 개발하도록 하는데 효과적인 교수방법을 개발해야 한다.

학생 요구에 부응하는 공동체

권력, 질서, 그리고 권위문제와 밀접하게 연결되어 있는 것은 공동체를 지지하는 학교와 학급 개념이다. 돌보는 것과 질서를 모두 학생의 요구에 대처하도록 돕고, 교사가 안전하고 긍정적인 학습환경을 만드는 데 필수적이다.

학습을 용이하게 하는 방법으로 학생에게 바라는 학습환경을 만들게 한다. 이것은 학업성취를 위해 학생들의 요구를 그 중심에 놓는 것이다. 가정에서 안전과 지지가 부족한 학생들은 특히 학교의 공동체 의식정도에 영향을 받는다. 비록 성인의 돌봄과 지지를 특징으로 하는 학교는 학업성취에 성공할 수 있지만, 이것도 학생들에게는 제한적이다. [Improving Schools from Within]에서 롤랜드 바쓰(Roland Barth)는 다음과 같이 쓰고 있다:

> 학교가 개선해야 하는 것은 학교 문화이다.
> 학교 개선은 학교에 생활하는 성인과 어린이들에게 놓인 조건들을 결정하고 제공하려는 노력인데, 이는 학습을 촉진하고 유지하는 데 도움을 준다. 학교공동체를 만듦으로써 학교 문화가 개선될 가능성은 증가한다.

[Building Community in Schools]에서 토마스 쎄르지오바니(Thomas Sergiovanni)가 말하기를 "우리가 좋은 학교를 만드는 대본을 다시 쓰고 싶다면, 우리는 공동체를 다시 세울 필요가 있다. 공동체를 세우는 것은 학교 개선 노력의 심장이다."라고 했다.

> 승낙 전략은 실제로 일을 나쁘게 만들 것이다. 책무성 전략은 도움이 되지만 충분한 권력을 실어주지는 못할 것이다. 학급을 돕는 전략은 민주적 공동체를 이루는 것이고, 동시에 젊은이들은 학교와 연결하는 것이다. 민주적 공동체는 학생들과 성인들이 함께 학교생활을 살아가기 위한 표준을 세우도록 해 준다. 그리고 민주적 공동체는 학생들이 소속감, 능동적, 통제적 그리고 그들의 삶에 대한 감각과 의미를 경험하고자 하는 요구에 대처하는 것이다.

쎄르지오바니(Sergiovanni)는 또한 "인격화, 신빙성, 돌봄 그리고 무조건적 수용-을 특징으로 하는 공동체 관계는 가족, 확장된 가족, 이웃 그리고 다른 사회적 조직에서 발견된다"고 주장한다.

새러 로렌스 라이트푸트(Sara Lawrence Lightfoot)는 [The Good High School]에서 공동체의 중요성을 다음과 같이 강조하고 있다 :

> 이 책은 행정가, 교사 그리고 학생들이 함께 공동체를 만드는 여러 방법들을 보여준다. 성인과 청소년 모두가 하나의 관계망으로 서로를 느낄 필요가 있다.

페드로 노구에라(Pedro Noguera)는 학교의 폭력에 가장 효과적으로 대처하는 것은 학생들을 모니터하고, 통제하고, 벌주는 것이 아니라, 학생들이 가치있다고 느낄 수 있는 공동체를 만드는 것이다. 노구에라(Noguera)는 다음과 같이 쓰고 있다 :

> 학교에서 효과적으로 폭력 문제를 해결하기 위해 학교가 왜 그렇게 폭력이 쉽게 일어날 수 있는가에 대한 질문으로 시작해야 한다. 학교의 구조와 문화에서 무엇이 최근의 이런 폭력 사건을 증가시키게 하는가? 전통적으로 학생에 대한 질서와 통제를 최우선으로 하는 것은 학습에 대한 보다 인간적인 환경을 만드는 것과는 반대되는 것이다. 학교에서 폭력이 쉽게 일어나도록 만드는 것이다. 대안으로써, 나는 학교가 보다 인간적인 학습 환경을 만들어내야 한다고 주장한다. 폭력을 줄이고 학교에서 사회적 관계를 변형시킴으로써, 학생들이 소외감을 덜 느끼고, 덜 위협받고, 덜 스트레스 받도록 해야한다.

제2부에서 자세히 토론하겠지만 우리가 학교를 의미있게 변화하도록 만들고자 한다면, 그 변화는 학생들의 동기화, 출석, 성취, 행동 그리고 미래에 영향을 줄 수 있을 것이다. 우리는 학교의 삶의 수준과 관계의 수준에 보다 관심을 가질 필요가 있을 것이다. 우리가 교사와 학생을 위해 보다 민주적이고, 돌보고 그리고 지지하는 학습환경을 만들기 위해 노력하지 않는다면, 학교에서는 어떠한 교육적 변화도 일어나지 않을 것이다. 이 책을 통하여 제시한 것처럼 우리는 학교에서 학생들의 요구가 긍정적으로 채워져야 한다는 것을 알고 있다. 문제는 학생들의 기본적인 요구를 채워주는 전략보다는 구체적인 방법을 발견해야 한다는 것이다.

중학교 사례

몇 년 전에 연구자 중에 한명이 학생이 점심을 싸오지 못할 정도록 가난한 라틴계 미국인 혹은 미국 원주민 인디언이 재학생의 90%인 지역의 중학교에서 근무했다. 결석생과 문제행동에 대처할 때 직원들은 먼저 중학교에 관한 국가적 연구를 살펴보고, 그들이 중학생의 요구에 가장 잘 맞다고 믿는 계획과 교수 전략을 개발했다. 그들은 학생들이 국어, 읽기, 그리고 사회 과학 교과를 블록 시간표로 짜고, 나머지 반은 과학, 수학 그리고 보건으로 짰다. 게다가 학생과 학생 학습 양식을 고려하여 학기말에 순환하도록 하였다. 공부 시간은 오전 블록 타임으로 했고, 오후에는 학습에 어려움을 느끼는 학생들은 블록 교사와 조교들과 함께하며, 다른 학생들은 선택 과목에 참여했다. 이시간 동안, 학생들이 모국어로 말하는 것을 도왔다.

학생들과 직원은 매년 가을 대략 40명의 학생과 10명의 교사들이 며칠동안 캠핑하면서 내년을 위한 비전을 개발하는 시간을 보내도록 하는 명상의 시간을 만들었다. 이 비전을 하교 상징에 사용하였고, 학생들에게 자신의 목표를 세우도록 하였으며 학교 이벤트에 활용하였다. 연구자가 학교에서 일하던 어느 해의 주제는 "모든 권리를 움직이게 하라"였다. 체스 모습이 카페테리아 장식에 사용되었고, 학생들은 이 주제를 선도적으로 장기간의 목표로 설정하였다.

직원은 학생들이 선택한 활동을 실행할 클럽 여러 개를 만들어 주었다. 원주민 학생 클럽은 지역에서 공연으로 유명해졌고, 다른 문화 클럽도 특별한 행사를 준비했다. 학생들은 공동체에 능동적으로 참여하게 되었고 클럽활동을 순환했다.

그러나 교사들은 학생들 성취와 출석이 크게 개선되었다는 사실에도 불구하고, 학교의 지각생 비율이 여전히 높다는 것을 알았다. 붙잡아두거나 다른 독재적인 훈육을 사용하는 것보다 교사들은 학생과 부모와 주제에 대해 토론했다. 시간에 대한 문화적 차이에 대해 토론했다. 학생들에게 결정하게 함으로써 학교에 정각에 오는 것이 왜 중요한가를 학생들이 알게 되었다. 학교는 넷째 시간에서 첫째 시간으로 클럽 활동을 옮기기로 결정했다. 늦게 도착한 학생들은 구내식당에서 공부할 수 있지만, 그날의 클럽에는 참가할 수 없었다. 학생들의 태만은 사라졌다.

활동 2.1	
행동 문제를 다양한 관점으로 평가하기	학생들을 교장실로 보내야 할 정도로 잘못된 행동을 하는 하나의 사건을 선택하라. 그리고 학생이 받을 것으로 예상되는 벌이나 결과를 써라. 그리고 나서 해결되어야 한다고 생각하는 바에 대해 써라.

요약 SUMMARY

많은 교사들은 직업-관련 스트레스나 개인적 혼란을 겪는 학생의 문제행동을 이해하고 효과적으로 대응하는 능력이 부족하다고 생각한다. 이 장에서는 학생 행동을 학생의 기본적인 심리적 요구를 고려해서 이해할 수 있다고 했다. 많은 경우 학생들이 학교에서 문제행동을 할 때, 그들의 기본적 요구가 학교에서 충족되지 않는다는 사실을 반영하고 있다. 학교에서의 문제 행동은 학생의 기본적 욕구가 집이나 학교공동체에서 채워지지 않는 학생들에게서 빈번하게 나타난다. 그럼에도 불구하고 학교 바깥의 문제는 종종 학생의 학교생활에 어려움을 주는 주요원인은 아니며, 학생들의 기본 요구에 대처하는 학습 환경 만들기는 우리를 구해주는 하나의 실재이다.

초임 교사들은 종종 질서를 유지하는 문제, 돌보고 지지하기 위한 노력, 그리고 권력과 책무성을 별개의 것으로 생각한다. 이러한 개념이 학급에서 어떻게 상호작용하고 가장 효과적으로 발전될 수 있는가를 이해하는 것은 효과적인 학급 운영의 철학과 실천을 개발하는데 결정적인 요소이다.

교육자들은 또한 특히 어떻게 지지적인 학급 환경을 만들것인가 하는 문제나 미국 공립학교에서 내내 성공하지 못하는 학생들 문제에 민감하다. 이것은 영어를 모국어로 하지 않는 학생들, 저소득층에서 자란 학생들뿐만 아니라, 흑인 아메리칸, 라틴 아메리칸, 그리고 원주민 아메리칸 학생들을 포함한다. 학생들이 학급에서 만나는 개인적인 요구뿐만 아니라 학교가 체계적으로 사려깊게 문화적 가치에 관심을 갖는 것은 기본이다. 이것을 위해 교육자들은 이 분야에서 지식과 기술을 개발해왔다. 퍼텔, 고메스, 그리고 베덴(Futrell & Gomez & Bedden)은 그들이 조사한 담임 교사의 80%가 문화적 배경이 다른 학생들을 가르칠 준비가 되어있지 않다고 발표했다.

제 2 부

학습 공동체 만들기

PART 2 학습 공동체 만들기

최소의 개입이 최대의 효과를 낳는다. 이 말은 학급 운영의 핵심이다. 긍정적이고, 지지적인 학급을 만드는 것으로 학급 문제의 대부분을 예방할 수 있다. 학급 운영에 대한 책은, 사회적 분위기가 학생 행동에 결정적 영향을 미친다는 것을 깨닫고 보상과 처벌 시스템을 통해서 행동을 수정하려는 기법에만 초점을 두고 있다. 불행히도, 이런 접근기법이 학생을 자신의 기본적인 심리적 혹은 학문적 요구에 맞지 않는 환경에서 자신의 행동을 조작하게 하는 상황을 만든다. 이 접근은 학생에게 바라는 보상이 있을 때만 기대하는 행동을 유지하도록 하는 상황을 만든다.

2부는 학급과 학교생활을 통해 긍정적인 대인 관계를 만들어 학생 문제 행동을 예방하기 위한 구체적인 방법들을 살펴본다. 이 방법들은 중요한데, 학생 학습 환경을 만들도록 돕기 때문이다. 바꾸어 말하자면, 이 책에서 접근하는 학급운영은 보다 긍정적인 학생 행동과 학습을 촉진하는 분위기형성을 지향한다.

학생 동기와 긍정적인 행동은 또래와 교사와의 관계가 긍정적이고 지지적일 때 증가한다. 학교에서 학습을 강화하고 보다 책임감있는 행동을 조장하는 것 외에도 학교는 정신 건강과 관련해서 광범위한 영향을 미치는 요소이다. 맥닐리, 나니메이커, 그리고 블럼(McNeely, Nonnemaker & Blum, 2002)은 "학생이 학교에서 보호받는다는 느낌, 학교의 일부임을 느낄 때, 공공물건 파손, 폭력, 문제가 되는 성적 행위들이 줄어든다"고 발표했다(p.138). 실제로, 레스닉, 베어먼, 그리고 블럼(Resnick, Bearman, & Blum, 1997) 등은 학교에 대한 연대의식이 폭력, 약물 사용, 학업 실패 그리고 임신 등을 포함한 학생 건강에 대한 광범위한 위기를 막는데 관련있다고 하였다.

교육자들은 학생이 참여하고, 그리고 안전하고 행복하다고 느끼는 학급을 만드는 것에 시간을 쓰는 것이 교수 외의 부수적인 일이라고 생각하는 것이 위험하다는 것을 알아야 한다. 제

1 부에서 말했듯이, 학생의 학업 성취는 교사가 학생의 개인적이고 심리적인 욕구를 들어주는 시간을 가질 때 강화될 수 있다. 연구는 긍정적인 학생 정서가 태도나 사고 기술을 개선시킨다고 설명한다. 학업과 개인-사회적 기술의 관계가 중요한 데 학교교육의 목표가 청소년을 시민으로 준비시키는 것이므로 대인 관계기술이나 문제 해결 기술을 포함한 전체적인 지식에 기초해야 한다.

3장에서는 교사-학생 관계에 영향을 미치는 (1) 개인적, 정서적 수준, 그리고 (2) 교사의 학생에 대한 기대를 학생과 의사소통하는 방법을 검토할 것이다. 4장에서는 학급에서의 또래 관계를 살펴 보고 긍정적이고 협동적인 또래 관계를 강화하는 여러가지 활동들을 제공한다. 부모들은 학생이 학교에 대하여 긍정적인 태도를 갖도록 여러가지로 격려할 수 있다. 5장은 부모와 긍정적이고 지지적인 관계를 형성하기 위해 여러분이 사용할 수 있는 방법들을 검토한다. 6장은 긍정적인 학급 행동 표준을 개발하고 합의하는데 학생들을 참여시키는 방법들을 제시한다.

이 책에서 제시하는 것들은 직접적으로 긍정적인 학교 분위기 형성에 기여한다. 라버트 피안타(Robert Pianta, 2006)는 "분위기의 정의는 주로 아동-교사 관계를 일컫는다."고 하였다. 보육공동체로서의 학교, 아동 발달 프로젝트, 그리고 폭력적인 학생 행동 개선을 위한 넬슨(Nelson)의 연구 등과 같이 학교 분위기를 개선하는 프로그램은 분명한 행동 표준의 수립 뿐만 아니라, 보호하고 지지하는 교사-학생 그리고 또래 관계를 강조한다. 프로그램 자체를 강조하는 것보다, 학급에 적용가능하다고 판단하는, 신중하게 실천될만한 것들로 긍정적인 학교 분위기를 만드는 연구와 실천들을 제시한다.

>>> Chapter 3

교사-학생 긍정적으로 관계하기

학생들은 교사와 다른 학생들을 알고 있다고 느끼는 학급을 좋아한다. 학생들은 환경이 잘 정비되어있고, 질서정연한 학급을 좋아하는 반면, 교사가 학생과 따로 떨어져 다루는 것을 좋아하지는 않는다.

-Phelan과 Davidson, Cao(1992)

성공적인 권위를 가지기 위해서는 다른 사람에게 희망을 주고 다른 사람의 인생을 이끌며 보살펴주는 능력이 요구된다.

- Allen Mendler(1992)

아동이 자유롭고 창의적으로 살며 새로운 사회 문화적 환경을 만들려면, 아동의 내면이 밖으로 드러나야 한다. 우리는 따뜻함, 공손함, 이해, 그리고 경청 등을 통해서 아동들이 내면을 드러내도록 도와야 한다.

- Christina Igoa (1995)

이상적인 수업은… 아마도 돌보는 것의 정도에 있을 것이다. 돌보는 것은 실천적 예술 수준의 기술과 지식을 요구한다. 그것은 학생의 지적, 발달적, 그리고 사회적 요구를 메워준다는 의미다.

-Thomas Sergiovanni(1994)

폭력적인 행동에 대한 가장 강한 저항은 건전한 인간적 애착이다.

-Brendtro와 Long(1995)

교사가 학생들에게 따뜻하게 지지하고, 긍정적으로 기대하며 발달적으로 적합한 자율성 등을 형성하도록 한다면, 학생들은 강한 공동체 의식, 사회적으로 건전한 행동, 그리고 높은 학업 성취를 보여줄 것이다.

- Kathryn Wentzel(2006)

교사-학생 관계는 학급에서 학생의 요구가 충족되는가에 의존한다. 6세와 17세 사이의 학생은 삶의 4분의 1을 교사들과 보낸다. 교사들은 학급에서 학생들의 삶을 통제하고 노력을 평가하는 사람이기 때문에, 학생들의 삶에서 힘 있는 성인이다. 효과적인 교사는 그들이 학생들에게 미치는 영향을 이해하고, 이 영향을 긍정적으로 사용한다.

학생-교사간 긍정적인 관계 형성하기

의미있는 학업 성취와 학생의 행동이 교사-학생 관계정도에 의존한다고 보고한다. 학생들은 따뜻하고 친절한 교사를 좋아한다. 교사-학생 관계가 돈독할수록, 학교에 대한 학생의 반응은 보다 긍정적이며 학업 성취가 높아졌다.

도시로 이사 온 에스키모인과 원주민 아메리칸 학생들과 교사의 상호작용을 분석한 클라인펠트(Kleinfeld, 1972)의 연구는 학생들과 협력하여 그들의 관점을 수용하는 것이 얼마나 중요한가를 나타내는 사례이다. 그녀의 다음과 같이 연구 결과를 요약하였다.

> 인디언과 에스키모 학생들에게서 높은 수준의 지적 성취를 이끌어낼 수 있는 교수 방식은 아주 따뜻한 개인적 관계를 만드는 것이다. 학생들은 교사의 요구를 짐스럽거나 적대적인 것으로 여기는 것이 아니라, 오히려 관심의 표현으로 여기고, 교사의 기대에 따른다. 이는 밀도있는 개인적 관계에서 나온다.

클라인펠트(Kleinfeld)의 연구는 25년 후에 성공한 성인이 될 것이라고 계속 믿어주고 격려해주는 성인의 역할이 얼마나 중요한가를 보여주고 있다.

스탠퍼드 대학교의 중고등학교 맥락적배경연구소(Context of Second ary School)에서 수행한 연구는, 긍정적인 학생 태도와 학습을 지지하는 고등학교 환경 요인을 검토했다. 연구는 학생들이 그들의 학교 성적에 영향을 주는 요인에 대해 어떻게 지각하는가를 결정하기 위해 설계되었다. "학생들의 논평으로부터 나온 주제는 돌보는 교사에게 굉장한 가치를 두었다. 사실 '돌보아 주는 교사'에 대해 언급한 학생들의 수는 굉장히 많아서, 우리는 그것을 현대 사회의 많은 청소년들의 상당한 외로움을 의미하는 것으로 믿는다."

학교에서 실패할 위기에 처한 학생들의 요구에 대처하는 학교 환경에 대한 폭넓은 연구에서 웰러지, 루터, 스미스, 레스코, 그리고 페르난데스(Wehlage & Rutter & Smith & Lesko & Fernandez)는 학교 공동체 형성에 방해가 되는 네 가지 요소를 보고하고 있다 :

1. 부적응(adjustment) : 위기에 처한 학생들은 학교가 전형적으로 제공하는 것보다 성인들과 더 개인적이며 더 지지하는 관계를 요구한다.
2. 어려움(difficulty) : "비록 우리는 위기에 처한 학생들이 상대적으로 문자 해득이 낮다는 것을

발견했지만, 이들에게 튜터링의 시간과 노력을 더 많이 들여야 한다." 학생들이 가장 불평하는 교육은 읽기에 편중된 '강의-토론'이었다.

3. 불일치(incongruence) : 학생과 학교의 개인적-사회적 일치와 관련된다.
4. 고립(isolation) : "우리는 갈등을 계속할 어른이 없거나 개인적 관계를 맺을 교사가 없는 학생들이 퇴학 위기에 처한다는 것을 알았다."

연구자는 또한 "학생들을 위한 멤버십과 참여를 용이하게 하는 긍정적인 교사 문화를 만들기 위해 교사가 지녀야 할 4가지 믿음/가치"를 제시한다. 그것은 다음과 같다 :

1. 교사들은 학생들의 성공을 위한 자신의 책임을 받아들인다.
2. 교사들은 교사의 역할을 확장해서 실천한다.
3. 교사들은 학생들과 함께 싸워 나간다.
4. 교사들은 모든 학생들이 배울 수 있다고 낙관적으로 생각한다.

교사-학생 관계와 학생들의 산출물은 분명히 관계가 있다. 긍정적인 경험을 한 초등학교 학생이 교사들과의 관계가 긍정적이라는 것은 놀랄 것 없다. 선택 프로그램에 참여한 흑인 아메리칸 젊은이들은 교사들이 돌보고, 잠재력을 믿어주고, 구조를 제공할 때 더욱 열심히 일한다고 응답했다. 교사-학생의 긍정적인 관계는 특수한 교육을 필요로 하는 위기에 처한 학생들을 막는데 기여한다. 끝으로, 햄리(Hamre)와 피안타(Pianta)는 학생들의 인지적 능력과 행동 같은 요인들이 통제된다면, 유치원 교사와 보다 긍정적인 관계를 가진 학생들이 8학년이 되어서도 더 높은 학업성취를 거두며 보다 책임있게 행동한다고 보고했다.

학생들이 말하는 좋은 교사

효과적인 교사에 대한 연구들은 효과적인 교사에 관해 언급하는 학생들의 의견을 반영한다. "학생들이 특정한 교사를 '특별히' 존경하는 이유에 관해 조사할 때, 학생들은 확고하면서 동정하는 마음, 흥미롭게 참여시키는 것, 그리고 도전적인 교수"의 세 가지를 언급했다 :

필라델피아에 있는 400명의 중학교와 고등학교 학생들을 대상으로 3년동안 실시한 인터뷰에서도 비슷한 결과가 있었다. 학생들은 좋은 교사를 다음과 같다고 했다 :

- 학생들이 성취할 일을 해 낼 것이라는 확신해 준다.
- 학급을 통솔한다.
- 학생들을 언제나 기꺼이 돕는다.
- 숙제나 학습 내용을 분명하게 설명한다.

- 학급에서 할 일을 다양하게 한다.
- 학생의 환경을 알기 위해 많은 시간을 들인다.

문헌 고찰에 의하면, 울포크와 바인슈타인(Woolfolk & Weinstein, 2006)은 학생들이 좋아하는 교사는 다음 세 가지 기술을 가지고 있다고 한다 :

(1) 학생들과 돌보는 관계를 만든다, (2) 한계를 분명하게 설정하며 엄격, 협박, 벌 대신 안전한 환경을 만든다, 그리고 (3) 재미있게 학습한다. 이것은 중학교 학생들이 "돌보는" 교사를 원한다고 보고한 웬트젤(Wentzel)의 보고와 동일하다. 나중의 한 연구에서 웬트젤(Wentzel)은 이런 교사를 설명하기를, "학생들의 참여와 노력을 이끌어내는 민주적이고 평등한 의사소통 양식을 사용하고, 개인의 능력을 기초로 학생 행동과 성취에 대한 기대치를 정하고, 학생과 생활하고 가르칠 때, '돌보는' 학급운영 모형을 사용하고, 거칠고 비평적인 피드백보다는 건설적인 것을 제공한다"라고 했다.

도시 고등학교에서 225명의 3학년 학생들을 조사한, 플랭크, 맥딜, 맥파트랜드와 조던(Plank & Mcdill & McPartland & Jordan)은 모든 학생들이 교사의 목표와 기대에 부홍하거나 혹은 모순되는 방식으로 행동하는 경향이 있으며, 그들의 의사 결정은 교사의 지각에 기초하는데, 특히 교사가 그들을 알고 존중해 주는 것에 중점을 두었다. 여러 연구에서 학생들이 교사를 좋아하고 교사에 의해 지지받는다고 느낄 때, 학습이나 학습 과제에 보다 많이 참여하며, 건전한 방식으로 행동한다는 점을 지지했다. 중학교 학생, 흑인 아메리칸 고등학생, 라틴계 중학생, 이민 온 멕시칸 아메리칸 고등학생, 문제아로 분류된 고등학생 등을 대상으로한 연구들은 모두 이 결과를 지지했다. 학생들은 분명히 교사가 그들의 학업을 도와주려고 하고, 그들의 가치를 알며, 존중하고, 그들의 학습과 개인적 생활을 돌보면서도, 질서정연하고 안전한 학급 환경을 유지한다고 느낄 때 학습한다. 베네주엘라(Valenzuela)는 학생들이 학교에서 보다 잘 돌보아진다고 느낄 때까지 학교를 좋아하지 않는다고 주장한다. 그러나 주목해야 할 것은 비록 학생들은 그들을 지지하는 교사를 좋아하지만, 이것이 인기있다는 것과 동의어는 아니다. 실제로 커쉬먼(Cushman)은 "학생들은 교사를 존중하지만, 그 교사가 개인적으로 좋은지 아닌지에 따라 반응한다"고 주장한다.

학생들은 교사로부터 돌봄과 개인적인 지지 이상의 것을 원한다. 그들은 교사가 학급에서 엄격하거나 거리감없기를 원하고, 학습 분위기를 깨는 학생들의 행동을 조용하게 처리하기를 바란다. 학생들은 분명히 안전하고 조용하게 학습할 수 있는 환경을 요구하지만, 이러한 환경을 제공하기 위해 교사가 지나치게 엄격하고, 냉담하며, 폭력적이기를 바라지는 않는다. 그들은 학급에서의 표준 행동을 분명히 하도록 도와주는 교사를 좋아한다. 그들은 분명한 행동 기준을 만드는 교사, 유머를 사용하며, 학급분위기가 파괴될 때 조용히 응대하고, 학생들에게 뒷이야기를 말할 수 있게 적절히 허락하는 교사를 좋아한다. 엠머, 에버츤, 그리고 워샴(Emmer & Evertson & Worsham)은 건설적인 확고함(constructive assertiveness)이라는 용어로 학생들이 학급의 의사 결정에 책임을 지도록 분명하게 기대하고 안내하는 교사에 대해 설명하였다. 학생들은 또한 학습에 능동적으로 참여하여 의미있는 활동을 만드는 교사와 함께 배우는 것을 좋아하고 더 책임감있게 행동한다. 6장에서는 이러한 학습 환경을 만들어내는 여러가지 방법들을 제시할 것이다.

교사들은 긍정적인 교사-학생 관계의 중요성을 알고 있다. 달링-해먼드(Darling-Hammond)는 그녀가 조사한 교사의 84%가 학생들과 긍정적인 관계를 만들고 학생들과 관련된 자료를 개발하는 것이 효과적인 교수에 가장 중요한 요소라고 말했다. 100건 이상의 연구를 메타-분석한 마르자노, 마르자노와 피커링(Marzano & Marzano & Pickering)은 긍정적인 교사-학생 관계는 효과적인 학급 운영의 기초이며, 이러한 긍정적인 관계가 문제 행동의 31%를 줄일 수 있다고 했다. 비록 교사와 교사 행동에 대한 연구들이 청소년 행동에 초점을 두고 있지만, 교사 행동은 또한 어린이들에게 중대한 영향을 미친다. 햄리와 피안타(Hamre & Pianta)는 특히 소년들에게서 유치원 학생들과 교사들과의 관계는 8학년이 된 학생의 학문적이며 행동적인 결과를 예언한다는 것을 보고했다. 따뜻하고, 열린 마음, 학생들과 갈등을 피할 줄 아는 교사들은 긍정적인 결과를 내는 반면, 부정적이고 의존적인 교사 행동은 부정적인 결과를 낸다.

"물론 나는 교사가 긍정적인 역할 모형을 제공해야만 한다고 믿고 있다; 그러나..."

비록 학생과 교사가 요소가 좋은 교육의 질에 영향을 미치는 것처럼 보이지만, 학생들은 교사들이 이러한 특성을 잘 보이지 않는다고 생각한다. 윌리엄 글래써(William Glasser)는 "7학년 말에 반 이상의 학생들이 교사와 교장을 악마로 생각한다"고 보고한다. 커식(Cusick)은 대부분의 학생 반항은 학생이 교사를 좋아하지 않는 학급에서 일어난다고 보고했다. 68명의 고등학생 연구에서 84%가 훈육 문제는 교사-학생 관계를 개선할 수 있다고 응답했다. "폭력적으로 대응하고, 스트레스를 유발하는 교사의 잘못된 행동으로 적어도 한 번은 고통받은 적이 있다고 보고한 학생이 적어도 50%에서 60%"

라고 한다. "학생들은 교사가 그들을 돌보지 않고, 존경할 수 없는 교사에게서 거리를 두고 싶어 한다."

비록 긍정적인 교사-학생 관계가 동기, 성취, 그리고 학생의 행동에 영향을 주는 기본적인 요소이지만, 이것은 특히 보다 도발적인 학생들에게 사실이다. 문화적으로 언어적으로 정반대인 학생들과 호의적인 관계를 맺고 있는 교사들에 대한 인터뷰에서 가르시아(Garcia)는 다음과 같이 썼다, "각 교사들은 학급의 구성원들과 특히 교사와 학생사이에 강력하고 돌보는 관계에 있다"(p.74)

[Lost Boys: Why Our Sons Turn Violent and How We Can Save Them]에서, 제임스 가바리노(James Garbarino)는 "폭력때문에 고통받는 폭력적인 아이들을 구제하기 위해서 모든 제도가 관심을 가져야 한다."라고 썼다. 그는 부모의 학대와 돌봄, 어른으로부터 지지받지 못할 때 소년들은 정서적으로 상처입는다고 했다. 그가 주장하기를, 장기적이고 긍정적인 교사-학생의 관계는 이러한 소년들에게서 절망과 분노의 수준을 줄일 수 있는 "치료가 되는 애착 경험"을 제공하는 중요한 요소라고 한다. 실제로 학대받은 소년의 35%만이 폭력적인 성인이 된다. 가바리노(Garbarino)는 이러한 소년의 65%가 덜 폭력적이고 덜 부정적으로 행동하도록 영향을 준 주요 요소를 "어떤 소년에게는 보상적인 관계형성과 관련있어 보인다"라고 했다. 바르게 행동하려고 노력하는 학생들을 가르치려고 할 때, 따뜻하게 돌보는 교육이 필요하다.

다양한 학생이 재학하는 학교는 교사들을 재구조화시켜서 교사들이 이런 학생들과 일하도록 해주어야 한다.

> 학교가 교사들에게 학생들을 효과적으로 돌보도록 하기 때문에 학생들은 믿음을 가질 수 있고, 나중에 성공을 하는데 중요한 학교 목표를 성취한다.

이 연구는 학생들과 긍정적으로 관계를 맺는 기술을 양심적으로 얻으려는 교사의 요구를 반영하고 있다.

모델로서의 교사

젊은 사람들은 정체성을 개발해야 한다. 십대의 낡은 스포츠 의류를 보는 사람들은 우리 사회에서 스포츠 영웅이 어떻게 보여지는가를 알아야 한다. 많은 미국의 가족과 젊은이들은 아마도 전보다 모델로서 성인을 더 많이 요청할 것이다. 윌리엄 모스(William Morse)는 다음과 같이 쓰고 있다:

교사들은 혼란을 겪으며 가치관 정립을 하지 못하는 젊은이들을 바꾸고자 하는 것이다. 이는 교사들에게 모델이 되어야할 것을 요구하거나, 어떤 모습을 바라는데, 이런 교사는 아동들과 상호작용하고 토의한다.

많은 아동과 청소년들은 그들의 삶에서 중요한 역할을 하는 성인의 행동에 자극을 받는다. 연구들은 학생들이 교사의 행동을 보고 닮는다고 한다.

학교 생활내내 모델로부터 영향을 받는다. 많은 학교들이 학생들의 반항이 높으며, 교사들은 소집단의 학생들에게 끌려간다고 논평한다. 우리가 새로운 학생을 바란다면 바람직한 성인 모델을 제공하는 이런 노력을 해야하고, 새로운 학생에게 흥미를 보이고 존중해야 한다. 학급에 필요한 일을 할 수 있는 시간을 확보하고, 개인적으로 학생들과 대화하면, 부정적인 또래의 행동을 닮아가는 비율을을 극적으로 줄일 수 있을 것이다.

학생들을 학교의 모든 성인들과 효과적으로 연결시키는 전략중 하나는 "학생과 친해지기 프로그램"이다. 이 프로그램에서 학생들은 주어진 쿠폰 책으로부터 학교에서 도움을 받을 수 있는 어른의 목록을 볼 수 있다. 특히 새로운 학생들은 이 쿠폰 책을 가지고 다니면서 각 어른들에게 사인을 받는다. 어른들은 학생에게 그들이 어떻게 학생들을 도울 수 있는지 말해 주며, 학생들에게 작은 선물도 준다(예를 들면, 요리를 한 쿠키, 전문가가 만든 책갈피, 등등). 마지막 날 새로운 학생들은 그들에게 긍정적이고 정보를 줄 성인을 실제로 만난다.

연구들은 또한 젊은 사람들이 몇몇 성인들이 보여주는 행동을 본받는다고 한다. 더욱이, 젊은이들이 이러한 행동을 본받음으로써 이익이 된다고 생각하면 더 쉽게 본받는다. 이를 위해서는 성인들이 이 장에서 설명한 기술과 태도를 많이 보여주어야 하고, 교사들은 이러한 행동을 보여주는 동료들을 행정가들이 강화하는 학교를 만들어야 한다.

교사들은 또한 학생들과 상호작용하는 방식이 다른 학생들이나 교사와의 관계를 보는 방식에 중요한 영향을 끼친다는 것을 잘 알아야 한다. 심지어 교사와의 관계를 긍정적으로 보는 학생들은 다른 학생들이 교사로부터 불공정한 대우를 받는 것을 목격하더라도 덜 부정적이게 된다.

교사-학생 관계를 개선시키는 구체적 접근을 제시하기 전에 우리는 적절한 관점을 가져야 한다. 교사-학생 관계의 질은 학교에서 보여지는 학생의 행동에 굉장한 영향을 끼친다. 그러나 우리는 모든 학급 문제가 긍정적인 교사-학생 관계에 의해 해결될 수는 없지만, 긍정적인 교사-학생 관계를 수립하는 것은 중요하다는 점에 대해 혼란스러워 하지 않아야 한다. 교사가 얼마나 관심있고, 긍정적이며 정당한가에 상관없이, 학생들은 학급에서 잘못을 자주 하며, 적절한 수업 과제를 제공받지 못하고 있다.

잠시 멈추고 3.1	긍정적 역할 모델이 될 수 있는 구체적인 방법은 무엇인가? 우리는 여러분이 이러한 행동의 목록을 만들어서 동료나 급우들과 생각을 나누도록 권장한다.

학생과의 관계 개선하기

기나긴 깨달음과 배운 것을 통해서, 학생들은 긍정적인 교사 행동을 요구하고 원한다. 현실적인 한계속에서 따뜻하게 돌볼 줄 아는 능력은 매우 어려운 일이다. 불행히도, 우리는 종종 초임 교사에게 앞으로 학생들에게 덜 따뜻하고 더 거리를 두게하는 충고를 하기까지 한다. 중요한 것은 교사가 따뜻하지 않거나 친절하지 않다가 아니라, 학생을 존중하고, 친절하게 대할 책임감이 있다는 것이다. 따뜻함이나 관심은 확고함과 나란히 존재할 수 있다. 실제로 효과적인 수업은 이 두 요소를 합하고 있다.

여러분이 학생들과 열린 마음으로 관계를 개선하도록 돕는 구체적인 의사 소통 기술을 제시하기 전에 교사를 이러한 학생들과 가장 효과적으로 관계를 맺는 주체라는 사실을 아는 것이 중요하다. 교사 효율성 훈련(Teacher Effectiveness Training)이라는 고전적인 저서에서 타머스 고든(Thomas Gordon)은 다음과 같이 쓰고 있다 :

> 교사와 학생의 관계는 다음과 같은 경우에 좋다. (1) 열림 혹은 투명성, 다른 사람에게 솔직하고 정직하다; (2) 돌보는 것은 다른 사람이 가치있다는 것을 알 때이다; (3) 서로 의존하기(의존에 반대되는 것으로서); (4) 분리, 독특함, 창의성, 그리고 개성을 키우고 개발하도록 돕는다; (5) 상호 욕구 충족, 그래서 어느 누구의 욕구도 다른 사람의 욕구를 희생으로 하지 않기

유사한 노력으로 나딩스(Noddings)는 돌보는 것에 기본 요소를 다음과 같이 제시한다: 모델링, 대화, 실천, 그리고 확인. 모델링은 교육자로서 우리가 다른 사람-성인과 아동-을 어떻게 대하는가를 알게 해준다. 대화는 성인이 미리 결론을 내려놓지 않은 열린 토론을 의미한다. 대화는 학생들이 이유를 질문하고, 그들이 스스로 의사 결정을 하도록 도와준다. 실천은 학생들이 돌보는 관계에 참여할 기회를 갖는 것이다. 이런 참여를 잘해서 공동체-서비스 활동, 튜터링, 혹은 학생들이 다른 사람을 돕고 격려하는 것을 배운다. 끝으로, 확인은 공동체의 돌보는 일원으로서 학생을 인정하는 것이다. 이 책에서 읽었듯이, 여러분은 학급 운영에서 나딩(Nodding)의 돌보는 것에 기초한 도덕 교육 개념이 어떻게 수용되고 지지되는지를 알 것이다.

잠시 멈추고 3.2	나딩(Nodding)이 제시한 네 가지 범주를 만들어보도록 권한다. 각 범주에서 돌보는 것에 기초하여 여러분이 사용할 수 있는 구체적인 교사 행동이나 학급 활동을 써 보라.

학생과 마음 열고 대화하기

교사들이 학생들과 관계에 대하여 내리는 결정들은 구체적이고, 학생들의 연령에 따라 다양하지만, 교사-학생 관계에 관련된 기본적인 주제는 유사하다. 중요한 것은 교사가 어떻게 학생들이 바라는 결정을 하는가이다. 교사-학생 관계의 3가지 유형이 있을 수 있다. 비록 교사-학생의 관계는 다양하지만, 중요한 요소는 개방 정도에 의존한다. 교사-학생 관계의 특징은 다음과 같다:

1. 대부분 개방적이다, 이 수준에서 우리는 학생들 개인의 관심과 가치를 광범위하게 공유할 수 있다.
2. 개방은 학교 환경에 대한 반응과 느낌인데, 학교 밖의 생활과도 제한적이지만 관계가 있다.
3. 수업과 학급운영 관계는 배타적이지 않다; 개인의 느낌과 상호작용 없이, 단지 수업만을 수행할 수 없다.

초임 교사는 그들의 학생들과 열린 관계를 유지해야 하는지에 대해 혼란을 겪는다. 그들은 다른 학생들과 함께 해야 하는지, 학생의 흥미를 공유해야 하는지, 학생들의 은어를 써야 하는지 등등에 대한 확신이 약하다. 저자의 경험에 의하면, 학생들은 자신의 가치, 개인적 기호를 편안하게 여기며, 판단을 공유할 수 있는 성인들에게 가장 잘 반응한다.

"왓슨선생님이 학생 수준으로 학생들과 의사소통하는 방법이 놀랍군요"

[The Good High School]에서 새러 노렌스 라이트푸트(Sarah Lawrence Lightfoot)는 그녀가 자신이 학생들과 어떻게 공유하는가에 대한 예를 제공한다.

> 부룩클린 학구 교사 중 "우수한" 한 교사가 나에게 글쓰기 상급반에서 서로에게 수비적이고 숨기는 게 많은 학생들과 벌인 싸움에 대해 말해 주었다. 쓰기의 자발성과 표현성을 격려하는 다양한 전략들을 시도해 본 후, 그녀는 그들에게 4번째 친구의 죽음 이후에 3명의 친한 친구에게 쓴 편지를 읽도록 시켰다. 편지는 한밤중에 작성되었는데, 자유로웠고, 속을 표현했으며, 그리고 아픔을 그대로 담고 있었다. 교사는 자신의 개방성이 학생들에게 유사한 반응을 일으킬 것이라고 기대했다. 이런 개인적인 편지를 교육적 도구로 사용하느냐 여부를 결정하면서 그녀는 자신과 싸웠을 것이고, 가능한 예측하려고 노력했으며, 자신의 동기를 반영했다. 그녀가 개인적인 것을 나타냈다고 지나쳤는가? 그녀는 어떤 노력을 했는가? 학생들이 그녀의 의도를 비난했는가? 교사와 학생 사이에 요구되는 거리를 파괴했는가? 끝으로, 교사는 학급에서 편지 읽기를 결정했다. "나의 신이 나에게 말하기를 그것은 옳지 않다고 말했다," 그녀는 망설이며 말했다. 여기서 중요한 것은 그녀가 이 상황을 해결하는 방법이 아니라, 이 교사가 살펴본 지적이고 심리적인 경로이며, 책임감있게 행동했다는 것이다(PP. 336-337)

이 교사가 결정한 것은 그녀를 위한 최선의 것이 아니라, 학생들을 위한 최선인 것을 생각한 것이다. 이점이 학생들에게 교사의 지식이 사용되었다는 것을 의미한다.

이 주제는 교사-학생 관계의 두 번째 유형을 수립하는데 기초가 된다. 한 가지는 학교에서 일어나는 일에 대한 우리의 반응과 느낌을 공유하는 것을 학생들과 나누는 것이다. 이런 유형을 선택하는 교사들은 학생에게 일어난 일, 여가 활동, 혹은 그들이 참여한 문화 활동 등에 대해 학생들과 이야기를 나눌 것이다. 이런 교사들은 또한 학급에서 일어난 사건을 토론하는 상당히 개방적인 면을 보여줄 것이다.

저자 중의 한 명은 중학교에서 가르친 경험이 있다. 어느날 학생들과 토론하는데, 그들 다수가 학교 근처의 문방구에서 물건을 훔쳤다는 것을 알게 되었다. 그러나 같은 학생들이 가죽 가게에서는 훔치지 않았다. 그들에게 왜 문방구에서 훔치고 가죽 가게에서는 훔치지 않느냐고 물었을 때, 학생들은 가죽가게 남자를 알고 있으며, 그들은 "아는 사람"의 물건을 훔치지 않는다고 했다. 이 사건은 젊은 사람들을 어떻게 대해야 하는지를 시사한다. 그들은 형식적인 사람들에게는 부정적으로 반응하고 무시하지만, 그들을 알고 이해하는 사람들에게는 문제를 덜 만들어낸다.

학생들이 교사를 아는 사람으로서 인정할 때, 우리는 학급에서 학생들의 관심과 감정에 개방될 수 있다. 몇 년 전 저자 중의 한 명이 유명한 교사의 학급을 방문했을 때 그 교사에게서 효과적인 모델링 사례를 보았다. 그의 8학년 학급 학생들은 과학 프로젝트에 능동적으로 참여하고 있었으며, 학급은 북적대고 있었다. 한 소년이 건너편에 있는 친구인 존을 부르며, 그에게 가위를 던지라고 요구했다. 존은 즉시 따랐고, 공중으로 던져진 가위는 살짝 빗나가서 다른 학생을 맞혔다. 교사는 존에게 소리치기보다, 걸어가 그의 어깨 위에 손을 얹었다.

그는 계속하여 존에게 방금 전의 실수는 굉장히 무서웠으며, 그는 학급에 있는 학생들을 걱정했기 때문이라고 말했다. 그리고 나서 그는 존에게 나중에 또 가위를 던질 것인지를 물었다. 그리고 교사는 가위를 던지라고 말한 학생과 살짝 빗나가서 맞은 학생들에게 간단히 말했다. 수업 끝 무렵에 교사는 가위 사건에 대해 이야기할 시간을 가지고, 학생들에게 올바른 절차를 말해보도록 했다.

방과후 교사는 왜 조용히, 그리고 개인적인 방법으로 개입했는지를 설명했다. 청소년들은 다양한 변화를 겪으므로 그들의 자아는 매우 조심스럽고 그들은 대부분 모든 것을 인격화한다고 했다. 그의 목표는 학생들에게 그들이 들을 수 있는 방식으로 정보를 주고자 한 것이었다고 했다. 학생들 앞에서 소리지르거나 훈육을 하면, 학생들은 자신의 행동을 반성하기보다 교사의 행동에 초점을 두는 반응을 하게 될 것이라고 했다. 학생들과 감정을 나누는 것을 통해서 학생들에게 그는 방어적이지 않으면서 다양한 정보를 제공할 수 있다고 했다.

이 사건은 의사소통 기술과 청소년 발달에 대한 교사의 실천 지식에 대한 보기이다. 교사는 학생들의 정서를 통제하면서 동시에 민감하게 대처하여 학생들의 개인적인 성장을 용이하게 했다.

교생실습교사를 관찰하는 동안 연구자중의 한명은 개방성의 이로움을 극명하게 보여주는 다른 예를 보았다. 실습교사는 연구자중의 한명에게 고등학교 생물 수업에 대한 그녀의 문제에 대하여 상담했다. 실습교사는 매우 역동적이고 인기있는 담임교사를 만났으며 학생들은 실습교사에게 나쁘게 행동하고 잔인하기도 했다. 연구자는 교생에게 학생들에 대한 그녀의 감정을 토의하도록 하고, 학생들의 감정과 상실감을 인식해 보도록 제안했다. 몇몇 교육자는 판도라의 상자를 여는 것처럼 이와 반대되는 충고도 했다. 실습교사는 학생들과 토의하는 것을 선택했으며, 학생들이 사려깊게 이 시간에 대해 매우 열려있었다고 보고했다. 실제로 한 학생은 실습교사에게 배운 이후로 학점이 A에서 C로 떨어진 것에 대해 매우 혼란스러워하고 있었다. 실습교사는 그녀의 고등학교 시험에서 학점을 매긴 이후 이것이 첫 번째 일이라고 말하고, 학점에 대하여 토의하는 학생을 만나면 기쁠 것이라고 했다. 많은 학생들은 실습교사의 개방성에 고마움을 표했으며, 실습교사는 학급분위기가 극적으로 변했다고 보고했다.

교육자로서 우리는 학급에서 개인의 감정과 지각이 얼마나 중요한지, 학생들의 동기와 성취에 어떤 영향을 미치는지 깨달았다. 우리가 학생을 가르치는 것에 성공하고 싶다면, 우리는 인지적인 내용뿐만 아니라 학급의 정서적인 요소를 다루어야 한다. 이 책의 핵심 주제는 효과적인 학급 운영자는 학급 절차에 대하여 알아야하며 학급 절차와 교수법을 만들고 고치는 것에 학생들을 참여시켜야한다는 것이다. 이것은 우리가 스스로 뿐만 아니라 학생들도 열린 대화와 문제 해결에 참여시켜야 한다.

우리가 어떤 학생의 개인적이고 학교밖의 생활에 대하여 관심을 기지는 것은 그들의 학교생활에 적응하도록 학교의 표준 행동을 받아들이는 것이 중요한 요소라는 것을 알아야 한다. 모든 학생들, 특히 문화와 생활양식이 교사와 다른 학생들을 위해서, 교사는 감정이입을 발달시켜야 한다. 노리스(Norris)는 감정이입이 다른 사람들의 말을 주의깊게 듣고 그들의 "지각, 관점, 느낌" 등을 이해하는 것을 포함한다고 했다. 은퇴한 흑인 미국 교사 8명에 대한 연구에서 미첼(Mitchell)은 이러한 교사들은 학생들의 동기와 책임있는 행동을 강화하는 정서적 영역의 중요성을 이해하고 있다고 보고했다. 그녀는 이런 교사들이 "학생들의 경험을, 학교 안과 밖에서의 생활, 그리고 그들의 경험이 만드는 맥락을 비판적으로 알고 있다"고 했다.

연구에 의하면 초등학교에서 중학교로 옮길 때, 학생들은 교사를 덜 양육적이며, 학생 사이의 점수와 경쟁에 더 관심을 두고, 학생들에게 개인적인 관심을 덜 보이며, 통제에 더 강조를 두는 것으로서 지각한다. 흥미롭게도, 학생들은 교사들의 이런 변화에 동기화된다고 말했다. 이런 결과는 "중등학교에는 묵시적인 감정적 규칙이 있는 것처럼 보인다...감정은 교육의 과정을 가능한 부드럽게 만들어준다. 감정은 이런 규칙을 방해할 때, 질서를 방해하고 위협할 때 나타낸다." 이것은 학생의 개인적/정서적 반응을 포함하여 상호작용하는 초등학교 교사들과 좀 다르다. 중등교사는 학생과 덜 의존적인 관계를 만들어야하는 발달 과제를 안고있다. 우리의 경험과 이 장에서 언급한 여러 문헌들은 분명히 학생들은 그들이 현재 경험하는 것보다 더 개방적이고 개인적인 교사와의 관계를 희망한다는 것이다. 여러분이 중등 혹은 고등학교 학생을 가르친다면, 우리는 여러분이 학생 개인을 돌보는, 학생들과 관계를 개발하는 방법에 대한 도움을 줄 것이다.

학생들에게 영향을 주는 적절한 한 방법은 학생들과 편안하게 지내는 것이다. 학생들은 교사가 즐겁고 편안한 때를 안다. 마찬가지로, 그들은 편해 보이지 않거나 두려워하는 교사들과 있을 때 혼란스러워하고 때로 부정적으로 반응한다. 노구에라(Noguera)는 "나는 일반적으로 학생들과 관계가 부족한 교사들이 그들을 오해하고 두려워하기 쉽다는 것을 발견했다"라고 했다. 그는 학교 폭력도 학생들과 불편하고 심지어 두려움을 가진 교사들에 영향을 끼친다고 했다. 교사들은 학생의 문제 행동을 무시하고, 아주 단순하고 비개인적인 훈육 방법을 사용하고, 상황에 따라서는 노력을 한 번 하지 않고 학생들을 교장실로 보내는 것을 선호한다.

라이트푸트(Lightfoot)는 "학생들을 두려워 하지 않고 공감하는 것"이 좋은 고등학교의 요건이라고 했다. 그녀는 교사들이 학생들의 발달적 도전을 이해해야 한다고 주장한다. 이러한 이해에 덧붙여, 교사들은 학생들에게 잘 알고있다는 의식없이 학생들과 편하고 즐거워야 한다. 라이트푸트(Lightfoot)는 다음과 같이 언급하고 있다:

> 내가 교사에게서 두려움이 없다고 하는 것을 그들 역할에서 조심성을 버린다는 것으로 해석해서는 안된다. 그것은 소박하고 순진한 표현이다. 나는 그들의 조심성없음이 개인적 믿음과 확신에서 온다고 주장하고 싶지 않다. 나는 그것이 청소년에 대한 친밀감과 깊은 지식; 개별적인 학생에 대한 이해; 그리고 그들이 일하는 과정에서 강한 권위를 형성하는 것 등을 반영한다고 생각한다. 나는 항상 교사들이 청소년의 요구를 이해하고, 진단하고, 빠르게 해석하는 것에 놀란다. 이것은 대개 관찰자들에게는 직관적으로 보인다. 그러나 내가 교사들에게 왜 그러한 방식으로 행동하는지 혹은 그러한 의사결정을 내리는지를 물었을 때, 그들은 청소년들의 관점과 인식을 알고는 대답하는 경향을 보여 주었다. 실천을 위한 교사의 의사결정은 학생의 개인적 특징과 역사, 청소년기의 발달적 경향에 대한 이해와 통합된다. 학생마다 교사마다 각기 다르다.(p.344)

마르바 콜린스(Marva Collins)는 시카고 서부지역 입학준비 협회의 창시자인데, 다음과 같이 말하고 있다 :

> 내가 공립 고등학교에서 3년간 가르칠 때 나는 항상 반에 상관없이 내가 그들을 알게 될 때까지 점심을 먹었다. 선생님들은 내가 어리석다고 했지만, 그들은 그것이 가르치는 일을 보다 쉽게 해 준다는 것을 학생들을 훈육하기 전에 우정과 존경을 받아야만 한다는 것을 모른다.(p.4)

우리는 이 교육자가 학생들과의 시간을 보내며 그녀가 교사연구실에 있을 때만큼 지적으로 자극받고 개인적으로 만족한다고 짐작할 수 있다.

최종적인 예는 한 고등학교 2학년 생물 시간에 연구자가 학생-교사를 관찰할 때 학생이 도전하는 일이 일어났다. 강의를 이해할 수 없어 혼란스러워하던 학생은 일어서서 큰 소리로 "이 수업은 엉터리야!"라고 소리질렀다. 교사는 학생을 사무실로 보내지 않았다. 비록 그는 학생이 보다 예의바른 방법으로 그의 좌절을 표현하기를 바랬지만, 그는 학생이 수업에 참가하지 않는 것보다는 분노를 표현할 수 있는 것이 기뻤다. 교사는 학생에게 학생의 관심에 대하여 이야기하고 싶다고 했는데, 우선 학급 다수 혹은 소수의 학생들과 함께 이 문제에 대해 이야기할 수 있는지에 대하여 결정할 필요가 있다고 했다. 교사들의 이 질문에 3명의 학생과 함께 이야기하고 싶다고 했다. 교사는 그와 3명의 학생과 보다 나은 학급을 만드는 방법에 대하여 토의하는 것이 좋겠다고 생각했다. 학생들은 긍정적으로 반응했으며, 토의는 몇 가지 긍정적인 해결책을 이끌어냈다.

이 이야기의 흥미로운 점은 교사의 반응에 대한 것이다. 이 교사는 교사-학생 관계형성을 지지한다. 그는 교사들이 학생에게 개방적이거나 학급 수업 혹은 행동 문제를 토론할 여유가 없다는 것을 안다. 교사들이 항상 학급에서 권위주의적인 명령을 해야 하고, 학생들은 질문없이 요구된 일을 해야한다. 이 교사는 실습교사가 학생을 학급 바깥으로 즉각 내보내지 않고, 다른 학생들에게 교장실을 방문하겠느냐고 묻지 않은 것에 대하여 당황한 것을 기억한다.

두 번째 타입의 교사-학생 관계의 예는 이 숙련된 중학교 체육 교사가 제공한다. 그녀는 교사가 학급 사건에 대하여 개방적이어야 한다는 개념을 지지하지만, 학생들이 교사에게 욕설을 쓰는 것이나, 학생들 앞에서 교사에게 직접적으로 대립하는 것을 허락하지 않는다. 그녀는 학생들이 이렇게 했을 때 결과를 예측해야 한다고 믿으며, 학생은 정중하게 학급에 남겨지도록 요구되며, 나중에 학생의 관심과 행동에 대해 교사와 함께 토의할 기회를 가져야 한다고 생각한다.

이 예에서 교사가 선택한 또 다른 것은 우리가 제시한 개방성의 유형에 대한 의사결정의 의 한 예이다. 확실히, 교사는 개방성의 정도를 조절해야 한다. 그럼에도 불구하고 두 번째 개방성의 유형은 학생의 학급에 대한 주인의식에 영향을 미치며, 학급에 영향을 주며, 학급 운영과 학생 동기를 향상시킬 수 있다.

잠시 멈추고 3.3	여러분이 생각하는 상황에 대하여 간단히 쓰고 동료들과 이야기를 나누어 보라: (1) 학생과 긍정적인 관계를 결정하는데 기여하는 자아-노출의 양, (2) 너무 많은 개방성 혹은 자아-노출, (3) 학생들을 도울 수 있는 방법에 대한 이야기 나누기의 실패, (4) 여러분이 학생들의 이해를 도울 수 있는 학생의 흥미의 적절한 정도, 그리고 (5) 학생 생활에 대한 지나친 개입.

학생과 소통하는 방법

두 번째 유형의 교사-학생 관계는 일반적으로 학생들과 교사 사이에 래포를 형성하지만, 교사들에게는 긍정적인 교사-학생 관계를 개발하는 것이 보다 체계적으로 필요하다. 우리는 학생에 대한 홍미와 관심을 다음과 같이 표현한다 (1) 개인으로서 그들을 알고 그들에 대한 관심 표현하기; (2) 긍정적 대 부정적인 진술의 비율 유지하기; (3) 모든 학생들에게 높은 기대하기; (4) 구체적이고, 서술적인 피드백 주기; (5) 학생의 말 경청하기; (6) 학생들과 책임감 공유하기; (7) 문화를 기초로 의사소통 사용하기; 그리고 (8) 문제 행동에 효과적으로 대처하기

학생 알아가기

교사들은 학생들을 이해하면 학생들에게 초청받을 수 있는 능력과 학생들의 삶에 영향을 주는 사회적 요인들을 강화할 수 있는 사람이다. 페레고이와 보일(Peregoy & Boyle)은 교사와 다른 문화적 배경을 가진 학생들에 대하여 다음 질문을 할 수 있다고 제안한다.

1. 가족 구성(Family structure) : 가족은 어떻게 구성되어있는가? 이들이 한 집에 사는가?
2. 삶의 방식(Life style) : 생활의 단계, 시기 그리고 전이를 결정하는 기준은 무엇인가? 삶에서 통과 의례는 무엇인가?
3. 역할과 대인관계(Roles and interpersonal relationships) : 누구에게 어떤 역할이 타당하며, 그것을 어떻게 획득하는가? 이러한 역할은 학습해야 하는 것인가?
4. 훈육(discipline) : 훈육은 무엇인가? 훈육인 것과 아닌 것은 어떻게 구분하는가?
5. 시간과 공간(time and space) : 약속을 지키는 것은 왜 중요한가? 일을 빨리 완수해야 하는가?
6. 종교(religion) : 학교에서 다루면 안되는 주제는 무엇인가?
7. 음식(food) : 먹는 것은 무엇인가? 어떤 순서로 얼마나 자주 먹여야 하는가?
8. 건강과 위생(health and hygiene) : 병은 누가 어떻게 치료하는가? 그렇게 하는 까닭은 무엇인가?
9. 역사, 전통, 휴일(history, traditions, holidays) : 자랑스러운 사건과 사람은 무엇인가? 미국은 역사와 전통을 가졌다고 할 수 있는 집단인가? 어떤 휴일과 축제가 학교에 적합한가?

선임 연구원이 3년간 워싱턴 주에서의 한 원주민 학교를 관찰한 적이 있다. 한 교사는 특히 학생들이 높은-수준의 과제를 해결하고 시험을 잘 보도록 돕는데 탁월했다. 대부분의 교사들은 학생들의 동기가 부족하다고 말했다. 이 교사의 노력은 분명히 7장에서 설명한 교수법을 실용화한 것처럼 보였다. 학생들은 이 교사가 그들을 잘 알고, 그들의 가족을 존중

한다고 설명했다. 이 교사는 그 지역사회에 사는 유일한 교사였으며, 학생과 가족들 대부분이 함께하는 문화 행사에 참여하는 유일한 교사라는 것을 알려주게 되었다.

이민 온 학생들을 가르치는 것에 관한 책에서 올슨과 자라밀로(Olsen & Jaramillo)는 "영어 학습자를 이해하는 길은 그들의 다른 요구를 알아보는 것이 핵심이다…가장 효과적인 교사는 학생들을 '아는 방법'을 알고 있다"고 했다. 학생들을 아는 방법 목록에는 "마음으로부터 이민 온 학생들의 일상을 접함으로써 기쁨, 슬픔, 희망과 절망을 공유함으로써 그들을 '알게 되고', 학생에 대한 정보를 얻기 위해 이런 지식을 사용하고 학생들과 활동하는 방법을 고안해야 한다."(p.181) 유사하게, [The Inner World of the Immigrant Child]에서 크리스티나 이고아(Christina Igoa)는 "아동과 교사사이의 친밀한 관계와 계속적인 대화를 통하여 아동의 감정"을 표현하도록 하는 것은 중요하다고 제안한다.

우리의 문화적 배경은 학생들의 것과 비슷한가에 상관없이, 우리는 그들의 삶에 영향을 주는 요소들에 대하여 보다 잘 아는 것이 좋다. 교사들은 학생들이 시간을 어떻게 보내는가, 어떤 과목과 학습 활동에 흥미있는가 혹은 어려운가 등등에 대해 물어보아야 한다. 고등학교 교사들은 학생들이 몇 시간을 공부하고, 교과 외 활동은 어느 정도 하는지를 물어보고 아는 것이 중요하다. 왜냐하면 그가 학생들의 학교 밖의 생활과 교과 외 활동과정에 대한 집착을 알아야 하기 때문이다. 우리가 아는 고등학교 교사는 달력에 2주동안의 다른 교과의 시험과 리포트내는 날짜를 표시한다. 그리고 나서 교사와 학생들은 학급에서 언제 과제를 해야할지를 계획한다.

학생과 개인적인 만남 갖기

여러분이 학생과 점심을 먹는 것이 가능할지 모르지만, 많은 교사들이 학생들과 개인적으로 만나기 위해 시간을 내야한다. 이것은 준비시간, 점심시간, 수업 전 혹은 방과 후 시간에 할 수 있다. 우리가 학생들을 객관적으로 만나는 것은 학생들의 작업, 행동 혹은 단순히 더 잘 알기 위해이다. 이것은 강력하고, 긍정적인 효과가 있다는 것을 수 백 명의 교사들이 알고 있다. 이고아(Igoa)는 "아동 문화의 역사에 가치를 두고, 믿음과 존경으로 따뜻한 관계를 세우기 위한" 방법으로서 미국에 새로 온 학생들과 개별적으로 만나는 것을 권장한다.

학생 활동에 관심 표현하기

학생들과의 관계를 즐겁게 하고 학생들에게 관심을 나타내는 방법은 그들이 참여하는 활동을 함께하는 것이다. 학생들과 보호자는 학생들의 활동에 교사가 참여하는 것에 대해 굉장히 감동한다. 이러한 교사의 동참은 종종 학생들의 학업적 혹은 행동 개선과 연결되기도 한다.

학생과 점심 먹기

대부분 교사는 25명 내지 30명의 학생들과 함께 생활한다. 그들이 방과 후에 교실에 없다면, 학생들은 교사들과 개인적인 시간을 갖기 힘들다. 개인적 관계를 만드는 방법은 학급에서 학생들과 점심을 같이 먹는 것이다. 이는 설문조사를 해서 물어서 결정할 수도 있다. 교사와 학생은 점심시간동안 개인적 관심을 공유하는 데 사용할 수 있다. 교사는 개인적 혹은 학교 문제에 대한 학생들의 의견을 듣고자해야 하지, 이 시간을 학생들의 성적 혹은 행동을 토의하는 만남으로 사용되어서는 안된다.

면담 순서 정하기

몇 년간 아동을 가르친 교사라면 학교 밖에서, 예를 들면 식료품 가게와 같은 곳에서 교사를 만나면 학생들이 놀라는 것을 경험한다. 교사는 학생들의 관심과 학교 밖의 삶에 대해서는 거의 모른다. 여러분의 학생들을 인터뷰해 보라. 학급에 여러분의 배우자 혹은 나이든 아동을 보내 조사할 수도 있을 것이다.

학생에게 편지나 쪽지 보내기

여러분이 학생에게 보내는 개인적인 편지로 학교생활을 시작하는 것도 학생들과 레포(Rapport)를 형성하는 효과적인 방법이다. 각 학생들의 책상위에 편지를 두는 것은 학생들에게 여러분이 학급에서 그들과 함께해서 행복하다는 것, 그들에 대하여 더 알고 싶다는 것, 펼쳐질 학교 생활을 기대하고 있다는 것 등을 알려준다. 학교 생활을 통하여 학생들을 기록하는 것을 여러분과 학생들 사이의 개인적 관계를 강화하는 방법을 알려줄 것이다. 쪽지나 편지 등으로 생각을 표현하거나 정보를 제공하는 시간을 만드는 것은 학생들에게 어려운 과제에 성공했을 때, 행동이 개선되었을 때, 개인적 문제로 고민할 때, 그리고 학생의 생일날 등을 이용할 수 있다. 학생들은 또한 아파서 며칠 동안 학교를 빠져야 할 때, 그들의 숙제를 적어주는 쪽지나 카드를 받으면 교사에게 감사한다.

건의함 활용하기

학생들은 종종 학급에서 교사에 대해 상대적으로 관심을 두지 않는다. 비록 우리는 이런 상황을 바람직하지 않은 것으로 생각하지만, 적절한 학급 환경을 만드는 실재에 대한 책임감을 갖는다고도 어느 정도는 이해할 수 있다. 학생들에게 우리의 관심을 나타내는 한 가지 방법은 의견 상자를 제시하고, 학생들이 배우기 좋은 장소로 만드는 비결을 써 보도록 격려하는 것이다. 이 접근은 학생들이 학급에 대한 그들의 생각과 관심을 토의할 때 이용할 수 있다. 학급 회의를 할 때, 의견 상자를 열어 칠판에 의견 항목을 배치해 볼 수도 있다. 학생들

외 의견을 반영하고, 수용하고, 요청하는 것은 교사-학생 레포형성에 효과적이다.

다양한 행사에 함께 참여하기

학교는 종종 소풍, 카니발 모자 쓰고 등교하는 날, 카니발, 그리고 자전거 로데오와 같은 특별한 행사를 한다. 우리는 이러한 활동에 참여하여 좋은 시간을 보내고, 학생들에 대한 관심을 표현할 수 있다. 학교는 또한 교사에게 개인적 관점에서 학생들을 볼 기회를 만들어 주고, 긍정적인 교사-학생 상호작용을 증가시킬 수 있는 특별한 기회를 만들어 줄 수 있다. 두 연구자는 각 직원의 아동기 사진이 전시되어 학생들이 사진을 보고 교사를 맞추어 볼 수 있는 건물에서 일했다. 또 게시판에 학생과 교사들이 다른 학생이나 교사에 대한 긍정적 문장을 쓸 수 있도록 하는 학교에서 가르쳤다. 이와 같은 활동에 참여하는 것은 긍정적 학교 분위기를 만들며, 그로 인해 학생 문제 행동을 의미있게 줄일 수 있다.

"해리스 선생님, 내가 현장학습을 승낙했을 때, 나는 당신이 학생들과 함께 간다고 생각했어요."

운동장에서 학생과 어울려 놀기

학생들은 운동장에서 교사가 함께 노는 것을 좋아한다. 종종 아동들과 휴식시간을 함께 보내는 것은 우리를 위해서도 이런 것은 교사-학생 관계를 강화할 뿐 아니라, 긴장을 완화해 준다. 긴장이 완화되고, 학습외의 장면에서 아동들과 상호작용하는 신체 활동 기회는 학교생활에서 신선한 휴식을 제공할 수 있다. 이런 교사-학생 상호작용의 유형을 만드는 한 가지 방법은 학생과 교사가 함께 운동 경기를 하는 것이다.

잠시 멈추고 3.4	학생들을 알 수 있는 전략 목록들을 만들어라. 여러분의 선생님이 여러분에게 했던 방법들도 괜찮다. 우리는 여러분이 이것을 동료와 나누어 보도록 권한다. 여러분이 이 책을 읽는 동안 하는 기록들을 보관하는 것도 좋다.

성(性)적인 문제에 민감해 지기

학생들과 긍정적으로 상호작용하는 것 중에서 성희롱에 관련된 주제를 간단하게 검토하지 않을 수 없다. 1964년의 시민권리 VII장은 성, 민족, 인종, 종교 혹은 민족주의 등에 의거한 차별을 금지시켰다. 대법원은 이 법률이 1972년 교육 개정법 IX장에 도입함으로써 교육에도 적용한다고 발표했다. 1981년 8월에 미국 교육부 시민권리 사무국(The Office for Civil Rights of the U.S.)은 "성희롱에 대한 학교의 책임을 묻겠다고 했다. OCR(Office for Civil Rights)은 성희롱, 고충들에 대한 '신속하고 정당하게 대처하는' 절차를 만들고 공표했다." 6장에서 우리는 또래의 권리를 침해하는 학생들에 대한 문제를 검토할 것이다. 교사는 물론 학생들에게 불편하지 않은 방법으로 조심스럽게 학생들과 상호작용하고 성희롱문제에 대한 고발을 환기시켰다.

이 주제는 공립 학교가 처한 난제 중의 하나이다. 교사들은 학생들을 지지하는 공동체 만들기를 원하는 동시에, 보호자에게 학생들과의 신체적 접촉문제에 대한 항의를 듣는다. 일부 교사들은 학생들과 신체적 접촉에 대하여 분명한 경계를 설정한다. 다른 사람들은 학생들을 지나치게 가까이 하지 않음으로써 스스로를 보호한다. "아마 이것에 대해서는 여지가 많을 거예요"라고 말하는 경험 있는 한 초등학교 교사는 손을 4피트 가량 떨어져 보이게 하면서 말한다. 고소되었다가 마침내 무죄임을 밝힌 콜로라도 한 초등학교 교사는 교실 앞에 빨간 색으로 선을 그어놓고 "아무도 이 선을 넘지 말라"라고 말했다.

우리는 조심스럽지만 우리와 학생들 사이에 선을 긋는 이런 것은 아니라고 생각한다. 교사들은 학생들을 불편하게 만드는 방법으로 학생들과 접촉을 하지 않아야 한다. 교사들은 학생들이 부끄러워서 도망가거나 접촉에 불편함을 느끼는 것처럼 보이면 주의해야 한다. 또 교사들은 학생들이 교사의 행동을 잘못 해석하거나 극소수 학생들이 교사에게 "복수하기 위해" 사건을 저지르는 상황으로부터 보호받을 필요가 있다. 가장 좋은 것은 여러분이 학생과 함께 할 때, 다른 사람은 함께 있는 것이다. 점심시간 혹은 방과후에 학생들과 일할 때, 다른 사람들이 볼 수 있는 공간을 찾아라. 여러분이 학생을 안을 때, 다른 학생들 앞에서 해라. 우리는 신체적 접촉이 긍정적이고, 지지적이며, 상호 관계를 자연스럽고 건강하게 한다고 믿는다. 학생들과 함께하기 위해, 교사들은 모형을 필요로 한다. 그러나 우리가 사는 사회에서 신체적 접촉은 매체에 의해 성적인 것으로 다뤄졌고, 학생들의 다수는 나쁜 어른과 끔직한 신체 접촉이나 성적 상호작용을 경험한다. 전문가로서 우리는 조심스럽게 우리의 행동을 모니터해서 그것이 학생을 치료하고 가르치는 것이어야 하지, 학생들에게 협박하는 것이어서는 안된다. 학교 첫 날과 다음날 아침을 묘사한 한 잡지, 디 오레고니언(The Oregonian)은 교사가 해야 할 중요한 일과 희생에 대한 몇 개의 논문을 실었다. 매어리 베쓰 반 클리브(Mary Beth Van Cleave)의 논문은 은퇴하였지만 가르치는 일을 하기 위해 1년동안 학교에 남이있는 교장에 대한 내용이다. 논문에서 "반 클리브(Van Cleave)는 화요일에 학생들에게 많은 것을 주고, 부모의 걱정을 줄이고, 교사를 찾고 있는 잃어버린 학생들을 돕는 봉사를 한다."라고 서술한다. 논문은 매어리 베쓰(Mary Beth)라는 7살 2학년학생이 학교생활을 시작한 첫날에 대해 많은 사진과 함께 실었다. 같은 부분에 교사와 학생들이 악수하는 사진이 있었다. 사진제목은 "메디슨 고등학교 영어교사 패트 곤잘레스는 좋고 나쁜 악수의 차이를 17살 재미셔 잭슨에게 보여주는 것으로 수업을 시작한다"라고 실려있다. 이 교사들 누구도 접촉을 피해서 차갑고 인위적인 학습 분위기를 만들고자 하는 것 같지는 않았다. 그러나 두 가지 다 학생과 교사 모두에게 안전한 공식적이고 전문적인 방법으로 신체 접촉을 다루고 있었다.

이 책을 쓰는 동안 연구자들은 좋은 친구와 동료인 포리스트 개더코얼(Forrest Gathercoal)에 대하여 이야기하는데, 그는 교육자이자, 변호사이며, 분별있는 훈육(Judicious Discipline) 저자이다. 개더코얼(Gathercoal)은 법적 배경에 기초하여 교사들로부터 들은 수많은 이야기에 기초하고 있는데, 교사가 악수하기, 등두드리기, 하이파이브하기 등과 같이 안전한 것을 제외하고, 아동을 안는 것 등을 그만두어야 한다고 했다. 그는 또한 교사가 전혀 접촉없이 긍정적이고, 따뜻하고 지지적인 관계를 만들 수 없다고 했다. 특히 초등학교 학생들에게 주로 있는 일이지만, 안는 것을 성인-아동 관계에 건강하고 자연스런 부분이다 하지만, 우리는 여러분이 학생들과의 신체 접촉을 결정하기 전에, 개더코얼(Gathercoal)의 주장을 살펴보라고 제안한다. 만약 여러분이 실습교사 혹은 새로운 학교에서 근무하기 시작한다면, 우리는 여러분이 상담가, 행정가, 혹은 다른 교사들과 더불어 여러분의 학교 정책과 기대에 대해 토의해 볼 것을 추천한다.

잠시 멈추고 3.5	동료들과 함께 학생들과의 신체적인 접촉에 대하여 써보고 이야기를 나누어 보라. 어떤 것이 편하고 자연스러운가? 여러분의 학생도 그렇게 느낄 것 같은가? 포리스트 개더코얼(Forrest Gathercoal)의 관점과 일치하는가?

교사가 긍정적으로 말해주기

아동들은 성인의 칭찬과 비평에 민감하다. 불행하게도 많은 교사들은 문제 행동에 대해 과제수행 행동보다 더 자주 반응을 보인다. 우리는 자주 꾸중이 학생들의 행동을 개선시킬 것이라는 올가미에 빠지지만, 연구는 반대라고 주장한다.

우리는 한 연구에서 교사가 아동을 더 이상 칭찬하지 않도록 하여 1주일 정도만에 좋은 학급을 나쁜 학급으로 만들었다. 교사가 아동을 더 이상 칭찬하지 않을 때, 과제이탈 행동은 8.7%에서 25.5%로 증가하였다. 교사들은 과제 이탈 행동을 꾸중하고 과제수행 행동은 칭찬하지 않았다. 교사에게 꾸중을 20분에 5번에서 20분에 16번으로 늘리라고 요청했을 때, 아동들은 보다 많은 과제이탈 행동을 보였다. 과제이탈 행동은 평균 31.2%로 증가했고, 어느 때는 50%를 넘어섰다. 노력에 대한 칭찬이 주어지지 않을 때, 과제이탈 행동에 대한 집중도 같이 증가했다. 학급을 칭찬하는 분위기로 이끄는 것은 노력하는 행동을 보장한다.

오레곤의 지역 교육청은 몇 년동안 교사의 부정적 혹은 긍정적 발언에 미치는 효과를 모았다. 그들 대부부은 어린 학령기 아동 대부분이 부정적인 발언에 노출되는 것에 대하여 걱정했다. 그래서 지역교육청은 상황을 알아보기 위하여 외부 기관의 서비스를 받았다. 상담가는 교사들의 긍정적 대 부정적 발언의 비율을 우선 검토했다. 그들은 2학년 학급에서 학생들에게 "학교를 좋아하니?"와 같은 질문에 "예" 혹은 "아니오"로 답하는 단순한 방법으로 시작했다. 그림 3.1의 4번째 열에서 보는 것처럼 학년 초에는 대부분의 학생들이 이 질문에 예라고 대답했다. 그러나 상담가는 긍정적인 요발언 비율이 낮은 학급에서 생활하는 학생들은 처음 15주 동안 학교에 대한 긍정적인 느낌은 극적으로 변화했다는 것을 알게 된다.

그림 3.1 학교에 대한 학생의 긍·부정적 느낌에 영향을 미치는 교사의 진술

	초기 학교 생활 2주(9월 20-27)			후기 1월 22-24		
교사	긍정	부정	학교를 좋아한다고 응답한 학생의 비율	긍정	부정	학교를 좋아한다고 응답한 학생의 비율
1	72%	28%	90%	76%	24%	90%
2	34%	66%	90%	33%	67%	20%
3	66%	34%	80%	70%	30%	70%
4	69%	31%	90%	65%	35%	80%
5	54%	46%	100%	61%	39%	20%
6	80%	20%	100%	87%	13%	100%
7	22%	78%	90%	19%	81%	20%
8	64%	36%	70%	64%	36%	40%
9	79%	21%	100%	77%	23%	100%
10	92%	08%	80%	89%	11%	90%
11	52%	48%	100%	63%	37%	60%
12	73%	27%	90%	65%	35%	90%
13	45%	55%	90%	61%	39%	80%
14	67%	33%	80%	73%	27%	80%
15	58%	42%	90%	60%	40%	70%
16	51%	49%	60%	58%	42%	10%
17	76%	24%	70%	77%	23%	70%

구체적으로 65% 이하에서 긍정적인 발언을 하는 교사들의 8학급에서는 학교를 좋아한다고 대답한 학생의 비율이 15주동안 48%로 떨어졌다. 70% 혹은 그 이상으로 교사의 발언이 긍정적인 7학급에서는 평균적 15주후에도 같았다. 이런 결과 긍정적인 교사 발언의 비율이 낮은 학급에서 학생들은 불편해 하는 것으로 나타났다. 교사의 발언을 교정하는데 기준이 될만한 최적의 긍정적 비율을 명확하게 연구한것이 없다. 하지만, 이것은 장소와 학생들의 연령에 따라 다른 것인데, 스프릭(Sprick)과 그의 동료들은 학생들의 행동 교정을 위한 3가지 긍정적이고 강화적인 발언의 비율을 제시했다. 이것은 대부분의 학급에서 교사의 긍정적 발언의 비율이 교정이나 질책보다 낮았다.

"너희 선생님에 대하여 굉장히 미안하다. 내가 말할 수 있는 전부는 내가 그녀를 고용할 때는 그녀가 괜찮은 분위기에 있었다는 것이다"

이러한 제안뒤에 숨어 있는 역동성을 이해하는 것이 중요하다. 분명히 교사들이 학생을 돕는 방법으로 행동하는 것, 학생들과 긍정적인 접촉을 가지는 것은 쉬운 일이 아니다. 이것은 학생들의 긍정적으로 증가시킬 것이다. 그러나 엠머와 거웰스(Emmer & Gerwels)에 따르면 :

> 문제 학생은 교사에게 벌받는 방향으로 행동하는 경향이 있다. 이것은 교사가 학생과의 상호작용을 피하는 원인이다. 그래서 학생은 교사의 긍정적인 반응을 이끌어낼 수 있는 기회를 더욱 못 얻게 된다. 학생들이 성인에게 저항하는 것은 또래의 주의를 끌며, 바라지 않는 과제를 피할 수 있고, 때로 벌을 피하기조차 한다는 것을 배운다. 이 부정적인 패턴이 형성되는 데는 시간이 필요하지만, 한 번 개발되면, 교사와 학생을 갈등으로 몰고 간다.

[Inviting School Success]에서 퍼키와 노박(Purkey & Novak)은 학생에 대한 교사들의 행동을 네 가지 유형으로 나누었다 :

1. 계획적으로 초대하지 않기
2. 계획없이 초대하지 않기
3. 계획없이 초대하기
4. 계획적으로 초대하기

퍼키(Purkey)와 노박(Novak)은 "여기서 사용한 용어, 초대는 학생들에게 그들이 책임을 져야 하고, 할 수 있고, 가치가 있다는 것을 알려주기 위한 의도로 사용한 것이다. 거꾸로 초대하지 않는 것은 학생들이 책임감 없고, 능력 없고, 가치가 없다는 메시지로 사용하였다." 계획적으로 초대하지 않는 것은 교사가 학교 첫날에 어릴 적 심각한 문제를 가진 형제를 가진 학생을 따로 불러내어 그의 형과 같은 문제가 있다면, 너의 학교생활은 매우 힘든 시간이 될 것이라고 정보를 주었다. 비록 교사의 언급이 의도적이고 학생의 행동을 적절하게 하기 위해 계획된 것이지만, 학생들은 초대받지 못한 것을 벌로 정당하지 못한 것으로 생각했다. 계획 없이 초대하지 않는 것은 고등학교 교감이 기말시험이 시작되기 전날, 학생들이 교사로부터 도움을 요청하는 장면을 보았다. 교사의 반응은 "걱정이지만, 어쨌든 시험을 통과할 것이다."고 했는데, 이것이 계획 없이 초대하지 않는 것이다.

교사는 학생들에게 초대하는 발언을 많이 할 수 있다. 예를 들어, 교사는 종종 문에서 학생을 만나 인사하기, 학생을 만나서 얼마나 기쁜지 이야기하기, 그리고 학생이 하는 노력의 수준에 긍정적으로 반응하기 등이다. 이런 초대 행동의 일부는 계획 없이 일어날 수 있는데, 왜냐하면 교사들은 학생과 매일 생활하고 돌보는 사람들이기 때문이다. 또, 교사들은 의식적으로 수업에 긍정적으로 참여하는 학생들을 계획적으로 초대한다. 계획적으로 초대하는 행동과 학생에 대한 교사의 개방성의 관계를 알려주는 좋은 예를 고등학교 영어교사에 대한 연구에서 볼 수 있다. 어느 날 교사는 수업을 끝내기 전에 작은 위기를 경험한다. 첫 번째 두 시간은 잘 지나갔다. 그러나 교사는 그날 제멋대로인 3학년 수업에 대하여 관심을 가졌다. 끝 무렵, 영국인 학생 한명이 교사를 돕는다고 자청했다. 교사는 내키지는 않았지만 도울 수 있다면 도와달라고 했다. 학생은 기꺼이 돕고자 했고, 교사는 문에 서서 들어오는 학생들에게 인사하면서 뭔가를 언급하도록 부탁했다. 시작 종이 울리고 교사가 학급에 들어왔을 때 모든 학생이 자리에 앉아서 학습에 주의를 집중하고 있었다. 교사는 수업에 들어오지 않아도 되는 두 학생이 있다는 것을 알아차렸다. 그들은 이 수업이 흥미 있게 될 것이라고 들어서 참여하기로 결정했다고 말했다. 학생들 두 명이 수업에 들어와도 좋다는 허가를 얻었다. 영어 교사는 증가하는 학생 문제를 분명히 한 후에, 그 날 가장 보상적인 교수경험을 하게 되었다.

긍정적인 학생 태도가 증가하는 것 외에 초대와 상호작용은 8장, 9장, 10장에서 설명하는 교정적인 개입을 쉽게 하는 교사-학생 관계를 만드는 기초를 제공한다. 이 개념의 예는 연구자가 관찰한 예비교사들이 제공한다. 연구자가 들어간 3학년에는 가장 문제가 많은 학생의 한 명이 있었다. 날마다 그 학생은 또래와 교사에게 순종하지 않았고, 공격적인 행동을 보여주었다. 학교의 훈육 프로그램은 학생의 나쁜 행동을 증가시켰고, 학생의 부모가 학교의 구체적 교육을 허락하지 않기 때문에, 교장은 학생을 퇴학시키는 것을 고려하고 있었다.

예비교사는 학급 운영 과정에서 그 학생과 과제를 돕기로 되었다. 그렇게 하면서 그녀는 이 책에서 설명한 많은 방법들을 시도했고 학생과 래포를 형성하면서 일관성 있는 격려를 제공했다. 학생의 처음 반응은 대단히 부정적이었다. 그는 자주 되바라지게 예비교사에게 그가 담임교사를 미워하며(그의 부모에 의해 강화된 가치) 담임교사와 아무것도 하고 싶지 않다고 말했다. 그녀는 소년의 어머니가 애견 쇼를 맡고 있다는 것을 알게 되었고, 어머니의 개가 다른 곳으로 팔려가는 케이블 쇼를 보았다. 예비교사는 쇼를 녹화해서 이 사건에 대해 학생과 토의했다. 어느 날 소년의 팔린 개와 같은 이름을 가진 프로 운동선수의 기사를 읽었고, 교사는 그 기사를 코팅해서 게시판에 게시해 두었다. 급우들은 호기심을 가졌고 소년은 상당히 주목받았다. 점차 그는 교사에게 협동하였다. 비록 그가 문제를 해결하지는 못 했지만, 그의 행동에는 상당한 변화가 있었다. 비록 학생 행동의 극적인 개선을 위해서는 행동주의적 방법이 유익하지만, 그것은 학생이 하고 싶을 때까지는 효과적이지 못하다. 관계의 개선은 보다 중요한 변화를 이끌어낼 수 있게 하고, 다른 개입의 가능성을 만들어 낸다.

한 초등학교 교장은 최근에 행정가가 초대적 관계를 만드는 뛰어난 방법을 제시했다. 주 교장단 연합회에서 개최한 워크샵에서 교장은 연구자의 단순한 워크샵에 참여한 것을 계기로 그가 했던 것을 나눌 수 있는지를 물었다. 교장은 그의 동료들에게 그의 배경이 매우 권위주의적인 사람이 되도록 했으며, 그가 교장이 되었을 때, 그는 교사들에게 사무실에서 그들을 지지한다고 확실히 말했다. 그는 훈육을 위해 교장실로 온 학생과 가장 많이 한 것이 학생을 위협해서 겁먹게 만드는 것이었다. 워크샵에 참여한 이후에 그는 그의 상호작용을 조심스럽게 살펴보았고, 그것이 학생 행동에 긍정적이고, 장기적인 변화를 주지 못 한다는 것을 깨달았다. 이것은 부모로부터도 부정적인 평가를 받는다는 것을 알게 되었다. 그는 계속해서 문제를 일으키는 12명의 학생을 선택하여 실험해 보기로 했다. 그는 이 학생들을 3집단으로 나누고, 4명의 학생들로 이루어진 3집단의 일과를 짜는데, 대략 4분정도 4명의 학생 모두와 전날 겪은 긍정적인 것들을 이야기하는 것으로 시작했다. 어떤 것은 전날 학교에서 일어났던 일이고, 다른 것은 학교에 있는 어른이 전날 그들을 돕기 위해 했던 일이었다. 마지막에는 학생들이 교장에게 각자 인사(하이 파이브, 악수 등)를 하고 학급으로 돌아간다. 교장은 학생들의 출석, 과제 완성, 그리고 과제수행 행동 등이 개선되었다고 했다. 그는 그가 학생들과 일하는 방식을 변경하기로 결정한 것에 대해 청중들과 공유하였다.

학생과 긍정적인 관계를 수립하는 것에 대해 연구자가 실시한 방법은 "긍정적인 관계 은행 통장"이다. 교육자는 학생이 성인의 요구에 긍정적으로 반응하기를 원한다면, 학생들과 긍정적인 상호작용을 해야 할 필요가 있다. 일부 학생들은 이미 가족 공동체에서 어른들과 긍정적인 관계를 경청하고 학교에 온다. 그러나 불행하게도, 성인과 긍정적으로 상호작용을 하는 학생의 수가 줄어들고 있다. 학생들이 학교가 요구하는 것에 긍정적으로 반응하기를 바란다면, 우리는 긍정적인 관계 통장에 예금을 해야 한다. 이 장의 나머지에서 제시하는 많은 아이디어들은 이 중요한 예금을 여러분이 할 수 있도록 도와줄 것이다.

잠시 멈추고 3.6	당신 학교의 교직원이 학생에게 말한 것에 기초하여 당신이 들었던 이야기 중, 의도적인 비초대, 우연한 비초대, 의도적인 초대와 우연한 초대의 4가지 형태에 관한 각각의 예를 기술하여보자. 우리는 당신이 이것을 동료와 공유할 것을 권한다.

높은 기대를 전달하기

잠시 멈추고 3.7	당신의 학급에 대해 학생의 입장에서 생각해 보라. 다른 학생보다 더 많은 배려와 칭찬과 응답의 기회를 얻는 학생이 있는가? 그 학생의 어떤 특성이 호의적으로 보였다고 생각하는가? 많든 적든 간에 당신이 긍정적으로 보는, 학생의 특성에 관해 간단히 기록해보자. 소년이나 소녀, 높은 성취학생이나 낮은 성취학생, 당신과 같은 인종 집단의 학생 중 누가 더 편안한가?

교육자로서, 우리가 학생의 인종과 학업 수행능력에 대해 어떤 기대를 갖고 있든지 간에, 우리는 잠재적 편견을 갖고 있다. 이 장은 당신의 기대가 학생의 학습과 행동에 어떤 영향을 주는 지에 관한 살펴 볼 것이다.

학급에서 학생의 수행을 증진하는 방법으로 교사의 기대치를 전하는 방법이 있다. 학교 효율성 연구는 학생 성취와 관련이 깊은 것으로서의 학생 수행에 관한 교사의 기대를 지적한다. 성공한 라틴아메리카계 학생이 학교에서, 교사는 학생에 대한 높은 기대를 표현했다고 했다(Reyes et al., 1999). 반면, 소수민족 학생의 낮은 학업 수행 및 행동은 교사의 기대가 낮았기 때문이라고 한다(Weinstein, Gregory, & Strambler, 2004). 점심을 먹지 못할 정도로 가난한 학생들로 구성된 학급에서, 교사는 정서적 지지를 적게 제공할 수 있고, 덜 헌신할 수도 있다(Pianta et al., 2004). 노구에라(Noguera, 2003)는 다음과 같이 기술했다 :

> 문제가 있는 학생은 일반적으로 희생자들이다. 그들 중 대부분은 특히 나이가 많을수록 교칙 위반 결과가 엄격할 수 있다. 그러나 그들에게 붙은 부정적 꼬리표를 내면화하는 정도에 따라, 그리고 그들의 교육이 지향하는 것이 아무 곳도 아니라는 것을 깨닫기 시작함에 따라, 그들 대부분은 학교 규준을 고수할 이유를 잃어버리게 된다(p. 343).

미묘한 것은 일부 학생들은 밝고, 유능하며 책임감 있는데, 다른 학생들은 무디고, 무기력하고, 무책임하다는 것이다.

학생에 대한 우리의 기대는 그들의 실행 또는 행동 이외의 여러 가지 요소들이 영향을 끼친다. 프레드릭스(Fredricks)(1974)는 능력이 낮다는 라벨이 붙은 학생집단으로 여기는 교사가, 같은 학생이지만 "보통의 학급에 있는 일반적인 학생으로 지각하는 교사들보다 학생 행동을 부정적으로 기술한다는 것을 알았다. 스펜서홀(Spencer-Hall)(1981)은 올해의 시민상 수상 후보자로 지명된 학생들도 학급 내의 다른 학생들과 비슷한 비행 비율을 가지고 있다고 보고했다. 교사의 기대는 학생 행동뿐만 아니라, 학생들에게 붙은 꼬리표에 의해서도 분명히 영향을 받는다.

불행하게도, 성(性)과 민족성도 교사의 학생에 대한 기대치에 영향을 준다. 소년이 소녀보다 교사의 경고를 더 많이 받는다고 보고한다. 예를 들면, 유치원에서는 소년들이 교사의 포옹과 관심을 더 받는다. 데이비드와 마이러 새드커(David & Myra Sadker)는 소년들이 소녀보다 거의 8배 정도로 교사의 관심을 더 받고, 교사는 소년들의 답변을 들어주느라 소녀들이 손을 보지 못한다고 지적한다. 교사는 손든 학생에게 기회를 줄 때부터 소년들을 더 지지하는 것으로 보인다(Sadker & Sadker, 1985). 또한 소년들이 소녀들보다 교사의 칭찬을 많이 받고 더 상세한 피드백을 받는다고 한다. 특히 과학 수업에서 소년들이 더 대우를 받는다고 주장한다(Kahle, 1990; Lee, 1991).

소수민족 학생들의 배경도 교사의 대우와 기대에 영향을 준다. 1992년의 AAUW 보고서, [학교가 소녀들을 주목하지 않는 이유(How Schools Shortchange Girls stated)]를 살펴보자 :

> 소수민족 학생들이 교사로부터 받는 주목은 백인 아이들의 것과는 다르다고 한다. 초등학교에서 흑인 소년과 교사의 상호 작용은 아주 적은 경향이 있는 데, 교사는 다른 학생들의 10분의 4정도만 칭찬("잘했어, 하지만...")을 한다. 흑인소년들은 다른 학생들보다 유능해 보이지 않고, 교사에게도 덜 지각되는 경향이 있다. 소녀들의 경우는 더욱 복잡하다. 흑인 소녀는 백인 소녀들 또는 다른 인종 소년들보다 교사와의 상호 작용이 적다. 교사는 무의식적으로 흑인 소녀들과의 상호 작용을 거절하며, 흑인 소녀가 다른 학생들에게 더 자주 거칠게 행동하고, 학생들 사이에 끼어든다고 보고한다. 흑인 여성들의 학문적 수행 능력이 소년들보다 좋아도 다른 학생들보다 적은 보상을 받는다. 실제로 흑인 소녀가 백인 소년들만큼 잘 할 때 교사는 그 성공의 원인을 노력으로 여기지만, 다른 한편으로는 백인 소년들이 자신의 잠재성을 발휘하지 않고 있다고 생각한다. 이는 백인들이 학업 성취를 강화받는 동안, 흑인들은 그들의 사회적 행동에 대해 더 자주 강화된다는 증거로 연결되어, 흑인 소녀들의 낮은 학업 효능감에 영향을 준다.

학급 상호작용에 대한 연구 결과는 교사가 일반적으로 높은 학업성취자로 지각하는 학생들에게 더 긍정적으로 반응한다고 지적한다. 높은 학업성취자는 더 많은 학습 기회를 받고,

질문에 답할 시간이 더 많이 주어지며, 미소와 끄덕임과 윙크 같은 더 긍정적인 비언어적 피드백을 받으며, 덜 무시받는 경향이 있다. 쿠퍼와 굳(Cooper & Good)(1983)은 교사가 높은 성취 학생과 낮은 성취 학생을 다르게 우대하는 일반적인 방식들을 제공한다 :

1. 교사는 기대가 낮은 학생들을 교사로부터 또는 집단에서 멀리 앉게 함
2. 학습 상황에서 낮은 성취 학생에 대해 더 적게 주의(미소를 덜 보이고, 시선을 마주치는 시간을 적게 하는 것)를 기울임
3. 낮은 성취 학생의 질문에 응답하지 않거나, 발표를 시키지 않음
4. 낮은 성취 학생의 질문에 답하는 시간이 짧음
5. 낮은 성취 학생을 더 기다리지 않음(즉, 문제 해결의 실마리를 적게 주고, 이어지는 질문에 더 적게 응답함 등)
6. 낮은 성취 학생의 정확하지 않은 답을 비판함
7. 낮은 성취 학생에게 칭찬을 더 적게 함
8. 정답 언저리에 있거나 부정확한 반응에 대해서 높은 성취 학생을 더 많이 칭찬함
9. 낮은 성취 학생에게 더 적은, 정확하지도 않은 피드백 제공함
10. 낮은 성취 학생의 반응에 대해 피드백 제공 실패
11. 낮은 성취 학생의 일과 노력에 대한 낮은 기대감을 가짐
12. 낮은 성취 학생의 수행을 더 자주 방해함(p.10)

기대 효과에 관한 연구들을 리뷰한 브로피(Brophy)(1983)는 "교사의 기대는 학생-성취 수준에 대한 자아 충족적 예언 효과에 5~10% 정도의 영향을 준다"라고 했다(p.635). 브로피(Brophy)는 다음과 같이 진술했다 :

> 이런 결론은 교사 기대가 학교에서 기적을 초래하지는 않지만, 중요하지 않다는 의미는 아니다. 학업 성취의 5%의 차이는 매우 중요한 차이이다.

우리가 모든 학생에게 높은 기대를 건다는 것은, 모든 학생들에게 동일한 처치를 줘야 하는 것을 의미하지는 않는다. 많은 학생들이 교사로부터 받는 기대의 차이는 학생 개인의 욕구에 반응한다. 그럼에도 불구하고, 당신은 학생들이 실제로 임무를 완수할 능력을 갖고도, 임무를 완수하리라고 기대하지 않는다는 것은, 학생들에 대한 잠재성을 인식하지 않는 것이다.

개별화 또는 소집단 교수를 하는 동안, 낮은 성취 학생과의 학문적 접촉을 더 자주 하려는 시도는 매우 바람직하다. 특히 새로운 학습교재를 학생에게 소개할 때, 학생들이 당황하지

않게 우리는 최대한 노력해야 한다. 우리가 여러 형태의 학생들에게 다르게 응답하고, 사려 깊고 조직적으로 개별학습과 집단학습을 지원하는 서로 다른 형태의 상호작용을 실행한다는 것을 알아야 한다. 그림 3.2는 교사 기대의 부정적인 효과를 최소화하기 위한 지침들을 제공한다.

그림 3.2 교사 기대의 부정적인 효과를 제거하기 위한 지침

- 매우 신중하게 평가하고, 누가기록하고 다른 교사로부터 정보를 얻어라.
  일부 교사는 학년초 수 주 동안 학생의 누가기록을 읽는 것을 피한다.
  다른 교사로부터 듣게 된 것에 대해 비판적이다. 특히, 교사휴게실에서 듣게 되는 "공포 이야기"
- 집단화 전략을 사용하는데 유연하라.
  다른 집단의 학생의 학습을 자주 검토해라.
  학습주제별로 집단을 구성하라.
  협동학습을 혼합된 능력집단으로 해라.
- 모든 학생들이 도전할 것이라고 확신해라.
  "이것은 쉽다, 나는 네가 할 수 있다는 것을 안다."라고 말하지 말라.
  광범위한 문제를 제공하고, 모든 학생들이 도전하도록 권해라. 긍정적인 것을 발견해 내려고 시도해라.
- 토론활동 동안 낮은 성취 학생들에게 응답하는 방법에 특히 주의해라.
  대답하는데 주의를 집중하고, 단서와 시간을 제공하라.
  좋은 대답에 대해 충분한 칭찬을 제공하라.
  높은 성취학생만큼 낮은 성취학생에게도 질문해라.
- 광범위한 인종 집단을 포괄할 수 있는 교재를 사용해라.
  도서관 책을 점검해라. 소수민족이 다양하게 포함되었는가?
  사서에게 다민족 이야기, 필름스트립 등을 요청해라.
  교재를 이용할 수 없으면, 학생의 지역사회 또는 가족에 관해 조사하도록 해라.
- 평가와 훈육과정에서 공정하고, 같은 잘못에 대해서는 같은 벌을 주어라.
  당신이 어떤 학생을 좋아하는 것처럼 보이는지, 익명의 설문조사를 해라.
  학생의 신분을 모르는 채로 학생의 일을 볼려고 노력해라.
  다른 교사에게 때로 "두 번째 의견"을 주도록 부탁해라.
- 학생들에 대한 당신의 믿음과 그것이 갖는 의미를 모든 학생들에게 전해라.
  기준에 적합하지 않은 보고서는 돌려주어라.
  학생들이 즉시 답하지 않으면 기다리고, 깊이 생각하는 것을 도와 주어라.
- 모든 학생을 포함시켜라.
  읽고 말하고 질문에 답하기와 같은 연습에서 학생들에게 일정한 체계를 사용하여라
  어떤 일을 하게 돌 것인가에 관한 정보를 계속 주어라.
  수행할 과제를 항상 항목화하는가?
- 당신의 비언어적인 행동을 모니터링해라.
  일부 학생에게서 멀리 떨어져서 서 있는가? 학생이 당신 책상에 접근할 때, 누구에게는 눈살을 찌푸리고, 누구에게는 미소를 보내는가? 당신은 일부 학생과의 신체접촉을 피하는가? 당신의 목소리는 학생에 따라 변하는가?

교사로서 우리는 모든 학생들을 대한 긍정적으로 기대하는 의사소통의 중요성을 알 필요가 있다. 정기적으로 우리는 다음과 같이 해야 한다 : (1) 학급에서의 학생들과의 상호작용 자료를 모아라 (2) 주된 지지나 비평 자료를 분석해라 (3) 일부 학생들에 대해 다르게 응답하는지 생각해 보라. 그리고 (4) 높은 기대를 모든 학생들이 알 수 있게 상호작용의 형태를 바꾸려고 시도해라. 이 장의 끝부분에 당신을 도울 수 있는 몇 개의 활동들이 제시되어 있다. 교사는 학생들이 똑같은 기회를 얻을 수 있도록 하는 창조적이고, 재미있는 방법들을 발전시킬 수 있다. 당신은 각각의 학생에 대해 각각 다르게 반응할 수 있다.

잠시 멈추고 3.8	학생에 대한 기대를 모두에게 알릴 수 있는 당신의 방법은 무엇인가? 만일 당신이 가능하다면, 이 장의 끝에 실려있는 활동 3.4 또는 3.5 중 하나를 해 보도록 권한다. 우리는 당신의 레퍼토리 목록을 만들어 보도록 권한다. 이것을 동료와 공유하고, 당신의 기록에 추가하는 것이 유용할 것이다.

교사 기대 효과에 관한 토론에서, 학생들은 자주 우리들에게, 교사가 무슨 기대를 하는지 묻는다. 그들의 문제에 답하는 것을 도울 수 있는 다음과 같은 방법이 있다:

- 기다리는 시간을 제공해라.
  예를 들어, 개인은 준비하는 시간이 다 다르고, 기다려야 하는 이유를 모든 학생들에게 가르칠 필요가 있다.
- 질문을 고쳐 말하라.
  다른 말로 다시 질문하는 것이 학생에게 시간을 추가해 주고, 실마리를 찾게 할지도 모르며, 문제를 진술하는 반응이 될 수도 있다.
- 학생이 다른 학생을 돕고 싶어 하는지를 물어라.
  이것은 모든 학생들이 다른 학생의 학습을 도울 수 있다는 것을 강조하는 것이다.
- 다른 학생의 지원 요청에 응하는 학생을 허락해라.
  이것은 또한 대집단 토론에서 사용할 수 있는 것이다.
- 학생들이 동년배를 보면서, 문제를 논의하도록 요청해라.
  이것은 모든 학생이 가능한 대답을 논의하는 기회를 가지길 바라기 때문이다. 그 다음 당신은 처음의 응답에 실패했던 학생의 대답을 요청할 수 있다.
- 학생의 대답을 돕기 위한 암시 또는 신호를 제공해라.
- 문제를 작게 쪼개고, 학생에게 문제들 간의 관계를 물어라.
- 정답 전체 또는 일부를 제공하고, 그에 관한 생각을 토론해 보도록 요청하라.
- 학생이 통과할 수 있도록 해라.

만일 수업이 끝나기 전에 당신이 이 옵션을 사용하려면, 학생이 답할 것 같다고 생각하는 질문을 해라.

피드백 주기

연구에서는, 교사들이 특히 피드백을 학생들에게 제공하는 것에 있어 효과적이지 못하다고 한다. 학업에 대한 피드백을 제공할 때, 유용한 질문은 다음 3가지이다: 얼마나?, 누구에게?, 어떤 종류를?

4학년, 6학년, 8학년 100학급에서 수집한 3년간의 연구 결과에 의하면, 새드커와 새드커(Sadker & Sadker)(1985)는 교사들은 긍정적 피드백과 비판적인 승인을 사용하고 있다는 것을 발견하였다. "승인은 학생 실행이 정확하고 적절한 것을 의미한다('O.K.', '아하', '알았어', 또는, 침묵 등)"(Sadker & Sadker, 1985, p. 360). 새드커(Sadker)는 교사의 피드백이 너무 온화하다고 지적한다. "관찰대상 학급의 3분의 2에서 교사는 부정확한 학생 대답이 분명하게 지적하지 않는다"는 것을 알았고(p. 360), 교사 피드백의 11%만이 칭찬을 포함했고, 4분의 1 이상의 교사는 학생의 대답에 대해 결코 칭찬하지 않았다. 비판적이거나 피드백이 일반적으로 부족하다는 발견은, 초중학교 학생들의 20%가 실수 이후에 정보를 얻지도 못했고 정답을 알지도 못했음을 지적한 굳래드(Goodlad)(1984)의 연구결과와 비슷하다.

두 번째 질문 "누구에게 효과적인 피드백을 제공해야 하는가?"는 기대 효과와 밀접하게 관련되어 있다. 이 피드백이 높은 성취학생에게만 또는 사회적인 기술을 가진 학생들에게만 제공되지 않도록, 피드백이 더 고르게 제공될 필요가 있다. 실제로 연구는 피드백은 더 낮은 사회경제적 상태의 학생과 성취가 낮은 학생들에게 더 효과적으로 나타났다.

"어떤 타입의 피드백이 가장 효과적인가?"라는 질문은 핵심적인 것이다. 교사가 사용할 수 있는 가장 중요한 의사소통기술 중의 하나는 학생들이 자신의 성공에 대한 책임을 갖도록 돕는 피드백이다. 귀인 이론에 관한 연구는 학생들이 자신의 성공 또는 실패의 원인을 능력, 노력, 운 또는 학업의 곤란으로 돌린다고 한다. 만일 학생들이 그들의 성공 또는 실패의 원인을 노력의 탓으로 돌리면, 그들의 수행은 내적 요인에 의해 영향을 받는 것으로 볼 수 있다. 그들이 노력하면, 성공할 수 있다. 그러나 실패의 원인을 능력, 운 또는 학업의 곤란으로 돌릴 때, 학생들은 결과에 대한 압력을 덜 느끼지마, 노력을 하는 것이 결과에 거의 영향을 미치지 않을 것이라고 생각한다. 수행에 영향을 주는 요소를 내적 요인으로 볼 수있도록 돕는 것은 칭찬이다.

불행하게도, 낮은 성취 학생은 성공의 원인을 운으로 생각하는 경향이 있다. 반면, 높은 성취 학생은 노력과 능력이 성공의 요인이라고 생각하는 경향이 있다. 교사가 피드백을 효과적으로 사용함으로써 성공 또는 실패의 원인에 대한 지배적 생각을 바꿀 수 있다. 드웩크

(Dweck, 1975)의 연구에서 학습에서의 가능성이 거의 없는 것으로 여기고 있는 초등학생들이 성공과 실패 모두에서 훈련을 받고, 실패는 노력의 부족이라는 믿음으로 변화될 수 있음을 보여 주었다. 이 훈련을 받은 학생들은 그들의 문제를 해결하기 위한 문제해결전략을 사용하면서 실패했다. 초등학생을 대상으로 연구한 슝크(Schunk, 1983)는 학업을 완수할 능력이 없는 학생들에게 정기적으로 긍정적인 피드백을 제공하였다. 피드백의 효과는 학생들에게 성공을 이루는 능력을 갖게 하고, 학업을 잘 하기 위해서는 노력을 기울일 필요가 있음을 드러내는 정보를 제공했다.

교사는 학생들에게 긍정적인 피드백을 제공하여 학생을 도울 수 있고, 긍정적인 방법으로 학교 환경을 제어하는 그들의 능력을 개발시킬 수 있다. 오리어리와 오리어리(O'Leary & O'Leary, 1977)는 효과적인 강화자로서, 학생들에게 대한 피드백(칭찬)을 제공하려면 다음의 3개의 자질을 가져야 한다고 진술했다:

1. 유관성 Contingency(강화되어야 할 행위에 근거해야 함)
   칭찬은 단순히 하는 것이 아니라, 보다 기대하는 행동을 할 때 즉시 해야 한다. 앤더슨(Anderson)과 동료들(1979)은 교사가 행위에 대한 칭찬을 사용하는 데 실패했는 데, 그냥 사용하는 칭찬의 비율과 기대한 행위에 뒤따르는 칭찬의 비율을 유사하게 사용했기 때문이다. 피드백은 단순히 일반적 동기유발 수단으로 사용하기보다는 강화되어야 할 행동에 대해서 제공해야 한다.
2. 구체성 Specificity
   칭찬은 강화되고 있는 특정 행동을 구체적으로 겨냥해야 한다. 앤더슨, 에버츤과 브로피(Anderson, Brophy & Evertson, 1979)는 피드백 분야에서는 교사의 훈련이 필요하다고 제안했다. 그들의 자료는 교사의 칭찬이 학습에 대해서는 5%, 행동에 대해서는 40%로 나타났다.
3. 신뢰성 Credibility
   칭찬은 상황과 개인에게 적절해야 하고, 진지해야 한다. 고학년의 높은 성취 학생은 칭찬을 동기 부여나 격려가 필요한 사람에게 필요한 것으로 생각하기 때문에 자신에게 칭찬은 불필요하고 심지어 모욕적이라고 여길지도 모른다.

긍정적인 피드백의 효과는 브로피(Brophy, 1981)에 의해 제시되었다. 그림 3.3에서 브로피(Brophy)의 피드백(칭찬)의 효과에 관해 요약하고 있다.

어떻게 칭찬하고 누구를 칭찬할 것인가에 대해 신중해야 한다. 소녀들, 특히 백인소녀가 교사에게서 원하는 것에 주의를 집중하는 반면, 소수민족 소년들은 이런 경험이 적다. 특히 초등학교 교사는 무심코 소녀들의 행동을 더 강화한다. 게다가 교사의 칭찬은 학생들의 문화적 배경에 따라 다른 영향을 끼친다. 아메리카 인디언 학생들에게 공립학교 교사의 칭찬은 그들의 또래와의 관계를 악화시킬 수도 있다(Johns & Espinoza, 1996). 우리는 칭찬으로 학생의 잠재적인 반응을 정형화하는 것에 매우 주의해야 한다. 그럼에도 불구하고 우리는 문화가 긍정적인 교사 피드백과 관련이 있다고 생각한다.

그림 3.3 효과적인 칭찬을 위한 지침

효과적인 칭찬	비효과적인 칭찬
1. 행위에 근거한 칭찬	1. 우발적이거나 비체계적인 칭찬
2. 성취에 관한 구체적 설명	2. 총체적인 긍정적 반응의 제한
3. 자발적이고 다양하며 평소와는 다른 신호를 보여줌 : 학생의 성취에 관심을 나타냄	3. 조건화된 반응을 유발하는 일정한 태도를 보임
4. 특정 수행 기준 달성에 대한 보상(노력에 관한 기준을 포함함)	4. 수행과정이나 성과를 고려하지 않고, 활동자체에 참가한 것에 대한 보상
5. 학생들에게 성취에 대한 가치와 완수에 관한 정보를 제공함	5. 학생들에게 아무런 정보를 제공하지 않음
6. 학생들의 임무와 문제 해결에 관한 생각과 행동과의 관련을 지향함	6. 학생들을 비교하는 방향으로 유도함
7. 학생이 바라는 성취와 현재의 성취를 연관시킴	7. 학생들의 현재의 성취를 기술하기 위해 동년배의 성취를 연관시킴
8. 어려운 과제에 대한 노력이나 성공의 가치에 대한 재인지를 제공	8. 성취의 의미나 노력의 확장에 대해 언급을 하지 않음
9. 성공은 노력과 능력의 덕분이고, 장래에 유사한 과제에서의 성취도 기대할 수 있다는 것을 의미함	9. 성공은 행운이나 쉬운 난이도와 같은 외적 요인의 덕분이다.
10. 내적 요인을 강화함	10. 외적 요인을 강화함
11. 학생들이 임무와 관련하여 자신의 행동에 집중함	11. 학생들이 외적 권위를 가진 교사 때문에 자신의 행동에 집중함
12. 과정이 끝난 후에 관련한 행동, 열망 헌신, 감사의 마음을 가짐	12. 과정 중에 임무와 관련된 행동으로 인한 마음에 집중함

잠시 멈추고 3.9

잠시, 피드백을 제공할 상황을 생각해보자. 그림 3.3을 사용하여 효과적인 칭찬을 하는 2개를 선택하고, 학생에게 사용할 칭찬을 써보라. 종이에 성명을 기록하고, 그것을 동료와 공유해라.

경청하기

듣기는 상당히 중요하다. 교사가 효과적으로 들으면, 학생들은 자신이 상대에게 중요하며 존중받는다는 느낌을 갖게 되고, 그들의 행동에 책임을 지게 된다. 효과적으로 들음으로써, 청소년들이 자신의 감정을 명료하게 하고, 갈등을 해결하도록 돕는다. 불행하게도, 성인들은 들어 줌으로써 청소년의 문제를 명료하게 하는 것을 돕고, 그들이 스스로 문제를 해결하도록 돕기 보다는, 오히려 너무나 자주 정답을 제공한다.

윌리엄 글래써(William Glasser, 1988)에 의하면 학생들이 그들의 이야기를 들어 주길 원하는 것의 95%가 학교의 훈육 문제들이라고 한다. 학교에서의 학생 행동 문제에 관해 글래써(Glasser)는 "소속감의 욕구보다 능력의 욕구 좌절이 오늘날 문제의 중심에 있다"고 믿는다. 글래써(Glasser)는 학생들이 학교에서 욕구를 만족시킬 수 있는 3개의 수준에 주목했다. 첫째는 학생들은 누군가가 그들의 이야기를 들어줄 것이라고 믿는다. 두 번째 수준에서 누군가는 듣고, 학생의 진술 또는 관심에 정당성을 부여해 준다. 세 번째의 가장 높은 수준은 성인이 학생의 생각이 가치가 있다고 지지해 준다.

잠시 멈추고, 학생이 문제나 강한 감정을 가지고 당신에게 왔던 경우를 생각해보자. 당신은 어떻게 했는가? 당신이 많은 성인들과 비슷하다면, 당신은 문제에 대한 빠른 대답을 제공했거나, 감정을 표현함으로써 학생의 감정을 드러내지 못하게 했을 것이다. 이런 대응이 일반적이다. 이 때문에 성인들이 젊은이의 감정을 다루는 것을 방해한다. 성인들이 제공할 때, 학생들은 그들이 충분히 자신의 이야기를 듣고 있다고 생각하지 않고, 문제를 해결할 능력을 신뢰하지 않는 것을 학생들에게 알리는 것이다. 듣기에 대한 연구들을 살펴보기 전에, 우리는 무엇이 중요한가를 분명하게 해야 한다. 학생이 단지 듣기만 하는 수업시간동안에도 여러 사례를 볼 수 있다. 학생이 교실을 나오는 허락을 구하거나, 훈육에 대한 설명을 요청하면, 정보만을 제공하는 것이 적당하다. 그러나 학생들이 개인의 문제를 공유하거나, 학업상의 혼란을 나타내거나, 감정을 표시할 때, 이 장에서 논의하는 듣기 기술 중 하나를 사용하는 것이 효과적이다.

듣기 기술 사용의 주요한 목표는 학생들이 그들의 진짜 관심, 욕구, 원하는 것을 나타내도록 돕는 것이다. 학생들은 처음에는 그들의 진짜 관심을 위장해서 말을 한다. "나는 이 학급을 싫어한다"고 말하는 학생은 또래의 관심이나 수업을 이해 못해서 좌절감을 느끼고 있을지도 모른다. 다음에서 제시하는 방법을 사용하여 당신은 학생들이 문제를 명료화하도록 도울 수 있다. 문제가 노출되면 당신은 단지 들어서 학생이 문제를 조사하고 해결하도록 돕는 것에서 좀더 능동적인 역할로 전환해야 한다.

공감적, 비평가적 듣기

듣기 기술에서 특히 중요한 것은 공감적, 비평가적 듣기이다. 이 기술은 말하는 사람이 자신의 말이 분명히 경청되고 있으며, 그의 감정이 수용되고 있다는 느낌을 갖게 하는 기술이다. 첫 번째로 학생들은 그들의 감정이 수용되는 것을 느끼게 하여 솔직한 감정을 나타내게 된다. 이로 인해 학생들이 더 인정된다. 두 번째로 무제 행동을 통해서 감정표출을 억제하게 하는 경향이 있다. 학급문화 파괴, 무단 결석, 행위는 공개적으로 드러낼 수 없으며, 이런 행위와 관련된 감정을 다루는 간접적인 방법이다. 세 번째로 학생들의 혼란스러운 감정을 조사하고, 성찰할 수 있는 기회를 제공한다. 이는 자주 청소년들이 상황을 이해하고, 상황에 효과적으로 대처하는 방법을 생각할 수 있게 해 준다.

저자 중의 한 명이 효과적 듣기에 관해서 최근 흥미로운 예를 제시했다. 그는 행동장애 학생을 위한 고등학교 프로그램에서 특수교육 지도자로 학생과 한 최근의 대화를 우리와 공유했다. 소년이 지도자인 그에게 다가와서는, 머리카락이 적어 지도자가 더 나이가 들어 보인다고 다소 인격모독인 말을 했다. 특수교육 지도자는 그의 무례를 벌주기보다 오히려 그것에 주의를 기울였고, 소년의 관찰을 인정하여 잃어가고 있는 머리카락에 대한 자신의 감정을 소년과 공유했다. 소년과의 대화는 지도자의 머리카락으로 시작했고, 그 과정에서 소년은, 사람들이 아직도 자신을 벙어리로 알고, 학교에서 가장 지독한 학생으로 생각한다고 말했다. 지도자는 소년에게 소년의 행동, 능력, 행동에 대한 책임을 논의할 기회를 제공했다. 소년은 이 대화에서 매우 놀랬고, 그에게 감사했으며, 생각에 잠긴 채 떠났다고 보고했다. 소년은 그의 말을 신중하게 들어 주는 성인에 대한 경험이 없었고, 소년은 자신에 대한 오해를 정정할 기회를 갖지 못했다고 지적했다.

이것은 우리의 취약성을 보여주는 우수한 예이다. 우리들 대부분은 우리를 움직이게 하는 아이들의 행동이나 말에 관한 단서를 가지고 있다. 그러나 아이들이 성인에게 도전하거나 비판해서는 안된다고 믿는다. 학생들이 우리들에 도전하는 것 자체가 문제라고 간주하는지도 모른다. 만일 학생들이 그들의 감정, 필요나 관심에 관해 우리에게 정보를 제공하지 않으면, 그들을 벌준다. 그러나 그들에게는 모델이 필요하고, 효과적인 수용 방법을 학습할 기회가 필요할 수도 있다.

비평가적 듣기에는 두 가지 접근 방법이 있다. 첫 번째는 상대방의 말을 듣고 있다는 표시로 그를 쳐다보거나, '으흠', '그래'와 같은 언어적 반응을 보이는 것이다. 이 방법은 말하는 사람에게 듣고 있다는 반응을 보임으로써, 상대로 하여금 계속 이야기하도록 한다. 대부분의 아이들은 단순한 승인보다는 더 적극적인 반응을 원한다.

두 번째 비평가적 듣기 방법은 부연paraphrasing, 적극적 듣기active listening, 또는 투사reflecting라고 불리는 방법이다. [In Learning Together and Alone]에서, 존슨과 존슨(Johnson & Johnson)(1975)은 이 기술을 사용하기 위한 7개의 가이드라인을 제출했다.

부연의 일반적 지침

1. 상대방이 한 말을 반복하지 말고, 상대방의 말을 이해하여 상대방이 표현한 생각이나 느낌을 자신의 말로 진술하라.
2. 부연의 서두를 '네 생각은...', '네 입장은...', '네 느낌으로는...' 등으로 시작하라.
3. 찬성이나 반대의 어떠한 표시도 하지 말라.
4. 비언어적 메시지를 언어적 부연과 일치시켜라.
5. 상대방으로부터 들었던 것과 상대방의 말속에 포함된 감정이나 태도를 가능한 한 정확하게 진술하라.
6. 상대방의 메시지를 더하거나 빼지 말라.
7. 상대방의 입장에서 상대방이 느낀 것이 무엇이며, 그의 메시지가 무엇을 의미하는 지를 이해하려고 노력해라.

부연은 화자가 말하는 동안 청자가 인정하고 있다는 것을 알게 해줄 때 장점을 가진다. 더욱이 화자 진술의 개요를 제공함으로써 화자가 생각 또는 감각을 명료화도록 도울지도 모른다. 만일 청자의 재진술이 화자가 말하고 싶어한 진술과 부합하지 않으면, 화자에게 청자의 부연을 정정하면서, 청자의 최초 진술을 명료화 할 기회를 제공한다.

부연의 주의사항 : 학생들은 그들이 방금 말한 것을 되풀이하는 것을 싫어할지도 모른다. 이러한 반응은 중고등학생보다 초등학생에게 더 일반적이다. 만일 학생들이 그들이 당신의 진술을 자기의 말을 따라 하는 것으로 여기면, 당신은 부연의 총계를 줄이거나 학생들의 반응만을 사용해야 할 것이다. 활동 3.7은 당신이 공감적, 비평가적 듣기의 기술을 개선하고, 다양화하도록 도울 것이다.

잠시 멈추고 3.10	당신이 학생들의 이야기를 듣는 방법에 대해 생각해라. 학생들이 당신에게 접근하기 쉬운 시간이 있는가? 학생의 이야기를 신중하게 들어서 당신이 학생의 성공적인 학교 경험을 가질 수 있도록 도왔던 경우, 당신의 훈육 또는 학급 운영방법을 수정했던 경우를 생각해 보아라. 이것을 동료들과 공유해 보라.

학생과 함께 책임지기

이 책에서 제공하는 대부분의 방법은 학생들의 자긍심, 효능감, 동기 부여, 성취와 학교에서의 적절한 행동이 긍정적인 학급과 학교의 분위기를 만드는 데 학생의 참여가 중요하다는 개념에 의거한다. 4장에서 우리는 교사가 제공하는 피드백의 가치를 논의할 것이다. 5장에서 우리는 부모님 또는 보호자들와 공유하는 방법을 제시할 것이다. 6장에서 우리는 학급 표준 행동을 학생과 함께 개발하는 방법들을 논의한다. 7장은 학생의 학습 과제에 대한 이해, 의사결정, 평가에 학생을 참여시키는 다양한 방법을 제시한다. 9장에서 우리는 학생들의 문제 해결에 책임감을 가지게 하는 2개의 모형을 제시한다. 마지막으로, 10장에서 중대한 행동 문제를 겪고 있는 학생들이 새로운 행동을 개발 활동에 참가하는 방법들을 제공한다.

문화적 배경을 고려하여 의사소통하기

당신이 가르치는 모든 학생의 문화에 기초한 의사소통방식을 이해하는 것은 불가능할 지라도, 미국 중산층 사회에서 성장하지 않은 학생이 우리의 의사소통과 다른 것을 알고 있는 것도 중요하다. [Look at Me When I Talk to You]에서 헬머와 에디(Helmer & Eddy)(2003)는 도움이 될만한 여러가지 예를 제공한다. 예를 들어, 교사가 사용하는 학생 주의 표시에 대한 오해들이 있다. 일부 아시아 문화에서는 머리를 끄덕이고 '어허Uh Huh'와 '예스Yes'와 같은 행위가 상대가 이해한다는 것, 행위가 대화에 집중하고 있다는 의미가 아니다(p. 37). 저자는 미국에 새로 온 학생으로부터 이런 교사의 비언어적인 신호들이 오해를 유발할지도 모른다는 것을 알았다. 한 예로, 한 교사가 수학 여행 동안 학생들에게 더 가까이 오라는 뜻으로 그녀의 손바닥을 위로 한 채 손가락을 그녀 쪽으로 구부리는 신호를 보냈다. 그러나 일부 학생은 그 신호가 물러나라는 뜻으로 알았고, 그들은 손바닥이 바닥으로 향하게 한 후 손가락을 구부려야 가까이 오라는 신호로 이해한다는 것을 나중에 알게 되었다. 다양한 문화 집단이 사용되는 몸짓을 다 배우는 것은 불가능하지만, 교사가 사용해서는 안 되는 몸짓들이 있다는 점에 주의해야 한다 :

> 서양 문화에서는 다음의 두 가지 매우 일상적인 몸짓이지만, ESL(제2외국어로서 영어를 사용하는 학생) 학생들에게는 그렇지 않다. 첫 번째는 승인을 뜻하는 엄지손가락과 집게손가락을 원모양으로 만드는 것이고, 둘째는 우리가 누군가의 행운을 비는 것을 가리키는 집게손가락과 가운데손가락을 올려 교차하는 것이다. 이러한 손짓은 다른 문화에서는 의미가 달라지는 데, 대부분은 매우 부정적이거나, 비방적이고, 또는 성(性)적이다(p.42).

또한 교사는 문화를 가로지른 변화를 고려해야 하는데, 4개의 추가요인인 학생과의 눈 마주침, 개인적 공간, 반응을 기다리는 시간, 성 역할에 관한 학생의 감정에 주의를 기울여야 한다. 2장에서 제시한 것처럼 교사는 특정 학생 집단의 특별한 의사소통 형태에 관한 정보를 얻을 수 있다.

부적응 행동에 효과적으로 대응하기

잠시 학생이 학습 분위기를 파괴하는 상황을 생각해 보자. 고등학생이 수업중에 계속해서 큰소리로 다른 학생과 말하고 있는 상황을 상상해 보라, 또 다른 자리에 앉으라고 부탁했는데, 이를 거부하는 중학생, 선택해서 가지고 놀 수 있는 장난감을 얻기 위해 또래를 밀고 있는 초등학생을 상상해 보자. 당신은 어떻게 대응할 것인가?

학습 환경을 붕괴시키는 학생 행동에 대응할 때, 교사가 어떤 방법으로 학생에게 더 신뢰성 있는 행동을 할지 고려하는 것은 중요하다. 워커와 실베스터(Walker & Sylwester)(1998)는 알파와 베타 요청의 차이를 논의하였다. 알파 요청은 반응을 위한 합리적인 시간을 허락하는, 교사가 제공하는 명백하고, 직접적인 구체적인 명령을 포함한다. 베타 요청은 동시에 제시되고, 언어표현이 너무 많으며, 승낙을 위한 명백한 표준 또는 적절한 기회가 없이 수반되는 막연하거나, 복잡한 명령을 포함한다. 초등학교 교사가 학생들에게 한 시간에 10~160개의 지시를 한다(p. 54). 골리(Golly)(1994)는 그녀의 연구에서 1학년 교사와 2학년 교사의 59%가 알파 반응을, 학생들은 88%가 교사의 알파 반응에 순응했고, 76%는 베타 반응에 순응했다고 했다. 학교에서 문제가 있는 학생들이 일반 학생보다 베타 명령에 응답하기 힘들다는 사실은 중요하다(Wheby, Symons, & Shores, 1995). 그러므로 교사가 학생을 존중하고, 그들의 긍정적 반응을 격려하고, 명령이나 요청을 조용하고 명백하며 공손하게 제시하는 것을 배우는 것은 매우 긴급한 일이다.

교사의 말하기 기술도 교사와 학생관계의 질을 결정하는 중요 요인이다. 8장에서는 교사가 학생의 부적절한 행동에 대하여 말하는 기술을 보여준다.

1. 뒤로 미루지 말고 바로 말하라.
   정보는 즉각적일 때 효과가 크다. 학생들은 즉시적인 경향이 있으므로, 행동이 발생한 후 뒤로 미루지 말고 바로 말하는 것이 효과적이다.
2. 주변사람에게 말하기보다 대상 학생에게 직접 말하라.
   어른들은 학생에 대한 이야기를 학생에게 그의 학부모나 양육자, 교사에게 이야기하는 경향이 있다. 그러나 학생들은 자신의 이야기를 다른 사람에게 하는 것을 조아하지 않는다. 학생에게 직접 이야기하는 것이 더 효과적이며, 학생을 존중하고 있다는 것을 보여준다.
3. 온화함을 유지하라.
   문제 학생의 행동에 대응하는 것이 가장 어렵지만 중요한 것은 온화함을 유지하는 것이다. 학생의 행동이 학급을 붕괴시키거나, 학생과 교사에게 불안함을 유발하도록 할 때,

그들은 좌절, 난처함, 노여움의 감정을 경험한다. 그러나 우리는 교육자들로서 우리의 역할을 인식하고, 무엇이 학생에게 최선인지를 묻고 우리가 도울 수 있는 방법을 찾는 것이 문제를 해결하도록 한다. 우리는 학생에게 문제 행동을 멈추도록 부탁하고, 다른 행동으로 바꾸는 데 필요한 학생들에게 중요한 사회적인 기술 훈육을 제공하려고 한다. 우리는 학생들이 자신의 행동에 스스로 책임감을 갖도록 이 새로운 훈육을 받아들일 필요가 있다. 만일 우리가 감정적이거나 비전문적인 방법으로 행동하면, 학생들은 문제를 우리들의 탓으로 돌리고, 자신의 행동에 책임을 지는 데 실패하는 경험을 하게 될 것이다.

4. 우호적으로 이야기하라.
   교양있는 말씨는 긍정적 관계를 형성하는 가장 확실한 수단이다. 학생들은 교사의 예의 있는 말씨를 모방한다.
5. 시선을 맞추고 비언어적 메시지를 자각하라.
   몸짓, 손짓, 시선 등의 비언어적 메시지와 언어적 메시지를 일치시킨다. 교사가 다른 곳을 쳐다보면서 학생에게 말할 때 학생은 교사가 자신에게 긍정적이고 진지한 관심을 갖고 있는가 의구심을 갖게 된다.
6. 인칭 대명사 '나' 또는 '우리'를 사용하여 말에 책임을 져라.
   학생들이 문제 행동을 했을 경우, "네가 ... 하였다"라는 표현은 학생을 무력화하고 방어적이게 한다. 그 대신 "네 행동으로 내가 ... 라고 느낀다"와 같은 1인칭 표현은 학생들 행동결과에 관한 정보를 제공하여 행동변화를 기할 수 있다. "나는 네게 ... 하기를 기대한다"라는 I-메시지(I-message)는 교사의 기대를 확실히 전한다.

많은 학생들이 학교에 입학하기 전에 읽기를 배우는 것처럼, 집에서 다른 사람을 이해하는 것을 배운다. 이러한 기회를 갖지 못한 학생들은 문자와 음성을 해독하는 것이 불가능한 채로 학교에 입학하는 학생들처럼, 중요한 사회적 인지 기술을 습득하는 것을 돕는 학습 경험을 필요로 한다. 1인칭 표현(I-messages)은 이러한 중요한 지원을 위한 한 방법이다. [Discovering Your Teaching Self]에서 커윈과 퍼먼(Curwin & Fuhrmann, 1975)은 이러한 기술에 관한 간결하게 진술한다 :

> 사람들간(성인과 아이들의 의사소통이 우리에게는 특별한 관심거리이다)의 유의미한 의사소통은 한 편(또는 양편 모두)이 끊임없이 다른 한편에게 그가 그 상황에서 느낀 감정을 확인하는 것보다 오히려 다른 사람의 잘못을 이야기하기 때문에 자주 실패한다. 그가 잘못한 것에 대해 말할 때, 나는 실제로 그의 모든 책임을 면제한다. 내가 무엇이 잘못되었는지를 알기 때문에 또한 그것을 어떻게 정정해야 하는지도 알고 있다(p. 196).

만일 우리가 학생에게 "너는 문제야", 또는 "너 또 늦었구나"라고 한다면, 아마도 학생은 방어적이 될 것이다. 그러나 만일 "내가 이야기(또는 당신이 늦게 들어올 때)할 때 네가 말하면 나는 불편해지고, 그것이 내 기분을 혼란스럽게 하는구나"라고 말하면, 학생은 자신의 행동에 대한 유용한 정보를 제공받게 될 것이다. 유사하게 인칭 대명사의 사용에서 우리는 학생을 불공평하게 대한다. 말하기 시작할 때, "우리는 ... 라고 느낀다", 또는 "모든 학생을 믿는다"라고 말하면, 학생은 공격당하고 있다고 느낄 것 같다. 아이들은 유연하지만 또한 매우 민감해서, 한 번에 한 명씩 대면할 필요가 있다. 우리들 각각이 자신의 감정에 대한 전문가이기 때문에, 각자 자신의 감정을 공유해야만 하고, '우리'라는 대명사를 사용하지 않는 것이 합리적인 것처럼 보인다.

"할망구 - 어느 누가 킬리브류 선생님께 고자질하겠니?"

[교사효율성훈련(TET)]에서, 타머스 고든(Thomas Gordon, 1974)은 학생에 대한 관심을 나타낼 때, 교사는 다음과 같은 I-메시지를 사용해야 한다고 했다: (1) 인칭 대명사 I, (2) 경험 있는 교사라는 느낌, (3) 학생 행동에 대한 교사의 감정. 우리는 I-메시지가 더 좋은 선택을 하기 위한 알파 반응과 학생의 예절 바른 태도를 포함한다고 덧붙일 것이다. 예를 들면, 학생의 방해에 대해서 "네가 만일 나를 방해하는 것을 멈출 수 없다면 학급을 떠나야만 한다"와 같은 전형적인 교사의 반응이 있을지도 모른다. 이러한 상황에서 만일 I-메시지가 사용되면, 교사는 "네가 나를 방해할 때, 내가 다른 학생들을 돕는 데 있어 어려움을 겪을까 봐 걱정이다. 내가 샘을 돕고 나서 너를 도와 줄 수 있게 되면 기쁠 것이다."라고 말할 수 있다.

I-메시지가 개인의 감정을 표현하고, 변화가 필요한 학생의 행동을 다루기 때문에, 특히 청소년을 대상으로 할 때에는 비공개적으로 하는 것이 좋다. 특히 또래의 압력에 민감한 청소년들은 심지어 매우 사려 깊은 공개적 비평에도 방어적으로 대응할 것이다. 대부분의 성인들이 청소년들의 가치를 취급하므로, 그들은 분명히 사적인 비공개적 분위기에서만 반응할 것이다.

I-메시지를 표현하는 방법은 첫 번째 한 명에게만 정중하지만 확실한 표현을 하는 것이다.

학급의 누군가가 교사가 말하는 동안 다른 친구와 말한다면, 교사는 "나는 학생들이 조용하게 들을 것을 기대한다"와 같이 비위협적인 말을 할 수 있다. 이런 형태의 I-메시지는 아마도 고학년 학생들에게서 더 방어적인 응답을 이끌어낼 것이지만, 그것이 당신의 기대를 표현하는 명백하고 솔직한 방법이다.

교사-학생 관계의 질 평가하기

당신이 긍정적인 교사-학생 관계를 만들기 위해 사용할 수 있는 여러 가지 방법을 실행하기 전에, 당신은 현재의 학생과의 상호 작용의 질을 평가해야 한다. 그 방법은 학생의 피드백이다. 이는 교사-학생 관계를 개선하기 위해 필요한 변화에 집중하도록 한다. 그림 3.4와 3.5는 교사가 학생과의 관계에서의 질을 평가하는 것에 유용하다.

그림 3.4 초등학교 교사의 피드백 서식

피드백 유형	○	△	×
1. 내가 네 이야기를 경청하는가?			
2. 내가 너를 충분히 도와 주는가?			
3. 내가 너를 잘 돌봐 주는가?			
4. 내가 학습에서 너의 기분을 좋게 하는가?			
5. 내가 가르칠 때 행복한 것처럼 보이는가?			
6. 나는 네가 학습할 수 있다고 생각하는 것처럼 보이는가?			
7. 너의 좋거나 나쁜 감정을 나와 공유할 수 있는가?			
8. 나는 공손한가?			
9. 나는 공정한가?			
10. 나는 네가 원하는 것을 알고 있는가?			
11. 나는 학급에서 우리가 하고 있는 활동을 이해하도록 돕는가?			
12. 나는 학급에서 너를 자주 지명하는가?			
13. 네가 학급활동에서 네가 잘한 것을 알려주는가?			
14. 내가 너를 가르치는 것이 즐거운 일인가?			

그림 3.5 교사의 훈육 기술에 관한 학생의 평가표

나는 여러분이 가장 잘 학습하는 방법과 효과적으로 교수한다고 생각합니다. 나는 나의 교수법에 대한 중요한 관점에 대해 여러분의 피드백을 부탁합니다. 다음 질문에, 공정하고, 진지하며, 정직하게 답해 주세요. 또한 이름은 적지 마세요. 각 문항에 대한 ✓표 해 주세요.

당신의 점수는?	완벽하다	그렇다	보통	아니다	전혀 아니다
1. 차시별 목표와 목적은 분명한가?					
2. 이 수업에서 배운 것이 당신에게 가치로운가?					
3. 내가 다양한 교수법(영화, 프로젝트, 토론, 초청 연사 등)을 사용하였는가?					
4. 연구 주제나 아이디어가 당신의 흥미를 유발했는가?					
5. 소집단과 대집단 활동 시간은 균형을 유지하였는가?					
6. 이 수업에서 배운 것이 당신 인생에 도움이 된다고 생각하는가?					
7. 당신이 이 수업에서 설정한 목표를 달성하였는가?					
8. 평가는 당신이 배웠던 것에 관한 정보를 제공하는가?					
9. 평가는 당신에게 필요한 것을 연습하는 데 유용했는가?					
10. 이 수업의 과제를 끝내야 한다는 압력을 느꼈는가?					
11. 당신은 수업에서 당신의 생각을 다른 학생들과 편안하게 공유하였는가?					
12. 각각의 새로운 임무의 목표는 명백한가?					
13. 당신이 수업에서 어떻게 활동하고 있는지 알고 있는가?					
14. 도전하고 있는 임무 중 너무 어려운 것은 없었는가?					
15. 내가 질문과 토론을 위한 충분한 시간을 주었는가?					
16. 수업은 당신의 의견을 창의적으로 진술하도록 했는가?					
17. 당신은 수행평가가 공정하다고 생각하는가?					
18. 학습에 활발하게 참여할 기회가 있었다고 느끼는가?					

19. 이 수업에서 최고는 ... 이다.
20. 만약 내가 이 수업을 가르친다면 나는 ... 할 것이다.
21. 내가 가장 잘 학습할 수 있는 방법은 ...이다.

서식의 내용을 삭제하거나 첨가하여 많은 중학교 교사들은 학생의 반응을 정기적으로 조사한다: "당신이 가장 즐겁게 참여한 것 또는 학습에 가장 유용했다고 믿는 하나 이상의 특별한 것들을 항목화해 주세요. 그리고 변경이 필요하다고 생각하는 것들도 하나 이상 항목

회해 주세요." 당신이 학생에게 기록해 주길 요청하는 어떠한 형태의 교사 평가 서식에서 당신이 받는 반응과 유사하게, 이러한 응답을 기록하고, 학생들과 공유하며, 당신이 이 피드백에 대응하여 학급에서의 경험을 어떻게 바꿀 것인가에 관해 논의하는 것은 매우 중요하다.

활동해 보기

활동 3.1

정중한 소견의 모니터링

1. 당신이 하루 동안 학생에게 받은 정중한 소견의 항목을 만들어라. 작은 메모철 또는 계산기가 필요할 수도 있다.
2. 만일 그러한 소견(연구들은 초등학교 교사가 매일 아이들과 대략 1,000번의 상호 작용을 가지고, 중학교 교사는 거의 500번을 가진다)이 25회 이하일 경우, 다음 날엔 두 배가 되도록 노력하라.
3. 정중한 소견의 수를 늘리기 위한 방법을 동료와 토론하거나 간략히 기술해라. 둘째 날에 당신의 학생들은 평소와 다르게 반응했는가?

활동 3.2

I-메시지 보내기

I-메시지에 관한 당신의 지식을 평가하기 위해, 다음의 5개의 진술을 I-메시지로 바꾸어라:

1. 또 늦었구나! 넌 뭐가 문제니?
2. 나는 또 다른 말을 듣고 싶지 않다.
3. 책 없니? 넌 책없이 어떻게 공부하려고 하니?
4. 다른 아이들도 물 마시고 싶어 하는 걸 알텐데, 어떻게 넌 그렇게 오랫동안 거기에 서 있을 수 있니? 넌 동정심도 없니?
5. 만일 또 운동장에서 문제를 일으키면, 한 달 동안 쉬는 시간은 없을 줄 알아!

만일 당신에게 이 일이 어렵다면, 동료와 상담해라. 그렇지 않다면 타머스 고든(Thomas Gordon)(1974)의 교사효율성훈련을 참조해라.

활동 3.3

당신의 긍정적-부정적 비율의 개선

1. 학생 또는 동료에게 최저 2시간의 수업시간동안 당신이 만드는 긍정적이고 부정적인 항목을 기록하게 해라. 여러 종류의 수업을 포함하려고 노력하고, 한 번에 30분 이상 하지 말아라. 특히 학생들이 소견을 말할 때, 긍정적이고 부정적인 진술을 정의하고, 기록자에게 일반적으로 사용된 긍정적이고 부정적인 발언의 목록을 제공하라. 'OK', '좋아', '그래'와 같은 논평이나 훈육에 관한 중립적 소견은 기록하지 마라.
2. 만일 긍정 대 부정의 진술을 사용하는 비율이 3분의 1 미만이라면, 활동을 되풀이 하고, 긍정적이고 생산적인 학생의 행동에 집중하려고 노력해라. 당신의 비율이 매우 높았던 시간에, 학생들에게 수업을 평가하도록 부탁해라.

활동 3.4

학생의 반응 모니터링

당신 학급의 4명의 상위학생과 4명의 하위학생을 리스트해라. 그림 3.6에서 제공한 서식에 이 학생의 이름을 적어 놓아라. 동료에게 두 시간 반 동안, 이 학생들과 당신의 상호 작용을 기록하게 해라.
관찰자 또한 당신이 얻고 싶어 하는 자료로서 교사-학생 상호작용의 각각의 형태, 아동 자리배치도와 이름을 제공하는 것이 좋다. 관찰자에게 여러 학생을 관찰하도록 부탁할 수도 있고, 질문 시간을 기록하기 위해, 대답을 비판하거나, 칭찬하거나, 질문에의 응답을 항목화하도록 부탁할 수도 있다. 그림 3.7은 이런 자료의 하나의 견본이다.
결과 조사 후에, 다음의 진술에 반응해라:
내가 이 학생들과 나의 상호작용에 대해 알게 된 2개의 일들은 ... 이다.
내가 다음에 대집단 학습에서 다르게 시도하려는 2개의 일들은 ... 이다.

활동 3.5

학급에서의 교사의 움직임

교실의 기구 및 교구의 위치를 포함하여 당신 학급의 지도를 그려 보아라. 동료에게 최소한 30분 동안 당신의 학급에 들어오도록 부탁하고, 당신은 학생들을 자유롭게 돕는다. 관찰자에게 관찰 시간 내내 당신의 움직임을 강렬한 선으로 기록하도록 요청하여라. 당신이 멈춰 선 장소마다 관찰자가 숫자를 기입한다. 각 지점에서 보내게 되는 시간의 총계를 기록하기 위해, 관찰자에게 당신이 그 지점에 머무른 모든 시간을 15초마다 계정을 표시하도록 해라.
학급을 걷고 있는 지도를 조사하고 난 후에, 이 질문들에 답해라:
1. 어디에서 가장 많은 시간을 보냈는가? 최소 시간은 얼마인가?
2. 어떤 학생들이 무시되었는가? 이 학생들과 상호 작용하지 않은 특별한 이유가 있었는가?
3. 학급 배치는 당신의 움직임에 영향을 주었는가? 어떤 방법으로?
4. 가능하다면, 당신은 학생 사이를 순시할 때, 어떤 변화를 만들 것인가?
5. 가능하다면, 당신의 학급에서 배치를 변경할 것은 무엇인가?

그림 3.6 교사-학생의 두 부분의 상호작용 모니터링

학생의 이름	학생 자원자의 대답	교사의 학생에 대한 질문	학생 반응			교사의 학생 지원	교사의 학생 칭찬	교사의 학생 비평	교사의 다른 학생 대답 요청
			정답	일부 정답	부정확함				

그림 3.7 교사-학생 상호 작용의 모니터링

토냐 ? a +	엘리자 + v ? a	제임스 v -
예레미	제크 ? a a ?	샘
팸 -	랄프	미건 -

? 질문 요청
a 도움 제공

- 비평
+ 칭찬

v 자원

활동 3.6

균형잡힌 긍정적인 진술

3일 동안, 당신의 학급에서 각 아이에게 매력적인 진술 하나를 해라. 당신이 그에게 매력적인 진술을 했을 때 각 아이의 이름을 기록하라. 완수 후 이 질문들에 답하라:

1. 당신이 의식적으로 매력적인 진술을 해야한다고 당신 자신에게 상기시킨 학생이 있었는가? 만약 그렇다면, 그 학생은 평범한 학생인가?
2. 학생들은 3일 동안 조금은 다르게 반응했는가? 그렇다면, 어떻게 했는가?
3. 학생들은 3일 동안의 당신의 행동에 대해 긍정적인 코멘트를 했는가?

보충할만한 좋은 활동은 다시 당신 학급의 4명의 높은 성취 학생과 4명의 낮은 성취 학생을 항목화하는 것이다. 당신이 두 시간 반의 수업시간 동안 이 학생들에게 제공하는 긍정적이고 부정적인 진술의 수를 기록하기 위해 동료나 보조교사에게 요청하라

학생의 이름	긍정적인 코멘트	부정적인 코멘트
상위 성취 학생		
1.		
2.		
3.		
4.		
하위 성취 학생		
1.		
2.		
3.		
4.		

이 활동을 완료한 후에, 다음 질문에 답해라:

1. 당신이 낮은 성취 학생과 높은 성취 학생에게 응답한 자료는 무엇을 가리키는가?
2. 당신이 관찰되고 있었기 때문에 당신 자신이 다르게 행동하고 있다고 느꼈는가? 만약 그렇다면, 무엇이 당신을 다르게 행동하도록 했는가?
3. 8명의 학생들 중 누군가 평소보다 다르게 응답하는 것처럼 보였는가? 만약 그렇다면, 그들의 행동을 변화시킨 방식은 무엇인가?

활동 3.7

실천적인 듣기 기술

부연하는 당신의 기술을 조사하고 개선하기 위해, 이하의 각각의 진술이 바로 지금 당신에게 제공되었다고 생각해 보자. 10개의 진술의 각각에 2개의 반응을 기록하라. 첫 번째 반응에서, 단지 학생의 단어를 모방하는 일 없이 진술을 바꾸어 말해라. 두 번째 반응에서, 감정 요소를 추가해라.

1. 누군가 나의 점심 식권을 훔쳤다!
2. 이 일은 너무 어렵다.
3. 우리는 10분간의 추가로 쉬는 시간을 가질 수 있는가?
4. 빌이 2일 동안 그 책을 가지고 있었다.
5. 나는 네가 미워!
6. 나는 오늘 음악수업에서 문제가 없었다.
7. 우리 학급의 누구도 나를 좋아하지 않는다.
8. 내가 집으로 보고서를 가져가야 하느냐?
9. 나는 그 두루마리를 결코 잡지 않을 거야.
10. 매어리는 항상 나를 찍고 있다.

하루 동안, 공감적, 비평가적 듣기에 가장 잘 응답한, 학생들이 당신에게 한 5개의 진술과 그들이 당신에게 한 5개의 질문을 항목화해라. 목록이 완성되었을 때, 10명의 학생 진술의 각각에 대한 반응을 기록하라.

활동 3.8

알파반응과 베타반응

당신이 학생에게 안전한 방법으로, 또는 학습 분위기를 덜 깨는 방법을 생각해라. 그리고 당신이 학생에게 만들지도 모르는 알파 진술과 베타 진술을 기록하라. 이것을 기록한 후에, 동료 또는 학우와 한 조가 되어 이 2개의 진술에 대해 말해 보아라. 당신은 베타 요청에 대한 반대로 알파 요청을 받았던 때를 어떻게 느꼈는가?

활동 3.9

교사의 피드백 형태 개발

당신의 피드백 형식을 개발하기 위해 당신 학급의 여러 학생들과 또는 당신 학교의 여러 동료와 함께 해라. 만약 당신이 현재 학생 교육 또는 교육 중이라면, 당신 학급에 이 도구를 사용하여, 결과를 기록하고, 결과를 당신의 학생들과 공유하며, 이러한 정보에 기초한 학급에서의 긍정적인 변화를 만드는 방법데 대해 토의하라.

요약 SUMMARY

긍정적이고, 지지적인 교사-학생 관계는 모든 학생들에게 중요하다. 이들은 문제 학생들의 행동과 성취에 영향을 주기 때문이다. 비록 교사로서 역할이 학생들의 학습을 돕는 것이지만, 성공적인 교사는 그들의 학생들에게 격려, 지지와 긍정적인 학습 환경을 제공하고 상호작용한다. 이 장에서 제시된 방법은 학문적인 영역과 사회적 영역, 개인적 영역에서 학생의 학습을 지지하는 성인과 학생의 관계를 만드는 데 필요한 기초들을 제공했다.

>>> Chapter 4

긍정적인 교우 관계 형성하기

연구결과, 지지적인 교우관계 형태를 가진 학급 집단이 학습을 강화하는 것으로 나타났다. 연구 자료는 학생의 학습을 지적한다. 연구 자료는 학생의 학문적 실행이 또래와 학생으로서 그들의 자아개념과 관련되는 정서적인 내용에 의해 조건화된 것임을 가리키고, 이 자아개념은 일부분, 동급생과의 교우관계에 영향을 주게 된다.

Richard Schmuck과 Patricia Schmuck(2001)

공동체에서 평가되고 양육되며 타인에 의해 지지되는 감각이, 집단과 공동체 규준과 가치에의 동참에 애착을 촉진시키는 긍정적인 동기유발 영향력이다. 학교 맥락에서, 학생이 공동체의 일원이라는 감각이 학습의 가치와 학습과제에의 참여 동기, 학교에의 참여와 애착을 증진한다.

Good과 Brophy (2003)

"우리 학교는 가족과 같다"와 "학생들은 정말로 서로를 염려한다"와 같은 진술에 동의하는 학생의 비율에 있어서 "공동체" 학교의 높은 비율은, 학생들 다수의 긍정적인 결과를 보여준다. 결과에는, 높은 교육적 기대와 학문적 수행, 강력한 학습동기, 더 큰 사회적 적성, 더 적은 품행 문제, 감소된 마약사용과 비행, 그리고 더 큰 학문적 가치에의 참여를 포함한다.

Lewis와 Schaps, Watson (1996)

4장은, 학생들이 서로를 알게 되도록 돕는 전략을 통하여 긍정적이고 안전하며 양육적인 학급과 학교 공동체의 개발에 초점을 둔다. 이 전략은, 학생들이 이 형태의 학습 상황에서 학습할 때 학문적 실행을 향상하는 경향이 있을 뿐만 아니라, 학생들의 인종적 차별과 골칫거리와 고정관념을 감소시키고 학생들이 인내와 동정을 배우며, 모든 개인의 가치를 개발하는 더 공정한 환경을 만드는, 건강한 가족이라는 느낌이 드는 안전하고 양육적인 공동체의 창조라는 점에서 매우 중요하다.

우리가 집단 발달 이론과 양육적이고 지지적인 공동체로서 함께 할 학생 집단을 도울 수 있는 특정 방법을 논의하기 이전에, 이 일을 더 요구하게 만드는 학교에서의 몇몇 요인들을 인정하는 것이 중요하다. 첫째, 교사들은 다인수 학급에서 일을 하고 있다. 우리가 가르치고 감독하는 예비교사들은 30명 이상의 초등학생과 40명 이상의 중학생 학급을 가르칠 수도 있다. 게다가, 학생 평가 점수의 강조는 교사들에게 지지적인 공동체를 만들어가는 기간 동안, 이 기간이 훈육적 활동에 할당하는 이익을 능가할 것이라고 확신할 수 없기 때문에, 의심을 받게 하는 원인이다. 교사들이 선택권이 없는 다수 학생과의 학습에 임하고 있는 상황에서 이것은 특히 사실일지도 모른다(Watson & Ecken, 2003). 학생 유동성의 두드러진 증가는, 지지적인 학급 공동체를 더 도전적으로 만들고 있다. 게다가, 교사들은 더욱 더 다양한 학생 특성을 가진 학급에서 근무하고 있다. 학생들은 같은 반 또래의 소수만 알고 있을지도 모르고, 서로에게 거의 무관심하거나, 최소한 일부는 같은 반 친구를 싫어할 수도 있고, 서로를 알게 되는 것에 관해 반감을 가질 수도 있다.

이러한 요인이 학급에서 지지적 공동체 구성을 더 요구할지도 모르는 반면, 다른 요인들은 학급 집단의 정서적이고 개인적인 구성 요소에 대해 신중한 주의를 기울이고 있는 교사들을 지지한다. 심각한 학교 폭력은, 학교와 학급을 애먹이고 고립되었던 학생들과 종종 관련된다. 교육자는 지지적이고 양육적인 공동체의 창조가 학교에서의 폭력 감소에 있어서 중요한 요인임을 잘 알고 있다. 연구는 학생과 교사의 집단활동 시간이 더 긴 소규모 학교가 학생들의 학업 성적과 교내 활동 참여를 강화할 수 있다고 제안한다. 일반 교수 학급과 특별반 프로그램에 장애학생을 포함시키는 것을 강조하는 것은, 지지적이고 양육적인 학급 공동체의 발달을 원조하는 꼭 필요한 일이다. 연구는 분명히, 일반 교수 학급에서 특별한 욕구를 가진 학생의 성공을 강화하기 위해 긍정적이고 지지적인 공동체를 만드는 장점을 보여준다.

그러나 최종 결정은 담임교사의 몫이다. 비교적 소수의 학교만이 학급 상황에서 또래들의 긍정적인 관계를 만들기 위해 이행할지도 모르는 활동의 범위 또는 형태를 위임한다. 교사는 학생간 더 긍정적이고 지지적인 관계를 용이하게 하는 것이 무엇인지 결정해야 하고, 시간의 총계와 그가 이 업무에 할당할 에너지를 결정해야 한다. 이 장은 학급 집단이 가능하는 방법과 당신의 학급 안에서 지지적인 공동체를 개발하는 것에 관해 정보를 제공할 예정이다.

또래 관계는 여러 방법으로 학생 성취에 영향을 준다. 첫 번째로, 성취에 대한 또래간 태도는 학생과 학문적 포부와 학교 행동에 영향을 끼친다(Wentzel, 1998, 2006). 둘째로, 학급 내 또래 관계와 개인적 지지의 자질은 학생이 개인적 욕구와 만나게 되는 정도에 영향을 주고, 이후 학습 과정에 포함되는 생산적인 능력에도 영향을 준다. 세 번째로, 또래 관계는 협동학습을 통하여 직접적으로 성취에 영향을 줄 수 있다. 마지막으로, 위기에 처한 학생들은 3학년 초기부터 학교활동에의 저조한 참가와, 학교로부터의 소외감을 느끼는 것 같다. 학창기 동안의 학급 내 또래관계 경험의 질이 학생의 성공적인 학교생활에 영향을 준다(Wentzel, 2003). 연구에서의 발견은, 장애학생 통합교육과정에서의 학문적 사회적 경험의 성공요인이, 학급 담임교사들이 명백하고 지지적인 또래 상호 작용을 용이하게 하는 것임이라고 제안한다(Soodak & McCarthy, 2006).

긍정적인 또래 관계는, 학생의 학교 경험을 강화할 뿐 아니라, 일생 동안의 사회적 기술과 긍정적 자긍심의 발전에 대한 열개를 제공한다. 연구자들과 이론가는 긍정적인 또래 관계가 성인 삶의 건강한 조절기능뿐만 아니라 적절한 사회적이고 감정적인 발달에 있어서의 본질적인 요인이라고 보고했다.

학생 집단을 연구한 한 연구자는 학생 행동에 영향을 주는 또래 역할 놀이에 주목했다. 집단 앞에서의 발표와 다른 학생과의 사적인 이야기 간의 차이에 관한 논의에서, 교사들은 자주 학생들이 마치 완전하게 다른 사람처럼 보인다고 말한다. 우리는 학생의 감각과 행동이 동급생과 의미심장한 영향을 주고받는 것에 놀랄 이유는 없다. 학령기 동안, 학생들은 동급생들과 1,000여시간 이상을 보낸다. 또한, 대부분의 초등학교 학급들이 학교 근처에 사는 아이들로 이루어지기 때문에, 학급에서 발달하는 교우관계와 싸움은 학교 밖에서도 아동의 삶에 영향을 준다. 또래 압력은 자기중심 저학년 아동에게는 덜 복잡하고 자기중심적인 또래의 영향이 적다. 그럼에도 불구하고, 모든 학년에서 가치와 규준과 집단행동은 의미심장하게 학생들의 안전과 소속감, 다른 것에 대한 경의와 자긍심에 영향을 끼친다.

학급 집단 과정에서, 리차드와 패트리샤 시먹(Richard & Patricia Schmuck, 2001)는 학급 집단의 중요성에 대해 다음과 같이 기술했다:

> 분명하게 학급은 감각의 높은 수준이 매일 존재하는 상황과 은밀한 심리적 역동성이 놀이에 포함하는 관점을 제공한다. 학생들의 상호 작용과 학생과 교사의 관련에서, 그들은 서로의 감정을 간접적으로 교류한다. 감정의 그러한 태도는 학생 자신과 능력, 호감과 일반적 가치를 보는 방법에 영향을 준다. 더욱이, 학생의 자긍심 수준은 학습활동에서 지능을 사용하는 정도에 영향을 미친다. (p.36)

긍정적인 또래 관계는 후원공동체로서의 학교를 만드는 것에 있어서 본질적인 요인이다. 긍정적이고 지지적인 공동체는 서로의 개인적이고 물리적인 안전과 보호에 대한 관심을 나타내고 있는 학생에 의해 특성을 부여받는다. 콜로라도주 리틀턴시 콜럼바인 고등학교에서의 사건은, 또래들로부터의 소외감이 학생들의 과격한 행동을 늘릴 수 있다는 점에 주목하게 한다. 폭력에 관해 기록된 모든 것에서, 많은 사람들은 우리가 지원하고 육성하는 사회적인 생태학에 관해 언급하지 않는 한, 폭력의 문제는 해결되지 않을 것이라는 것을 모르고 있다(Kauffman & Burbach, 1997, p. 321). 비록 소년들이 또래간 싸움에서의 과격한 반응으로 언론의 헤드라인을 장식할 지도 모르지만, 소녀들도 예외는 아니다. 전미대학여성협의회의 연구는, 70%의 소녀가 학교생활의 어려움을 호소하고 50%가 원치 않는 성적 접촉을 경험한다고 보고했다.

우리는 학교폭력에 영향을 끼치는 주요원인이, 지지와 양육의 부족임을 받아들여야 한다. 학생들은 또래에 의해 보호되고 지지되는 상황에서 과격한 행동을 적게 나타내는 경향이 있다. 우리는 1장에서 소규모 학교와 같이 학생 행동이 더 친밀한 작은 집단의 일원이고 학생들이 서로를 잘 아는 상황에서, 더 안전하고 예의바른 행동을 한다고 제시하였다. 만일 우리가 학교 폭력(괴롭힘과 성희롱을 포함하여)을 줄이면, 우리는 단지 학교와 학급에서 우리가 조장하는 방법에 더 큰 주의를 기울이거나, 긍정적인 또래 관계를 조장하는 데 더 힘쓸 수 있다.

협동의 중요성

학급은 본래 많은 상호 작용과 감각을 만든다. 30×30(步) 학급에 25~45명의 학생을 배치함으로써, 학교는 매우 상호작용적인 환경을 만든다. 또래 상호 작용은 학습환경의 자연적이고 바람직한 관점이다. 집단 교수는 편리하고 좋은 교육이 집단 구성원의 기능적 학습 방법을 포함하기 때문에 자주 사용된다. 집단 영향은 대부분의 학급에서 발견되는 경쟁에 의해 강화된다. 학생들은 가장 높은 검사 점수나, 높은 등급을 얻으려고 노력하며, 학급 간부가 되고자 노력한다. 우리가 경쟁을 덜 강조하는 교육적 방법을 사용할 때에도, 학생들의 학업을 동급생과 비교할 기회는 많다. 학급 상호작용의 꽤 높은 수준과 감각에 첨부되는 자발적 교환에 의해 특성을 부여받는 것은 이해할 수 있고 불가피한 일이다.

비록 교사들이 또래 압력의 부정적인 관심과 좌절을 자주 나타내지만, 또래 집단은 학급에 있어서의 긍정적이고 지지적인 요인일 수 있다. 학생들이 또래들에게 인기 있다고 느끼는 때와 상호작용이 사려깊고 유용할 때, 학생들은 소속감과 애정, 타인존중, 능력, 안전과 보호의 감각을 경험한다. 학생들은 이후 너 충분히 학습에 집중할 수 있고, 새로운 기술을 완수하는 데 있어서의 어려움을 기꺼이 감수하려 한다. 또래 관계의 개선을 포함한 학교 분위기를 개선하기 위한 많은 프로그램과 경험적 증거는, 교사와 또래들과의 긍정적인 관계를 즐기는 것이 학문적 동기부여의 여러 관점에 관계가 있다는 생각을 지지한다(Wentzel, 2006). 따라서, 우리가 학급에서 긍정적이고 지지적인 또래 상호 작용의 발달을 조장하는 전략을 실행하는 것은 상당히 중요하다.

잠시 멈추고 4.1	당신이 특히 즐거웠던 학급에 대해 생각해보자. 아마 당신은 매일 매일 출근을 고대했을 것이다. 이 학급의 사회적 관점을 기술하는 몇 개의 문장을 써 보자. 이 학급을 기술할 때, 학급에서 다른 학생과 가졌던 관계에 대해 주목하라. 우리는 당신이 동료 또는 동급생과 공유해 보도록 권한다.

집단의 발달 단계

집단 역학 연구의 범위는 이 책의 내용을 넘어서지만, 개인과 같이 집단의 기능이 효과적으로 작용할 수 있도록 해야만 한다는 것을 깨닫는 것은 중요하다. 학급 집단이 지지적이고 목표지향적인 방법으로 기능하여야 한다면, 교사들은 처음에, 소속감을 개발하고 다양한 교우관계 양식을 만들며 수업시간 외에 학생들의 친교 활동을 위한 시간을 가져야 한다. 이 감각이 발달한 후에만, 학생들은 학급의 학습 목표에 최적으로 응답할 수 있게 된다. 모든 집단처럼, 학급 집단도 일련의 단계를 거친다(Posthuma, 1999; Schmuck & Schmuck, 2001).

첫째 단계는, 의존(신뢰)의 단계이다.

이 단계에서, 집단 구성원들은 집단의 구조를 제공하는 권위적 인물을 바라본다. 교사는 학급 행동 표준, 학습과정과 학문적 목표를 분명히 제시한다.

둘째 단계는, 잠시 동안 지속되는, 오리엔테이션 단계이다(Posthuma, 1999; Vernelle, 1994).

이 단계에서의 주요한 관심은 소속감의 이슈이다. 학생들은 또래들에게 인기있고 수용가능한지에 관심을 갖는다. 그들은 또한 그들을 관리하는 성인이 그들을 좋아할 것인지와 집단의 다른 구성원만큼 유능한 지를 염려한다. 이 단계 동안, 그들이 집단에서 배제되거나 한계를 시험하는 평균에서 빠지게 될까봐 오히려 수동적일 수 있다.

셋째 단계는 불만 또는 통제의 단계라고 부르게 된다.

이 단계에서, 집단 구성원들은 집단이 어떻게 가동되고 있고 누가 학급에서 중요한 결정을 하느냐 관심을 나타낸다. 학생들은 학급이 편안하고 충분히 안전하다고 느낀다. 이 단계는 긍정적인 교사-학생 관계를 확립하는 것(3장), 학급 행동 예상에 대한 확신(6장), 학문적 의사결정에 학생을 포함하고 분명히 설명하는 것(7장), 그리고 효과적인 문제-해결 기술을 사용하는 것(9장)에 의해 용이하게 될 수 있다. 그러나 이 책에서 기술한 방법을 사용하지 않는 교사들은, 이 단계가 학령기동안 지속된다고 여긴다.

넷째 단계는 해결 또는 준거화 단계라고 불린다.

이 단계 동안, 학생들은 더 협력적으로 일을 하고 더 사려 깊게 상대방의 이야기를 듣기 시작한다. 이것은 대개 집단의 조화와 협력성을 존중하고 있는 집단 구성원에 의해 특성을 부여받는다. 우리의 경험은, 교사들이 이 방법을 사용할 때, 이 단계를 셋째 단계와 통합할 것을 제안한다. 이와 같이, 일년내내 지속되는 학생들에 의해 표현된 긍정적인 질문과 관심이 실제 불만의 표현을 제한한다.

다섯째 단계는 종종 생산 단계라고 불리운다.

비록 교사들이 집단을 도울 필요가 있는 다수의 예가 그것의 결합과 초점을 재건하는 것에 있지만, 교사들이 이 책에서 기술한 방법을 사용하는 학급에서, 이 단계는 학령기동안 내내 학급구성의 초기 셋째 주나 넷째 주부터 보통 계속된다.

마지막 여섯째 단계는 종료 또는 연기 단계로 분류된다.

이 단계에서, 집단 구성원들은 집단 경험을 종료하고 작별인사를 하게 된다. 많은 학급에서 슬픔과 손실감을 포함하는 이 단계는 교사들이 촉진하는데 종종 실패하는 단계이다. 이 장은 학급 집단이 이러한 집단 발달 단계를 통해 생산적으로 달성하거나, 실행하는 것을 돕기 위한 다수의 활동을 당신에게 제공한다. 당신이 이 장을 읽은 후, 학생들이 이 단계를 실행하는 것을 돕기 위해 사용하고 싶어 하는 방법들을 적고 싶어 할 지도 모른다. 활동 4.1은 학급 관리의 중요 분야에서 당신의 의사 결정을 조직하는 것을 도울 것이다.

학생 협동의 중요성

학급 내 협력적인 집단 활동에 관한 연구는, 실질적 연구가 집단 기술과 집단 응집성을 개발하는 학생과의 학습의 중요성을 지지하는 또 다른 분야이다. 또래와 공부하는 협력적인 학습 활동과 그들의 노력이 자신뿐만 아니라 또래를 위해서도 이익을 생산하는 학생들은, 수학, 독서와 언어의 표준화 검사에서 높은 점수를 획득하고, 혼자 학습할 때 보다 상급의 사고를 포함한 임무를 더 잘 수행한다(Allen & Plax, 1999). 위스콘신-매디슨대학교의 효과적인 중학교에 관한 국립연구소의 연구자들은, 중학교에서의 협동학습과 학문적 성공에 관한 연구를 종합했다. 직소학습을 제외하고, 협동학습이 연구의 75%이상에서 성공적이었음이 발견되었다. 저자의 연구는 교사들이 협동 학습을 돕는 것에 관해 다음과 같은 시사점을 제공한다.

(1) 학생들이 학습 목표와 평가가 학습활동과 관련이 있다고 이해하도록 돕는다.
(2) 학생들이 이 방법을 이행하려는 결단 이면의 이유를 이해하는 것을 도울 시간이 필요하다.
(3) 학생들이 더 잘 알려지도록 돕는다.

(4) 학생들이 집단 학습에 필요한 기술을 습득하는 것을 돕는다.
(5) 협동 학습은 광범위한 학생을 위한 동기화와 학습을 증가시키는 것에 있어 매우 효과적이고, 집단 활동과 관련한 학문적 목표를 위한 책임있는 학생 개인과 집단을 유지하는 데 있어 평가 방법이 유용함을 확신한다.

굳과 브로피(Good & Brophy, 2003)는 협동학습이 학급에서 효과적으로 기능하고 받아들여지도록 학생을 돕는 효과적 기술이 될 수 있다고 보고한다. 유사하게, 협동학습에 관한 연구의 비평(Allen & Plax, 1999)은 협력적인 협동 학습의 높은 비율에 의해 특성을 부여받는 학급에서는, 학생들이 학교와 학급과 교과를 좋아한다고 보고한다. 협력적인 또래 활동을 사용하는 학급의 학생들은, 더 큰 집단응집성과 더 다양한 교우관계 패턴 및 또래를 위한 더 지대한 염려에 의해 특성을 부여받는다(Schmuck & Schmuck, 2001). 당연하게, 협동학습이 학급에서 사용될 때, 학생들은 더 큰 수용을 포함하는 다양성과 특별한 욕구를 가진 학생의 민감성을 더 수용하게 된다. 게다가, 협력하여 학습하는 학생들은 그들의 학습에 대한 개인적 책임의 더 큰 감각을 가지는 경향이 있다.

협동학습이 긍정적인 또래 관계와 성취에 관해 가하는 충격은, 적어도 협동학습에 어느 정도 권한을 가진 당신에게 주요한 유인을 제공한다. 학급에서 긍정적인 또래 관계와 활동의 형성하는 중요성을 고려해야할 다른 이유는, 학급에서의 협동학습이 학생들이 장차 근로자와 시민이 될 때 꼭 필요한 기술과 관련이 있다.

공동체 생활에 준비시키기

사람이 상대적으로 고립되어서 살았고 근본적으로 자급자족할 수 있었던 시간은 오랜 과거이다. 개인들은 정서적 욕구뿐만 아니라 필요한 상품과 서비스를 위해 타인에게 의존한다. 게다가, 개인들은 강도에서 에너지 위기까지 사회적 문제에 대항하기 위해 함께 하는 것의 중요성을 재발견하고 있다. 이러한 증가된 상호의존은 증가된 전문화를 향하여 인문주의 학자에게서 떨어져 나온 것으로 보일 수 있다. 자동차에서 사상까지 무엇이라도 생산 가능한 것에서, 개인은 그의 임무를 좀 더 전문적인 관점으로 집중하고 더욱 더 세련된 제품을 만들기 위해 다른 사람과 협력해야 한다.

만일 학교가 학생들에게 상호의존과 협력적 노력에 의해 특성화된 사회를 준비시키면, 그들은 학생들에게 집단에서 협력하여 작용하는 빈번하고 의미있는 경험을 제공해야 한다. 30년 전, 존 듀이(John Dewey)는 학급에서의 삶은 학생들이 사회에서 직면할 과정을 반영해야 한다고 강조했다. 그는 학교 교육의 목표가 학생들에게 더 좋은 살아 있는 상황을 만드는 것을 가능하게 할 것인 기술을 제공하는 것이라고 썼다.

많은 부모님이 모든 아이의 교육에 대한 이러한 관심을 공유하는 것은 흥미있다. 레예스(Reyes), 스크리브너와 스크리브너(Scribner & Scribner, 1999)는 히스패닉 학생들의 학업성취에 관한 연구에서, 부모의 관심이 아이들의 학업 성취뿐만 아니라, 존경, 명예, 협력, 좋은 행동과 학교에서의 책임의 가치를 육성한다는 것을 발견했다. 히스패닉계 부모들은, 교육자가 학생들의 인지적이고 개인적인 기술을 개발하는 데 있어서 도움이 되는 학교의 상황을 기꺼이 지원하고 가치롭게 여겼다.

그림 4.1 **본질적 직업 기술**

직장 역량	기초 기능
자원	기초 기술
시간 할당	읽기
금액 할당	쓰기
물질과 능력 자원 할당	산수
인적 자원 할당	수학
정보	듣기
정보 수집, 평가	말하기
정보 조직, 유지	
정보 해석, 전달	사고 기술
정보처리에서의 컴퓨터 사용	창의적 사고
대인관계	의사 결정
팀의 구성원으로 참가하기	문제 해결
타인을 가르치기	이성적 판단
의뢰인/고객 응대	학습 방법 인지
리더십 연습	추리
결정하기 위한 협상	
문화적 다양성을 가진 일	개인적 자질
시스템	책무성
조직 이해	자긍심
실행 감시, 수정	사회적 자기 관리
조직 개선, 설계	성실/정직
기술	
기술 선택	
기술의 작업 적용	
기술 유지, 처리	

고용주는 이러한 헤스페닉계 부모에 의해 나타내게 되는 가치에 동의하는 것처럼 보인다. 21세기의 노동인구의 기술과 행동을 상세하게 기록한 보고서에서, 워싱턴 D.C의 노동부는 그림 4.1과 같이 항목화된 기술을 제시하고 있다(2000). 분명히, 기초 기술과 대인관계 기술의 발전은, 집단 상황에서의 효과적인 작업방법을 배우는 학생들에 의해 촉진되었다. 자료의 흥미로운 분석에서, 노동부는 고용자가 바라는 신입사원의 조건을 연구했다. 그림 4.2처럼, 개인적 자질 기술과 대인관계 능력은 신입사원의 고용에 필요한 기술 중 가장 부족했던 4개 분야 중의 2개였다. 사회적 기술에 집중함으로써, 학교가 학생에게 직업 준비를 더 잘 할 수 있으리라 여겨진다.

이 장에서, 당신은 학급에서의 긍정적이고 지지적인 또래 관계를 만드는 데 할당하는 시간이 훈육에 할당하는 시간을 줄일 것인지 물을 수도 있다. 이것은 중요한 이슈이다. 교사들에게 있어 주요한 책임은 학생의 교과 기술 습득을 돕는 것이다. 학생들이 서로를 잘 알고 친구의 학습을 지지하는 안전하고 지지적인 학급을 수립할 시간을 갖는 것이 학생들의 학습을 강화할 것임을 여러 증거가 분명히 지적한다. 우리는 평온한 학급에서의 관계를 도울 작지만 중요한 시간의 총계를 가질 수도 있고, 또한 우리는 지원을 얻을 수 없고 수반되지도 않으며 원치 않는 고립된 학생에게서 기인한 문제에 반응하기 위한 막대한 시간과 에너지를 쓸 것을 각오할 수도 있다.

그림 4.2 중요성과 확인된 기술 및 능력의 실제 소유간의 차이

능력 또는 기술	신입사원 고용에의 필요	신입사원의 실제 소유정도	차이
사고 기술	92.8%	60.0%	32.8%
개인적 자질 기술	96.1	66.0	30.1
기초 기술	95.9	68.4	27.5
대인관계 능력	91.6	65.1	26.5
정보 능력	86.5	63.1	23.4
기술 능력	54.5	37.8	16.7
조직 능력	52.8	41.0	11.8
자원 능력	60.0	53.5	6.5

이 장에서 제시한 활동은, 교사들이 긍정적이고 지지적인 학급 환경을 만드는 것을 도울 수 있다. 그들은 또한 학생들이 부모와 배우자와 친구와 근로자와 책임 있는 시민으로서의 장래 역할에서 건전하게 봉사할 직업의 규준과 개인적 기술 습득을 도울 수 있다.

잠시 멈추고 4.2	당신의 교직 경력 동안, 부모와 동료 교사 또는 행정가들이, 응집력 있는 학급 집단 개발의 필요성에 대해 질문하는 상황과 조우할 것이다. 당신이 기술한 내용을 여러 동료 또는 동급생과 공유해라. 그들의 생각이 당신의 진술을 풍부하게 할지도 모른다. 마지막으로, 당신의 교직기간동안 이 진술을 보관하고 강화하며 수정해 보도록 권한다.

자긍심의 문제

이 장에서, 우리는 긍정적인 자긍심의 발전보다 오히려 학급 안에서의 긍정적인 또래 관계의 창조와 지지 공동체 수립에 집중한다. [The Optimistic Child]에서, 셀리그먼(Seligman, 1995)은 긍정적인 자긍심의 가장 유용하고 효과적인 정의가 기분이 좋은 구성 요소와 잘 수행하는 구성 요소 모두를 포함한다고 진술했다. 자긍심의 화제는 오랫동안 갑론을박되었다(즉, 자긍심이 긍정적인 행동 변화를 일으키느냐? 아니면 성공을 경험할 때 자긍심이 강화되느냐?). 그러나 자긍심이 무엇인가를 유발하는 원인이라는 증거는 거의 발견되지 않았다. 오히려, 자긍심은 성공 또는 실패의 전체적 완전 무장에 의해 발생된다(Seligman, 1995, p.34).

자긍심이 긍정적인 경험의 원인이라기보다는 성과로 보인다는 사실(Baumeister, 1993)은, 우리가 학생들의 긍정적인 감각을 늘리려는 경향이 있는 또래와의 긍정적인 상호 작용을 가지는 학생들에게 있어 중요한 전제 조건으로서의 긍정적인 대인관계 기술 수립을 눈여겨 볼 필요가 있는 것을 의미한다. 또래 관계를 강화하기 위해, 교사들은 학생들이 더 협력하여 공부하고, 집단적으로 문제를 해결하며, 배우는 것을 강조함으로써 학생들을 도울 수 있다.

친교 활동

파티의 참가자나 집단 구성원을 거의 알지 못할 때 불안을 경험하는 것을 의심할 여지없다. 모두 다 당신이 아는 사람과 친구로 가득 차 있는 방에 들어갈 때의 느낌과 비교해 보자. 서로를 알고 있는 사람들은 대개, 토론 또는 다른 활동에서 편안하다고 느낀다. 학생들도 유사한 감각을 경험한다. 30명의 익숙치 않은 얼굴과 직면한 전입생은, 환경과 친숙해지려 하거나 또는 예상되는 반응을 도출하는 환경을 제어하는 수단으로서 행동을 할 것이다.

수년 전, 2학년 영어 수업에서 학생들이 집단 토론에 참여하지 않아 좌절을 경험한 교사와 저자 중 한 명이 연락한 적이 있었다. 더욱이, 그 영어교사는 학급의 장기 결석 비율이 비교적 높고, 학생들이 그가 기대했던 과제를 제출하지 않는다고 보고했다. 근면하고 활동적인 청년인 그 교사는, 문학에서의 관점을 학생들의 생활에 연결시키려고 특별히 노력했고, 학생들이 관심 있어 하는 것을 읽기 및 토론의 교재로 사용했다고 보고했다. 학생들은 원형으로 착석했고 개방적 토론이 촉진되었다.

이 상황을 논의하는 동안, 나는 학급의 학생들이 서로를 알고 있는지 교사에게 물었다. 그 교사는 학생들이 2개 학교에서만 진급했고, 영어교과가 거의 한 학기 동안 지속되어 서로를 잘 알고 있다고 생각하였기 때문에 이러한 질문에 놀라는 듯 보였다. 그러나 그 교사는 학생들이 서로의 행동에 약간의 불편함을 가지고 있다고 느끼고, 서로를 잘 알고 있는 지 평가하는 것에 동의했다. 그는 학급의 사분의 일만이 절반 이상의 급우 이름을 알고 있다는 사실에 놀랐다. 그는 학생들이 서로를 더 잘 알 수 있는 활동에 시간을 더 할당하겠다는 그의 결단을 학생들에게 설명했다. 이러한 활동 후에, 그는 다시 출석에 관한 데이터, 과제의 퍼센트와 학급 토론 참가 학생 수를 모았다. 이 세 변인은 .01 수준에서 통계적으로 유의미한 변화를 보여주었다. 이후, 그 교사가 영어 수업 단원을 학년 초 9주 동안 협력적인 친교활동들로 구성하기로 결정한 것은 매우 인상적이었다.

긍정적인 또래 관계를 강화하기 위한 활동을 충족시키는 것에 의해, 우리는 수용적이고 지지적인 또래의 범위를 넓히고, 학생들의 괴롭힘, 협박과 따돌림의 경험을 감소시키는 가망을 늘린다(Schwartz, Pettit, Dodge, & Bates, 2000). 학교에서의 교우관계는 "아이들이 가정에서의 긴장이 많은 경험을 통해 얻어지는 취약성을 보상하는 것을 도울 수 있고"(Schwartz et al., 2000, p. 647), 또래에 의해 희생될지도 모르는 아이들이 더 인정되고 성공하는 것을 도울 수 있다. 또래들에 의해 거절되는 것은 문제행동의 활성화와 관련되는 경향이 있기 때문에(Laird, Jordan, Dodge, Pettit, & Bates, 2001), 발전하고 있는 또래 수용과 지지는 의미심장하게 분열적 학급 행동을 감소시킬 수 있다. 문제행동의 활성화, 호전적 행동 양상을 발달시키는 학생들은 또래들에게서 배척을 경험했을 것 같고 학급 집단과 통합되지 않는 듯 하다. 그러므로, 만일 당신이 부정적인 또래 상호 작용과 문제행동의 활성화가 거의 없는 학급을 만들고 싶다면, 학생들이 서로를 아는 것을 돕는 방법과 긍정적 상호 작용을 포함해야하는 것은 본질적이다. 또래 친교활동은, 그들이 안전하다고 느껴서 더 활발히 학습 과정에 종사할 수 있게, 학생들이 서로를 더 잘 알고 있는 것을 돕는 활동으로 디자인된다. 학생들이 더 잘 알려지면, 서로 상호 작용하고, 학생들 간의 영향력의 범위를 증대하며, 배타적 행동은 감소할 것으로 보인다.

이름 사슬

이름사슬은 학생들이 서로의 이름을 배우는 것을 돕는 효과적인 방법이다. 다음의 단계는 이 활동을 매끄럽게 만들 수 있다 :

1. 집단에서 서로를 편안히 볼 수 있게 학생들이 둥글게 둘러앉도록 요청하라.
2. 이 활동에 참여해야 하는 이유를 명확히 설명해라. 모두의 이름을 알고 있는 것의 이익이 학급환경에 관한 학생의 지식을 늘리고, 그에 따라 그들을 더 편안하고 더 활발히 포함되게 한다고 말할 수도 있다. 유사하게, 당신은 다른 학생의 이름을 알고 있는 것이 학생들에게 학급과 학교를 더 긍정적인 장소로 만들 수 있고, 더 친근하고 편안하게 서로를 환영하는 것이 가능하도록 할 것임을 가리킬지도 모른다.
3. 학생들이 활동에 참여하라는 부탁을 들어 줘야 할 이유에 대해 의문이 있는지, 학생들에게 물어보아라.
4. 각 학생이 서로의 이름을 말하도록 부탁받을 것이고, 그 자신 또는 집단에 관해 한 가지를 말해야 한다는 것을 학생들에게 설명하여라. 그들이 좋아하는 무엇인가와, 최근에 발생한 뭔가 흥미로운 것, 그들의 감각, 그 외 방식 등을 집단에게 이야기하기로 결심할지도 모른다. 그가 만든 진술과 각 학생의 이름의 되풀이가 요청된다는 것을 학급에게 알려라. 첫 번째로 말하고 멈춘 사람의 이름과 그가 자신에 대해 무엇을 말했는지를 묻게 될 것이다. 첫 번째 학생은 "나는 밥고, 나는 지난 주말 해변에 갔다"고 말할 수 있다. 다음 학생은 "그는 밥이고, 지난 주말 해변에 갔다. 그리고 나는 샌디고, 나는 배낭을 매고 걷는 것을 즐긴다"고 말할 수 있다. 우리가 많은 수의 이름을 한 번에 학습하기 어렵고 성인이 그의 이름을 기억하는 것이 특히 청소년에게 있어 중요한 일이기 때문에, 당신이 마지막에 말하는 사람이 되는 것이 가장 좋은 방법이다. 당신은 각 학생의 이름을 항목화할 수 있을 것이고 그들이 가지고 있는 것을 학급과 분담할 수 있을 것이다.
5. 모든 사람이 종이와 연필을 갖고 다른 자리에 앉는다. 학생들에게 지정된 개인에서부터 시작하고, 시계방향으로 진행하며, 각 사람의 이름을 써 두도록 요청하라. 각 학생이 공유된 리스트를 가질 필요는 없다.
6. 시작 장소로 지정된 자리의 지원자부터 시작하고, 원에서 천천히 각 사람의 이름을 말하길 요청하라. 이 암송은 학생들의 목록의 정확성을 점검하기 위한 기회로 적합하고, 어떤 학생이 빠뜨린 이름을 배우는 데 적합하다(Jones, 1980).

이 활동에 대해 후속활동을 제공하는 것이 중요하다. 만일 당신이 학생들에게 협동 학습을 요청하면, 당신은 그들이 집단 활동을 시작하기 전에 각 구성원의 이름을 알고 있다고 확신할 지도 모른다. 교사들은 자주 학생들을 활동에 포함시키고, 행동에 의해 암시된 가치와 후속 활동에 의한 학습을 강화하는 행동을 뒤따르는 것에 실패한다.

급우 이름 맞추기

각 학생은 [Know Your Classmates](그림 4.3)라고 명칭되는 페이지의 복사본 또는 연필과 펜을 필요로 할 것이다. 각각의 기술에 알맞는 사람을 학급에서 발견하고, 기술하기에 앞서서 그 사람의 서명을 얻도록 요청해라. 학생들이 다수의 또래와 상호 작용하도록 하기 위해,

그림 4.3 친구 이름 알기 Know Your Classmate

이름 ____________________

아래에 적당한 사람의 이름을 적어보자

____________ 1. 생일이 당신과 같은 달인 사람
____________ 2. 빨간 머리를 가진 사람
____________ 3. 당신이 잘 알지 못하는 사람
____________ 4. 흥미로운 취미를 가진 사람. 취미는 무엇인가?
____________ 5. 주근깨를 가진 사람
____________ 6. 좋아하는 색이 노랑인 사람
____________ 7. 책읽기를 좋아하는 사람
____________ 8. 체조 레슨을 받는 사람
____________ 9. 왼손잡이
____________ 10. 자연스러운 곱슬머리를 가진 사람
____________ 11. 강아지를 가진 사람. 강아지의 이름은 (   )
____________ 12. 스카우트 대원인 사람
____________ 13. 당신보다 작은 사람
____________ 14. 당신보다 큰 사람
____________ 15. 당신이 입고 있는 옷과 같은 색의 셔츠나 드레스를 입은 사람
____________ 16. 악기를 연주할 수 있는 사람. 악기의 종류(   )
____________ 17. 이번 여름에 국외여행을 한 사람
____________ 18. 장래희망이 프로 운동선수인 사람. 운동의 종류(   )
____________ 19. 가족이 4명보다 많은 사람. 가족의 수(   )
____________ 20. 축구를 하는 사람
____________ 21. 치열교정기를 하고 있는 사람
____________ 22. 말을 타는 사람

그들이 같은 사람에게 두 번 이상 서명 할 수 없다는 것을 알려라. 각각의 기술은 서로다른 나이와 다른 상황에서 아이들의 특별한 흥미에 알맞도록 구성될 수 있다.

Bingo

초등학교 고학년과 중학교에서, 개학 첫날에 각 학생에게 간단한 자기 소개서를 작성하게 해라. 그들에게 올 여름에 한 일, 특별한 홍미, 애완 동물, 취미, 그 외의 것에 관해 물을 수도 있다. 빙고 격자의 각 정사각형에, 학생에 관한 정보 중 하나를 적어라. 다음 날, 학생들이 주어진 빙고 카드를 가지고 학급을 순회하며, 각각의 정사각형과 관련이 있는 사람의 서명을 받는다. 누군가 모든 서명을 얻거나, 두 줄의 서명을 얻거나, 또는 정해진 시간까지 활동을 계속한다.

친구 집중탐구 놀이

면접은 서로를 잘 알고 있는 학생을 위한 방법이다. 이 활동은 자아중요성의 감각과 새로운 교우관계를 촉진한다. 다른 사람에 관한 정보 부족은, 새로운 교우관계의 확립에 대한 주요한 장애가 된다. 학생들이 또래를 알지 못할 때, 그들은 비현실적인 두려움과 막연한 편견을 가지는 경향이 있다. 학생들이 서로서로 인터뷰하여 또래에 관한 새롭고 흥미로운 정보를 배운다. 이 지식은 학급에서 다양한 교우관계 형태를 촉진시킨다.

인터뷰를 다양하게 사용할 수 있다. 한 방법은 학생을 도울 수 있는 10개 질문을 사용함으로써 인터뷰 절차를 소개하는 것이다. 다음의 예는 4학년 학생이 인터뷰를 사용하는 방법의 한 예이다:

1. 당신이 특히 좋아하는 색은?
2. 당신이 선호하는 운동 종목은? 관람하기 좋아하는 종목은?
3. 당신이 가장 긍지를 가지는 것은?
4. 애완동물을 키우는가? 만약 그렇다면, 이름은 무엇인가?
5. 당신의 아주 좋아하는 프로 풋볼팀은? 농구팀은? 야구팀은?
6. 당신이 좋아하는 음식의 종류는?
7. 당신이 아무데나 휴가를 갈 수 있다면, 어디를 가고 싶은가? 이유는?
8. 현재 받고 있는 레슨은 무엇인가?
9. 취미는 무엇인가?
10. 당신의 姓을 좋아하는가? 만약 그렇지 않다면 무엇으로 바꾸고 싶은가?

칠판에 이 질문을 쓰고, 학생들이 잘 알지 못하는 사람을 선택한 후, 10개의 문제를 사용하여, 그들이 상대에 관한 할 수 있는 한 많은 것을 찾도록 해라. 다음 단계는 6개의 소집단을 만들고, 각 학생에게 인터뷰한 사람을 소개하게 하는 것이다. 이상적으로는 적어도 이런 집단을 두 차례 구성할 수 있을 것이고, 그들이 인터뷰한 학생들에 더하여, 모든 학생들이 적어도 8명 이상의 학생들에 관해 알게 될 것이다.

세 번째의 인터뷰 기술은, 한 학생을 학급의 앞 쪽 명예의 장소에 앉게 하는 것이다. 그 학생은 다른 학급 구성원들에 의해 질문 받는다. 학생들은 남 앞에 나서기를 즐기고, 이것이 그들이 선호하는 인터뷰에의 접근 방법이라고 말한다.

마지막 인터뷰 방법은 여러 학생들이 기자가 되는 것이다. 그들은 또래를 인터뷰하고, 학생들의 출생지, 가족 수, 좋아하는 TV 프로그램, 음식, 색, 또는 동물, 특별한 취미와 애완동물, 그들이 여행해 본 곳, 그리고 학생들의 장래 목표와 같은 정보를 얻는다. 교사는 정보를 도표화하거나, 각 학생에게 정보를 주거나, 다른 학급이 읽을 수 있도록 복도에 큰 차트를 만든다.

이 인터뷰 활동의 결과는, 학급에서 새로운 교우관계와 더 개방적인 관계에서 자주 보여질 수 있다. 이러한 분위기는 학급을 학생을 위한 더 안전하고 편안한 학습 환경이 되게 한다.

누굴까?

중학교에서 많이 사용되는 [추측하기] 활동은 학생들이 급우를 발견하는 더 좋은 기회를 제공한다. 이 활동의 구성 단계는 다음과 같다 :

1. 활동을 학생들에게 간단히 말하고, 활동에 기꺼이 참가하고 싶은 마음을 이끌어낸다.
2. 학생들에게 자신에 관해 간략한(2~3줄) 진술을 하도록 요청하라. 진술은 개인사, 가족, 취미 등에 관한 사실을 포함할 수 있다.
3. 모든 자서전적 진술을 수집하라.
4. 종이와 연필을 꺼내도록 요청하라. 각 기술을 읽고, 당신을 포함하여 학생들을 잘 기술했다고 생각되는 학생의 이름을 쓰도록 요청해라.
5. 모든 기술을 읽은 후, 다시 읽고, 저자에게 자신의 신원을 확인하도록 부탁한다. 그들이 정확한 선택을 했는지 지시하기 위한 목록을 학생들에게 요청해라. 작업을 완료한 후, 당신은 학생들에게 올바르게 신원을 확인한 또래의 수를 말하도록 부탁할 수 있다. 이러한 결과는 학급 구성원들이 서로에게 잘 알려졌던 토론을 시작하기 위해 사용될 수 있다.
6. 이 활동의 대안은, 학생들에게 하나의 잘못된 진술을 포함하는 간단한 성명을 쓰게 하는 것이다. 그리고나서 학생의 이름과 진술을 읽고, 어느 진술이 틀렸는지 결정하도록 부탁해라. 이 활동은 전체 집단이나 2개의 집단 사이의 경쟁으로 전개될 수 있다.
7. 이 활동의 두 번째 변화는 학생들에게 그 자신에 관한 시 또는 수수께끼를 쓰게 한 후 상자에

넣는다. 각 학생은 상자에서 시를 꺼내고, 소리 내어 읽는다. 시에서 얻은 정보에 의거하여, 학급은 누구의 작품인지 확인한다.

우리는 누굴까?

이 활동에서, 학생들에게 주어진 5×7인치 색인 카드에 다음 정보를 완료하도록 요청한다.

1. 카드의 표제 꼭대기에 당신의 학번을 기입하라.
2. 카드의 같은 면에 세로로 3칸을 만든다.
3. 첫 번째 칸에 이름을 정하고 당신이 가진 3개의 홍미를 항목화한다
4. 당신이 만든 두 번째 칸에 이름을 붙이고 당신이 여행한 목록 3개를 기록한다.
5. 세 번째 칸에 학급의 다른 사람이 너에 대해 알 지도 모르는 사실 3개를 항목화한다.
6. 카드의 빈 쪽은, 당신을 대표하는 이미지, 당신의 관심, 당신이 좋아하는 물건, 당신이 하는 일과 당신이 하고 싶어하는 일을 포함하고 있는 콜라주를 만든다.

학생들이 볼 수 있도록 카드를 게시하라. 집단 활동의 일부분 또는 워밍업 기간동안, 누가 각 카드로 대표되는지에 관해 추측해 보도록 학생들에게 요청하라.

6~8학년 학생들은 급속한 인지적이고 물리적인 변화를 경험하며 자의식이 증대대고 자긍심이 감소되는 시기이다. 따라서, 교사-학생과 또래 관계가 따스함, 지지와 안정성에 의해 특성을 부여받는 환경에서 학생들은 훨씬 효과적으로 학습한다. 학교는, 광범위한 친교활동의 사용뿐만 아니라, 학생들이 학생과 교사를 알기 위한 친교활동과 그들의 일과가 같은 비중으로 사용되도록 해야 한다.

티셔츠 활동

8.5×11인치 크기의 종이에 T-shirt 그림을 그릴 수 있도록 시트를 제공해라. 학생들에게 학교에 입고 다닐 수 있는 T-shirt를 디자인하도록 부탁해라. 그들이 직접 그릴 수 있고, 스케치할 수 있으며, 쓸 수 있고, 만들 수 있으면서도 가장 편안한 형태를 만들도록 학생들에게 이야기하라. 색연필을 제공해라. 디자인이 완료되면, 학생들에게 네 집단에서 공유하게 해라. 집단이 공유한 후에, 학생들은 새로운 집단 네 개 중 하나에 참가할 수 있다.

파란띠 아동

금요일에 한 아이의 이름을 부른 후, 이 학생에게 하얀 포장 종이 한 장을 준다. 아이는 이 종이를 집에 가져가고, 부모, 보호자 또는 친구에게 종이 위에 자기 몸의 윤곽을 그리게

한 후 오린다. 선택된 학생의 옷이 색칠된 후, 월요일에 학교에 제출한다. 주말동안, 아이는 자신을 대표하는 물건을 모으도록 부탁받는다. 월요일에, 그 학생은 종이 인형을 게시판에 걸고, 이야기를 듣는 학급 성원들은 그가 가지고 왔던 물건을 기술한다. 그 주 내내 학급은 학생에 대해 긍정적인 성명을 쓰고, 종이 인형 위에 이것을 붙여 놓는다. 금요일에, 아이는 집으로 모든 물건들을 가져가고 새로운 학생이 선택된다. 교사 또한 선택되고, 긍정적인 성명을 쓰는 과정의 일부가 되는 것은 중요하다.

신발 상자

학생들에게 포장지 또는 종이 가방으로 포장된 구두 상자를 준다. 한 방법은 학생들에게 초상화 그리기 수업을 제공하고, 구두 상자 뚜껑에 자화상을 그리게 하는 것이다. 학생들은 상자 또는 가방을 집으로 가져가, 그들을 대표하는 5개의 항목을 넣어둔다. 그들의 가족, 골프공, 축구화, 그 외의 그림을 포함할지도 모른다. 며칠 동안 다른 학생들이 항목을 공유한다. 만일 당신이 학생들에게 초상화를 그리게 했더라면, 상자를 방에 놓아두고, 학교오기 전날 밤에 부모님과 공유할 것이다.

수업 중에 친교 활동 하기

특히 교과내용의 숙달과 제한된 시간 내에서 표준화 검사를 준비하는 중학교에서, 가능할 때마다 친교 활동을 교과내용과 전체로 합치는 것이 유익할 때는 언제든지 많은 학교 상황에서 중심의 목표가 된다. 우리는, 학생들의 인생에서 중요한 사전의 연대표를 개발하게 하고, 다른 학생의 이해를 돕는 인공물을 가지고 오게 하는 고등학교 사회가 교사를 알고 있다. 그는 이것을 역사적 맥락 내에서 연대표와 인공물의 사용을 강조하는 학급 학습에 접속한다. 우리는 또한 샌드러 시스네로스(Sandra Cisneros, 1991)의 시카고의 라틴계 이웃과 함께 성장하는 소녀에 관한 이야기인, 짧은 소설 [The House on Mango Street]을 교재로 하는 고등학교 영어 교사 몇몇도 알고 있다. 책의 초기에, 소녀는 이름에 대해 말하고, 교사들은 이것을 소녀의 이름과 관련된 요인을 공유하고, 요인을 공유하는 학생들을 위한 기회로 사용한다.

만일 당신이 추가적인 친교 활동을 당신의 수업 계획에 포함하는 것에 흥미가 있다면, 다수의 자원을 발견해 낼 수 있다. 특히 유용한 것은 보르바(Borba)의 [Esteem Builders](1989); 캔필드(Canfield)와 시콘(Siccone)의 [One Hundred Ways to Develop Student Self-Esteem and Responsibility] (1992); 깁스(Gibbs)의 [Trives: A New Way of Learning and Being Together] (2000); 그리고 듀발(Duval)의 [Building Character and

Community in the Classroom] (1997)이다.

잠시 멈추고 4.3	교사로서 당신은, 학급에서 지지적인 공동체를 만들기 위해 사용하는 시간의 총계와 활동의 형태에 관해서 중요한 결정을 할 것이다. 잠시 당신이 현재 학년초 3 주 동안 할 것이라고 생각하는 친교 활동을 써 보아라. 특히 당신이 좋아하는 활동에 주목해라. 다음으로, 동학년을 가르치고 있거나, 3~4명의 동료와 당신이 아주 좋아하는 활동을 공유하라. 이것은, 학생들이 더 잘 알려지는 것을 돕기 위해 당신에게 활동의 멋진 배열을 제공할 수 있다.

학급 단합대회 활동

집단응집성은 집단이 주체성, 통일성과 집단의식을 경험하는 범위를 참조한다. 결합력이 있는 집단은, 집단 내의 작은 파벌로 제한되는 긍정적인 변경보다 오히려 모든 구성원 사이의 따뜻하고, 친밀한 상호 작용에 의해 특성을 부여받는다. 결합력이 있는 집단은, 학생들이 안전하다고 느끼는 상황을 제공한다. 연구는, 동급생들에게 수용되는 학생들이 학교에 대한 더 긍정적인 태도를 취하고, 거부되고 고립되는 학생들보다 그들의 잠재성에 더 가깝게 성취할 것이라고 제시한다. 이 발견은 위협적인 환경에서 학생들이 덜 효과적임을 가리키는 다른 연구로 지지된다.

학생들이 함께 시간을 보내는 것 때문에, 집단응집성과 긍정적인 집단 정체성이 발달하지는 않는다. 오히려, 집단 구성원인 것에 대한 긍정적인 감각은, 다른 집단과 구별되고, 집단을 협력적인 모험에 말려들게 하며, 학생들이 집단에서 중요한 구성 요소로 자신을 보는 것을 돕는, 집단을 매혹적이게 보이게 하는 것에 의해 개발된다. 이 섹션에서 기술한 활동은 이 목표를 달성하기 위해 디자인된다. 친교활동에 관련되고, 다양한 기호 양식을 만들기 위한 활동들로 사용될 때 이 활동은 가장 효과적이다.

결합력 있는 학급을 만드는 것이 목적인 활동들은, 학년 초에 소개하는 것이 가장 효과적일 것이다. 학년 초에 집단 응집성을 개발해야 하는 중요한 이유는, 집단의 규준이 당신의 학습 목표를 지지하는 경우에만 결합력 있는 집단구성이 가능하다는 것이다. 학업 성적과 생산적 행동을 지원하는 규준을 만드는 동안 만일 당신이 긍정적인 집단 감각을 확립하는 것에서부터 1년을 시작할 수 있다면, 학년은 더 즐거울 것이고 생산적일 것이다.

초등학교에서의 활동

행복한 학급 만들기

학급의 긍정적인 자질에 집중하는 것은 전체 학년도 동안의 분위기를 결정한다. 학년 초에, 학급을 행복한 장소로 만들기 위해 할 수 있는 일을 항목화하도록 학생들에게 요청해라. 학생들이 상호 작용하는 방법, 즐거운 학급에 대한 아이디어 등을 기술해 보도록 권해라. 큰 종이에 학생의 생각을 쓰고 게시해라. 매 월, 그들이 차트 위에 적은 생각과 일치하게 행동하고 있는지 학생들에게 물어보고, 그것이 여전히 유효한지 각 항목을 평가해 보아라. 새로운 생각은 언제라도 추가할 수 있다.

우리 반 환경조성 활동

편안한 학급 환경을 만드는 것은 학생의 동기 부여를 강화할 수 있고, 적성과 능력의 감각을 늘리는 기회를 제공할 수 있다. 가능할 때마다 학생을 학급의사결정에 포함하는 것은 바람직하다. 그들에게 학급의 기초적인 평면도를 주어라. 그리고 매끄러운 학급 이동을 용이하게 할 수 있는 방법으로 책상과 다른 이동할 수 있는 교구도 그려보도록 요청해라. 학생들과 함께 가장 편안한 평면도를 선택하고 교구를 배열해라. 학급 정돈에 대해 학생에게 책임을 부여하는 것에 의해, 우리는 그들의 판단에 대한 우리 경의를 보여줄 수 있고 그들은 중요성, 적성과 능력과 감각을 얻는다.

학생들은 또한 학급을 장식하는 활동을 할 수 있다. 그들이 게시판 환경구성을 디자인하고, 학급에서 재배하고픈 식물 종류를 결정하도록 권해라. 학급환경구성에 학생을 참여시키는 것은 집단 감각을 강화시키고, 더 높은 동기를 부여한다.

우리 반 애칭 만들기

학년 초, 대부분의 학생들은 들떠있고 동기화 되어있다. 교사는 학생들 사이의 끊기 어려운 정을 만드는 학급 정신을 확립하는 것에 이러한 상태를 이용할 수 있다. 일 년간의 많은 활동은 학급 정신에 관련되어 포함될 수 있다.

학급 정신을 만들기 위해, 교사와 학생이 목록을 공식화하고 만들고 싶어 하는 집단 독자성의 종류를 논의한다. 목록은 학급 애완동물, 이름, 꽃, 곤충, 노래, 기, 색, 구호, 게임, 만화 캐릭터, 스포츠, 새와 시를 포함할 수도 있다. 제안은 환영받고, 결국 학생들은 각 카테고리에서의 선택을 결정하기 위해 투표한다. 학급 정신이 갖추어 졌을 때, 그것은 학급에서 눈에 띄는 장소에 자랑스럽게 게시된다.

일 년 내내 가능할 때마다 학급 정신을 사용하여 활동을 강화하는 것은 매우 중요하다.

예를 들면, 부모님에게 학급 소식을 보낼 때, 우리는 몇 개의 학급 기호를 학급 색깔의 편지지에 복사할 수도 있다. 유사하게, 주말의 특별한 스포츠 경기 전에 학급 노래나 학급 구호를 하는 것은 학급 정신을 강화한다.

우리 반 애완동물 기르기

다음의 활동은 우리 딸의 다양한 4~5학년 복식 학급을 담당한 첫 해의 경험들이다.

> 우리 학교의 각 학급은 이름이 있는데, 우리 반은 개구리 습지이다. 이것이 우리 학급명이었던 이유로, 나는 학급 애완 동물을 가지는 것이 적당하다고 생각했다. 우리 학급은 알레르기 때문에 살아있는 동물을 키우지는 못했다. 나는 우리 학급을 위해 개구리를 샀다. 학생들이 투표했고 프레디로 이름을 결정했다. 매주 금요일 내가 양동이에서 이름이 적힌 아이스캔디 막대기를 꺼내면, 그 이름의 학생이 프레디를 집으로 가져갈 수 있다. 그 학생은 검정바인더를 가져가 프레디와 함께 한 주말동안의 모험을 기록할 것이다. 나는 창조적으로 써 보도록 권했다. 이것은 학생들이 글쓰기에 흥미를 가지고 즐겁게 참여하도록 하는 내가 만든 비위협적인 방법이다. 쓰기에 자신이 없는 학생은 쓴 것을 읽는 대신, 다음 월요일 프레디를 학급으로 다시 데리고 와서는 지난 주말 동안의 일들을 학급에서 말해도 좋다고 했다. 학생들은 다른 학생이 한 일을 듣는 것을 좋아했고, 학년 말에 그들은 학급 친구들의 모험담이 담긴 책을 가지게 되었다.

우리 반 역사 신문만들기

학생들이 응집하는 집단을 형성하도록 돕는 효과적인 활동은 학급의 역사신문이나 역사책을 만드는 것이다. 이 아이디어를 가을에 제시하면, 학생들은 항상 학급 역사신문을 만드는 것에 전적으로 찬성한다.

4학년에서 6학년 학생들을 대상으로 교사 혹은 동료와 함께 기사를 쓰도록 선택하여, 모든 학생들이 아이디어를 산출하도록 격려된다. 매월, 역사신문을 쓰는 사람은 어떤 사건, 집합, 새로운 단원, 등등 그들이 학급 역사신문에 써넣고 싶은 것을 골라서 결정한다. 역사가들은 그때 쓰기 과제를 할당받는다. 학년말에, 학생들은 그해의 사건을 수집한다. 이 사건 외에, 학급 역사는 학생들에 의해 쓰여진 시, 주소록, 사인, 그해에 대한 생각 그리고 교사가 학생에게 쓴 편지 등을 포함할 수 있다. 학급 역사는 집단의 목적성과 합치성을 창출하도록 돕고 각 학생에게 기억에 남을만한 보물이다.

우리 반 앨범

특별한 사건이 일어날 때마다, 사진을 찍어둔다. 학생들이 카메라를 사용하는 것을 배워서 능동적으로 참여할 수 있다. 사진을 찍는 것은 문장을 쓰는 것과 병행될 수 있고 게시판에 새로운 사건의 사진과 설명이 대체될 때까지 보존된다. 낡은 매체는 학급 사진 앨범에 보관될 수 있으며 활자 매체는 학급 역사로 합쳐질 수 있다.

사진 앨범은 예정된 부모 회의나 부모가 학교를 방문했을 때 보여줄 수 있다. 부모들은 특별한 학교 활동에 참여한 아이들의 모습을 보는 것을 좋아한다. 이러한 공유는 아동의 학교 경험에 대한 부모의 흥미를 강화하고 교사와 학교에 대한 부모의 지지를 증가시킨다. 특히 아동의 좋은 사진이 있으면, 교사는 복사해서 짧은 기록과 함께 부모에게 보낼 수 있다. 부모는 이 사려깊은 행동에 감사하고 학급에서 아동들이 자랑스러움과 협동심을 기르도록 돕는 학급 경험에 관심을 높인다.

하루에 많은 순간이 남아있을 때, 학급 사진 앨범에 사진을 보는 특별한 사건을 회상하는 것을 즐겁다. 이것은 학급에 대하여 정체감을 갖게 하고 긍정적인 느낌을 가지도록 강화하는 효과적인 수단이다.

Openning and closing questions 일과 전후 안부 묻기

학생들은 매우 많은 감정과 요구를 가지고 학교에 도착한다. 한 학생은 화가 나서 왔는데 왜냐하면 부모나 혹은 형제들과 싸웠거나 아침을 못 먹었기 때문이고, 다른 학생은 행복한데 왜냐하면 그의 생일이기 때문이다. 종종 집에서 학교로 오는 것은 학생들에게 힘들다. 그래서 학생들에게 매일 시작할 무렵 그들에게 중요한 사건을 말하도록 하는 것은 중요하다.

학생들은 순서대로 요구받는다. 그때 교사는 어떤 개인적 요구 혹은 말하기를 원하는 것이 있는지를 물어야 한다. 발이 부러진 학생은 점심을 가져다 주기를 원하겠지만, 자신의 개가 죽은 학생은 돌보고 이해받기를 원할 것이다. 교사들은 또한 피곤하거나 기분이 좋지 않을 때, 학생들이 조용하게 일과를 돕기를 바랄 수 있다. 학생들이 친절하게 대접받고 그들의 요구가 받아들여지고 존중된다면, 그들은 여러분의 요구와 희망대로 반응할 것이다.

집단으로 그들이 요구를 말하는 것이 불편한 학생을 위해, 선택적인 활동은 요구를 써서 박스나 가방에 넣게 하는 것이다. 여러분은 일과 동안에 박스에 요구기록을 넣은 학생이 있는지를 수차례 확인할 수 있다.

일과의 끝 무렵은 일과동안 일어난 어떤 문제를 마감하는 중요한 시간이다. "오늘 무엇을 배웠니?", "하루를 어떻게 느꼈니?", "오늘 무엇을 좋아하고 싫어했니?"등과 같은 질문은 종종 심각한 토론을 이끌어낸다. 이러한 회기는 적어도 10분은 되어야 유용하다. 일과의 끝부분에 시간을 가지는 것은 학생들에게 그들이 무엇을 성취했는지를 확인하도록 격려하며 또한 일과가 긍정적인 기록으로 끝나는지를 확신시키도록 도울 것이다.

우리 반만의 특별한 날 행사

특정한 날을 계획하는 것은 학생이 집단 정체감을 강화하는 동안 환경에 영향을 주도록 만든다. 특별한 날은 모든 사람이 같은 색깔의 옷을 입는 날, 좋아하는 단추있는 옷 입는 날, 1950년대 학생들이 입었던 옷 입는 날, 좋아하는 모자를 쓰는 날 등등을 포함할 수 있다. 여러분은 그 날의 제목과 관련된 다양한 주제로 특별한 날을 만들 수 있다. 평균 타율을 해결하기 위한 수학문제는 유니폼입는 날에 포함될 수 있고, 초기 락큰롤 시기의 유명한 가수의 음악은 음악 시간에 들을 수 있으며, 혹은 학생들은 모자의 날에 모자를 포함하는 이야기를 읽을 수 있다.

Service Projects 서비스 프로젝트

학생들은 일상적인 문제를 해결하거나 다른 사람을 돕는 것에서 공동체 정신을 가질 수 있다. 집단 역동에 관한 첫 번째 실험중의 하나는, 1958년에 이루어진 셔리프(Sherif)의 고전적인 실험이었는데, 갈등을 가진 학생 집단이 문제를 해결하기 위한 일상적인 요구를 경험할 때 합쳐지게 되는 것을 보여주었다. 유사하게, 학교를 아름답게 하기 위해 일하거나, 문제를 해결하거나 공동체에서 도움을 제공하는, 보다 어린 학생들에게 멘토가 되는 학급은, 거의 대부분 보다 친밀한 관계를 개발할 것이다.

중등학교의 학급 활동

중등 학교 학생들은 한 학급에서 시간을 덜 보내기 때문에, 대부분의 중등학교 교사들은 집단 응집성을 강화하기 위한 실천 활동을 비교적 적게 선택하는 편이다. 대신 협동학습과 같은 교수 활동과 관련된 집단 응집성 활동들은 학습과정에서 긍정적인 또래 관계와 능동적인 참여를 만드는 것을 강조한다. 연구자는 중등학교 학생들이 지지하는 집단 구성원으로서 활동하는 기술을 개발하는 것을 돕는 몇 가지 활동과 과정을 발견했다.

그림 4.4 5가지 정사각형 게임 친구 이름 알기 Know Your Classmate

퍼즐 준비

퍼즐 세트는 6인치 평방으로 딱딱한 종이를 잘라 만든 5개의 봉투로 구성되어있다. 정사각형을 부분으로 잘라서 a부터 j까지 연필로 살짝 써 놓는다. 그리고 나서 A부터 E까지의 봉투에 다음과 같이 조각을 분배한다:

봉투 A - j, h, e

B - a, a, a, c

C - a, i

D - d, f

E - g, b, f, a

조각의 소문자를 지우고 A에서 E까지의 봉투 글자를 써서, 조각이 쉽게 다시 사용될 수 있도록 한다.

학생을 위한 사용법 소개

각자 정사각형을 이루는 조각을 포함한 봉투를 가진다. 신호에 의해, 집단 과제는 같은 크기의 5개의 정사각형을 만드는 것이다. 과제는 모든 사람이 완전하게 정사각형을 만들고 모든 사각형이 같은 크기일 때까지는 완성된 것이 아니다. 여기에는 다음과 같은 규칙이 있다 : (1) 아무도 말하지 않는다, (2) 아무도 그 혹은 그녀가 원하는 카드 방식으로 신호를 주어서는 안된다. 그리고 (3) 구성원은 다른 사람에게 카드를 줄 수 있다.

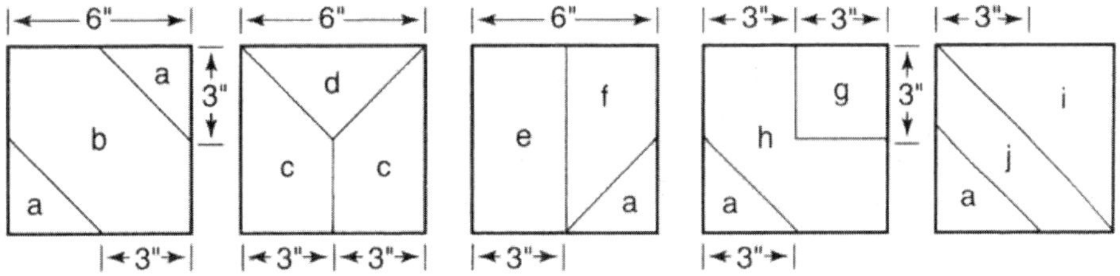

5가지 정사각형

5가지 정사각형 활동은 학생들이 목표에 도달하기 위해 협동하고, 그에따라 체계적으로 집단의 노력을 용이하게 하거나 방해하는 행동을 토론하는 것을 포함한다. 그림 4.4에서 나타나듯이, 학생들은 5개의 집단으로 놓여지고, 각 집단은 각 그룹의 구성원이 같은-크기의 정사각형을 가질때까지 퍼즐 조각을 통과시키는 과제에 주어진다. 그들의 과제를 완성한 학생은 조용하게 집단이 작업하는 것을 관찰할 수 있다. 결국, 하나 혹은 그 이상의 집단이 과제를 완성하는데 어렵다면, 이 집단의 구성원들은 손을 들어서, 그들이 과제를 완성한 집단의 학생에게 놓아야 할 것에 대한 신호를 얻을 수 있다. 그때 학생은 집단이 작업하는데 합쳐져서 규칙을 계속 지켜야 한다. 패턴을 잡아줄것으로 보이는 새로운 구성원의 추가는 대개 신속한 과제의 완성을 촉진할 것이다.

모든 집단이 과제를 완성했을 때, 여러분은 집단의 활동에 대한 토의에 학생을 포함시킬 수있다. 칠판이나 종이에 칸을 나누어 "과제 완성을 촉진하는 행동"과 "집단의 행동을 방해하는 행동"으로 이름붙여라. 그리고 나서 학생들에게, 이름을 언급하지 말고, 그들의 과제를 완성하게 위해 도움이 된 행동을 쓰게 하라. 다음에, 학생들은 그들 집단에 방해가 된 행동을 열거할 수 있다. 그리고 나서 집단 행동에 관련된 토의를 이끌어라. 흥미롭게도, 이 행동은 효과적인 학습 환경을 만드는 것과 관련된 증가되는 요소를 강조할 것이다. 예를 들면, 최근 행동을 사용하여, 연구자 학급의 학생이 다른 학생이 그의 집단을 보기 시작할 때 상당히 흥분되는 것을 경험한다고 말했다. 이 논평은 학습에서의 흥분의 장단점에 대한 생산적인 토의와 학급에서 어떻게 분노를 통제할 수 있는지에 대한 깊은 토의를 이끌어낸다.

이 활동이 비록 수업시간에 요구되는 것이지만, 연구자와 연구자와 함께 일한 12명의 중등교사들은 학생이 집단이 어떻게 작용하는가를 이해하는 것과 중대한 시간이 걸리더라도 집단활동에 모든 사람이 참여하는 가치에 대해 감사하는 것에 대한 관점에서 이로움을 발견했다.

집단에 기여하기

청소년 쓰기와 미국 문학을 가르치는 교사는 최근 집단 응집성의 활동을 통합하는 기술을 공유했다. 학교 첫 해에, 그녀는 전체로서 학급에 개인이 기여하는 방법으로서 브레인스토밍의 방법을 썼다. 브레인스토밍에는 다음 문장을 포함할 수 있다:

유머 늘리기
주의깊고 조용하게 듣기
수용적 관찰하기
개인 경험에 공헌하기
토의되는 주제로 집단을 돌려놓기
논점을 확실하게 하기 위해 질문하기
요약하기
질문하기
사이좋게 지내도록 돕기

이 방법들은 학급에 기여하는 데에 얼마나 많은 방법이 있는지와 학생들의 기여가 어떻게 틀린지에 대한 토의를 자극하기 위해 사용된다. 약 1주후에, 그녀는 각 조각에 학생의 이름을 쓴 종이 조각을 돌렸다. 학급의 학생들은 한 조각을 받고 조각위에 학급에서 한 기여에 대하여 긍정적인 논평을 쓰도록 요구받았다. 이 조각은 제출되었고, 학생들은 그들 중 일부를 읽기 위해 자원했다.

탑 세우기Tower Building

학급의 집단을 넷 혹은 다섯으로 나누어라. 각 집단에 한 벌의 카드를 주고 일부를 반창고로 붙여라(여러분은 또한 짚이나 종이 클립을 사용할 수 있다). 학생들에게 10분을 주고 가장 높은 탑을 만들라고 말하라. 5가지 정사각형 활동처럼, 팀이 활동을 완성한 후에, 각 팀에게(이긴 팀으로 시작해서 가장 낮은 탑을 쌓은 팀까지 계속해서) 그들의 작업을 용이하게 하는 한가지 요소를 설명하도록 해라. 다음에, 반대되는 과정으로 각 팀에게, 가장 낮은 구조를 쌓은 팀부터 시작해서, 집단의 효율성을 막았던 일을 한 가지 열거하게 하라. 끝으로, 집단 활동에서 배운 것과 학급에서 그들의 노력에 적용할 수 있는 방법을 토의시키고 요약하게 하라.

바꾸어말하기 Paraphrasing Passport

응집성을 키우는 중요한 요소는 집단의 모든 구성원들에게 학문적 학습에 참여하도록 하는 것이다. 많은 학급에서 상대적으로 소수의 학생들만이 답을 안다. 게다가, 학생들이 말하는 동안, 다른 학생들은 또래가 말하는 것을 사려깊게 듣기보다는 그들이 말하기 원하는 것을 계속 생각한다. 학생들이 또래의 말을 효과적으로 듣는 것을 돕는 한가지 방법은 우리가 "바꾸어 말해야 얻는 입장권"라고 부르는 절차를 주기적으로 실천하는 것이다. 이 절차에서, 반응을 나타내기 전에, 개인은 먼저 이전에 들은 문장을 우선 바꾸어 말해야 한다. 우리는 이것이 학생들이 주의깊게 그들의 또래의 말에 경청하는 정도를 증가시키는 것을 발견했다.

집단 의사 결정 Group Decision Making

집단 응집성은 학생들이 학급의 구조적 요소나 문제에 대하여 의사 결정을 공유하는 것을 포함한다. 교사들은 학생들과 떠오르는 문제를 해결하기 위해 노력해야 한다. 최근에, 친구는 그가 일하는 중등 영어 수업시간에 학생들이 리포트를 늦게 내는 문제를 해결하려고 노력중이라고 말했다. 교사는 학생의 절반이 파트 타임으로 일하며 몇몇 교사는 같은 날에 큰 프로젝트를 요구하고 있다고 말했다. 교사와 학생들은 각 학생의 숙제에 관련된 지정 날짜를 수집하고 학급의 모든 학생들이 인정하는 지정 날짜를 만들었다.

기초 집단 만들기

[Building Community in Schools]라는 책에서, 타머스 쎄르지오바니(Thomas Sergiovanni)

"다친 친구들을 데리고 왔어요."

는 학교장면에서 "주요-집단 관계망"의 형태를 만드는 것의 중요성에 대해 논했다. [The Quility School]에서, 윌리엄 글래써(Willam Glasser)는 주장하기를, 초등학교 후에, 모든 학생의 절반 이상이 학교에서 학생들과 잘 지내는 것은 아니라고 말했다. 오늘날 많은 젊은이들에게 공동체 경험의 부족과 이러한 젊은이들이 종종 폭력집단에서 공동체 의식을 추구한다는 사실은, 학교가 학급에서 긍정적이고, 지지하는 또래 관계를 만드는 방법을 고려하는 것이 결정적이라는 것을 나타낸다.

연구자가 특히 도움이 된다고 생각하는 방법은 기본 집단의 형성이다. 기본집단이란 한 주기 혹은 일 년 동안 각 개인을 지지하는 네 명의 학생이 한 집단이 되는 것을 말한다. 기본집단이 오랫동안 지속되기 때문에, 많은 교사들은 학생들이 집단을 구성하는데 필요한 시간을 주는 것이 가치가 있다는 것을 알았다. 이것은 학생들에게 질문을 해서 그들이 함께 집단을 만들기 위한 서너 명의 학생을 열거하도록 하고 그들이 함께 공부하고 싶지 않은 한명을 고르는 것이다. 비록 시간은 더 걸리지만 이러한 정보가 사용될 때, 집단은 더 많은 기능을 더 부드럽게 하며 최초 투자에 더 가치가 있는 것으로 보인다.

집단은 구체적 코스 프로젝트에 함께 노력하는 협동적인 집단이 되기 위한 것은 아니다. 대신, 집단은 일주일에 5분 내지 15분을 몇번 만나서 모든 사람이 내용을 다 했는지와 과정을 검사해야한다. 누군가 결석했다면, 기본집단의 구성원은 숙제를 모아서 결석한 학생을 도울 준비를 해야 한다. 학생이 며칠간 결석한다면, 기본집단은 전화해서 보고 싶고 도움이 필요한지를 말한다. 기본집단의 멤버가 내용을 어려워한다면, 집단은 학생이 튜터에게 배울 수 있도록 해야 한다. 이것은 기본 집단 회기를 길게 할 수도 동시에 학생을 재배열할 수도 있다. 학생이 도움에 반응하지 못하거나 학급에서 좋은 노력을 만들지 못한다면, 기본 집단은 교사의 도움을 요청할 수 있다.

기본 집단은 또한 숙제를 확인하기 위해, 모든 사람이 시험이나 주요 과제에 앞서 적절한 기록이나 매체를 가시도록 돕기 위해 사용될 수 있다. 기본 집단은 적이도 학급에서 세 명이 각각 관심을 가지는 장면을 제공한다. 이것은 학생이 학급에서 알고 가치를 매기는 감정을 만드는 데 도움이 되는데-다수의 학생에게 학습을 위한 주요 필수조건이다.

기본 집단을 사용하는 것에 앞서, 교사가 먼저 분명하게 집단의 역할을 정하고 학생들이 서로 알도록 돕는 것이 중요하다. 두 번째, 교사는 먼저 기본 집단을 위한 몇 가지 구조를 제공해야 한다. 예를 들면, 기본 집단의 구성원은 모든 사람이 과제를 이해했는지 적절한 과정을 밟고 있는지를 확인하기 위해 각 학생 숙제를 검사하거나 각 학생의 활동 학습지나 포트폴리오를 검사하도록 요구받는다. 기본 집단은 특히 장-의존적 학습자와 학급의 새로운 학생에게 유용하지만, 그들은 모든 학생들이 팀으로서 노력하며 감정이입과 의사소통 기술을 개발하는 것을 배우도록 돕는다.

잠시 멈추고 4.4	잠시 멈추고 여러분이 학생들의 집단 응집성을 높이기 위해 사용할 수 있는 활동들의 목록을 나열하라. 여러분이 좋아하는 활동에 집중하라. 다음으로, 여러분이 가르치거나 관찰하고 있는 학년과 유사한 학년 수준의 학생들을 가르치는 동료나 급우 서너명과 집단을 만나서 여러분이 좋아하는 활동을 이야기 나누어라. 이 과제를 완성한 집단이 몇몇 있다면, 보다 큰 집단을 이루어서 좋아하는 활동을 공유하여라.

다양한 연결 패턴을 강화하는 활동

여러분은 모든 사람이 각 집단 구성원과 편안하고 즐거운 집단에 참여한 적이 있을 것이다. 그것이 가족, 학교 직원, 종교 집단 혹은 친한 친구 모임 등일지라도, 여러분은 이 집단과 함께하길 고대하고 그 집단이 개인적이며 지적인 성장을 지지한다는 것을 발견할 것이다. 이 경험을 서로 배타적인 집단과 개인적인 성향의 모임에서 일한 것과 비교하라. 그러한 집단에서 일하는 불운을 체험한 사람은, 그곳이 창의성, 모험, 생산성 등을 거의 지지하지 않는다는 것을 알게 될 것이다.

학생들은 성인과 유사해서 따스함과 우정을 제공하는 환경에서 더 행복하고 더 생산적이다. 루이스(Lewis)와 세인트 존(St. John)은 높은 성취를 보이는 학생의 현재가 본질적인 것은 아니며 낮은 성취를 보여주는 학생들 중에서 성취를 증가시키는게 충분하다는 것을 나타냈다. 학생들은 그들이 또래에 의해 존중을 받는다고 믿을 때, 그들은 존재감, 소속감, 안전감, 그리고 다른 사람의 존경 등을 경험한다. 이러한 기본적인 개인적 요구가 성취되지 않는다면, 학생들은 학습에 사용할 에너지를 적게 갖게 될 것이다.

이 부분에서 제시된 활동들은 학급에서 모든 학생들이 좋아하고 또래에 의해 수용될 것 같은 분위기를 증가시킨다. 학교에서 초기에 이러한 활동들의 일부를 사용하는 것은 중요하지만, 우리는 학교생활 전체를 통하여 이와 같은 활동을 사용하는 것에 긍정적인 또래 상호작용을 강화해야 한다. 학생들이 더 잘 알고 집단 응집성을 만들도록 돕기 위한 활동과 관련하여, 초등학교와 중학교 교사들은 이 장에서 설명된 구체적 활동들을 사용하기가 쉬울 것이다.

Good Deeds Tree 선행 나무

게시판에 커다란 종이 나무나 가지를 만든다. 학생들에게 사람들이 좋은 말과 행동에 특별한 관심을 가지도록 요구하라. 친구들이 선행하는 것을 볼 때마다, 학생들에게 일어난 일을 써서 녹색 종이로 잎을 만들어서 나무에 핀으로 꽂도록 시킨다. 최종적으로 나무가 잎으로 가득차고 행복한 아이들로 가득한 공간이 될 것이다.

이러한 행동을 다양화시킨다면 할로윈에 호박 조각안에 호박이나 성패트릭의 날(3월 17일, 아일랜드의 수호 성인을 기념) 즈음에 토끼풀을 사용하여 만들 수 있을 것이다.

차트와 책

다음은 우리 딸이 초임교사 시절의 수업을 이야기한 방법과 관련한 것이다.

> 학년 초에 나는 각 학생들에게 수업할 목록을 복사하여 한 장씩 나누어주었다. 나는 그리고 나서 각 목록에 번호를 썼다. 1주일에 여러 번 쓰기 수업을 하면서 한 학생에 관한 칭찬 내용을 쓰게 했고, 학년말에 우리는 아동의 책을 묶어서 학생들이 자신에 대한 기록한 글자가 담긴 책을 집으로 가져가도록 했다.
>
> 우리는 이번 학년도에 대한 존경, 칭찬, 그리고 방법에 대해 많이 이야기했다. 나는 학생들에게 학문적 기술뿐 아니라 인생 기술도 가르치는 것이 중요하다고 믿는다. 칭찬 차트는 학급에서 학생들이 배운 것을 얼마나 연습했는가를 강화하는 한 방법이다. 우선 우리는 칭찬이 무엇과 같고 무엇처럼 여겨지는가 이야기하고, 여러번 만들어서 회상하기 위해 게시판에 그것을 붙였다. 다른 선생님이 우리 학급을 칭찬하면, 우리는 그것을 차트에 붙였다. 우리의 학급이 부적절한 행동에 대해 토의해야 한다면, 학급은 축하를 하기 위한 부가된 칭찬을 더해야만 했다. 우리가 계획된 수에 도달했을 때, 나는 그들에게 우리 학교가 긍정적인 학습 환경이 되도록 돕고 존경하기 위한 그들의 노력을 축하하기 위한 작은 파티를 열었다.

Wanted Posters 현상 포스터

따스하고 우정있는 분위기를 만들도록 돕는 다른 활동은 현상 포스터를 만드는 것이다.

학생들에게 보소시 한 상을 주고, 옛날 서부 포스터처럼 보이도록 어른이 모시리를 불대운다. 학생들은 현상수배WANTED라는 단어를 프린트해서 종이에 붙인다. 다음으로, 학생은 자신의 사진을 중앙에 붙이고 사진 아래에 "친구를 찾습니다 왜냐하면..."이라는 문구를 쓴다. 각 학생은 사진 주변에 좋은 친구에 관한 수준을 나타내는 단어를 쓴다. 두껍거나 갈색 공작 종이 조각은 후원이나 지지로서 사용될 수 있다. 우정에 대한 토의와 포스터에 대한 이야기를 나누는 기회가 이 활동에 이어져야만 한다.

칭찬 보푸라기 만들기

사람들은 칭찬받기를 좋아한다. 모든 사람은 따뜻한 미소, 신체적 접촉, 혹은 친절한 말과 같은 형태로 긍정적인 주목과 인식으로 받아들이기를 좋아한다. 불행하게, 아동들은 종종 자주 칭찬과 웃음보다 비평과 찡그림을 받는다. 이 상황에 대한 반응으로, 클로드 슈타이너(Claude Steiner)는 [The Original Warm Fuzzy Tale)라고 이름붙여진]아동 도서를 썼다. 이 가벼운 이야기는 모든 연령의 학생이 읽을 수 있다. 이야기를 읽은 후에, 여러분은 학생들이 따스한 이야기와 가시있는 이야기의 개념과, 그것들이 사람을 어떻게 느끼도록 만드는지에 대하여 분명하게 이해하도록 돕는 토론을 이끌어낼 수 있다. 이 토론에 이어, 학생들은 다른 사람들에게 따스한 이야기를 줄 수 있는 아이디어를 말할 것이다.

아동들이 급우들과 보다 긍정적이도록 학습하도록 돕는 한가지 접근은 보푸라기 이야기를 만드는 것이다. 따스한 이야기는 한사람의 손가락을 몇번 실로 감는 것으로 만들어진다. 감아진 실은 그때 중간에 조여져서 끝에는 잘라지게 된다. 그때 끝에는 솜털이 일며 보푸라기 이야기가 만들어지게 된다. 학생들이 따스한 이야기를 만든후에, 그들은 따스한 이야기에 가치를 매기는 이유를 생각하도록 요구받는다. 학생들은 그들의 이유를 공유하도록 격려받는다. 각 학생들은 그리고 나서 그의 첫 번째 보푸라기를 유지한다. 학급은 각 아동이 다섯 가지에서 열가지 보푸라기를 만들 때까지 보푸라기를 계속 만들어야 한다. 이 활동을 맺기 위해, 학생들에게 친구에게 보푸라기를 주도록 요구하라. 따스함을 줄 때, 학생들은 그것이 주는 이유를 말해야 한다. 심지어 교사가 매일 보푸라기를 전해 받는 시간을 주변으로 선택할지라도, 학생들은 역시 그들이 바랄 때마다 보푸라기를 주도록 격려 받아야 한다.

발렌타인 소책자

긍정적인 감정을 공유하도록 강화하는 또 다른 활동은 발렌타인 소책자를 만드는 것이다. 각 아동들은 발렌타인 소책자를 하트 모양으로 잘라서 자신의 이름을 써 넣는다. 전면과 후면은 커버는 빨간 하트이고, 내부 페이지는 흰 하트이다. 학급의 구성원만큼 흰 페이지가 있어야 한다(교사를 포함하여). 소책자는 각 하트를 뚫어서 실로 페이지를 묶는 것으로 만들어진다.

학생들은 둥그렇게 앉아서 그들의 무릎위에 발렌타인 소책자를 놓는다. 그들의 책을 오른쪽에 있는 사람에게 전달하도록 시킨다. 학생들은 그때 그들이 받은 소책자의 사람에 대하여 좋은 문구를 쓴다. 여러분 혹은 게시원이 각 아동이 끝나는 것을 보고, "오른쪽으로 돌리세요"라고 다시 말한다. 이 활동은 모두가 자신의 소책자를 다시 받을 때까지 계속된다. 이 활동을 완성하기까지 한 시간 가량 소요되지만, 결과는 시간을 소비할 가치가 있다. 학생들은 이 활동을 즐기며 종종 그들이 감정을 올릴 필요가 있을 때 그들의 소책자를 통하여 읽는다.

이 활동은 여러 가지 특별한 날과 관련되어 사용될 수 있다. 토끼풀 책은 성 패트릭의 날에, 바깥에 "나는 스카트를 알게 되어 행운입니다 왜냐하면..."과 문구를 써서 사용할 수 있다. 유사하게, 소책자는 추수감사절에 감사하는 것과 관련된 주제를 위해 개발될 수 있으며, 각 학생들이 소유한 특수한 수준은 유명한 사람의 생일을 축하하기 위한 휴일에 관한 주제로서 사용될 수 있다.

비밀 친구 책 만들기

비밀-친구 책만들기 활동은 긍정적인 의사소통을 증가시키기 위한 전략이다. 월요일에, 각 아동은 다른 학생의 이름을 뽑는다. 한 주동안, 학생들은 그들의 비밀 친구가 한 착한 일을 관찰하고 비밀-친구 책에 적는다. 이러한 책은 색칠된 공작 종이 커버와 흰 종이로 만들어질 수 있다. 학생들은 그림을 그리고, 비밀친구에 대한 긍정적인 형용사를 쓰거나 혹은 아동의 이름으로 시작하는 단어를 써서(예를 들면, 브라이언Brian : B=brave(용감한), R=responsible(책임감있는), I=interesting(흥미있는), A=athletic(운동을 잘하는), N=neat(단정한)) 책을 장식하도록 격려받는다. 금요일에, 학생들은 그들의 비밀친구를 공개하고 책을 전달한다. 학생들은 이 활동을 매우 즐기며 항상 다음 비밀 친구가 누구일지에 대하여 고대한다.

일주일간 비밀 친구 책 만들기에서 하루간의 변화는 아동들이 그들의 이름을 "비밀-친구의 웃는 얼굴"위에 쓰게 하는 것이다. 이 얼굴은 바구니에 넣어지고 각 아동은 꺼내어서, 그것이 그 혹은 그녀의 이름인지를 확인하게끔 한다. 하루 동안, 각 아동은 비밀친구를 관찰하고 비밀 친구가 한 것이 두 세 번 친절한 것인지 도움이 되는 일인지를 쓰게 한다. 일과가 끝날 무렵, 비밀 친구는 공개되고 웃는 얼굴은 집으로 보내진다.

나에 대한 소개 책자

각 아동은 색종이로 대문자 I를 8개 오린다. 학생들은 첫 번째 I를 자른 색종이에 그들의 이름을 사용하여 커버를 장식하기 위해 사용한다. 책의 첫 번째 페이지에, 아동들은 그들의 이름위에 가능한 비상식적인 방법으로 쓰게한다. 두 번째 페이지에, 학생들은 좋아하는 것을 나타내는데, 예를 들면, 음식, 장난감, 색깔, 친구, TV쇼 등등이다. 세 번째 페이지에, 학생들은 그들의 오감과 관련하여 경험하고 싶어하는 물건의 그림을 그린다. 네 번째 4페이지에, 학생들은 계절과 다양한 계절의 주말에 하고 싶은 일을 생각한다. 그들은 그림을 오리거나 각 계절에 좋아하는 활동을 그린다. 다음 페이지는 그들의 가족, 집, 특별한 친구, 애완동물, 그리고 캠핑과 같은 가족들과 즐기고 싶은 특별한 일의 그림에 몰두한다. 6번째 페이지에, I는 밤과 낮을 나타내는, 검정과 흰색으로 나누어야 한다. 학생들은 그들이 낮동안에 하는 일과 저녁에 하는 일을 그린다. 7번째 페이지는 학생들에 대한 사실, 나이, 키, 주소, 형제자매 혹은 애완동물 등에 초점을 둔다. 마지막 페이지에, 학생들은 그들에 대한 시를 쓰고, 그들을 묘사할 수 있는 긍정적인 단어를 열거하거나 자신에 대한 이야기를 쓴다. I에 관한 모든 페이지가 완성되면, 그들은 하나의 I-소책자 형태로 모이게 된다. 이 소책자는 급우들과 이야기 되어야 한다. 무제한적인 주제가 이러한 소책자형태로 만들어질 수 있으며, 여러분은 학년수준에 따라 주제를 조절해야 한다. 초등학생을 위해, 여러분은 청바지를 입었지만 머리 혹은 눈색깔이 없는 사람을 코팅하여 제시한다. 각 주에 학생들의 이름이 선택되고 아동은 코팅된 모습위에 눈과 머리카락을 색칠한다. 선택된 아동은 청바지 높이, 무게, 좋아하는 색깔, 좋아하는 음식, 전화번호, 주소, 혹은 친구 등으로 이름붙여진 조각을 덧붙이며, 가리키는 정보를 조각에 채울 수 있다.

긍정적인 충격

긍정적인 자아-개념은 신뢰하고 안전한 분위기에서 유지되고 강화된다. 이러한 환경이 제시될 때, 긍정적인 충격은 효과적으로 사용될 수 있다. 이 활동은 다양한 방법으로 실천될 수 있다. 먼저 아동들이 원으로 의자에 앉는다. 학생들은 차례로 그들이 충격을 주는 사람을 좋아하거나 존경하는 이유를 말한다. 한번 학생이 이 활동에 친숙해져서 구체적이고, 긍정적인 피드백을 주는 방법을 배우고 나면, 긍정적인 충격은 작은 집단에서 일어날 수 있다. 학생들은 이제 활동에 대한 더 큰 책임감을 상상할 수 있으며, 보다 많은 아동이 보다 짧은 시간에 참여하게 된다.

다른 대안은 나는 정말 행복하다고 느낍니다 당신이 이럴 때...혹은 당신은 정말 좋은 친구입니다 왜냐하면...과 같은 주제를 선택해서 긍정적인 충격을 주는 사람에게 말하는 것처럼 문장을 완성하도록 시킨다. 긍정적인 충격은 또한 학급 토론 혹은 학급 미팅의 끝부분에 사용될 수 있다. 예를 들면, 학생들은 다른 편에 앉아있는 사람에게 한가지 좋은 진술을 하도록 요구받을 수 있다.

학생 명부 만들기

대개 모든 학생들은 그들이 확신을 갖는 것에 대한 특별한 흥미와 능력을 가지고 있다. 학생이 학급에서 편안함을 느낄 때, 그들은 또래와 전문적인 의견을 나누는 것에 대하여 흥분될 것이다. 학생 주도적인 분위기를 만드는 것은 학생들이 그들의 힘을 알고 그들이 자원으로서 다른 사람에게 사용될 수 있도록 격려하는 것을 돕기 위해 만들어진 활동이다.

학생들은 그들이 다른 아동들에게 충분히 효과적으로 가르칠 수 있다고 믿는 활동이나 기술을 말하도록 요구받는다. 이 주제는 학교 교과에 제한되어서는 안된다. 그들은 농구 드리블, 스키 강하, 개를 훈련시키기, 모형 로켓발사, 삭감하고 빌리기, 책상 정리하기, 보고서 작성하기 혹은 서예 등과 같은 기술을 포함할 수 있다. 이 목록은 수집되고 표로 만들고, 각 기술뒤에 열거된 학생들의 이름의 알파벳 순서로 놓여진다. 학생 목록은 타자로 정서되고 각 학생들은 복사본을 받는다. 목록은 또한 학생들이 사용하도록 학급의 앞에 놓여진다. 목록은 주제와 관련한 도움을 필요로 하는 학생에게 유용한 도구가 될 수 있다. 학생들은 이 목록을 전문가에게 도움을 요청하는 기술을 개선하기 위한 방법으로서 사용할 것이다.

사회적 기술 훈련 프로그램

또래와 긍정적인 관계를 만들어서 고립되거나 공격적인 아동을 그들의 또래집단과 합쳐지도록 하는 인기있는 접근은 학급 전체와 사회적 기술과 문제 해결 훈련 활동을 실천하는 것을 포함한다. 가장 간단한 형태로, 사회적 기술 훈련은 이 책의 3,4장과 9장에서 설명된 여러 가지 기술로 학생들을 가르치는 것으로 성취될 수 있다. 예를 들면, 여러분은 I-메시지와 따스한 이야기를 보내는 것으로 아동들을 가르칠 수 있다. 학생들은 이러한 기술을 집단으로서 연습할 수 있고 일상의 학급 상호작용에서 자주 사용하도록 격려받는다. 유사하게, 우리는 능동적인 듣기(3장)와 문제-해결 기술(9장)을 가르칠 수 있다.

학급이나 학교-집단 장면에서 사회적 기술 훈련을 사용하는 것에는 몇가지 유리한 점이 있다. 우선, 젊은이들은 일반적으로 개인적인 일보다 상호작용하는 집단장면을 발견한다. 두 번째, 집단은 교사 혹은 상담가의 시간을 보다 좋게 만든다. 세 번째, 집단은 다양한 모형과 학생이 또래로부터 피드백을 받을 수 있는 기회를 제공한다. 네 번째, 집단은 학생이 서로 가르쳐서 자신의 사회적 능력을 용이하게 개발하도록 하는 기회를 제공한다.

끝부분에 기서 추천된 목록은 집단 사회적 기술 훈련을 위한 몇 가지 우수한 자료를 포함한다. 그러나 10장에서 제시되듯이, 일부 학생들이 그들이 경험하는 매우 구체적인 문제에 대응하여 개인적 사회 기술 훈련을 요구할 것이라는 것을 깨닫는 것은 중요하다.

학교 풍토

교사-학생과 또래 관계의 수준을 체계적으로 살피고 개선하기 위한 학급 분위기를 개선하는 것은 긍정적인 학생 행동과 성취를 증가시킬 것이다. 그러나 학생과 교사의 태도와 행동은 대개 학교에서 삶의 수준에 의해 영향을 받는다.

학급과 학교 분위기의 중요성은 존 굳래드(John Goodlad)에 의해 강조된다. 그와 동료들은 미국의 7지역 38개 학교를 연구했다. 연구는 1,016개의 학급을 집중적으로 관찰하는 것뿐 아니라, 38개교 교장, 1,350명의 교사, 8,624명의 부모, 그리고 17,163명의 학생을 면담했다. 이 연구의 결과를 분석하면서, 굳래드(Goodlad)는 학생 성취의 차이가 적다고 보고하면서 이러한 결과를 다음과 같이 요약했다.

나는 "건강하다", "만족한다", "새로워지고 있다"등과 같은 형용사를 사람들 사이의 상호작용의 수준과 그러한 상호작용이 일어나는 물리적이며 사회적인 맥락에 평균 이상으로 주의집중하는지 관찰하기 위해 사용했다...학교는 학문적인 분위기를 만드는 능력에 차이가 있지만, 이러한 차이는 가르치는 방법 자체보다 학교와 학급 요소에 더 관련된 것으로 나타난다.

보다 구체적으로, 웨이슨(Wayson)과 피넬(Pinnell)은 "훈육의 수준과 강한 관계를 가지는 학교의 여덟가지 모습"에 관한 그들의 주장을 지지하는 다양한 연구를 인용했다.

1. 의사소통, 문제해결, 그리고 의사결정의 패턴
2. 권위와 지위의 패턴
3. 규칙을 만들고 실천하는 절차
4. 학생 소속감
5. 부모와 공동체 힘과의 관계
6. 개인적 문제를 다루는 절차
7. 교육과정과 교수의 실제
8. 물리적 환경

[15,000 hours]에서 보고된, 12개의 런던 고등학교에 대한 연구에서, 루터, 모건, 모티머, 오스턴, 그리고 스미쓰(Rutter & Maughan & Mortimer & Ouston & Smith)는 이 분야에서

학교가 직면하는 긍정적인 학생 행동과 높은 성취와 관련하여 학교를 구별하는 학교전반 요소의 다양함을 보고했다. 유의미하게 학생들의 행동과 수행에 영향을 주는 학교 통제 내에서의 요소는 교사가 학문적 성취를 강조하는 정도를 포함하였다; 교사의 조직적, 교수적, 그리고 학급 운영적 기술; 학생 성취에 대한 높은 교사 기대; 언제든지 문제에 대한 학생을 살피려는 교사의 의지; 벌보다는 보상에 강조; 의사결정에 교사의 참여와 교사 기대와 행동에 연합된 일관성; 그리고 학교 내에서 책임감의 지위에의 학생 참여. 루터(Rutter)와 그의 연구자들은 "아동들은 개인으로서 대접받는 방식에 의해 영향받을 뿐 아니라 사회적 제도로서 학교의 기풍의 결과인 집단 영향도 받는다고 주장되는 결과의 패턴"으로 결론지었다.

웨이슨, 피넬, 그리고 루터(Wayson & Pinnell & Rutter)와 그의 동료들은 효과적인 중등학교의 생태학적인 분석으로 쓴 세 권의 책에서 역시 다음과 같은 내용을 보고하고 있다. [Successful Schools for Young Adolescents]에서 제시된 존 립시츠(John Lipsitz)의 4가지 높은 수준 중등학교; 새러 로렌스 라이트풋(Sarah Lawrence Lightfoot)의 6개의 고등학교에 관한 연구, [The Good High School]; 그리고 웰러지, 루터, 스미스, 레스코, 그리고 페르난데스(Whelage & Rutter & Smith & Lesko & Fernandez)의 [Reducing the Risk: Schools as Communities of Support]는, 위기에 처한 젊은이를 위한 성공적인 중등학교 프로그램에 대한 연구인데, 청소년들이 잘 생활할 수 있는 중등학교의 사려깊은 모습을 제시하고 있다.

보다 최근에, 상당한 연구자들은 학교가 학생을 알며 교사와 또래가 자신을 좋아한다고 믿는다고 특징지어지는 학교 환경에서 학생 성취 증가와 학교 폭력 감소의 중요성을 지적하고 있다. 최근 연구는 보다 작은 학교의 이익을 지적하고 있다. [The Right to Learn]에서, 린다 달링해먼드(Linda Darling-Hammond)는 학생들의 동기화와 학습을 강화하는 환경을 만드는 것에서 지지적 상호작용의 중요성을 강조하고 있다. 학생이 학급과 학교 장면에서 의미있는 참여자로서 능동적으로 참여하는 장면인 보다 작은 학교에 참여할 때, 학교는 학생들이 보다 넓은 범위의 성공을 경험하고 보다 적은 학생이 폭력적인 행동에 깔린 분노와 혼란을 경험하는 장면이 된다.

교사-학생과 또래 관계는 학교 분위기의 가장 중요한 작품인 반면, 상당한 노력 역시 교사-교사, 교사-행정가, 그리고 교육자-보호자 관계의 중요성을 강조하고 있다. [Trust in Schools, A Core Resource for Improvement]에서, 브릭과 슈나이더(Bryk & Schneider)는 교사들이 동료교사와 행정가와 긍정적인 관계를 맺고 있다고 말한 교사들이 근무하는 학교에서 학생의 성취가 유의미하게 높았으며, 이러한 학교는 학생 성취를 증가하게 하는 실천적인 변화의 더 많은 기회를 가지고 있었다. 마찬가지로, 커머학교개발계획은 낮은 사회경제적 지위를 가진 가정의 비율이 높은 도시 학교에서, 교육자가 가정 구성원과 긍정적인 관계를 가질 때, 학생의 성취가 개선되었다. 분명히, 긍정적 학교 분위기의 중심부는 학생의 교육적 경험을 지지하는 모든 어른 사이에 개발되고 있는 상호 신뢰와 존경이다. 핵스트롬(Hagstrom)의 책, [From Outrageous to Inspired: How to Build a Community of Leaders in our Schools]은, 알래스카에 있는 초등학교에서 그의 연구를 설명하고 있는데, 교사, 행정가, 그리고 보호자 사이의 신뢰, 약속, 그리고 합치를 이루는 것에서 나온 긍정적 결과의 놀라운 예를 제공하고 있다.

주요 관점은 교사는 학급 운영과 교수가 학생의 행동의 어떻게 영향을 미치는가 뿐만 아니라 어떻게 학교 환경이 긍정적인 학생 행동을 격려하여 바꿀 수 있는가를 고려하여 함께 노력해야 한다는 것이다. 이것은 협동적인 프로젝트가 학생을 위한 교사의 창의성과 관심을 효과적이고 창의적으로 사용하는 것이어야 한다는 것을 증명하고 있다. 학생과 교사가 위원회를 구성하고 있는 학교 내에서 학교와 일한 연구자는 학교 분위기를 개선하는 아이디어를 일반화하고자 시도했다. 그림 4.5는 이러한 위원회에 의해 주도되는 긍정적인 학교 분위기 활동의 예를 제공한다.

그림 4.5 **긍정적인 학교 분위기를 만들기 위한 활동**

1. 학생들의 사진을 찍어라(학교 문제의 역사와 함께 한 이들을 포함하여).
2. 적어도 집회의 4분의 1은 긍정적인 학생 성취를 강화하는데 사용하여라. 우수한 성취뿐 아
3. 니라 개선을 강조하라.
4. 학교미화에 학생을 참여시켜라. 학교 주변에 꽃을 심어라.
복도에 공간을 만들어서 교사가 학생에 대한 긍정적인 논평을 달고 학생은 교사에 대해 긍
5. 정적인 서술을 쓸 수 있도록 하라.
매주 학생을 돕기 위해 목을 빼고 있는 직원들에게 줄 상품을 만들어라(채워진 거북이, 혹은 기린 작품).
6. 걷기대회같은, 자선단체 혹은 다른 기관 등과 기금 마련 활동에 학생과 직원을 참여시켜라.
결석한 학생에게 친한 학생이 전화하도록 하라.
7. 문제 해결에 관련된 아이디어가 있고 학교를 더 좋게 만드는 학교의 종일 평가에서 전체 학교를 포함시켜라.
8. 하루에 혹은 일주일에 모든 사람이 학교에서 그들이 하던 일과 읽던 것을 조용히 멈추는 시간을 설정하라.
9. 하루의 끝무렵에, 학교의 모든 사람이 그날에 경험한 긍정적인 일을 기록하도록 하라.
10. 교사가 성공적이지 못한 학교 경험을 하는 학생으로서 같은 일과를 경험하는 날을 하도록 하라.
11. 교사에게 그들이 본 것, 그들이 느낀 것, 그리고 그들이 학교를 학생들이 보다 잘 배울 수 있는 장소로 만들도록 하는 의견 등을 보고서로 제출하게 하라.
12. 학교 직원에게 그들의 동료가 학생 혹은 직원들과 특별히 도움이 되거나 사려깊은 상호작용을 하는 동료를 관찰할 때마다 그들의 동료에게 쪽지를 쓰도록 격려하라.

다수의 프로그램은 학교 분위기를 개선하는데 강조를 두고있다는 점에서 유용하다. 이미 언급했듯이, 긍정적인 행동지지(PBS)연구는 학교 전반적인 행동 기준을 가르치는 것, 이러한 기준에 학생들의 순응을 강화하는 것 그리고 기준을 따르는 데 어려움을 겪는 학생들을 위한 계획을 만드는 것 등을 위한 우수한 방법을 제공한다. 제롬 프리버그(Jerome Freiberg)의 [Consistency Management]와 [Cooperative Discipline]은 학교에서 능동적인 시민으로서 참여하는 학생을 포함하는 보다 광범위한 접근을 제공한다. 다른 프로그램인 양육적 지역사회 프로그램를 포함하여, 아동 발달 계획, 그리고 폭력 예방 프로그램 2단계 등은 학생들에게 그들의 또래와 보다 돌보고 지지하게 되도록 하는 기술을 제공하고 있다. 끝으로, 이미 언급했듯이, 학교 직원과 학생들은 학생과 일하는 모든 성인들과의 긍정적인 관계를 강화하는 상당한 방법으로부터 대단한 이익을 얻을 것이다.

다문화 학생을 위한 학교 풍토 만들기

많은 학교에서, 하나 혹은 그 이상의 문화적 집단의 학생들은 학교와 대립하는 소수가 될 것인데,

그들의 언어와 다른 문화적 신념 그리고 명예롭게 생각하는 것에 대한 관심을 포함한다. 이러한 학생들을 지지하기 위한 한가지 접근은 함께 일하는 기회를 제공하는 것이다. 이것은 학생들이 고립되어야만 한다는 것을 주장하는 것은 아니지만, 미국에 새로 이민 온 학생들이 누구인지 혹은 학교에서 문화적으로 독특하거나 불공평하게 취급받는 것으로 인식하는 학교의 소수학생들은 누구인지, 독특한 관심을 토의할 기회가 이득이 될 것인지 등에 대해 고려해 보는 것은 가치있다.

부속 학교에 대한 민족지학적 연구에서, 바이스와 센트리에(Weis & Centrie)는 학교 직원들이 베트남 학생들을 위한 생활지도 시간을 만들었다고 보고했다. 이 프로그램의 이익에 대한 토론에서, 바이스(Weis)와 센트리에(Centrie)는 다음과 같이 쓰고 있다:

> 그들을 위한 생활지도 시간을 만드는 것에서, 학교는 특정한 민족 집단에게 심리적이며 신체적으로 보다 큰 기구 내에서 공간, 시간, 그리고 활동을 주장할 수 있는 공간을 만들었다. 교사와 학생은 그들이 요구에 맞는, 의제에 보다 접근할 수 있었다.

수년전 연구자의 한 명은 재학생의 절반이 인디언인 학교 지역에서 3년간 상담을 했다. 상담의 목표는 아주 극소수인 원주민 아메리칸 학생들의 고등학교 졸업 비율을 증가시키는 것이다. 고등학교에서 사용된 성공적인 개입 중의 하나는 학생들에게 중요하고 관심 있는

문제를 토의하고 해결할 원주민 아메리칸 상담가와 만나게 하는 집단을 가지게 한 것이다. 예를 들면, 교사가 원주민 아메리칸 학생이 좋아하지 않는 방법으로 가르친다고 표현한 학생들을 상담한 결과 학습 내용의 수준이 이 학생에게 맞지 않게 높다는 결정이 내려졌다. 이러한 관심에 대한 대응에서, 학생은 그들이 좋아하는 방법으로 가르치는 교사와의 워크샵에 참여했으며, 그들은 자료를 수집하여, 교감 선생님과 이야기 나누고, 마침내 원주민 아메리칸 학생들의 상담 비율을 줄이도록 토의하기 위해 교사들을 만났다. 이 작업은 이 학교에서 원주민 아메리칸 졸업의 유의미한 증가와 관련된 몇 가지 중요한 요소 중의 하나였는데, 이것은 다른 문화를 가진 그들의 또래로부터 이 학생들을 고립시키지 않았다.

다음 장에서 토의되겠지만, 모든 문화 집단에서 학교에 가고 싶고 좋아하도록 느끼는 부모를 격려하는 활동이 필수적이다. 학생들처럼, 이것은 문화적으로 다양한 민족 공동체로부터 가족을 위한 특별한 만남을 우선적으로 포함하는데, 이러한 공동체에는 리더와 의제를 개발

그림 4.6 2개 국어 사용주의와 다문화주의를 격려하는 것을 통해 학교 분위기 만들기

1. 교무실이나 그 밖의 장소에서 다른 언어를 사용하는 공동체의 사람들을 환영한다는 신호를 제시하라. 학생들의 언어에 다른 정보 신호를 제공하라(예를 들면, 교무실로 가는 방향, 도서관으로 가는 방향).
2. 학생들이 학교주변에서 그들의 모국어를 사용하도록 격려하라.
3. 가능하다면 학생들이 같은 인종집단에서 모국어로 다른 사람들과 의사소통할 수 있는 기회를 제공하라(예를 들면, 적절할 때 협동학습 집단에서).
4. 모국어로 개별교사를 할 수 있는 사람들을 고용하라.
5. 모든 학급과 학교 도서관에서 다양한 언어로 쓰여진 책을 제공하라.
6. 신문과 다른 공식적인 학교 의사소통에 다양한 언어로 인사와 정보를 합치도록 하라.
7. 신문과 다른 공식적인 학교 의사소통에 다양한 언어로 그림과 사물을 전시하라.
8. 학교에 제시된 다양한 문화의 그림과 사물을 전시하라.(전형적인 것-공동체의 사람들이 선택하는 것을 돕는 것을 포함하는-을 알도록 하라.)
9. 학교 언어에 덧붙여 다른 언어를 병합하는 작업의 단위를 만들어라.
10. 신문과 잡지에서 학교를 위한 모국어로 쓰는 학생들을 격려하라.
11. 학업과, 선택과목, 교과외 클럽활동에서 학생들이 모국어로 활동하는 기회를 제공하라.
12. 학급, 도서관, 운동장 그리고 클럽에서 돕도록 부모를 격려하라.
13. 집회와 다른 공식적 활동에서 모국어를 사용하는 학습자에게 제2언어를 청하라.
14. 소수인종 공동체에서 자원인사로 활동하고 공식적이고 비공식적인 장면에서 학생들에게 말하는 사람들을 초대하라.
15. 학생들에게 (처벌)에 대하여 쓰게하고 그렇지 않으면 그들의 모국에 대한 감정과 (적용할 수 있다면) 새로운 나라/학교에서 경험을 말하도록 하라.
16. 직접적으로 인종차별주의와 몰인정을 설명하도록 하라.
17. 교육과정이 다양한 관점을 포함하고 있으며 모든 분야에서 양성과 많은 인종 배경의 사람들을 모형으로 제공하고 있음을 확신시켜라.
18. 다양한 배경의 교사, 행정가, 그리고 상담가를 고용하라.

하고 참여하는 다른 사람을 격려할 공동체 구성원이 포함될 필요가 있다. 그림 4.6은 2개국어 사용주의와 다문화주의 학교 분위기를 창조하는 의견을 제안한다.

크리스털 키켄달(Crystal Kuykendall)은 [From Rage to Hope, Strategies for Reclaiming Black and Hispanic Students]에서, 역사적으로 가치가 약한 문화를 가진 인종 집단이 학교생활에서 성공을 거두는 것을 돕기 위해, 우리는 제도적인 인종차별을 줄이며 이러한 학생들이 학교를 어른들이 성공하기를 기대하는 장소로서 보도록 해야한다고 말한다. "특수 계층이나 낮은 능력을 가진 집단에서 흑인과 라틴 아메리카 학생들을 위한 과도한 설명"을 줄이는 것에 덧붙여서, 키켄달(Kuykendall)은 다음과 같은 변화를 제안한다 :

- 학교 정책을 고찰하고 고치거나 흑인 옷을 입거나 흑인 콘로 헤어스타일, 집단으로 악담하거나 싸우기, 혹은 큰소리내거나 감정적으로 되는 것 등과 같은 문화적 습관으로 인해 학생을 벌주는 규칙을 제거하라.
- 얕보거나, 배제하거나 전형적인 경쟁과 문화와 같은 제도적 산물을 검토하라. 모든 학년 모든 교과에 다문화적인 산물을 첨가하라. 편협된 매체가 유치된다면, 교사들은 편협하지 않은 방법으로 이러한 산물을 사용하는 방법을 알아야 한다.
- 직원 교육이나 지식을 강화하려는 개인적 노력을 통하여 흑인과 라틴 아메리카 문화와의 기본적인 유사성을 개발하라. 그러한 노력은 읽기, 예술 공연이나 박물관 견학하기, 흑인과 라틴 아메리카 집단을 위한 사회적 행사에 참여하기 등을 포함한다.
- "소수민족"이라는 단어를 제거하라. 학교는 학생들에게 세상에서 유색인종이 더 이상 소수세력이 아니라는 것을 준비시켜야 한다.
- 능력별 학급편성보다는 융통성있고, 이질적이며, 협동적인 집단만들기를 사용하라.
- 흑인과 라틴 아메리카 인종이 우세한 학교가 백인 인종이 우세한 학교와 재정적으로 같은 수준임을 확신시키기 위해 여러분이 할 수 있는 모든 것을 하라.
- 교사 평가 절차의 부분으로서 학급에서 동등한 기회의 준비를 하라.
- 대부분 중요하게, 흑인과 라틴 아메리카 학생들이 학교 성공이 가정 혹은 가정 문화의 거절을 요구하지 않는다는 것을 이해하도록 도와라.

학교 폭력 관련 이슈

쥬버넌과 그래엄(Juvonen & Graham)은 또래 괴롭힘을 다음과 같이 정의하고 있다:

얼굴을 마주대거나(예를 들면, 신체적 공격, 언어적 폭력, 비언어적 제스처) 혹은 제3자를 통한 사회적 조작(예를 들면, 사회적 추방, 나쁜 소문 퍼뜨리기)을 수반하는 희생이다. 또래 괴롭힘을, 길등과 같은, 다른 부정직인 충돌과 구별하는 결정적인 요소는 가해사와 피해사 사이의 힘의 불균형이다.

약한 자를 놀린다는 용어는 종종 또래 괴롭힘과 바꾸어서 사용된다.

약한 자를 놀리는 것은 많은 학교에서 심각한 문제이다. 바론(Barone)은 그가 표집한 학교의 교사는 대략 16%의 학생들이 괴롭힘의 피해자라고 믿는 반면, 대개 60%의 학생이 괴롭힘을 당했다고 말했다. 교직원이 잘 모르는 것은 운동장에서 괴롭힘을 당하는 것을 연구자가 관찰한 캐나다 연구에서 나타났다. 이 연구자는 운동장에서 교사들이 괴롭히는 사건의 단지 17%만을 알며 관찰한 괴롭힘의 사건의 23%만 반응하였다. 그래서 교사들은 실제 괴롭힘 사건의 3.9%만 반응한다.

2003년 전미 학교 교풍 연구는 이러한 학생들의 91%가 자주 혹은 종종 호모를 싫어한다는 말을 듣는다고 했다. 이러한 학생들의 거의 반이(47.5%) 일부 학생들로부터 호모를 싫어한다는 말을 듣고, 41%는 그들 학교 학생들로부터 듣는다고 했다. 학생들의 거의 절반이 호모가 싫다는 말을 교사나 직원들이 "대부분 있거나" 혹은 "항상 들은 적이 있었다"고 대답했으며, 42%는 교사나 직원들이 개입하는 것에 실패했다고 말했다. 단지 17%만이 비난을 받을 때, 교사나 직원이 "항상" 혹은 "대부분 시간"을 개입했다고 했으며, 이러한 방법은 또래가 "항상" 혹은 대부분의 시간을 개입해준다고 대답한 11%보다 약간 많았다.

이 장을 통하여 제시된 또래 관계 활동의 유형을 실행하는 것은 괴롭히는 것을 포함하여, 부정적인 또래 상호작용을 줄이도록 도울 것이다. 학교에서 괴롭힘을 막는 다른 접근은 학생들이 또래와의 감정이입을 발달시키도록 도우며 다른 사람과 상호작용하는 기술을 개선시키는 학교전체 프로그램을 실행하는 것이다. 이 분야에서 학생들을 돕기에 유용한 프로그램이 몇 가지 있다. 연구자들은 상당한 학교에서 괴롭힘을 줄이기 위한 연구를 했으며, 초등학교에서 가르치는 연구자 한 명은 폭력 예방 프로그램 2단계를 실시했다. 이 프로그램은 "감정이입, 충동, 통제 그리고 분노 다스리기; 세 가지 사회-정서 능력과 관련된 분야를 체계화한 것이다." 학급과 운동장에서 관찰한 연구자들은 이 프로그램이 학생의 공격적인 행동을 줄이며 사회적으로 바람직한 행동을 증가시킨다고 주장한다. 폭력 예방 프로그램 2단계는 취학전/유치원, 1학년에서 3학년, 4학년과 5학년, 그리고 6학년에서 8학년에게 유용했다.

연구자들은 또한 평화 건설자라고 불리는 프로그램의 긍정적인 효과에 감동받은 학교 직원들과 함께 일했다. 이 프로그램은 유치원에서 5학년 학생들을 위해 설계되었으며 사람들을 칭찬하고, 남의 탓으로 돌리지 않으며, 현명한 사람이 되기, 아픔을 알고 변호하기, 잘못을 바르게 잡기 등으로 이름 붙여진 부분을 포함한다. 이 프로그램은 학교 표시; 학교 노래; 긍정적인 것을 학생들에게 가르쳐지는 긍정적이고, 평화적인 행동을 강조하는 언어 등을 합쳤다. 교육과정은 영어와 스페인어 모두로 제공된다.

괴롭힘과 놀리는 것을 막기 위한 뛰어난 교육과정은 오레곤 주 알바니에 있는 린-벤턴-링컨 교육청이 개발하였다. 이 교육과정은, [Harassment Prevention Curriculum : Empowerment and Skill-Building for Student Safety]라고 이름 붙여졌는데, 오레곤 주 알바니, 4번가 905번지에 사무실을 두고 있다. 연구자가 효과적이라고 믿는 다른 교육과정은 대안적 사고 전략 촉진 프로그램(PATHS)이다. 이 프로그램은 유치원과 1학년에서 6학년까지 제공되는데 학생 정서 능력을 증가시키는 것에 강조를 두고 있다. 만약 여러분이 현재 프로그램의 철저한 조사에 관심이 있다면, 그린베르그, 도미트로비치, 그리고 붐바르거(Greenberg & Domitrovich & Bumbarger)가 학생들의 사회적 기술과 정신 건강을 개선시키는 프로그램과 관련된 뛰어난 조사 연구를 제공할 것이다.

괴롭히는 것은 행동의 이러한 유형에 성인과 학생의 반응에서 방식에 의해 영향을 받는다. 8장에서, 우리는 피해자를 보호하고 지지하는 방법으로 놀리는 행동에 반응하기 위한 접근에 대해 토의하고 놀리는 행동에 포함된 학생들의 효과적인 기술 개발을 제공할 것이다.

활동 4.1

또래 관계 활동 실천하기

종이위에 다음 부분을 나누고 지시에 따라 실천해 보라: (1) 학생들이 잘 알도록 돕는 것; (2) 밀착하고, 지지하는 집단을 만드는 것; 그리고 (3) 좋아하는 패턴과 반대되는 것을 만들기. 두 번째로 이러한 목표를 알고 이 장에서 토의된 집단적인 정보를 네 가지 단계로 나누어라. 각 번호마다 적어도 여러분이 목표를 성취하도록 도울 수 있는 세 가지 활동을 써보라. 우리는 여러분이 같은 학년의 학생들을 가르치는 교사들과 이러한 것을 공유하도록 강력하게 추천한다. 여러분이 실행하고 싶은 세 가지 활동을 고른후에, 장기간 수업 계획에 이것을 포함시켜라. 이것은 여러분이 이러한 활동을 위한 공간을 어떻게 결정하며 다른 것을 어떻게 지지하는지를 결정하도록 도울 것이다. 여러분이 학교에서 첫 번째 주에 몇 가지를 포함하고 싶을 것이다. 그러나 학생들과 지나치게는 하지 말며, 첫 주동안의 학문적 절차와 내용을 무시하지도 말라. 또한, 이 집단의 활동을 일 년 동안 주기적으로 포함시키는 것이 중요하며, 특히 새로운 학생이 학급에 포함되었을 때 그러하다.

요약 SUMMARY

협동학습에 대한 최근의 강조에 우선하여, 또래 관계의 수준은 아마 학생 행동과 성취에 영향을 주는 과소 평가되는 요소일 것이다. 학업 성취 점수의 강조와 내용에 대한 관심은 긍정적인 또래 관계를 만들어내기 위한 그들의 역할에 가치를 두고 교사들이 그들이 노력하기 어려운 것으로서 긍정적이고, 지지하는 또래 관계를 만드는 것에 시간을 보내도록 고찰하게 만든다. 위기에 처한 아동들과 청소년들을 위한 1960년대와 1970년대 학교 프로그램의 많은 단원들은 과제-수행 행동, 직접적 교수, 그리고 학업 성취 점수를 잇도록 했다.

다행히, 최근 협동적인 학습에 관한 연구는 교사들에게 학생 행동과 학습에 영향을 주는 중요한 변인으로서 긍정적인 또래 관계를 만드는 것을 고려하도록 자극을 다시 제공하고 있다. 바라건대, 오늘날 교사들은 점차로 성취가 높은 학생을 지지하는 학급 환경을 만드는 방법의 범위를 선택하는 것의 중요성에 대한 정보를 제공받고 있다. 위기에 처한 학생에 대한 최근 관심은 비평적으로 중요한 그 자체와 보다 높은 성취를 위한 필수 불가결한 조건으로서 학생 개인 요구에 대처하는 것에 보다 큰 강조점이 놓여져야 한다는 것을 확신하도록 도와야 한다.

>>> Chapter 5

학부모와 함께 하기

학생의 교육과, 특히 학교를 중퇴할 위기에 처한 학생의 교육에 있어서의 결정적 요인이 가족과 부모인 것을 여러 연구가 보여주었다. 다수의 연구는, 가족에게 주어진 영향과 지지가 학교와 학년과 고등학교를 졸업할 가능성에 있어서의 학생 행동에 직접적인 영향을 끼칠 수 있음을 증명한다.

– Haley와 Berry(1988),

학부모-교사 협의를 위한 최적의 조건은 무엇인가? 조용한 장소와 교사의 경청이다. 협의동안 교환된 말은 잊혀질 지도 모르나 협의 분위기는 지속될 것이다. 그것은 이후의 학부모의 태도와 행동을 결정할 것이다.

– Haim Ginott (1972),

학교가 학생을 배려하는 방법은, 학교가 학생 가족을 배려하는 방법에 반영된다.

– Joyce Epstein (1995),

학부모와 보호자들은 학생의 삶에서 가장 중요하고 영향력 있는 성인들이다. 심지어 중학교에서도, 학교에 대한 학부모의 태도는 극적으로 학생의 감각과 행동에 영향을 끼친다. 분명히, 학부모의 관련은 학생의 학습에 영향을 준다(Christenson & Sheridan, 2001). 학생과 교사에 관한 연구(Binns, Steinberg, & Amorosi, 1997)에서, A와 B학점을 받은 학생 중 87%는 부모가 숙제를 도왔다는 사실을 알 수 있다. 또한 A학점과 B학점을 받은 학생의 84%가 그들의 부모로부터 자신의 꿈을 추구해 보도록 격려 받았다. 이것은 교사가 학생들이 숙제를 완수하지 못하는 요인으로 부모의 지지 부족을 드는 것과 일치한다. 국가교육통계센터가 실시한 장기간의 국가연구에 의하면, 학교 활동에의 학부모 관련이, 학생들의 性과 인종별 민족주의와 사회경제적 상태 등 학교 실패의 세 가지 문제점에 일관된 영향을 끼쳤다. 학교에 관한 부모와 아이의 주된 토론은 학생이 중퇴했든지, 아니든지 일관된 영향력을 가졌다. 그들의 부모와 이러한 일을 결코 의논하지 않는 학생들은 특히 위기에 처해 있었다(Kaufman, Bradby, & Owings, 1992, p. 22).

부모의 관심이 학생 행동과 성취에 대한 긍정적인 영향력을 주는 것은 당연하며, 교사와 행정가들은 학부모 또는 보호자와 협력하여 일하는 교사의 가치를 알고 있다. 윌리엄스(Williams, 1992)는 교사의 87%와 교장의 92%가, 가족과 효과적으로 함께하는 교수방법 연수가 더 늘어나야 한다고 생각하는 것으로 보고했다.

오늘날 학교에 근무하는 사람은 누구라도, 학생을 위한 주요한 보호자와 양육자가 반드시 학부모일 필요는 없다고 생각한다. 그러므로 이 장에서 우리는 이러한 지원을 제공하는 공동사회에 있어서의 대표적 성인인 가족과, 주요한 양육자, 보호자, 학부모라는 용어를 번갈아 가며 사용한다.

교사의 주요 역할이 학생과 함께 학습하는 일이지만, 몇몇 이유로 교사가 학부모와 함께 교육하는 것은 중요하고 합당한 일이다.

첫째, 학교에 대한 학생의 태도는 학부모에 의해 영향을 받는다(Epstein, Coates, Salinas, Sanders & Simon, 1997). 학부모가 아이들의 담임교사와 학교에 대해 좋은 감정을 가질 때, 학생들은 바람직한 학교 행동에 대해 부모로부터 더 격려 받고 강화된다.

둘째로, 학생에 대해 법적책임이 있는 성인들은 학생의 행동과 학문적 수행에 대한 소식통이 되어야 한다. 그들이 학교행사에 관한 정보를 가질 때, 학부모는 자녀의 학교 경험에 좀 더 관련될 것 같고 교사를 좀 더 지지할 것이다. 쉬추와 윌름스(Sui-Chu & Willms, 1996)는 학교 행사에 관한 자녀와의 토론과 학교 행사에 관한 학부모의 이해가 청소년의 학교 성취와 가장 강력하게 관련이 있는 요인이었다고 보고했다.

셋째로, 학부모와 보호자는 교사를 위한 가치 있는 자원이 될 수 있다. 그들은 학생을 가르칠 시간을 신청하고 교재를 키보드로 입력하거나, 복사하는 것으로 교사를 도울 수 있고, 학생과 특별한 화제에 관해 그들의 전문적 지식을 공유할 수 있다.

넷째로, 학교 경험에의 학부모 참여(자녀의 노력을 지원하거나, 높은 기대를 갖거나, 자녀의 숙제를 돕거나, 자녀가 학교에서 하는 일에 대해 관심을 보이거나)는 학업에의 집중, 노력과 학교 성취간 관계에 대한 믿음과, 학교에 대한 학생 태도에 대해 긍정적인 영향력을 가질 수 있다(Grolnick & Slowiaczek, 1994; Hoover Dempsey et al., 2002).

마지막으로, 제한된 경우이지만, 학교에서의 보상과 처벌은 청소년에게서 바람직한 행동을 끌어낼 만큼 충분히 강력하지는 않다. 이러한 일이 일어날 때, 교직원은 학생을 위한 행동 수정 프로그램을 개발하는 데 학부모를 참여시킬 필요가 있다.

학부모와의 상호 작용하는 것이 여러 가지 장점이 있지만, 많은 교사들은 학부모와의 교신이 어렵고 비교적 바람직하지 않다고 지적한다. 학부모와 함께 일하는 것에 관한 교사의 불편함은 몇몇 요인에 의거한다.

우선, 학부모와의 교신은 종종 시간을 많이 소모하고, 정서적으로 벅찬 일이다. 교사가

7시간 동안 학생을 가르치고, 대략 1,000여 회의 상호작용을 한 후, 부가적인 학교관련 활동에 관해 열정을 보이기 힘든 것은 이해할만한 일이다. 하루 일과의 끝 부분에서, 교사들은 피로한 채로 시험지 채점과 다음 날의 교수학습을 계획해야 한다. 이는 학부모와의 교신이 퇴근 후 집에서 이루어져야 하는 것을 의미한다.

교직은 약사나 변호사 같은 직업에 대한 권위나 존경을 찾아 볼 수 없는 직업이기 때문에, 교사도 부모와의 교신이 어려운 것을 잘 안다. 아마도 모든 학부모는 예전에 학생이었기 때문에, 그들은 자녀가 학교에서 효과적으로 기능하는 데 필요한 지식이 있다는 것을 잘 알고 있다. 이러한 요인들을 학부모가 많은 교사들에게 강압적으로 요구하기 때문에, 교사들은 학부모와의 교신을 꺼려한다.

이러한 이유들이 학부모와의 교신이 즐거운 일이라기 보다는 해야만 하는 일로 여기게 만드는 것 같다. 그러나 교사들은 학부모와의 교신을 훨씬 즐겁고 생산적이게 할 수 있는 태도와 기술을 습득할 수 있다. 이 장에서는 학년도 동안 학부모와 긍정적인 교신을 하고, 효과적으로 학부모 협의를 이행하는 데 유용한 방법을 제공한다.

대부분의 학급운영방법처럼, 우리는 학부모와 일하는 것에 대해 얼마나 많은 시간과 노력을 투자할 것인지에 관해 결정해야 한다. 초등학교 교사는 학부모와의 빈번한 교신을 유지하는 것처럼 보이고 이 나이의 아이들은 일반적으로 부모의 격려에 잘 반응한다. 중등학교 수준에서는, 대부분의 교사는 80~200명의 학생을 가르치고, 그러한 이유로 이 장에서 제시한 아이디어를 사용하기는 어려울 것이다.

워커와 후버-뎀프시(Walker & Hoover-Dempsey, 2006)에 따르면, 학부모의 자주 교신하는 교사가 더 높은 수준의 교수 효능감과 지지를 보여주고, 학부모에 의해 더 좋은 교사로 지각되는 경향이 있다고 보고했다.

정보 공유하기

첫만남 갖기

학부모의 지지를 얻는 방법은, 가능한 빨리 학부모가 교사의 교육목표와 학급 운영 방법에 친숙해지게 하는 것이다. 학부모도 아이들 또는 교사들과 다르지 않아서 그들은 논의할 기회를 원하고 그들이 명백하게 이해하는 이슈를 지원하고 긍정적으로 느끼는 것 같다. 교사가 자신들을 존중한다고 느끼는 학부모와 교육목표와 학급운영절차에 친숙한 학부모는, 학생들의 성취를 격려할 것이고 문제가 발생하여도 교사를 지지할 것이다.

학년 초에 학부모에게 교육과정과 학급의 중요한 계획을 소개함으로써, 학부모와의 긍정적인 교신을 감소시킬 수 있는 자녀의 성취나 행동에 대한 염려를 줄일 수 있다. 학부모-교사

협의를 제외하고, 학부모와 교신해야 하는 중요한 이유는 대개 학생의 부정적인 행동에 관련한 것이다. 학부모와의 초기 상호작용이 긍정적이고 우리가 그들과 계속적인 통신을 유지한다면, 만일 그들의 자녀가 학문적 문제와 행동 문제에 관해서 경험한다 해도 우리는 그들과 좀 더 편안하게 교신할 수 있을 것이다.

한 연구(Arunkumar, Midgley & Urdan, 1999)는 청소년이 집과 학교가 추구하는 가치가 서로 일치하지 않을 때, 학생의 성취가 더 낮고 절망감과 노여움이 더 높다고 보고한다. 그러므로, 학문적 기대와 행동적 기대에 관한 동의를 개발하는 데 있어 도움이 되는 학부모/보호자와의 교신은, 학생의 성취와 행동 모두에 긍정적인 영향력을 행사할 수 있다.

학부모/보호자, 특히 새로 이민 온 학생들의 학부모와 보호자와의 상호 작용에서, 당신은 학부모가 자녀의 학문적 배경에 관한 중요한 요인을 알려주도록 요청할지도 모른다. 이러한 대화는 이민 온 학생을 담임하는 교직원에게, 협의에 앞서 정보를 제공하도록 요청하는 것으로 시작될 수 있다. 그림 5.1은 당신에게 학생의 학문적 배경에 관한 도움이 되는 정보를 제공할 수 있는 정보지로, 이는 학생들의 수학기관과 그들이 잘하고 노력해야 하는 분야가 무엇인지 등의 정보를 제공할 수 있다. 당신은 학생의 상호 작용에 영향을 줄 특정한 문화적 요인에 관한 정보를 요청할지도 모른다. 예를 들면, 학생이 경험한 교수형태와, 학부모가 그들의 문화권에서는 학교에서 교사와 친구들과의 상호작용에서 기대하는 것은 무엇인지 등이다. 당신이 이러한 대화에서 통역 지원을 필요로 할지도 모르고, 다른 문화를 가진 전학생을 가르친 또 다른 학교 전문가에 의해 완수된 형태를 가르치게 될 수도 있으며, 이 정보는 학생의 이해를 도울 수 있고, 낮은 동기 부여와 행동 문제를 만들지도 모르는 부조화를 감소시킬 수도 있다.

학부모와의 교신은 '1 온스의 예방이 1 파운드의 치료만큼 가치있다'는 생각의 우수한 예이다. 다음에서는 학부모와 의사소통할 수 있는 여러가 가지 방법을 제시할 것이다.

그림 5.1 **영어가 모국어가 아닌 전입생**

날짜 ________________

받는 사람 ________________

쓴 사람 ________________

당신 학급의 비영어권 국가 출신 전입생은 ________________입니다.

당신이 전입생과 함께 학습할 때 유용하게 사용할 수 있는 정보는 다음과 같습니다.

1. 전입생은 다음의 ESL 교육을 받아야 함
2. 이름 : 성________________ 이름 ________________
3. 모국어 : ________________
4. 나이 : ________ 성별: ________ 학년: ________

   미국에 이민온 날짜(가능하다면): ________________
5. 교육적 배경 :

수학기간	학년	위치
미국 입국 이전(가능하다면)	________	________________
영어 학습 경험	________	________________
미국 입국 이후	________	________________
ESL 이수 (O, X)	________	________________
교육 형태	________	________________

6. 영어 숙달 정도 :

   ________ Profile 1 - 이전에 영어교육 받은 적 없음

   ________ Profile 2 - 간단한 낱말/음절의 사용

   ________ Profile 3 - 새로운 어휘 사용

   ________ Profile 4 - 보통 수준의 숙달(풍부해 보이나 큰 gap이 있음)

   ________ Profile 5 - 향상된 대화 가능

   ________ Profile 6 - 숙달된 ESL 학생 - 더 이상의 지원이 필요 없음
7. 모국어의 읽기와 쓰기 능력 :
8. 평가(comments) :

부모로부터 지지받기

학생의 성취와 긍정적인 학급 행동을 위한 학부모의 지원을 개발하는 방법은 많이 있다. 여기에서 제시된 아이디어들은 저자와 교사들이 직접 실행하였을 때 특히 유용하였던 것들이다. 우리는 당신의 학급상황에 알맞게 창의적으로 수정해 보도록 권한다.

소개 편지쓰기

아마도 학년도 초기에 교신을 취하는 가장 용이한 방법은, 각 학생의 부모 또는 보호자에게 편지를 보내는 것이다. 편지가 당신이 개인적으로 학생들에게 알려주고 싶어 하는 정보를 포함할 것이기 때문에, 학년도가 개시된 지 1~2일 후에 도착할 수 있게 편지를 보내는 것이

좋다. 편지에는, 당신 자신의 소개, 긍정적인 교사-학부모 교신을 개발하는 것으로서의 당신의 학급 경영 관심사, 당신과 학부모가 만나서 학년도에 관해 토론할 학부모총회 또는 이벤트에 학부모를 초대하는 것 등이 포함된다. 그림 5.2는 소개 편지의 한 예이다. 우리는 당신이 가능한 한 많은 언어를 사용하여 가정에 편지를 제공해 보도록 권한다.

"Wilson 선생님은 가끔 학부모 회의 진행에 곤란을 겪죠."

그림 5.2 **학부모에게 보내는 소개 편지**

[날짜]

친애하는 학부모님,

환영합니다. 먼저 제 소개를 하고 싶습니다. 제 이름은 루이스 존스이고, 현재 비버튼 교육청 학구에서 32년째 교직을 수행하고 있습니다. 저는 오레곤 주립 대학을 졸업했고, 루이스 앤 클라크(Lewis & Clark) 대학에서 석사학위를 받았습니다.

저는 자녀의 성공과 행복한 1년이 되도록 만드는 것에 매우 흥미가 있습니다. 성공을 확실히 하기 위해, 학부모님과의 통신을 개방하고자 합니다. 저는 당신이 자녀를 매우 잘 알고 있다는 사실을 존중하고, 당신 또는 자녀에 대해 걱정거리가 있으면 제게 알려주기를 바랍니다. 저는 오후 4시까지 학교에 근무합니다. 가능하면 자녀가 하고 있는 멋진 일과 문제들, 다가올 행사와 계획에 관해 1년 동안 당신과 교신하고 싶습니다.

2~3주 이내에 우리 학교는 신학기 학부모의 밤(학부모총회)을 맞이할 것입니다. 그 때 저는 학습 계획, 자녀가 올해 공부할 학습기술과 자녀가 개발하길 기대하는 지식과 훈육절차와 평가에 관해 자세하게 설명할 것입니다. 자녀가 한 해 동안 사용할 교재와 학습지로 또한 보여드리겠습니다. 4학년의 교육과정과 자녀가 한 해 동안 사용할 교실과 학습준비물을 더욱 잘 이해할 수 있는 좋은 기회인 특별한 밤 행사에 참석하시길 기대합니다.

친애하는, 루이스 존스

전화하기

대부분의 학부모와의 교신은 편지, 신학기 밤에서의 부모와의 학교 활동에 대한 짧은 대화로 이루어지지만, 때때로 전화를 이용할 수도 있다. 대부분의 학부모 교신과 같이, 학급에서의 긍정적인 경험을 보증하고, 간단히 자기소개하고, 학부모가 질문이나 요청을 가지고 있는지 묻는 것이 최선이다. 당신이 그들의 자녀에 대한 관심을 요청하고 나타낸다는 사실은 놀랄만큼 긍정적인 결과를 보여줄지도 모른다. 수년 전, 도심지 중학교 사회과 수업의 교생이었던 저자의 4학년 학생 중 한명은, 자신을 무시하고 친구들도 무시하는 학생의 문제로 멘토 교사와 상의한 적이 있었다. 이것은 멘토가 교육할 때 표현되는 일반적으로 예의바른 행동을 하는 학생들과 대조를 이룬 사례였다. 학급과 개별 학생들과의 토론에도 불구하고, 많은 학생들은 학습분위기를 망치는 행동을 계속했다. 이 교생의 실습기간이 1주일간 이었기 때문에, 멘토 교사는 교생이 주말에 모든 보호자에게 전화를 하고 자기 소개를 하라고 제안했다. 멘토 교사는 교생이 학생과 학생의 진보 정도에 대해 긍정적인 코멘트를 하겠다고 보호자들에게 제시하도록 제안했다. 교생은 걱정했지만, 결국 주말동안 보호자들과 통화하는 데에 많은 시간을 썼다. 그는 학급의 60%와 통화했고, 25%에게는 메시지를 남겼으며, 15%와는 교신하는 데 실패했다. 그가 근무하는 학교는 영어와 스페인어를 함께 사용함에도 불구하고, 영어 또는 스페인어를 말하지 못하는 학부모와도 몇 차례 대화했다고 언급했다.

그 교생은 학생 행동에서 경험했던 큰 변화에 스스로 놀랐다고 보고했다. 첫 번째로, 그는 거의 학생의 사분의 일이 학급 입구에서 그를 환영했고, 그가 주말에 그들의 부모 또는 보호자와 통화했다는 사실에 관해서 긍정적인 코멘트를 했다고 말했다. 두 번째로, 그는 교사의 지시와 요청에 대한 학생의 정중한 반응이 증가했다고 말했다. 경력 20년의 교생의 멘토 교사가 20여명의 다른 노련한 멘토 교사와 이야기를 나누었더니 대부분이 이와 유사한 경험을 했다고 보고한 것은 인상적이었다.

가정 방문하기

가정 방문은 시간이 걸릴 수도 있고, 학부모들의 신념에 따라 민감한 문제이며 개인의 안전과 책임에 관한 주의를 필요로 하지만, 가정방문은 학생과 가족의 문화에 관한 정보를 제공할 뿐만 아니라, 양육과 지지에 관한 멋진 기술일 수 있다.

학부모 총회

가능한 빨리 학부모를 만나는 것이 매우 중요하다. 30~150명 사이의 학부모를 만나는 가장 편리한 방법은, 학부모가 자녀 학급을 방문하여, 학급운영과 교수 방법을 논의하는 것이다. 만일 학교가 이 개념을 공식적인 신학기 밤으로 결정하면 유용하다. 이 기회를 이용할 수 없다 해도, 그것은 교사를 위한 노력과 동료의 흥미를 일으키게 될지도 모르는 노력 자체로 가치있는 것이다. 저녁 모임에 참가하는 것 또는 출석이 불가능한 학부모를 위한 대안적인 회의 시간을 정하는 것이 필요하기도 하다. 학부모의 가장 편리한 시간에 관한 정보는, 학부모에게 보낸 첫 편지에서 알 수 있다.

학부모와의 최초면담에 앞서, 교사가 학생에게 알려준 것에 관해 전화 통화를 하고, 학부모 면담에 참여할 위임장을 받는 것이 중요하다. 이 전화 교신은 장래의 전화 통화에 있어 금상첨화이다.

첫 인상은 상당히 중요하고, 긍정적인 최초의 만남을 위해, 준비를 하는 것이 중요하다. 옷차림은 단정하고 품위있어 보여야 하며 학급을 잘 조직하고, 개인적인 교신을 포함하여 학급이 흥미있게 보여야 한다.

개인적인 방식의 한 가지는 가정에서 사용하는 언어로 학부모/보호자를 환영하는 방법을 배우는 것이다. 학부모는 교사의 능력에 매우 감동한다. 게시판에 저녁의 화제에 관한 개요를 적어 놓은 후 회의를 시작할 수도 있다. 그림 5.3은 학부모 오리엔테이션 개요의 예를 제공한다. 이 개요는 학부모를 위해 포켓북을 만들어 제공할 수도 있다 :

1. 각 학년 수준별 교육과정의 기술
2. 당신 자신의 교육적 배경과 철학을 포함한 소개편지
3. 학급 일정표
4. 학년수준의 정서적이고 사회적인 특성을 기술한 인쇄물
5. 부모의 지원을 필요로 할 지도 모르는 특별한 계획 목록
6. 학급운영절차의 진술
7. 학생들이 한 해 동안 독서해야 할 도서목록
8. 학부모가 학급에 제공할 수 있는 것에 관한 정보를 담은 학부모 지원 형태
9. 자녀를 도울 수 있는 방법과 예상되는 긍정적인 학생의 기술과 행동

그림 5.3 **학부모 오리엔테이션 회의를 위한 개요**

Ⅰ. 교사 소개
   A. 출신 대학 및 학력 소개
   B. 경력 소개
      1. 교직 경력 기간
      2. 학급 운영 형태 - 개방형 vs 일반형(자기충족형)

II. 금학년도의 학생 성취에 대한 사회적, 개인적 기대

A. 학생들은 책임감을 개발할 것입니다.

1. 그 자신을 위한
2. 그들의 자산을 위한
3. 과제해결을 위한

B. 학생들은 동료의 성공과 부족함에 대한 존중을 배울 것입니다.

C. 학생들은 자신의 성취에 대한 자신감을 개발할 것입니다.

D. 자아개념의 향상과 유지가 강조될 것입니다.

1. 학교에서의 긍정적인 생활에 집중함
2. 가정에서의 긍정적인 행동을 강화하기 위해 부모를 격려함

E. 학생들은 집단에서 조화롭게 학습할 것입니다: 역할분담의 강조

F. 학생과 성인간의 개방적인 대화를 위한 기술을 가르치는 것이 강조될 것입니다.

III. 교육과정 및 목표

A. 학생은 다양한 새로운 기술을 개발하는 데 있어 성공할 수 있다.

B. 성공적인 학습자에 관한 개념의 토의

C. 각 교과의 주요 화제에 관한 간단한 토의

1. 읽기 2. 수학
3. 국어 4. 쓰기
5. 철자 6. 사회
7. 과학 8. 체육
9. 음악 10. 도서관

IV. 체계적인 기술의 강조

A. 각 교과별 공책을 만들고, 가정 회신문이 철해질 것입니다.

B. 책상배열은 질서있고 온화할 것입니다.

V. 학년 진급 체계

A. 학생들의 진급은 다음의 표시와 같이 결정됩니다.

1. 탁월함
2. 만족스러움
3. 향상이 필요함

B. 통지표가 1년에 4회 발송됨

C. 학부모 협의가 봄, 가을 2회 실시됨

VI. 숙제와 관련한 이슈

A. 금요일에 숙제 제시

B. 주간학습안내

C. 과제 제시

1. 수학 개념에 관한 간단한 연습 또는 철자연습과 같이 새로운 개념을 강화하기 위해

2. 학생들이 매일 반 적어도 15분간 책을 읽게 하기 위해
3. 학생들이 어려운 과제를 해결하기 위한 기술의 연습을 위해
4. 학생들이 공부시간 중에 과제를 해결하지 못했을 때

Ⅶ. 교수-학습 절차

A. 목적은 학급에서 더 책임감있는 시민이 되도록 학생을 돕는 것입니다.

B. 학부모/보호자와의 면담은 학생이 좋지 않은 행동을 계속 할 경우, 학생의 일과 후 교사와 함께 더 좋은 선택과 새로운 기술을 개발하기 위해 요청될 수 있습니다.

Ⅷ. 교사의 학생 과제 해결 습관을 위한 논평

Ⅸ. 기타

A. 학생의 이름과 복장을 표시해 둘 예정임

B. 학생이 아플 때와 다른 버스를 타고 집에 갈 경우, 그리고 학교일과를 마치기 전에 집으로 갈 때에는 가정통신을 보낼 것임

Ⅹ. 학생의 성공은 협력적인 집단 노력에 의해 가능합니다.

학부모용 안내책자는 학부모가 정보를 습득하고 기억할 것이라는 가망을 늘린다. 가능한 한 학부모/보호자가 사용하는 언어로 기록하여 제공하는 것이 매우 중요하다. 물론 상급학년 학생, 학부모, 학구의 ELL(English Language Learner) 프로그램 전문가 등의 도움이 필요할 수도 있지만, 이 책자는 중요한 정보가 효과적으로 전달되도록 도울 것이다.

또한 학생의 개인 정보 한 가지를 제공하여 회의를 긍정적 분위기로 만들 수 있다. 각 학생에게 자기 신체의 그림자를 만들게 하여 책상에 놓거나 의자에 놓아둔다. 학부모는 그 다음 자녀의 좌석을 발견해 내도록 부탁받는다. 학생들은 또한 부모가 자신의 자리를 학급에서 알아볼 수 있도록 몇몇 정보를 쓸 수도 있다.

학부모 오리엔테이션 동안에, 학급 운영 방법을 논의해야 한다. 학부모는 학급 규칙을 제공받고, 학생의 문제행동을 어떻게 다룰 것인가에 관해 논의할 수도 있다. 예를 들면, 당신이 사용할 문제해결 방법과 행동 계약을 설명할 수도 있다. 학부모가 학생의 행동에 관련해 전화할 때, 당신은 또한 긍정적인 태도로 대화해야 한다.

또한, 학생에게 사용할 교육적 방법을 설명해야 한다. 학급 계획을 논의하고 가르칠 때 사용할 교수 형태를 제시한다. 학부모가 자녀를 도울 수 있는 방법을 제공받을 때, 학부모가 자녀에게 더 생산적인 지원을 제공한다(Shamow & Miller, 1998; Van Voorhis, 2001). 예를 들면, 당신은 숙제를 논의할 수도 있고, 학생들이 숙제에 대해 혼란스러워하고 염려하는 것에 관한 진술을 할 수도 있으며, 학부모나 학생이 숙제에 대해 당신의 도움을 요청하거나 전자메일을 보내길 바랄지도 모른다. 그러나 학부모가 교사의 도움에 감동하고 감사하지만, 교사들이 퇴근 후에는 전화를 잘 받지 않는다는 것을 지적한다.

학업에 관해 논의할 때, 학급 밖에서 학생에게 개별교수로 제공할 수 있는 독서나 영재교육프로그램과 같은 다양한 특별 서비스를 기술할 수도 있다. 또한, 당신은 학생을 개인적으로 보살펴 주는지에 관해 논의해야 한다. 진급 체계를 알려주고, 어떠한 학년이든지, 수행평가의 기준을 토의하는 것이 유용하다. 당신은 또한 또래간의 학습도우미활동, 개별적인 목표의 설정과 집단 계획과 같은 특별한 교수학습방법을 기술할 수도 있다. 마지막으로, 학부모에게 약간의 후원을 요청하는 내용을 알릴 수도 있다. 학부모가 어떻게 그리고 언제 자녀를 도울 수 있는지에 관한 학문적 계획과 정보를 명백하게 함으로써, 교사들은 지지적이고 수용가능한 학부모 반응을 만들기 시작한다.

당신은 또한 언제 자녀가 특별한 노력을 하고 향상을 보이거나, 새롭고 흥미있는 무엇인가를 하는지에 주의하여 학부모가 받길 기대하는 전화를 제공해야만 한다. 유사하게, 학부모는 문제가 일어날 때 무슨 일인지 알 수 있도록 정보를 알려야 한다. 당신은 가정과 학교에서 효과적으로 함께 학습하기 위해 발생하는 문제를 취급해야 하고 학생의 학습을 동기화하는 흥미로운 교육 경험을 제공하며, 학생들이 사회적인 기술과 책임을 배우는 것을 돕는 책임을 받아들여야 한다.

학교 회의에 참가하기 어려운 학부모를 위해, 학부모에게 더 편리한 장소에서 회의를 개최하는 것을 고려하라. 예를 들면, 많은 학생들이 살고 있는 아파트 회의실에서 학부모회의를 할 수도 있다.

우리는 또한 당신이 학부모와 적극적으로 대화하고 그들과의 의사소통에서 귀감이 되길 요청한다. 예를 들면, 일부 학부모나 보호자는 직업 때문에 교신이 어렵고, 어떤 학부모는 전자 메일을 통해 교신하거나, 학교에서 개인적 면담을 원할지도 모른다.

추수활동

오리엔테이션 면담에서 알게된 학부모의 요구사항을 가능한 빨리 처리한다. 당신은 회의 이후 1~2주 이내에 학부모를 교육적 활동에 참여시키기로 결정할지도 모른다. 또한 학부모에게 자녀의 정보 획득을 돕도록 요청할지도 모른다. 당신은 학생들에게 가계도를 만들라거나 직업소개 날(日)에서의 부모회견을 부탁할지도 모른다. 또 다른 후속 활동은 오리엔테이

선 면담 기간 동안 알게된 자녀의 성취나 향상에 관해 학부모에게 긍정적인 정보를 제공하는 것을 포함한다.

후속 활동의 추가 관점은 오리엔테이션 세션에 참가하지 않은 학부모와 교신하는 것이다. 한 방법은 당신이 그들을 보고 싶어 한다고 진술하고, 그들에게 학급으로 초대하고 싶은 시간과, 의논하고 싶은 내용을 담은 작은 쪽지를 접어서 보내는 것이다. 아무런 반응이 없는 학부모에게 그들이 받은 쪽지에 대해 질문이 있는지를 묻는다. 비록 추가 시간을 필요로 하지만, 이러한 노력은 학부모의 지지를 늘리게 한다.

많은 가정이 VCR을 가지고 있기 때문에, 학부모와의 면담을 비디오테이프에 녹화할 수도 있고 영어를 숙달하지 못한 학생이 있다면, 번역해서 영어와 함께 그들의 모국어로 제공하는 것도 좋을 것이다.

교사-학부모 소통 유지하기

모든 학부모는 자녀들이 학교에서 성공하길 바란다(Epstein & Sanders, 1998). 그러므로 학생들의 학업성취를 학부모에게 끊임없이 알려주는 것은 중요하다.

교사들은 또한 학생이 학급에서 겉돌기 시작하거나, 수업을 빼먹거나, 학업에서 지연되거나, 특별한 지원이 필요하거나, 가정에서 학습을 완수해야 할 필요가 있는 경우 부모와 교신해야 한다. 어떤 관계에서라도, 위기가 일어날 때까지 기다리는 것보다 처음 발생했을 때 문제를 다루는 것이 더욱 좋다. 많은 학부모는 어렵다고 회의에 참가하기 어렵고, 자녀가 6~8주 정도 뒤쳐진 것을 발견하기가 어렵다고 주장한다. 비록 일부 부모가 자녀와 함께 공부할 수 없는 것은 사실이지만, 긍정적인 기대를 하는 것은 중요하다. 교사가 끊임없이 학부모의 지지를 요구하는 것과, 그들에게 정보를 제공하기 위해 학부모에게 전화를 하는 것 사이에는 중요한 구분이 있다. 학부모에게는 교사들이 사소한 문제는 알아서 처리하고, 주요한 문제에 대처할 때에 전문적인 지원을 요구할 권리가 있다. 그러나 학부모는 자주 발생하는 문제에 대한 정보를 알고 있어야 한다. 유사하게, 학부모는 학문적 문제나 주요한 행동이 발생할 때도 정보를 알고 있어야 한다.

저자의 아들이 고등학교 2학년이었을 때, 그는 심각한 골칫거리를 가지고 있었고, 1학기동안 많은 학과를 빼먹었다. 저자는 그가 3학년이 되기 전까지, 이 상황을 모르고 있었다. 우리는 학생이 극적으로 진보하거나, 중요한 문제를 경험할 때마다 교직원이 학부모 또는 보호자와 의사소통하는 것은 필수불가결한 일이라고 생각한다. 적어도 180명 이상의 학생과 함께 일하는 교사에게는 노력이 필요하겠지만, 학부모 또는 보호자와 교신할 때 매우 긍정적인 이익이 자주 일어난다. 저자와, 함께 한 교생들과 교사들의 다수는, 학부모 또는 보호자와의 교신 후에 학생의 학습과 행동에서의 중요한 향상을 보고했다. 게다가, 학생과 공동체에

그림 5.4 주간 학습 안내

Weekly Planner

NAME

WEEK OF October 19–23rd

SUBJECT	MONDAY	TUESDAY	WEDNESDAY	THURSDAY
1 Reading	Maniac Magee Chapters 37–38 • Vocabulary concentration • Homework. "Heroic Feats" Write two paragraphs about a hero.	Maniac Magee Chapters 39–40 Maniac's Map	Maniac Magee Chapters 41–42 "Good Leadership activity."	Maniac Magee Chapters 43–45 Webbing of Characters + their traits
2 Spelling	Spelling Lesson ai and ay words page 27	Spelling Workbook pages 28–30 Watch the directions on page 30!	Practice Studying your words and "Other Word Forms"	Spelling test and workbooks due today.
3 Math	Calculator Investigations → → → Digit Possibilities Everyday Counts	Secret Rule using the function key Calculator Calculators Skill Power p.54	"Challenge 500" Arithmetivists p.27 Everyday counts →	Pattern magic What's My number?
4 Science Social Studies	Mapping Skills pages 6–10 (United States & Its Neighbors) questions 1–4 page 10. pages 11–13 (Read)	Mapping Skills Review directions and hemispheres. (map activity)	D.A.R.E	Time for kids Current events worksheet
5 Writing Language Arts	"The Great ——— Robbery" Writing traits • organization • voice Prewriting	Do rough draft of "The Great ——— Robbery."	Continue rough draft Revise Edit	Write 2nd draft, peer edit on Friday.

Reminder: Mapping project due next Tuesday, October 27th

* Book Fair Tu–Fri.
8:30–4:30
Wednesday evening
until 8:00 pm

게 메시지를 보내는 교신을 이행하지 않는 것은 교직원이 양육하지 않는 것 또는 공동체 구성원과의 상호작용을 불편해 한다는 것을 보여주는 것이다. 가족과의 빈번하고 지지적인 교신이 성취와 행동에 대한 극적으로 긍정적인 영향력을 줄 수 있는 것처럼, 이것은 학생의 성취와 행동에 관해 분열적인 결과를 가져올 수도 있다(Reyes et al., 1999; Roderick, 2001).

주간학습안내

특히 초등학교에서는, 학부모는 학생의 일과에 관해서 매주의 가정통신에 감사한다. 월요일에, 학생들은 매주의 계획(그림 5.4 참고)을 제공받고, 공책 앞장에 붙인다. 교사는 학생들과 주간계획을 논의하고, 학생들이 그 주에 무엇을 할 것인지를 설명한다. 학생들은 매일 저녁 공책과 주간학습안내를 가져가기로 예정되어 있다. 학부모는 비디오테이프나 신학기의 밤, 또는 전화로 이것에 대해 이야기를 듣는다. 주간학습안내는 또한 학교 또는 학급의 행사 계획과 장기적인 임무에 관한 정보를 포함할 수도 있다. 학부모/보호자가 영어를 숙달하지 못했다면, 클립아트를 사용하거나 단순한 언어의 사용을 고려할 수도 있다.

금요일 봉투

금요일에 학생들은 한 주 동안 완수한 일로 가득 찬 금요일의 봉투를 받게 되는데, 그것은 교사뿐 아니라 학교의 안내에 의해 응답하게 되어 있다. 학생들은 봉투를 학부모에게 보여주고 월요일에 봉투에 학부모의 서명을 받아 되가져 온다. 학부모가 간단한 평을 쓸 칸이 제공되거나 원하면 전화를 할 수도 있다.

학급소식

가정통신문은 학부모에게 많은 정보를 제공하는 정기적인 방법이다. 중학교 교사는 서로 다른 세 과정을 준비해야 하기 때문에, 각주마다 한 학급에 하나씩 매주 3개의 뉴스 레터를 보낸다. 뉴스 레터에는, 현재 교수되는 교과 주제, 예정된 프로젝트, 필름 등이 기술된다. 당신은 또한 주목할 만한 성취 또는 문제를 경험하는 학부모에게, 뉴스레터를 보낼 수도 있다.

통지표

대부분의 학교는 주기적인 진보 보고서(통지표)를 가정으로 보낸다. 대부분의 학구는 일정한 진보 보고서의 형태를 가지고 있는데, 당신 자신이 만든 보고서를 사용할 수도 있을 것이다. 학문 분야나 행동 분야의 향상 정도를 학부모/보호자에게 통지하는 것은 중요하다. 진보 보고서는 학생의 강점과 관련 분야에 대해 정직하게 기술해야 한다. 학생이 더 성공하기 위해 필요로 하는 것뿐만 아니라 학업이나 행동을 개선하는 것을 당신이 도와줄 수 있는 단계를 기술하는 것은 중요하다.

그 외의 방법

학부모와 의사소통하는 또 다른 방법은, 수학여행, 자녀가 완수해야할 장기적인 프로젝트 또는 학급에서 발생한 정보를 제공하는 안내장을 보내는 것이다. 학부모는 규칙적으로 정보를 받는 것에 감사하고 격월이거나 월간 편지가 적당하게 보인다.

또 다른 방법은 학생들에게 학년의 첫 주 동안에 개인 사물함을 만들게 하는 것이다. 교사들은 통지표를 집에 보내기 위해 이 사물함을 사용할 수 있다. 초등학교 교사들은 한 학기에 최소한 두 번 통지표를 보내는 것이 가장 좋다. 대부분의 교사들은 노트의 내용뿐만 아니라 노트가 보내졌던 때를 기록하는 것이 도움이 되는 것을 안다. 이런 식으로, 당신은 모든 학생에게 노트를 보낼 수 있고, 노트가 보내어질 때마다 당신은 다른 긍정적인 이벤트에 집중할 수도 있다.

전화는 학부모와 교신하는 또 다른 방법이다. 최초의 면담 이전에 적어도 한 번, 그리고 최초 면담 이후 적어도 한 번 각 아동의 부모와 전화 통화하는 교사는, 학부모와 교사의 교신이 좀 더 편안하고 즐겁게 될 것임을 안다. 교사들은 자주 대화하기 어렵다는 평판을 가진 학부모로부터 꽁무니를 뺀다. 그러나 이들은 우리가 알기 위해 가장 노력해야 하는 학부모이다. 학부모는 자녀의 교사가 전화할 만큼 충분히 마음에 둔다는 것을 아는 것에 감사하고, 가장 비판적인 학부모도 자주 전화하는 교사의 지지자가 될 것이다. 전화를 할 때, 항상 시작과 끝은 아동에 대한 긍정적인 칭찬을 사용한다. 또한 아이가 학교에서 어떻게 반응하고 있는지와 학부모가 당신이 아이를 위해 더 생산적인 학교 경험을 하도록 도울 수 있는 어떤 정보라도 가지는 있는지 학부모에게 묻는다.

학생들이 과외 활동에 출석할 때 또한 비공식적으로 교신할 수 있다. 이 전략은 특히 학교에서 무책임하게 행동하는 학생들의 학부모에게 효과적이다. 이따금씩, 저자는 문제 학생들을 운동경기에 참여시키고, 학부모가 참석하여 관람하게 하여 학생들이 학교에서 책임있게 행동해 보도록 격려하도록 하였다.

학부모에게 정보를 제공하는 최종적인 방법은, 학급의 자원봉사자가 되주길 부탁하는 것이다. 행동 문제를 가진 학생의 학부모 다수는 그들이 학교에 재학중이었을 때 부정적인 경험을 가지고 있었다. 따라서 그들은 부정적으로 반응하고 교사에 의해 자주 협박당한다. 학급에서 이러한 학부모를 긍정적인 방법에 포함시키는 것은, 부정적인 감각을 많이 감소시킬 수 있다. 대개 교사에 의해 존경받는 부모 지원자는 교사들의 강한 지지자가 된다. 교사는 처음에는 지원자의 역할을 논의하고, 지원자가 끊임없이 우리의 교육과 훈육 형태에 반응하고 아는 것을 돕는데 많은 시간을 보낼 필요가 있을 것이다. 아이들과 상호 작용하는 부모의 형태가 교사의 방법과 모순될지도 모르는 상황을 인정하는 것은 중요하다. 그런 경우에, 지원자의 노력은 아마 학생과의 최소 교신을 포함하는 지지 활동에 포함될 수 있다.

우리는 당신이 학부모/보호자와 다른 양육자와 모든 교신을 유지해 보도록 권한다. 각 학생을 위한 파일 폴더를 만들고, 그림 5.5에서 제시한 것과 같은 시트를 포함하는 것은 쉽다 이는, 당신이 양육자가 적절한 정보를 제공받지 못했다고 보고할 수 있는 자료를 제공할 뿐만 아니라, 모든 학부모/보호자와 긍정적인 교신을 하는지의 여부에 관계없이 당신이 궤도에 오르도록 도울 것이다.

그림 5.5 학부모/보호자/양육자 접촉

개별교신	학생과의 관계	날짜	시간	대화의 요약	추수활동

잠시 멈추고 5.1

잠시, 당신이 학부모와 의사소통하기 위해 가장 효과적이라고 생각하는 방법을 써 보자. 만일 당신이 현재 학급을 가르치거나, 학생을 관찰하고 있다면, 가능하면 당신의 동료와 다른 교사들에게 다른 교사들이 가장 효과적이라고 생각하는 방법을 공유하도록 요청하라. 일단 당신이 특정 방법의 목록을 가지고 있다면, 일군의 또래 또는 동급생과 결합하고, 이 방법들을 공유하라.

그림 5.6 자기-평가 보고서 양식

이름 ______________________________

읽기

1. 당신은 이번 학기에 방과 후 책을 얼마나 많이 읽었는가?

____

2. 당신은 방과 후의 개인적 책 읽기의 목적을 달성했는가?

____

3. 문학이나 읽기 교재에서의 매일매일의 과제를 수행했는가?

____

4. 읽기에서 당신의 수준은 어느 정도라고 생각하는가?

   수준 : _______________ 노력 : _______________

   이유 : ______________________________

수학

1. 당신은 시간 내에 과제를 완수하기 위해 열심히 노력했는가?

____

2. 당신이 완수하지 못한 곱셈표가 있는가?

   _______________ 그렇다면, 어느 것인가? _______________

3. 당신이 해결하지 못했거나 도움이 필요한 분야는 어느 것인가?

____

4. 수학에서 당신의 수준은 어느 정도라고 생각하는가?

   수준 : _______________ 노력 : _______________

   이유 : ______________________________

철자(받아쓰기)

1. 매주 철자 연습을 공부하는가? _______________
2. 매주 당신은 시간 내에 과제를 완수하는가?

____

3. 각 주마다 배운 낱말을 기억할 수 있는가?

____

4. 쓰기나 매일의 과제에서 낱말의 철자를 얼마나 잘 알고 있는가?

   훌륭함　　매우 좋음　　보통　　부족함 (○표 하시오)

5. 철자에서 당신의 수준은 어느 정도라고 생각하는가?

   수준 : _______________ 노력 : _______________

   이유 : ______________________________

필기체 쓰기

1. 학습에 필요한 것은 무엇인가? ______________________
2. 이번 학기 필기체 쓰기에서 당신의 수준은 어느 정도라고 생각하는가?

수준 : ____________ 노력 : ____________

이유 : ______________________

과학, 사회, 미술

과학, 사회, 미술의 각 분야에서의 이번 학기 당신의 수준은 어느 정도라고 생각하는가?

과학수준 : ____________ 노력 : ____________

이유 : ______________________

사회수준 : ____________ 노력 : ____________

이유 : ______________________

미술수준 : ____________ 노력 : ____________

이유 : ______________________

학교 생활 중 가장 잘 한다고 생각하는 것은 무엇인가? ______________

당신이 학습할 필요가 있다고 생각하는 것은 무엇인가? ______________

이번 학기 당신의 인격적으로 성장하기 위해 사용한 방법은 무엇인가?

____

당신의 학습 습관과 인격 성장을 아래의 기호를 사용하여 평가하여 보아라.

+ = 훌륭함 = = OK 만족스러움 ✔ = 향상이 요구됨

학습 습관

______ 지시를 준수함
______ 시간 내에 과제를 완수함
______ 집단 학습에 열심히 참여함
______ 개별 학습에 열심히 임함
______ 누군가 말할 때 경청함
______ 학습활동시 온화하게 행동함
______ 학습에 대한 책임감을 가짐

인격 성장 분야

______ 타인의 감정을 고려함
______ 긍정적인 방법으로 학교 교칙을 준수함
______ 개인적 소속감을 양육함
______ 자신의 행동을 절제함
______ 자신의 행동에 대해 책임을 질 수 있음
______ 타인과 협동하여 행동할 수 있음

당신 자신과 당신의 학습에 관해 담임교사께 알려주고 싶은 것이 있는가?

____

당신의 학부모와 평가통지표에 대해 담임교사께 알려주고 싶은 것이 있는가?

____

담임교사가 알면 더 좋을 것 같은 다른 할 말이 있는가?

____

성실히 응답해 주셔서 감사합니다.

잠시 멈추고 5.1	잠시 시간을 갖고 여러분이 부모들과 가장 효과적으로 의사소통한 방법을 써 보라. 여러분이 현재 학급에서 가르치거나 관찰하는 교생이라면, 여러분이 일하는 교사에게, 가능하다면 건물에 있는 다른 교사들에게도, 그들이 가장 효과적이라고 생각하는 방법을 공유하라. 일단 구체적인 방법에 대한 목록을 작성하면, 또래 혹은 급우들과 집단을 만들어서 이러한 방법에 대해 이야기를 나누라.

학교의 학부모회 조직

대부분 학부모 회의는 개인적 상담 형태이다. 부모 면담은 부모의 후원을 얻기 위한 결정적 역할을 할 수 있으며 어려움을 겪는 학생들과 노력할 수 있도록 돕기도 한다. 그러나 부정적인 회의는 부모의 불만족을 만들거나 늘릴 수 있다. 이 불만족은 흔히 학생들의 행동에 반영될 것이다. 더욱이, 부모의 비판에 대응하는 것은 교사의 가치있는 시간과 에너지를 다른 곳으로 돌린다. 그래서 부모 면담은 학급 훈육에 진정한 영향을 가지고 있다.

세심하게 준비되고 잘-조직된 면담을 통해, 우리는 부모와의 협의에 대한 걱정을 줄일 수 있는 반면, 학부모의 지지가능성을 증가시킬 것이다. 다음에서는 부모 면담을 개선시키기 위한 의견을 제공한다.

교사의 사전 준비

면담을 위한 가장 좋은 준비 방법을 미리 고려하는 것이 중요하다. 면담은 개인이 면담준비에 참여할 때 보다 편안하고 생산적일 것이다. 학생들도 면담에 함께 참여하는 것도 중요하다.

학생 차원의 준비

학생의 준비 첫 단계는, 회의의 목표를 토의하고 학생들이 질문하고 관심을 표현하는 것이다. 학생들은 학부모가 왜 유인물을 받아야하며 면담에서 무슨 일이 일어날 것인지 알아야한다. 다음 단계는 평가 기회를 학생들에게 제공하는 것이다. 주기적인 교사-학부모 면담의 제1목표는 학생의 성취를 분명히 하고 의사소통 하는 것이기 때문이다. 학생들에게 스스로의 노력을 평가할 기회를 제공하는 것은 또한 학부모면담에서 받을 정보에 대한 걱정을 줄인다. 자기-평가는 학생에게 중요성, 능력, 그리고 힘을 제공한다.

학생을 자기-평가에 포함하는 몇 가지 방법이 있다. 가장 구체적이고 가치있는 방법은 학생 스스로 보고서 카드를 기록하게 하는 것이다. 자기-평가 보고서 카드를 작성하는 가장 쉽고 효과적인 방법은 교육청이나 학교가 여러분에게 학생들을 평가하라고 요구한 것과 같은 항목에 스스로 점수를 매기도록 요구하는 것이다. 그림 5.6은 그러한 양식의 보기이다. 여러분이 적은 숫자의 학생을 담임하고 있다면, 각 학생과 개별적인 만남을 계획할 수도 있다. 일단 학생이 자기-평가 형식을 완성한 후, 각 학생과 개인적으로 결과를 토의할 수도 있다. 이 만남이 교사와 스스로의 평가사이의 불일치를 토의할 수 있는 시간임을 그들에게 알려주어라. 이러한 차이를 토론하는 것은 아주 중요하다. 우리가 추천하는 방법은 초등학교 혹은 중등학교 학생들에게 그림 5.7의 형식을 사용하여, 잘하는 것과 개선할 것(초등학교에서는 별 두 개와 소망이라는 표현을 쓴다)의 두 분야를 쓰는 것이다. 나중에 언급하겠지만, 이것은 교사-학부모 면담동안 공유될 것이며, 부모/보호자 역시 이 형식을 완성하도록 요구받을 수 있다.

자기-평가 보고서 카드와 함께 사용할 수 있는 다른 방법은 학생들이 정한 목표와 비교하여 학생의 행동과 학업 성취를 검토하도록 하는 것이다. 학생들이 자신의 성취를 평가하여 목적에 도달한 정도에 대한 간단한 문장을 쓰도록 할 수 있다.

그림 5.7 **면담 요약 형태**

별 두 개와 소망
두 가지 장점과 한 가지 목표

각각의 별에는 학생(행동이나 학습)에 대한 긍정적인 점을 쓰시오. 소망칸에는 학생에 대한 희망이나 목표를 쓰시오.

학생의 생각	교사의 생각	부모의 생각
(잘하는 것) ☆	(잘하는 것) ☆	(잘하는 것) ☆
(잘하는 것) ☆	(잘하는 것) ☆	(잘하는 것) ☆
소망 (발전을 위한 목표)	소망 (발전을 위한 목표)	소망 (발전을 위한 목표)

부모 차원의 준비

교사-학부모 면담을 위해 부모가 준비할 것에는 기본적으로 두 가지 방법이 있다. 첫째, 앞서 언급한 대로, 여러분은 이미 부모와 몇 번 접촉을 가졌어야만 한다. 이 접촉은 이상적으로 학교에서 돌아온 저녁, 전화, 그리고 학생 진도에 대한 몇 가지 기록 등을 포함한다. 두 번째, 면담이 있기 일주일전, 여러분은 부모에게 면담을 알리고 면담 안건을 제공하는 가정통신문을 보내야 한다. 그림 5.8은 가정통신문의 사례를 보여준다.

교사 차원의 준비

교사들은 부모/보호자를 위해 긍정적이고, 편안한 맥락에서 분명하게 정보를 제시할 책임이 있다. 이러한 목표를 성취하기 위한 세 가지 기본 단계가 있다: 첫째, 앞서 토의한 것처럼, 우리는 적절하게 면담을 위해 학생과 부모를 준비시켜야 한다. 둘째, 우리는 학생에 대한 중요한 정보를 얻어서 분명하게 조직해야 한다. 셋째, 우리는 편안하고, 긴장되지 않은 환경을 만들어야 한다.

부모는 자료에 의해 감동받는다. 자료는 면담을 위해 우리가 시간과 에너지를 투자했다는 것을 나타낸다. 자료는 또한 우리의 전문성을 직접적으로 입증한다. 자료는 또한 토론을 객관화 분명한 이점을 가지고 있다. 자료가 있다는 것은 학생의 성적이 정확한지 혹은 학생의 행동이 관심을 나타내는 것인지에 대하여, 면담이 논쟁으로 바뀔 가능성을 줄여준다.

그림 5.8 부모 면담 안건

스미스 학부모님께 :

11월 6일 수요일 오후 3시 30분에 면담을 기대하고 있습니다. 저희가 시간을 효과적으로 쓰기 위하여, 아래와 같이 안건 목록을 제시합니다. 이 목록이 여러분이 토의하고 싶은 영역을 포함하기를 바랍니다. 특별한 질문이 있다면, 면담에 앞서 몇 자 적어두는 것이 도움이 될 것입니다.

면담 안건
1. 학생에 대한 긍정적인 개인적 수준에 대한 상담
2. 학생의 자기-평가 결과
3. 보고서 카드를 논의하고 학생 학업 노력에 대한 점검
4. 학생 행동과 또래 관계에 대한 논의
5. 부모/보호자 질문 혹은 관심
6. 학생의 장점과 개선이 필요한 분야에 대한 토의로 면담 요약

여러분의 3학년 담임교사, 존슨 드림

자료는 또한 기술과 행동을 개선시킴을 목적으로 한 사려깊은 개입을 위한 우리의 시도일 뿐만 아니라 학생의 학문적 과정과 행동의 기록을 교사가 조작하지 못하도록 한다. 자료의 유용성은 우리가 문제를 과장하고, 학생을 놀리고, 혹은 문제를 스스로 해결하려고 시도하지 않는 것 등으로부터 막아준다. 우리가 어느 정도 유능한가에 상관없이, 정보의 부족은 부모들을 대할 때 교사의 권위를 실추시킨다. 결과적으로, 잘-준비된 자료는 어떠한 부모 면담에도 필수적인 요소이고 부적절한 학생 행동이나 낮은 학생 성적에 대해 초점을 두는 면담에서 특히 중요하다. 부모와의 면담에서 유용한 자료의 네 가지 유형은 다음과 같다:

1. 학급에 대한 학생과 부모의 느낌에 대한 자료
2. 학생의 성적 자료
3. 학생 행동과 행동을 개선하기 위한 시도의 결과에 대한 자료
4. 문제가 되는 어떤 문제에 대한 해결을 위한 동료와 전문가와의 면담 자료

부모가 아동이 어떻게 배우고 있는가를 인식하는 정보를 얻는 것은 도움이 된다. 이 정보를 요구함으로써, 우리는 부모의 관심과 생각의 중요성을 알게 된다. 학교에서 아동 반응에 대한 부모의 인식과 부모의 바램에 대한 정보는 또한 우리가 면담을 잘 준비하도록 만든다. 그림 5.9와 5.10은 중간 학년의 교사들이 사용한 가정통신문과 부모용 질문지의 예를 제시한다.

그림 5.9 면담전 부모 질문지에 대한 커버 편지

부모님께
여러분의 아동과 여러분을 위해 보다 가치 있는 부모 면담이 이루어지도록, 면담을 위한 가능한 많은 정보를 알고 싶습니다. 뒷장의 질문에 대해 응답하여 주십시오. 여러분이 대답하고 싶지 않은 질문이 있다면, 빈칸으로 남겨두어도 됩니다. 면담이 있기 하루 전까지 이 질문지를 되돌려 보내주시기 바랍니다. 어려우시면, 면담 시에 가지고 오십시오.
면담을 위해 시간을 내 주셔서 감사합니다.
다음 주를 기대하겠습니다.

여러분의 윌슨

그림 5.10 면담 전 부모질문지

가능하다면 이 질문지를 완성하여 보내주십시오. 감사합니다.

이름 : ____________________

1. 이번 학년도에, 내 아이의 대체적인 태도는

____

2. 내 아이가 학교에서 가장 흥미를 나타내는 것은

____

3. 내 아이가 학교에서 가장 큰 관심을 보이는 것은

____

4. 내 아이는 다음과 같은 것을 잘한다(학교에서 하는 게 아니라도)
   a.__________ d. __________
   b. __________ e. __________
   c. __________ f. __________
5. 내 아이가 특별히 열심히 하기를 바라는 분야는

____

6. 여러분의 자녀가 가지는 있는 긍정적인 태도를 열거하고 우리가 학교에서 좋은 태도로 길러주기를 바라는 것(예를 들면 믿을 수 있고, 참을성있고, 이해하고, 정확한 등과 같은)

____

7. 이번 학년도에 내가 궁금한 것은

____

8. 내 아이가 어려움을 가지고 있는 듯이 보이는 것은 다음과 같은 것이다(반드시 학교일이 아니라 예를 들면, 손가락으로 작은 일하기)

____

9. 학교에서 내 아이가 하고 싶어하는 것은

____

10. 내 아이가 좋아하는 교과목은 다음과 같다(흥미와 취미를 포함하여)

____

11. 교사에게 자녀를 보다 효과적으로 대하도록 돕기 위한 기타 의견이나 논평

____

____

____

질문지를 작성할 시간을 내 주셔서 감사합니다.

학교의 주요 기능은 각 학생에게 기초적인 학업 기능을 제공하는 것이기 때문에, 교사-학부모 면담은 부모에게 아동의 학문적 정도를 알려주는 것에 중점을 두어야 한다. 여러분은 매 면담마다 아동 작품을 포함하는 폴더를 제공해야 한다. 폴더는 부모가 학생이 특별한 성공과 어려움을 갖는 분야를 이해하도록 돕는 구체적 예를 포함한다.

학생 행동에 관한 구체적 자료는 아동이 심각한 문제를 일으키는 부모와 면담할 때 필요할 것이다. 그러한 경우에, 부모는 아동 행동과 행동을 개선하도록 돕는 우리의 접근에 대한 구체적인 자료를 제시받아야 한다.

학생의 학문적 정도를 나타내는 자료가 잘 활용되지 않는다면, 학생의 구체적 요구에 대처하기 위하여 조절된 학생의 학업 프로그램의 방법을 학부모에게 제시하도록 준비되어야 한다. 여러분이 개별화된 프로그램을 개발하는 전문가와 일하고 있다면, 이러한 면담에 대한 정보를 제공하도록 도움을 받을 수 있을 것이다. 이것은 이러한 면담의 결과를 기록하는 표준 형태를 사용하는 것으로 할 수 있다. 그림 5.11은 여러분이 이러한 목적으로 사용할 수 있는 형태의 예시이다.

이러한 자료를 제시하는 몇 가지 이점이 있다. 전문 상담에 관한 자료는 교사의 관심과 자발성을 반영한다. 더욱이, 그것에 의해 부모는 아동문제가 단지 교사와의 갈등이나 교사가 에너지가 넘치는 학생들을 잘 가르치지 못하는 교사의 무능력의 결과가 아님을 알게 된다.

그림 5.11 교사-전문가 면담 질문지

상담가 이름 ____________________ 날짜 ____________
상담가의 지위 혹은 역할 ____________________________
면담을 하는 이유 :

면담의 목표 :

알고 있는 정보 :

확정된 결정 :

부가적인 논평 :

전문가와의 상담을 통한 다른 이점은 이 절차가 부모에게 더 분명하고 더 완전한 자료를 제공하여야만 한다는 것이다. 특히 학업 분야에서, 담임 교사들은 종종 학생 문제의 원인이 되는 구체적인 요인을 진단하는 데 제한적인 기술을 가지고 있다. 전문가에 의한 상담으로, 교사는 부모에게 보다 자세한 정보를 제공할 수 있을 뿐 아니라 교사가 동시에 학생을 위한 보다 적절한 학업 프로그램을 개발하는 데 도움이 되는 정보를 얻을 수 있다.

학부모에게 면담 요약서를 제공하는 것은 도움이 된다. 그림 5.12는 초등학교에서 사용할 수 있는 면담 요약의 예시이다.

일단 우리가 학생과 학부모를 준비시켜서 관련된 자료를 수집하고 개발하면, 마지막 준비는 편안한 면담 장소를 만드는 것이다. 가능하다면, 면담은 원탁에서 이루어져야 한다. 분위기는 탁자위에 꽃이나 과자나 커피 등을 먹도록 놓는다면 보다 긴장이 완화될 것이다. 여러분은 안건을, 기록할 공간을 남겨 복사해서, 부모들에게 준다. 부모들에게 펜이나 연필을 제공하여 그들이 면담동안 기록할 수 있도록 하라.

효과적인 면담 진행하기

여러분이 효과적으로 준비를 했다면, 면담은 보통 자연스럽고 편안하게 이루어질 것이다. 부모에게 친근하게 인사한 후 긍정적인 주제에 대해 이야기를 나누고 나서, 아동이 학교에서 보이는 긍정적인 인성에 대한 이야기로 시작하라. 다음 단계는 부모에게 학생의 자기-평가 보고서 카드와 학생들이 학기동안 자신들의 진보에 대하여 쓴 다른 자료를 읽게 하라. 학생들은 종종 자신의 노력에 대해 비판적이기 때문에 이것은 여러분이 해야 할 결정적인 논평을

그림 5.12 부모 면담 요약서

학생 이름 : ______________________

학업 성취
읽기
잘하는 것 : ______________________
더 노력할 것 : ______________________

수학
평균점수 : ____________ ____________
시험 수시평가
강한 분야 : ______________________
개선이 요구되는 것 : ______________________

쓰기
잘하는 것 : ______________________
계속 노력해야 할 것 : ______________________

다른 교과 : ______________________
____

행동과 성격 특징
교사가 본 아동의 긍정적인 인성 : ______________________
____
개선해야 할 것 : ______________________
____
여러분의 자녀 친구에 대한 생각 : ______________________
____

최종 의견
여러분은 집에서 이렇게 도와줄 수 있다 : ______________________
____
그 밖의 의견 : ______________________
____

위한 흥미롭고 민감한 준비이다. 일단 그들이 아동 스스로의 평가를 읽고 나면, 부모는 아동들이 개선할 부분에 대한 여러분의 진술에 질문이 적어진다.

많은 부모들은 그들의 아동 보고서 카드에 관심을 두므로, 다음 단계는 대개 실제 리포트 카드를 토의하고 학생 작품의 구체적 예를 검토하는 것이다. 이 때, 학생 노력의 긍정적인 측면에 강조를 둔다. 부모들은 피드백의 샌드위치 이론에 맞게 응답하는데, 그것은 비판적은 논평은 아동에 대한 긍정적 논평사이에 있다는 것이다. 다른 전략은 개선할 필요가 있는 분야를, "나는 당신 자녀를......하도록 격려하고 싶다"와 같은 진술로 소개하는 것이다. 긍정적인 것에 중점을 둠으로써, 여러분은 부모의 방어와 비평을 줄일 수 있다.

일단 학업 문제가 토의되고 나면, 학생 행동과 또래 관계에 초점을 두라. 개선을 요구하는 측면뿐 아니라 학생 행동의 긍정적 측면을 토의하는 것은 중요하다. 또한, 만약 학생이 심각한 행동 문제를 가지고 있다면, 부모에게 학생 행동을 변화시키기 위해 학생을 돕는 노력에 관한 구체적 자료를 제시하라. 이 부분에서, 교장이나 다른 전문가를 초대하는 것이 적절할 수도 있다.

학생 학업 진도와 행동에 대해 토의한 이후, 부모는 질문하고 논평할 기회를 얻어야 한다. 부모가 질문이 없다면, 여러분은 부모 질문지에 이미 쓰여진 관련있는 항목에 대해 언급함으로써 그들의 사고와 관심에 초점을 두도록 도울 수 있다(그림 5.10).

학생 학업과 행동의 장점과 목표를 요약하는 것으로써 면담을 결론지어라. 그들이 상대적으로 단순하다면, 개선을 위한 목표는 그림 5.7 혹은 5.12에서 제시된 형태에 쓰여질 수 있다. 그러나 학생이 심각한 행동 문제를 겪고 있다면, 목표를 도달하기 위한 계획을 구체적으로 쓰도록 하여 도울 수 있다. 그림 5.13은 초등학생을 위한 예시를 제공한다. 여러분은 이 형태를 중학생이나 고등학생에게도 그림을 바꾸거나 없애서 적용할 수 있다.

잠시 멈추고 5.2	학부모나 보호자와의 면담을 위해 부모, 학생 그리고 여러분 스스로 준비하기 위해 여러분의 학년에서 사용할 수 있는 방법의 목록을 만들어라. 여러분이 현재 학급에서 가르치거나 관찰하는 학생이라면, 함께 일하는 교사에게 요청하여, 가능하다면, 그들이 가장 효과적이라고 생각한 방법을 다른 교사들과 공유하라. 일단 구체적인 방법 목록을 만들었다면, 이 방법을 또래 혹은 급우들과 함께 이야기나누어 보라.

그림 5.13 개선을 위한 계획

개선을 위한 계획

학생 이름 : ______________________________

교사 이름 : ______________________________

부모 이름 : ______________________________

날짜 : ______________

개선되어야 할 분야 : ______________________________

____

교사가 할 일 : ______________________________

____

학생이 할 일 : ______________________________

____

부모가 할 일 : ______________________________

____

장기간 목표 : ______________________________

____

부모의 불평과 이의에 대해 효과적으로 대응하기

몇 년간 가르쳐본 사람이라면 화나거나 비평하는 부모를 잘 다루어야 한다는 것을 알고 있을 것이다. 비록 화가 난 부모를 다루는 간단한 방법은 없지만, 그러한 상황에 효과적이고, 전문적인 방법으로 대처할 수 있는 몇 가지 전략이 있다.

1. 여러분이 물리적으로 안전하고 저항을 할 수 있는 환경에서 부모나 보호자를 만나라. 여러분이 손님을 대처할 수 있다고 믿을 이유를 가지고 있다면, 만나는 스케줄에 행정가나 상담가를 포함시켜야 한다.

2. 부모를 기쁜 태도로 맞이하라. 여러분이 그들을 반긴다면 부모들이 비판이나 공격을 계속하기가 어렵다.
3. 부모 감정을 누그러뜨릴 수 있는 능동적인 경청방법을 사용하라. 부모에게 방어적으로 대하거나 처음부터 논쟁을 하는 것은 대개 부모의 감정을 더하게 할 뿐이다. "당신의 관심에 감사드립니다" 혹은 "이것에 대해 진정으로 관심을 갖는 당신을 볼 수 있습니다"와 같은 말을 사용하여, 여러분이 부모의 감정을 이해하도록 도울 수 있다. 이러한 전술은 점차적으로 부모가 감정을 가라앉히고 분노 혹은 두려운 감정을 다시 생각하여 보다 긍정적이고 생산적인 반응을 하도록 한다.
4. 진정으로 관심을 가지고 보고 주의깊게 들어라. 이 태도는 역시 부모가 수용된다고 느껴서 점차적으로 부정적이고 강렬한 감정을 줄이도록 돕는다.
5. 조용하고, 전문적인 방법을 나타내라. 똑바로 서고, 부모를 보면서, 조용함을 유지하라. 갈등 상황에서 책임을 느끼고 조용하게 대하는 교사에게 학생들이 보다 효과적으로 반응하듯이, 부모도 조용한 대응을 받을 필요가 있다.
6. 부모에게 그들이 바라는 바를 물어라. 대립을 피하는 방법의 하나는 부모에게 묻는 것이다: "나는 당신의 관심에 감사합니다. 오늘 우리의 토론을 어떻게 마치고 싶으세요?". 이 접근은 부모의 에너지에 초점을 두고 면담을 불평하는 것에서 잠재적으로 생산적인 문제-해결 면담으로 옮기도록 돕는다.
7. 필요하다면 시간을 설정하라. 시간이 제한적이라면, 부모에게 알리는 것이 중요하다. "다음 수업까지 20분 시간이 있습니다. 그 시간에 문제해결을 할 수 있을지 생각해봅시다. 보다 시간이 필요하다면, 가능한 빨리 면담스케줄을 잡는다면 좋겠습니다."라고 말할 수 있다.
8. 부모에게 학생이 문제에 대하여 알고 있는지를 물어보라. 학생은 관련된 가장 중요한 사람이므로, 부모에 의해 제시된 문제가 학생에게는 어떻게 느껴지고 있는지를 분명하게 하는 것은 중요하다. 이 문제는 또한 부모에게 천천히 시간을 두게 하고 대화를 통해 보다 생산적인 관점을 만들어내게 한다. 더욱이, 그 문제는 일어난 문제에 대한 학생의 책무성의 이슈를 소개하도록 돕는다.
9. 정직하라. 부모와 대립할 때, 문제의 심각성을 이해하거나 학생이 해야하는 커다란 문제에 너무 많은 책무성을 받아들이기는 쉽다. 여러분의 전문적인 성실성을 유지하고 문제에 대해 정직하고 분명한 언급을 나타내는 것으로 앞으로의 면담 단계를 설정하라.
10. 구체적인 자료를 강조하라. 자료는 여러분의 전문적인 도구의 하나이자 동시에 가장 좋은 방어이다. 부모가 자기 딸이 작년에는 수학을 잘했는데 금년에는 어려워한다고 화가나서 말한다면, 가장 논리적이고 효과적인 접근은 학생의 수학 능력과 학교 성적

에 관련된 자료를 검토하는 것이다.

11. 부모에게 구체적으로 문제를 처리하기 위해 어떻게 해야 하는지를 말하라. 부모는 교사가 어려움을 덜기위해 무엇을 할 지 알아야 할 권리가 있다. 게다가, 비판적인 부모는 그들이 들어야하고, 데이터를 보아야하며, 계획을 보아야 한다는 것을 안다면, 종종 강력한 지지자가 되기도 한다. 부모의 걱정이 정당하지 않다면, 현재 문제의 결과를 검토하기 위한 추수 면담을 포함하는 계획이 있어야 한다. 그러나 만약 부모가 관심을 요구하는 분야를 강조한다면, 부모의 관심에 대한 존중과 그 분야에서 여러분의 능력을 보여주는 계획을 짜라.

연구자 중의 한 명과 일한 교생은 다음과 같은 상황을 경험했는데 학생이 교사와 행정가로부터 또래에게 신체적이고 언어적인 폭력을 사용한 것에 대하여 고치도록 요구한 것 때문에 학생 숙모가 화가 난 것이었다. 그 숙모는 교사들에게 욕한 경험이 있었지만, 그녀의 조카를 위해서는 강력한 대변자였고 새 학년 시작 후 몇 개월간은 교생과 협동적으로 일 해왔다. 한 학생의 어머니가 학생이 또래를 놀리는 것에 대하여 학교에 알린 후의 어느 날 아침, 숙모는 학급에 와서 교생과 논쟁을 하였다. 교생은 인사하고, 멘토에게 학급을 봐달라고 부탁하고, 교무실 옆 작은 방으로 숙모를 만나기 위해 갔다. 교생은 좁고, 창문 없는 방에 들어가서, 벽에서 멀리 떨어진 곳에 앉았고, 숙모는 문을 닫고 문과 반대로 의자를 밀었다. 숙모는 교생에게 소리지르기 시작했고, 교사의 신체적 안전을 협박하면서, 일어서서 그녀를 향해 움직였다. 다행히, 교생은 단계적으로 축소해가는 방법을 알고 있었다. 그녀는 숙모의 분노를 경험하고 재진술 하였으며, 숙모가 이것은 교장에게 말하여 의논하자고 주장했다. 숙모는 그녀의 질녀가 얼마나 부당하게 대접받았는지를 권위있는 사람에게 말할 기회를 얻어서 기뻤으므로, 교사에게 그 방을 나와서 교장과 만날 약속을 잡도록 했다.

이 사건은 교사가 화가 난 부모나 보호자와 처리하는 계획을 가지는 것의 중요성, 특히 지지하는 것이 꼭 적절한 것은 아닌 장면에서 잠재적으로 화가 난 부모 혹은 보호자를 만나지 말라는 것의 중요성을 강조하고 있다.

잠시 멈추고 5.3

우리는 여러분이 서너 명의 동료나 급우와 노력하여 여러분이 부모나 학생을 후원하는 다른 성인과 직면한 경험 혹은, 상상을 선택하도록 격려한다. 그 상황에 대한 토론 후에, 집단의 한 명에게 부모의 역할 부분과 교사의 역할을 하도록 하라. 역할 놀이 후에, 집단의 나머지는 피드백을 제공하게 하라. 피드백이 구체적이라면, 여러분은 교사로서 행동하는 다른 학생과 역할놀이를 반복하고 싶을 것이다.

올바른 견해를 가지고 학교-가정 상호작용하기

교사가 부모와 초기에 긍정적이고 정보를 주는 관계에 의해 순향적인 접근을 한다면, 교사-부모 상호작용은 교사의 일에서 긍정적이고, 기쁜 측면이 될 것이다. 유사하게, 교사가 부모 관심에 대하여 조용하게 전문적인 반응을 보이는 기술을 개발한다면, 부모와 잠재적으로 부정적인 상호작용조차 덜 스트레스가 되어서 보다 부모를 이해하고 지지하도록 만들기 위해 노력하게 될 것이다.

불행하게도, 이혼, 실질적인 학대, 가난, 가족 유동성 그리고 맞벌이 부모 등의 높은 비율이, 보호자가 학교에서 아동들의 노력을 위한 효과적인 지지를 제공하기 위한 준비, 정서적 안정, 시간, 그리고 지원하는 것이 부족한 가정의 학생 수가 증가하는 사회를 만들어내고 있다. 게다가, 어떤 문화적 집단의 부모는 그들의 일이 아동이 학교에서 더 잘하도록 격려하고 아동이 교사에게 순종하도록 격려한다고 믿지만, 그들의 역할이 학생의 숙제나 학교 과제를 돕는 것으로서 보지는 않았다.

교사로서 우리의 책무성은 이 책을 통하여 설명된 모든 학생을 위해 긍정적이고, 돌보며, 지지하고, 잘-구조화된 환경을 만드는 방법을 사용하는 것이다. 교사들은 또한 다른 교사와 직원의 도움으로 학교가 계속되는 문제를 경험하는 학생들과 노력하는 구체적인 방법을 개발할 책무성을 가지고 있다. 이것은 교사로서 우리의 책무성의 범위이다. 교사들은 정신건강 전문가가 아니며 부모에게 훈련을 제공하거나 가족 문제를 해결하기 위한 자원을 부모가 얻도록 도울 수도 없다.

심지어 부모들과 노력하는 교사의 책무성은 제한될 수 있는데, 학교 직원은 부모에게 다양한 도움을 제공할 수 있다. 학교는 모든 아동과 부모와 상호작용하게 되는 유일한 사회적 기구이다. 그래서 학교 직원은 종종 문제를 먼저 알아서, 부모가 학교에서 도움을 요청하기 쉽도록 해야한다. 학교가 제한된 지역 서비스를 제공하고 다른 공동체 수단을 알려주는 것도 부모와 아동에게 중요한 서비스가 될 수 있다. 학교 상담가는 부모와 아동에게 직접적인 봉사를 하는 확실한 자원이다.

가족에게 도움을 주는 다른 유형은 학부모교실이다. 많은 학교는 부모에게 주기적인 세미나 혹은 효과적인 부모가 되기 위한 방법에 대한 강좌를 제공한다. 왜냐하면 실제로 모든 부모는 아동의 학교와 관계를 가지기 때문에, 그리고 대부분의 부모에게는, 학교 면담에 참여하는 것이 정신 건강 클리닉에 참여하는 것보다 쉽기 때문에, 학교가 부모로서의 기술을 제공하는 중요한 자원이 된다. 연구자는 수많은 학부모교실과 강좌를 열었으며 부모들이 새로운 기술에 대해 감사하고 기뻐하는 것을 발견했다.

학교는 혼란한 부모와 가정을 위한 다른 중요한 지원 봉사를 제공할 수 있다. 많은 학교는 심각한 가정 문제와 연관되어 계속 일어나는 학교 문제를 경험하는 학생들을 위한 가정, 가족, 그리고 공동체 사이의 연결로서 사회 사업가 혹은 다른 사회 봉사 전문가와 접촉을 시작했다. 정신 건강 기구들은 학교 직원이 사용한 것과는 다른 시스템과 언어를 고용한다; 그래서 이 시스템에 친숙한 사람은 이 자원을 보다 효과적으로 사용할 수 있다. 학교-공동체 연결은 교육자와 부모를 위해 자원으로서 사용될 수 있으며 아동과 가족을 위해 많이-필요한 공동체 서비스를 얻도록 도울 수 있다. 설령 학교가 그들이 교육하도록 돕는 학생들이 처한 모든 문제를 해결하도록 책임을 지는 것은 아니라고 해도, 학교는 교육 환경으로부터 이익이 되는 능력에 영향을 주는 스트레스와 충격을 경험하는 아동들을 위한 효과적인 사람을 규명하고 제공할 의무감이 있다.

그림 5.12에서 보았듯이, 학교/가족/공동체 후원을 연구하고 개발함에 있어 리더인, 조이스 엡스타인(Joyce Epstein)은 가족을 포함할 수 있는 학교 직원을 6개의 분야로 윤곽을 잡았다. 가족은 아동이 긍정적인 사회기술을 개발하도록 돕기 위해 후원할 필요가 있다. 연구자는 양육, 직업 훈련, 그리고 전신 건강이나 실제 학생 상담 등에서 부모에게 도움을 제공하는 것은 아동의 폭력을 줄이는 데 긍정적인 효과를 가질 수 있다고 보고했다 (Yoshikawa, 1994).

아동 학대에 대한 신고는 가정-학교 관계에서 특별한 이슈이다. 아동 학대를 신고하는 교육자의 책무성은 아동과 가정을 돕기 위한 학교와 공동체 자원의 협동의 한 예이다. 학대 받는 아동을 돕기 위해, 교육자가 아동 학대를 신고하도록 의무화한 법령이 만들어졌다. 오레곤에서, 교육자는 신체적 학대, 무시, 정신적 혹은 정서적 학대, 성적 학대, 그리고 성적 착취 등이 의심되면 신고하도록 되어있다. 오레곤 법률은 또한 법적 고소에 대하여 보호수단을 가진 신고를 할 수 있는 전문가를 제공하는데, 다음과 같다:

418.762 - 성실하게 신고하는 사람의 면책특권

ORS 418.750에서 418.760에 의한 신고에 성실하게 참여한 사람과 그것에 대해 합당한 근거를 가진 사람은, 그러한 신고나 내용에 대하여 빚을 지거나 책임을 가져야 하는, 어떠한 책임감, 시민 혹은 범인이 되는 것에서 면책특권을 가질 것이다. 그와 같은 참여자는 그러한 신고로 인한 법률 구조에 참여하게 되는 것에 관해 같은 면책특권을 가질 것이다.

모든 교사와 행정가는 주의 아동 학대 법률과 그들 지역 교육청에서 신고와 추수-절차에 대해 익숙해야 할 것이다. 많은 지역 교육청은 아동 학대 신고를 다루는 것에 있어 적절한 추수지도를 보증하고 이러한 유형의 신고와 관련하여 아동이 종종 일시적인 정서적 스트레스에 대처하도록 돕는 노력을 조정할 책임이 있는 공동체 아동 서비스 기구들과 관계를 맺어왔다.

제2언어 사용 학생의 부모교육

연구에 의하면 교사들은 학생의 교육적 경험에서 가족의 역할과 가족 참여를 가족 구성원과 보호자와는 다르게 인식할 수 있다. 라틴 아메리카계 학생들이 높은 성취를 보인 학교에 대한 연구에서, 레예스(Reyes)와 동료들은 교사들이 가족 참여를 학교 행사 참여, 회의에 참여, 그리고 자원봉사 등으로서 생각한다는 것을 발견했다. 그러나 가족 구성원들의, 가장 중요한 참여는, "숙제를 검사하고, 아동이 읽는 것을 듣고, 가정교사적인 도움을 주고, 배려깊은 양육, 서서히 배어드는 문화적 가치, 아동과 이야기하기, 그리고 잘 먹이고, 깨끗하게 하며, 잘 쉬게해서 학교에 보내는 것"으로 보았다(Reyes et al., 1999, p.37). 그래서 놀랄 것 없이, 라틴 아메리카 학생들이 가장 성공적인 학교의 직원들은 가족 참여를 가정 환경 내에서 아동의 교육에 가족들이 직접적으로 참여하는 것에 강조를 두었다. 유사하게, 42개의 프로젝트에 대한 검토에 기초를 두고, 차브킨과 곤잘레스(Chavkin & Gonzales)는 양육하는 가족 참여에서 다음과 같은 효과적인 전략을 보고했다: (1) 2개 언어를 말하는 교직원과 환영받는 곳을 제공하기, (2) 스페인어로 의사소통하기, 그리고 (3) 학교에서 먼 지역에 있는 가족들과 이야기나누기.

라틴 아메리카 학생들이 특히 잘 지내는 학교는 따뜻한 인간미를 가진 직원과 가족과 개인적 관계를 맺는 직원으로 특징지어졌다(Reyes et al., 1999). 이 저자들은 직원들이 공식적으로 혹은 비공식적으로 가족과 만날 때 학생 성취를 아는 것이 중요하다는 것을 알아냈다. 이 연구자들은 라틴 아메리카 학생들이 잘 수행하는 학교의 특징을 다음과 같이 강조했다:

1. 라틴 아메리카 부모들의 문화적 가치를 확립하기
2. 부모와 개인적인 접촉을 강조하기
3. 부모와 의사소통하기
4. 따뜻한 환경 만들기
5. 부모 참여에 적합한 구조를 만들기

외국인 학생 부모 혹은 학교에서 학생과 교사 다수와는 다른 문화를 가진 가족의 부모가 참여하는 것은 구체적 인종적 혹은 문화적 집단을 위한 특별한 미팅을 통해 강화될 수 있다. 구체적 미팅은 안건이 있을 때 부모/보호자를 참여시키는 것, 미팅에 온 다른 부모들과 접촉하는 것, 의견발표자나 토론 진행자로서 인종적/문화적 집단에서 나온 공동체 리더를 포함하는 것 등에 의해 쉬워질 수 있다(McKeown, 1998).

그림 5.14 참여와 실제 활동의 6가지 유형의 구조(Epstein 제시)

형태 1 부모양육	형태 2 의사소통	형태 3 자원	형태 4 가정학습	형태 5 의사결정	형태 6 공동체와 협력
모든 가족이 학생으로서 아동을 지지하기 위한 가정 환경을 만들도록 돕기	학교 프로그램과 아동 진도에 대한 학교에서 가정 그리고 가정에서 학교로의 의사소통의 효과적인 양식 설계	부모 도움과 지지를 위한 보충과 조직	학생들의 숙제 그리고 다른 교육과정-관련 활동, 결정, 그리고 계획 등을 집에서 돕는 방법에 대해 가족에게 정보와 아이디어 제공	부모 리더와 대표를 뽑는 학교 결정에 참여	학교 프로그램, 가정 연습, 그리고 학생 학습과 발달 등을 강화하는 공동체로부터 자원과 서비스 규명 및 통합
실제 활동	실제 활동	실제 활동	실제 활동	실제 활동	실제 활동
• 제안 - 각 학년에서 학습을 지지하는 가정 조건 • 워크샵, 비디오테이프, 컴퓨터 폰 메시지 - 각 연령과 학년 수준에 따른 양육과 아동 보호를 위한. • 부모 교육과 다른 과정이나 부모훈련(예를 들면, GED, 대학학점, 가정문학)	• 모든 부모와 면담 - 적어도 년1회, 필요시 추수면담 • 통역가 - 필요시 가족을 돕기 위해. • 1주 혹은 1개월치 학생 폴더를 가정으로 보내기 - 검토와 논평.	• 학교와 학급 자원 프로그램 - 교사, 행정가, 학생 다른 부모를 돕기 위해. • 부모 방 혹은 가족 센터 - 자원가, 미팅, 가족을 위한 자료 등 • 매년 엽서 배달 - 자원가의 모든 재능, 시간, 그리고 지위 등을 규명하는.	• 정보 - 가족에게 학생이 각 학년모든 교과에서 가져야 하는 기술 • 정보 - 숙제 정책과 집에서 학교 과제를 검토하고 토의하는 방법 • 정보 - 다양한 학급과 학교 평가에 관련된 기술을 개선하도록 학생을 돕는 방법	• 능동적 참여 - 부모 리더십과 참여를 위한 PTA/PTO, 다른 부모 조직, 자문기구, 위원회(예를 들면, 교육과정, 안전, 직원) • 독립적인 옹호 집단 - 학교 개혁과 개선을 위한 로비와 노력을 위한. • 지역협의회와 위원회 - 가족과 공동체 참여를 위한.	• 학생과 가족을 위한 정보 - 건강, 문화, 여가, 사회적 후원, 그리고 다른 프로그램이나 서비스를 하는 공동체에 대한 • 공동체 활동에 대한 정보 - 학생을 위한 여름 프로그램을 포함하여, 학습기술과 재능을 연결하는. • 학교를 포함하는 파트너쉽을 통한 서비스 통합; 시청, 상담, 문화, 건강, 여가 그리고 다른 기구와 조직;그리고 사업.

실제 활동	실제 활동	실제 활동	실제 활동	실제 활동	실제 활동
• 가족 지원 프로그램 - 건강, 영양, 그리고 다른 서비스를 돕기 위한. • 전환기에 가정방문 - 유치원, 초등, 중학교, 그리고 고등학교	• 부모/학생 보고서카드 수집, 성적 향상에 관한 면담. • 규칙적인 사용 스케줄 - 안내, 메모, 전화, 뉴스지, 그리고 다른 의사소통 • 분명한 선택 정보 - 학교나 과정, 프로그램, 그리고 학교내 활동. • 분명한 정보 - 모든 학교 정책, 프로그램, 개혁, 그리고 전이.	• 학부모, 전화번호, 혹은 다른 조직 - 모든 가정에 필요한 정보를 제공하기 위해. • 부모 감독자 혹은 다른 활동 - 학교 프로그램의 안정과 조작을 돕기 위해.	• 규칙적인 숙제 스케줄 - 학생이 학급에서 배운 것을 가족과 토의하고 상호작용하도록 요구하는. • 달력 - 집에서 부모와 학생이 해야할 활동을 표시. • 학교에서 가족 수학, 과학, 그리고 읽기 활동. • 여름 학습 꾸머리 혹은 활동 • 가족 참여 - 매년 학생 목표를 설정하고 대학이나 일을 계획하기	• 학교 정보나 지역 선거 - 학교 대표를 위한. • 네트워크 - 부모 대표와 모든 가족을 연결하는.	• 학생, 가족 그리고 학교에 의한 공동체 서비스 (예를 들면, 성인과 다른 사람들을 위한 재활용, 미술, 음악, 연극 그리고 다른 활동) • 학생들을 위한 학교 프로그램에 동창회의 참여

우리가 학교를 이끌어나가는 사람들과 지배적인 문화의 구성원이 아닌 가족의 공동체 사이에 존재하는 권력의 광범위한 차이를 깨닫는 것은 중요하다. 학교 직원들이 부모/보호자가 공동체의 구성원에 의해 제시된 방법으로 참여하는 전통적인 방법을 보충하는 것으로 힘과 영향을 공유하도록 하는 것은 필수적이다.

학부모와의 만남 평가

인식(awareness)은 대개 한 사람의 행동을 변화시키는 첫 번째 단계이다. 새로운 행동을 시도하는 데 포함된 시간과 위기를 감수할 것인지를 결정하기 전에, 대부분의 사람은 그들의 현재 행동을 검토한다. 활동 5.1은 여러분에게 현재 부모 관계 혹은 여러분이 일하고 있는 학급의 교사에 의해 사용된 것을 확인할 기회를 제공한다. 그것은 또한 이러한 접촉을 체계적으로 개선시킬 몇 가지 아이디어를 제공한다.

잠시 멈추고 5.4

여러분이 영어를 제2외국어로 말하는 학생들에게 봉사하는 전문가가 있는 학교에서 일한다면, 한 두명의 전문가와 만나서 영어가 제2외국어(ELS)인 가정의 구성원을 위해 도움을 제공할 수 있는 학습방법에 대해 토의하라. 4명의 동료나 급우들과 집단을 만들어서 여러분이 발견한 방법을 공유하라.

활동 5.1

부모 접촉의 측정과 개선

여러분의 부모 접촉을 측정하기

부모님과 여러분의 현재 접촉 수준을 측정하기 위해, 질문들에 답하시오.

1. 여러분은 올해 이때까지 얼마나 많은 정보 편지를 모든 부모에게 보냈습니까? ______
2. 아동의 노력이나 행동에 대하여 학부모에게 어느 정도 긍정적인 전화를 보냈습니까? ______
3. 아동의 노력이나 행동에 대하여 학부모에게 어느 정도 긍정적인 쪽지를 보냈습니까? ______
4. 여러분이 심각한 학업 혹은 행동 문제로 정의하는 일을 학급에서 어느 정도 학생들이 겪고 있습니까? ______
5. 학생의 문제와 여러분이 문제를 고치려고 한 접근을 학부모에게 어느 정도 말했습니까? ______
6. 올해 학급에서 자원봉사자로 활동하는 부모님은 몇 분입니까? ______
7. 학급에 1주일에 몇 시간 부모님이 오십니까? ______

여러분의 부모 접촉을 개선하기

1. 학부모에게 가정통신문을 보내시오. 2주후에, 이 질문에 대한 답으로 그 노력을 평가하시오:
   a. 어느 정도의 학부모가 긍정적인 논평을 써 보냈습니까? ______
   b. 어느 정도의 학생이 가정통신문에 대해 긍정적인 말을 했나요? ______
   c. 가정통신문을 보내는 것의 좋은 점 두 가지를 쓰시오.
      (1) ______
      (2) ______
   d. 가정통신문을 보내는 것과 관련한 불편한 점을 쓰시오.
2. 2주동안, 아동편에 긍정적인 쪽지를 보내시오. 2주후에, 이 질문에 대한 답으로 그 노력을 평가하시오:
   a. 어느 정도의 학부모가 긍정적인 논평을 써 보냈습니까? ______
   b. 어느 정도의 학생이 쪽지에 대해 긍정적인 말을 했습니까? ______
   c. 쪽지를 보내는 것의 좋은 점 두 가지를 쓰시오.
      (1) ______
      (2) ______
   d. 쪽지를 보내는 것과 관련한 불편한 점을 쓰시오.

학부모 교육 참여 정도 알아보기

부모 면담을 준비하고 실천하기 위한 다양한 방법을 알아보았는데, 다음 단계는 여러분이 다음 면담을 보다 생산적이고 즐겁게 만들 수 있다고 믿는 구체적 방법을 선택하는 것이다. 활동 5.2는 여러분이 실천을 결정할 방법을 평가하도록 도울 것이다. 여러분이 새로운 방법에 대해 어느 정도 시험하려면, 가장 편안하다고 생각되는 몇몇 부모와 함께 사용하는 것이다.

활동 5.2

새로운 방법을 실천하고 측정하기

학생 준비를 개선시키는 방법, 부모 준비를 개선시키는 방법, 그리고 교사 준비를 개선시키는 방법을 다음 면담을 위해 골라라. 종이위에 이것을 쓰고 각 방법에 대하여 여러분이 실천하는 방법에 대한 구체적인 문장을 쓰라. 다음으로, 효과적인 면담을 실천하기 위한 부분으로부터 한 가지 방법을 골라라.

다음 부모 면담동안, 여러분이 선택한 방법을 실천하라. 면담이 끝난 후, 각 새로운 접근을 위한 이러한 문장을 완성하여 평가하라.

새로운 접근의 가장 이로운 측면은......였다.
다른 유리한 점은......였다.
이 접근에 대한 부모 반응은......였다.
학생의 반응은......였다.
새로운 접근의 한 가지 어려움은......였다.
나는 이 방법을 사용할 때 보다 편안함을 느꼈는데 왜냐하면......이다.

요약 SUMMARY

교사들은 종종 교사가 부모에게 미치는 힘을 과소 평가한다. 연구자는 부모-교사 접촉의 가치를 잘 알고 있다. 실제로 모든 부모처럼, 저자들은 새로운 사회적이고 학업적 기대를 다루는 아동의 진도에 대해 깊은 관심이 있다. 교사들은 부모에게 아동의 지능과 기술이 어느 정도이며 다른 사람과 잘 지내고 있는가에 대해 자료를 제공한다. 이것은 대부분 부모에게 중요한 사실이다. 실제로, 여러분이 문제 아동들의 부모를 대할 때 경험할 수 있는 방어는, 부모가 아동들에 대한 부정적인 정보를 받아들이기 어렵기 때문이다.

아동의 학교 진도에 대한 정보가 부모에게 매우 중요하기 때문에, 정보는 규칙적인 기초위에 공유되어야 한다. 교사로서, 우리가 교육과정, 교수 그리고 아동들이 노출되는 학급 운영에 대하여 학부모에게 정보를 줄 때, 보다 긍정적이고, 지지하는 교사-부모 관계를 만들 수 있다. 이것은 학급 활동과 학생 진도에 대하여 주기적인 갱신이 요구된다. 게다가, 학생이 학업 혹은 행동 문제를 나타내기 시작해서, 우리와 학생 사이에서 빠르게 부드럽게 문제를 해결할 수 없는 듯이 보이자마자 부모를 접촉해야만 한다.

교사-부모 접촉은 우리의 전문성이 가진 모든 측면처럼, 시간을 소비할 수 있고, 우리가 그것에 편안하고 숙달해지기 전에 연습을 요구한다. 그러나 그들은 교수 경험의 가장 보상적인 측면일 수 있고, 우리 직업-학생 행동과 학습의 수준에서 개선을 추구하는-의 가장 중요하고 보상적인 측면에 의미있는 영향을 가질 것이다.

>>> Chapter 6

학급 운영을 위한 표준 개발

효과적인 학급경영자가 사용한 규칙과 절차는 교사에 따라 다르지만, 반드시 있어야 한다.

- Emmer, Evertson, Sanford, Clements와 Worsham(1981)

학생들이 학교와 교실 규칙에 흥미를 가지고 느끼게 되면, 교실 통제와 좋은 학습 환경은 위험하지 않게 된다.

- Forrest Gathercoal(2001)

반사회적인 행동에 대해 학교중심으로 가장 효과적으로 개입하는 방법은 순행적이고 교훈적인 것이다-학업과 사회적 행동에 관해 실패와 강압적인 싸움을 피하기 위한 계획 방법과 학생이 보다 적응을 잘하고, 유능하게 행동하도록 적극적으로 가르치는 것.

- James Kaufmann(2001)

[Handbook of Research on Teaching] 3판 학급 조직과 경영에 관한 그의 부분에서, 발터 도일(Walter Doyle, 1986)은 쓰기를 "대체로 말하면, 교실 수업은 (a) 학습과 (b) 질서에 대한 문제에 관련된 두 가지 주요 과업 구조를 가지고 있다. 학습은 교수 기능에 의해 이루어진다. 질서는 경영 기술에 의해 이루어지는데, 즉, 학급 집단 조직, 규칙과 절차 세우기, 잘못된 행동 교정하기, 교실 사건을 살펴보고 대처하기, 그리고 이와 비슷한 것"이라고 쓰고 있다(p.395). 40가지 학급 경영 연구에 대한 종합에서, 에버츤과 해리스(Evertson & Harris, 1992)는 효과적인 학급 경영은 참여하는 단원으로 이루어진, 잘 조직된 계획과 과제를 쉽게 실천하도록 돕는 학급 절차를 가르치고 과제-수행 행동에 강화하는 경영 의사 결정을 만드는 것에 의해 학생이 과제-수행을 확실히 하도록 하는 것을 포함한다고 한다.

연구에 의하면 학생이 교수 활동에 참여하는 시간이 어느 때는 50%도 안 되는 것에서 또 다른 어느 때에는 90%가 넘는다는 것을 나타내고 있다. 이 장(chapter)에서는 학생이 학습이 능동적으로 참여하는 시간을 증가시킬 수 있도록 돕는 방법을 알아보고자 한다. 보다 효과적인 교사는 경영 시간을 현명하게 사용하여 교수와 학생 작업을 살펴보는데 시간을 유용하게 쓴다. 8개 중등학교에 대한 연구에서, 스톨링스(Stallings)와 모올난(Mohlman, 1981)은 효과적인 교사가 그들의 학급을 정비하고 경영하는데 15% 미만의 시간을 보낸다는 것을 알아냈다. 학급을 정비하고 경영하기 위한 시간을 효과적으로 사용하는 교사들은 이러한 중요한 기능을 위해 요구되는 시간을 최소한으로 줄일 수 있다. 이 장의 첫 번째 부분은 효과적인 교사들이 학년 초에 사용하는 방법을 제시한다. 본문에서는 모든 학생들이 수업 처음 몇 분 동안 무엇을 하고, 자습을 어떻게 돕고, 언제 말하고, 교실을 떠날 때 어떻게 허락받아야 하는지 등과 같은 주요 교실 절차를 배우는 일반적인 규칙을 개발하고 강조하기 위한 전략을 강조한다.

이 장의 두 번째 주요 부분에서는 효과적인 교사가 학생들에게 매체를 제시하고 학생 자습을 돌볼 때 사용하는 전략을 서술한다. 연구자들은 이러한 전략이 학생 과제-수행과 학업 성취의 높은 비율과 관련된다는 것을 제시하고 있다.

광범위한 연구에서는 분명하게 학생이 학교와 학급 행동 기준을 이해하고 받아들이도록 돕는 것의 이로운 점을 시사하고 있다. 학급과 학교생활 전반에 걸친 수업에서 기대되는 행동은 배우고, 연습하고 학생들이 이러한 절차를 따르지 못할 때 다시 배우게 됨으로써, 다른 사람의 권리를 무시하는 행동에 대한 파괴적인 행동과 사무실로 보내지는 것을 유의미하게 감소시킬 수 있다.

비록 이 책은 실질적인 방법을 강조하고 있지만, 우리는 여러분이 전문가로서, 우리가 추천하여 여러분이 실천할 방법을 지지하는 연구를 이해하는 것이 중요하다고 믿는다. 행동 표준을 세우는 것으로 새 학년을 시작해야 한다는 최초의 연구는 텍사스 대학교 교사연구소에서 이루어졌다(Emmer, Evertson, & Anderson, 1980; Evertson & Emmer, 1982a). 이 연구에서는 분명하게 초등학교와 중고등학교에서 효과적인 학급 경영자는 교실 규칙과 절차를 만드는 데 시간을 보낸다는 것을 가리키고 있다. 에머(Emmer)와 동료들은(1981) 규칙을 "교실에 붙여지거나, 학생의 동의나 다른 복사 형태로, 공책에 베껴진 형태로 쓰여진" 것으로 설명했다(pp.18,19). 절차는 "절차는 규칙과 같은 것으로서, 행동을 위한 기대이다. 그것은 대개 구체적 행동에 적용되며, 금지되기보다는 성취하도록 지시된다."라고 설명될 수 있다(p.19). 효과적인 교사들은 과거 규칙 혹은 현재 절차보다 더 많은 것을 한다. 교사들은 학생들이 규칙과 절차를 이해하고 표현하도록 노력한다. 이것은 중요하다. 학생의 행동은 학업 기술과 유사한 방법으로 접근할 필요가 있다. 교사들은 학년 초 학생 지식 측정, 매체 검토, 학생이 잊어버린 학업 기술을 다시 가르치는 것을 위해 상당한 시간을 보낸다. 유사하게, 효과적인 교사가 학업 매체를 처음 소개할 때, 그들은 분명한 교수, 학생 진도에 대한 조심스러운 관찰, 그리고 학생이나 집단이 문제에 어려움을 가지고 있는지에 대한 즉각적인 교정적 피드백을 제공하려고 한다. 같은 방법으로, 교사는 학급 규칙과 절차, 학생 행동에 대한 조심스러운 모니터, 학생 잘못에 대한 정보, 그리고 학생이 빈번하게 규칙이나 절차를 따르지 않을 때 다시 가르치는 것 등을 학년 초에 해야 한다.

학년 초 교사행동에 관한 중요한 연구는 상관관계를 가지고 있다; 학생에게 높은 학업성취를 얻도록 하는 교사는 규칙과 절차를 세우고, 학생 노력을 세심하게 모니터하는 것으로 관찰되었다. 그러나 이러한 발견에 이어, 연구들은 이 장에서 제시된 것과 같은 매체로 훈련받은 교사가 학생의 과제-수행 행동과 학습을 증가시킴에 있어 이러한 훈련을 받지 않고 새로운 교사 행동을 실천하는 교사보다 더 효과적인지를 결정하기 위해 이루어졌다. 이러한 연구의 결과는(Evertson, 1985; Evertson, Emmer, Sanford, & Clements, 1983) 분명하게 이러한 방법으로 훈련하는 것이 학생 행동의 성취와 관련하여 교사 행동에서 변화를 이끌어낼 수 있다는 것을 나타냈다. 캐롤린 에버츤(Carolyn Evertson)은 이러한 선구자적인 노력을 계속했다. 그녀의 학급 조직과 경영 프로그램(Her Classroom Organization and Management Program(COMP))은 다음과 같은 교수 모듈을 제공했다: (1) 학급 조직, (2) 규칙과 절차의 계획과 안내, (3) 학생 책무성 개발, (4) 학생의 좋은 행동 유지하기, (5) 수업 계획과 조직, (6) 가르치고 요소를 유지하는 것, (7) 좋은 출발하기, 그리고 (8) 분위기, 의사소통 그리고 자기-경영(Evertson & Harris, 1995, 1999). 폭넓은 연구는 이 프로그램으로 훈련받은 교사가 가르치는 학생들의 학업 성취와 과제-수행 행동이 개선을 나타냈다는 것을 가리킨다(Evertson & Harris, 1999; Evertson & Smithey, 2000).

제롬 프라이버그(Jerome Freiberg, 1999), 론 넬슨(Ron Nelson)(Nelson, 1996; Nelson, Martella, & Galand, 1998), 그리고 조지 수가이(George Sugai), 롭 호너(Rob Horner), 그리고 팀 레비스(Tim Lewis)가 실시한 긍정적 행동 지지 연구(Lewis, 2001b; Sugai, Horner, & Gresham, 2002) 등에 의해 이루어진 최근 연구는 바람직한 행동을 가르치고 행동 기준에 동의를 구하는 것의 중요성을 강조하고 있다. 수업에서 가장 좋은 실천을 만들고 타당화하기 위한 인간 두뇌 연구의 이로움을 최근에 주장하는 사람들 역시 학급 구조의 이로움을 지지한다. 로버트 실베스터(Robert

Sylwester, 2000)는 생물학이 독립적인 개체로서 학급의 개념은 학생이 중요한 구조와 지지를 제공받아서 점차 독립적이고 자율적으로 되도록 지지한다고 주장한다.

생산적인 학급 규칙과 절차를 세우기 위한 방법을 토론하기 전에 신중하게 고려할 것들을 제시할 수 있다. 규칙과 절차는 학생이 개인적이고 학업적인 요구에 대처하도록 돕는 전략을 가르치는 것과 관련하여 개발되어져야 하는데, 학습 과정에서 학생의 능동적이고 의미있는 참여를 강화하고, 보다 높은 수준의 사고를 개발하도록 하며, 학생 자기-관리기술을 가르친다. 학생 행동 통제를 위한 규칙과 강화와 결과에 대해 지나치게 강조하는 것은 종종 이러한 목표와 일치하지 않는 교수 전략과 연결된다. 학생들은 때로 학습 환경이 그들의 요구와 흥미에 맞지 않더라도 순응하도록 기대된다. 이런 조건이 학급에 제시된다면, 학생 행동이 학급 규칙과 반대되기 시작하는 것은 이해될 만하다. 교육적 교류는 양쪽에 효과적으로 기능하여야 한다. 학생들은 학습 과정이 학생과 그들의 요구에 의해 존중된다는 조건하에서 학습을 강화하는 규칙과 절차에 의해 지지받을 수 있을 것이다.

신중하게 검토할 또 다른 하나는 학급과 학교의 행동 기대에 대한 문화적 맥락에 대해서이다. 리사 델피트(Lisa Delpit, 1995)가 그녀의 책 [Other People's Children: Cultural Conflict in the Classroom]에서, 바람직한 혹은 적절한 행동의 정의는 환경에서 힘을 가진 사람에 의해 사회적으로 수립되고 결정되는 것이라고 했다. 야구 혹은 소프트볼을 하는 사람은 크리켓과는 아주 다르고 색다른 기대를 발견하지만, 일반적으로 이 장면에서 야구 규칙을 사용할 수는 없다. 유사하게, 백인 중산층이 아닌 학생들은 많은 학급에서 행동 기준이 어느 정도 이국적이고 그들의 문화유산이 존중받지 않는다는 것을 발견할 지도 모른다. 그러나 델피트(Delpit)는 학교 직원이 학교에서 적절한 "일터"행동이 무엇인지를 결정한다면, 반드시 이러한 표준을 학생이 이해하고, 학교에서 이러한 행동을 사용하는 것이 변화되도록 학생과 노력하는 것이 절대적으로 필수적이라고 말한다. 이 장에서 제시된 방법은 단지 현재 연구에서 가장 좋은 것 뿐 아니라, 학생들이 이해하고 받아들도록 돕고, 안전하고 지지하는 학습 환경을 모든 학생들에게 제공하는 기술을 가르침에 있어 문화적인 것을 세심하게 배려했다.

이 장과 책의 나머지를 통하여 토의되었듯이, 교육자가 행동 기준을 세우고 살피기 위해 두 가지 주된 이유가 있다. 첫째, 학생 학습은 극적으로 모든 사람이 권위있게 다루어지는 안전한 분위기 창출과 관련있다. 둘째, 학생들은 시민으로서 권리를 학습하는 것과 이러한 권리와 권위가 학교 환경에서 지지받고 양성되는 것에서 이익을 얻는다.

이 장은 학생이 학습 환경에서 안전과 보안을 창출하도록 돕는 행동 규준을 만드는 것에 대해 언급한다. 또한 교실에서 분명하고 연속적인 교수를 용이하게 하는 방법으로 행동을 관찰하는 교사에 대한 것이다. 안전, 보안, 명료성, 그리고 연속성 등은 학생의 통제를 제안할 필요가 없다. 실제로, 이러한 요소 없이, 학급은 빠르게 학생이 자발적일 수 있고, 모험을 수행하며, 실수에서 배우거나 학습 과정에서 능동적으로 참여하는 것 등으로 바뀔 수 있다. 교육자로서, 우리는 구조가 목적 자체라기보다는, 목적의 수단이라는 것을 확신할 필요가 있다. 게다가, 우리는 학생들이 안전하고 지지하는 환경을 만드는 지침을 개발하는데 참여시킬 필요가 있다. 필요한 구조의 창출은 공동체 건설의 중요한 측면일 수 있다.

학급 규칙을 신중하게 개발하도록 돕는 다른 개념은 규칙이 학생들의 잘못된 행동을 지적해서 벌주도록 고안되어져서는 안 된다는 사실이다. 대신에, 규칙은 학생이 그들의 행동을 판단하여 자신과 다른 사람의 영향을 고려하도록 돕는 지침과 척도를 제공해야만 한다. 결과적으로, 규칙을 어기는 행동은 학생들과 토론하여 처리되어져야 한다. 비생산적인 행동을 다룰 때, 교사들은 학생들의 행동에 대한 동기와 결과를 생각하도록 도와야한다. 강화와 벌에 대한 지나친 강조는 종종 동기화와 태도의 문제를 흐리게 하며 동시에 행동에 대한 즉각적인 부정적 결과에 대한 학생의 집중을 제한한다. 이 압박은 행동이 다른 사람에게 미치는 영향이나 행동의 연속체와 관련하여 장기간 결과에 대한 신중한 고려를 제한하는 경향이 있다. 진정한 의미에서, 강화/벌 지향은 낮은 수준의 도덕적 발달을 강화하며, 보다 높은 사회적으로 가치있는 수준의 도덕성을 개발하도록 돕지 못한다.

행동 준거 및 규칙 만들기

우리는 규칙(rules)이라는 용어 사용에 대하여 관심을 가져왔다. 그 용어는 학급 경영에 대하여 순응 지향을 주장하는 반면, 이 책을 통하여 제시되었듯이, 교육의 목표와 학생의 요구는 함께하는 공동체의식을 만들도록 노력하는 것을 통해 더 잘 이루어진다고 믿는다. 그래서 규칙을 행동 기준(behavior standards)이나 규준(norms)과 같은 단어로 대체하는 것이 더 효과적일 수 있다. 왜냐하면 우리는 과정이 술어보다 더 중요하지 않다고 믿으며 규칙이라는 용어는 많은 학교에서 사용되고 보다 어린 아동들에게 잘 이해되므로, 이 장을 통하여 우리는 교실을 지지하는 안전한 공동체로 만들고자 하는 행동의 유형에 대하여 교사와 학생의 합일점을 서술하기 위하여 규칙, 행동 기준, 규준, 그리고 행동 기대(behavior expectations)와 같은 용어를 다양하게 사용한다.

흥미로운 것은, 수년의 연구와 행동 기대를 학생들에게 가르치는 것을 강조한 다수의 모델이 있은 후에, 많은 학생들은 여전히 행동 기준이 분명하게 만들어지지 않은 학급에 참여한다는 것이다. 중학교 학생에 대한 연구에서, 거의 절반의 학생이 교사가 학급 규칙을 분명하게 만들지 않으며 학생이 교실에서 방해할 때 교사가 어떻게 반응할 것인지에 대하여 분명하게 설명하지 않는다고 설명했다(Wentzel, Battle, & Cusick, 2000). 유사하게 많은 중등학교 교사는 행동 기준의 집합체를 선택하지 않았다-아마도 그들의 학생들은 이미 이러한 기준을 알고 수용한다고 추정된다. 그러나 행동 문제로 방과 후 남아있는 고등학교 학생들에 대한 면담을 수행한 연구는 학생들이 학급 행동 기준을 필요로 하고 이익을 얻으며 3개에서 5개의 긍정적이고 분명하게 서술된 규칙을 진술할 때 가장 효과적이라고 주장했다(Thorson, 2003).

그림 6.1은 학급 행동 기준을 학생들과 만들 때 단계를 나타낸다. 이 조언은 각 단계를 실행하는 구체적 아이디어를 제공한다. 고등학교를 위한 중요한 다양화는 모두 포함된다.

그림 6.1 **학급 행동 기준을 개발하는 단계**

1. 행동 기준의 가치에 대한 토의
2. 기준 목록 개발(3-6규칙)
   a. 기준에 대한 긍정적 진술
   b. 절차와 규칙을 분명하게 차별화/분리
   c. '시간, 장소 그리고 태도'의 개념 지도
3. 기준의 합의점 도달
   a. 합의점을 학생이 인정
   b. 기준을 지지하기 위해 사인하고 따라야하는지를 결정
4. 기준에 대한 검토와 고찰
   a. 기준에 대한 이해와 합의에 새로운 학생을 어떻게 포함시킬 것인지 결정
   b. 문제 행동이 증가하거나 동시에 학생에게 예방적 안내가 필요하다고 생각될 때(대체 교사가 온다든지, 주요 휴일 등등에 앞서) 기준에 대한 검토

잠시 멈추고 6.1

잠시 여러분이 다수의 사람과 경험한 상황에 대하여 생각해 보라. 여러분 앞에서 사람들이 밀릴 때, 교통신호에서 끊겼을 때, 혹은 그렇지 않다면 신중하고, 시민행동을 보이지 않을 때 혼란스러웠는가? 이럴 때 여러분은 모든 사람이 자신의 요구에 맞도록 돕는 지침을 따르는 것이 안전하고 건강하다고 느끼는 환경을 생각해 보았는가? 집단 내에서 행동 기준을 가지는 이익과 비용은 무엇이라고 믿는지 간단하게 써보라. 이것을 동료나 급우들과 토의해 보라.

규칙/행동 준거의 가치 논하기

교실에서 규칙을 만드는 첫 번째 단계는 학생들과 학급의 모든 구성원이 동의하는 기준을 만드는 것이 왜 중요한지를 토의하는 것이다. 여러분은 학생들에게 어른들이 왜 교통 신호, 세금 내기, 차례로 줄서기 등과 같은 규칙을 따라야 하는지를 질문함으로써 토의를 도입하거

나 자극할 수 있다. 토론을 통하여, 교실 집단과 학교가 사회이고, 다른 사회 집단처럼, 사람들이 안전하고, 양육하는 환경을 만들도록 돕는 행동 기준에 동의할 때 효과적으로 기능할 것이라는 개념을 강화한다. 규칙이 어떻게 함께 일하는 사람에게 이로운지 이해하도록 도와라. 이 주제는 이러한 기준을 수용하는 것에서 각 아동들이 얻는 이익에 초점을 둔다. 예를 들면, 학생들은 모든 사람이 그들이 원하는 것을 한다면, 교실은 효과적인 학습을 위해 지나치게 방해가 될 것이기 때문에 중요하다고 말할 수 있다.

"그리고 나서, 물론, 지나치게 구조화된 것에서 약간의 틈이 있을 수 있겠죠."

학급을 위한 행동 기준을 토의함에 있어, 교사들은 "적절한 행동을 위한 개념과 기대가 문화적으로 영향을 미치고, 갈등은 교사와 학생이 다른 문화적 배경을 가질 때 일어나기 쉽다"(Weinstein, Tomlinson-Clarke, & Curran, 2004, p.26). 게다가, 델피트(Delpit)는 다른 문화의 아이들: 학급에서 문화적 충돌(Other People's Children : Cultural Conflict in the Classroom)에서 말하기를, 힘이 약한 사람들은 규칙을 만들고 권력을 휘두르는 사람에 의해 약하고 조정 받는다는 느낌을 가진다고 한다. 그녀는 말하기를 백인, 중산층 그리고 스타일을 대표하는 교사들은, 학급에서 기대되는 것과 매우 다른 가치와 인성을 가진 학생의 기대에 분명하게 의사소통하는 것이 절대적이라고 했다. 델피트(Delpit)는 권력의 다섯 가지 요소를 주장 한다:

> (a) 학급에서 행사되는 권력의 문제, (b) 권력에 참여하는 코드나 규칙; 즉, "권력의 문화"; (c) 권력의 문화 규칙은 권력을 가진 사람의 문화 규칙의 반영이다; (d) 권력의 문화에 이미 참여하고 있지 않다면, 권력을 보다 쉽게 만드는 문화의 규칙을 분명하게 말하라; (e) 권력을 가진 사람들은 종종 그 존재를 적게 알고-혹은 적게 알고자 한다. 적은 권력을 가진 사람들이 종종 그 존재를

질 알고 있다.(p.24)

연구는 흑인 아메리칸 학생들이, 분명한 기대를 설정하고, 돌보지만 확고한 방법으로 학생들을 잡는 교사에게서 가장 효과적으로 배운다는 것을 나타내고 있다(Cooper, 2003; Ladson-Billings, 1994).

[Judicious Discipline]이라는 그의 저서에서, 포리스트 개더코올(Forrest Gathercoal, 2001)은 우리가 믿는 것은 분명한 기대를 갖는 이유를 이해하도록 학생을 돕는 위한 매우 신중한 방법이라고 했다. 그의 주장은 학생들이 그들의 제도적 권리를 이해하는 것을 돕는 것의 중요성과 규칙은 누구도 이러한 권리를 부정할 수 없게 하기 위해 존재한다는 사실을 강조했다. 제도적 권리에 대해 학생을 가르치는 것에 더하여, 개더코올은 개인의 제도적 권리는 다른 사람의 권리를 방해하는 권리를 포함하지 않는다는 개념을 학생들에게 소개한다. 이 개념은, 개더코올이 강제적인 공식 관심사(compelling state interests)라고 부르는데, 학생 행동이 다른 사람에 복지에 심각하게 영향을 미칠 때 개인 권리를 부정한다는 것을 설명한다. 개더코올은 학생들이 여러 사람의 다음과 같은 권리를 방해할 수 없다는 것을 설명했다:

건강과 안전

학생들은 다른 사람의 신체적 혹은 심리적 안정을 방해하는 방법으로 행동할 권리를 가지고 있지 않다. 그래서 학생들은 괴롭힘, 놀림, 싸움 혹은 격투 등에 참여할 권리를 가지고 있지 않다.

재산 손실과 훼손

모든 학생들과 교직원은 재산이 없어지거나 훼손당하지 않는 환경에서 일할 권리가 있다. 그래서 표현의 자유는 벽에 낙서하거나 다른 사람으로부터 무엇을 가져오는 것을 허락하지 않는다.

합법적인 교육 목적

교사들은 교수 매체를 선택하고, 학생 학습을 평가하고, 학생에게 시간에 맞추어 올 것을 요구하는 등등의 권리를 가지고 있다.

학습과정 방해

비록 학생의 언어의 자유와 등록금 납부 권리는 그들이 학교에 관련된 문제에 대하여 광범위하게 혼란이나 불일치를 표현할 권리를 보증하지만, 그들은 다른 사람의 학습을 심각하게 방해하는 방법으로 표현할 수는 없다.

개더코올(Gathercoal)은 교사나 학교 가치보다 제도적 법에 기초를 두고 행동 기준을 만드는 것의 주요 이점을 설명하고 있다:

> 제도적 원칙에 대한 지식 공유는 객관성을 허락하는데 왜냐하면 교육자들 자신은 개인적으로 규칙에 명시되지 않기 때문이다. 개인적 편견이 규칙과 의사결정의 기초로서 사용된다면, 교육자들은 개인적으로 그들에 대하여 방해하는 것으로서 규칙 방해를 해석하게 될 것이다. 이것은 종종 반대되는 관계를 낳는다. 반면에, 학생들이 사회의 합당한 기대 속에서 살아가는 방법을 이해하고 찾도록 도와줄 사람과 함께 일하고 싶어 한다면, 교육자들은 잘못된 행동을 하는 학생들과 보다 성공적이기 어렵다(Gathercoal, 1996 personal correspondence).

학생과 부모들은 이러한 기준이 교사의 편견이 아니라 제도와 판례에서 나온 것이라고 이해할 때 행동 기준의 필요성을 수용하기 쉽다. 대부분의 교사들은 부모가 그들의 자녀에게 방어하거나 보복하기 위해서 다른 사람을 때리는 것은 괜찮아 라고 말하도록 시켰다는 것을 알고 있다. 비록 신체적 폭력이 가정에서는 허락될지 모르지만, 이러한 부모와 학생들은 이 결과가 인간의 기본적인 권리를 막으며 학교에서 허락되지 않을 것임을 알 필요가 있다.

학급 규칙을 개발하는 것이 왜 중요한지에 대한 학생의 말은 규칙에 따르기가 어려운 집단에게 꼭 필요한 토론을 위해 남겨둔 커다란 종이위에 써 놓을 수 있다.

목록 만들기

교실에서 사용할 행동기준을 세우는 다음 단계는 중요하다고 믿는 모든 기준을 열거하는 것이다. 학생들에게 "모든 사람이 공부할 수 있는 좋은 장소인 교실에서 행동할 수 있는 방법"을 이야기하도록 해 보라. 이 단계에서, 학생들이 긍정적인 방법으로 진술하도록 격려하라. 만약 학생들이 "다른 사람이 말하는 동안 말하지 말자"라고 말한다면, 이렇게 재진술하도록 학생을 도와라: "다른 사람이 말하는 동안 조용하게 듣자." 유사하게, "학생들은 다른 학생, 교사, 혹은 학교의 물건을 훔쳐서는 안 된다"라는 문장은 "필요할 때, 빌려달라고 말하자"라고 재진술 될 수 있다. 일단 학생과 여러분이 기준 혹은 규칙의 목록을 완성했다면,

적용할 수 없는 것은 없애고 가능한 많이 합치라. 규칙과 연합된 구체적 행동을 초등학교 학생이 이해하도록 돕기 위해, 스트라우트(Strout, 2005)는 수평 축에 규칙을 나열하고, 수직 축에는 주요 교실 분야(예를 들면, 책상, 화장실, 싱크대)를 나열한 격자를 만들어서, 어느 규칙이 차트에 열거된 다양한 분야와 일상적인 행동처럼 보이는가의 예를 제시한다.

"지미, 다음번에 내가 의자에 등을 기대지 말라고 하면 들어야 한다."

개더코올(Gathercoal, 2001)은 학생들이 홍미에 대한 권리를 제한되는 문장을 정당화하기 위한 규칙을 만들도록 권장했다. 그림 6.2는 학생들의 권리가 제한되는 것을 인정하도록 만들어진 규칙의 목록을 제시한다. 이러한 목록을 아동들과 막들 때, 교사는 토론, 역할놀이, 그리고 먼저 각 규칙을 따르고 어기는 몇 가지 구체적 행동의 예를 보여주기(그림 혹은 글씨) 등으로 아동의 이해를 증가시킬 수 있다. 활동 6.1(이 장의 끝부분)은 여러분이 함께하는 학생들에게 적절하고 효과적인 학급 규칙을 개발해 보는 기회를 제공한다.

중등학교 교사는 5내지 6학급을 위한 개별적인 목록을 개발하기를 원하지 않는다. 일부 교사는 행동 기대를 제시하여 각 학급의 학생들에게 토론하고 편집하는 것을 선호한다. 그때 교사는 다양한 학급 편집 논평을 조합하여 다음날 모든 학급에 편집된 버전을 제시할 수 있다. 어떤 교사들은 학급에 도움이 될 것 같은 규칙 한두 가지를 학급에 제시하고 물을 수 있다.

고등학교 학생들은 학급 준거를 세우는 과정을 경험하였을 수 있기 때문에, 많은 경우에 이 과정은 극적으로 짧아질 수 있다. 우리는 학생들에게 생산적인 학습 환경을 만들기 위해 있어야 하는 행동 목록을 만들도록 시킨 중등학교 교사들과 일한다. 교사들은 이것을 합쳐 "생산적인 학습 환경을 위해 우리가 지켜야 하는 행동"이라고 제목을 붙인 목록으로 만들었다. 핵심은 학생들이 이 기준이 왜 있어야 하고 학생들이 행동 기대에 대한 토론에서 역할을 해야 하는가를 이해하는 것이다.

그림 6.2 학생이 "해야하는 문장" 을 인정하는 일관성있는 학급 규칙

건강과 안전(Health and safety)
다른 사람에게 정중하고 친절하게 대하기

재산 손실과 훼손(Property loss and damage)
학교와 개인 재산을 조심스럽게 다루기

합법적인 교육 목적(Legitimate educational purpose)
합리적인 교사 요구에 따르기
수업을 위해 준비하기
열심히 노력하고 도움이 필요하다면 요청하기

교육 과정의 심각한 방해(Serious disruption of the educational process)
문제를 비폭력적으로 해결하기

행동 준거를 이해하고 세우도록 학생을 지원하는데 도움이 되는 다른 방법은 학년말에 학급에서 각 학생에게 흰 편지지를 주고 다음 학년도 학생에게 생산적인 학습에 도움이 되는 행동에 대하여 쓰도록 하는 것이다. 다음 학년도 학생들은 이전 학년도 학생에게 편지를 받는다. 우리는 집단의 동의를 얻기 위한 기준들을 개발하는 기초로서 이 편지를 사용하는 중등교사를 알고 있다. 초등학교에서, 우리는 새로운 학생에게 그들의 성공을 도와주는 행동에 관한 부가적인 명료화나 충고를 위해보다 나이 많은 학생에게 흰 편지를 돌려주도록 시킨 교사와 일한다.

개더코올(Gathercoal, 2001)은 시간, 장소 그리고 방법을 통해 모든 행동을 평가할 필요가 있다는 것을 설명할 때 매우 유용한 개념을 제시한다. 대부분 행동은 동시에, 같은 장소에서, 그리고 특정한 방법으로 이루어지는 것이 적절하다. 예를 들면, 협동학습에서 또래와 이야기 나누는 것은 바람직한 행동이지만, 시험 중에 이야기하는 것은 대개 부적절하다[시간]. 권투는 올림픽 경기이지만 학급이나 복도에서는 적절하지 않다[장소]. 마찬가지로, 교사의 특정한 교수 결정에 대해 명료화를 정중하게 요구하는 것은 적절하지만, 교실 뒤에서 일어나서 큰소리로 "저 단원은 엉터리야"라고 말하는 것은 적절하지 않다[방법].

많은 학생들은 성인의 상당한 결정이 제멋대로이며 실제로 학생을 혼란스럽게 하고 품위를 떨어뜨리도록 한다고 믿는다. 만약 학생들이 성인이 학생들의 행동을 "나쁘다"고 말할 게 아니라 시간, 장소, 방법에 따라 참아야만 하는 것을 배운다면, 그들은 학교 환경에서 교사들이 설정한 제한에 대하여 아주 다른 반응을 나타낼 것이다. 고등학교 교감일 때, 선임

연구원은 복도에서 두 학생이 껴안는 것을 어쩌다 가끔 마주쳤다. 너희가 껴안지 않았으면 좋겠다라고 직접적으로 말하는 것보다 "시간과 장소를 고려해 다오"라고 말하는 것이 훨씬 효과적임을 발견했다. 대부분 학생들은 의미가 있고 존중받는 방법으로 지시받을 때 수용한다.

합의하기

규칙을 위한 최종 목록을 만들 때, 각 규칙을 분명하게 하고 행동 기준을 수용할 수 있는지를 말하기 위한 토론을 할 수 있다. 이 중요한 시기에, 일부 학생들은 특정한 규칙을 지킨다고 믿기 어렵다고 말할 수 있다. 그때 학생들에게 규칙이 다른 사람을 돕지 않는 것으로 보이지는 혹은 좋은 규칙이지만 일관성 있게 행동한다고 믿을 수 없는 것인지를 물어야 한다. 후자라면, 항상 완전하게 행동한다고 기대되는 것은 아님을 설명할 수 있다. 새로운 수학 문제를 푸는 방법과 보다 효과적으로 읽는 방법을 배우는 것처럼, 그들은 역시 보다 효과적인 방식으로 행동하는 방법을 배울 것이다. 중요한 문제는 학생이 이미 모든 수학문제를 풀 수 있거나 일관성 있게 적절한 행동을 하느냐가 아니라, 이러한 기술이 도움이 되고 이러한 기술을 개선하려고 시도할 수 있는지를 믿느냐이다. 학생이 규칙을 받아들일 수 없다고 한다면, 왜 바람직하지 않다고 믿는지를 분명하게 말하도록 도울 수 있다. 대부분, 학생들은 규칙의 기본적 가치를 빠르게 이해할 것이다. 그러나 하나 혹은 그 이상의 학생이 규칙을 받아들일 수 없다고 한다면, 규칙을 없애거나 동의하지 않는 집단과 토론할 기회를 가지기까지 그 항목에 대한 깊은 토론을 보류할 것을 요청하는 갈림길에 놓이게 된다.

다수의 교사는 학생에게 규칙의 목록을 집으로 가져가서(대개 규칙을 어기면 어떻게 한다는 것을 함께 적어서) 부모에게 사인을 받고 가져오도록 한다. 이 전략은 특히 고학년과 중학교 학생 혹은 책임 있는 행동을 일관성 있게 나타내기 어렵다고 생각되는 학생들과 할 때 특히 유용하다. 학생 행동에 모든 사람이 책임 있다는 사실은 규칙을 이해하고 결과가 행동에 긍정적인 영향을 미치며 부모가 학생의 부적절한 행동을 대할 때 혼란과 긴장을 줄일 수 있다는 것이다.

규칙과 결과의 목록을 가정으로 보낼 때, 학급 경영과 수업에 대한 전반적인 철학에 관련한 언급을 포함하는 것이 중요하다. 이것은 효과적인 교수와 학생 학습과 관련된 긍정적인 방법으로 규칙의 문제를 나타내도록 한다. 예를 들면, 여러분의 문장은 이렇게 시작할 수 있다:

> 교육자로서, 저는 모든 학생이 배울 수 있고, 다른 사람에 대한 관심을 나타낼 수 있고, 교실에서 책임감 있게 행동할 수 있다고 믿습니다. 교사로서 제 목적은 모든 학생들이 최상의 능력으로

> 학습하도록 돕고 다른 사람과 효과적으로 일하도록 지원하는 것입니다. 제 목적은 상호 존경과 협동하는 교실 환경을 만들며 행동에 대하여 선택할 기회를 제공하는 것입니다. 모든 학생들이 성취하고 다른 사람에 대해 책임감을 배우는 긍정적이고 생산적인 학습 환경을 만들고자, 저는 행동을 안내하는 규칙과 절차 목록을 만들고자 학생들과 노력할 것입니다. 왜냐하면 저는 여러분과 여러분 자녀학습 수준에 대해 공유한다는 것을 알고 있기 때문에, 여러분 자녀와 관련된 문제를 토의하고, 사인하고, 그리고 ____편에 돌려 보내주는 것 등에 감사할 것입니다. 저는 여러분 자녀와 함께 하고 자녀의 진보, 특별한 성취, 그리고 떠오를 기타 관심에 관해 여러분과의 의사소통을 기대합니다.

저자는 그림 6.3에서 제시된 학생과 교사의 기대로 학생을 발전시킨 유능한 중등 교사와 일했다. 게다가, 학생과 부모 혹은 보호자에게 사인함으로써 지침을 이해했다는 알게 하는 것 외에, 교사는 모든 학생이 기대를 이해했는지를 결정하는 퀴즈를 만들었다. 그림 6.4는 교사가 그림 6.3에서 열거한 기대와 관련하여 제시한 퀴즈이다. 많은 고등학교 교사들은 이런 방식으로 고등학생들을 참여시키는 것이 꼭 필요하지 않다고 믿는다. 많은 고등학교 학생들은 자신들이 책임감 있다고 보고 초등학교 혹은 중학교 활동을 기억하는 방법에 분개할지도 모른다. 고등학교 장면에서 적용한다면, 행동 기준을 개발할 때 이런 과정이 나이 든 학생들을 혼란스럽게 할지도 모른다는 것에 민감하도록 하라. 우리는 가장 좋은 정책은 교실 행동 기대를 만들기 위해 학생들과 어떻게 노력해야 하는지를 결정하기에 앞서 다른 교사와 학생들과 문제에 대해 토론하는 것이다.

학급 규칙 검토하기

일단 학생이 합리적인 규칙을 개발하고 그것에 따라 행동하는 것에 동의했다면, 다음 단계는 그들이 깨닫고 그들의 행동을 살펴보도록 돕는 것이다. 초등학교 연령의 아이들을 돕는 한가지 방법은 규칙을 차례로 실천해보게 하는 것이다. 각 아동은 적절하고 부적절한 행동을 실행할 수 있을 것이고, 여러분은 또래에게 학생이 적절하게 행동할 때마다 손을 들게 하고 학생이 부적절하게 행동할 때 무릎 위에 손을 놓도록 요구할 수 있다. 이 행동은 모든 아동이 분명하게 규칙을 이해하도록 확신하는데 도움이 된다.

그림 6.3 학급 기대

학급 기대
Mrs. Brown
영어과

학생에게 요구되는 것(Student Expectations)

1. 다른 사람들에게 정중하고 존중을 가지고 대하기
2. 학교와 개인 재산을 존중하여 다루기
3. 교사 요구 따르기
4. 수업을 위해 준비하기
   - 규칙적으로 정각에 참여하기(음악이 멈출 때 학습할 준비하기)
   - 종이, 펜, 공책, 교재, 그리고 다른 요구된 준비물 갖추기
   - 주어진 일에 책임감 갖기
   - 정시에 과제 제출하기
5. 열심히 노력하고 도움이 필요할 때 요청하기
   - 최상의 능력으로 작업 마무리하기
   - 학습 시간에 교사의 도움 요구하기

교사에게 요구되는 것(Teacher Expectations)

1. 학생이 생각을 공유하고 질문하는 것이 자유로운 공정하고 안전한 학급 분위기 만들기
2. 학습에 도움이 되는 환경을 유지하기(주의 산만함을 제한하는)
3. 개별 학생의 장점을 개선에 대하여 발견하고 노력하기
4. 추가적인 도움을 위한 수업전후를 학생들이 이용하게 하기
5. 흥미뿐 아니라 학급 밖의 유의미성을 학습하도록 노력하기

나는 교육과정에서 요구되는 사항과 실라버스를 읽었습니다.
학생 서명 ______________________ 날짜 ______________
부모 서명 ______________________ 날짜 ______________

그림 6.4 학급 기대 퀴즈

이름 : ______________________________

요구되는 것/규칙 퀴즈(Expectations/Rules Quiz)

학급에서 요구되는 것

Mrs.________________

영어과

학생에게 요구되는 것(Student Expectations)

1. 다른 사람들에게 ______하고 ____을 가지고 대하기
2. ____와 ____ ____을 존중하여 다루기
3. ____ ____ 따르기
4. ____을 위해 ____하기
   - 규칙적으로 _____ ______(_____ ____ __ 학습할 준비하기)
   - ____, ___, ____, ____, 그리고 다른 요구된 준비물 갖추기
   - ______ __에 책임감 갖기
   - ______에 ____ 제출하기
5. 열심히 노력하고 도움이 필요할 때 ____________
   - 최상의 능력으로 ____ _________
   - 학습 시간에 ______ ____ 요구하기

특히 초등학교 교실에서, 몇 주 동안 규칙을 살펴보는 것이 중요하다. 좋은 접근은 첫 주에는 매일, 두 번째 주에는 세 번, 그리고 그 뒤에는 일주일에 한 번 살피는 것이다. 또한 학급에서 현저한 규칙을 보여주는 것이 도움이 된다. 첫 주 동안에, 초등학교 학급에서, 매일 시작할 때와, 끝날 때 학생 행동을 평가하고 어떤 분야에서 개선이 필요한지를 판단하는 것으로 간단하게 규칙을 토의하라. 전체 학급이 일관성 있게 적절한 행동을 보이거나 이전에 비해 상당한 개선을 나타낸다면, 여러분은 각 학생의 가정에 긍정적인 쪽지를 보내고 싶을 것이다. 의미 있는 개인의 개선은 유사하게 보상된다. 학교의 첫 1개월 이후, 규칙에 놓인 몇 가지 경우에 학급의 주목이 쏠려야만 한다. 그들이 의미 있는지 그리고 어떤 규칙이 덧붙여지거나 제거되어야 하는지를 결정하기 위해 이 규칙을 2주마다 검토하는 것은 좋은 생각이다.

학급 규칙은 또한 학급에 들어오는 새로운 학생들과 검토될 필요가 있다. 학기 중에 전학

오는 학생들은 아주 이동성이 높은 가속이다. 이런 학생들의 일부는 학교 적응에 어려운 패턴을 가지고 있다. 이런 학생들이 좋은 출발을 하는 것은 중요한데, 학급 행동을 위한 기대를 알게 함으로써 쉬워질 수 있다. 책임감 있는 학생에게 새로운 학생이 학급 규칙과 절차를 배우도록 돕도록 할 수 있다.

규칙은 또한 학생이나 교사가 하나 혹은 그 이상의 규칙이 학습을 줄이거나 학생 권리에 침범한다고 나타낼 때 토의되어져야만 한다. 최근에, 중등학교 수습 교사는 저자 중 한 명을 만나서 다루기가 어려운 2학년 수업에 대하여 관심을 나타냈다. 수습교사는 학생들이 또래가 질문에 대답하는 동안 끊임없이 말하며 매우 높은 비율로 반박한다고 했다. 수습 교사는, 이 책에서 제시된 매체의 일부에 대해 회의적이었는데, 상황이 나빠져서 더 이상 수업에 대해 잃을 것이 없으므로 학생들과 문제를 토의하여 학급을 위해 요구되는 것과 절차를 만들기로 결정했다. 교사는 학급에 이야기하고 그들이 실제적이라고 생각되는 요구사항 몇가지를 브레인스토밍하기로 했다. 학생들은 이것을 학급 전체로서 편집하고 새로운 기대사항에 따른다는 동의에 서명했다. 그리고 나서 교사는 학생들에게 학생들이 이러한 요구사항을 어기면 어떻게 되는지에 대하여 물었다. 학생들은 교사가 따라야한다고 믿는 절차를 세웠다. 다음날, 수습교사는 학생들의 결정을 타자 쳐서 복사하여 나누어주고 모든 사람은 서명했다. 요구사항과 어기는 것에 대한 절차가 벽에 게시되었다. 수습교사는 학급에서 달라진 것을 믿을 수 없다고 논평했다. 실제로, 그가 동료들과 이야기하길 다음날, 가장 심한 두 학생이 떠들기 시작할 때, 그는 단지 벽에 붙은 목록을 향해 까딱했고 학생들은 사과하고 자기 일로 돌아갔다.

잠시 멈추고 6.2

현재 가르치고 있는 학급, 관찰한 한 명, 혹은 일하고 있는 한 사람을 생각해보라. 학급의 첫 주에 행동 기준이 어떻게 수립되는지에 관해 간단한 문장을 쓰라. 여러분이 방금 읽은 것에 기초하여, 이러한 기준을 개발함에 있어 어떤 조정을 해야 하겠는가? 최소한 다른 두 명의 동료 혹은 급우들과 문장에 대하여 이야기 해 보라.

절차 개발하기

이 장의 앞에서 언급되었듯이, 연구자는 효과적인 교사는 학생들이 일반적인 행동 기준(규칙)을 개발하도록 학생들과 노력할 뿐 아니라 구체적 학급과 학교 활동에서 학생들이 따르도록 기대되는 절차를 가르친다는 것을 나타낸다. 이 연구는 또한 효과적인 교사가 개발한 절차에 따른 학급 활동 유형에 관한 구체적인 정보를 제공한다.

효과적인 절차

그림 6.5는 절차를 만들고 가르치는 특히 효과적인 경영자인 초등학교 교사를 위한 주요 학급 활동의 개요를 말하고 있다. 중등학교 교실을 위하여, 연구자들은 효과적인 교사가 개발한 절차에서 4가지 주요 분야를 발견한다. 이것은 그림 6.6과 같다.

그림 6.5 초등 학급 절차

공간 영역(Room Areas)
- A. 학생 책상, 테이블, 사물함
- B. 학습 센터, 구역(stations)
- C. 공동 학습 자료
- D. 교사 책상, 사물함
- E. 분수, 싱크대, 화장실, 연필깎이

학교 영역(School Areas)
- A. 화장실, 분수, 사무실, 도서관
- B. 직선
- C. 운동장
- D. 급식소

전체-학급 활동/자습(Whole-Class Activities/Seatwork)
- A. 학생 참여
- B. 학생 집중을 위한 신호
- C. 학생들과 이야기나누기
- D. 과제하기
- E. 책, 학용품 돌리기
- F. 과제 제출
- G. 숙제 돌려받기
- H. 보상 활동
- I. 의자 밖 정책(out-of-seat policies)
- J. 과제 후 활동

소집단 활동(Small-Group Activities)
- A. 집단과 집단 외 참여
- B. 집단으로 매체 가져오기
- C. 집단에서 학생들에게 기대하는 행동
- D. 집단 밖에서 학생들에게 기대하는 행동

기타 절차(Other Procedures)
- A. 하루를 시작하기
- B. 하루를 끝내기
- C. 지연, 방해되는 동안 학생 지도
- D. 소방 연습
- E. 집 보기와 학생 돌보는 사람

그림 6.7은 효과적인 학급 경영자가 학업을 위한 학생 책무성과 관련한 구체적 절차를 가르치는 분야의 윤곽을 나타낸다. 부록 A는 초등학교에서 개발될 수 있는 구체적 절차의 목록을 나타낸다.

어느 고등학교 예는 절차의 개념을 분명하게 할 수 있다. 대부분 고등학생은 수업사이에 겨우 4~5분 정도 여유가 있다. 그래서 그는 대개 흥분하거나 심하게 흔들린 채로 교실에 들어가므로, 이전 시간에 무엇을 배웠는지를 살펴보거나 정신적으로 이번 수업을 준비할 여유가 없다. 교사는 수업시간에 학생들과 이 문제에 대해 토의했고 교실에 들어올 때 부드러운 전이를 만들기 위한 절차를 세우게 했다. 첫째, 학급과 교사는 수업이 처음 4분을 준비하는 활동을 나열했다. 이 활동은, 매달 바뀌는데, 다음과 같다:

1. 수업을 준비하는 활동
2. 과거에 학교에서 배운 것을 이야기하기
3. 긴장 완화 활동
4. 교사가 선택한 음악 듣기
5. 학생이 선택한 음악 듣기
6. "머리를 식히는" 활동

학생들은 매일 전이 활동을 선택했고, 각 활동은 각 주에 한 번씩 사용되었다. 교사는 또한 학급에 보고서를 늦게 내는 학생을 위한 절차, 출석 점검을 위한 절차, 전이 활동의 끝부분에 학생 집중을 얻는 신호 등을 만들었다. 비슷한 절차는 일과를 요약하고 수업을 정리하기 위해 만들어졌다.

그림 6.6 중등 학급 절차

I. 수업 시작
- A. 출결 점검
- B. 부진아
- C. PA중 행동
- D. 학업 준비 혹은 일상 준비
- E. 자료 나누기

II. 교수 활동
- A. 교사-학생 관계
- B. 교실에서 학생의 움직임
- C. 학생 집중을 위한 신호
- D. 보고서 제목
- E. 자습 중에 학생 대화
- F. 과제가 끝났을 때 해야 할 활동

III. 수업 정리
- A. 학용품, 용구 치우기
- B. 다음 수업을 위해 자료 정리하기
- C. 수업 끝

IV. 기타 절차
- A. 교사 책상에 대한 학생의 규칙
- B. 소방 훈련
- C. 점심 먹는 절차
- D. 화장실, 물 분수대
- E. 사물함

"빌은 리허설을 빼먹었다."

절차는 또한 학급에서 노력하는 학생을 포함할 수 있다. 저자 한명의 예를 들면, 많은 교사처럼, 학생들에게 학급을 위해 보다 부드럽게 성취할 수 있는 학급 일에 대해 결정하도록 했다. 준 반장, 애완동물 돌보기, 심부름하기 등등과 같은 전통적인 학급 일에다가, 학생들은 일과를 시작하고 대체 교사를 돕는 것과 같은 과제를 통해 책무성을 배울 수 있다. 이것은 학생의 더 큰 의미, 능력, 그리고 권력 의식뿐만 아니라 학생을 위한 교사의 유용성과 거리가 먼 상당한 시간을 요하는 과제에 학생 책무성을 가지게 하여 교사를 도울 수 있다. 학생들은 일의 요구를 수행하기 위해 효과적으로 훈련받을 필요가 있다. 이것은 점심시간이나 쉬는 시간에 이루어질 수 있다.

그림 6.7 책무성 절차

I. 과제 요구사항

- A. 보고서 제목
- B. 펜이나 연필의 사용
- C. 종이 뒷면에 쓰기
- D. 단정함, 읽기 쉬움
- E. 불완전한 보고서
- F. 늦게 제출한 과제
- G. 놓친 과제
- H. 지정 기일
- I. 보상 활동

II. 의견을 나누는 과제

- A. 과제 게시하기
- B. 과제를 위한 요구사항/학점 기준
- C. 교수 집단
- D. 결석자를 위한 대책
- E. 장기간 과제

III. 학생 과제 검사

- A. 수업 중 구두 발표
- B. 수업 중 과제 완성
- C. 숙제 완성
- D. 장기간 과제의 단계 완성

V. 수업 중 과제 확인
  A. 학생 보고서 교환하기
  B. 학점 표시하고 매기기
  C. 보고서 제출하기

V. 학점매기는 절차
  A. 성적표 학점 결정하기
  B. 학점 기록하기
  C. 장기간 과제 단계를 매기기
  D. 특별 학점

VI. 학업 피드백
  A. 보상과 유인
  B. 학생의 작품 게시하기
  C. 부모와 의사소통하기
  D. 학점에 대한 학생의 기록

잠시 멈추고 6.3

현재 가르치고 있는 학급, 관찰한 한 명, 혹은 일하고 있는 한 사람을 생각해보라. 교실에서 부드럽고, 조용한 흐름을 만들기 위해 가장 중요하다고 믿는 10가지 절차의 목록을 만들어라. 그림 6.5에서 6.7까지 학급에서 존재하는 절차에 관한 분야에 대한 생각들을 언급할 수도 있다. 서너 명의 동료와 함께 절차에 대한 이야기를 나누어 보라. 우리는 실제로 감사할 청중을 발견하여 보다 생산적인 학습 환경을 만들기 위한 멋진 아이디어를 얻는 곳에 있다. 게다가, 여러분은 활동 6.2를 이 장 끝부분에서 완성하게 될 것이다. 그것은 여러분이 학급 절차를 개발하고자 하는 분야를 보다 명확히 하도록 도울 것이다.

학급 절차 안내하기

절차는 다음과 같이 잘 익힐 수 있다:

1. 절차에 필요한 요구를 토의하기
2. 학생 아이디어를 가능하게 청하기
3. 학생이 절차를 올바르게 수행할 때까지 연습하게 하기
4. 올바른 행동 강화하기

학생 집중을 얻기 위한 신호를 개발하는 절차를 소개할 때, 여러분은 신호를 개발하기 위해 학급과 노력해야 할 것인데, 목표를 설정하고(교사를 모든 사람이 쳐다보고 5분 안에 조용히 하기), 학생이 참여하는 동안 절차를 사용하며, 그리고 제한된 시간 안에 반응할 때

강화하라. 학생이 협동적인 집단에서 어떻게 노력하는가를 가르칠 때(7장에서 자세히 토의되듯이), 여러분은 일하는 장소에 기본적인 기술에 대해 토의하고, 효과적인 집단 기능을 쉽게 하는 주요 행동을 위한 학생의 아이디어를 이끌어내고, 전체 학급에 이것을 설명할 네 명의 학생을 한 집단으로 만들고, 그리고 집단에서 학생들이 활동할 때 여러분이 공간을 돌아다니는 것을 새로운 기술로서 강화하라.

학급 절차는 처음 학습하는 동안 조심스럽게 검토되어져야만 한다. 학년 초에, 교사들은 규칙 혹은 절차에 대한 모든 방해에 대응하여야 한다. 학급이나 개인 학생이 절차를 따르지 않는 것을 알아챈다면, 가장 좋은 접근은 학생에게 올바른 절차를 말하도록 요구하고 그때 그것을 설명하는 것이다. 올바른 절차를 알려준 후에 학급이 줄을 똑바르게 서지 못한다면, 정중하게 학급이 보다 효과적으로 줄을 설 수 있음을 알려주고 자리로 돌아가서 절차를 연습해 보도록 요구해야 한다. 그때 학생들에게 똑바르게 줄을 서는 것과 관련한 행동을 설명하도록 요구할 수 있다. 학급은 그들의 기술을 설명하여야 하고 열심히 노력하여 개선되면 강화를 받는다. 학생에게 효과적으로 가르치는 교사는 좋은 운동 코치와 비슷하다. 숙련된 코치는 먼저 새로운 기술을 시범보이고-종종 느린 동작으로 연습하도록 요구한다. 운동선수는 그 때 과제를 수행하도록 요구받고 수행에 대해 피드백을 받는데, 때로 비디오테이프의 재생 형태이다. 코치는 연습이 만족스럽게 수행될 때까지 연습하도록 시킨다. 나중에, 아마도 게임조건에서, 운동선수가 틀리게 과제를 수행하면, 코치는 다음 연습 시기에 다시 가르친다. 그림 6.8은 학생들에게 학급 규칙과 절차를 흥미롭고 재미있게 가르치는 방법들을 나열했다.

그림 6.8 **규칙과 일상적인 일을 가르치는 창의적인 방법**

1. **손가락인형 연극** : 책임있는 행동을 역할놀이 하기 위해 손가락 인형을 사용하라. 어떤 것이 적절한 것인지 학생들이 토의하게 하라. 어떤 행동이 적절하지 않은지, 어떤 규칙이 행동과 관계되는지, 그리고 어떤 행동이 대시 일어나야하는지 등을 밝혀보게 하라.
2. **이야기시간** : 9월에, 규칙과 절차를 따르는 것과 자기-훈련으로부터 보상에 대한 단원을 가르치는 책을 읽게 하라.
3. **포스터** : 학생들이 좋은 행동, 좋은 학습 습관, 안전에 관한 규칙 등을 만들어서, 학급, 복도, 식당 등등에 붙이게 하라. 학생들이 기억할 수 있는 곳에 걸어라.
4. **편지** : 다정한 편지 쓰는 법을 가르쳐라. 운동장 도우미, 버스 운전수, 요리사, 수위 아저씨, 교장 선생님 등등 편지를 쓰는 사람에게 흥미있는 분야에서 자기-훈련 규칙과 계획에 대해 쓰게 하라.
5. **아이구, 속았다!** : 규칙을 어길 때 경험에 대해 토의하라. 학생들이 행동에 속았을 때 개인 경험을 이야기하게 하라. 대신 해야 할 것에 대하여 이야기를 나누라. 우리가 잘못을 해서 실수로부터 배우고 다시 반복하지 않는다면 좋다는 생각에 초점을 두라.

6. **연극하기** : 학생들이 규칙과 절차에 대한 연극대본을 써서 하게 하라. 학교에서 다른 수업시간에 연극을 하도록 하라.
7. **공동체 규칙과 관련한 수업** : 학교 규칙과 공동체 규칙과 시민으로서 책임감에 순응해야 하는 이유를 이야기 나누어라.
8. **규칙 정돈하기** : 학급/학교 규칙을 관용구로 표현하게 하라. 관용구에서 낱말을 섞어라. 올바른 순서로 단어를 놓아 느낌을 갖게 하라. 혹은 규칙에 관한 낱말의 철자를 섞어서 학생들이 규칙에 대한 감각을 가지도록 각 단어를 원래대로 놓게 하라.
9. **규칙 빙고** : 각 사각형에 학급/학교 규칙과 관련된 빙고 카드를 만들어라. 학생 혹은 교사가 규칙을 실행하라. 학생은 실행된 규칙이 목록에 있으면 사각형을 덮는다.
10. **잘못된 방법** : 행동이나 절차를 따름에 있어 잘못된 방법을 역할놀이하게 하라. 역할놀이를 비디오테이프로 찍어 집단 전체에게 보여주고 잘못된 것뿐만 아니라 어떻게 올바르게 해야 하는지에 대해 토의하라.
11. **끌어안거나 악수하기** : 교사 혹은 학생이 규칙에 의해 다른 사람을 "잡을 때", 그들이 안는 것을 원하는지 악수를 원하는지를 물어서 그들이 바라는 대로 하는지를 물어라.
12. **성공을 위한 약속** : 학생들이 학급 규칙과 학교생활을 위한 성공적인 행동과 자기-훈련을 위한 계획을 부모에게 편지 쓰게 하라. 편지를 집으로 가져가서 부모와 검토하게 하라. 성공을 위한 약속에 모든 사람이 서명한다. 학생은 다음날 학교에 약속을 가지고 온다.
13. **그림 신호** : 각 교실 규칙을 위한 신호로서 그림을 제시하라. 예를 들면, 귀는 "정중하게 듣는다"를 혹은 의자는 "의자에 바르게 앉는다"를 나타낸다. 그리고 나서 규칙을 따르지 않는다면 학생에게 신호에 대한 그림을 사용하라. 그림 신호는 학생이 잘못할 때 학생에게 말하기 위해 멈추는 것보다는 조용한 경영을 하도록 한다.
14. **가방속의 규칙** : 카드에 규칙을 쓰고 종이 가방에 넣는다. 학생은 가방에서 규칙을 꺼내 다른 사람에게 설명한다.
15. **숨겨진 규칙** : 종이를 접어라. 안쪽에 학급 규칙을 써라. 바깥쪽에 규칙에 대한 힌트를 주어라. 학생들은 힌트를 읽고 규칙을 추측한다. 그들이 맞았다면 접혀진 종이를 보여준다. 이것은 또한 게시판에도 활동하기 좋다.
16. **규칙에 번호 매기기** : 각 교실 규칙에 숫자를 부여하라. 학생이 규칙을 바르게 따른다면, 따른 규칙과 관련된 손가락 번호를 치켜 세우게 하라. 혹은 규칙을 가르칠 때, 구체적 힌트를 주고 학생들이 정확한 매겨진 규칙을 위해 손가락의 올바른 숫자를 들게 하라.
17. **찾아내기** : 학급과 학교의 규칙과 일상적인 활동과 관련한 옳고 그른 행동의 목록을 만들어라. 학생들이 목록을 읽고 틀린 것에서 맞는 것을 찾아내어, 하나에서 두 가지 목록을 만들도록 하라. 이 구분 활동은 읽기 시간에 사용하라.
18. **행동의 바퀴** : 행운의 바퀴 게임을 선택하여, 규칙을 퍼즐로 만들어라. 학생이 퍼즐의 글자를 추측해서 퍼즐에서 규칙을 추측하도록 하라.
19. **보상** : 학급 규칙에 대한 보상으로 인증서나 책갈피를 만들어라. 구체적 규칙과 관련하여 적절한 행동을 나타낼 때 보상으로 주어라.
20. **그림 포스터** : 학생이 학교에 자신의 사진을 가져오게 하라. 학교 규칙을 강조하는 포스터 위에 사진을 이용하라. "순응하는 학생들은 모든 교사를 존중하는 것이 중요하다고 믿는다." 이름과 등급을 매겨 사진을 보여주라. 학교에 포스터를 붙여라. 학교에 자긍심을 갖기 위해 긍정적인 또래 힘을 이용하라.

연구자 중의 한 명은 교실이 오후 수업에 매우 소란스러운 것을 알았다. 몇 몇 학생뿐 아니라 교사로부터 분명한 I-메시지에도 불구하고, 학급은 계속 비생산적으로 떠들고 있었다. 그리고 다음 날 첫 시간에, 교사는 학습에 도움이 되는 소란 수준을 유지하는 절차를 토의하도록 했다. 학생들은 종종 너무 떠들어서 소란 수준을 줄여야 한다고 결정했다. 교사는 분명한 교수를 제공하고 적절한 음성을 개발하는 4, 5학년 복식 학생을 돕기 위한 시각 자료를 제시했다. 그녀는 산불 위험 신호가 있는 숲에 대해 가르쳤기 때문에, 학생들이 산불 위험의 정도를 야영하는 사람에게 알려주기 위해 색깔-부호 신호 정보를 사용하는 것을 즐기고 이해할 것이라고 생각했다. 그림 6.9는 신호를 나타낸다. 며칠 동안, 각 활동에 앞서 교사는 적절한 음성 수준이 가리키는 분야에 화살표를 놓고 간단하게 이것이 학생의 효과적인 학습을 어떻게 돕는지를 주장했다. 학생이 어떤 활동에서 너무 크게 말하기 시작하면, 교사는 단지 신호를 가리킨다. 며칠 동안 신호를 사용한 이후 어느 정도 임의적이고 점차적으로 가라앉았다. 학생들은 신호를 즐거워했고 중요한 절차를 배웠다.

가르치는 첫 해에, 이 절차가 높은 요구를 가진 4, 5학년 복식 학급을 위해 충분한 구조를 제공하지 못하자, 우리 딸은 다음과 같은 기술을 사용했다:

> 야커 트랙커는 우리가 교실의 소음을 측정하기 위해 사용한 유용한 전기 장치이다. 교실 앞에 두고 학생들이 과제 혹은 프로젝트를 할 때 켜둔다. 야커 트랙커는 정지 신호등과 같아서, 특정한 과제 동안 얼마나 큰소리를 내야 하는지에 따라 데시벨 수준을 바꿀 수 있다. 초록불이 켜지면, 학생들은 그들이 잘하고 있음을 안다. 노란불이 깜박거리면 학생들을 자신을 돌아보고 그들의 소란 수준을 확인하도록 이야기하게 한다. 빨간색으로 바뀌면 휴식을 5분간 잃게 되며 휴식시간에 우리는 얼마나 어떻게 조용히 할지를 연습하게 된다. 바퀴 훈련이 아동에게 자전거를 어떻게 타며 어떻게 내리는지를 배우게 하는 것처럼, 야커 트랙커는 학생들이 학습 환경에 대한 자기-고찰과 자기-평가를 학습하도록 돕는다. 2학기 중간쯤 시각적인 도움 없이 탐색하기 위해 장치를 사용하지 않아도 되었다.

그림 6.9 음성 수준 측정

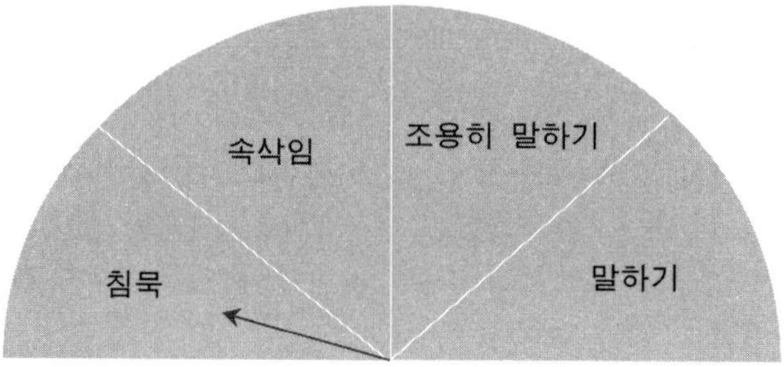

규칙과 절차를 가르치는 예

사례 1 : 껌 씹는 문제

그의 사려깊은 책인 [Judicious Discipline]에서, 포리스트 개더코올(Forrest Gathercoal)은 어느 행정가가 껌을 씹는 문제를 어떻게 다루는가에 대한 놀라운 사실을 말했다. 개더코올(Gathercoal, 2001)은 다음과 같이 쓰고 있다:

> 순종을 가르치는 수단으로서 껌에 대한 규칙과 벌을 사용하는 대신에, 예를 들면, 왜 교육자로서-학생들이 껌을 바르게 사용하는 방법을 가르치는 것으로 문제에 접근하지 않는지...[학생들은] 개인적인 책임감을 학습할 능력이 있는 학생/시민으로서 존중받을 때 좋은 인성을 개발하여 자신이 행동을 책임지게 될 것이다.
>
> 초등학교 교장이 "껌 문제에 대해" 이야기했던 일화를 기억한다. 그는 교장으로 지명되기 전에 교사였고 껌으로 인한 문제에 익숙해있었다. 수위 아저씨는 복도에 버려진 포장지와 가구 밑의 껌 때문에 계속 불평을 했다. 껌을 씹는 것에 대한 벌은 엄격했지만, 문제는 계속되었다.
>
> 행정가가 되었을 때, 그가 취한 첫 번째 행동의 하나는 규칙을 개정하는 것이었다. 껌을 금지하는 것에 대한 특별한 변화가 있었다. 그의 새로운 계획은 교사들이 껌을 어떻게 사용해야 하는가를 학생들에게 수업 첫날 가르치는 것이었다. 교사들은 수업시간에 껌을 씹는 적절한 방법, 입에서 뱉어 포장지에 싸는 법, 껌을 어디에 버려야하는지 그리고 빈 포장지를 어떻게 처리하는지 등을 가르쳤다.
>
> 이러한 교육적 접근의 효과에 대해 궁금증을 가지고, 교장은 몇 주 후에 수위 아저씨에게 학교 내에서 껌에 대한 문제가 있는지를 물었다. 수위 아저씨는 대답하기를 그는 학교 어디서도 껌이 없는 것, 심지어 복도에 포장지조차 없는 것에 놀랐다고 했다. "나는 당신이 무엇을 했는지는 모른다," 그는 말하기를, "그러나 당신은 우리가 여기서 만난 교장 중에 가장 지독한 사람이다."라고 했다.
>
> 또 3주가 흘렀다. 다시 대화가 이루어졌고 더 이상 껌의 피해에 대한 증거는 발견되지 않았다. "당신은 진짜 지독하다," 교장은

"나는 선생님이 '뒤꿈치'라고 말하기를 항상 기대해."

계속해서 들었는데, "어떻게 했는가"라고. 교장은 설명하기를 오래된 규칙이 책무성을 가르치기 위해 보다 긍정적인 교육적 시도로 바뀐 것이라고 했다. 수위 아저씨는 믿지 않는다는 듯이 듣고 나서, 말없이, 고개를 흔들며 걸어갔다.(pp.80, 81)

잠시 멈추고 6.4	여러분이 가르치거나 관찰하는 학급에서, 학생 행동과 학급이 귀중한 수업 시간을 줄이는 방향으로 흘러갈 때가 있다. 잠시 이러한 경우에 학급 상황을 설명해보자. 다음에는, 학급이 보다 부드럽게 흘러갈 수 있는 절차를 정하려고 노력하라. 이것을 몇몇 동료와 급우들과 이야기 나누라. 우리는 여러분이 알아낼 것이라고 믿는데, 학급 경영 문제가 존재할 때, 여러분이 배우게 될 가장 처음이자 중요한 일의 한 가지는 학급 절차를 검토하고 수정하는 것이다.

사례 2 : 쉬는 시간 문제

수년전에, 저자 중의 한명은 운동장에서 실수하여 계속 사무실로 보내는 문제에 처한 초등학교 직원에게 도움을 요청받았다. 직원은 계속되는 잘못이 심각하지 않은 것인지에 관심을 갖고 반복하는 공격자를 훈련시키기 위한 보다 진보적인 시도가 필요한지를 물었다. 저자는 걱정하는 직원을 돕기 위해 두 가지 시도를 했다. 첫째, 운동장 관찰에 직원이 학생운영위원회와 함께 해서, 사무실로 보내지는 잘못된 행동의 유형과 빈도를 결정하기 위한 자료를 검토했다. 이것은 가르치거나 다시 가르치기 위해 필요한 주요 절차(특정한 장비를 어떻게 사용 하는가 혹은 놀이를 어떻게 하는가)가 무엇인지를 결정하기 위해서이다.

이것에 따라, 위원회는 훈육을 결정할지를 고려하도록 요구받았다. 계속되는 행동 잘못을 대할 때, 관련된 학생에게 가르칠 절차 혹은 기술을 결정하는 것이 보다 효과적이다. 많은 행동 문제는 학생에게 새로운 기술(보다 깊은 정보를 위해 10장의 사회적 기술 훈련을 보라)을 제공하여 고칠 수 있다는 믿음에 기초하여, 저자는 직원에게 발달적 휴식을 만들도록 조언했다. 발달적 휴식이란 운동장에서 행동 문제를 나타낸 경우를 갖고 있는 학생을 옮겨서 성공적인 참여를 위한 절차를 배우고 연습할 기회를 제공한다. 발달적 휴식에서 지정된 숫자의 날을 위한 수용 가능한 행동을 보여준 후에, 학생은 정상적인 휴식 활동에 돌아갈 수 있다. 체육 선생님, 부모 자원 봉사자, 수업 조교 그리고 교장이 이 활동을 맡는다.

저자의 한명은 최근 식사 예절을 바르게 수행하지 않는 학생들을 위해 배우고 연습할 기회를 제공하기 위해 발달적 점심시간을 실천한 직원과 일했다. 그림 6.10은 특수 교육의 상급 지시자에 의해 개발된 발달적 휴식 절차의 윤곽을 제시한다.

그림 6.10 발달적 휴식

개념(The Concept)

발달적 휴식이란 아동이 휴식시간에 성공적으로 행동할 필요가 있는 구체적 기술을 배우도록 돕기 위한 기술이다. 성공적인 휴식 경험은 일상의 다른 분야의 성공에 중요한 기술을 요구하므로, 발달적 휴식은 포괄적인 학교 교육과정의 중요한 구성요소에 의해 관찰된다.

아동이 휴식동안 적절하게 행동하는 것이 어렵다면, 아동이 사회적 기술 혹은 다른 운동장 기술 부족일 수 있다. 비록 무책임한 선택을 위한 적절한 결과가 도구를 가르치기 위해 타당할 수 있지만, 부정적인 결과의 적용은 독립적인 개입이 운동장 기술 부족을 중재하기에는 부족하다. 읽기에 어려움을 가지고 있다면, 수업은 구체적인 읽기 기술을 가르쳐야 한다. 아동은 미래에 더 읽을 수 있다는 희망을 가지고 중간 휴식에 놓여서는 안된다. 아동이 운동장 행동에 어려움을 가진다면, 적절한 대체 행동이 가르침과 시범이 기본이다.

이 개념은 휴식외에 다른 활동과 상황에 사용되어질 수 있다. 사회적 기술의 구조화된 가르침은 식당 예절, 학교 모임 행동, 등등과 관련하여 가치가 있을 것이다.

발달적 휴식 모델의 예(Sample Developmental Recess Model)

발달적 휴식은 상대적으로 새로운 개념인데, 발달적 휴식 모델의 다수는 개발 중이다. 모든 것은 사회적 대체 행동의 기본적 개념으로부터 이끌어 낼 수 있다. 오레곤의 많은 학교에서 인기를 얻고 있는 한 모델은 다음과 같은 것을 포함 한다:

1. 휴식 시간전에 소집단으로 사회적 기술 가르치기
2. 휴식 동안에 학생 선택을 검토하기
3. 휴시 직후 학생들에게 긍정적인 피드백 주기

다음과 같은 구체적 단계가 이 모델을 처음으로 실천하는데 유용할 것이다:

1. 휴식에 어려움을 가진 학생들과 일할 기술과 의지를 가진 두 명의 학교 성인을 정하라. 이들 중 한 명은 학교 상담가, 학교 심리학자, 행동 컨설턴트, 혹은 아동 발달 전문가 등등이 될 것이다. 다른 사람은 학급 담임, 행정가 혹은 운동장 도우미 등등.
2. 발달적 휴식에 참여하는 것에서 이익을 얻은 소집단 학생을 정하라.
3. 부모에게 발달적 휴식의 목적과 본질을 알리고 집단에 아동이 참여하는 것에 부모의 서면 동의를 얻어라.
4. 선택된 아동에게 부족한 기술을 결정하기 위해 평가하고 사회적 기술을 가르치기 위해 요구되는 적절한 교수 자료를 모아라. 평가 전략은 행동 척도 사용, 학생 자기-보고 결과, 직접적 관찰 등과 같은 것의 사용을 포함한다.
5. 선택된 학생의 담임교사와의 상담을 통해 발달적 휴식을 계획하라. 학생이 발달적 휴식이 적어도 4주에서 6주 동안 1주에 서너 번 참여할 것을 권장한다. 많은 수업은 휴식동안에 일어나는 발달적 휴식을 일어나게 한다.
6. 발달적 휴식동안(보통 3일에서 5일 동안 연속으로) 적절한 행동을 나타낸다면, 아동들은 규칙적인 휴식으로 돌아간다.
7. 돌아간 후 며칠동안, 학생들은 목적을 우선 토의하기 위한 휴식에 그리고 후에 행동을 평가하기 위한 휴식에 일치하게 된다.

사례 3 : 신체적 접촉의 문제

저자 중 한명은 최근 초등학생이 자주 부적절한(폭력적 혹은 성적) 접촉을 하는 학교 직원과 일했다. 직원위원회는 개인의 사적인 부분에 대해 학생에게 가르칠 계획을 만들었다. 학급의 한 모임에서, 학생은 모든 사람이 어느 정도 신체적 공간을 가지고 있다는 것을 보았다(어두운 방에서 학생에게 불빛을 비추어). 그때 학생들은 다양한 상황에서 그들이 필요로 하는 신체적 부분을 실로 둥그렇게 만들도록 요구받았다. 그리고 나서 이것은 며칠 동안 수업시간과 쉬는 시간에 사용되었다. 직원은 학생들이 다른 사람의 신체적 부분을 침범하지 않는 절차를 빠르게 배우고, 운동장에서 부적절한 접촉은, 비록 지금도, 아주 낮은 비율로 발생하고 있다는 것을 보고했다.

사례 4 : 복도에서의 문제

저자 중 한명은 최근 복도에서 학생 행동에 대하여 관심을 갖고 있는 직원과 일했다. 어떤 교사들은 학생이 복도에서 위험하여 붙잡혔을 때 충분히 벌을 받지 않는 것에 관심을 가지며, 다른 교사들은 학생이 복도에서 부적절하게 행동할 때 직원들의 반응이 일관성이 부족하다는 것을 지적한다. 저자는 문제가 어디서 일어났는지를 토의하자고 직원에게 요청했다. 바로 건물의 구체적인 두 곳에서 학생들이 문제를 일으켰다는 것이 분명해졌다. 어떤 사람은 직원들이 문제를 확인하고 대안을 결정하는데 학생을 포함시켜야 한다고 주장했다. 직원과 학생은 필요한 곳에 놓여 져야 하는 교통 신호 시리즈("오른쪽에 양보하시오", "왼쪽으로 합치시오" 등과 같은)를 만들었다. 그리고 나서 학생들은 복잡한 지역에서 어떻게 움직이는가에 대하여 학습했다. 결과는 절차가 협동적으로 개발되고 효과적으로 가르쳐진다면 복도에서 행동을 잘못하여 사무실로 보내지는 학생 수가 극적으로 감소한다는 것을 나타낸다.

규칙 바꾸기

비록 모든 집중이 선택된 학교와 학급 절차를 따르는 것을 학생들에게 가르치는 것에 놓여있지만, 학생 행동은 종종 어른들이 따라야 할 절차를 바꿈으로써 매우 빠르고 극적으로 개선될 수 있다. 예를 들면, 저자 중의 한 명은 최근 휴식의 끝부분과 복도에서 학생 행동에 대하여 걱정하는 초등학교 직원과 일했다. 이러한 장면에서 보다 책임감 있게 행동하는 하도록 학생들을 어떻게 가르치느냐에 대한 상당한 토론 끝에, 교사 중 한명은 휴식의 끝부분에 학생들이 바깥으로 나가서 체육, 음악, 그리고 점심시간 등을 위해 걷는다면, 혼란은 적어질 것이고 행복한 학생이 많아질 것이라고 했다. 교사들은 비록 이 절차를 따르는 것이 매일 대략 4분 걸리지만, 적어도 5분이라는 상당한 수업시간을 절약하는데 왜냐하면 이동시간과 그 후에 파괴적인 학생행동이 감소하기 때문이다.

유사한 맥락에서, 저자 중 한명은 성인에게 무례하게 반응하는 학생에 대하여 고민하는 직원과 일했다. 또, 직원은 학생에게 향상된 의사소통 기술을 가르치는 방법에 대한 아주 진지한 토의에도 참여했다. 그러나 이 사회적 기술 훈련을 실천한 후에, 직원은 무례한 반응의 수준에 대해 혼란스러웠다. 외부 도움에 의해, 직원은 무례함, 혹은 어른이 학생에게 훈계하는 말씀에 긍정적으로 반응하는 것의 실패 등의 유의미한 양을 깨닫기 시작했다. 학생을 비판하거나 훈계하는 대신, 학생의 느낌을 인정하고 어떻게 반응할지를 물어볼 때, 부정적인 학생 행동의 양은 극적으로 감소했다.

마지막 예는 심각한 행동과 정서적 문제를 경험한 학생에 대한 고등학교 프로그램이다. 학생은 수없이 사무실로 보내지고 성인에게 폭력적인 반응으로 수차례 정지를 받았다. 학생을 다루기 위한 계획의 부분으로, 특수교사는 소년과 그의 교사에게 소년이 보다 존중받고 덜 도전받는다고 느끼는 방식으로 교정을 제공하는 방법을 결정하도록 했다. 교사가 새로운 절차를 사용하자, 성인에 대한 학생의 공격적인 반응은 대부분 없어졌다. 앞의 예에서, 비록 학생에게 새로운 절차를 가르치는 것이 중요하지만, 부적절한 학생 행동에 반응하는 교사의 절차를 변경하는 것이 중요하다.

전학생에게 규칙 가르치기

새로운 학생이 교실에 왔을 때, 교실이 어떻게 돌아가는지를 이해하는 것이 절대적이다. 이것을 실천하는 방법은 매우 다양하다. 대부분 교사는 학생 한 명에게 교실 행동 기준과 주요 절차를 새로운 학생에게 알려주도록 한다. 초등학교에서는 이것이 학급 역할이 될 것이다. 새로운 학생은 주요 학급 기대에 대하여 멘토와 학습하기 위해 휴식시간과 점심시간을 보낼지도 모른다. 중등학교에서 학생들은 새로운 학생에게 교실에 대하여 가르치기 위한 2주 혹은 1개월 동안의 역할을 자청할지도 모른다. 두 경우에, 글자로 된 매체나 혹은 이러한 자료를 설명하기 위해 교사나 학급이 만든 비디오테이프 등이 도움이 될 것이다. 교사는 또한 학급 운영에 대한 퀴즈를 만들고 모든 새로운 학생이 이 퀴즈를 100% 맞히도록 요구할 수 있을 것이다.

학년 초를 위한 준비

학생들에게 학습 동기를 주는 안전하고 긍정적인 설정을 만드는 가장 효과적인 방법은 학년 수준, 교과 내용과 교사 형태에 따라 변화할 것이다. 그러나 긍정적인 학습 환경을 만드는 것에는 중요한 구성요소가 있다. 이 섹션은 초등학교, 중・고등학교 학급에서 학년을 시작하기 위한 제안을 제공한다.

초등 학급

그림 6.11은 교사들이 학년을 효과적으로 시작하는 기술개선을 돕기 위해 캐롤린 에버츤(Carolyn Evertson)과 동료들(1983)에 의해 개발된 연수 워크샵의 개요를 제시한다. 우리의 작업은 학년을 시작하는 일에서의 개척자와 같은 노력을 지지한다. 우리는 또한 긍정적인 학습 공동체를 만드는 것을 돕는 부수적인 활동 몇 가지를 발견했다. 그림 6.12는 저자 중 한 명이 5학년에서 사용한 개요이다.

그림 6.11 학년초 처치에서 제시된 주요 구성 요소

1. 학급의 준비
   당신의 교실 환경과 교재가 학년도를 시작할 준비가 되어 있음을 확신한다.
2. 규칙과 과정의 계획
   어떤 과정이 당신의 학급과 학교 환경에서 학생이 효과적으로 기능하도록 하는 지를 생각한다.
   어떤 행동이 용인될 수 있는지와 없는지에 관해 결정한다.
   과정과 규칙의 목록을 개발한다.
3. 결과
   당신 학급에서의 적절하고 부적절한 행동의 결과를 시간보다 앞서 결정하고, 학생에게 알린다.
   일관되게 지속한다.
4. 규칙과 절차의 교수
   규칙과 절차가 언제 어떻게 교수될 지와, 언제 연습과 복습을 하게 되는지, 규칙과 절차를 가르치는 것을 교수학습 계획에 포함하여, 조직적으로 학생에게 규칙과 과정을 가르쳐라.
5. 학년초 활동
   용이하게 학생을 포함할 것이고 전체집단 초점을 유지할 것인, 학년초 활동을 며칠 동안 전개한다.
6. 잠재적 문제를 위한 전략
   당신의 교실 조직과 학급경영을 망칠 수 있는 잠재적 문제를 다루기 위해 전략을 계획한다.
7. 모니터링
   학생 행동을 밀접하게 모니터링한다.
8. 부적절한 행동 방지
   신속하고 끊임없이 부적절하고 분열적인 행동을 제어한다.
9. 교수 조직
   당신의 학급에서 모든 학생에게 적당한 수준의 학습 활동을 제공하도록 교수를 조직한다.
10. 학생의 책임
    아이들이 자신의 일에 책임지는 과정을 개발한다.
11. 교수의 명료함
    당신이 학생에게 정보를 제공하고 지시할 때 명료하게 한다.

그림 6.12 초등학교 학급에서의 신학년도 시작

첫 날 일정(First-Day Schedule)	둘째 날 일정(Second-Day Schedule)
학생 책상 배치: 이름표, 학급 이름 단어 검색, 자루, 학생을 위한 교사의 편지	신비로운 학생 워밍업 아침 과정 연습
교사의 소개	친교 활동용 빙고 게임
이름 사슬을 사용한 출석점검	중요한 학급 절차 소개
학교 서약의 학습	간식과 스트레칭 휴식
어린이회 과정의 연습	음악 학습
전교회의 출석	구두 상자의 초상화 색칠하기
학년도 교육과정의 개관	점심 과정 연습
학생 책상(가방 안의 책갈피, 연필, 스티커와 사탕의 조각을 포함하여)에 걸어둔 가방과 간식	점심과 휴식 소리내어 읽기
학생은 교사에게 자신, 가족, 지난 여름의 주요 사건과 그들이 올해 배우기 바라는 것에 관한 편지를 씀	성공적인 학습자 활동 집단 공헌 활동 휴식
소포가 집으로 보내짐	공책의 사용방법
학교 과정 연습	일과 종료
버스 승차 과정 연습	버스 학교

중등 학급

그림 6.13은 교사들이 학년을 효과적으로 시작하는 기술의 개선을 돕기 위해 캐롤린 에버츤(Carolyn Evertson, 1985)에 의해 개발된 연수 워크샵의 개요를 제시한다. 비록 우리 일이 그녀의 개척자적 노력을 지원하지만, 그림 6.14는 우리가 중학생이 학습 과정에의 개인의 투자와 안전의 감각을 경험하고 학습하는 데 동기를 주는 학습자의 긍정적이고 결합력 있는 공동체를 만들기 위해 추천하는 개요를 제공한다.

표준화검사의 학생 성취에 관한 명백하게 끊임없이 증가하는 이유로, 많은 교사들은 지지 공동체를 건설하고 명백한 행동 지침을 확립하는 신학년도 학급의 첫 번째 주에 좋은 부분을 사용하는 것에 대한 관심으로 나타낸다. 이 장의 처음에서 언급한 것처럼 과거 30년에 걸친 우리의 경험과 대규모 연구는, 교사들이 심사숙고하여 안전한 지지적인 환경을 개발하는 데 사용한 시간이 학생 성취에 도움을 주었음을 지지한다.

그림 6.13 실험집단의 중등 교사를 위한 워크샵 내용의 개요

Ⅰ. **계획(학년도 개시 전)**
- A. 공간사용(학급 준비)
- B. 일반 행동에 대한 규칙
- C. 규칙과 특정 분야의 절차
  1. 학생의 교실 공간과 시설 사용
  2. 학생의 교실 밖 공간의 사용
  3. 전체 학급 활동/자습에의 학생 참가
  4. 학생의 매일 일과의 참가
  5. 소집단 활동의 참가
- D. 적절한/부적절한 행동의 결과/장려
- E. 신학기 첫 날 활동.

Ⅱ. **규칙 제시, 과정과 기대 (학기의 시작)**
- A. 규칙과 절차의 교수
  1. 설명
  2. 사전 연습
  3. 피드백
  4. 재교수
- B. 학문 내용 교수
- C. 명료한 의사소통 개념과 지시

Ⅲ. **체제 유지(1년 내내)**
- A. 행동적 학문적 순응의 모니터링
- B. 적절한 행동의 승인
- C. 부적절한 행동 방지
- D. 결과/유인의 일관된 사용
- E. 개별 학생/집단을 위한 지시의 조정
- F. 학생의 활동에 관해 책임을 부여함
- G. 특별한 문제에 대처하기

그림 6.14 중학교에서 학년 시작하기

1. **한 해 동안의 인식의 지도(개요) 제공**
   학생에게 과정의 일반적 개요를 묘사하고, 그들이 학습할 내용과, 당신이 사용할 교수법과 평가방법 등을 기술한다.
2. **학습의 정의**
   제7장에서 논의하겠지만, 그들이 동의하는 특성 목록을 개발하기 위해 학생들이 협력하여 일하게 하는 것은, 성공한 학습자에게서 찾을 수 있고 효과적인 학습자의 정의를 만든다.
3. **학생이 무엇을 배우고 싶어하고 어떤 형태의 교육적 활동이 학습을 용이하게 하는지 물어보기**
   학생들이 학급에서 배우길 바라는 것을 개별적으로 쓰게 한다. 학급과 관련한 특별한 관심이나 지식은 무엇인가? 학생에게 가장 효과적인 교수법과 평가 방법을 기술하고 이전 학급에서 사용한 예를 제시하도록 요청한다.
4. **학생에게 당신을 알리기**
   당신의 교수에 관해 긍정적이고 즐거워하도록 하라. 학생과 학생의 이름과 학생에 관한 것을 배워라. 학기초 2주 동안 학생과 긍정적인 접촉을 하라. 적어도 긍정적 진술 4번에 부정적 진술 1번의 비율을 유지하라.
5. **당신과의 인터뷰 승인**
   교육자로서 당신의 믿음과 사람됨에 관해 알도록 하라.
6. **학생들이 더 잘 알려지도록 돕기**
   4장에서 제시한, 학생들이 서로의 이름과 무엇인가를 알 수 있도록 디자인된 적어도 3개의 활동에 참가하게 한다.
7. **현명한 규율 개념 교수와 행동 규준 확립**
   학급 회원에게, 당신이 가진 역할이 모든 학생들의 헌법상 권리를 교실에서 보호하는 것이고, 교사를 포함하여 어떤 학생도 다른 사람의 권리를 침해할 수 없다는 것을 알려라. 이것을 배경으로, 학생들에게 4개의 관심 있는 것을 확실하게 하는 행동 규준의 목록을 개발하게 하고, 목록을 제공한 후 수정하고 싶은 목록이 있는지 토론하도록 하라. 모든 학생이 그들의 이해와 학급의 모든 회원의 권리를 존중할 것을 약속하고, 이 목록에 서명하게 한다.
8. **핵심 행동 절차 교수**
   당신이 가르치고 싶은 중요한 과정을 결정한다. 교실에서 그들이 필요로 하는 것을 가르친다. 문제가 일어날 때마다, 당신 자신과 학생들이 이 문제를 제거하는 과정을 발달시킬 수 있는 방법을 요청한다.
9. **누군가의 권리가 침해당할 때 당신과 학생들이 응답할 방법을 개발한다.**
   교실 행동 기대의 위반에 반응하는 당신의 방법을 제시한다. 이 과정에 학생의 참가를 허락한다. 합의에 이르게 되면, 이것을 인쇄하고, 모든 학생에게 서명하게 하며 행정가에게 사본을 제출한다.
10. **신중하게 학생의 학습과 숙제를 모니터링하고 신속하게 재교수할 기회를 제공한다.**
    첫 번째 채점 초기 기간에 평가, 프로젝트, 글쓰기 등의 몇 가지 방법으로 학생들의 학습 정도를 보여주는 기회를 제공한다. 교재 숙달이 어렵고, 학습 평가뿐만 아니라 교재의 프리젠테이션을 수정하는 방법을 의논해야할 학생을 만나라.

11. 학생 자신의 노력과 학습을 스스로 평가하기
    학생들에게 내용을 완수하는 자신의 노력을 기술하게 한다. 그들에게 그들을 위한 일과 그들이 필요로 하는 지원과 그들의 일을 개선하기 위해 사용할 수 있는 방법을 리스트하게 한다. 성공 계약(제7장)이 도움이 될지도 모른다.
12. 학생들이 당신의 교수와 학급에서 느끼는 감정을 평가해 보도록 하기
    학생들에게 학급(제3장)에 관한 피드백을 제공하게 한다. 학급에서의 약간의 수정을 위해 이 피드백을 학생들과 학습에서 공유한다.

잠시 멈추고 6.5

당신이 현재 교수하고 있는 학급을 고려해보자. 당신이 기억할 수 있는 것에 따라, 현재의 학년도 동안에 만난 학급의 첫 번째 5일간의 개요를 선발한다. 만일 당신이 올해 가르치지 않거나, 관찰하지 않는다면, 즉시 다음 활동으로 옮긴다. 다음으로, 당신이 내년초 담당할 학급의 5일을 조직하고 싶은 방법의 개요를 만든다. 특정한 학문적 활동을 포함하지 않지만 이 일이 일어날 때를 제시해보자. 다시 한 번, 우리는 당신의 생각을 동료 또는 동급생과 공유하고, 서로로부터 배우길 권한다.

학습을 잘하도록 하기 위한 학급 경영 기술

이 섹션에서 기술하는 기술을 사용하는 교사의 중요성은, 교실 규율에 관한 쿠닌(Kounin, 1970)의 연구에 의해 강조되었다. 쿠닌(Kounin)은, 학급을 상당히 효과적으로 경영한 것으로 인정받은 교사의 교실과 중대하고 지속적인 경영 문제를 가진 교사의 교실 모두에서 연구를 위한 수천 시간의 비디오테이프를 모으는 것에서부터 시작했다. 쿠닌은 이 두 집단의 교사들이 교실에서 일어났던 훈육 문제를 취급한 방법에서 유의미한 차이를 발견할 것으로 예상했다. 놀랍게도, 무질서한 학급의 교사가 사용한 것처럼 성공한 교사들도 똑같은 방법으로 반응한다는 결과가 도출되었다.

쿠닌(Kounin)은 이 발견에 의거하여, 진짜 아무런 차이가 없는지를 조사하기 위해 테이프를 다시 검사했다. 그 결과, 그는 성공한 교사들이 훈육 문제를 방지하는 능력에서 차이가 있다는 것을 발견했다. 이 교사들은 학생들이 끊임없이 활발하게 교육적 활동에 종사하도록 하기 위해 많은 종류의 학급경영 기술을 사용했다. 성공한 교사들은 더 잘 준비하고 조직하며 한 활동을 매끄럽게 다른 것으로 옮겼다. 이 교사들은 또한 학생을 양육하고, 교육적 활동 초기에 학생들의 흥미를 자극하며, 수업 동안 내내 효과적으로 그들의 주의를 집중시켰다. 또한, 성공한 교사들은 개별화된 흥미로운 자습을 사용했다. 쿠닌은 더 효과적인 교사일

"안젤라, 어떻게 그럴 수 있죠?"

수록 학급을 잘 이해하고, 잠재적인 문제를 인식하며, 어떤 어려움이라도 해결할 수 있도록 끊임없이 교실을 조사한다는 것을 발견했다. 이 교사들은 학생의 욕구를 예감하고, 들뜬 분위기와 지루함을 최소화시켜 교실들을 조직하며, 교육과 관련된 중첩된 요구에 효과적으로 대처했다.

쿠닌(Kounin, 1970)의 발견 이후, 브로피와 에버츤(Brophy & Evertson, 1976)는 학급분열을 감소시키는 교사의 행동은 학생의 학습 증가와 관련된다는 것을 발견했다. 학생의 학습결과와 여러 교사 행동의 관계를 조사한 2년여의 교사 효과성 프로젝트에서, 브로피와 에버츤(Brophy & Evertson, 1976)은 자신들의 자료가 쿠닌(Kounin, 1970)의 발견을 강력하게 뒷받침할 수 있다고 진술했다. 성공한 교실 학급경영의 열쇠는 "사후에 어떻게 처리할 것인지를 아는 것이 아니라, 문제가 발생하기 전에 방지하는 것이다"(p.127). 교실 관찰을 통해 측정되는 과정 행동의 연구에서, 브로피와 에버츤(Brophy & Evertson)은 또한 "학생의 학습과 가장 강력하고 모순이 없는 관계를 가진 집단은 교사의 학급경영 기술과 관련된다. 학급경영에 있어서 우리는 규칙적인 방식으로 계획하고 활동을 실시한다; 학생들이 수업과 자습활동에 활동적으로 참가하도록 한다; 그리고 분열과 훈육 문제를 최소로 한다"라고 기술했다(p.51).

이후의 학문학습시간(ALT)에 관한 연구는, 교사들이 학습과제를 잘 수행하는 학생 행동을 늘리는 방법을 교수학습활동에 포함시켜야 한다는 생각을 지원한다. "하루에 50분간 읽기 수업을 받는 학생은 그 시간의 1/3만 집중하고, 또한 집중한 시간의 1/4만이 높은 수준의 읽기가 가능하다면, 이 학생은 약 4분간만 학문학습시간(ALT)를 경험하는 높은 수준의 읽기를 할 수 있을 것이다"(Berliner, 1984, p.62). 학급에서 학생이 교육적 일에 종사하는 시간의 비율이 50% 미만에서 90%로 극적으로 변화하고 있다(Fisher et al., 1978). 로젠샤인(Rosenshine, 1983)은 학생의 성취와 관련된 특정한 교사 행동을 요약하고, 이 섹션에서 제시된 기술의 대다수를 포함했다.

그림 6.15 과제 수행 행동과 학업 성취를 용이하게 하는 교육적인 학급경영 기술

1. 수업 시작
2. 친근한 교수 제공
3. 주의 집중
4. 속도 유지
5. 효과적인 자습 사용
6. 요약
7. 유용한 피드백과 평가 제공
8. 매끄러운 이행 조성
9. 초기 유년기 설정을 위한 계획
10. 일반교실의 분열 취급

섹션은 그림 6.15에 항목화된 10개의 일반적인 교육적 학급경영 기술에 의해 조직된다. 이 장의 방법을 사용하는 것을 이해하는 것은 비판적이다. 그것들은 학생의 과제수행 시간 또는 당신의 통제를 늘리기 위한 장치로 제공되지는 않는다. 그 대신에, 이 방법은 학생들이 학업을 더 잘 이해하도록 돕고, 학습시간의 질을 강화하는 방법이다. 효과적인 교사의 표시 중 하나는 학생 행동과 학습에 대한 영향력에 기초한 학급 행동을 변경하고 조사하는 능력과 인식이다. 다음의 방법은 조사를 바탕으로 오랜 시간동안 유효성이 증명된 것으로, 당신과 당신의 교실에 적합한 방법을 사용하거나, 조정하고 패를 바꿀 수도 있다. 이 책에서 제시한 생각과 활동에 더하여, 당신은 굳과 브로피(Good & Brophy, 2003)의 [Looking in Classrooms]에서 제시한 학급 조직의 조정과 모니터링과 학급경영 행동을 돕는 유용한 방법을 발견해 낼 것이다.

수업 시작

종종 교사는 학생의 주의를 집중시키고 수업을 시작하는 데 어려움을 느낀다. 그 이유는, 최소한 부분적으로는 학생들이 자주 교실에서 이동하거나 친구를 사귐으로써 수업의 시작을 연기하려 한다는 것이다. 학생들은 수업을 시작하기 전에 시간을 버는 최고의 시간이 있음을 아주 정확히 깨닫는다.

방법

1. 모든 학생이 편안히 앉아서 교사를 바라볼 수 있도록 교실을 정돈한다.
2. 학생의 주의 집중을 위한 신호를 선택하여 가르친다. 학생이 주의집중할 시간임을 가리

기는 일관된 신호를 갖는 것이 학생에게 더 이익이 된다. 학생들은, 종종 주의를 이끌지 못하는 진술인 "좋아, 시작할 준비를 하자"와 같은 일반적인 표현을 듣게 된다. 저자 중의 1명은 그녀의 학급에서 매달 새로운 신호를 선택했다. 학생들은 참여를 즐기고, 인기를 끌기 쉬운 구(catchy phrases)를 선택한다. 최근에, 학생들은 10월에는 "부(Boo)", 11월에는 "고블 고블(Gobble Gobble)", 그리고 12월에는 "호호호(Ho Ho Ho)"를 선택했다. 학급경영에 관한 여름강좌에서, 인기를 끌기 쉬운 구(catchy phase)를 사용하는 것의 가치가 "집중해주세요"와 같은 표현으로 40명의 교사를 조용하게 주의집중 시키는 데 필요했던 시간을 기록하는 것에 의해 제시되었다. 5번의 그러한 요구에 소요된 평균 시간은 거의 2분(각각의 예에서, 학생들은 집단 활동을 하고 있었다)이었다. 그 학급에게 이 사실을 알리고 좀 더 색다른 표현을 만들어보도록 요청했다. 그들은 "레인 레인 고 어웨이(Rain Rain Go Away)."를 선택했다. 그 학급은 12초 이내에 주목할 수 있을 때까지 이 표현을 연습하였다. 2 주 뒤에 수집한 자료는, 집단이 완전히 조용하게 되는 데 12초 이하의 시간이 필요하다는 것을 보여주었다.

3. 모든 사람이 주의를 기울일 때까지 시작하지 않는다.
4. 산만함이 사라진 후 수업을 시작한다.
5. 제시된 수업과 관련하여 목표와 활동과 평가절차를 분명하게 기술한다.
6. 수업을 학생의 생활 또는 이전의 수업과 관련지어 관심을 자극한다.
7. 가능한 한 긍정적인 교과 내용과 학생의 초기 접촉을 만들 수 있도록 고도의 동기화된 활동에서 시작한다. 저자 중의 한명은 [Lewis와 Clark의 탐험] 단원에서 시작하는 데, 동료와 함께 메리웨더 레비스(Meriwether Lewis)처럼 차려입고 두 명의 주목할 만한 탐험가의 삶을 요약한 짧은 풍자극을 보여준다.
8. 학생들의 생각을 조직하는 것을 돕고 주의집중을 위해, 개요와 정의 또는 연구 지침서를 배포한다.
9. 학생들의 변화추이 시간을 최소화 하도록 도전한다. 아이들은 게임을 즐기고 자료에 감동한다. 학생에게 그것에 도달하는 데 필요한 시간의 총계를 가리키고, 그들에게 이 번에 감소시키도록 부탁하는 자료를 제시하여 이 지식을 끌어 올린다. 이 방법을 실행하는 6개의 기초적인 단계가 있다. 첫 번째로, 기준선 자료(제10장 참고)를 수집하고 크고 보기 쉬운 차트에 기록한다. 두 번째, 자료는 학생과 요청되는 지원으로 논의되어야 한다. 세 번째, 학생들이 적당하고 합리적인 목표를 선택하는 것을 돕는다. 네 번째, 수업 준비가 무엇을 의미하는 지를 정확하게 정의한다. 다섯 번째, 학급의 자료를 모으고 기록하기 위한 시스템을 개발해야 한다. 마지막으로, 정해진 목적에 도달했을 때의 보상을 결정하는 것이 필요하다.

명확히 제시하기

교수를 제공하는 중요한 단계는, 학생들이 학습할 활동을 위해 명백한 교수를 제공하는 것이다. 분열적인 학생 행동의 중요한 총계는, 그들이 나아가는 방법 또는 그들이 지원을 필요로 하거나 그들의 일을 완수할 때 할 일을 모르는 학생으로부터 유래한다. 학생들은 종종 자습 과제를 해결할 준비가 부족하다.

방법

1. 명확한 지시를 준다.

지시는 다음의 진술을 포함해야 한다. (a) 학생들이 해야 할 것, (b) 그들이 해야만 하는 이유, (c) 그들이 지원을 받는 방법, (d) 완료된 일을 처리하는 방법과 (e) 그들이 끝냈을 때 해야 할 일. 이것은 또한 그들이 작업에 얼마나 많은 시간을 보낼 것인지를 지시하는데 도움이 된다. 만일 그것이 제한 시간 내에 끝낼 수 없으면 언제 일이 완료될 수 있는지에 관한 진술을 포함할 수도 있다.

2. 그 일에서 예상한 품질을 기술한다. 이것은 학생의 책임감을 늘릴 수 있고, 걱정을 감소시킬 수 있다.
3. 교수 후에, 학생들에게 지시를 바꾸어 말하게 하고, 그들에게 일어날지도 모르고, 참가시킬지도 모르는 어떤 문제라도 진술하게 한다.
4. 지시에 대한 학생의 의문에 분명하게 순응한다.
5. 학생들이 살펴보고 참조했던 지시를 준다.
6. 학생들에게 활동을 시작하기 전에 지시를 쓰도록 한다.
7. 학생들이 지시를 따르는 것을 어려워하는 것처럼 보일 때, 과제를 더 작은 부분으로 분류하는 것을 고려한다.
8. 그들이 기술하는 활동에 앞서 즉각적으로 지시를 준다.
9. 정확한 행동을 모델화한다. 만일 학생들이 대답하기 전에 손을 올리도록 부탁받았더라면, 문제를 묻는 동안 당신의 손을 올릴 수 있다.
10. 현장견학을 하기 전에 학습지 또는 개요를 나누어 준다.
11. 결석했거나 과제를 잊은 학생들이 개별적으로 이 정보에 접근할 수 있도록 모든 과제를 제시한 공간을 만든다.

이것은 알림장에 과제를 적지 않은 학생들에게 추가 정보를 주기위해, 매주 여러 학생을 지명하여 이 일을 수행하도록 할 수 있다.

집중시키기

학생들이 교수학습에서 사용하는 시간의 총계는 그들의 성취와 유의미한 관계가 있다. 많은 교사들은 집단 교수에서 학생의 주의를 유지하는 것이 특히 어렵다고 진술한다. 비록 아동과 청소년이 실제로 성인보다 다소 짧은 주의집중 시간을 가지지만, 흥미로운 TV 프로그램 또는 비디오 게임을 조용히 살펴보는 그들의 능력은, 숙련된 교사가 대부분의 교실에서의 일관된 학습에 대한 주의를 자극할 수 있다는 것을 보여준다.

"첫째, 학생들의 주의를 끌어야만 해요."

방법

1. 당신이 선택한 교수 활동을 용이하게 하기 위해 교실을 정돈한다.

수업에서 주의집중의 중심부로 교사를 포함할 때, 모든 학생은 교사를 직면하도록 착석해야 한다. 이 정돈은 일제형, 원형 또는 U자형으로 달성될 수 있다. 학생들의 소집단 활동에서도, 수업을 시작하기 전에 교사를 직면해야한다고 요구한다. 똑같이, 만일 당신이 학생들이 서로 말하기를 원하면, 학생들이 편안하게 발화자를 볼 수 있고, 이야기를 들을 수 있을 수 있게, 책상들은 원형, 정방형 또는 U자형으로 배치해야 한다. 여러 교수 활동을 사용하는 교사는, 학생들이 신속하고 조용하게 책상을 이동하는 절차를 가르치다 것을 고려해야 한다. 간단한 지시로, 모든 학년 학생들은 대략 1분 내에 책상을 재배치하는 것을 배울 수 있다.

2. 일부 학생들을 냉대하지 않는 좌석 배열을 사용한다.

교사들은 공부 잘 하는 학생을 교사 가까이 배치하고, 그들에게 더 많은 접촉을 제공하는 경향이 있다. 연구는 공부 못하는 학생이 교실 전면에 배치되었을 때, 교실 뒤에 배치되었을 때보다 학업성취가 더 좋아졌다고 제안한다. 재미있게도, 높은 성취를 보이는 학생은 교실 뒤에 배치되는 것을 견디기 어려워했다. 유사하게, 높은 성취의 학생과 낮은 성취 학생을 교실 전체에 산재시킬 때 학생들의 관련이 더 고르게 배포된다. 모든 학생들이 활발히 의미있는 교실 상호 작용에 관계할 수 있도록, 교사들은 좌석 정돈을 조정하고, 학급을 순시하여 과제를 수행하는 학생의 응답을 늘릴 수 있다.

3. 학생에게 질문할 때에 임의 선택을 사용한다.

이것은 모자 안의 하드 막대에 학생의 이름을 적어 넣고, 누가 당첨될 지를 결정하기 위해 이름을 뽑는 활동으로 완수될 수 있다.

학생의 임의 선택의 위험은 모든 질문에 대한 정확한 답을 바로 얻지 못한다는 것이다. 연구는 특히 초등학교에서, 교사가 정보를 제공하고 질문에 집중하고 학생에게서 정확한 대답을 받을 때 학생의 성취가 강화되는 것을 가리킨다. 그러므로, 당신은 언제 낮은 성취의 학생을 포함해야 하는지 신중하게 생각해야 한다. 예를 들면, 그들이 기술 획득 수업과 개인적인 화제나 의견을 묻는 수업에서 답변을 요청받을 지도 모른다.

4. 학생을 지명하기 전에 문제를 먼저 묻는다.

교사들이 질문하기 전에 학생을 선택할 때, 다른 학생들은 문제에 흥미를 잃게 될 수도 있다. 문제를 묻고, 교실을 둘러보고 학생들에게 문제를 고려할 기회를 제공한 뒤에, 당신은 학생의 관심과 흥미를 더 끌어내게 된다. 또한 질문에 답하기 위해 손을 드는 것이 절차를 강화하는 경험이 된다(예를 들면, "여러분이 이 질문에 답할 수 있으면 손을 드세요"나 "존, 손을 들었구나. 정답은 뭐니?").

5. 질문에 답하거나 다른 학생을 지명하기 전에 적어도 5초간 기다린다.

대부분의 교사들은 평균적으로 다른 학생을 지명하기 전에 한 학생의 응답을 오직 1초 정도만 기다린다는 연구 결과에 놀란다. 그러나 질문 받은 학생이 통과해야만 한다는 것을 고려해야만 한다. 첫째, 그들은 문제를 듣고 이해해야 한다. 둘째, 그들은 정보를 검색해야 한다. 셋째, 그들은 그들의 응답이 받아들여질 것인지 생각해야 한다. 넷째, 그들은 그들의 응답(어떤 정확한 응답은 교사에 의해 강화될 것이지만, 또래들은 비난하게 될 것이다)의 결과로 받을 강화나 비난을 고려해야 한다. 이 과정은 똑똑한 학생에게는 매우 빠르게 일어날지도 모르나, 대부분의 학생들은 답하는 데 1초이상 걸린다.

로웨(Rowe, 1986)는 교사들이 그들의 반응 시간을 늘릴 때, 여러 가지 긍정적인 일들이 일어난다고 보고했다. 그림 6.16에 그녀의 발견이 요약되어 있다. 학생 답변 시간에 관한 연구에서, 토빈(Tobin, 1987)은 교사가 3초 이상 기다렸을 때, 모든 학년에서 교사와 학생의 담화가 변화하였고, 고차원적 인지수준의 성취가 가능하다는 것을 발견했다.

6. 학생들에게 급우의 대답에 반응하도록 요청한다.

7. 끊임없이 학생의 대답을 되풀이 하지 않는다.

많은 교사들은 학생이 제공한 답을 따라 말하게 한다. 이 연습은 모든 학생들이 정확한 대답을 듣는 것을 확실하게 하려는 것이다. 하지만 이것은 다음과 같은 것들을 학생에게 가르치게 된다. (a) 교사가 대답을 들을 필요가 있는 단 한사람이기 때문에 그들은 큰소리로 말할 필요가 없다. (b) 교사가 대답을 되풀이 할 것이기 때문에 그들은 또래의 이야기를 들을 필요가 없다. (c) 교사가 교실의 모든 학습의 근원이다. 이 부작용들은 학생의 동기부여, 학습관련과 주의집중을 감소시킨다.

그림 6.16 교사가 반응 시간을 늘렸을 때의 이점

1. 학생 반응의 길이 증가
2. 응답을 청하진 않았지만 정확한 답변의 증가
3. 반응을 얻는 것에서의 실패가 감소
4. 아이들의 자신감 증가
5. 교사-중심 교수 감소
6. 학생의 질문 증가
7. 낮은 수준의 성취를 보이는 학생에게 더 효과적임
8. 학생의 제안 증가
9. 학생의 대답을 지원하기 위해 더 많은 증거를 제시하게 됨
10. 학생의 다양한 응답 증가

8. 학생들이 말할 때 경청하는 듣기 기술의 모형을 제공한다.

9. 생기있게 가르친다.

교실 훈육에 관한 고전적인 연구에서, 쿠닌(Kounin, 1970)은, "아이들을 방치하지 않고 학생이 두 발을 붙이게 하여 집단의 초점을 유지하는 교사들은 과제와의 관련을 유발하고, 정상적인 행동에서 벗어난 행동을 예방하는 것에 성공하는 교사들이다"라고 기술했다(p. 123). 연구는 학생이 열성적인 교사를 좋아할 뿐 아니라 그 교사들의 열정은 학생의 성취를 용이하게 한다는 것을 제시한다. 학급을 순회하고 목소리를 바꾸며 흥미로운 얼굴 표현을 사용하고 높은 에너지 수준을 유지하는 것으로 열정과 생기를 보여준다.

10. 학생의 노력을 강화하고 부정적인 말보다 긍정적인 말의 높은 비율을 유지한다.

11. 교육적인 매체와 방법을 바꾼다.

12. 예기를 만든다.

관심을 일으키는, "이것은 어렵구나" 또는 "나는 우리가 이것에 대해 말했는지 확신하지 못하지만 아마도 누군가는 그것에 답할 수 있다고 생각한다"와 같은 표현을 사용한다.

13. 학생 자신의 생활과 관련이 있는 질문을 한다.

14. 적당한 어려움을 가진 일을 제공한다.

학생의 비행은 너무 쉽거나 너무나 어려운 일에 대한 반응이다. 학생들은 쉬운 작업보다 알맞게 어려운 일을 좋아한다. 일이 너무나 어려우면, 학생을 실망시키게 된다. 실패도 학생 자신의 실행 기대들을 낮춘다.

연구는 교사가 지원(자습 또는 암송의 모니터링에서)을 제공할 때, 학생들이 70~80%정도의 올바른 대답을 할 수 있어야 할 것을 제안한다. 학생들이 독립적으로 수행해야 할(개별

자습 또는 숙제) 때, 학생들이 95%의 정확도로 답할 수 있어야 한다(Brophy, 1982; 피셔(Fisher, et al., 1980). 자습은 높은 성공율을 고려해야 하지만, 또한 학생이 과제에 도전하기 전에 이루어지는 것으로도 충분하다.

교사 질문은 또한 학생의 비교적 높은 정확한 응답율을 도출해야 한다. 브로피(Brophy, 1986a)는 교사 질문의 대략 4분의 3이 정확한 응답을 도출할 수 있다고 진술하고, 나머지는 응답의 불이행이라기보다 오히려 부정확하거나 불완전한 대답을 도출하는 것이라고 진술한다. 수준높은 새로운 교재를 사용할 때 성공율은 더 낮아질 수 있다. 브로피(Brophy)는 "끊임없이 낮은 성공율(약 65% 이하)은 교사가 '학생 머리 위 교육'을 하고 있거나 문제에 대한 준비를 효과적으로 시키지 않고 있는 것이다"라고 제안한다"(p. 9).

15. 가변성과 흥미를 자습활동에서 제공한다.

자습은 운동경기나 학생의 흥미(동물, 연예인, 오락 등) 또는 보드게임과 같은 형태의 자습을 만들어서, 현재의 이벤트와 관련한 단원을 개발하여 더 흥미롭게 만들 수 있다. 학생들은 또한 급우와 협력적으로 일할 수 있고, 경쟁할 수도 있다.

16. 어려운 교재를 제시할 때, 분명히 이 사실을 인정할 때, 수업을 명료화할 수 있는 프리젠테이션과 후속 활동의 형태를 묘사하는 제한시간을 설정해야 한다.

페이스 유지하기

방법

1. 당신만의 교수 속도(tempo)를 인식한다.

학생의 행동과 실행은 교사의 속도에 의해 영향을 받는다. 우리는 교실에서의 개인적 속도를 조정하여 효과적으로 관심과 열정을 생성하거나 조용한 효과를 만드는 것을 배울 수 있다. 당신 자신의 속도를 조사하는 최고의 방법은 집단 교수에서 당신 자신을 비디오테이프에 녹화하는 것이다. 재생해 보고, "내가 너무 빨랐나?", "나는 생기 있었는가?", "똑같은 것을 자주 되풀이하지는 않았는가?", "스스로 즐거운 수업이었는가?"와 같이 스스로 자문한다.

2. 학생들이 지겨워하고 혼란스럽거나 침착성이 없게 만드는 비언어적 신호를 조심한다.
3. 활동들을 짧은 구분으로 나눈다.

교육적인 원조로 필름을 사용하는 전략을 사용한다. 교사들은 내용을 논의하기 전에 필름을 끝까지 계속 보고 싶어한다. 그러나 중요한 지점에서 필름을 멈추고, 생각을 논의하는 것에는 몇 개의 이점이 있다. 첫째, 중요한 정보가 강조될 수 있다. 둘째, 이 과정은 학생이 한 번에 더 적은 정보를 받아들일 수 있게 한다. 많은 학생들은 단지 필름의 절반정도에서 제공되는 정보로는 교재를 해결할 수 없다. 셋째, 이 방법은 영화를 보거나 TV를 보는 것과 차이가 있음을 인정한다. 학생들은 학교에서 영화를 보는 것이 특정의 정보와 생각을 가르치기 위한 예정이라는 것을 배울 수 있다.

4. 30분보다 긴 수업 사이에는 짧은 휴식시간을 제공한다.
5. 지시의 내용뿐만 아니라 형태도 바꾼다.

한 종류의 지시만을 사용하는 확장된 교수 기간에 직면할 때, 학생들은 자주 침착성을 잃게 된다. 만일 학생들이 사회과에서 대집단 토론을 완수했다면, 즉시 대집단 과학 프리젠테이션으로 옮기지 않는 것이 최고이다. 좋은 학급경영 기술을 가진 교사는 여러 가지 교수 방법 중에 매끄럽게 이동하는 것을 배운다.

6. 학생들을 학습지에 매장하지 않는다.

효율적인 자습 활용하기

수많은 초등학교 교실에 관한 연구는, 학생들이 반 시간 이상을 각자 자습하는 것을 나타낸다. 초임 교사 평가 연구(Fisher et al., 1978)의 일부 학급의 자료는, 학생들이 학습 시간의 14% 정도를 거의 100% 잘못된 자습을 하고 있는 것을 나타낸다.

방법

1. 자습을 진단하고 규범화한다.
   교사와 학생이 학생의 진보를 평가하는 동안 자습은 학생에게 의미 있는 연습을 제공하기 위해 디자인되어야 한다. 그러므로 자습은 교사 또는 학생에 의해 점검되고 기록되어야 하며 학생에 의해 제출되어야 하고 교사에 의해 모니터링되어야 하며 주기적인 교사-학생 회의에서 논의되어야 한다.
2. 지원을 얻는 특정 절차를 개발한다.
3. 자습이 완료된 후 해야 할 긍정적인 과정을 확립한다.
4. 자습에 관심을 추가한다.
   학습지에 만화, 퍼즐 또는 개인적인 질문을 포함한다.
5. 처음 몇 개의 자습 문제를 통해 학습한다.
   모든 학생은 후속 과정을 이해할 것이고, 그들이 할 일을 이해할 수 없다면 질문할 수 있을 것이다.
6. 학생의 자습을 살펴보고 필요한 조정을 한다.

5학년 학급에서 교생을 관찰하는 동안, 저자 중의 한 명은 학생들이 비율을 바꾸는 자습을 완료하고, 교사가 자습을 조정하거나 선택 학습 활동을 제공하지 않아, 많은 학생들이 돌아다니고 학습 분위기를 망가뜨리는 것을 발견했다. 교사에게 이 점을 드러내기 위해, 저자는 시간의 1/4, 2/4, 3/4, 4/4에 완수한 학생의 수를 5분 간격으로 코드화하였다. 결과(그림 6.17)는 분명히 모든 학생들에게 같은 자습 활동을 제시하는 것이 부적절함을 보여준다. 자습 완수에 필요한 시간을 모니터링하는 것에 더하여, 적어도 75%의 정확도(만일 당신이 자습을 모니터링할 시간이 없으면 더 높은 비율이 필요하다)로 학생의 학습 완료비율도 모니터링한다. 이 정보는 집단 평균 점수뿐만 아니라 전체 학급 또는 개별 학생을 위해 장래의 자습을 결정하는 것의 토대로 기록되어야 한다.

"마폴 선생님, 자습에 관해 하고싶은 말 있어요."

7. 체계적으로 학급을 순회하며 모니터링한다.
8. 자습을 할당하기 전에 많은 시간을 프리젠테이션과 토론에 사용한다.
9. 비교적 짧게 개별 학생과의 접촉을 유지한다.
   더 긴 접촉은, 학급을 조사하고 모든 학생에게 지원을 제공하는 당신의 능력을 최소화시킨다.
10. 학생들이 함께 자습하게 한다.
   학생들은 공동으로 과제를 해결하고 협력하여 집단 경기에 대비할 수 있다.

그림 6.17 5분 간격으로 자습을 완료한 학생 수

	학습 완료 비율			
	0-25%	26-50%	51-75%	76-100%
5 분	11	12	8	2
10 분	6	10	10	7
15 분	4	6	13	10
20 분	3	4	7	9

요약

많은 아이들은 수업시간을 완료되는 일련의 작업으로 여기고, 그들이 배웠던 것 또는 학습이 특정의 학습 목표 또는 자신의 생활과 관련이 있다고 이해하지는 않는다. 이 섹션에서 제시되는 방법은, 분명히 정해진 목표와 유용한 피드백이 결합될 때, 그들의 학교 경험에서 학생들에게 성취와 의미를 제공한다.

방법

1. 수업시간 또는 하루일과의 마지막에, 그들이 오늘 배웠다고 말하는 것을 진술하거나 써 넣도록 한다.
2. 학생들에게 기자의 역할을 하게 하여 배운 것을 요약한다.
3. 학생들에게 그들이 배웠던 것을 실연하기 위해 skit(짧은 풍자극)를 만들게 한다.
4. 학생들에게 학습 결과를 전시하도록 부탁한다.
   학생들은 학습을 표시하기 위해 콜라주, 아우트라인, 신문 기사 등을 개발할 수 있다. 그들은 식물들이 자라는 방법의 기사 보고서를 쓸 지도 모른다. 학생은 또한 과정을 보여주는 차트를 만들 수도 있다.
5. 학생들이 다른 사람에게 자신의 학습을 보여주도록 권한다.
6. 학생의 학습을 게시한다.
7. 빈번한 비평 세션을 제공한다.
8. 학습을 요약하기 위한 도구로 테스트를 사용한다.

피드백 주기

학생의 동기 부여, 학습과 행동에 유의미한 영향을 준 학생의 학습에 관해 수집하고 분석한다(Stiggins, 2001). 다음에 제출되는 방법은 이 목적을 강화하고 교실에서 평가를 효과적으로 사용할 실제적인 생각을 제공한다.

방법

1. 학생들이 학습 목표의 일부로 평가를 보도록 돕는다.
2. 학생들에게 그들이 평가될 표준을 말해 준다.

특정 기술로 일할 때, 학생들은 그들이 무엇을 배우는 지, 그리고 어떤 수준의 실행이 받아들여지는지를 알아야 한다. 유사하게, 그들이 프로젝트에 할당될 때, 그들은 수업의 목표와, 만일 그들의 학습이 평가된다면 평가의 특정 표준을 알아야 한다.

3. 피드백을 개개의 교사 목표와 직접적으로 관련짓는다.
4. 학생들이 그들의 진보를 모니터링할 수 있게 자료를 기록한다.
5. 즉각적이고 특별한 피드백을 제공한다.

그들의 실행에 관한 특정한 긍정적이거나 부정적인 정보를 제공받을 때 학생의 학습은 강화된다. 일반적인 피드백인 "잘했어 또는 멋지다"와 같은 평어나 등급은 차후의 테스트에서 학생의 능력을 향상시키지는 않는다.

6. 정직한 피드백을 제공한다.

학생 성공에 집중하는 것은 중요하지만, 정확하지 않은 긍정적인 피드백은 학생의 실행에 도움이 되지 않는다. 학생들은 가짜 피드백에 분개한다. 더욱이, 학생들에게 받아들일 수 있는 표준에 도달하지 않은 일에 너무 많은 칭찬을 제공하는 것은 그들을 혼란시키고 동기부여와 실행을 줄일 뿐이다.

7. 학생들의 성공에 공헌했던 요인을 리스트하도록 부탁한다.
8. 학생들과 다른 급우간의 비교를 줄인다.
9. 학생의 학습에 관한 피드백으로서의 등급의 강조를 줄인다.

그 대신에, 학생이 개선하고 싶어하는 기술과 특정 기술에 관한 정보를 제공한다. 학생이 향상을 위해 목적을 개량하는 것을 돕는 동안, 좋은 결정과 중요한 학습을 강조하고 학생이 만든 향상을 강조한다.

10. 그들의 진보에 관해 학생들에게 긍정적인 정보를 제공한다.

학생의 미래에 영향을 주는 고등학교에서 이것은 특히 도움이 된다. 이 피드백은 그들의 등급에 관해 학생들에게 정확하고 계속적인 자료를 제공한다.

다음 활동으로 자연스럽게 넘어가기

교실 시간의 놀랄 만큼 큰 총계는 한 활동에서 다른 활동으로의 移行(transition)에 쓰인다. 학급에서 사용하는 시간의 거의 15%가, 대략 30여 가지의 주요한 이행에서 매일 사용된다(Rosenshine, 1980).

방법

1. 효과적인 움직임을 위해 교실을 정돈한다.
2. 매일의 계획을 만들고 게시하며 학습을 시작하기 전 매일 아침에 계획의 변화를 논의한다.
3. 다음 수업 교재를 준비한다.
4. 당신이 다음 활동에 대해 긍정적인 지시를 하기 전까지 학생의 주의를 집중시킨다.
5. 학생들이 해야 할 일을 대신 하지 않는다.

6. 학급을 순회하고 개인의 욕구에 응대한다.
7. 학생들에게 단순하고, 순차적인 지시를 제시한다.
8. 학생들에게 다가오는 수업과 관련한 중요한 절차를 상기하게 한다.
9. 더 규칙적인 이행을 자극하기 위해 집단 경쟁을 사용한다.

우리는 학급의 이행에 필요한 시간의 총계를 줄이려고 시도하는 것에 학급을 관련시킬 수 있다.

10. 이행 활동을 전개한다.

학생들은 자주 학교에서 집으로 또는 점심식사 후 체육시간에 참여하는 더 조용한 설정을 위한 이행을 만드는 것이 어려운 것을 안다. 매끄러운 이행은 학생들의 이행을 구조화시켜 용이하게 될 수 있다. 학생들에게 하루일과를 기록하거나 토론하는 것에서 시작하도록 부탁한다. 점심과 같은 활동적인 시간에서 조용한 학습 활동으로 이동할 수 있는 것은, 읽기와 근육이완활동을 이끄는 이행 활동으로 용이하게 될 수 있다. 이 활동이 끊임없이 사용될 때, 학생들은 안전과 쾌적함을 발견할 뿐 아니라, 그들 자신의 이행을 모니터링하는 방법을 배우기도 한다. 이 장에서 추천한 독서 교재들은, 학급을 시작하는 것에서의 당신의 이행을 돕기 위해 학문 내용 워밍업에 추가될 수 있는 문제 활동인 폭넓은 재미있는 활동을 제공한다.

11. 이행에 관한 학생의 특별한 욕구에 민감해져라.

일부 학생들은 다른 학생과 다른 형태의 이행 행동을 필요로 한다. 예를 들면, 키켄달(Kuykendall, 2004)은 일부 아프리카계 미국 학생들이 개별 작업을 시작하는 것 보다 이전에 그녀가 "무대 설정"이라고 부른 활동(예를 들면, 연필은 날카롭게, 자세를 바로잡고, 공책과 쓸 공간을 점검하고, 반복 지시를 요구하며, 심지어 다른 학생의 知覺을 조사하는 등)을 가지는 것을 좋아한다고 제시했다. 많은 교사들은 무대설정이 학습을 회피하거나 학급을 붕괴시키는 시도로 지각하는 것 같다. 그러나 이것은 많은 흑인 청소년에게 중요한 활동이다(p.123). 유사하게, ADHD(주의력결핍과잉행동장애), 학습장애 또는 언어 처리에 어려움을 가진 일부 학생은 하나의 활동에서 다른 활동으로의 이행에서 특별 활동과 지원을 필요로 할지도 모른다. 이것은 지시문을 포함하여, 짝꿍과 함께 점검해 보기, 과제 초기동안 약간의 지원을 제공하기 등을 포함한다. 이행이 어려워 특수 교육 서비스를 받는 특수아 학생을 만나면, 우리는 당신이 이 학생을 지지하기 위한, 가능한 학습 전략을 논의하기 위해 학생의 특수 교육 교사를 만나 보도록 권한다.

12. 학급 세션의 끝에 교사주도 지시를, 이행으로 사용한다.

특히 6~9학년에서, 학생들은 학습 기간의 끝에 구조의 부족에 대한 어려움을 겪는다. 이것은 다음 학습을 위해 학생을 해제하는 것에 앞서 교사주도의 요약 시간 동안 학생들을 불러 모으는 것으로 최소활 할 수 있다. 당신은 학생들의 일에서 주된 점에 집중하도록 돕고, 학생의 숙제를 회상시키거나 시험보기로 한 날을 회상하고, 학생들에게 그들의 신문이나 학습시간공책에 과제를 완수하기 위한 계획과 과제 등을 기록하는 것을 돕고 싶어 할 수도 있다.

저학년 아동을 위한 교실 환경 조성

초기 유년기 환경은 과제 수행 행동을 최대화하기 위해 다소 독특한 세트를 제공한다. 워러리, 베일리와 수가이(Wolery, Bailey & Sugai, 1998)는 유치원에서 아동의 행동에 영향을 준 요인을 고려할 때 교사가 평가할 수 있는 4개의 환경 목록을 기술했다:

1. 교육적 규모(예를 들면, 교재와 활동은 너무 쉽거나 어렵고, 또는 아이들이 피곤할 정도로 너무 되풀이하며 사용되었는가?)
2. 물리적 규모(예를 들면, 소리, 빛과 움직임 요인들은 학생의 행동에 영향을 주는가?)
3. 사회적 규모(예를 들면, 한 분야에 학생이 너무 많지 않은가? 성인들이 학생의 응답하는 방법에 영향을 주는 행동이 있는가?)
4. 환경 변화(예를 들면, 이행이나 중단은 학생 행동에 영향을 주는 환경인가?)

[Early violence Prevention : Tools for Teachers of Young Children]에서 슬라비(Slaby), 로에델, 아레쪼와 핸드릭스(Roedell, Arezzo & Hendrix, 1995)는 긍정적인 학생 행동을 늘리기 위해 교실을 정리하는 7개의 관점을 제시했다.

1. 사회적인 상호 작용을 조장할 수 있는 활동 센터로 충분한 공간이 되도록 교실을 만든다.
2. 사람과 사물과의 우연한 물리적 접촉을 제거하기 위해 별개의 보도와 놀이 공간들로 교실을 설계한다.
3. 긍정적인 가이던스 역할을 위해 교사를 자유롭게 하고, 학생들이 교재 준비와 활동으로 자신과 다른 사람을 거들 수 있는 환경을 디자인한다.
4. 구조화 되지 않은 시간과 아이들이 공격당할 활동 분야에서 놀고 있을 때 여분의 가이던스를 제공한다.
5. 아이들이 협동하고 분담하며, 돕고, 과제의 조력자 역할을 하는 것을 포함한 활동을 연습할 수 있는 활동을 계획한다.
6. 즐거운 상호작용, 따뜻한 공간과 매혹적인 장식을 한 긍정적인 교실 환경을 제공한다.

7. 돌연한 이행, 과도한 대기 또는 긴 기간 동안 자리에 앉아 있는 좌절을 제거한다(p. 31)

학생에게 제시된 활동의 교실 설계와 형태는, 교실에서 유의미하게 부정적인 또래 상호작용의 총계와 형태에 영향을 끼칠 수 있다. 청소년은 블록, 극적인 놀이와 목공 센터를 포함하는 놀이 분야에서 부정적인 또래 상호 작용에 종사할 것 같은데, 이는 상호작용 놀이에 의해 특성을 부여받는 그들의 본성에 있다. 사회적 기술 발전과 내부의 통제장소를 촉진하는 독립된 놀이에 대해 충분한 기회를 제공하는 동안, 긍정적이고 안전한 학생 행동을 보증하기 위해 필요한 구조의 총계의 균형을 잡는 것은 중요하다. 초기 유년기와 초등학교 교실과 함께 하는 우리의 일은, 교사들이 고려하고 싶어하는 많은 부가적인 학급 조직과 학급경영 이슈를 제안한다.

1. 학습 센터를 설정할 때, 조용한 분야 활동을 함께 유지하고 서로 가까운 근접 활동분야를 유지하려 노력하나 가능한 한 조용한 활동분야로부터 거리를 둔다.
2. 교실을 다른 곳으로 분류하기 위해 칸막이, 탁자 등을 사용한다. 아이들에게 구조의 감각을 거의 주지 못하고, 교실 밖으로 도는 행동을 촉진할지도 모르는 큰, 개방된 분야를 제거한다.
3. 제한된 의자만 설치하여 아이들의 수를 제한하거나, 한 분야에서 놀고 있는 아이의 수와 그림을 대응하여 수를 제한하고, 한 지역을 사용할 수 있는 학생의 수를 가리키는 정방형 카펫, 각 분야로 갈 표를 가진 것과 같은 전략을 사용하여 한 지역에 있는 아동의 수를 제한한다.
4. 교사가 바람직하다고 생각하는 방법으로 학생이 접근 할 수 있게 교재를 정리한다. 예를 들면, 유치원 환경에서는 교사가 교재를 배열할 때 학생이 교재를 요청하기 위해 언어를 사용할 필요가 있다고 생각할 지도 모른다. 협력적인 놀이에 사용될 수 있는 다른 교재는, 이 형태의 놀이를 촉진하기 위해 서로 근처에 놓일지도 모른다.
5. 당신이 교재를 학생에게 소개하는 명령을 고려한다. 예를 들면, 휴식 후 아이들이 독서하는 것은 행동 문제를 줄이는 것을 보여주었다. 똑같이, 조용한 음악을 연주하고 학생이 이야기를 듣고, 아이들에게 손가락 그림과 같은 고요한 미술 활동을 하게 하는 것은 다른 더 상호교환적이고 집단지향적인 활동들로의 좋은 이행일 수 있다.
6. 이행 시간을 구조화한다. 이행을 위한 설정 신호를 가진다. 특별한 노래를 하거나, 악기를 연주하거나, 레인스틱(rainstick)을 사용하는 것은 효과적인, 고요한 이행 신호의 예들이다. 이행에 앞서서 학생들에게 신호를 제공하는 것 또한 중요하다. 예를 들면, 활동

종료 5분전 또는 1분전이라고 지시할 수 있다. 그들이 이행할 때 또한 학생들이 게임이나 노래를 함으로써 부드럽게 이행할 수 있다. 학생들이 또래를 기다리고 줄을 설 때, 교사가 이야기를 읽거나 테이프를 틀어주고, 손 인형 놀이를 할 수도 있다. 유치원 환경을 평가하는 사려깊은 방법은 유치원교실환경평가척도(PACE)에서 찾을 수 있다(Dunst, McWilliams, & Holbert, 1986).

수업 방해 행동에 대처하기

1. 학생이 교실을 떠날 필요가 있을 때.

3학년 이상의 학생들에게, 우리는 학생들이 단지 그들의 이름과 행선지와 출발 시간을 서명할 외출서명지를 사용할 것을 권한다. 그들이 돌아올 때, 돌아온 시간을 쓴다. 이 과정은 학생을 존중하고, 자신의 행동에 책임감을 가지는 것을 돕는다. 과정은 또한 교사에게 학생이 건물 내의 있는 곳에 관한 긍정적인 성명을 제공한다. 당신의 담당 시간 동안 당신에게 학생들에 대한 책임이 있기 때문에 이것은 비판적이다. 이것은 또한 학생 행동의 양상이 존재하든지 간에, 아마도 학생이 더 좋은 결정을 하는 것을 돕기 위해 간섭을 필요로 할지도 모른다는 가정 하에, 결심을 도울 수 있는 자료를 당신에게 제공한다. 마침내, 만약 학생이 그가 가고 싶은 곳이 어디인지 결정할 필요가 있다고 당신이 믿거나 누군가가 학생과 접촉할 필요가 있다면, 외출서명지가 당신에게 필요한 정보를 제공한다. 학생들이 서명지에 정확한 정보를 제공하는 것을 확실하게 하고 행동에 책임을 가지도록 돕기 위해, 만약 학생이 외출 시간과 복귀 시간 칸에 시간을 기록한다면 당신이 복귀 시간이 정확한지 점검할 수 있다.

2. 학생의 지각.

학생의 지각시에는 다음의 절차를 사용한다. (a) 정확히 기록한다 (b) 교실 중단을 제한한다 (c) 학생이 그런 행동을 계속할 때의 교육적 결과를 알려준다. 우리는 학생이 지각할 때 스스로 서명하는 것이 가장 효과적이라는 것을 발견했다. 학생이 서명한 후 그들의 지각이 용서되든 아니든지 학생이 지각한 날마다 서명하게 한다. 만약 용서된다면, 그들의 실수가 용서되었다는 내용의 종이클립을 서명부에 붙여두도록 한다. 비록 정확성을 위한 점검이 필요할지도 모르지만, 그것은 학생에게 책임감을 부여하고, 교실 중단을 제한한다. 학생이 당신과 학교 정책에서 정한 것보다 더 많이 지각할 때, 학생이 당신과 만나 그 문제와 해결에 관해 진술하는 것이, 결과를 좀 더 효과적이고 더 공정하며 학생과 학생의 옹호자를 존중하는 일로 만들 것이다. 학생이 제 시간에 도착하도록 전념하겠다고 한 후에도 지각이 계속될 때, 학생은 이 진술을 학부모나 보호자에게 편지로 쓰도록 하거나 당신이 학부모나 보호자를 호출하는 것으로, 책임감을 늘릴 수도 있다.

3. 숙제와 관련한 마찰.

학생 학습을 강화하고, 학생들이 책임감을 배우는 것을 돕고, 학생들의 개인적 생활을 존중하는 숙제 절차를 개발한다. 만일 기회가 주어지면, 일부 학생들은 그들의 과제 대다수를 늦게 제출할 것이다. 그러나 이는 교사에게는 공정하지 않은 일인데, 그 까닭은 평가기간의 마지막에 엄청난 양의 숙제를 채점해야하기 때문이다. 또한 후속학습을 위한 기초로 사용되는, 즉각적인 피드백으로 학생들에게 제공하는 불이행은 학생의 학습을 감소시키는 교육적으로 건전하지 않은 연습이다. 그러므로 학생들이 제시간에 과제를 제출하는 것을 돕는 과정을 개발하는 것은 중요하다. 우리는 도움이 되는 방법을 알고 있다.

- 과제/숙제를 늦게 제출한 학생에게 긍정적인 진술을 제공한다. 이는 숙제가 하루씩 늦어질 때마다 점수를 일정 비율로 깎고, 평가기간까지 제출한 과제만을 받으며, 1주일이상 늦으면 받지 않겠다는 것을 포함한다.
- 시험을 포함하여 모든 주어진 과제를 평가하고, 만기일, 제출된 날짜를 포함하는 형태를 학생에게 제공한다. 당신에게는 이 자료의 정확한 기록을 유지할 의무가 있다. 학생들은 바쁜 생활을 가기고 있고, 게다가 그들이 학교에서 하고 있는 일을 무시할 지도 모른다. 특히 학생에 의해 유지되고 정기적으로 평가되는 명확한 기록을 가지는 것은, 학교 수행과 관련한 목표에 도달하게 하고 그들을 돕는 설정으로 촉매역할을 하는 그들 자신의 과제에서의 학생의 평가를 도울 수 있다.
- 숙제의 완수에 관한 지원과 선택권을 제공한다. 숙제는 학교 내에서의 최소한의 교육적으로 공정한 기회이다. 학생들은 학교 밖에서는 그들에게 주어진 시간과 지원이 매우 다르다. 또한, 숙제는 차이를 별로 인정하지 않는다. 그리고 만일 모든 학생들이 유사한 숙제를 받으면, 이것은 전적으로 스스로 완수해야만 하는 어떤 학생들에게는 숙제를 완료할 가망을 감소시키고 실망시킬 것이다. 숙제를 할당할 때, 모든 학생들이 지원 없이 완료할 수 있는 일을 제시하는 것은 매우 중요하다. 학생들에게 언제, 어디서, 가능하다면 누구와 함께 할 것인가를 지시하는 형태(그림 6.18)를 완료하게 하는 것은 자주 도움이 되고, 그들은 숙제를 완료할 것이다. 마지막으로, 구조적인 지원이 있다 해도 어떤 학생에게는 숙제를 완수하는 것이 어려울 수도 있는데, 가능할 때마다, 학생의 능력을 보여주는 다양한 방법을 제시한다. 우리는, 학생들의 하교 전후에 간단한 숙제 견본을 가지고 또는 간단한 토론에서 내용의 숙달을 보여주는 교사들과 함께 한다. 학생들도 또한 수학문제 전체를 완수하는 것보다 좀 더 어려운 문제를 해결하는 것과 같은 예를 들어 과제의 제한된 논증을 할 수도 있다. 핵심은, 그들의 생활에 있어서의 요인들이 시간의 중요한 총계를 숙제를 완료하는 일에 쓰는 것을 방해할 때 당신을 어떻게

이해하고, 그 일을 할 것인가의 문제이다.

그림 6.18 숙제 계획서

숙제	숙제 해결 장소	숙제 완료 시간 (정확한 시간)	도움을 요청할 사람

- 채점 기간 동안에 제출하지 않아도 되는 1~2 가지의 과제를 학생에게 제공한다. 예를 들면, 당신은 각 학생에게 제출할 필요가 없는 매일의 숙제에 대해 2장의 쿠폰을 줄 수 있다. 이것은 숙제를 제시한 날에 완수하는 것이 불가능한 학생의 생활에서도 이벤트의 수를 제공하는 감각을 만든다.
- 학생들에게 과제를 완료하기 위해 임무와 전략을 써 두게 하는 것과 같은 다른 방법과, 당신의 기초 집단을 사용한다.
- 숙제가 모든 학생의 능력으로 가능하다는 것을 보증한다.
- 만일 그들이 숙제에서 당황하면 전화나 e-메일을 보낼 수 있다고 알려준다.

4. 학습과 관련 없는 학생의 과도한 질문.

특히 초등학교와 중학교에서, 학생들이 학습과 관련이 없는 화제(여전히 공부시간임에도 불구하고)나 방금 제시한 절차에 관련한 과도한 질문을 한다고 교사들이 종종 언급한다. 우리 딸이 4,5학년 복식 학급을 담당한 첫 1년간 사용한 전략을 소개한다 :

나는 항상 학습 과정의 도움으로서 질문을 조장했다. 그러나 학생들은 상당히 많은 질문을 벌써 설명한 교실 절차를 되묻거나 교실 이벤트와 무관한 것에 관해 물었다. 그들의 학습을 도울 적절한 시간을 제공하기 위해, 나는 카드 시스템을 이행했다.
매일 학생에게 4장의 레드 카드를 준다. 카드는 가로×세로 각 1 인치이고, 그 위에는 하얀 스티커 점이 있다. 이것은 그들의 절차적 질문 카드이다. 내가 지시하거나 과제를 설명하거나 학생들을 계획할 때, 나는 항상 게시판이나 그들에게 나누어 준 시트 위에 지시를 기록하여 제공했다. 이것이 나의 청각적이고 시각적인 학습자 욕구가 언급된 방법이다. 나는 또한 학생들이 임무를 시작하기 전에는 어떤 질문이라도 가능하다는 것을 확신하게 했다. 만일 그들이 질문할 것이 있으면 내가 그러한 것들 모두한 뒤에, 질문은 3명의 학생에게 허락되었다. 만일 아무도 모르면, 그들은 나에게 질문 카드를 주고 물을 수 있었다. 일단 그들이 하루 동안 내게 3번의 절차적 질문을 하면 더 이상의 질문은 허락되지 않았다. 학생은 그들의 친구에게 내게 대신 질문해 줄 것을 요청할 수는 있지만, 카드를 빌려주는 것은 허락하지 않았다.
이러한 절차는 내가 학생의 학습을 도울 수 있는 시간의 극적인 증가를 가져왔을 뿐만 아니라, 친구의 지원을 요청하거나 그 자신을 위한 문제에 관한 생각에 대해 내가 학생들을 개별교수할 수 있도록 하였다(개인 견해, 2005).

잠시 멈추고 6.6	우리는 자주 전략에 대해 읽고, 전략의 수와 복잡성에 의해 압도되거나 단지 조직적으로 이것들이 학생 학습을 강화하려는 우리의 교수에 어떻게 포함할 수 있는지에 관해 고려할 시간을 가지는 데 실패한다. 이를 위해 활동 6.4를 완수해 보길 권한다.

새로운 방법 적용하고 평가하기

이 섹션의 활동은 당신에게 이 장에서 제시한 몇 개의 기술과 함께 일을 하는 기회를 준다. 당신이 동료와 논의하면 이 활동의 가치는 강화될 수 있다. 활동들은 당신의 교실에 포함하고 싶어 하는 변화를 제안할지도 모른다. 만일 당신이 변경한다면, 그것을 기록하라. 변경을 이행한 1주일 후에 그에 관해 기록하고 이 변경의 결과를 동료와 공유하라.

활동 6.1 학급 규칙의 결정	당신의 학급을 위해 선택한 규칙 5가지를 항목화하라. 당신의 규칙에 만족한다면, 규칙을 동학년 교사 또는 최근의 당신 학년과 같은 학년을 가르친 동료와 논의한다.

활동 6.2

당신 학급의 핵심 학급절차 결정

초등학교 교사는 그림 6.5와 6.7, 중고등학교 교사는 그림 6.6과 6.7을 참고한다. 효과적인 교사는 교실 절차를 가르치고 학급에서 사용하기에 편리한 절차를 항목화한다. 다음은 이 활동의 예이다.

일반 영역	필요한 절차	특별한 절차
학급의 초기	1. 학생의 주의 집중	학생의 결정한 신호
	2. 수업 시작	
	3. 교재 사용	
	4. 지각시 할 일	
	5. 실수할 때 필요한 서명	
	6.	
	7.	
전체학급활동	1. 교실을 떠나는 방법	서명하고, 행선지와 당신이 외출하고 복귀할 시간을 기록한다.
	2. 학습 완료 후 해야 할 일	
	3. 발성 수준	
	4. 과제 조력 방법	
	5. 연필깎이 사용법	
	6. 학생이 자리에서 일어나도 되는 때	
	7.	
	8.	
	9.	
학생의 과제	1. 결석 기간에 놓친 과제를 발견하는 법	책상 뒤의 공책에 언급하기
	2. 지연된 과제를 제출하는 법	
	3. 표제지	
	4. 학습할 장소	
	5. 지연된 과제에 적절한 학점주기	
	6.	
	7.	
기타 활동	1. 방과후 해산	
	2. 공적인 인사와 알림	
	3. 소방훈련	
	4. 손님의 학급방문	모두 자리에 조용히 앉아있어야 함
	5.	
	6.	
	7.	

활동 6.3

당신의 규칙과 절차 확정 방법 조사

다음의 양식을 이용하여 당신의 학급 규칙과 절차의 다양한 방법을 평가해 보자. 만약 현재 당신이 가르치고 있지 않다면, 이전 학년도에 당신이 담당한 학급이나 한 학급을 관찰해도 좋다

그렇다 어느정도 그렇다 아니다

1. 당신의 학급에 긍정적인 교실 규칙이 적용되는가?
2. 규칙들은 긍정적인 진술 형태로 항목화되었는가?
3. 규칙은 6개 또는 그보다 적은가?
4. 모든 학생은 이 규칙을 기억하고 있는가?
5. 규칙은 학급에서 명백하게 게시되어 있는가?
6. 학생들이 규칙을 개발하는 것에 관계하고 있는가?
7. 모든 학생이 이 규칙을 따르기로 명백한 약속을 하였는가?
8. 그들이 처음 개발될 때 당신은 자주 이 규칙을 논의하는가?
9. 당신은 3 주마다 규칙을 재조사하는가?
10. 학생들은 규칙 위반을 취급하는 당신의 방법을 이해하는가?
11. 당신은 학생들에게 교실 활동에 관계 있는 중요한 과정을 가르치는가?
12. 당신은 학생들에게 교실 밖 행동과 관계가 있는 주요한 과정을 가르치는가?
13. 학생들이 절차를 준수하는 데 실패할 때, 당신은 즉시 이 과정을 다시 가르치는가?
14. 모든 부모는 교실에서 그 규칙이 적용되고 있다는 것을 알고 있는가?
15. 모든 부모는 훈육문제를 취급하는 당신의 방법을 알고 있는가?

위에서 응답한 것을 신중히 살펴본 후 다음 진술에 답하시오:
내가 배운것은 ....이다.
( )
나는 내가 ...할 때 기쁘다.

좀 더 생산적인 학급 규칙과 절차를 위해 이행하고 싶은 활동은 다음의 3가지이다.
1.
2.
3.
내년에도 내가 시행하기로 고려하는 활동은 ...이다

활동 6.4

당신의 방법 목록의 공유와 확장

이 활동은, 3~4명의 동료와 함께 완료될 때 가장 효과적일 것이다.

첫째, 특히 당신이 개선하는 싶은 기술을 그림 6.15(예를 들면, 명백한 교수 제공, 학습의 시작 등)의 10개 항목 중 4개를 선택한다.

둘째, 4개의 분야를 다음과 같이 실행한다:

1. 최근에 당신의 학급에서 사용한 전략이나 당신이 사용하려 준비한 전략의 각각의 수에 동그라미 표시한다.
2. 당신이 선호했으나 실행에 도움이 필요한 경우와 발전을 위한 연습이 필요한 모든 전략의 수에 네모 표시한다.
3. 당신의 교실에서 사용하기에 적절하지 않고, 교수 방법과 교수 형태에 적합하지 않다고 믿는 각각의 전략의 수에 × 표시한다.

셋째, 집단 활동에서, 그림 6.15에 항목화된 10개의 주요한 분야 중의 3개를 선택한다. 이것은 당신의 집단의 몇 명이 그 분야를 선택했는지를 아는 것에 의해 개발될 수 있고, 당신이 선택했던 몇 개의 화제를 선택할 수도 있다.

넷째, 당신의 집단이 집중한 3개의 화제의 각각을 위해, 그 수를 따라 내려가고, 전략 앞부분에 네모 표시를 한 사람(아마도 그 전략에 동그라미 표시한 누군가일 수도 있다)은 언제든지, 다른 집단의 구성원과 그들이 학급에서 이 전략을 이행한 것을 당신과 공유하고 또는 어떻게 이행했는지를 공유한다.

요약 SUMMARY

학생들이 과제를 더 잘 수행하는 학급의 교사들은 학년초 시간을 학급 규칙과 절차를 개발하고 가르치는 데 사용한다. 이것은 학생들에 의해 더 많이 요구된 구조의 감각과 안전의 감각을 제공한다. 좀 더 효과적으로 학급을 조직하는 교사는, 교사의 역할이 학생을 훈육하는 것만이 아니라고 생각하고, 또한 학생들이 이러한 행동을 실행하는 데 어려움이 있을 때 적절한 행동을 재교수한다. 단순히 정해진, 적절한 행동을 교육하는 것은 학교에서의 추가 교육과정이 되었다.

심지어 학년을 시작하는 것에 관한 연구에 앞서, 학급경영에 관한 연구는 분열적인 학생 행동을 방지한 교사 행동의 교육적인 관점에 집중했다. 야콥 쿠닌(Jacob Kounin)은 소수의 효과적인 학급을 경영하는 교사는 학생들이 비생산적인 활동에 연관되기 전에(연관된 이후가 아니라), 행동에 관계한다는 것을 발견했다. 우리는 이 방법이 효과적인 학급경영의 관점의 하나일 뿐이라는 것을 알게 되었지만 당신은 여기에서 제시한 여러 가지 방법을 사용하여, 학생 행동이 유의미하게 좀 더 목표 지향적인 것으로 매끄럽게 움직이는, 효과적인 교실을 만들 수 있다는 것을 알게 될 것이다.

제 3 부

학생의 학습 동기와 학습 향상

제 7 장 학생의 학습 동기 향상시키기

PART 3

학생의 학습 동기와 학습 향상

효과적인 학급 경영은 학급 훈육과 밀접한 관련이 있다. 학생이 학교에 결석할 때, 또는 학급 활동에 생산적으로 참여하지 못할 때, 교사는 교육과정의 내용과 교수 방법이 적절한지, 유의미한지, 그리고 학생의 삶과 문화를 존중하는지 신중하게 살펴보아야 한다.

3부는 학생의 동기와 효과적인 교수에 관한 최근의 이론과 실제에 대한 내용이다. 7장은 학습동기에 관한 최근 이론을 간략히 검사하고, 연구와 학급실행을 관련시킨다. 또한 7장에서는 학생의 동기와 학습을 효과적으로 증가시킨다고 증명된 다양한 교수방법에 대한 실제적인 제안과 토론을 싣고있다. 이 장은 많은 학생들이 학교를 혼란스럽고 학습하기에 지루한 공간으로 여기고 있음을 보여주고 있다. 학생의 비행, 폭력적 행동, 자퇴는 학습적 내용과 방법이 그들을 존중하고, 그들의 적성에 맞는지와 관련이 있다. 7장에서는 당신이 교수를 명료화하고, 학습 과정에 학생을 유의미하게 참여시키며, 학생 개인의 요구에 상응하는 교수 방법을 사용함으로써 학생을 존중하는 것, 당신이 활동적으로 교수하는 정도를 보여주고 있다.

>>> Chapter 7

학생의 학습 동기 향상시키기

교육사상은 현재에 이르기까지 수십 년 동안 교과를 학생과 관련시키는 방법을 찾고, 학생이 자신의 목표를 설정하도록 하며, 모든 감각을 사용하는 학습 방법을 변화시키고, 지식을 경험과 관련짓거나, 실제로 지식을 사용할 기회를 주는 데 있어서 교사의 중요성을 강조한다.

-John I. Goodlad(1984)

최근에 연구자로부터 좋은 수업은 행동 문제에 대응하는 첫 번째 방어선으로 알려진다. 즉, 좋은 수업은 많은 행동 문제를 예방한다.

-James Kauffman(1997)

만약 학교가 학생을 학습활동에 초대하지 않고, 과제가 명백하지 않으며, 흥미롭지 않고, 적절한 수준이 아니라면, 어떻게 학생이 과제에 충실하길 기대할 수 있겠는가? 학생은 학급이 지루하고 교사가 활력이 없으며, 교실은 실패로 가득 차 있다고 여길 것이다.

- William Morse(1987)

교사는 학급경영과 교수는 분리할 수 없음을 알아야 한다. 학생의 적극적인 참가와 관심사와 요구와 배경을 기초로 하는 수업은 학문적 성취를 고양할 뿐만 아니라 의지와 존중과 생산적인 학습 환경을 위해 필요한 협동을 좀 더 일반화시킬 것이다.

- Hoy & Weinstein(2006)

학급경영 분야의 선도자들은 학생의 바람직한 행동과 효과적인 수업 전략 간의 관계에 집중했다. 효과적으로 계획하고, 잘 조직된 타당하며, 흥미 있는 수업은 효과적인 학급 경영의 핵심이다.

학생은 그들의 삶의 많은 부분을 학교에서 보낸다. 학교가 학생들을 존중하고 가치롭게 여기는 긍정적이고 양육적인 공동체가 되기 위해서, 교수 방법과 내용이 반드시 학생의 요구와 접해있어야 한다. 학생의 비생산적인 행동과 실패는 학습이 이바지하는 교육적 환경을 만들어내지 못한 결과이다. 교육자는 학생의 학습을 가장 잘 촉진하는 학급 구조와 교수의 형태에 변화를 주는 학생과 관련되어진다. 개별 학생이나 학생집단의 훈육적 요구를 이해하는 것은 교사에게 긍정적인 학습 환경을 만드는 기초정보를 제공한다.

교사는 높은 수준을 강조하는 표준화 검사를 요구하는 국가 수준 평가와 동시에 학생의 딜레마와 자주 직면한다. 우리는 진술된 학습 목표가 학생의 요구와 직면하는 수업에 대해 책임이 있다고 믿는다. 학생의 흥미를 존중하고 공동체의 감각을 수립하는 효과적인 교수는 교사가 결정한 학습 내용이 학생에게 도움을 줄 때 발생한다.

이 장은 교사 교육 프로그램을 교수 과정으로 대체하려는 것은 아니다. 각각의 대학의 능력이 교육과정을 조직하는 방법을 결정하는 것일 때, 대부분은 적어도 2개의 특정한 교육과정을 중등학교 교사에게 제공하고, 마찬가지로 초등학교 교사를 위한 8개 이상(읽기, 수학, 과학, 건강 및 체육, 음악, 미술, 사회, 문학 등)의 다양한 교수 방법에 대한 과정을 제공한다. 게다가 각 대학은 교수를 위한 특정 모형을 선택할 것이고, 비긴스(Wiggins)의 〈거꾸로 계획하기(backward planning)〉와 같은 특유한 교수 모형뿐만 아니라, 건설적인 접근방법 또는 좀 더 교사 지향적인 접근을 강조할 것이다. 이 장에서, 우리는 학습을 지원하는 행동과 학교에서 덜 성공적인 학생의 성취와, 학생의 동기화와 직접적으로 관련이 있다고 믿는 교수 방법을 선택하였다.

주요 이슈들

학생의 개인적 요구는 직면하는 것이 개인의 성장과 학습을 지원하는 창의적인 환경에 기초를 제공하지만, 학생의 학습을 돕는데 중요하다. 많은 학생이 성공적인 학급 활동과 과제수행 중 개인의 요구와 대면한다. 다른 학생들은 그들이 갈망하는 요구와 적성때문에 화가 나고 실패하게 되는 것이라고 생각한다. 동기화에 관한 연구와 학생의 학업적 요구와의 관련을 이해하는 것이 학생들이 가치롭다고 생각할 수 있는 교수를 가능하게 한다.

학생이 주의집중 과제 완수와 학급 출석을 하지 못할 때, 교사들은 종종 학생의 동기 부족에 대해 비난한다. 우리의 경험과 연구는 이를 다르게 설명한다. 저자는 학습 동기가 없는 학생을 지금까지 만나보지 못했다. 저자는 어떤 환경에서는 동기가 없었지만, 다른 환경에서 높은 동기를 가진 학생을 많이 만났다. 학생의 학습 욕구를 만나면 동기화되는 반면, 그렇지 않으면 동기가 없는 것처럼 보인다. 만일 당신이 3학년 2학기 의대생이고, 당신이 실행한 방법이 장래의 성공에 영향을 줄 것이라고 가정해보자. 대부분의 사람들은 걱정하고 긴장 상황을 만드는 것을 그만두거나 부정하려 할 것이다. 더 구체적으로 당신이 단과대 교육과정과 근무 중의 워크샵에서의 내용이 당신과 무관하고 지루하며, 참여하고 싶지 않는 회의에서 어떻게 반응할 수 있는 지에 관해 생각해라.

동기 부여는 기대 X 가치 이론을 포함한다(Feather, 1982). 이 모형은 사람들이 활동적이고 생산적인 활동에 참여하는 것이 (1) 그들이 임무에서 성공할 수 있다는 생각과 (2) 임무의 성공적인 완수는 상호 의존적이라고 제안한다. 저자는 제3의 변인으로 사람들이 임무에 종사하는 시간 동안에 설정하고 있는 임무와의 관계에서의 질 또는 분위기를 추가했다. 공식은 다음과 같다:

동기화 = 기대 × 가치 × 분위기
motivation = expectation × value × climate

위의 공식은 배수로 증가하므로 이 모형은 3개의 구성 요소가 함께 하지 않는 한 학생들이 동기화 되지 않는다는 것을 나타낸다. 즉 (1) 그들이 과제를 달성할 수 있다는 기대, (2) 과제수행의 가치 발견, (3) 개인적인 요구를 지지하는 환경에서의 과제 완수가 그것이다.

이 공식이 구성 요소간의 곱셈을 한다는 점에 주의하는 것은 중요하다. 예를 들면, 학생들이 학급분위기를 즐기고 임무를 완수할 수 있다고 기대하지만, 실제로 그들이 일이 흥미있거나 가치 있다고 생각하지 않기 때문에 학생들은 그들의 일을 완료할 수 없고 동기화되지 않을 수 있다. 유사하게, 만일 과제가 너무 어려우면, 곧 동기를 잃어버리고, 과제를 완수하거나 지지하는 것이 어려울 것이다.

잠시 멈추고 7.1	한 장의 종이에 3개의 칼럼을 만들어, 기대, 가치, 분위기로 명명하자. 각 부분에서 학습 경험이 어떻게 당신의 학습을 동기화 하였는지에 관해 간단히 기술하라. 동기유발이 잘 되지 않는 학생이 그 과제에 성공할 수 있다고 기대하고, 평가하며, 과제에 대해 편안함을 느끼게 하기 위해 이 학생에게 했던 일들을 항목화 할 수 있는가?

저자가 생각하는 동기 부여에 관한 두 번째 개념은 엑클스와 빅필드(Eccles & Wigfield, 1985)의 과제와 관련 있는 세 종류의 가치이다.

1. **내재 가치** - 단순한 흥미 또는 즐거움과 과제의 결합한다.
2. **달성 가치** - 성취를 얻는 가치, 평판 또는 과제를 달성하는 것을 통한 영향력
3. **실익 가치** - 성공적인 과제 수행과 관련이 있는 그 사람의 직업 또는 다른 개인적인 이익

교사는 학생이 과제에 동기화하도록 하기위해 적어도 한 종류의 가치를 확실하게 할 필요가 있다.

아마 교사가 가장 많은 관심을 갖는 것은 가치 또는 목표일 것이다. 많은 교사들은 그들의 학생들이 단순히 배웠거나 학급에서 제시한 최소한의 내용을 평가하지는 않을 것이다. [Motivating Humans]에서 마틴 포드(Martin Ford, 1992)는 비록 학생들이 학업에 관계하는 여러 이유를 갖는 것이 바람직하지만, 일부 학생은 교육자가 창의적일 필요가 있다고 지적한다.

> 예를 들면, 자기 결심 또는 또래 상호 작용의 기회를 제공하면 일반적으로 자기 향상보다 재미와 우정에 집중하는 저성취 학생에게 의미 있을 지도 모른다. 유사하게, 그들이 집단에서의 팀워크와 책임을 필요로 할 수 있게 과제를 조직하더라도 과제의 요지에 관하여 낙관적이지 않을지도 모르는 학생과 직원에게는, 그럼에도 불구하고, 과제 실행에 전념할 다른 이유도 있을 것이다... 요컨대 비록 높은 성취가 여러 목표로 강화될 지도 모르지만, 모든 사람이 적어도 하나의 이유 때문에 활동에 참여할 수 있게 학급과 과제를 맥락적으로 조직하는 것이 적절한 실행을 가능하게 할지도 모른다(p. 102).

저자의 경험상 도시의 다문화 학급에서 근무하는 교사는 학습 평가에 대해 관심이 크다. "문화적으로 반응하는 교육얼개"라는 논설에서, 레이몬드 우드코스키와 매저리 긴스버그(Raymond Wlodkowski & Margery Ginsberg, 1995)는 "고유의 동기화 이론에 의거한 문화적 반응 교육 모형을 제안한다. 이 모형은 다른 문화를 존중하고, 모든 학생이 수용할 수 있는 일반적 문화를 만드는 것이 가능하다." 저자는 이 모형이 다음과 같은 학습 환경을 만드는 것에 의거한다고 진술했다:

1. **관계 형성하기** - 학생과 교사가 서로를 존중하고 연결되어 있다고 느끼는 학습 분위기 만들기
2. **태도 기르기** - 개인적 관계와 선택을 통해서 좋아하는 성향 만들기
3. **의미 강화하기** - 학생의 조망과 가치를 포함하는 도전적이고 신중한 학습 경험을 만들기
4. **능력 키우기** - 학생들이 가치롭게 여기는 것을 효과적으로 학습하도록 하기(p. I9)

개인의 욕구와 함께 학생의 학업 욕구를 이해하고 반응하는 것은 교육자로서의 우리가 바람직한 학습 공동체를 만들 수 있는지를 결정하는 핵심 요인이다. 이 장의 나머지는 그런 공동체를 건설할 학생의 학업 요구들을 이해하고 그에 응답하기 위한 전략을 제시한다.

학업 관련 학생들의 요구

그림 7.1은 학생의 동기 부여와 성취를 강화하는 학업적 요구들을 제공한다. 목록은 저자가 분류한 것이고, 1,000명 이상의 교사들이 검토했다.

그림 7.1 학생의 학업적 요구

1. 학습 목표 이해와 가치 부여
2. 학습 과정 이해
3. 학습 과정에 활발한 참여
4. 학생 자신의 관심과 선택에 적절한 학습 목표
5. 학생 학습 형태와 장점을 조화시키는 교수 방법
6. 학습이 흥미롭고 가치있는 과정으로서의 성인 학습 관찰
7. 성공 경험
8. 학습을 통합할 시간
9. 자기 효능감을 강화하는 현실적이고 즉각적인 피드백 수용
10. 학생 자신의 학습과 노력을 자평하기
11. 수행 향상에 대한 적절한 보상
12. 지지적이고 안전하고 잘 조직된 학습 환경

이 학업에 대한 지원은 유진 가르시아(Eugene Garcia, 1999)가 연구했다. 가르시아는 많은 교사 특징을 제시하고, 교육적 방법은 다양한 문화적 배경의 학생을 위해 높은 성취와 결합했다. 교사의 행동은 (1) 학생에게 의미있는 것을 하는 것, (2) 주제 접근법 사용, (3) 워크샵을 포함한 활동적인 학습, (4) 협력/협동 학습 활동, (5) 모든 학생의 성취를 위해 의사소통하는 교사, (6) 학생과 학생의 문화에 관한 교사의 학습을 포함해서 학교 수업을 넘어서 학생과 따뜻하고 양육하는 관계 개발, (7) 교육 활동과 학생의 문화를 통합하는 관점, (8) 혼합연령구성으로 상호학습만들기, (9) 그리고 영어 사용 능력이 부족한 학생을 포함한다. 이 장에서 제시하는 방법은 당신이 활용할 수 있다.

또한 학생의 특별한 요구를 포함한다(Mastropieri & Scruggs, 2000; Soodack & McCathy, 2006). 마스트로피어리와 스쿠룩스(Mastropieri & Scruggs, 2000)는 학생이 성취하기 위해서는 과제의 적당한 난이도 수준이 본질적이라고 진술하고, 학생 성공은 학우간의 비교보다 오히려 개발과 획득한 목표도달에 의거한다고 했다. 이 장에서 제시하는 방법은 당신을 도울 것이다.

이 장의 나머지는 교사들이 중요한 학업 요구와 효과적으로 만날 수 있는지와 학생 동기화의 증진, 학습과 건전한 행동방법을 연구한다.

요구 1 : 학습목표의 이해와 가치부여

발터 도일(Walter Doyle, 1983)은 학생들을 학업에 시간을 투자하도록 이끄는 것은 그들이 달성하기로 예정되어 있는 과제들과 학생들이 하고 있는 것을 이해하는 것에 의존한다고 했다. 그러므로 교수는 의미를 포함하고, 단지 결말로서의 약속에 집중하지는 않는 것은 본질적이다(p.189). 불행하게도, 많은 학생들은 정말로 학습 활동에 포함되어야 할 이유를 이해하지 못하고 있다. 그들은 좋은 성적을 얻거나, 부모님 또는 교사를 기쁘게 하거나, 벌을 피하기 위해 공부한다. 학문적 과제에서의 학생 참여에 관한 연구의 발견을 요약하는 것으로 브로피(Brophy, 1986b)는 다음과 같이 진술했다:

> 학생에게 과제를 제시하는 교사의 발화 분석에서, 목적에 주의집중하기를 재촉하는 것에 대한 교사 불이행과 이 임무의 의미가 학생이 학문에 종사하는 것의 낮은 품질에 대한 주요한 이유임을 시사한다. 대부분의 발화는 절차의 방향 또는 특별한 암시를 포함하지만, 5%만이 가르쳐지고 있는 내용에 관한 임무의 목적을 명확히 기술했다. (p. 11)

다행히도 연구는 교사들이 아주 빠르게 교육 활동의 목적에 관해 학생에게 특유의 설명을 제공하는 것을 알 수 있었다고 했다. 결과는 교사가 가르치는 학생들이 교수의 목적에 대해 의미심장하게 더 큰 이해와 가치를 보여주는 것을 가리킨다(Roehler, Duffy, & Meloth, 1987).

교사는 거의 모든 수업에 있어서 목적 · 이유 · 활동 · 평가에 대한 반응을 진술하는 것부터 시작한다. 학생들에게 학습 목표를 연구하고 논의할 기회를 제공할 뿐 아니라, 학생들이 학습 과정을 이해하도록 돕는다.

당신의 교육활동에서 우리는 강력하게 당신이 학생과 함께 학습하고, 목적을 알려주어야 하는 중요한 이유를 이해해 보도록 권한다. 개인의 자긍심이 중요성이나 능력, 힘에 의존하는 것처럼 학문의 자긍심과 동기 부여의 기초 중의 하나는 학생에게 학습의 권한을 위임하는 것이다.

잠시 멈추고 7.2	수업이 전체 학급, 소집단 또는 개별 학생으로 이루어질 때마다 학생이 학습 목표를 이해하고 평가하는 것을 돕는 것들을 기록하라. 수업이나 과제 제시에서, 내용을 완수해야하는 이유에 관해 명확히 진술하는 것이 어느 정도나 관련되어 있는가? 학생들은 학습 목표를 완수하는 것에 관해 논의하고, 그들의 생각을 제시하고 있는가? 학생 이해와 동기 부여, 약속과 과제완수에서 학생들은 어떻게 참여하는가?

요구 2 : 학습과정에 대한 이해

학생들이 학습 과정을 이해하도록 돕기 위해 저자는 학생들이 학습에 대한 중요한 몇 개의 개념을 개발하도록 돕는 것이 도움이 된다는 것을 알았다.

학습에 대한 기능적 정의

첫째, 학생들에게 학습을 기능적으로 정의하도록 하는 것에서부터 시작한다. 학생 다수는 숙제, 학급내 평가와 표준화 검사에서 동급생보다 잘하는 효과적인 학습 수단을 믿는다. 불행하게도 학생들의 25%는 이 과제(통계적으로, 틀림없이)의 4분위수 아래에 있다. 만일 교사들이 학생들이 학습을 성공으로만 정의하도록 우리는 밖으로 돌고, 지각하고 자퇴하는 학생의 비율을 계속 가질 수 밖에 없을 것이다.

선생님이 하마(hippopotamus) 그림을 그리고 있는 아동에게 하는 말 "직각삼각형의 빗변(hypotenuse)을 그리라고 했지?"

저자중 한 명은 학년 초를 학생들에게 효과적인 학습자가 무엇이고 효과적인 학습이 무엇인가를 기술하게 하는 것부터 시작했다. 학생들이 이 목록을 만든 후에 학급은 효과적인 학습자의 몇몇 정의를 만드는 일을 한다. 이것들은 효과적인 학습자가 되는 것은 많은 노력을 요구하고, 도움이 필요하면 도움을 구하며, 의미 있는 목표를 향해 나아가도록 하는 것일지도 모른다. 그림 7.2는 최근에 저자 중 한 명이 4, 5학년 복식 학급의 학생을 대상으로 한 것이다. 학생들은 효과적인 학습자의 특징을 결정한 후, 이것을 학생 자신의 행동을 평가할 수 있는 표준으로 사용하였다. 이것은 학생들이 구체적으로 획득할 수 있는 학습을 다시 정의하는 "최고 방법 중의 하나이다."

그림 7.2 성공적인 학습자

행동하기	말하기
발표자에 집중함	격려를 받음
과제에 집중함	적절한 음성 사용
잘 조직됨	질문
다른 사람과 협력함	도움이 필요한 경우 요청함
학급 규칙과 절차를 준수함	자신의 생각을 다른 사람과 공유
목표를 설정함	과제 수행에 대한 논평
문제가 생겼을 때 차분함을 유지함	다른 사람에게 공손함
시간을 현명하게 사용함	문제 해결
실수로부터 배움	
교재를 공유함	
포기하지 않음	

성공한 학습자는 만일 필요하면 부지런히 일하고, 타인과 협력하며, 위험을 감수하고, 목표를 설정하며, 노력을 하고, 누군가에게 도움을 구하며, 포기하지 않고, 실수로부터 배운다.

잠시 멈추고 7.3

학급에서 효과적인 학생/학습자에 대해 건전하고 기능적인 정의를 개발하기 위해 무엇을 할 수 있을 것인지에 관해 동료들과 논의해라.

각자의 능력을 알고 활용하기

하워드 가드너(Howard Gardner)는 능력에는 여러 형태가 있고, 학생 각각의 능력은 존중받을 수 있다고 한다. 이는 학습과정에 대한 학생의 이해를 강화하는 또 다른 방법이다. 가드너가 그의 목록(Gardner, 1999a)에서 제시한 것을 고려하여, 우리는 가드너의 지능 또는 특수한 능력 분야를 찾았다: (1) 언어지능, (2) 논리수학지능, (3) 공간지능, (4) 음악지능, (5) 신체운동지능, (6) 대인지능, (7) 자성지능, (8) 자연지능.

우리는 학생 모두가 특별한 능력 분야와 완수하기 어려워하는 분야를 가진다는 것을 알았다.

이것은 특히, 학업 분야인 언어지능과 논리수학지능과 용이하게 관련되지 못하는 학생들에게 중요하다. 실제로 모든 학생들은 멋진 능력을 소유하고 있다. 그들에게 다중지능의 개념을 소개하면 학생들은 모든 사람이 장점과 한계의 분야를 가진다고 생각할 수 있다. 배움에 대한 동기 부여는 우리가 가장 쉽게 향상시킬 수 있고 완수할 수 있는 분야가 다양하다는 사실을 이해함으로써 강화할 수 있을 뿐만 아니라, 이것이 학업 분야에서 일반적인 것이 아닌 다른 분야에 능력을 가진 학생들을 집단에서 더 잘 협력할 수 있도록 도울 수 있다. 학급 경영 안내서인 [The Handbook of Classroom Management]에서 로탄(Lotan, 2006)은 "교사들이 직면하는 것은 대부분의 능력들이 학습 과제를 신용할 수 있는 분석점을 제시하고, 성공적인 수행을 위해 다른 능력의 의미를 학생에게 납득시키는 것"이라고 주장했다. 그러나 우리는 더 효과적으로 학생들이 자기의 방법을 알고, 또래의 다양한 기술을 인정하는 것이 학생의 학습에 도움이 된다는 것을 알았다.

이 개념을 학생들에게 소개할 때, 저자의 선배는 그가 5학년이었을 때 그가 이제까지 가장 멋진 그림이라고 생각했던 그림을 그렸을 때의 이야기를 했다. 교사가 그의 그림을 보여주기 위해 학급으로 교장과 6학년 담임교사이자 농구부 지도교사를 불렀을 때, 그들이 거의 울 정도로 웃기 시작하자 선배 저자는 당황하게 되었다. 그가 성인이 되어 다섯 살인 딸의 학교에서 저녁 부모 모임에 참석할 때까지 저자는 단 한 번도 그림을 그리지 않았다. 교사는 부모님에게 자녀와 함께 그림을 그리도록 부탁했고, 저자는 그가 26년 전에 그렸던 데생의 사본을 만들었다. 교사가 저자에게 다가와 손을 어깨에 얹으며 말했다, "다섯 살 짜리 그림을 그리시다니, 참 사려 깊은 아버지로군요." 이 저자는 그의 학생들과 앞으로는 그림을 즐기고, 좀 더 노력하고, 좀더 근면한 사람이 될 것을 약속하였다. 그는 그리는 것을 즐길 수 있었고, 기술을 개선할 수 있었다. 학생들은 앞서 제시한 8개 분야 각각에서 그들이 장점을 가지고 있다고 믿는 분야의 그래프를 그림으로써 그 자신을 칭송하고 격려 받을 수 있었다. 학생들은 그 다음 목적을 각 분야의 개선으로 정하고, 목적지에 도착하는 방법을 결정하였다. 그림 7.3은 우리 학급에서 5학년 학생들이 그린 자신의 다중지능 그래프이다.

교사들은 학생들이 다중지능 개념을 이해하는 것을 돕기 위해 많은 책을 볼 수 있다. 우리가 찾은 가장 유용한 것은 [Multiple Intelligences: Helping Kids Discover the Many Ways to Be Smart] (Huggins, Manion, Shakarian & Moen, 1997)이다.

이 장 이후에는 다중지능 학습을 학급에 사용할 수 있는 방법을 제시한다.

그림 7.3 당신의 7가지 다중지능에 대해 추측해보자

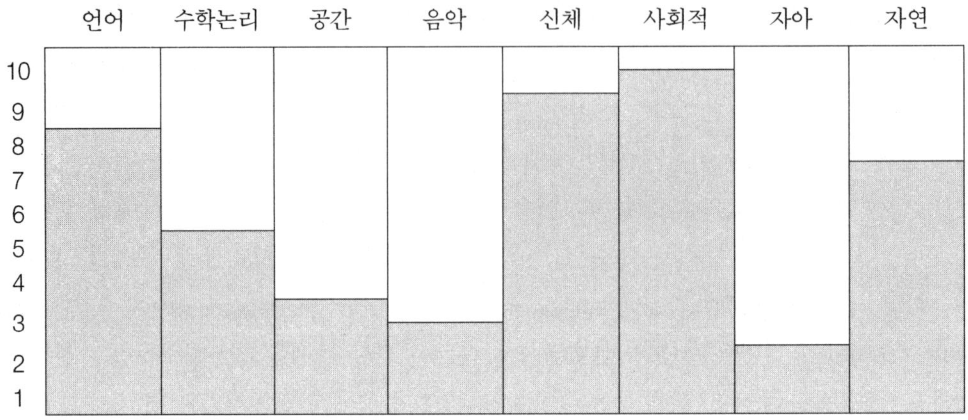

효과적으로 공부하는 방법 익히기

많은 학생들이 새로운 정보를 배우는 학습기술이 부족하다. 학생들이 이용할 수 있는 학습 전략을 개발하도록 돕는 중재는 3개의 범주로 나눌 수 있다 :

(1) 밑줄 긋기, 집중하기, 연상기호 사용, 개요, 요약 등의 특유한 과제들을 달성하기 위한 기술을 포함하는 인지적 중재
(2) 계획하고 전략을 사용하는 사람을 모니터링하며, 언제 특정 전략을 가장 잘 사용하는지 결정하는 것을 포함하는 초인지 중재
(3) 귀속과 태도를 강조하는 정서적 중재(Hattie, Biggs, & Purdie, 1996).

저자의 딸이 8학년이었을 때, 우리는 그녀가 역사 교과서와 소설을 읽는 방법을 모른다는 것을 알았다. 우리는 그녀에게 표제어와 작은 표제를 살펴보는 교재 읽기를 가르쳤다. 다음에 우리는 그녀가 교재를 읽을 것을 제안하고, 그녀가 중요한 내용이라고 생각했던 것에 집중하게 했다. 그녀가 각 장을 완료함에 따라 우리는 그녀가 배운 이전의 장 또는 다른 교재와 관련이 있는 장이 어떻게 관련이 있는지에 관해 말하거나 쓰도록 가르쳤다. 우리는 그녀에게 그녀가 배운 것 중 주목할 만한 주요 사건에 관한 도해 또는 도형을 만들어 요약하는 것을 가르쳤다. 마지막으로 우리는 그녀가 교재에 주목하고, 이러한 질문에 답하기 위한 계획을 개발하도록 제안했다. 이것은 우리가 가르친 교사와 함께 일정을 만드는 것과 교사에게 질문하는 방법을 포함한다. 우리가 우리 딸에게 가르치고 그 뒤에 우리 아들과 많은 학생들에게 가르쳤던 과정은 학생들에게 그랜트(Grant, 1993)가 개발한 스크롤(SCROL)방법(1)

조사(Survey), (2) 연결(Connect), (3) 읽기(Reed), (4) 개요(Outline), (5) 되돌아보기(Look Back)와 SQ3R 방법인 스캔(Scan), 질문(Question), 읽기(Read), 반영(Reflect), 검토(Review)와 유사하다.

표제어가 없는 소설이나 다른 본문을 읽을 때, 우리는 그녀에게 중요한 사실이나 개념을 기록하는 형광 마크를 사용하는 방법을 가르쳤다. 그 다음 그녀가 다시 개요를 시각적으로 만들도록 제안했다. 그녀가 개인간 상호 작용을 매우 잘 배웠기 때문에, 그 다음 교재에 포함된 핵심 개념을 논의하기 위해 학급의 누군가와 대화하도록 제안했다.

학생들은 교재를 모으거나 조직하는 데 어려움을 겪는다. 그들이 새로운 정보를 조직하고 해석하기 위한 인식 지도를 만드는 것에 따라 학습자는 지식을 구성한다. 효과적인 교사는 학생들이 서로 다른 개념을 연결하고, 새로운 생각과 학습자의 사전 경험을 연결하는 지도를 만들도록 돕는다. 여기에 학생들이 학습을 조직하도록 돕는 몇 개의 방법이 있다. 처음에, 우리는 학생들에게 그들에게 중요한 개념의 개요와 서로를 관련짓는 방법을 제공하는 도표 조직자를 제공할 수 있다. 크랭크와 벌그렌(Crank & Bulgren, 1993)은 세 종류의 주요한 도표 조직자를 제시한다 :

(1) 중심과 체계 central and hierarchical
(2) 방향제시 directional
(3) 비교 comparative

중심과 체계는 중요한 개념을 구성 요소로 나누는 방법을 가리킨다. 중심 조직자에서 화제는 중심 주제에서 확산하는 것으로 나타나는 반면, 체계 조직자에서는 중요한 항목이 그들 밑에서 정보를 지원한다. 웹은 중심 조직자의 예이고, 로마 숫자, 대문자, 수 등의 형식을 사용하는 개요는 체계적 조직자의 예일 것이다. 방향 조직자는 시간구성 또는 원인과 결과의 관계를 나타낸다. 비교 조직자는 개념을 비교하고 대비하는 방법을 나타낸다.

우리는 글쓰기를 어려워 하지만 일단 중심 조직자를 만들면 빠르고 창조적으로 글을 쓰는 학생을 많이 보았다. 많은 학생들은 보존 또는 창조에 접근하기 쉬운 주제를 조직하는 훈련을 필요로 한다.

연구는 비록 이런 중재 상태에서 더 효과적이지만, 학습 기술을 가르치는 것을 지지한다. 10장에서 논의할 사회적 기술의 교수와 유사하게 학습 기술은 언제 그들이 학습 상황에 집중하고, 이 기술의 연습하는 것이 가장 효과적인지를 가르치는 것이 중요하다.

일련의 교육과정으로서 현재 기술을 배우는 것보다 학생들에게 효과적인 전략을 제공하는 것이 효과적이다. 만일 이러한 학습을 일반화하면, 학생들은 그들의 새로운 기술을 사용할 때에 지원을 필요로 할 것이고, 그들이 효과적으로 내용을 이해하는 것을 가능하게 하고,

당신이 이러한 방법을 이해하도록 할 것이다.

교재들은 이용 가능한 여러 가지 전략을 교사들에게 제공한다. 아니타 아처와 메리 글리슨(Anita Archer & Mary Gleason, 1989, 1994)은 2개의 프로그램을 개발했다: 학교 성공을 위한 기술(3~6학년용)과 학교 성공을 위한 진보된 기술(중고등학생용). 이 프로그램은 학생들이 학습 목표를 달성하도록 돕기 위한 풍부한 전략을 제공한다.

잠시 멈추고 7.4	한 학급을 관찰하여 학생들이 내용을 숙달하거나 이해하기 위해 힘쓰고 있는지 아니면 공부 방법을 아는 기술이 부족한지 구분해 보자. 내용을 숙달하는데 어려움을 겪고 있는 학생을 관찰하고, 어떻게 그들을 도울 수 있는지 생각해라. 이상의 전략을 선택하라. 이것을 동료와 공유해라.

그릇된 학습관을 고치는 방법

학습의 신비성을 제거하고, 학생들이 더 잘 이해하도록 돕는 학습을 장려하는 다양한 방법이 있다. 그림 7.4는 학생들이 학습 내용을 명확히 이해하고 교육과정과 교육적 결정이 어떻게 만들어지는지를 이해하도록 도와줌으로써, 학습 과정의 신비성을 감소시키는 20가지 방법을 제시한다.

그림 7.4 학습 과정의 신비성을 제거하는 방법

1. 학생과 함께 분명하고 명백하게 학습을 정의하라.
2. 이 정의에 기초해서 학생을 칭찬하라.
3. 학생들이 선택한 이유와 각 수업의 목표와 목적을 구두로 설명하고 기록해라.
4. 학습을 학생의 생활과 관심과 관련지어라.
5. 학생들에게 당신이 정한 목적에 도달하도록 어떤 교육적인 방법을 선택했는지를 설명해라.
6. 학생들에게 학습 목표를 확립하게 해라.
7. 학생 실행을 평가하고, 보여주며, 가치를 논의하기 위해 공동체의 전문가를 활용해라.
8. 하워드 가드너(Howard Gardner)의 개념을 학생들에게 가르쳐라.
9. 학습 장애(차이)와 학생들이 이러한 차이를 알고 학습할 수 있는 방법을 가르쳐라.
10. 친구를 가르치는 방법을 가르쳐 또래 교수를 활용하라.
11. 효과적인 학습을 위해 효과적인 교육과 전제 조건에 관련한 기술을 적절하게 학습할 수 있는 활동을 포함시켜라.
12. 학생들에게 교사가 사용하는 효과적인 교육적 방법에 관해서 계속적인 피드백을 제공하게 해라.
13. 평가에 관한 당신의 철학을 학생들에게 설명해라.

14. 평가의 시기와 방법과 내용을 명료화하라.
15. 학생들에게 그들 자신의 학습 결과와 성적을 모니터하게 해라.
16. 학생들에게 평가 질문을 개발하게 해라.
17. 학생의 지식을 평가하기 위해 다양한 방법을 제공해라.
18. 학습 목적에 도달하려는 자신의 노력을 평가하는 것에 학생을 포함시켜라.
19. 학생들에게 여러 가지 학습 기술을 가르쳐라.
20. 특수한 형태의 교재를 공부하는 방법에 대한 지원을 학생에게 제공해라.

요구 3 : 학습 과정에의 활발한 참여

당신이 과제를 달성할 동기와 즐거움을 제공하는 상황을 생각해 보자. 이 과제 중의 대부분은 학습 과정에 당신의 적극적인 참가를 포함할 것이다. 비록 우리가 반드시 학생의 학업적 요구와 직면할 수는 없지만, 학생 동기 부여와 성취는 그들을 학습 과정에 활발히 포함시키는 것에 의해 강화될 것이다. 연구에서는 중학교 학생들이 대부분의 시간을 강의에 귀를 기울이고, 개별 자습 과제를 하는 것 같은 비상호적 활동을 한다고 지적한다(Hunter & Csikszentmihalyi, 2003; Shernoff, Csikszentmihalyi, Schneider, and Shernoff, 2003). 학생들이 그들이 도전하고 성취할 수 있는 상호 활동에 종사할 때, 그들의 참여 비율은 42%에서 73%로 높아진다고 보고한다. 당연하게, 다수의 연구에서 학생들은 교사들에게 더 적극적인 참여와 더 상호 교환적인 전략을 원한다고 한다(Milner 2006; Younger & Warrington, 1999).

교육적인 활동에서 대부분의 학습자가 이익을 얻지만, 많은 연구자는 학생들이 피부색에 따라 더 효과적으로 활동하는 교육적 형태에 대해 언급한다.

키켄달(Kuykendall, 2004)은 "흑인과 히스패닉계 젊은이의 성취와 동기화를 강화하기 위해 학생 성장을 용이하게 하기 위해 여러 가지 활동을 사용하고 싶어했다. 흑인과 히스패닉계 청소년은 짝과 함께 생각하는 활동, 활발한 집단 토론, 협력적인 학습, 집단 프로젝트, 개인적 경험에 대한 이야기를 좋아한다(pp. 74, 75)"고 보고했다. 한편, 뱅크스와 뱅크스(Banks & Banks, 1993), 해일-벤슨(Hale-Benson, 1986), 키켄달(Kuykendall, 2004)과 쉐이드(Shade, 1989)와 같은 작가는 아프리카계 히스패닉계와 아메리카 인디언계 미국인 학생들은 장의존적 학습자 경향이 있다는 점에 주의를 기울였다.

교사들은 학생들이 참여하는 교육적 활동의 형태를 결정하기 위해 학생을 매일, 매주 연구한다. 이것은 독립된 일, 협력적인 집단 활동, 교사 주도 활동을 포함할지도 모른다. 이것은 수동적 학습 대 활발한 학습으로 분류될지도 모른다. 예를 들면 1주는 다음과 같다.

	수동적	능동적
교사 주도	20%	15%
개별 학습	30%	0%
협력 학습	0%	35%

이것은 수동적이고 능동적인 학습의 균형뿐 아니라 혼합된 활동을 제안한 것이다. 만일 학습이 그들의 관심과 생활과 관계가 있다면, 수동적인 학습도 학생을 이끌 수 있을 것이다. 이 장에서 제시한 방법 대부분은 학생을 지적이고 개별적으로 학습 과정에 활발히 이끄는 교사를 강조한다.

요구 4 : 적절한 학습 목표

우리가 학생들의 학문하는 자유를 허락하지 않는 동안 많은 학생들에게 학습내용이 그들에게 있어서 중요한 화제가 되거나, 그들의 문화를 존중하는 기회를 거의 제공하지 못했다. 연구는 학생들이 그들의 특별한 관심과 요구를 지지하는 교육적 방법이 좋고(Davidson, 1999), 이것들이 실행될 때 학령기동안 다소 낮은 성취를 보였던 학생들도 성공할 수 있다고 한다.

수년 전 저자 중 한 명은 교사가 되기 위해 공학도 경력을 포기한 교생을 지도했다. 교육실습생은 고등학교 물리수업을 담당하였고, 저자에게 그가 가르칠 첫 번째 학급을 방문해달라고 요청했다. 수업시간 중 학생들은 잡담이 심하고, 시간이 갈수록 점점 부주의하게 되었다. 종이 울리자 비판적이고, 불쾌한 평을 들었고, 학생들은 교실을 떠났다. 성숙하고 자신감 넘치는 교육 실습생은 당황하였다. 그는 의기소침하여 의자에 앉아서, 효과적인 교사가 되기 위해 할 일을 알지 못한다고 말하고, 수업시간이 힘들기 때문에, 다른 학급의 학생들과도 만나고 싶지 않다고 말했다.

"수학시간에, 'guzintas'에 대해 공부했지?
– 3 guzinta 9 X 3, 2 guzinta 4 X 2..."

멘토 교사(경험을 가진 우수 교사)가 대화를 하고 나서 수업에서 성공하기 위한 몇가지 방법을 알려주었다. 그는 교생에게 2교시 후 같은 물리수업을 가르칠 수 있는지, 또한 멘토 교사가 5분간 수업을 중단할 수 있는지 물었다. 멘토 교사는 수업 시간을 단지 5분정도만 조정하면 학생에게 많은 것을 가르칠 수 있게 된다고 교생에게 말했다. 교육 실습생은 마지 못해 다시 수업을 하는 데에 동의했다.

수업이 시작되었을 때, 멘토 교사는 학년초, 학생들의 학습에 대한 관심과 학습 목표를 어떻게 세울 것인가를 묻는 것으로 수업을 시작했다. 대부분의 학생들이 손을 들었고, 교사는 학급의 첫 번째 1주일 동안에 만들어진 자료를 제공하는 것으로 이 반응을 강화했다. 그는 그 다음, 다음의 2주일간은 그 자체로는 의미가 없겠지만, 약간 어려운 교재를 사용할 것이라고 학급에 알렸다. 그는 1개의 추가 기술이 결합될 때, 이 교재는 그들에게 비행경로의 숫자와 비행과 관련이 있는 다른 요인을 제공할 수 있다고 언급했다. 그는 그 다음 학생들에게 어렵지만 중요한 교재를 연구하는 것에 흥미가 있는지에 관해 물었다. 학급의 모든 학생들은 손을 들었다. 멘토 교사는 다음으로 자신의 전공은 항공 우주 공학이 아니지만, 교육 실습생이 바로 그러한 배경을 갖고 이 단원을 학생들에게 잘 가르칠 수 있다고 말했다. 이렇게 소개한 후, 교육 실습생이 교실 가운데에 위치하고, 불과 1시간 전과 동일한 수업을 했다. 이번에는 학생들이 주의집중 하였고, 질문하기 위해 자주 손을 들었다. 수업이 끝나자, 대략 절반의 학생들이 수업의 진가를 인정하는 박수를 쳤다. 수업보고회에서 멘토 교사는 교육 실습생에게 교육내용을 학생의 관심과 연결 짓는 것의 중요성을 상기시켰다. 그는 이것이 항상 가능하지는 않지만 결과는 대개 극적이라고 했다.

우리가 실질적으로 모든 학생들이 불행하게도 자신의 관심과 무관한 것을 배우며 학교생활의 대부분을 보낸다는 것을 주장하면서 문화적인 배경이 서유럽과는 다른 학생에게 이러한 경험이 더 극적이라고 생각한다. 휴스턴 고등학교에서의 멕시코계 미국인 학생의 성취와 태도에 관한 3년의 연구에 의하면, 발렌주엘라(Valenzuela, 1999)는 교육과정이 그들의 문화를 가치화하는 데 실패했기 때문에 이 학생들이 학교에 전념할 수 있게 하기 위해 "문화적이고 언어적인 전멸(cultural and linguistic eradication)"(p.62)이라고 불렸던 것에 참가해야만 한다는 점에 주목했다. 유사하게 맥잉티레(McIntyre, 1996)는 비유럽 문화배경을 가진 학생들이 좌절을 경험하고 그들의 능력보다 낮은 성취를 보이는 이유가 학교의 교육과정과 교수의 대부분이 많은 학생들이 배우는 것을 좋아하도록 하는 데 실패하기 때문이라고 주장한다. 그림 7.5는 다양한 문화를 가진 많은 학생들이 직면하는 맥잉티레(McIntyre)의 "문화적인 부적당한 조합 소용돌이"를 보여준다. 키켄달(Kuykenhall, 2004)은 학생의 학습동기부여를 강화하고 희망적 미래를 위해, "교육과정은 특별한 인종과 문화집단의 가치를 촉진하는 방향으로 수정되어야 한다"고 주장했다.

그림 7.5 문화적으로 부적당한 소용돌이 조합

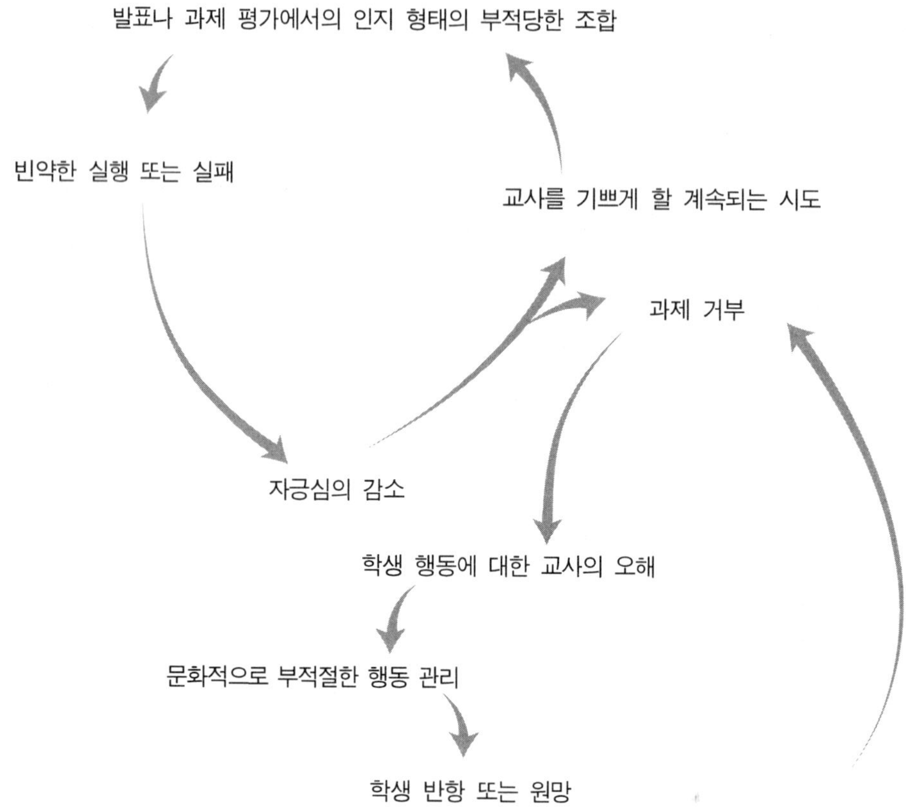

다행히도 이 장에서 제시한 것처럼 학생들을 이끌기 위한 광범위한 전략이 더 효과적이다. 틸, 데부르인-파레키와 코빙튼(Teel, Debruin-Parecki & Covington, 1998)은 네 개의 전략을 제시했다 : 주로 아프리카계 미국인 학생으로 구성된 7학년 두 집단의 "노력을 바탕으로 한 서열화, 다양한 실행 기회, 학생의 책임증가와 선택, 그리고 문화적인 유산의 확보(p.482)." 저자는 다음과 같이 진술하였다:

> 어떤 학급에서는 다양한 학생의 관심, 재능, 장점에 관해 언급하는 데 필요한 전략을 가르침으로써 학교 실패의 위험에 처한 학생들을 좀더 "높은 성취를 이룬" 학생만큼 긍정적인 동기를 주고 학습에 참여하게 하였다. 처음에 관찰한 부정적인 동기는 감소했다(p. 492).

자호릭(Zahorik, 1996)은 학생들에게 흥미있는 학습을 제공하는 초등학교 교사와 중학교 교사를 연구했다. 30명의 중학교 교사와 35명의 초등학교 교사로부터 얻은 정보에 기초한 가장 자주 사용되고 성공한 방법들은 (a) 실제적 활동, (b) 집단 활동, (c) 학생의 생활경험과 홍미와 관련되는 개별화된 내용, (d) 학생들의 생각, 계획, 의사 결정을 공유하는 학생을 포함한다고 제시했다. 영어가 제2언어인 학생을 위한 효과적인 교수에 관한 연구의 리뷰에서 레예스와 그의 동료들(Reyes, 1999)은 "학급의 학습에서 가장 강력한 것은 학생의 홍미와 경험과의 관련이었다"(p.14)고 지적했다.

서북부교육연구소의 에드워드(Edwards)와 동료들(2005)은 문화적으로 반응하는 교육을 학급의 학생을 아는 방법과 개념, 견해, 이해, 경험, 인출로 정의했다(p.i). 그들의 교재는 학생 동기 부여와 학습을 강화하기 위해 당신의 학급에서 문화적인 배경을 광범위하게 사용하는 유용한 방법과 학생의 홍미를 제시한다. 학생의 문화를 학습 과정에 포함하는 하나의 중요한 관점은 문화적으로 반응하는 것이다.

그림 7.6 문화적으로 반응하는 문헌의 선택

대부분의 아동과 청소년이 그들의 문화와 관련이 있는 책을 읽는 것은 강력한 경험이다. 불행하게도, 학교에서 정확하고 정중하게 그들의 문화를 반영하는 책을 발견하는 것은 어렵다. 온라인상의 참고자료가 여기에 몇 가지 제시되어 있다.

Ethnic Specific Books for Students, With Some World and Cross Cultural Literature
www.newhorizons.org/strategies/multicultural/biblio-childrens-multicultural.htm

Cynthia Leitich Smith: Children's Literature Resources
www.cynthialeitichsmith.com

Oyate (Native American Resources)
www.oyate.org/catalog/index.html
Barahona Center for the Study of Books in Spanish for Children and Adolescents
www.csusm.edu/csb/english

New York Public Library: Asian-Pacific American History Month
www.nypl.org/home/branch/kids/holidays/asian.cfm

African American Bibliography: Books for Children
http://falcon.imu.edu/~ramseyil/mulafro-htm

Russian Children's Books
www.natashascafe-com/html/book-html

The World of Arab and Muslim Children in Children's Books
http://web6.duc.auburn.edu/academiceducation/eflt/lechner/arabbooks.pdf

Beyond Female Protagonists-Female Voices in Picture Books
www.scils.rutgers.edu/49lander/Fernhist/fermic.html

Examining Multicultural Picture Books for the Early Childhood Classroom: Possibilities and Pitfalls
http://ecrp.uiuc.edu/v3n2/mendoza.html

Ten Quick Ways to Analyze Children's Books for Racism and Sexism
www.birchlane-davis-ca.us/library/10Quick-htm

[Women's Ways of Knowing]에서, 발렌키, 클린치, 골드버거 그리고 타룰(Belenky, Clinchy, Goldberger & Tarule, 1986)은 여성들이 양질의 개인적 관계를 강조하고 학습자의 목소리의 가치와 환경을 배우는 것에서 흥미를 얻는다고 가리켰다. 그들은 교재를 자신의 삶과 관계 짓고, 정보를 해석하며, 유효한 맥락으로 자신의 경험을 사용하고, 타인과 협력하여 일할 수 있을 때 여성들은 더 동기화되고 효과적인 것처럼 보인다. 이 일은 더 개인적이고 덜 경쟁적인 학습 환경에 찬성하는 다른 연구자(Butler, 1993; Tetreault, 1993)에 의해 확장되었다.

교사로서 학생에게 흥미를 제공하는 데 실패하는 것은 많은 문제를 만드는 것이다. 우리는 학생의 흥미를 교육과정에 직접적으로 포함하는 유용한 전략을 사용하여 그들의 동기 부여와 학습을 늘릴 수 있다. 다음에서는 학생의 흥미를 유발하는 다양한 방법을 제안한다.

방법

1. 새학년 초기에 학생들에게 그들이 노출될 각 주요 교육과정 분야에 대해 알고 싶은 것들의 목록을 만들게 해라. 이 활동은 당신에게 가치 있는 정보를 제공하고, 그들의 학습과 관심을 직접적으로 나타내도록 자극한다. 당신은 관심이 집중된 화제를 만들기로 결심할지도 모른다. 중요한 화제는 또한 정규 학교 교육과정에 포함될 수 있다. 마지막으로 당신은 이 흥미를 이 장에서 제시한 다른 전략과 결합할 수도 있다.
2. 학생에게 단원 시작 전에 K-W-L(알고 있는 것-알고 싶은 것-배운 것, Know-Want-Learn) 차트를 개발하게 한다(K는 학생들이 화제에 관해 이미 알고 있는 것을 나타내고, W는 화제와 관련하여 질문하고 싶거나 알고 싶은 것을 나타내며, L은 화제에 대해 그들이 배운 것을 표현한다).
3. 각각의 학생들이 개별적으로 또는 집단적으로 공부하고 싶은 것을 선택한다. 단원을

제시하고, 개별 학생, 소집단 또는 전체 학급이 다른 화제를 선택하게 한다. 이것은 학생의 문화적인 배경을 관련시킬 지도 모른다. 학생이 발견한 것을 전체 학급에서 공유할 수 있고, 학급은 내용과 학생 문화를 관련시킬 수도 있다.

4. 문화적으로 관계있는 내용을 통합한다. 이것은 당신이 소유하고 있거나, 교사 교육 프로그램 동안에 알게 된 내용을 사려 깊고 철저하게 제시될 수 있을 것이고, 현직 연수와 워크샵 동안 이것을 탐색할 기회가 있을 것이다. 다문화 교육이 하나의 관점일 때, 교사들이 역사를 위한 평가와 다른 인종 집단의 홍미와 학생 생활 내용을 포함한다. 이것은 문학, 시, 놀이, 역사와 학생 문화의 관점을 표현한 개인의 전기로 완성될 수 있다. 이 장의 끝에 제시한 교재들은 문화적으로 반응하는 문헌들을 제공한다. 문화적으로 관계가 있는 교육과정을 학습에 포함하나 아이디어는 그레고리 미키(Gregory Michie, 1999)의 [Holler If You Hear Me, the story of a young teacher from the south side of Chicago]와, 낸시 애트웰(Nancie Atwell, 1998)의 [In the Middle: New Understandings about Writing, Reading, and Learning]과, 케이샤 에드워드와 동료들(Keisha Edwards, 2005)의 [Classroom to Community and Back: Using Culturally Responsive Standards-Based Teaching to Strengthen Family and Community Partnerships and Increase Student Achievement]에서 찾을 수 있다.
5. 그들의 홍미를 일으키는 화제의 영화를 주문하는 방법을 학생에게 가르친다. 학생들은 이 영화를 학습과 관련하여, 쉬는 시간에, 당신이 개별적 홍미를 조사하기 위한 시간에 볼 수 있다. 그 영화가 화제와 관련이 있다면, 학생들이 관심을 공유하기 때문에 그것을 전체 학급이 보게 할 수 있다.
6. 학생들에게 부모님을 포함하여 초청 연사들에게 학생이 홍미있어 하는 화제를 논의하도록 가르쳐라. 물론 당신은 항상 청소년과 접촉하고 싶어할 것이나, 그들은 홍미있는 연사를 얻는 것을 배울 수 있다.
7. 전기문에 관한 단원을 만든다. 학생들은 그들이 더 알고 싶은 사람을 선택하도록 부탁받을 수 있고, 이 사람에 관한 정보를 얻을 수 있다. 학생은 그들이 연구한 사람에 대해 학급에서 그 사람처럼 차려 입고 발표할 수 있다.
8. 잘 구조화된 공유 기회를 만든다. 학생들이 읽었던 것을 공유하는 요일을 지정하거나, 특정 분야에서 달성된 것을 공유할 수 있다. 월요일은 작문법의 공유, 화요일은 신문기사, 수요일은 누군가를 위한 학생의 긍정적인 무엇 등등.
9. 학생들에게 특별한 관심이 있는 날 또는 주간을 만들게 한다. 학생들은 그들이 공부하고 싶은 화제를 정할 수 있다. 하루(또는 한 주) 동안의 모든 내용은 이 화제와 관계가 있을 수 있다. 만일 그들이 고래를 선택하면, 수학, 독서, 작문, 과학과 사회과 수업은

고래와 관련하여 구성될 수 있다.

10. 학생들을 창조적 글쓰기에 포함할 때, 항상 주제를 지정하지 않는다. 때때로 그들에게 의미있는 경험에 관한 이야기를 쓰도록 허락해라.
11. 학습 일지를 활용한다. 그들의 학습 일지에서 학생들은 그들이 배운 것을 자신의 말로 표현하고, 그것이 그들에게 의미하는 것과 자신의 생활에 어떻게 관련이 있는 지를 말로 나타낸다.
12. 학생 자신의 철자법 목록을 개발한다. 이 방법을 자주 사용하는 교사들은 전에는 거의 철자법 단어를 모르던 학생들이 극적으로 관심을 갖고, 그들이 보다 어려운 단어를 선택한다는 것을 알았다.
13. 미래를 계획한다. 우리가 학생 자신의 생활과 학급 내용을 관련시킬 때, 많은 학생들은 더 동기화될 것이다. 미래 계획은 학생들이 성장했을 때(예를 들면, 그들이 25살이 되는 해) 하고 싶은 것에 대해 쓰도록 할 수 있다. 이것은 그들이 하고 싶은 일 뿐만 아니라 여가, 가족과 공동체 집단에서의 역할 등도 포함한다. 학생들이 공부하는 것에 따라 그들이 배우는 것이 어떻게 도움이 되는지에 관해 논의하거나, 더 성공적인 성인과 관계 맺도록 부탁받는다.

잠시 멈추고 7.5	당신이 사용하거나 배우고 있는 활동과 목적을 학생과 연계하는 흥미로운 방법에 대한 목록을 만들어라. 이 목록을 3~4명의 동료 또는 동급생과 공유하고, 당신의 목록에 그들의 생각 일부를 추가해라.

주제 단원의 사용

여러 저자(Beane, 1997; Cummins, 1996; Garcia, 1999)는 영어가 미숙한 학생에게 내용이 주제별로 정리하여 주는 것이 더 효과적이라고 제안한다. 많은 예에서 학생들은 주제를 선택하기 위해 교사들과 협조했다.

저자 중 한 명은 30년 이상 이 방법을 사용하고 있다. 학생 학습을 평가하기 위해 엄격히 표준화된 검사를 사용했던 상태로 일하면서도, 그녀는 이 방법을 버리지 않았다. 그 대신에 학생들이 숙달되는 정도에 따라 공부 기술에 맞게 배울 수 있게 하는 것에 더 관심을 가졌다. 이것은 학생을 위해 유리한 상황을 만든다. 의미 있는 학습에 더 관계하고, 활발한 동안 학생들은 핵심 내용을 숙달할 것이고, 더 진보할 수 있는 기술을 습득하였다. 그림 7.7은 알래스카에서 이디타로드(Iditarod) 개썰매 경주와 관련하여 조직한 주제이다. 목록 끝에서는 학생의 동기 부여를 강화하는 방법으로 통합 교육과정을 탐구한다.

그림 7.7 개썰매대회(Iditarod) 주제 단원

Ⅰ. **읽기**

A. 이디타로드(Iditarod) 어휘... 단어 검색

B. 문학 소설 : 나무노래, 돌여우, 키아나(Kiana)의 이디타로드(Iditarod), 줄리(Julie)의 늑대들

C. 단편 소설들

D. 이디타로드 읽기 대회(Iditarod Read)

Ⅱ. **사회과**

A. 1925년의 세럼 런(Serum Run)

B. 이디타로드(Iditarod)의 역사

C. 알래스카에 관한 연구

D. 지도 제작

E. 알래스카의 지리학

F. 경주에 관한 교수

G. 흔적에 관한 전형적인 날

H. 알래스카 원주민과 문화

Ⅲ. **수학**

A. 경주 거리 계산

B. 평균, 중점과 모드를 사용하여 체크포인트 사이의 거리 조사

C. 오늘의 수학 문제

D. 이디타로드(Iditarod) 논리학 문제

E. 당신이 살고 있는 주와 알래스카 주의 식료 잡화 가격 비교

F. 이디타로드(Iditarod) 문제 해결

Ⅳ. **쓰기/국어**

A. 개썰매경주자(musher)에 관해 쓰기

B. 개썰매경주자(musher)를 따라가고, 신문기사 쓰기

C. 경주에 관한 문장을 사용하는 매일의 구두 언어

D. 당신이 개썰매경주자로 가정하여 일기 쓰기

E. 경주를 끝낸 개썰매경주자에게 축하 편지 쓰기

F. 경주 장면에 관한 시 쓰기

Ⅴ. **과학**

A. 경주 동안의 날씨를 알려주는 기상센터 만들기

B. 알래스카 체크포인트의 온도 그래프 만들기

C. 저체온에 대해 알려줄 공식 구조대원 초청

D. 빙하와 화산을 공부하고, 모형 만들기

E. 북극 동물을 공부하고, 보고서 쓰기

F. 당신이 건축가라고 가정하여, 북 알래스카를 위한 집을 디자인한다. 당신은 영구 동토층에 맞서 당신을 보호하기 위해 어떻게 할 것인가?

G. 북극의 기후에 적응하여 살고 있는 생태계 그리기

H. 북극광(Aurora Borealis) 학습

I. 수의사에게서 개들의 응급처치에 대해 알아봄

J. 경주에 필요한 장비 공부: 필요한 것을 그려 봄으로써 썰매를 꾸릴 예정임

VI. 미술

A. 북극광(Aurora Borealis)을 수채화로 그리기
B. 이디타로드 경주에 대한 포스터 디자인
C. 개썰매경주자의 썰매 모형 만들기
D. 경기 중 개썰매경주자가 입을 옷의 디자인
E. 이상을 꿈꾸는 사람 만들기
F. 토착 이야기 속의 가면 만들기

VII. 음악

A. 경주에 관한 노래 배우기
B. 잘 알려져 있는 곡을 사용하여 이디타로드 노래 만들기
C. 토착 악기 연주 듣고 만들기

장소기반 학습(Place-Based Education)

주제별 교수의 또 다른 방법으로 장소기반학습이 있다(Smith, 2002). 장소기반학습의 중요 개념은 학생들의 삶에 도움이 되는 학습경험을 한다는 것이다. 스미스(Smith, 2002)는 다섯 종류의 장소기반학습을 제안한다:

(1) 문화 연구(cultural studies)
(2) 자연 연구(nature studies)
(3) 현실 문제 해결(real-world problem solving)
(4) 인턴과정에 참여(internships and entrepreneurial opportunities)
(5) 공동체에 참여 유도(induction into community processes)

교사들은 이 내용의 1/3 정도를 학생과 함께 할 수 있다. 문화 연구 프로젝트에서 학생들은 공동체에 관해 공부하고, 공동체의 회원에 대해 쓴다. 자연 연구는 보존 또는 멸종 위기종에 관한 이슈를 공부한다. 현실 문제 해결에서는 학생들이 공동체의 문제를 선택하고, 이 문제를 해결한다. 낸시 나겔(Nancy Nagel, 1996)은 교사 자격을 얻기 위한 석사학위 프로그램에서 인턴들을 참여시키는 효과적 예를 제공한다. 파괴와 낙서로 고통받는 지역을 깨끗하게 하고, 학교 나무를 훼손하여 물의 소모문제를 해결하는 데 학생들을 참여시켰다. 각 형태에 근거한 교육 결과는 학생들의 긍정적인 행동과 학업 성취에서 명백한 개선을 보여주었다. 학급 경영 문제로 정의된 전체 학급과 학생이 신뢰감 있는 시민의 기회를 받을 때 신뢰성 있는 시민으로 성장할 수 있다.

잠시 멈추고 7.6	가르칠 단원을 한 가지 골라 주제를 개발하고 학생들이 화제 또는 현실 문제를 해결하는 활동을 개발함으로써 이 교육과정을 학생의 생활과 관련지을 때 학생들을 참여시킬 방법들을 간단한 진술해 보자.

학습 목표 설정에 학생 참여시키기

목표를 설정하는 것은 학생들이 자신의 흥미와 통합하고 이해하는 감각을 경험하도록 하기 위한 가장 효과적인 방법이다. 이 방법은 또한 학생들이 학습 형태와 학습 활동을 선택하도록 돕는다. 교사들은 의미있게 그들의 동기부여를 강화할 수 있으며, 학생의 자퇴나 밖으로 도는 행동을 줄일 수 있다. 절차와 목표진술에 학생들을 참여시키고 학생의 기술 부족을 개선하면 학생들이 목표를 개발하는 것을 도울 수 있다.

"이 반 수업은 '지루하다'고 미리 경고를 했어야 했어."

목표 설정은 다음을 포함해야 한다.

(1) 학생이 배울 예정인 제재
(2) 학생이 기술을 습득하기 위해 참여할 활동
(3) 학생이 도달하려는 성취 정도
(4) 학생이 학습했음을 증명할 방법

목표 달성을 위해 몇 개의 방법이 사용될 수 있다. 각 학생은 개인 기술 부족 또는 관심과 관련한 하나 이상의 목표를 질 수도 있다. 목적은 평가와 단기간의 목표 진술을 통합할 수 있다. 대부분의 학교가 학업성취를 9주 평가 후에 부모님에게 제공하기 때문에, 학생들은 평가에 기반하여 몇 개의 목표를 설정할 수 있다. 9주는 초등학교 아동에게는 너무나 긴 기간일 수 있으나 대부분의 중고등학교 학생들은 9주 목표 설정이 적절하다. 각 학기 초에, 당신과 학생은 한 학기 동안에 공부할 학생의 현재의 학습 수준과 교재를 연구할 수 있다. 학생은 학기 동안 목표 설정을 위한 도움을 받을 수 있고, 아마도 학기말까지 80% 정도로 2차원 곱셈 문제를 해결할 수 있을 것이라고 진술한다. 당신은 각 학생에게 도달할 수 있지만 추가의 노력이 필요한 목표를 선택하도록 돕는 것이 중요하다. 비록 학생들이 노력이 필요한 목표 달성에 대한 동기를 얻게 되지만, 도달하는 것이 불가능하게 보이는 목표로 그들은 자주 위협 받는다. 더욱이 계속되는 실패는 학생의 성취 지향과 자아개념에 영향을 준다. 그림 7.8은 초중등 학교 교사가 학생들이 특유한 학문 목표에 전념하도록 돕기 위해 사용할 수 있는 예이다.

그림 7.8 목표-설정 양식

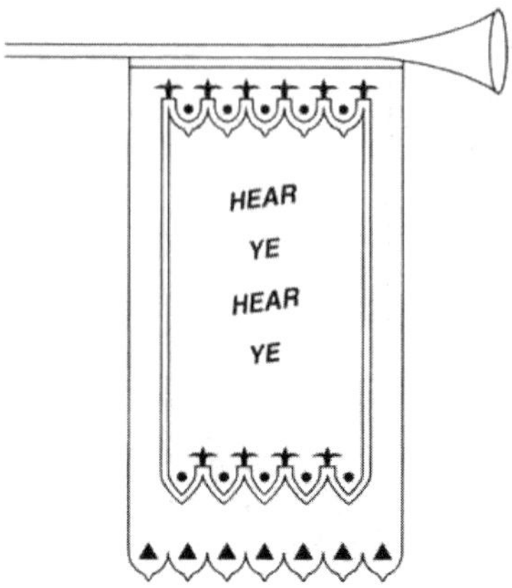

오늘 (　　　) 교과에서의 내 목표는 (　　　　　　　　　　　　　　)하는 것이다.

나는 (　　　)분간 (　　　)%의 정확도로 내 목표를 완수할 것이다.

학생 이름 (　　　　　　　　)
날짜 (　　　　　　　　)
선생님 (　　　　　　　　)

저자 중 한 명은 제 I 장에서 제시한 학생과 우수한 고등학교 교사와 함께 일을 했다. 학생 동기 부여를 늘리기 위해 교사는 4개의 중요한 방법을 썼다. 첫째, 그는 더 응집력 있는 집단을 만들기 위해 급우 관계 활동을 사용했다. 둘째, 학생들이 급우를 초대하고 책임감을 가지도록 기초 집단을 설립했다. 셋째, 그는 협력 학습을 자주 사용했다. 넷째, 그는 그림 7.9에서 제시한 형태의 목표를 설정하고, 모니터하였다. 그는 학생들이 그들의 일을 완수하기 위한 전략을 진술하는 것이 익숙하지 않다는 것을 발견했다. 그들이 학생의 계획을 돕고, 자신과 급우를 수용하도록 했다. 그는 학생들의 과제 완성과 출석이 극적으로 증가했다고 보고했고, 많은 학생들이 자신의 목표를 설정하고, 그들의 진보를 평가할 긍정적 기회를 가졌다고 보고했다.

목표를 설정하는 또 다른 방법은 학생이 완수할 과제의 형태와 가능하면 그들이 학습의 지정된 총계를 완수하기 위해 사용할 등급의 형태를 선택하도록 허락하는 것이다. 이 방법을 사용하기 위한 가장 일반적인 것은, 각 등급을 획득하고, 학생들이 완수할 임무를 알려주는 계약서에 서명하게 하여 임무를 항목화하도록 하는 것이다. 이 방법은 과제가 복잡해서 어려움을 경험할지도 모르는 저성취 학생을 지도할 때 특히 효과적이다. 계약 방법은 각 학생이 적당한 난이도 수준을 선택하면 교사는 학생이 기초적인 개념 수준을 배우게 될 것이라고 확신하는 것이다. 학생들은 그것이 그들이 배울 것과 달성해야 하는 것을 명확히 하는 것이기 때문에 확실히 이 방법에 반응한다.

그림 7.9 숙제 계획

교과	숙제	착수한 날	학습 전략 (언제, 어디서, 어떻게)	목표 등급	완수한 날	전략 등급	등급

금주에 가장 유용한 것으로 발견한 학습 전략은 ( )이다.

목표 설정의 장점은 행동 문제를 가진 청소년 연구에서 강조되었다(Maher, 1987). 이 연구에서 49명의 행동 장애를 가진 고등학생이 일반 학급에 통합되었다. 일반학급 학생의 절반과 일반학급의 교사는 공동으로 목표를 설정하였고, 이 목표에 도달하기 위한 방법을 정하였다. 나머지 절반의 학생들은 목표 설정을 요구했으나 이 목표를 설정하거나 교육 방법을 논의할 때에 학생과 함께 활동을 하지 않았던 교사들과 함께 학습했다. 결과는 목표 설정에 참여한 학생과 교육 방법을 토론하는 것이 학습에 유리하다는 것을 보여준다. 행동장애를 가진 학생들과의 학습에서도 이 방법이 유용했다. 실험 집단에 참여한 교사들은 교육 방법을 더 다양하게 사용하고, 확신하며, 교사의 학습계획에 학생의 방법을 통합할 수 있었다고 진술했다.

요구 5 : 학생에게 맞추는 수용적 교수 방법

학생의 학습 형태에 효과적으로 반응함으로써 교사는 학생의 동기 부여와 성공을 늘릴 수 있다. 학생들은 학습하는 방법이 서로 다르다. 모든 학생은 교재를 학습하고 조직하는 개인의 인지적 형태와 학습 형태를 가진다. 이 장의 처음에서 논의한 것처럼, 이것이 상호 교환적인 학습이다. 내용에 앞서 또는 학생이 선택한 방법으로 공부하는 것뿐만 아니라, 한 문화의 대표로 존중되는 교재로 학습한다. 교사들은 아동 개인의 관심에 집중하거나, 교수에 있어 최고의 방법을 제공하는 학습 형태를 연구하려 하기보다, 개인의 문제와 사회적 문제를 통합하지 못한다. 모든 학생에게 똑같은 교육 방법을 사용하는 또는 교육 활동들을 사용하는 교사들은 일부 학생들이 실망하게 되고 실패를 경험하며 비행을 저지르는 상황을 만든다. 이 장에서 우리는 민감하게 학습 형태와 학생들의 반응을 관련시켜 연구한다:

(1) 학급의 학습 환경
(2) 학생들이 학습하길 선호하는 내용에 반응하는 교수 방법
(3) 학생의 특수한 능력
(4) 다양한 수준의 추상

저자는 개인적으로 이 개념을 강조한다. 불가사의한 강력한 자아를 가진 흔들릴 수 있는 민감한 젊은 여성인 저자의 딸은 끔찍한 10학년을 경험했다. 그녀가 밤에도 거의 5시간을 공부했지만, 그녀는 평균 C+ 등급을 받았고, 긴장으로 건강 문제를 일으켰다. 학습에서 즐거움을 발견하지 못했다. 대학 재학생 시절동안 견실히 배우는 것에 대한 그녀의 성취와 흥분은 증가했고, 그녀의 등급은 평균 A-에서부터 최고점에 도달할 정도로 해마다 개선되었다. 교수 프로그램 숙달로 그녀는 문자 그대로 학습으로 불타고 있었고, 성과는 인상적이었다. 이러한 차이는 내용과 방법들이 그녀의 흥미와 선호하는 학습에 필적했다는 사실이다. 그녀는 학급에서 따뜻하고 개인적인 상호 작용과 가치로운 관계를 가진 동적인 학습자이다. 이러한 요인이 제시될 때, 그녀는 개념을 더 빨리 숙달하고 있는 것을 깨닫는다. 우리는 학생의 태도와 행동이 그들이 학급에서 경험하는 학습 분위기 영향을 미친다고 생각한다.

학생의 학습 요구 충족시키기

연구(Dunn, Thies, & Honigsfeld, 2001)는 대부분의 학생들이 그림 7.10에서 묘사한 것처럼 학생 학습에 영향을 주는 요인들 중의 대략 6개 정도가 의미심장하게 영향을 미친다고 했다. 학급 환경과 교육 방법을 조절하는 것으로 많은 학생들에게 교사들은 도움을 줄 수 있다. 예를 들면, 연구(Dunn, Thies, & Honigsfeld, 2001)는 일반 책상보다 오히려 편안한 교구 위에 앉는 것이 허락될 때, 많은 학생들이 더 높은 점수를 얻는 다는 것을 제안하고, 잡음이 많은 환경에서 학습하는 것이 허락될 때, 그리고 밝은 조명 아래에서 학습할 때 일부 학생들(특히 초등학교 학생)은 더 효과적으로 학습할 수 있다는 것을 제시한다. 한 연구에서 활동을 하는 동안 돌아다니는 것이 허락될 때, 한 중학교의 7학년 학급의 절반의 학생이 더 효과적으로 학습하였다. 또한 학생들이 공부하면서 간식을 먹는 것이 허락될 때 강화될 수 있고,

그림 7.10 학습의 요소

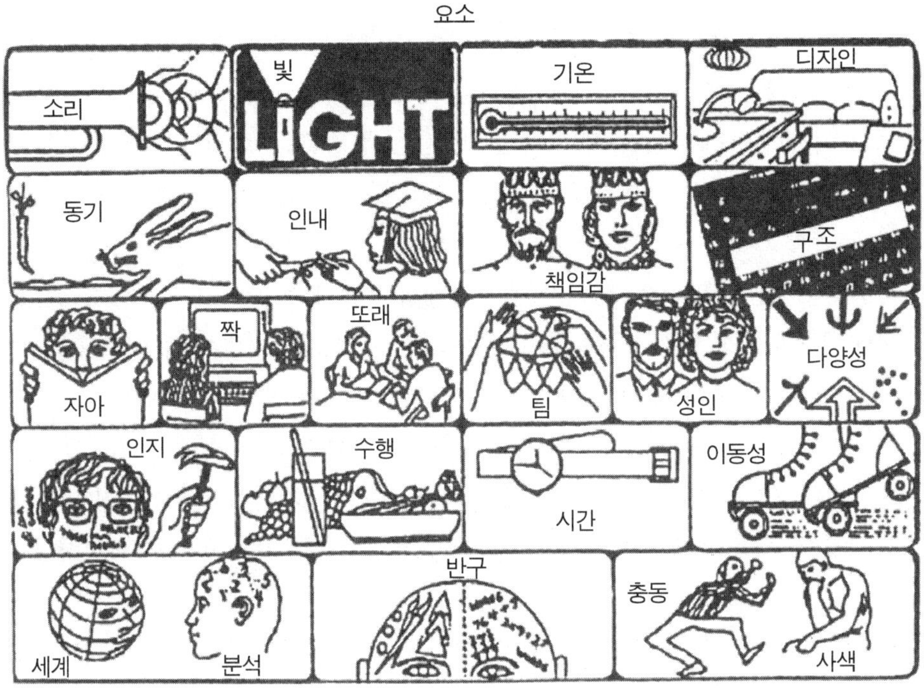

그들이 선호하는 양식을 통해 학습하고 그들이 학습하길 원하는 시간에 학습할 때 그들은 또한 강화될 수 있다. 다음의 방법은 저자들에 의해 그리고 실천하는 많은 교사들에 의해 이행되었다.

방법

1. 교재를 제시할 때, 시각적인 학생을 돕기 위해 OHP와 같은 시각적 자료를 사용해라. 던(Dunn, 1983)은 대략 40%의 학생들이 그들이 무엇인가를 읽을 수 있거나 볼 수 있을 때 더 효과적으로 배운다고 진술했다. 재미있게도 프라이스(Price, 1980)는 학생들이 3학년이나 4학년이 되기 전까지는 대부분의 아이들은 시각적인 학습자가 아니라고 제안했다.
2. 학생이 앉고 싶은 곳을 택하도록 허락해라. 학생들은 목록 소리와 그들이 좋아하는 온도에 변화하고, 사실, 스스로 앉을 자리를 선택할 때 더 생산적인 학습 환경을 한다. 특히 일부 학생들이 이 특권을 남용할지도 모르는 중학교에서는 교사들은 자주 논평한다. 저자는 그들에게 학습형태의 개념을 가르치면, 그들이 그다지 그렇게 하지 않는다

는 것을 알았고, 학생들이 그들 자신의 좌석을 선택하는 것을 허락하는 학급에서 자신만의 자리를 갖는 과정들은 모든 학생들을 위한 더 개인적이고 효과적인 학습을 만들기 위한 과정의 일부이다.

3. 학생들이 그들이 공부하고 싶어하는 곳을 선택하는 것을 허락해라. 일부 학생들은 탁자가 가장 효과적인 장소이고, 일부는 부드러운 의자와, 다른 학생들은 전통 적인 학교 책상의 자리에 앉을 때 가장 효과적으로 학습한다. 저자는 언제 그들이 교실을 돌아다니며 공부할 수 있는지를 종이집게가 달린 게시판에 적었을 때 학생들이 가장 잘 학습할 수 있었던 아이들을 가르쳤었다.
4. 시청각적으로 마음이 산란해지게 하는 개개의 학생의 욕구에 민감하라. 교사들은 학급에서 학생과 함께 학습 형태의 차이를 논의할 수 있고, 조용한 학습 열람실을 선택하도록 학생을 허락할 수 있다. 또한 그들이 자습하는 동안 쉽게 산만해지는지 살펴볼 수 있다. 교사들은 교사의 책상에 자주 더 가까이 다가와 쉽게 분위기를 흩뜨리는 학생들을 격리시킨다. 그러나 학생을 격리한 자리가 종종 학급에서 가장 바쁜 장소이기 때문에, 이는 학생이 더 산만해지는 곳으로 옮겨감으로써 문제를 악화시킬지도 모른다.
5. 건강에 좋은 간식을 학생들이 먹을 수 있게 하거나, 자신의 것을 가지고 오도록 그들을 허락한다. 많은 학생들이 적절한 아침식사를 못하기 때문에, 아침 식사와 점심 식사 사이에 간식을 먹도록 허락하는 것은 중요하다. 일반적으로 이 방법을 시험해 보는 교사들은 처음에는 모든 학생들이 크래커, 당근 또는 셀러리 스틱을 가져오도록 한다. 그러나 곧 배고픈 학생과 식사하면서 공부하도록 할 것이다.
6. 학생들이 개별학습, 짝 학습, 또는 소집단 학습을 선택할 수 있는 기회를 제공하라. 학생들은 임무를 완료하거나, 시험에 대비해 공부하거나 장기적인 프로젝트를 수행하거나, 서로의 학습을 비평하기 위해 또래와 함께 일을 할 수 있다.
7. 단기임무와 장기 임무에 대해 적절한 구조를 제공해라. 학생들은 자습이 직접 교수 뒤에 제공될 때 더 효과적으로 배운다. 이와 같이 학생들은 교사 또는 임무 체크리스트와 장기과제에 관한 시간표를 주기적으로 제공하는 구조를 필요로 한다.
8. 학습 기술에 관한 교수를 제공하라. 반성적이고 충동적인 학습자는 형식적인 종이에 쓰는 것보다 교재를 조직하는 것을 배우는 것에서 흥미를 얻을 수 있다. 일부 학생들은 개요형식을 잘 사용하여 교재를 조직한다. 우뇌 반구 지향 학생들은 비선형 형태에서의 접속들을 만드는 것을 더 선호할 수 있다. 이와 같이 시각적인 운동감각 학습자는 노트에 기록하는 방법을 배우는 것에서 흥미를 얻는다.

9. 개인의 목표 실정, 자기 모니터링과 계약을 사용해라. 이 장치는 구조와 구체적인 증거로 동기 부여를 강화하도록 도울 것이다.
10. 일부 학생들은 다른 사람보다 빈번한 중단을 필요로 한다. 학급을 붕괴시키는 일 없이 잠시 중단하는 방법을 학생에게 가르쳐라.
11. 만일 한 주제에 서투른 학생이 다른 것을 가르치는 것이 더 나을지 모른다. 이것을 조정하는 것은 다소 어렵지만, 아침에서 오후까지 학생의 기초 기술 수업을 교환해서 할 수 있다. 그들이 가장 잘 학습할 때 학습하도록 시간을 회전하는 중학교 계획은 학생들에게 한 번에 모든 주제를 공부하도록 한다.
12. 당신의 질문에 답하기 위해 학생을 방문할 때, 기다리는 시간을 늘려라. 이 시간은 학습자의 반성을 더 잘 돕는다. 다시 그것을 이행하기 전에 설명하고, 학급에서 이 과정을 가르치는 것은 중요하다.
13. 여러 가지 학습 양식을 통합한 학습 센터를 만들어라. 학습 센터는 학생들이 시각적으로, 청각적으로, 물리적으로 학습하는 학생들을 위해 만들 수 있다. 학습 센터는 또한 학생들에게 빛과 맞는 소리를 결정하고, 다른 학생과 독립해서 공부하며 자신의 인식적 학습 양식에 맞는 교재를 다루도록 허용한다. 특정한 형태에 맞추는 것과 관계없이 설계하는 것이 가능하다.

잠시 멈추고 7.7	학업이나 행동에서 어려움을 가진 학생을 돕기 위해 환경과 학습 형태를 더 밀접하게 조화시키기 위해 할 수 있는 방법의 목록을 써서 2~3명의 동료 또는 동급생과 공유해보자.

학생이 선호하는 방법 수용하기

학생의 학습 형태에 융통성있는 두 번째 접근방법은 학생들이 좋아하는 방법을 수용하는 것이다. 학습자마다 학습하는 독특한 형태가 있고 개인마다 일반적으로 선호하는 학습 형태가 있다. 교사는 모든 학습자들의 학습 형태에 반응하는 여러 모양의 교육을 함으로써, 학습을 용이하게 할 수 있다.

베르니스 맥카르시(Bernice McCarthy, 1987)는 학생들이 4개 중의 1개의 형태를 선호한다는 것을 알았고 그녀의 가정에 의거하여, 4MAT라고 부르는 모형을 개발했다:

1. 혁신적인 학습자 : 내용과의 개인간의 관련을 필요로 하고, 그것이 제공되는 이유와 학생의

생활에 관련이 있는 방법을 제공하는 이유를 알고 싶어 한다.

2. 분석적인 학습자 : 사실을 숙달하고, 개념을 만드는 것을 좋아하며, 사실을 이용한 모형을 원한다.
3. 상식을 가진 학습자 : 물건이 기능하는 방법을 알고 싶어하고, 분석과 문제해결 활동을 즐긴다.
4. 동적인 학습자 : 통합과 적용처럼, 무엇이 내용과 실제적으로 함께 하게 될 수 있는지를 알길 원한다.

그림 7.11은 좌뇌와 우뇌 학습자를 위한 것뿐만 아니라, 4등분된 학습 형태를 위한 활동을 제공하는 단원 계획의 견본이다.

맥카르시(McCarthy)의 모형을 적용할 때 몇 가지 중요한 관점이 있다. 첫째, 첫 번째 4분면(혁신적인 학습자)에서는 가르쳐지는 새로운 교재가 없다. 이 사분면의 교육 활동들은 학생들이 알고 있는 것과 방법을 공부하기 위한 것이다. 이 사분면 활동에서 의지는 학생들의 생활과 홍미에 기초해서 공부하는 개념을 이야기하는 것이다. 둘째, 좌우의 각 사분면은 선발된다. 이것은 교육적인 활동들이 논리적이고 연속하는 것을 강조하는 좌뇌에 더 연결되어 있는지, 더 비선형, 개인의, 상호 교환적인 초점을 가진 우뇌에 관련되는지에 따라 다르다. 세 번째로, 수학적 공식과 같은 연속을 아는 것은 항상 가능하거나 바람직하지는 않다. 예를 들면, 두 번째 사분면 안에서 상호 교환적인, 경험의 교육 활동(우뇌)의 형태를 먼저 할 것을 제안한다. 이것은 반드시 옳은것은 아니다. 학생들이 내용을 읽거나 의를 듣거나, 그 외(왼쪽, 2사분면)를 듣는 것이 필요할 때, 영화, 연설자, 견학 여행 등을 이용할 수 없을지도 모른다. 네 번째로, 수업들이 자주 제3의 사분면으로 옮겨질 것이 분명하다. 예를 들면, 학생들이 2 사분면에서 교육 활동을 경험한 후에, 우리는 그들에게 어느 쪽이든 3사분면에서 그들을 배웠던 것을 평가하고 싶을지도 모른다. 우리는 그 다음 2사분면의 교육 활동으로 돌아올지도 모른다. 다섯 번째로, 개별적으로 각 단원의 끝에 하길 바랄지도 모르는, 4 사분면의 활동들은 반드시 홍하든 망하든 간의 표준화된 검사의 요구를 항상 가지는 것은 아니다. 우리는 학생들을 교육내용에서 그들의 이해와 능력을 창조적으로 보여주는 활동에 활발히 참여하도록 이끄는 3사분면 우측의 활동으로 단원을 끝낼 필요가 있을지도 모른다. 그녀의 특유한 방법을 지원하는 강렬한 연구가 거의 없었던 과거 15년 동안, 우리와 함께 한 수 많은 베테랑 교사와 신임 교사들은 맥카르시(McCarthy)의 4MAT 모형이 상당히 도움이 되었다고 말했다.

그림 7.11 급수에 관한 단원을 위한 견본 활동

역동적인 학습자(Dynamic Learners)
자신만의 발견을 통한 학습
시행착오 방법을 통한 학습
개념 수반 행동에서의 활동을 가지고 옴
좋아하는 질문 : 어떻게 된 거지?("What can this become?")
교사의 역할 : 자기 발견 방법에 고용된 자료 원천/평가자

혁신적인 학습자(Innovative Learners)
개별적으로 포함될 필요가 있음
듣기를 통해 학습하고 생각을 공유함
혁신적이고 상상력이 풍부한, 생각을 가진 사람
좋아하는 질문 : 왜("Why or why not?")
교사의 역할 : 동기유발자/토론 방법에 고용된 목격자

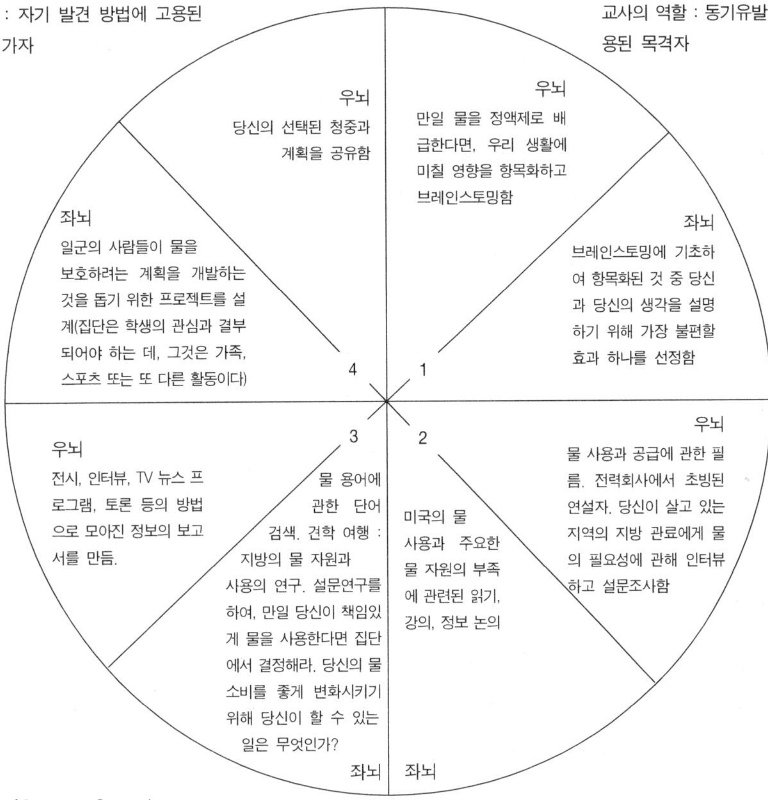

상식적인 학습자Common Sense Learners
일들이 어떻게 기능하는지를 알고 싶어함
실제적 경험이 요구됨
문제 해결을 좋아함
좋아하는 질문 : 어떻게 돌아가지?("How does this work?")
교사의 역할 : 지도적인 방법에 고용된 감독/촉진자

분석적인 학습자(Analytic Learners)
사실을 가질 필요가 있음
전문가의 생각이 무엇인지 알기를 원함
개념과 모형을 만듬
좋아하는 질문 : 무엇일까?("What?")
교사의 역할 : 정보제공 방법에 고용된 교수자

잠시 멈추고 7.8

이 장의 끝에 있는 활동 7.4를 완수해 보라. 모든 학생들이 학습에서 그들이 선호하는 방법과 교수를 밀접하게 조화시키는 것을 확실하게 하는 방법으로서, 단원의 계획에 맥카르시(McCarthy)의 접근법을 시도하도록 도움을 얻을 것이다.

하워드 가드너(Howard Gardner)의 다중지능이론

하워드 가드너(Howard Gardner)의 제안한 다중지능의 개념은 그 자체가 목적이라기보다 학생의 학습을 돕는 성인에게 학생이 선택한 중요한 목표에 도달하도록 돕는 방법이 된다는 것을 인식하는 것이 중요하다(Gardner, 1999a). 그는 학생들이 비판적으로 이해하도록 돕기 위해 학생들을 아는 것과 교재를 사용하여 학습해 보도록 권하는 방법과 학생들을 평가하는 방법과 학생의 장점을 통합하는 것이 중요하다고 주장한다. 가드너(Gardner, 1999a)는 다중지능 이론이 교육에 공헌한 것은 "교사들과 학생들에게 교육과정을 선택하고, 교육과정이 어떻게 가르쳐지는지 또는 '인도되는지'를 안내하고 학생이 지식을 어떻게 드러내는지를 예측할 수 있도록 한다"는 점이다(p. 152).

가드너는 지능의 형태 또는 이해와 학습의 방법에 적어도 8가지 형태가 존재한다고 제안했다. 그림 7.12는 이 8가지 형태의 개요를 제시한다. 가드너는 우리들 대부분이 이 지능 중 하나를 소유하고 있지만, 그 양은 서로 다르다고 지적한다. 슬프게도 학교가 언어지능(verbal/linguistic intelligences)과 논리수학지능(logical/mathematical intelligences)에 집중할 때, 많은 학생의 재능이 무시되고 충분히 활용하지 못하게 되어 학생의 자긍심과 동기부여와 성취를 제한한다. 그 대신에 우리가 학생들의 다양한 지능을 사용하는 것을 배우고 허용하는 학급 환경을 만들 때, 우리는 더 효과적으로 모든 학생들을 지도할 수 있다고 제안한다.

이 장에서 제시하는 생각들 대부분은 가르치고 배우는 것에 있어서의 다중지능 접근방법을 지지한다. 캠벨과 캠벨과 딕커슨(Campbell, Campbell & Dickerson, 1999)은, 그들의 저서 [Teaching and Learning through Multiple Intelligences]에서 아이들과 함께 하는 학습에서 다중지능 개념을 실행하는 것에 관계하고 있는 다수의 학교와 8개의 다중지능을 통합하기 위한 아이디어를 제공한다. 그들은 학습에서 5개의 폭넓은 분야에 기초해서 다중지능을 실행하는 수업을 배울 것을 제안한다:

(1) 학생을 감지하는 방법
(2) 교수법
(3) 교육과정을 조직하는 방법
(4) 평가방법
(5) 교육자로써 자신을 개발하는 방법(p.340).

그림 7.12 다중 지능

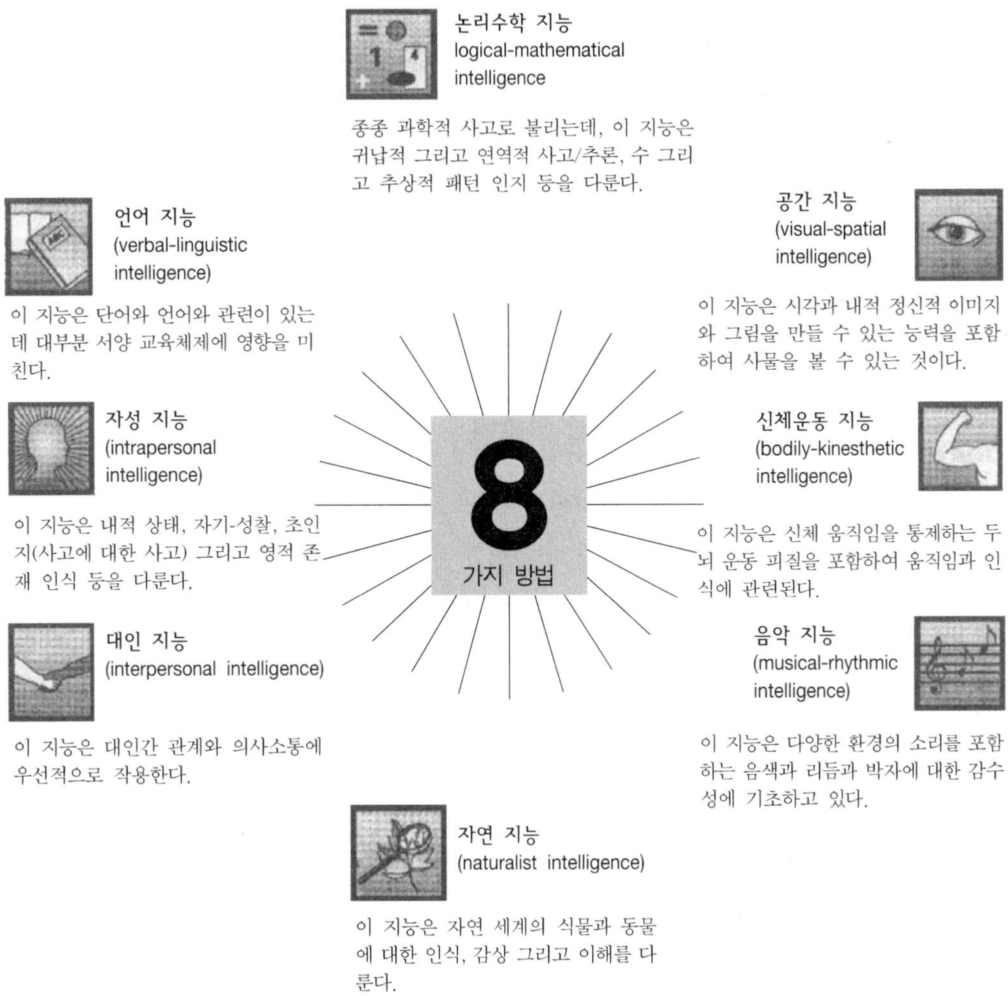

다중지능 개념을 우리의 교수에 활용하는 경험을 지지한다. 우리가 이 개념을 수용할 때, 우리는 모든 학생들이 장점을 가지고 있다는 것과 그들의 학습 환경에 많은 것을 제공할 수 있다는 것을 깨닫는다. 제 7장의 앞부분에서 논의한 것처럼 특히 학생들이 하나의 집단에서 대부분의 시간을 보내는 초등학교와 중학교 수준에서 우리는 학생들에게 그들 자신의 특별한 기능을 평가하게 하고, 이것을 학급과 공유하는 것이 도움이 된다는 것을 발견했다. 학생들은 다른 사람의 장점을 바르게 평가하고 존중하며, 개인의 이해를 돕고 다른 사람이 소유한 특별한 기술의 가치를 깨닫는다.

캠벨과 동료들에 의하면, 8개의 지능은 그들이 가르치는 내용에 얼마나 많은 창문이 존재하는지를 알 수 있는 도구가 된다(1999, p. 341). 맥카르시(McCarthy)방법과 현실 문제의 해결과 학생의 흥미를 통합하는 이 장에서 제시하는 것처럼 교육과정과 교수는 내용을 이해하고, 문제를 해결할 때, 학생들이 다양한 지능을 사용할 수 있도록 허용적이어야 한다. 라지어(Lazear)는 다중지능에 관한 교사들을 위한 실제적인 교재를 개발했다. 그의 웹 사이트는 다음과 같다: www.davidlazear.com.

다중지능을 사용하였을 때, 우리는 학생들이 얼마나 창의적인지를 알게 되었다. 졸업생 재교육 학급의 교사 중 한 명은 다음의 이야기를 했다. 그는 2학년에서 역사를 가르치고 있었는데, 학급 토론시간에 만화를 그리며 학급 활동에 거의 참여하지 않는 학생을 발견하였다. 교사는 학생의 행동에 대해 논의하기 위해 사적으로 만났고, 그 학생이 논의하고 있는 개념과 사건을 연대순으로 만화로 그리고 있었음을 알게되었다. 학생은 교사에게 며칠간의 만화를 보여 주었고, 만화는 정말로 내용에 관한 멋진 이해를 표시하고 있었다. 교사는 학생이 첫 번째 쪽지시험에서 실패했다는 것에 놀랐다. 그 학생은 그가 글쓰기에 능숙하지 않다는 것을 교사에게 알렸다. 교사는 그가 수업시간에 만화를 사용하는 것에 흥미가 있는지 학생에게 물었고, 학급에서 그의 만화를 발표하는 것을 평가도 좋은지를 학생에게 물었다. 그 교사는 특히 강한 시각적/공간적 능력을 가진 이 만화가 학생을 위한 좋은 평가될 수 있다고 생각했고, 학생이 동의했다. 교사는 학생의 수업 출석이 미심쩍었지만, 그 학생은 남은 학기동안 하루도 결석하지 않았다. 게다가 학생은 학급에서 더 활동적인 역할을 하기 시작했고, 역사 수업에서 B+ 학점을 받았다. 비록 그 교사는 학생의 쓰기를 평가하고 쓰기 기술을 강화해 보도록 계속 격려했지만, 그는 학생의 특수한 능력 또한 존중했고, 모든 학생은 자신의 실행을 기초로 보상받았다.

잠시 멈추고 7.9	수업에 다중지능 개념을 활용하는 방법을 생각하고, 체계적으로 수행할 수 있는 방법으로 토의해보자. 4개의 집단으로 학생을 구성하여 가르칠 단원을 결정하고 교수, 평가, 교육과정을 조사할 수도 있다.

다양한 수준의 추상성 강조하는 학습

교재에 의한 교육은 공립학교의 확실한 기능 중 하나이다. 학교는 정보를 제공하고, 아이들에게 독서, 쓰기와 산수의 기초 기술을 제공함으로써 사회에 봉사한다. 특히 초등학교에서 기초적인 정보와 기술의 획득은 아이의 학습에 중요한 구성 요소이다. 기술과 정보 처리의 급속한 변화가 특징인 사회에서 정보의 획득은 그 자체라기보다는 오히려 결과를 위한 수단적인 것이다. 학교는 아이들이 더 분석적이고 창조적인 목적을 위해 그들의 기초적인 기술을 사용하도록 도와야 한다. 기초 기술은 고등 인지 기능의 중요한 전제조건이다. 특히 중학교에서는 기초기술을 갖춘 학생이 낮은 수준의 인지적 기술과 요약하기에 집중된 교육과정과 교수 방법을 사용한다.

1999년의 피티 델타 카파(Phi Delta Kappa)와 갤럽(Gallup)의 공립학교에 관한 태도 설문조사에서, 공립학교에서 가장 잘 가르쳐야 할 가치가 무엇인지를 물었을 때, 애국심(90%), 도덕적 용기(90%), 친구와 가족을 보살핌(93%), 이민족과 소수민족의 수용(93%), 민주주의(93%), 정직(97%)으로 조사되었다. 게다가 지방 공립 학교가 가장 강조해야 할 것에 관해서는, 46%가 책임감 육성, 39%가 공부 기술을, 그리고 13%가 타인과 함께 학습하는 능력을 선택하였다. 명백하게 이 사회의 성인들은 학교 교육이 이상적인 것이 되어야 한다고 믿는다.

수업의 수준

*사실 단계*는 학생에게 기초 정보를 제공하는 것을 포함한다. 생태학에 관한 단원을 개발할 때, 오염과 관련되는 화학제품에 관한 정보, 오염의 원인과 다양한 오염물질이 인체에 미치는 효과가 포함된다. 이 단계는 블룸(Bloom)(1956)에 의해 기술된 지식의 수준과 유사하다.

*개념 단계*는 사실 사이의 관계에 집중하고, 사실과 관련되는 주제를 연구한다. 생태학은 인간의 환경, 미래 세대에 대한 책임, 진보와 관련된 이익과 비용과의 관계를 다룬다. 이 단계는 블룸의 이해와 분석과 같다.

*일반화 단계*는 학생이 획득한 정보를 문제를 해결하거나 상황을 해석하는 데 사용한다. 생태학적 맥락에서 학생들은 시범도시를 개발하거나 생태학을 다루는 법안을 작성할 수도 있다. 이러한 활동과 관련되는 교육 목표는 블룸의 적용, 종합, 평가와 유사하다.

*개인적 적용단계*이다. 여기서 학생들은 그들의 학습, 믿음, 감각, 행동과 관련짓도록 요청받는다. 생태학 단원에서 학생들은 잡동사니, 재활용 또는 물 사용에 관한 주제를 자신의 행동과 관련지워 논의하기를 요청받는다. 이 수준은 크래스올, 블룸과 매시아(Krathwohl, Bloom & Masia, 1964)의 의해 기술된 정서적 영역에서의 학습과 관련이 있다. 이 단계에서 학생들은 자신의 학습과 생활을 직접적으로 관련짓기 때문에 교사들은 가능하다면, 이 단계를 통합해야 한다. 다른 어떠한 단계, 학생의 관심을 자극하고, 과제 수행을 증가시킬 수 있다. 이 네 개의 단계와 블룸의 분류법과의 관계는 그림 7.13에서 제시된다.

그림 7.13 사실(Fact) 이상의 교수와 블룸(Bloom)의 교육 목표 분류법 비교

사실 이상의 교수	Bloom의 분류
사실(acts)	지식(Knowledge) : 학습한 내용을 기억하고 상기
개념(Concepts)	이해(Comprehension) : 의사전달내용이나 자료의 의미 파악
	분석(Analysis) : 학습내용을 새로운 구체적 상황에 사용
일반화(Generalizations)	적용(Application) : 자료의 요소간 관계와 조직 원리를 발견
	종합(Synthesis) : 여러 요소를 결합하여 새로운 전체를 구성
	평가(Evaluation) : 특정 방법의 가치를 내·외재적 기준으로 판단
개인적 적용(Personal application)	정서적 영역(Affective Domain)

고학년 학생은 고차원적 수준의 교수에 참여할 수 있을 것이다. 그러나 초등학교 교사들은 아이들이 단순한 개념을 개발하도록 도와야 하고, 일반화와 적용에 대해 창의적으로 접근하며, 가장 중요한 것은 아이들의 생활과 학습을 관련시킬 수 있도록 도와야 한다. 더 높은 수준과의 통합에 실패하는 것은 학생에게 있어 학습이 단지 무관한 사실의 획득일 뿐이라는 것이다. 이렇게 실패할 때, 후속 학년의 교사들이 교수의 더 높은 수준을 지도하는 것은 매우 어렵다.

사례

이 책의 저자 중 한 사람인 4학년 학급을 담당하고 있는 저자가 사용한 수업의 예가 있다. 각각의 단계를 수업 단원에 통합할 수 있는 방법을 명료화하였다. 북서 지방의 인디언에 관한 단원은 아메리카 인디언의 삶과 역사에 관한 많은 사실을 학생들에게 가르치는 것에서 시작한다. 학생의 개인적인 흥미는 각 학생의 개인적 관심에 기초한 주제를 선택하고, 관련 정보를 얻고, 학급에서 발표하는 것이다. 학생들이 아메리카 인디언의 신념과 긴 세월에 걸친 생활의 변화를 알게 됨으로써, 토론은 편견, 진보, 정의와 같은 개념을 바탕으로 진행되었다. 이 수업에서 일반화 수준에서의 교수는 다음 2가지의 형태다. 첫째, 학생들은 입법자가 아메리카 인디언을 돕기 위해 무엇을 할 수 있었는지, 연어 낚시 허가권과 같은 현재의 문제를 어떻게 처리해야 하는지, 아메리카 인디언들이 별도로 자신의 생활양식을 고수하며 살아야 하는지, 아니면 사회로 통합되어야 하는지에 관해 논의하도록 요청한다. 둘째, 학생들은 potlatch(인디언의 축제)를 계획하고 실행한다. 이 축제를 복장을 만들고, 노래와 춤을 배우며, 말린 음식을 만들고, 교실을 장식하는 것을 포함한다.

지자 중의 한 명은 이와 관련하여 개인의 경험을 통합하는 방법을 개발했다. 먼저, 한 학급(모둠)에게 다른 학급(모둠)이 조사 학습할 수 있도록 교실을 비워줄 것을 요청한다. 뒤바뀐 학급(모둠)은 교실칠판 뒤쪽의 모퉁이로 보낸다. 학생들은 불쾌감을 느끼고 불평을 하면서, 교장선생님께 상황을 바꿔 줄 것을 청원한다. 교장이 거절하면, 거의 필연적으로 무력감과 노여움을 유발하게 된다. 일단, 학생들이 이러한 감정을 경험한 후에 그들이 학급으로 돌아온 후, 학급(모둠)과 공유하게 한다. 교사는 그 다음, 학생의 경험과 아메리카 인디언들의 경험과의 유사성을 찾도록 돕는다. 이 활동이 학습 과정에서 만들어졌을지 모르는 부정적인 감정을 줄이기 위해 작은 파티를 모둠함으로써 종료한다.

학생들은 이 활동의 기초적인 개념을 기억할 것이다. 비록 이 예가 수업과 학생의 감정을 통합하는 예이지만, 시간이 적게 걸리는 다른 방법도 있다. 네 단계 교수를 모두 통합한 고등학생 대상의 단원 개요가 그림 7.14에 제시되어 있다.

그림 7.14 **사실 이상의 교수 : [로미오와 줄리엣] 교수 계획**

사실적 수준

활동

1. 연극 대본을 큰 소리로 읽고, 학생들이 역할을 맡으며 교사가 더 어려운 부분을 읽고, 연극대본을 통해 학생들이 더 잘 할 수 있도록 설명한다.
2. 안내서를 사용하고, 각각의 막(act)에서 일어날 일에 관해 논의한다.
3. 학생들에게 셰익스피어의 비극의 구조를 소개한다.
4. 셰익스피어의 비극의 주제와 요소를 소개한다.
5. 각 막과 연극이 끝난 후에 퀴즈를 낸다.

개념 수준

활동

1. 학생들이 보았던 영화나 읽었던 책에서 사용된 [로미오와 줄리엣]의 줄거리를 이야기한다(웨스트 사이드 스토리(West Side Story)(뉴욕 웨스트사이드를 무대로 펼쳐지는 이민사회의 갈등과 사랑에 관한 뮤지컬)의 짧은 버전을 가지고, 각 단원의 끝에서 성격과 장면을 비교해 볼 수도 있다).
2. 로미오와 줄리엣이 부모와의 대화에서 야기한 문제(로미오의 비극적인 결점인 성급함과 관련된)를 논의한다.
3. 미움과 편견의 효과를 논의한다.
4. 운명의 개념을 논의한다.
5. 학생들이 연극을 더 잘 이해할 수 있도록 엘리자베스시대(세익스피어 탄생 이전)의 개념을 소개한다.
6. 학생과의 관련을 보여주기 위해 주제, 인물성격과 상황의 일반성을 지적한다.
7. 연극대본을 읽음으로써, 학생들은 문학저작물과 드라마적인 실행으로서 연극을 공부할 것이다. 그러나 그들도 프랑코 제퍼엘리(Franco Zepherelli)의 해석을 분석하기 위해 그가 지은 [로미오와 줄리엣]을 살펴

볼 것이다.
8. [파리에서의 줄리엣의 임박한 결혼의 복잡성]의 줄거리를 논의한다.

일반화 수준
활동
1. 오늘날의 청소년과 [로미오와 줄리엣]의 특유한 문제를 연결한다.
2. [로미오와 줄리엣]의 결론의 대안을 논의한다.
3. 오늘날의 미움과 편견의 예를 논의한다.
4. 훌륭한 문학적 성과를 읽는 것처럼, 세익스피어(Shakespeare)의 희극을 읽는 것이 경험의 요구와 보상임을 학생들이 깨닫도록 돕는다.
5. 환경적 상황이 편견에 영향을 주는가?
   샌프란시스코(San Francisco)와 작은 시골 도시 중 어느 곳이 게이에 관한 편견이 더 클 것 같은가?
6. 민족성, 신념, 외견과 가치에 대한 편견의 예를 제공한다.

개인적 적용 수준
활동
1. [로미오와 줄리엣]을 각색해본다.
2. 당신은 그들의 죽음이 양가의 반목을 끝낼 수 있다고 생각하는가?(수단이 결말을 정당화하는가?)
3. 줄리엣의 부모님은 위선자인가?
4. 당신은 줄리엣과 간호사의 관계를 어떻게 생각하는가? 간호사가 줄리엣을 배반했다고 보는가?
5. 수도사는 로미오와 줄리엣을 위해 바른 일을 했는가?
6. 당신은 당신에게 어떤 편견이 있다고 생각하는가?
7. 당신이 편견을 가지게 된 것은 무엇 때문인가? 누군가 혹은 어떤 상황이 당신에게 영향을 주었는가?
8. 편견을 제거하거나 줄이는 것을 돕기 위해 당신과 사회는 무엇을 할 수 있는가?

요구 6 : 흥미를 유발하고 보상이 따르는 활동으로서의 학습

제 3장에서 언급한 것처럼, 교사는 정형화된 행동 지도를 한다. 연구는 교사가 학생의 학습동기와 문제 해결의 모형이나 학습을 효과적으로 촉진해야 한다고 제안한다. 학급에서 당신을 관찰하면, 당신은 열정적이고 진지하게 가르치는 것으로 보인다고 생각하는가? 우리는 많은 중학교 교사들이 학생들과 그들과, 사회적 과학적 화제에 관한 생각을 공유한다는 것을 알았다. 비록 우리는 학생들과 학생들의 생각을 우습게 여기지 않도록 주의해야겠지만, 학습 과정에서 진지하고 열정적으로 참여하는 것을 관찰할 수 있을 때 더 효과적일 것이다.

요구 7 : 성공 경험

잠시 멈추고 7.10	당신이 학생과 함께 하는 기술이 부족한 상황을 잠시 가정해보자. 아마도 당신은 편 가르기를 한다면 가장 늦게 선택될 것이고, 불신이나 비웃음을 경험할 것이다. 이러한 상황에선 어떤 느낌을 갖게 될까? 이런 일이 당신에게 일어난다고 가정하고 그 상황을 간단히 진술해보자.

그 어느 누구도 계속 실패하는 상황에 놓이는 것을 좋아하지 않는다.

다른 사람들처럼, 당신은 이러한 상황을 피하려 할 것이고, 그러한 상황에 놓이게 될 때, 전적으로 그 상황에서 벗어나고자 할 것이다. 그것은 자기 자신에게 기인한다. 성공 경험은 새로운 활동을 시도하고자 하는 능력과 자아 존중감을 개발하는 도구이다. 학업 성취를 통해 자아 존중감이 자라게 되고, 후속 학습을 격려하는 것을 통해 성취가 증진되고, 신뢰가 증가한다. 간단히 말하면, 신뢰와 능력은 상호 함께 증가된다. 그것들이 성장하지 못하면, 학생들은 괴로워할 것이다(Covington & Beery, 1976, p. 5).

교사 효능감 연구는 학생이 학습에서 높은 성공률을 경험할 때 증가한다고 제안한다. 교사가 학생을 보조하고 모니터링할 때, 성공률은 70~80%가 될 수 있다. 학생이 자신이 과제를 해결할 수 있다고 기대할 때, 성공률은 95~100%까지 기대할 수 있다. 학생에게 부적절한 과제가 제시되었을 때는 과제가 매우 쉽다기보다는 매우 어려운 것으로 보일 경우이다. 성공 경험이 뒤따를 때, 개인은 그들의 기대를 높이고, 목표를 더 높게 설정하는 반면, 실패는 낮게 될 것이다. 성공과 실패는 또한 개인의 자기효능감에 의해 영향을 받는다. 학습을 칭찬하는 것이 비평하는 것보다 더 좋고, 자신을 긍정적으로 보게 하고 성공 경험은 더 확산될 것이다.

과거에 학교에서 실패한 경험을 가지고 있는 학생은 미래의 실패와도 관계가 있다. 그들의 실행에 대해 못마땅해 하는 학생은 실패와 비판을 구분한다. 이런 학생들은 하향 나선형 구조에 포함된다; 그들은 자신의 노여움으로 인해 많은 정보를 놓치고 만다. 굴욕감이나 무력감을 방어하는 것은 학생들의 학업 실패보다 그들의 행동에 대한 교사의 좌절과 비평이다. 학교에서의 낮은 성취아들은 통제대상처럼 보인다. 과거의 실패를 경청한 학생은 미래의 성공을 거의 믿지 못하고 그러므로 전문가의 노력도 소용없어 보인다. 극단적인 경우지만 이는 학생들이 관여할 수 있는 것이 아무 것도 없다고 느껴서, 그들의 학습을 도울 수 없게 만든다.

차별화한 수업

학생은 교사가 성공적인 교수와 평가를 한다는 것을 알아야 한다. 몇 년전 책을 천천히 읽는 저자의 딸은 선생님이 책읽기를 좋아하고, 모든 학생들이 8학년 동안 권장도서를 읽기를 바란다는 말을 들었다. 그는 또한 학생들에게 읽기에 어려움을 가진 맹인인 그가 책을 읽는 것처럼(테이프에 책을 녹음하거나 다른 사람이 읽어주는 것) 하는 것도 환영한다고 했다.

"물론 틀렸다. 그것이 내가 공부하는 이유야."

*차별화 수업(Differentiated Instruction)*은 현재 모든 학생들이 학업 성공을 거두게 하는 교수 활동 용어이다. 캐롤 톰린슨(Carol Tomlinson, 2005)은 차별화된 수업을 "내용을 획득하는 것, 감각을 얻거나 만드는 것, 그리고 산출물을 개발하는 것 등에 다양한 성공을 제공해서 각 학생들이 효과적으로 배울 수 있는" 것으로서 정의한다(p.1). 그녀는 내용의 획득은 다음과 같은 것에 주의함으로써 차별화할 수 있다고 기록했다: (1) 학생의 준비도 혹은 현재 지식 수준/기술, (2) 학생의 흥미, 그리고 (3) 학습 내용을 얼마나 좋아하는가. 이를 지지하는 전략을 톰린슨(Tomlinson)은 다음과 같이 기록한다:

> 다음은 교육자들이 보다 융통성있고 반응적인 감각을 만들기 위해 개발한 전략 20가지중에서 고른 것이다: 학습 논리, 일기, 그래프 조직, 창의적 문제 해결, 입방체 학습 센터, 흥미 센터나 흥미 집단, 학습 계약, 문학 동호회, 협동적인 논쟁 역할-놀이(학생들은 이슈의 다른 면을 논쟁한다), 선택 게임, 직소우, 생각한 것을 짝과 이야기 나누기(think-pair-share), 마인드 맵, PMI(플러스, 마이너스를 열거하고, 토의중인 주제에 대한 관심갖기), 모형 만들기, 랩. (p.80)

톰린슨은 차별화된 교실-차별화된 생산물 혹은 결과의 세 번째 요소를 실행하는 여러 가지 방법을 제공한다. 어려움을 겪는 학습자를 만날 때, 그녀는 그들에게 적용할 단원의 주요 내용을 확장할 것을 요구하고 학생의 지식을 보여주는 쓰기 작업외에 다른 방법을 갖는 것, 산출물을 보다 세분해서 나누는 것, 그리고 학생이 교사와 또래에게 지지를 받아서 수업을 성공적으로 할 수 있는 것 등을 강화하는 것에 대해 이야기했다.

톰린슨(Tomlinson, 2005)은 학생 학습 유형에 주목함으로써 교사가 내용, 과정, 그리고 산물을 차별화하는 다음과 같은 예를 제공한다:

> 학생들에게 수학 개념을 조사하는 네 가지 방법을 제공할 수 있다. 한 접근은 학생에게 공식과 그림을 사용하는 데 초점을 두고 문제를 해결할 것을 요구한다. 두 번째 접근은 연습할 문제의 복잡한 버전, 그리고 그들이 함께할 때 답의 정확성을 확인하는 기회를 제공할 수 있다. 세 번째 선택은 학생이 실생활 딜레마를 해결하기 위해 어떤 종류의 수학 문제를 사용하였는가를 조사하는 것이다. 네 번째 접근은 학생들에게 조작과 말을 사용하여 어떤 유형으로 문제를 풀었는지를 설명할 것을 요구한다. 학생의 선택이 무엇이든지, 그들은 보다 효과적으로 혼자 혹은 또래와 일할지를 결정한다.(p. 65).

참 평가(authentic assessment)는 학생들에게 그들이 지식의 내용을 어느 정도 마스터했는지를 증명하는 그리고 다양한 수준에서 학습하는 복잡한 방법을 학생들에게 제공하는 방법을 설명하기 위해 사용하는 말이다. 브루크(Burke, 1994)는 참 평가의 여러 방법을 제시한다:

- 포트폴리오(Portfolios) : 학생의 진보와 기술의 완성판을 위해 학생 작품의 섬세한 수집이 계획된다; 포트폴리오는 숙제, 테스트, 학습 일지, 프로젝트, 미완성 도안, 글짓기 혹은 프리젠테이션 기록 등을 포함할 수 있다.
- 실연과 전시 : 실연이나 전시는 연설, 과학 실험, 논쟁, 예술 전시회, 모의 재판, 혹은 출판 등
- 프로젝트 : 프토젝트는 학생들이 흥미있는 교과를 깊이 조사하도록 해 준다.
- 학습 일지와 일기 : 학습 일지는 요약, 수학적 문제 해결을 포함하는 사실, 과학 실험 관찰, 혹은 강의나 독서에 대한 문제 등으로 구성된다. 일기는 문학 작품, 사건에 대한 설명과 반응, 개인 경험의 고찰, 그리고 수업시간에 탐구된 것으로 알게 된 것 등을 포함할 수 있다.
- 관찰 체크리스트 : 교사, 소규모집단, 그리고 개인 학생들은 학생에게 구체적 기술이나 행동을 확인하기 위한 관찰 체크리스트를 사용할 수 있다. 체크리스트는 학생들의 이름, 네 개에서 다섯 개 목표 확인을 위한 공간, 학생들이 기술을 보이거나 보이지 않은 정도를 결정하는 코드나 비율 등(자주, 가끔, 전혀 등과 같이), 그리고 논평을 위한 공간 등을 포함한다.
- 그래픽 조직 : 벤 다이어그램, 웹 자료 및 개념도 등은 과제나 단원의 초기 단계에서 학생들의 사고를 모니터링 할 수 있도록 해 준다.
- 면접과 회의 : 학생 개인과의 직접적인 대화는 과제에 대한 학생의 생각과 의견 및 느낌 등을 이끌어 낼 수 있다.

모든 좋은 가르침은 학생들을 이해하는 것과 계획을 짜는 것에서 시작하므로, 그림 7.15는

특별한 도움을 필요로 하는 학생을 위한 매체의 수정을 쉽게 하는 질문에 대한 계획 목록을 보여준다.

그림 7.15 질문의 사전계획

I. 내용(Content)
1. 교육과정에서 요구되는 내용은 무엇인가?
2. 어떤 목표가 가장 기본적인가?
3. 어떤 학생이 기능적 교육과정을 요구하고 별도 수업(같은 기초 내용이지만 보다 쉬운 개념 수준에 있는)을 필요로 하는가?
4. 어떤 대안적 매체가 유용한가(시청각교재를 포함하여)?
5. 학생 성취를 평가하기 위하여 어떤 편을 적용하는가?
6. 학생이 활동이나 단원을 제안하는데 어떤 역할을 하는가?
7. 이 매체가 학교에 흥미가 없는 학생을 동기화시킬 것인가?

II. 학생 관심(Student Concerns)
1. 어떤 학생이 거의 고치지 않아도 되는 매체로 효과적인 학습을 할 수 있는가?
2. 어떤 학생이 기본적인 내용만을 위한 기초적 학습을 요구하는가?
3. 어떤 학생이 선택적인 읽기 매체 혹은 독서 테이프를 요구하나, 지적으로 개념을 조작할 수 없는가?
4. 어떤 학생이 목표를 성취할 수 없으며 심화과정이나 보충을 요하는가?
5. 어떤 행동이 학생을 단원 활동에 참여시킬 수 있는가?
6. 개인적인 도움이나 자연스러운 지원이 학생에게 필요한가?

III. 교수 방법(Instructional Methods)
1. 어떤 교수 접근법이 가장 효과적인가?
2. 집단 활동을 계획하여야 하는가?
3. 어떤 학생이 또래 학습이나 또래 도우미가 되는가?
4. 교실 배열이 교수 계획에 어떻게 영향을 주는가?
5. 집단은 어떤 목적으로 짜는가?
6. 집단은 어떻게 활용되는가?
7. 단원 도입에서 어떻게 학생을 동기유발시킬 것인가?
8. 학생이 상호작용할 기회가 있는가?
9. 교수중에 교사는 어떤 역할을 해야하는가(직접적 교수, 안내, 조장, 관찰 등등)
10. 단원 활동에서 학생이 어떻게 참여하겠는가?
11. IEP목적과 목표는 계획된 활동을 통하여 어떻게 달성되는가?
12. 학생 발전은 어떻게 모니터되고 평가되는가(매일, 주, 단원별)?
13. 산출 기대는 학생들에게 어떻게 의사소통되는가?

일단 학생들이 필요로 하는 도움의 유형을 결정했다면, 성공적인 학습을 하도록 학생을 돕는데 유용한 방법을 발견할 것이다. 매우 도움이 된다고 생각한 한 가지 방법은 코올 등(Cole, 2000a)에 의해 개발된 모형인데, 교육과정 전반적인 개정을 위한 교사의 기술을 강화하고 선택을 증가하는 교육과정과 교수를 개정하는 개념적 틀이다. 이 모형의 구성요소는 초등학교, 중학교 그리고 고등학교 교사들에 의해 개발되었다. 과정은 주제, 단원, 교육과정 목표, 그리고 대부분의 학습자를 위한 교수 계획 등의 선택으로 시작한다. 다음 단계는 교육과정 혹은 교수 계획을 개정 필요를 가진 학습자를 정하는 것이다. 교육과정 목표와 교수계획에 기초하여, 교육자는 아동 개인적 요구에 가장 적합한 수정을 결정하기 위해 9가지 유형을 사용할 수 있다(그림 7.16을 보라). 이 모형에서, 교육자는 아동 요구, 흥미와 능력, 그리고 수정이 가능한 교수의 투입을 결정한다. 그림 7.17은 과정이 어떻게 적용되는지를 보여준다. 비록 교수 요인을 수정하는데는 많은 방법이 있지만, 그림 7.18은 우리가 도움이 된다고 발견한 목록을 제시한다.

모든 학생이 성공할 수 있는 생각을 실천하는데 우리가 아주 도움이 된다고 생각한 다른 전략은 성공 계약(그림 7.19)이다. 이 계약은 학생의 성공을 확실히 하기 위해 교사와 학생이 무엇을 할지를 분명하게 하기 위해 공식적, 공동으로 설정된 동의이다. 연구자는 이 형식으로 극적인 결과라고 보고한 100명이상의 교사와 일했다.

요구 8 : 통합 학습하기

학생들은 일과 중에 여유를 갖고 그들이 배운 것을 통합할 시간을 가질 필요가 있다. 거의 대부분, 학생들은 한 활동에서 다른 활동으로 옮기는데, 각 행동에서 일어난 학습을 요약할 시간도 없다. 이때, 학생들은 혼란을 느껴서 패배감을 경험하기도 하는데 왜냐하면 종종 이전활동에서 학습했다고 기대되는 것을 이해하지 못했기 때문이다. 교사들처럼 우리는 종종 매체를 배웠고 이해했다는 학생들의 일부 때문에 모든 학생들이 이해했다는 믿음을 가지기 쉽다. 학생들은 매우 다양한 비율로 배우지만, 다른 방법으로, 그래서 속도를 늦추어 모든 학생들에게 제시되었던 새로운 아이디어를 조직하는 기회를 제공하는 것이 중요하다. 효과적인 교사는 학생이 학습을 요약하고 새로운 지식이 이전 학습과 미래 학습과 학생 삶에 관련되는 특별한 교수 활동을 개발한다.

과거 10년간 많은 초등학교, 중학교 그리고 중등학교는 단원과 수업을 블록수업으로 조절하여 교사가 상호작용, 간학문적 교수에서 보다 많이 융통성을 가지고 학생들은 새로운 학습을 탐구하고 통합할 시간을 보다 더 많이 갖도록 한다.

그림 7.16 적응의 9가지유형

입력(Input)

교수 전략은 학생 학습을 용이하게 하는데 사용된다.
예를 들면:
비디오, 컴퓨터 프로그램, 야외학습, 그리고 능동적 학습을 지원하기 위한 시각적 도움 등의 사용.

산출(Output)

학습자가 이해와 지식을 나타낼 수 있는 방법
예를 들면:
이해를 나타내기 위하여, 노래 쓰기, 이야기하기, 포스터나 책자를 만들기, 실험 등.

크기(Size)

학습자가 완성할 것을 기대하는 과제, 설명 혹은 수행의 길이나 비율
예를 들면:
쓰거나 말하는 보고서 길이의 줄임, 참고문헌의 줄임, 해결해야 할 문제 수의 줄임.

시간(Time)

융통성있는 시간은 학습을 위해 요구된다.
예를 들면:
프로젝트 완성을 위한 시간 배열을 개별화하고, 과제 수행을 위한 보다 많은 시간의 허용.

난이도(Difficulty)

다양한 기술 수준, 개념 수준과 과정은 학습에 포함된다.
예를 들면:
계산기의 제공, 과제 산출물은 같지만 구체성과 복잡성에서 다양한 정도를 가지도록 다양화.

지원의 수준(Level of Support)

학습자를 돕는 양
예를 들면:
집단 혹은 또래, 멘토, 연령에 상관없는 튜터 혹은 다른 도움교사 등과의 노력.

참여도(Degree of Participation)

학습자가 능동적으로 과제에 참여하는 정도
예를 들면:
학생이 쓰고, 연출하고, 연기하는 연극에서, 기억하는 것보다 많은 신체적 활동.

수정된 목표 (Modified Goals)

일반 교육과정 맥락에서 수정된 산출 기대
예를 들면:
쓰기 언어활동에서, 전체 문장 혹은 문단을 만드는 것보다 철자를 쓰고 단어를 베끼는 것에 더 중시.

대체 교육과정 (Substitute Curriculum)

학습자의 명시적 목표를 위한 유의미하게 차별화된 교수와 매체
예를 들면:
외국어수업에서, 문단 혹은 지시를 읽는 것보다, 진정한 언어와 특정 시기의 문화적 지식을 사용한 연극이나 대본쓰기

그림 7.17 이차적인-유사 단원을 고치기 위한 창의적인 방법

1. 배우는 교과 분야(와 학년수준)를 선택하라:
   수학 과학 역사 문학 경제 체육 예술 보건
   학년 수준 : ___________

2. 배우는 단원 주제를 선택하라(하루에) : ______________________________

3. 대부분의 학습자를 위한 교육과정 목표를 간단하게 명료화하라: 이 수업이 끝날 때까지, 학생들은 다음과 같은 것을 알게 된다 __________________

   ____

4. 교수 목표를 간단하게 명료화하라: 교사로서, 나는 다음과 같은 것을 할 것이다 ____________

   ____

   ____

5. 이제 여러분이 이 단원을 위해 학급에서 이 학습자를 조절하기 위해 무엇을 어떻게 가르쳐야 할지를 고치는 방법에 대한 사고의 방법으로서 수정의 9가지 유형을 사용하라.

입력	산출	크기
시간	난이도	지원 수준
참여도	수정된 목표	대체 교육과정

요구 9 : 현실적이고 즉각적인 피드백 받기

성공 경험을 위한 요구와 관련된 것은 즉각적이고 구체적인 피드백에 대한 요구이다. 왜냐하면 학생들은 성공을 좋아하기 때문에, 그들이 과제에서 계속되는 정도에 따라 분명하게 주어지는 피드백을 받는 것은 중요하다. 연구에 의하면 학생들의 성취는 단원을 마스터하기 위한 구체적인 학습 과제에 따른 수행의 현재 수준에 대한 정보를 제공하는 것에 의해 강화된다고 한다.

그림 7.18 정규 학급에서 특수한 학업 요구를 가진 학생을 위한 교수 조정

시간-다음과 같은 것에 의해 시간 조정 작업 :

1. 과제를 완성하기 위해 보다 긴 시간을 주는 것.
2. 학생이 짧은 시간, 아마 집중하는 학생 능력에 따라 십분 혹은 십오분, 동안 읽기와 쓰기 과제를 하도록 허락하는 것, 짧은 시기를 위한 활동의 다른 유형이 이어지는 것.
3. 학생을 위한 구체적 스케줄을 세워서 그들이 기대하는 것을 아는 것.
4. 아주 조용하고 능동적인 시간을 교대하며, 각 짧은 시간을 갖는 것.
5. 필요하다면, 테스트를 읽는 것.

학습 환경-다음과 같은 것에 의해 학습 장면 :

1. 조용하고, 복잡하지 않은 공간에서 그렇지 않으면 그들이 선택한 학교 영역에서 그들의 작업을 하도록 허용하는 것; 그러나 그들의 의지에 반하여 고립되지 않는 것.
2. 필요할 때 즉각적인 도움이 필요하도록 교사 가까이 학생을 두는 것.
3. 필요할 때 다른 학생을 돕도록 옆에 다른 학생을 두는 것.
4. 산만한 학생을 다른 학생들로부터 분리하는 것.
5. 학생이 일하기 위한 조용한 공간을 선택하도록 하는 것.
6. 서너명의 학생이 작은 집단을 형성하여, 모든 구성원이 과제를 성공적으로 완성할 수 있도록 확실한 책임을 지기 위해 모든 구성원을 유지하는 것.
7. (a) 지시나 과제를 학생이 이해하도록 돕는 것; (b) 학생에게 중요한 지시와 기본적인 내용을 읽는 것; (c) 주요 내용을 구두로 학생이 연습하는 것; (d) 구두로 중요한 교재 문단을 요약하는 것; (e) 학생을 위한 테스트와 과제에 답을 써 내려가는 것; (f) 공동 과제에 학생들이 노력하는 것; 그리고 (g) 학생 작품을 편집, 개선을 위한 의견을 만드는 것.

내용-다음과 같은 것에 의해 유형, 난이도, 양 혹은 매체의 계열 :

1. 보다 적은 양의 과제를 주어라.
2. 과제를 작은 과제로 나누어라.
3. 시험동안 한 번에 한 가지(혹은 몇 개)질문만 주어라.
4. 과제에 매체만 포함되는 것이 절대적으로 필요하다.
5. 주요 사실 혹은 개념을 포함하는 교재 부분을 강조하거나 밑줄을 긋게 하라.
6. 과제를 시작하거나 멈추는 때를 학생에게 필기구를 사용하여 알게 하라.
7. 읽기를 안내하기 위해 특수한 질문을 하라.
8. 목표에 도달하기 위해 학업적 목표와 전략을 세워라.
9. 학생들의 책상에 불필요한 물건들을 치워라.
10. 작업이 완성되는 대로 거두어라.
11. 과제나 작업이 완성되는 대로 즉시 피드백을 주어라.
12. 교체하고 보충하는 매체를 건네라.
13. 정보-테이프, 인터뷰, 독서, 경험, 프로젝트 등등을 얻고 보고함에 있어 몇가지 대안을 주라.

14. 학생들과 자주(짧더라도) 일대일 면담 시간을 가져라.
15. 학생들의 책무성을 알게 하라.
16. 과제 완성에 대한 학생들의 진보를 평가하도록 도와라.
17. 과제에서 불필요한 단어를 제거하라.
18. 항상, 전혀, 시험 중 등과 같은 단어의 대문자를 쓰고 밑줄을 긋도록 하라; 부정적으로 진술된 질문, 특히 진위문제에서.

정리-다음과 같은 것에 의해 공책 정리 :
많은 학생들은, 특히 학습에 어려움을 가진 학생들은, 종종 시간과 내용 정리에 어려움을 겪는다. 이러한 학생들을 성공시키기 위해서는 공책 정리와 같은 기술을 가르쳐야 할 것이다. 교사와 학생은 숙제를 정확하게 베끼기 등과 같은 활동을 확실하게 하는 체제를 가져야 하는데, 다음과 같은 것을 포함한다.
1. 모든 매체를 묶기 위한 3고리 바인더
2. 종이 달력-과제 제출 기일을 위해 공책 안쪽에 이번 달을 붙이기
3. 연필, 지우개, 펜, 카드, 파일 카드 등을 위한 플라스틱 주머니
4. 각 수업 숙제와 학습 안내를 철하기 위한 주머니가 있는 폴더
5. 나선형 공책
6. SQ3R(Scan, Question, Read, Reflect, Review) 학습훈련을 뒷장 안쪽에 붙이기

공책 정리는 초등학교와 중등학교 학생 모두에게 효과적임이 증명되었다.

사실, 실패를 걱정하는 대부분의 학생은 대부분 즉각적인 피드백이 필요하다; 그것이 없다면 그들은 수행을 받아들여질 수 없는 것으로서 판단하는 경향이 있다. 학생 노력에 대하여 구체적인 장점과 약점을 서술하고 지지하는 논평은 성적이나 간단한 긍정적 논평보다 학생 성취를 개선시키는데 더욱 효과적이다. 버틀러와 니산(Butler, Nisan, 1986)은 실질적인 논평이며 성적이 없는 것 혹은 논평없이 성적만 매긴 보고서에 대한 학생들의 반응을 비교했다. 보다 자주 논평을 받은 학생들은, (1) 과제를 보다 흥미롭게 생각했고, (2) 과제에 노력하며, (3) 그들의 흥미와 노력으로 과제에 성공했다.

피드백의 수준은 중요한데 왜냐하면 학생이 학습자로서 지각하는데 영향을 미치기 때문이다. 스티펙(Stipek, 1988)은 피드백을 받는 것의 중요성은 학생이 진보를 알 수 있게 돕기 때문에 중요하다는 것을 강조했다: "학생이 실제로 기술이나 새로운 지식을 획득하는 것으로 자신을 인식하지 못한다면, 심지어 노력에 대해 보상받으며 수행이 다른 사람 것보다 나을지라도, 그들은 의도된 효과를 느끼지 못할 것이다"(p.94).

그림 7.19 성공 계약

성공 계약

나는 ________________ 존스 선생님(Mr. Jones)의 수업을 이수하기로 결정했다. 존스 선생님(Mr.Jones)은 나의 성공을 걱정하며 다음과 같은 도움을 제공하기로 했다.

a.____

b.____

c.____

이 기회를 유리하게 활용하기 위하여 내가 할 필요가 있는 것은 다음과 같다:

a.____

b.____

c.____

존스 선생님(Mr. Jones)과 나는 진도를 검사하고 부모/보호자인________________와 __________함께 할 것이다. (보호자)

(날짜)

내가 성공했다고 생각하는 때는 ______________________

서명

________________ ________________ ________________

(학생) (교사) (보호자)

모든 피드백이 학생 성취에 효과적인 것은 아니다. 연구에 의하면 적대적이거나 광범위한 비평이 부정적 태도와 낮은 성취, 창의성, 그리고 학급 통제를 만들어낸다고 한다. 칭찬은 종종 너무 사용되며 많은 아동들을 강력하게 강화하지 못한다. 칭찬은 일을 마치기 위해 들인 노력과 작품의 수준에 대한 구체적인 정보를 학생에게 제공할 때 효과적인 피드백의 형태일 수 있다. 그러나 칭찬은 종종 잘못 사용된다. 교사들은 종종 잘못된 답을 칭찬하고, 이 잘못된 칭찬은 낮은 성취 아동에게 자주 주어진다.

로젠홀츠와 심슨(Rosenholts, Simpson, 1984)은 학생이 능력을 어떻게 보느냐에 영향을 미치는 학급 변인을 조사했다. 그들은 학급을 1차원(능력은 견고한 특징이며 그것으로 학생은 능력을 가졌고 가지지 않았다는 느낌)과 다차원(거기서 능력은 대개 층을 이룬다)으로 범주화했다. 1차원 교실에서 피드백은 학생들이 쉽게 자신과 다른 사람을 비교할 수 있는 방식으로 제공된다. 예를 들면, 학생 수행의 수준을 나타내는 차트는 벽에 붙어있고, 모범적인 작품과 실수하거나 다시 할 필요가 있는 작품의 학생 이름이 현저하게 게시된다. 이 학생의 이름은 로젠홀츠와 심슨은 학생이 능력을 유동적이고 노력과 관계된 특성이나 요인으로서 보게 하기 위해, 교사들은 피드백과 평가를 보다 사적인 문제로 만들어야 한다고 주장한다.

효과적인 피드백은 학생들에게 중요한 벤치마크를 제공한다. 그것은 학생에게 그들이 목표성취, 목표를 향해 이룬 정도, 그리고 진보를 위해 계속하거나 개선시킬 필요가 있는 것 등과 관련하여 이해하는 것을 돕는다. 효과적인 피드백은 또한 교사가 학생이 미리 정한 목표에 도달할 수 있음을 믿고, 학생의 노력이 산출물에 영향을 주는 주요 요인이며, 그리고 학생의 진보를 다른 사람과 비교하는 방법은 중요한 요인이 아니라는 것 등을 알려준다.

잠시 멈추고 7.11	교사가 학생들에게 피드백을 제공하는 방법을 살펴보자. 학생 작품에 반응하는 방법이 학생 노력과 개선이 가치롭다는 것, 혹은 뛰어난 성취는 가장 중요한 요소라는 느낌을 주는가? 모든 학생들을 격려하는 피드백의 사용 방법에 대해 토의해보자.

요구 10 : 자기-평가 해보기

자기 평가에 학생이 참여하는 것은 학생들에게 학업 성취를 보다 잘 이해하고 개인 책무성을 경험하는 기회를 제공한다. 학생들이 그들의 업적을 평가하고 기록할 때, 그들은 자신의 노력에 기초하여 진보할 수 있다. 유사하게, 자기 평가는 학생들이 개선이 필요한 분야를 알려준다.

학생들은 자료를 보여주는 것에 감동받고, 특히 성취와 관련된 자료는 더 그렇다. 자료는 학습에 대하여 즉각적, 구체적 강화를 제공한다. 학생들은 종종 겉으로 보기엔 거대한 노력을 하는데 실제 지식의 증가나 행동의 변화를 가져오는 데는 실패한다. 자료는 학습이나 행동 변화를 구체적 경험으로 만들고, 자유 시간 혹은 교사의 칭찬보다 더 큰 강화를 제공한다. 놀랍게도, 진보를 살피는 것의 이익은 특히 천천히 진보하는 학생에게 더 크다. 이 학생들은 자신을 진보할 수 없거나 실제로 남에게 뒤지는 사람으로 인식한다(다른 또래와 비교될 때). 이러한 학생들에게 진보를 나타내는 구체적인 자료를 제공하는 것은 아마도 가장 효과적이고 정직한 동기화 전략이다.

다양한 규모의 연구가 학생들이 학업적 진보를 모니터하는 것이 좋다는 것을 지지한다. 맥카잘린(McCaslin, 2006)외 저자들은 학생이 학업 과제를 마치도록 격려받는 것이 기본적인 반면, "목표를 얻기 위해 동기화 의사결정으로부터 무엇인가를 얻어야 한다. 이 '무엇은' 목표 혹은 '의지'에 집착하는 의지를 보호한다." 그들은 자아 성찰이 의지를 증가시키는 한 방법이라고 보고한다. 유사하게, 코르노(Corno)(2001)는 "자기 성찰은 외부 (과제) 환경, 혹은 내적으로(예를 들면, 흥미나 분위기가 어수선할 때) 방해가 일어날 때 집중과 동기화를 보호한다."(p.191).

그림 7.20은 학생의 학업 진도와 관련된 데이터를 수집하고 보여주는 예를 나타낸다. 이

그림 7.20 철자쓰기 목표와 전략

사전검사 ____4____	사전검사 ________	사전검사 ________	사전검사 ________
목표 ________8____	목표 ____________	목표 ____________	목표 ____________
사후검사 ____9____	사후검사 ________	사후검사 ________	사후검사 ________
학습자 ______5____	학습자 __________	학습자 __________	학습자 __________

10			10			10			10		
9			9			9			9		
8			8			8			8		
7			7			7			7		
6			6			6			6		
5			5			5			5		
4			4			4			4		
3			3			3			3		
2			2			2			2		
1			1			1			1		

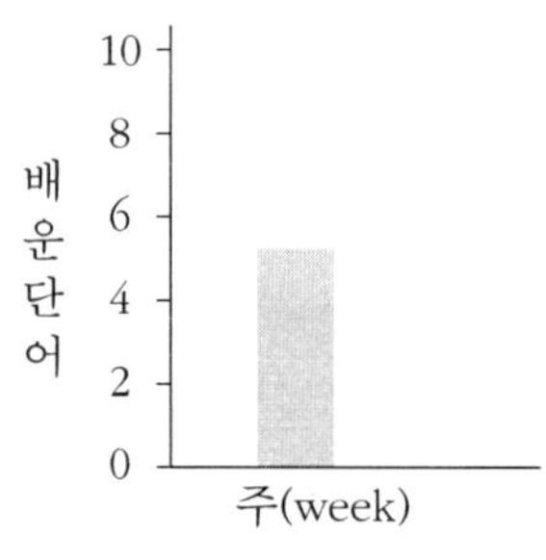

이번 주를 위한 나의 전략은 ____

____.

나는 내 전략을 잘 사용했는가?

월요일	화요일	수요일	목요일

점수

0 1 2

체계는 받아쓰기를 잘 하지 못하는 4학년 학급의 교사에 의해 개발되었다. 여러 학생이 매체를 공부하는 것에 흥미가 없다고 했고 다수가 자신을 철자를 못쓰는 사람이라고 대답했다. 교사는 저자 중 한명이 실시한 워크샵에 참여해서 학생들이 개인적 학습 목표를 세우고 점수를 기록하는 것의 이로움에 대하여 들었다.

교사는 학생들에게 매주 사전 그리고 사후검사를 실시하였다(단어와 학습할 단어의 수에 학생들의 능력은 다양했다). 학생들은 사전 검사 점수를 차트에 절차를 정확하게 쓴 숫자에 색칠했다(예를 들면 4). 점수에 기초하여, 각 학생은 그들이 사후 검사에서 정확하게 철자를 쓴 단어의 수를 목표로 선택했다. 이 목표는 매주 차트위의 숫자 위에 줄을 그리는 것으로 표시했다. 그래서 그림 7.20에서 예를 들면 학생은 첫 주 목표로 8을 선택했다. 별개 차트에서 학생은 그들이 매주 학습한 단어의 수를 기록하고 누적해간다. 철자에 익숙하지 않은 학생들은 사전 검사에서는 놓쳤을지 모를 단어를 더 많이 배웠기 때문에 사후 검사에서는 잘할 가능성이 높다.

끝으로 학생들은 다음 주에 배울 단어 철자를 학습하기 위한 전략을 열거한다. 교사가 이 접근을 사용했을 때, 일부 학생만이 전략을 사용하는 것, 그리고 극소수 학생만이 성공적인 학습을 위한 학습 전략의 사용에 놀라움을 표시했다. 그녀는 학생들에게 사용할 수 있는 전략을 브레인스토밍하게 하고 일주일을 위해 이 중 한 가지를 선택하거나 혹은 새로운 전략을 개발하도록 하였다. 그녀는 또한 학생들이 그들의 전략을 사용한 것에 대해 0에서 2까지 점수를 매기도록 하여, 0은 전략을 사용하는 것을 잊어버렸음을, 1은 조금 사용했으나 계획한대로는 아님을, 그리고 2는 계획한대로 사용하였음을 나타내게 하였다. 주가 끝날 때 학생들은 목표를 성취한 학생은 일어서서 그들이 사용한 전략을 학급에 발표하고 그들이 사용한 전략에 대한 점수를 매긴다. 이런 전략의 사용과 성취 사이에 관계를 배우도록 돕는 것을 통해 내적 통제를 발달시키도록 돕는다.

교사는 새로운 단어를 배우는 학생의 태도뿐 아니라 새로운 철자를 배움에 있어 극적인 성취를 보고하고 있다. 교사는 이것을 동료에게 말했다. 그녀는 동료들에게 학생 2명의 포트폴리오를 보여주었는데, 이것을 실시하기에 전에 읽기, 쓰기, 그리고 수학 등에서 목표 설정이 거의 이루어지지 않고 있었다. 목표 설정, 학습 전략 선택, 그리고 자기 기록 등을 교사에게 배운 후에, 학생의 노력은 극적인 진보를 나타냈다. 이후 몇 년간 그녀의 동료는 이 방법을 실천하여 유사한 결과를 내었다. 놀라울 것 없이, 그들은 또한 이 방법을 소개한 후에 제한적인 학업 성공을 보였던 학생들의 행동과 노력에서 극적인 개선을 관찰했다.

잠시 멈추고 7.12	학급에서 학생들이 내용을 마스터하기 위해 노력하고 있으며 실패감을 느낄수도 있다고 생각해보자. 학생이 이룬 진보에 관한 자료를 수집하여 도울 수 있는 방법을 간단한 문장으로 쓰고 그들이 사용한 효과적인 학습 전략을 강조하라. 3~4명의 동료나 급우와 이야기 나누어 보라.

요구 11 : 성취에 따른 적절한 보상하기

"보상은 학생들에게 노력을 계속하도록 격려하는 방법의 하나이며, 특히 보상이 수행의 구체적 수준에 도달하기 위해 미리 제공될 때 그렇다"(Good & Brophy, 1994, p.225). 그러나 수행 성취에 따른 보상의 가치를 고려할 때, 교육자들은 보상의 사용과 관련하여 몇가지 중요한 문제를 고려할 필요가 있다. 첫째, 상당한 연구는 외적 보상은 과제에서 내재적 흥미를 줄일 수 있다고 한다. 활동에 참여하는 보상을 받는 아동은 활동에 흥미를 덜 보인다. 그래서 매체를 제시하는 접근, 개별 목표 설정, 그리고 다른 동기화와 교수 전략 등의 다른 접근이 실패할 때에만 보상이 사용되어야 한다.

비록 우리가 일반적으로 콘(Kohn, 1993)이 그의 책 [Punishment by Rewards]에서 표현한 보상에 대한 관심에 동의하지만, 외재적 보상의 효과는 학생들이 이미 노력의 가치를 알 때, 혹은 다른 목표 갈등이 작동할 때 커진다. 그러나 만약 개인이 실제로 활동에 참여하는 것에 동기화되지 않는다면, 보상을 제공하는 것이(특히 보상이 학생의 목표와 관련되고, 학생과 약속된 것이라면, 혹은 그렇지 않다면 학생의 효능감과 개인적 통제를 강화하지 않는다면) 학습 동기화를 강화하는데 사용될 수 없다. 학교나 학급에서 보상을 효과적으로 통합하는 한가지 방법은 축제의 한 측면으로서 보상을 보는 것이다. 가장 작은 단원(즉, 모든 학교 행사보다는 지원하는 학급)에서 집단과 개인 성공을 축하하는 것은 중요하다. 연구자는 딸이 성공적인 6학년이라고 느꼈던 마지막 날에 대한 기억을 하고 있다. 그녀는 학교 시상 축제 후에 집에 돌아와서 특징없이 낙담했는데 왜냐하면 그녀는 시상이 이루어지는 두 시간동안 앉아만 있고 그녀의 이름을 듣지 못했기 때문이다.

요구 12 : 잘 조직된 학습 환경 경험하기

지원, 안전 그리고 일관성의 부족으로 특징지어지는 가정 환경에서 온 학생들의 수를 고려한다면, 교사를 지원적인 관계와 분명한 구조로 특징되는 학급 환경을 개발하는 것이 결정적이다. 3장에서 6장은 이런 유형의 학급 환경을 만드는 좋은 연습을 제시하는 반면, 8장에서

10장은 긍정적인 학습 환경에 대한 방해를 존중하고, 교육적인 반응을 사용하는 방법을 제시한다. 여러분이 이 장에서 제시된 환경을 만들 수 없다면, 이 장에서 제시된 교수 전략의 긍정적인 결과를 갖기 쉽지 않을 것이다.

학생의 특별한 요구 부응하기

여러분은 지시를 이해해야 하는데 이해하지 못할 말로 제시된 상황을 경험한 적이 있는가? 이것은 외국어 혹은 물리, 의학, 생물 등등의 기술 내용과 관련된 개념과 관련있다. 해외를 여행하는데 그 나라 말을 유창하게 못한다면, 그런 경험을 했을지도 모른다. 비록 이 경험이 필수적인 상황이 아니라면-예를 들면 연극보기-지루함 혹은 약간의 혼란을 가져올 것이지만, 우리가 들은 내용이, 예를 들면 기차가 어디서 떠나고 혹은 어떻게 숙박하는지와 같은 중요한 것이라면, 분노, 화, 그리고 우울함이 생길 것이다.

필사적으로 학급에서 성공과 수용을 바라지만 말과 행동을 이해할 수 없는 많은 학생들이 경험한 감정을 상상해보라. 이런 학생들은 종종 혼란과 분노를 겪을 뿐 아니라, 지쳐서 학교를 끝까지 다니고 싶다는 느낌이 덜 들 것이다. 우리가 상쾌하고 능력있다고 느끼고자 한다면, 그들을 돕기 위해 우리가 사용할 전략은 무엇인가?

비영어권 학생의 학습 촉진 전략

비록 전반적으로 책에서 영어 능력이 제한적인 학생을 돕기 위해 쓰여졌지만(끝부분의 참고문헌을 보라), 일상의 교수에서 사용할 수 있는 전략이 있다. 그림 7.21과 7.22는 이런 전략을 제시한다. 연구(Cummins, 1996; Garcia, 1999)는 또한 개인 자습은 2차 언어 학습자에게 이익이 되며 대집단 교수는 덜 중요하다고 주장한다. 대신에, 소집단 학생과 활동하거나 소집단 학생을 돕기 위해 공간을 순시한다. 이것은 학생들에게 학급 사건과 학습 내용에 대해 다른 학생 것을 보고 확실하게 할 수 있는 기회를 제공한다.

라틴 아메리카계 학생들의 효과적인 학교와 학급에 관한 결과 토의에서, 레예와 동료들은 (Reyes, 1999) 라틴 아메리카 학생들의 학습을 돕는데 효과적인 교사들은 협동학습, 또래와 비또래 학습과 같은, 능동적인 학습 방법을 사용하고 있었다. 이 교사들은 학생들에게 학습의 의미를 제공하기 위해 주제 단원을 사용하고, 학생경험을 이끌어내며 학생 영어 능력을 돕기 위해 스캐폴드 교수법을 사용했다.

그림 7.21 영어가 유창하지 못한 학생들에게 구두로 정보를 제공하는 방법

1. 주요 단어를 분명하게 말하고 조심스럽게 발음하라.
2. 말할 때 학생을 보라.
3. 반복하고, 분명하게 하고, 재진술하라: 단순한 주어-동사-목적어 문장을 사용하라.
4. 제스처, 억양 그리고 다른 의사소통의 비언어적 측면을 사용하라.
5. 내용을 제시하고 익힌 정도를 측정하기 위해 그림, 사물, 그래프, 지도 그리고 차트 등을 사용하라.
6. 손활동, 마임, 그리고 가리킴을 사용하라.
7. 칠판이나 차트위에 있는 중요한 단어를 미리 가르쳐라; 가능하면 그래프를 사용하라.
8. 추상적이고 어려운 개념의 예를 주고 요구하라.
9. 이해했는지를 자주 확인하라.
10. 학생들에게 짝지어 활동하게 하라--종종 같은 언어를 말하는 학생들과 짝을 지어주어라.
11. 또래와 비또래 학습을 사용하라.
12. 가능하다면 선수학습을 제공하라.
13. 모국어를 사용하도록 허용하라.
14. 단원의 개괄을 제공하라.
15. 내용을 자주 확인하라.
16. 최종 프로젝트의 예를 제공하라.

그림 7.22 ESL/2언어 사용 학생을 위한 제안

학급에서

- 많은 잠재적으로 성공적인 과제를 제공함여 자신감을 심어라.
- 가능할 때마다 개념을 보여주라; 말하기 보다는 보여주라.
- 말하고 쓰는 지시를 만들어라.
- 학습 후에 학생의 이해를 확인하라.
- 보충적 매체를 덜 요구하는 밀도 높은 문장을 지원하라.
- 학생들이 사용하기 위한 오디오테이프에 교실 문장을 입력하라.(누가 할래? 너 말고!)
- 초보 학생에게 말하기를 요구하지 말라, 특히 학급 전체 앞에서.
- 언어 유창성 수준을 설명하는 과제와 시험을 수정하라.
- 학생들이 모국어를 서로 사용하도록 허용하라.
- 이중 언어 사전을 사용하도록 격려하라.(보다 높은 학년의 아동들에게 교재 밖의 언어를 선택하여 알게 하라)
- 학생이 모국어를 쓸 수 있다면, 펜팔을 찾도록 하라.
- 모국어로 일기를 쓰고 모국어로 출판하도록 하라.
- ESL학생들의 가족 배경과 교육적 역사에 대하여 배우는 시간을 가져라.

- 모국어로 쓰여진 이야기, 책, 혹은 노래를 하게 하라.
- 모든 학생들에게 제시되는 라벨과 신호를 만들어라.
- ESL학생들의 나라의 유산을 토의하는 시간을 만들어라.
- 문화의 다양성과 자기민족중심주의를 비평하는 학급 분위기를 세우라.

누가 도울까요?

- ESL교사가 있다면, 규칙적으로 협동하게 하라.
- 순환하는 친구 체계를 세우고, 특히 여러분이 같은 모국어로 말하지만 영어가 더 유창한 친구를 찾을 수 있다면.
- 학급에서 또래 작업과 집단 작업을 제공하라.
- 부모와 의사소통하라. 부모가 가정에서 대화와 문자의 중요성을 이해하도록 하라.
- 집 전화와 면담을 도울 수 있는 문화적으로 민감한 통역가를 찾아라.
- 학생들이 모국어로 쓴 것을 고쳐주고 편집해 줄 수 있는 또래 멘토, 부모, 자원자 혹은 조교를 찾아라.

긍정적인 학생 행동과 학습에 가장 일관성 있게 관련된 것으로서 선택된 많은 방법은, 전부는 아니지만, 모국어가 영어가 아닌 학생을 위한 생산적인 학습 환경을 만드는 방법을 연구하고 가르치는 개인들에 의해 추천된다. 이본과 데이비드 프리만(Yvonne & David Freeman, 2002)은 개발과정에 ESL 학생들을 참여시키는 효과적 방법을 제공한다.

1. 생산적인 활동과 연계하라. 학생들은 다른 사람, 교사, 그리고 부모와 함께 교수 목적과 목표에 도달하기 위해 일하도록 격려된다.
2. 언어 발달. 교사들은 학생들에게 다양한 장면에서 적절하게 대화와 학문적 언어를 사용할 기회를 제공하는데, 학생 경험을 영어로 맞추고 모국어 지원을 제공하라.
3. 문맥화. 교사는 학생의 배경과 문화를 이끌어내고 처음보는 사람에게 다문화적 관점을 존중하게 한다.
4. 도전하는 활동. 교사들은 문화적 지식을 이끌어내고 문화적으로 적절한 교수 접근을 사용하여 학문적 개념 발달을 격려하는 활동을 계획하고 실천한다.
5. 교수 대화. 교사는 교사와 또래사이에 학문적 개념과 언어를 개발할 수 있는 대화를 확실하도록 만든다.
6. 다양한 관점. 모든 내용과 모든 상호 작용 활동에서 교사는 학생의 요구, 흥미, 재능, 그리고 이해에 민감하고 학생의 학습을 확장할 수 있는 정보를 사용할 수 있다 (Freeman & Freeman, 2002, p.57).

잠시 멈추고 7.13	여러분과 다른 문화적 배경을 가진 학생들과 인터뷰하여 학습을 쉽게 할 수 있는 요인을 알아보도록 제안한다. 그들이 배우기를 원하고 어떻게 배우는지를 묻고, 교육 목표를 진술하도록 하라.

특수 교육이 필요한 아동에 대해 알아야 할 것

앞장에서 토의되었듯이, 오늘날 교사들은 학생들의 요구에 당면해있다. 적절한 영양이나 사회적/정서적 기술없이 학교에 오는 학생들은 또래 및 성인과 건강하고 긍정적인 관계를 배울 필요가 있고, 다양한 문화적 배경을 가지거나 2중언어를 말하는 학생들도 있다. 게다가, 학급에서는 이미 특수교육 서비스를 받는 학생들을 만나기 쉽다. 여러분은 또한 학습 차이를 가진 학생들을 만나는데, 그들은 특수교육에 적합하지 않는 여러 가지 이유를 갖고 있다. 일부 학생들은 사회 복지법 504조항에 적합할 수도 있다. 또한 여러분은 특수교육 대상으로서는 아직 규명되지 않았지만 학습 문제를 가지고 있다고 여겨지는 학생을 가르칠 수도 있다. 다음 부분은 특수교육 학생과 부모에게 효과적인 몇 가지 안내를 제공한다.

거기에는 특수교육 서비스와 개별화 교육 계획(IEP)이 필요한 학생들을 지도하는 것에 대해 많은 것을 다루지만, 다음 정보는 여러분에게 이러한 학생들을 위해 적절하게 봉사하는 것에서 출발하도록 한다.

주요 개념과 용어

법은 학생의 교육적 요구를 들어주어야 한다고 밝히고 있다. 1997년 장애아를 위한 교육 법률(IDEA)은 장애아를 위한 교육 개선 법률(IDEA)로 새롭게 그 권위를 부여받았는데, 특수교육 학생의 요구를 가장 잘 대처하도록 하기 위한 과정과 절차를 설명하고 있다. 초등교육과 중등교육 법률은 단 한명의 낙오자없는 교육법(No Child Left Behind Act, NCLB, 2001)이라고 불리는 법을 통해 모든 공립학교 학생을 위한 교육을 제정했다. NCLB는 극소수 특수교육 학생의 비율을 제외한 모든 학생들이 주 학년-수준 내용과 표준 성취에 2014년까지 도달하도록 요구한다. 학교는 해마다 장애학생을 포함한 모든 학생의 적절한 진보(AYP)를 설명한다.

일반적인 교육과정에 접근하고 진보하기 위한 적절한 지원을 학생들에게 제공하는 반면, 특수학급 아동이 통합학급에 가장 잘 접근하도록 제공하는 장면은 최소 제한적 환경(the least restructive environment, LRE)라고 부른다. 공립학교는 최소 제한적 환경에서 자유롭고, 적절하고, 공립교육(a free and appropriate, public education, FAPE)를 제공하도록 한다. 특수교육을 위한 학생은 개별화 교육 계획(an Individual Education Plan, IEP)을 받는데, 그것은 적절한 배치를 결정한다. IEP는 학생 학문과 혹은 행동 기술을 개선하기 위해 계획된 교수(specially designed instruction, SDI)를 설명한다. 장애를 가진 학생들이 있지만, 특별하게 계획된 교수를 필요로 하지는 않는다. 그들은 장애를 가진 아동으로서 IDEA를 받는 것으로 한정되지 않는데 왜냐하면 그들은 특수교육을 필요로 하지 않기 때문이다. 이러한 학생들은 단지 학습하기 위해 일반교육에서 "합리적인 적응(reasonable accommodations)"을 필요로 할 뿐이다.

장애의 종류

교육장면에서 연합 조례는 특수교육을 받아야 하는 장애를 13가지로 열거한다(연합 조례 300.8A1). 거기에는 : (1) 자폐, (2) 귀머거리-장님, (3) 귀머거리, (4) 정서적 장애, (5) 청력 손상, (6) 학습 장애, (7) 정신 지체, (8) 복합 장애, (9) 정형외과 손상, (10) 다른 건강 손상, (11) 말 혹은 언어 혼란, (12) 외상 두뇌 상처, 그리고 (13) 시각 손상, 완전히 안보이는 것을 포함해서. 각각은 고유 코드 번호를 가지고 있어, 학생의 개인 기록을 찾을 수 있다. 이러한 장애를 가진 학생들의 학습 특성에 익숙하라. 가장 흔히, 혹은 높은 빈도/낮은 충격 장애는, 특수한 학습 장애, 다른 건강 손상(ADHD를 포함하여), 말/언어 혼란, 약한 중간 정도 정신 지체, 그리고 정서적 방해 등이다.

특수 교육 대상자 선별

특수교육은, IDEIA 2004에서 정의된 것에 의하면, 특수한 자격을 요구한다. 학교는 평가를 위한 공식적 판별을 하기 앞서 철저한 사전-판별을 해야 한다. 사전 판별 과정은 학습과 행동 어려움에 대한 문서, 과학적인 개입의 실행, 그리고 개입 결과에 대한 자료 수집 등을 포함한다. 여러분은 좋은 사전 판별 개입을 만들기 위한 좋은 지원을 위해 특수교육자와 상담하여야 한다. 학교 특수교육팀은(정규 교사, 특수교육자, 상담가, 심리학자, 그리고 행정가로 구성될 수 있다) 사전 판별 자료를 고려하여 특수교육 평가로 판별하여야 할 수 있다. 팀 구성원은, 부모를 포함하여, 평가자에게 대답할 필요가 있는 구체적 질문뿐 아니라, 질문에 대답할 필요가 있는 평가 절차를 결정해야 한다. 특수교육 평가는 대개, 항상은 아니지만, 학문적, 인지적, 사회/정서적, 의사소통, 그리고 운동 기능 등을 측정하는 평가를 포함한다. 평가에 이어, 학교의 특수교육 팀은 평가 자료, 부모 의견, 학급 교사 보고서, 관찰, 주규모의 평가 결과, 그리고 관련 의학 정보 등을 고려하기 위해 다시 만나야 할 것이다. 특수교육 서비스에 적합한 학생을 위해, IEP팀은 세 가지 질문에 예라고 대답해야 한다.

1. 학생은 장애를 위한 준거에 맞는가?

2. 그렇다면, 학습할 능력에 좋지 않은 영향이 있는가?
3. 그렇다면, 학생에게 일반 교육 과정 나이/학년 수준에 접근하고 진보하기 위해 특수한 교수가 요구되는가?

지역 교육청의 특수아 선별 기준

IDEA에 권위를 부여하기에 앞서, 학생의 성취 수준과 성취에 필요한 능력사이에 "심각한 불일치"는 종종 IQ로서 정의되는데, 학습 장애 진단을 위해 요구된다. 어떤 주에서는 또한 "정신 과정"분열(예를 들면, 좋지 않은 기억력, 시각 혹은 청각 문제, 등) 또한 요구한다. IDEIA 2004로 불일치 모델을 사용하도록 요구하지 않는다. 교육청은 불일치 준거를 계속 사용하거나 혹은 개입에 대한 반응(Response to Intervention, RTI)에 기초하여 적합성 준거를 실행할 수도 있다. RTI 과정은 표준검사에 덜 의존하고 대부분 학습자 장애 학생을 위한 주요 학문적 약점인, 읽기에 중점을 둔 밀도 있고 체계적인 교수에 더 의존한다는 것을 시사한다. 학급 교사는 실행과 교수 개입과 학생 진보를 조심스럽게 검토하는 과정을 통해 RTI 과정에서 중요한 역할을 한다.

개별화 교육의 중요성

일단 학생이 특수교육 서비스에 적합하다고 판단되면, 팀은 IEP를 계획한다. IEP는 교수를 안내하고, 서비스를 개괄하고, 그리고 특수교육 학생을 배치하는 결정을 한다. 진보의 보증은 아니지만, IEP 목표는 학생이 그 해에 성취하고자 기대되는 기대/산출을 나타낸다. 나라 전체의 학교가 NCLB와 기준-기초 개정을 실행할 때, 개별의 특수교육 교육과정은 무엇보다 분명하게 된다. 모든 학생은 다양한 타입과 정도의 지원을 가진, 정규 교육과정의 부분으로서 학년-수준 기준에 기대된다. 특수교육은 각 학생이 필요로 하는 지원을 제공하는 특별하게 계획된 교수(SDI)에 책임감이 있다. 학급 교사로서, 여러분은 학급에서 IEP의 비율을 실천하는 책임감을 가지게 된다. 우리는 여러분이 학교를 시작하기 앞서 IEP에 익숙해지고, 학교의 특수교육 교사에게 묻는 질문을 적기를 바란다. 학생의 IEP는 많은 양에서 두꺼운 문서로 배열할 수 있다. 6가지 분야에 특별히 주목하라:

1. 장애 코드(혹은 적합성 코드). 커버 페이지의 제일 윗부분에 장애 코드를 놓아라. 장애를 가진 학생들의 학습 특성에 대하여 학습할 필요가 있다. 학급에서 성공적인 학습자가 될 필요가 있는 특별한 장애를 가진 학생에 익숙한가?
2. 학문적이고 기능적인 성취의 현재 수준. 이것은 교수를 위한 입장을 안내하기 위한 학생의 학문적, 행동적, 사회적 정서적 기술의 짧은 묘사이다. 좋은 "현재 수준"은 분명할 것이고, 간결할 것이고, 검사 점수이상으로 구성될 것이다. 이 부분은 학생의 학습 기능의 현재 수준과

그나 혹은 그의 학년 수준에 대한 주 기준에 따른 점수를 포함해야 한다.

3. **목적과 목표.** 여기에는 특수교육 학생을 위한 기대되는 결과가 있다. 목적은 한해에 기대되는 성장의 양에 대한 기대를 안내한다. 목적에 대한 과제분석 목표와 학생이 어떻게 목적을 달성할지를 단기간 측정하는 것이다. IDEIA 2004 후에, 목표는 인지적 장애를 가진 학생들만을 위해 요구된다.
4. **적응과 수정.** 두 용어는 상호적으로 사용되지만, 두 가지 다른 과정을 말한다. 적응은 교수와 펼쳐지는 장의 수준의 장벽을 제거하기 위해 고안된다. 그들은 일반 교육과정에 접근하도록 하며, 학생들이 배우고 아는 것을 설명하도록 한다. 적응은 틀, 반응, 장면, 시간, 혹은 스케줄에서 변화가 가르치는 것, 검사가 측정하는 것, 혹은 점수의 비교 등의 내용이 어떤 방법에서든 변화하지 않는다. 수정은 여러분이 가르치고 검사가 측정하는 교육과정의 내용에서 본질적인 변화이다. 학급 교사로서, 여러분은 IEP 팀에 의해 만들어지고 IEP에 열거되는 수정을 제공하여야 한다. 모든 수정이 학교에 주 평가에 허락되지는 않는다. 주 평가 지침은 수정에 대한 부가적인 정보를 제공한다. IEP 팀의 멤버로서, 여러분은 학생과 학습을 지지하고 주 평가에 허락되는 수정을 추천할 수 있다. IEP와 학생에게 수정이 꼭 있어야 한다면 표준 검사에 허락되지 않는다고 하더라도 수정을 사용하여야 한다.
5. **주 표준 검사.** 법은 장애를 가진 학생이 주 검사에 참여하도록 요구한다. IDEA 2004와 NCLB는 특수교육 학생의 대부분이 학년-수준 표준에 부응하리라 기대한다. 특수교육의 일부 학생은-아주 낮은 인지적 기술을 가진-대안적 성취 기준을 사용하여 검사받을 수 있다. 이 선택적 기준은 일반 교육과정에 기초한다. 특수교육 학생은 그들이 아는 것을 주 검사에 나타낼 기회를 더 갖게 될 것이며, 그래서 들이 학습과 검사의 장벽을 제거하는 수정을 사용할 수 있다면, 주 기준에 부합할 것이다. 여러분의 학생 IEP에 열거된 수정에 익숙해지고, 학생의 성취에 어떻게 영향을 미치는지 이해하라.
6. **배치 기록.** 이 부분은 학생이 특수교육 서비스를 받을 시점을 설명한다. 학생이 일반 교실보다 다른 장면에서 서비스를 받는다면, 통합학급 바깥에서 보내는 시간의 비율이 이 기록부에 명시되어야 한다. 학생의 배치는 학생이 나이/학년 수준 학급 LRE에서 요구되는 서비스를 받기 위해 최적에 놓여야 할 것이다.

학생의 학습이나 행동에 관심을 갖고 있는 교사가 할 일

부모에게 관심에 대해 이야기하는 것으로 시작하라. 학생의 장점을 토론해야 함을 기억하라. 평가, 특수교육 진단, 혹은 약물치료에 대해 바로 이야기하지 말라. 가능한 객관적으로 여러분의 관심을 이야기하고, 관찰한 것을 부모에게 설명하라. 부모에게 아동의 장점과 약점을 말하도록 하라. 점차적으로 학생의 평가에 대해 언급한다면, 부모에게 문제 해결 과정의 초기 파트너로서 포함시키는 과정은 덜 주춤거리게 될 것이다. 최상의 교사라면, 이 정보를 부모와 공유하는 첫 번째 사람이 되기 쉽다. 왜냐하면 여러분은 부모와 신뢰를 쌓았으므로,

그들은 비평보다는 자녀 성공을 돕는 진지한 노력으로서 여러분의 관심과 의견을 듣고자 할 것이기 때문이다.

부모와 여러분의 관심을 나누기 시작할 때, 여러분이 학생의 학습을 돕기 위해 한 것과 학생의 반응에 대한 문서도 보여라. 빈번히, 교사들은 효과적인 개입을 시도하나 즉각적인 결과를 보지 않으면 조숙하게 멈춘다. 학생 경험이 성공할 때까지 각 개입을 계속하고, 그렇지 않다면 긍정적인 결과를 얻을 때까지 길고 충분한 개입을 실행한다는 확신하라. 학생이 기술을 마스터한 것과 여러분이 시도한 개입에 대한 상세한 자료를 수집하라. 통계를 통하여 객관적으로 제시한다면 사실을 이유로 논쟁하기는 힘들다.

학생이 어려움을 계속 가진다면, 학교 특수교육 팀과 학생 상황에 대해 토의하도록 권한다. 팀 노론은 문제 해결과 여러분이 시도한 개입에 대한 동료들의 추천을 모으는 것에 중점을 두어야 한다. 일부 학교는 이러한 목적을 위한 학급 교사를 지원 팀을 특수교육 팀과 별개로 운영한다. 여러분은 나중에 평가를 위한 공식적 배치가 정당하다고 결정한다면, 특수교육 팀이 이미 여러분의 학생과 친할 수 있을 것이다. 팀은 여러분이 배치에 앞서 온갖 수단을 다했다고 믿는다면 평가를 향해 보다 편안하게 움직이게 될 것이다.

일반적인 장벽

교사가 특수교육 과정을 안내하는 동안 가장 흔히 경험하는 장애는 저항이다. 부모는 그들 아동의 학교 어려움에 대한 정보를 받아들이려고 하지 않는다. 그들은 평가와, 종국의 특수교육 배치 가능성을 고려하려 하지 않는다. 지역 교육청은 평가 과정을 주도하려고 하지 않는다. IDEA는 60일내에 부모의 서면 동의를 요구하므로, 많은 지역(특히 작은 시골 지역)은 이 시간을 지원하기 위한 심리학자/교육적 진단가 직원이 부족하다. 상황은 또한 지역 교육청에서 일어날 수 있거나 직원을 보충하는 것이 평가를 위한 특정한 학생을 배치하는 충분한 지원이 아니다. 부모나 학생이 학교에서 어려움에 기인하는 것으로 보는 직원 보급은 평가를 지연시킬 수 있다. 일부 교육자와 공동체 구성원은 여전히 장애의 "자력" 이론을 설명하고 있다: "열심히 일한다면, 성공할 수 있다." 지역 교육청의 문화와 장애 규명과 서비스 공급을 둘러싼 믿음 체계를 아는 것은 특수교육 과정을 더 잘 조정하도록 도와준다.

부모와 함께하기

부모의 전망에서, 아동에게 길고 스트레스 받는 검사를 받게 하는 것은 기쁘지 않은 것이라는 생각을 갖게 한다. 학생 학습과 정서적 요구에 대한 평가가 나타나는 것에 대한 관심외에, 일부 부모는 또한 측정 결과가 어떤 면에서 양육 기술 혹은 세밀한 개인적 혹은 가족 단점과 관련된다는 것에 대하여 관심을 가질지 모른다. 아동이 어느 정도 장애가 있다는 것을 생각한다면 비통은 슬픔으로 표현되며, 오히려 보다 많은 경우에는 분노와 방어로 나타난다. 게다가, 부모는 특수교육 자체에 있었을지 모르므로, 그래서 자녀가 부정적인 경험으로 기억되는 것에 노출되기를 바라지 않을 것이다.

이것이 최고 평가라면, 부모는 아동 학습이나 행동적인 어려움을 여러분이 지각하는 게시판에 아직 있지 않을 것이다. 여러분은 학급이라는 "큰 그림" 내에서 아동을 보는 이로움을 가지고 있다는 것을 기억할진대, 그것은 붙박이 비교 집단에서 만들어진다. 부모는 자신을 위해 이것을 볼 기회를 가지고 있지 않으므로, 그들의 지각에 의존해야만 한다. 학생이 초등학교 저학년이라면, 부모를 학급에 자원봉사자로 초대해서 자녀와 또래를 관찰하도록 해라. 심지어 부모가 일상적으로 학급에서 점심시간을 보내도록 정하라. 보다 나이든 학생을 위해, 부모와 빈번한 접촉은 준비되었을 때 넘을 수 있는 다리를 세우도록 도울 것이다. 항상 많은 학생들의 장점과 구체적 진보 정도를 부모와 대화에서 가능한 많이 사용하라.

기관과 함께하기

우리는 지역 교육청이나 팀을 만드는 것이 평가를 위한 배치나 이미 규정된 학생을 다른 교육적 배치에 대한 고려를 강화하지 않는 이유를 토론했다. 많은 경우에, 학생을 올바르게 행동하도록 하기 위해 투자되지만 직업을 얻기 위한 자원의 부족으로 강제된다. 그러나 IDEIA 2004는 자원의 부족이 철저하고 적절한 평가를 방해는 아니라고 분명히 하고 있다. 교육에 방해가 되는 장애가 있는 자녀에 대해 걱정하는 부모는 평가를 요구할 권리를 가지고 있다. 부모는 교사에 대한 관심을 언급하는 것이나 교장을 만나는 것이 평가를 위한 공식적 요구는 아니라는 것을 깨닫지 못할 것이다. 부모가 관심에 대해 논평을 한다면, 그들이 자녀의 특수교육 받는 것에 대해 묻는지를 생각하라. 평가를 위한 부모 요구는 과정의 출발이다.

학생과 함께하기

수업을 시작하기 전에, 여러분은 다음 단계를 거치고자 할 것이다:

1. 학급에서 특수교육(즉, IEP가 있는지)을 받는 학생들의 목록을 만들어 달라고 특수교육 교사에게 요청하거나 504조 부분을 읽어라.
2. 학생의 IEP와 여러분이 읽기 위한 504조의 복사본을 특수교육 교사에게 요청하라. 수업 시작전에 학생 IEP에 익숙해지고, 학교 특수교육 교사에게 질문할 것을 적어라. 이전에 윤곽을 잡은 6가지 주요 분야에 특별한 관심을 기억하라. 다음 질문에 자신에게 하라:

- 학생 장애를 충분히 알고 가능한 교수 시사점을 이해하는가?
- 수행의 현재 수준에 의하면, 학생이 가진 기술은 무엇인가? 어떤 기술이 개발되어야 하는가? 학생이 성공하도록 확신하기 위해 무엇으로 출발해야 하는가?

- 학생을 위해 기대되는 결과/목적은 무엇인가?
- IEP에 열거된 수정은 무엇인가? 이 수정이 내 학급에서 그리고 학급에서 검사를 시행한다면 주 평가에서 어떻게 적용되는지를 이해하는가?
- 학생 배치(예를 들면, 종일 정규 학급; 정규 학급과 특수교육 서비스)는 어떻게 하는가? 학급에서 얼마나 많은 시간을 보내고 다른 장면에서 어느 정도 시간을 보내야 하는가?

고려해야 할 점

특수교육 교사를 자원으로서 이용하라. 그들은 교수 전략, 행동 조정 기술, 그리고 여러분이 처할 법적 문제 등을 위한 제안으로 여러분을 도울 것이다.

그러나 특수교육 교사는 책임지고 있는 학생들을 건수가 많다. 그들은 대개 최초 혹은 3년 재평가 배치를 위한 평가, IEP 작성, IEP 스케줄과 수립, 특별히 고안된 교수 제공, 학생 진보 보고서 작성, 그리고 정규 학급 교사와 상담 등의 책임을 맡고 있다. 주도권을 갖고 특수학급 교사가 오기를 기다리지 마라. 그들은 여러분이 학생의 진보나 어려움에 대하여 능동적으로 의사소통하는 노력에 감사할 것이다.

진보 보고서가 특수학급 학생에게 보내졌을 때를 발견하라. 이것은 IEP에 열거될 것이다. 특수교육 교사에게 어떤 자료가 도움이 되고 진보 보고서를 위해 언제 필요한지를 물어라.

학생 IEP 면담에 참여하는 것은 중요하다. 법률은 정규 학급 교사가 팀에 참여할 것을 요구한다. 3년 재평가 모임 날짜는 때로 매달 미리 정해진다. 여러분이 특수교육 교사로부터 모임에 대한 통지를 받지 못했다면, 다시 달라고 하라. 어떤 평가에 대해, 여러분은 학생의 학급 행동과 학습 기술에 대해 완전한 정보 체크리스크를 요구받을지 모른다. 이것은 평가를 위한 주요 요소이며, 평가 팀을 위한 결정적 정보를 제공할 것이다. 가능한 빠른 시간내에 체크리스트를 완성하여 그들에게 돌려보내는 것은 과정을 앞으로 당기는 것이다.

학생이 학업 성장에 실패했다면, 혹은 수행이나 행동에서 표시나는 변화가 있다면, 여러분이 관찰한 문서를 기억하라. 부모와 학교 특수교육 팀과 관찰을 공유하라. 상황이 급해지기 전에 다음 모임을 위한 안건으로 제출하라. 팀과 관심을 토의하라. 부모와 학교 직원은 학생 IEP와 변화가 필요한지에 대해 이야기나누기 위한 IEP 모임을 잡을 것이다.

교사들은 때로 만약 어떻게 교사가 학생이 가진 장애 주제를 다루어야 하는지를 궁금해한다. 이것은 민감한 주제이다. 학생들이 여러분이 그들에게 어떤 분야에서 부가적인 도움이 필요하다는 것을 인식하고 있음을 알게 하라. 여러분이 그들이 최선을 다하지만, 특정한 분야의 도전을 발견함을 알게 하라. 그들이 도움이 필요할 때 말하라고 하라. 주제넘는 신호를 배열하고, 여러분 둘 만 알게 하여, 도움이 필요할 때 여러분에게 신호를 사용하게 하라. 학생 장애에 대한 집중을 피하라. 급우들과 학생 장애에 대해 토의하지 말라. 학생에 대하여 다른 사람에게 정보를 노출하는 것은 사생활을 보호하는 비밀 규칙을 파괴하는 것이다. 급우의 도움이 학생에게 이롭다고 느끼는 상황이 되면, 이 상황을 IEP 팀과 구체적으로 학생 부모와 토의하라.

모든 학생을 위한 학습을 지원하는 수업기술을 포함하라.

- 과제 난이도를 통제하라.
- 교수를 차별화하라. 이것은 학습 내용, 과정, 혹은 산출물을 수정하는 것을 의미한다.
- 배경 지식을 활성화하라. 주제에 대하여 알고 있는 것은 무엇인가?
- 선 조직자를 제공하라.
- 학생들에게 충분한 학습 시도(반복)를 주고 나서 명백한 연습과 복습할 기회를 주라.
- 학습에 참여하는 학생의 시간을 증가시켜라. 과제 수행 시간은 학생이 학습에 능동적인 역할을 수행할 때, 그리고 학습이 또래에 의해 조정될 때 길어진다.
- 가능하다면 소집단 교수를 사용하라.
- 각 단원이 학생에게 생각하게 하는 것을 알아라. 단원이 목표에 대하여 학생의 사고를 촉진하도록 단원을 만들어라("큰 생각"은 무엇인가?).
- 구체적 학습 기술을 가르쳐라.
- 가장 중요한 내용을 통합하기 위해 학생들에게 유도할 평가활동을 사용하라.
- 스트레스를 만드는 조건을 다스리고 스트레스를 다루기 위한 개인적 전략을 가르쳐라.

어떠한 학업 과제가 특수교육 학생에게 어려움을 주는지를 알고, 그들이 부적절한 느낌을 갖는 상황을 피하라. 과제의 난이도를 조절해서 노력을 지원하는 학습 전략을 개발하도록 돕는 것으로 성공을 확신하라. 특수교육의 세계는 복잡하고 혼란스러울 수 있다. 여러분이 알수록, 특수교육 학생과 잘 일한다는 확신을 더 가질 수 있다.

기타 : 협동 학습과 또래 학습

협동 학습

협동 학습은 학습 과정에서 학생의 다양한 학습 스타일을 만족시키고 능동적으로 참여시키는 아마도 가장 인기 있고 효과적인 방법이다. 1998년에 초등학교 교사들이 실시한 한 연구에서 조사한 93%의 교사들이 학급에서 협동 학습을 사용한다고 했다(Antil, Jenkins, Wayne, & Vadasy, 1998). 이러한 교사들의 다수는 협동 학습 방법이 학문적이고 사회적인 학습 목적을 향한 학생의 진보를 강화한다는 것을 나타냈다. 문헌 고찰은 협동학습과 관련된 다양한 이로움을 나타낸다(Good & Brophy, 2003; McCaslin & Good, 1996). 로탄(Lotan, 2006)에 의하면, "교수 목표가 개념적 이해의 발달, 비판적 사고, 그리고 창의적인 문제해결이라면, 면대면 사회작용은 필수 조건이 된다. 이러한 인지적 기능은 학생들이 내용을 토론하여 다른 사람의 학습을 촉진하고, 다른 사람의 이해를 돕고, 다른 사람의 설명을 듣는 것에 참여하는 것을 요구한다." 많은 교사들은 학생들에게 집단에서 일하게 하지만 협동적인 집단 내에서 학생 학습의 성공을 증가시키는 것을 증명하는 통합된 방법에는 실패한다. 이어지는 부분은 우리가 학급에서 협동 학습을 효과적으로 실천하는데 가장 중요하다고 발견한 내용을 제공한다.

활동 간단히 하기

단순 구조는 교사들이 주기적으로 토론과 내용 개괄을 자극하기 위해 사용하는 활동을 일컫는다. 그의 책에서, 카간(Kagan, 1989)은 교과에서 사용할 수 있는 단순 구조 활동 다수를 제시한다. 둥근 테이블은 상당수의 가능한 답을 가진 문제를 교사가 요구하는 한 가지 활동이다-시민 전쟁의 원인이나 24와 42를 공통분모로 하는 모든 수를 열거하는 것과 같은. 학생들은 그 때 종이 위에 목록을 열거하고, 각 학생은 한 가지 답을 추가하거나 남겨둔 채 종이를 넘긴다. 넘버드 헤드 투게더(Numbered Heads Together)는 다른 활동이다. 학생들은 다시 문제를 받고 소집단으로 모여 답을 궁리한다. 집단의 각 학생은 번호를 할당받는다. 교사가 그만하라고 할 때까지 학생들은 계속한다. 그리고 나서 교사가 숫자를 부르면 모든 학생들은 그들 손에 숫자를 올린다. 이 학생들이 집단 대표가 되고 집단 답을 말하도록 요청받는다.

스타즈(Stars)라고 불리는 다른 단순한 구조 활동은 내용을 개괄하여 퀴즈나 테스트를 준비한다. 교사가 내용을 제시한 후에, 능력별 3~4명의 혼합 학생들이 만들어진다. 각 집단은 내용과 관련된 5문제를 만들어서 각 문제에 대한 정확한 답을 제시한다. 집단의 각 구성원은 이 내용을 베낀다. 다음 과제(일반적으로 다음날 이루어지는데)는 다른 스터디 집단 학생들과 집단을 만들어 퀴즈를 만든다. 퀴즈 집단에서 한사람은 한 번에 한 문제를 읽고 다른 학생은 옳다고 생각하는 답을 쓴다. 그런 다음 문제를 읽은 사람은 정답을 제공하고 오른쪽 사람이 다음 문제를 낸다. 이 과정은 각 사람이 스터디 집단에서 준비한 모든 문제를 읽을 때까지 계속된다. 이 문제는 그리고 나서 모아져서 교사는 이 문제들에서 테스트를 준비한다.

단순 구조 협동 활동에 흥미를 가진 교사는 스펜서 카간(Spencer Kagan)에 의한 아이디어를 www.kaganonline.com에서, 존슨(Johnson & Johnson, 1985)의 협동학습: 동기유발, 집단짜기 전략과 집단 활동(Cooperative Learning: Warm-Ups, Grouping Strategies and

Group Activities), 그리고 www.co-operation.org에서 읽을 수 있다.

과정

데이비드와 로저 존슨(David & Roger Johnson)은 협동학습에 대하여 상당한 연구와 논문을 광범위하게 했다. 그들의 연구는 과정, 혹은 단계의 시리즈를 강조하는데, 교사들은 교과와 관련하여 협동 학습을 실행하는데 적용할 수 있다. 존슨부부는(The Johnsons)는 이 과정 5가지 기본 요소가 있다고 주장한다(Johnson, Johnson, & Holubec, 1993):

1. 긍정적 상호의존성. 이 요소는 목적과 활동을 구조화해서 학생들이 집단의 모든 구성원들의 수행에 관심을 가져야 한다는 것을 포함한다. 이것은 내용의 복사를 한 가지만 하는 것(내용 상호의존성), 각 집단 구성원의 역할을 정하는 것(역할 상호의존성), 구체화된 목적에 도달하기 위해 모든 구성원이 독립적인 성공을 만드는 것(목적 상호의존성), 각 집단 구성원에 대한 같은 성적 혹은 보상을 할당하는 것(보상 상호의존성), 혹은 과제를 완수하는데 필요한 정보의 비율을 각 구성원에게 제공하는 것(자원 상호의존성) 등을 통해 성취될 수 있다. 핵심은 집단 구성원이 그들이 함께 있고 같이 가라앉거나 수영해야 한다는 것을 아는 것이다.
2. 개인 책무성. 이것은 모든 학생이 내용을 완수하는 책무성을 설명한다. 이것은 각 학생이 퀴즈를 내거나 능력을 보이는 전통적인 방법을 통하여, 혹은 집단 구성원이 머리 위라고 불리는 내용을 완수한다고 요청받거나 다른 방법으로 요청받는 것에 의해 성취될 수 있다.
3. 면대면 상호작용. 학생들은 무릎과 무릎 눈과 눈과 같은 방법으로 내용을 공유하고 토론하는 활동에 능동적으로 참여한다.
4. 수업 협력 기술. 협동적으로 집단에 참여하기 위해, 학생들은 소규모 집단에서 협동적으로 일하는 것을 배워야 한다. 그림 7.23은 저자가 학생들을 가르칠 때 중요하다고 생각한 구체적 집단 기술을 열거했다. 그림 7.24는 존슨, 존슨, 그리고 호루벡(Johnson, Johnson & Holubec, 1998)이 학생들에게 협동 기술을 가르치기 위해 대강을 제시한 단계를 나타낸다.
5. 집단 기술 소유하기. 일단 학생들이 협동적인 집단 기술을 소개받는다면, 이 기술을 일관되게 모니터하고 강화하는 것이 필수적이다. 이 과제는 먼저 교사에 의해 이루어지지만, 그들이 기술에 능통해지면 학생들에게 전이될 수 있다. 집단 기술을 최초로 가르치고 모니터할 때, 한번에 하나 혹은 두가지 기술에 초점을 두는 게 가장 좋다. 하생이 집단 기술에 익숙해지면, 그들은 한번에 3가지 내지 5가지 기술을 모니터할 수 있다.

그림 7.25는 집단 기술을 모니터하는데 도움이 된다고 저자가 생각한 형태의 예를 제공한다.

그림 7.26은 존슨, 존슨, 그리고 호루벡(Johnson, Johnson & Holubec, 1993)이 협동 학습에 흥미가 있는 교사들의 학급을 위해 제안한 단계를 나타낸다. 협동 학습을 그들의 교실에 사용하기 위해 존슨의 접근을 병합하는데 흥미가 있는 교사들은 다양한 내용을 발견할 수 있으며 또한 필요한 경험과 기술을 개발하기 위해 잘 계획된 워크샵에 참석할 수 있다. 저자가 도움이 된다고 생각한 매체는 함께 그리고 혼자 배우기, 교실에서 협동학습: 준비, 동기유발, 집단 전략과 집단 활동(Learning Together and Alone, Circles of Learning, Cooperation in the Classroom, and Cooperative Learning: Warm-Ups, Grouping Strategies and Group Activities)에 잘 나와있다(이 매체는 인터렉션 북 컴퍼니(Interaction Book Company)에 주문할 수 있으며, 주소는 7208 (Cornelia Drive, Edina, MN 55435. 부가적인 정보는 www.co-operation.org에서 얻을 수 있다).

그림 7.23 집단 협동 기술

1. 임무를 설명하라.
2. 집단 과정 목적을 설명하라.
3. 시간 제한에 집중하라.
4. 집단 역할을 배당하라.
5. 임무를 계속하라.
6. 활동을 요약하라.
7. 집단 과정 기술을 평가하라.

그림 7.24 학생들이 협동 기술을 개발하도록 돕기

1. 학생이 기술이 필요하고 유용하다고 믿는가?
2. 학생이 기술이 무엇인지, 행동이 무엇인지, 행동의 계열이 무엇인지, 그리고 어떻게 보고 언제 함께 투입되는지를 이해하는?
3. 학생들이 기술을 연습할 기회를 가졌는가?
4. 학생들이 즉각적이고, 서술적이며, 구체적인 피드백을 받았는가?
5. 학생들이 기술을 연습하도록 참고 견디었는가?
6. 학생들이 기술을 성공적으로 사용할 기회를 가졌는가?
7. 학생들이 자주 기술을 사용하여서 기술을 자연적 행동에 통합할 수 있는가?
8. 학급 규준이 기술 사용을 지지하는가?

몇 분 이상을 지속할 협동적인 집단 활동을 사용하기에 앞서, 우리는 12가지 다음 질문을 우리 자신에게 던져보는 것이 도움이 된다는 것을 알았다 :

1. 학생들은 과제와 관련된 학습 목적을 분명하게 이해하였는가?
2. 학생들은 여러분이 그들의 학습 내용을 용이하게 하기 위해 집단을 사용함을 이해하고 있는가?
3. 학생들은 내용에서 본질적이고, 성취, 혹은 실용적인 가치를 발견하는가?
4. 학생들은 어떻게 그리고 왜 집단을 선택하는 것을 이해하는가?
5. 학생들은 과제를 완성하기 위해 기술이 필요한가를 알며, 기술을 소유하는가; 즉, 그들은 어떻게 매체를 사용하는가를 알며, 적어도 집단에서 일부 학생들은 과제와 관련하여 쓰여진 매체를 읽을 수 있는가?
6. 모든 매체가 유용하게 준비되었으며, 절차가 수립되어서 쉽게 얻어질 수 있는가?
7. 학생들은 과제를 완성하기 위해 얼마나 시간이 걸리는지 아는가?
8. 학생들은 도움이 필요하다면 어떻게 할지를 아는가?
9. 학생들은 일찍 마친다면 무엇을 하는지 혹은 지정된 시간에 과제를 마치지 못하면 어떤 선택이 유용한지를 아는가?
10. 교수를 증가시키고, 문제를 분명히 하고, 혹은 노력을 멈추도록 집단에 요청하는 데 필수적인 학생들의 집중을 얻기 위한 한 가지 방법을 세웠는가?
11. 학생들은 집단에서 일하고, 내가 주요 기술을 가르치고 모니터하는 동안 기대되는 행동을 알고 있는가?
12. 학생들과 내용을 얼마나 잘 마스터했는지를 학생과 내가 알도록 하는 절차를 개발하였는가?

그림 7.25 **교사 관찰지**

학생이 학습기술을 사용한 시간의 수를 계산하라.

집단 1

기술	밥	낸시	태릭
아이디어생산			
다른사람격려			
듣기			
참여			
이해정도			
과제 조직			

집단 2

롤랜도	매리사	베릴

그림 7.26 | 협동 학습에서 교사의 역할

사전-교수 의사결정

- 학문적 그리고 사회적 기술 목표를 구체화하라. 모든 단원은 (a) 학문적이고 (b) 대인간 소집단 기술 목표를 가지고 있다.
- 집단 크기를 결정하라. 학습 집단은 작게 하라(두세명, 가장 크게 네명의 집단).
- 집단 구성을 결정하라(학생을 집단에 할당하기). 학생을 집단에 임의로 할당하거나 여러분이 집단을 선택하라. 대개 여러분은 각 집단에 이질성을 최대한으로 만들고 싶을 것이다.
- 역할을 정하라. 리더, 기록자, 참여 격려자, 그리고 이해 확인자 등과 같은 역할을 배정하여 학생-학생 상호작용을 구조화하라.
- 공간을 배열하기. 집단 구성원은 "무릎 대 무릎 눈 대 눈"이어야 하지만 정면으로 여러분을 볼 수 있어야 한다.
- 매체 계획. "함께 잠수하거나 수영하기"라는 메시지를 주기위해 매체를 배열하라. 집단에 한 장의 종이만 주고 학습할 매체를 각 구성원에게 부분만 주라.

과제와 협동 구조를 설명

- 학업 과제를 설명하라. 과제, 단원 목표, 학생이 임무를 완수하기 위해 알 필요가 있는 개념과 원리, 그리고 따라야 할 절차 등을 설명하라.
- 성공을 위한 준거를 설명하라. 학생 노력은 준거-기초로 평가받아야 한다. 학생 노력을 평가하기 위한 준거를 분명히 하라.
- 긍정적 상호의존성을 구조화하라. 학생들은 그들이 "함께 잠수하고 수영한다"는 것을 믿어야 한다. 항상 상호적인 목적을 세우고(학생들은 각자 학습과 다른 집단 멤버의 학습에 책무성이 있다). 시상/보상, 자원, 역할, 그리고 정체감 상호의존성으로 목적 상호의존성을 보충하라.
- 집단상호간 협동을 구조화하라. 집단을 체크하고 다른 집단을 돕도록 하라. 학급 전체의 협동의 이익으로 확장하라.
- 개인적 책무성을 구조화하라. 각 학생은 노력을 공유하는 책무성을 느껴야한다. 책무성을 강화하는 방법은 종종 구두로 집단 구성원이 무작위로 뽑은 퀴즈, 개별 테스트, 이해를 위한 점검자 역할에 구성원을 할당하는 것이다.
- 기대되는 행동을 구체화하라. 여러분이 집단에 원하는 행동을 구체화할 수도록, 학생들은 그렇게 할 것이다. 사회적 기술은 형성(집단과 머물면서, 조용한 목소리로), 기능(다른 사람이 참여하도록 기여하고, 격려하는 것), 형식(요약, 정교화) 그리고 발효(아이디어 평가, 근거요구하기)등으로 분류된다. 정규적으로 여러분이 학습에서 사용하기를 바라는 대인간 그리고 소집단 기술을 가르쳐라.

모니터와 중재

- 상호작용을 촉진하기 위한 면대면으로 배열하라. 학생들이 다른 사람의 성공을 면대면으로 촉진할 수 있는 방법으로 단원을 구성하라.

- 학생 행동을 모니터하라. 이것은 재미있는 부분이다! 학생이 일한ㄴ 동안, 여러분은 그들이 임무와 매체를 이해하는지를 돌아보고, 즉각적인 피드백과 강화를 주고, 집단 기술의 좋은 사용을 칭찬하라. 각 집단과 학생에 대한 관찰 자료를 수집하라.
- 과제 노력과 팀워크 개선을 위해 중재하라. 학생이 임무를 이해하지 못한다면 과제에 대한 도움(명료화, 다시 가르침)을 제공하라. 과제를 생산적으로 함께하는데 어려움을 가지고 있다면 팀워크 도움을 제공하라.
- 마감을 알려주라. 학생 학습을 강화하기 위해 단원의 핵심을 요약하게 하거나 중요한 사실을 개괄하게 하라.

평가와 과정

- 학생 학습을 평가하라. 학생 학습에 대한 질과 양에 대해 인식하고 평가하라. 평가 과정에 학생을 포함시켜라.
- 집단 기능 과정. 각 학생이 피드백을 받도록 하고, 집단 기능에 대한 자료를 분석하고, 목표 개선을 설정하고, 팀 보상에 참여하라. 집단이 일상적으로 함께 잘한 일을 3가지와 그들이 내일 더 잘해야 하는 것 1가지를 나열하게 하라. 그들의 성공과 어려움에 대해 자축하게 하라.

잠시 멈추고 7.14	이 부분은 여러분이 수업 목록을 증가시킬 수 있는 상당한 수의 방법을 제공하고 있다. 교실에서 협동적인 집단 활동의 수준을 강화하기 위한 3가지 구체적 변화나 추가사항의 목록을 만들어라. 이 목록을 소집단의 동료나 급우들과 공유하라.

또래 학습

학급에서 또래 학습을 실행하는 이익이 몇 가지 있다. 첫째, 또래 학습은 긍정적인 행동을 요구하고 제공하는 개념을 기른다. 이 행동은 또래를 위한 협동과 관심을 강화해서 보다 지지적이고, 안전한 학습 환경을 만들어낸다. 둘째, 다른 아동을 가르치는 기회는 학생에게 유능하고 개인적인 가치를 제공한다. 셋째, 다른 학생을 도움으로써, 학생은 매체를 자주 완전하게 학습한다. 이해의 증가와 다른 학생을 가르치는 것의 결합은 학생을 보다 열광하고 자신있는 학습자로 만든다. 끝으로, 또래 학습은 교사에게 교수를 모니터하고 개별화하도록 돕는다. 다른 학생의 자원으로서 봉사하는 학생에 따라, 교사는 개인적 집중 유용성을 높이고, 그로 인해 학생 혼란과 벗어나는 행동을 줄이게 된다.

비록 또래 학습이 많은 이익이 있지만, 학생이 다른 학생을 어떻게 돕느냐는 기술을 제공받지 못하면 혼란스럽고 비생산적인 활동을 만들게 된다. 그래서 또래 학습을 실천할 계획을 짠다면, 학생들에게 다른 학생을 돕는 방법을 가르칠 수 있을 것이다. 다른 사람을 학습을 도울 때 할 일과 하지 말아야 할 일을 열거하고 토의하는 것에 의해 그렇게 할 수 있다. 그때 여러분은 적절한 행동을 모델로 만들 수 있고 그리고 나서 학생들에게 이 행동을 실천하도록 하고 피드백을 받도록 한다. 장비가 유용하다면, 학생들은 다른 학생을 돕는 동안 비디오로 찍어서, 보면서 토의할 수 있을 것이다. 다른 학생을 돕는 방법을 제공하는 것의 신나는 측면은 이 활동이 학습자의 과정을 더 잘 이해하도록 돕는다는 것이다.

또래 학습을 실천하는 데는 수많은 접근이 있다. 학생들은 초록과 빨간색으로 된 8과 1/2 인치 크기의 카드를 받아 책상에 붙여서 보이도록 놓는다. 학생들은 자습중에 도움이 필요하면 빨간 카드를 놓고, 매체를 이해하고 다른 사람을 도울 수 있는 사람은 초록색 카드를 놓는다. 이 절차는 특히 여러분이 소집단과 바쁘게 일하느라 다른 학생을 도울 수 없을 때 유용하다. 비슷한 접근은 프로젝트에 또래를 도울 수 있는 학생의 이름을 게시판에 적어놓는 것이다.

도움이 필요한 학생과 일하는 학생을 배정하는 것은 또래 학습에서 또 다른 일반적인 접근이다. 이 활동은 같은 학급 혹은 보다 고학년 학생을 포함한다. 다른 방법은 4명의 책상을 집단으로 배열해서 효과적인 수업을 위한 절차를 배운대로 또래를 돕는 것이다.

저자의 한 명은 미술 시간에 8학년에게 집단을 제시하는 젊은 교사를 관찰했다. 교사는 특히 어려운 수업을 했다; 수업은 문제 행동을 가진 학생들을 포함하고 있었는데, 수줍고 정서적인 문제를 가진 소년도 있었다. 교사는 어느 정도 그 수업에 대해 관심이 있었는데 왜냐하면 그녀가 제시하는 내용에 대해 제한적인 배경을 가지고 있었기 때문이었다. 그녀는 또한 특히 좋은 봄날 일과의 마지막 시간은 8학년에게 어려운 개념을 가르치기에는 적절한 시간이 아니었다. 이런 소개로, 저자는 혼란을 관찰할 준비를 했으며 문제 행동을 다루는 교사의 기술을 관찰할 상당한 기회를 준비했다.

교사는 이전에 제시했던 내용을 간단하게 개괄하는 것으로 수업을 시작했다. 그녀는 학생의 다양한 질문에 편안하게 반응했다. 한 경우, 학생이 그녀가 제시한 주요 흐름을 지적했다. 교사는 그녀가 그의 지적을 보지 못했다며 학생이 칠판 앞으로 나와서 그녀와 학급에게 그의 요점을 분명하게 해 줄 수 있다면 그렇게 해달라고 했다. 학생은 그렇게 했고, 학급은 그의 간단한 가르침에 정중하게 반응했다.

아마 십 분정도의 교수 후에, 교사는 학생들이 과제를 계속해야만 한다고 했다. 그녀는 일부 학생들이 다른 사람보다 답을 찾는 것이 어렵다고 논평했고 그들이 문제를 가졌으며, 도와줄 사람을 찾는다고 주장했다. 학생들이 프로젝트를 시작했을 때, 교사는 학생 질문에 답하고 학생 노력을 강화하기 위해 공간을 순회했다. 그러나 곧 그녀를 당황하게 할 모든 문제에 답하는 것이 가능하지 않다는 것이 분명해졌다. 그녀의 개입은 그래서 학생들과의 직접적인 노력에서 학급 내에서 유용한 사원으로서 분명한 센터로서 기능하는 것에서 바뀌게 되었다. 그녀가 공간을 돌아다닐 때, 그녀는 다음과 같은 논평을 했다. "존에게 물어보지 그래? 그는 2중 관점으로 잘 했어." "빌, 마리아에게 왜 그런지 설명한다면 도움이 될텐데..." "나는 정말로 네 도움에 감사해, 수. 너는 가르치는 것을 정말 잘하는데 왜냐하면 너는 그가 답을 구하도록 도왔기 때문이야."

저자는 학생들이 보여준 아주 높은 확률의 과제 수행 행동에 감동받았다. 게다가, 촉진자로서 교사의 역할은 그녀가 가장 방해하는 학생들과 시간을 많이 보내도록 했다는 것이다. 왜냐하면 그녀는 학생들의 응답이 긍정적이고 지지하는 것이 되도록 구조화시켰으며, 수업시간을 통한 학생의 반응은 거의가 긍정적이었다. 게다가 다른 사람을 돕는 것 외에, 학생들은 자주 다른 사람을 돕는 행동을 보여주었고 대부분 보충적 혹은 건설적인 의견을 받았다.

이 수업의 역동적인 시간을 살펴봄에 있어, 포스트만과 바인가트너(Postman & Weingartner, 1969)가 교사가 학문적 준비라는 그들 영역밖의 교과를 가르쳐야만 한다는 진술을 회상하는 것은 흥미롭다. 그들이 잘 이해하는 교과를 가르칠 때, 교사는 종종 학생들이 수동적인 학습자가 되도록 하고 모든 것을 가르친다. 그러나 교사가 내용 혹은 어느 정도 잘 알지 못하는 학습을 할 때, 학생이 같은 학습자 그리고 팀 교사로서 참여하도록 하는 것이 더 쉽다. 이런 형식을 사용할 때, 매체가 보다 천천히 알아가게 (그리고 아마 보다 시끄럽게)될 것이지만, 앞에서 제시된 이론적 시사점과 연구 결과는 교수의 이런 형태와 결합된 많은 이점을 가리키고 있다.

또래 학습과 관련하여 증가되는 대중적 연구는 그들의 작업을 완성할 능력을 가지고 있지만 심각하고 일관되게 성취 문제를 겪는 학생들에 대한 학급 밖 지원 집단을 만드는 것을 포함한다. 설리반(Sullivan, 1988)은 능력은 과정을 통과할 수준이지만 하나 혹은 그 이상의 과정을 실패하는 중학교 학생들을 위한 특별한 스터디 집단 프로그램의 결과를 보고했다. 학생들은 주마다 교감 선생님과 학습 기술을 배우는 만남에 참여했고, 일주일에 몇 번 과제를 집단과 해결하고, 매주 금요일에 진보 보고서를 받았다. 결과는 학급 기술 집단의 학생이 받은 전체 성적 숫자의 50%가 적어도 한 등급 이상 올랐고, 단지 10%가 내려갔다. 통제집단의 결과는 14%가 성적이 올랐음을 보여준다.

또래 학습을 지지하는 다양한 프로그램은 유용하다. 이것은 학년구분없는 또래 학습(Classwide Peer Tutoring, CWPT), 또래 도움 학습 전략(Peer Assisted Learning Strategies, PALS), 협동 과제 팀(Cooperative Homework Teams, CHT), 협동 학습 집단(Cooperative Learning Groups, CLG), 협동학습을 통한 읽기와 작문의 통합 학습(Cooperative Integrated Reading and Composition, CIRC) 등을 포함한다. 여러분은 이 프로그램을 위한 웹 사이트를 검색하고자 할 것이다.

학습 동기와 성공을 보장하는 예

우리는 이 장을 교사가 어떻게 학급에서 실패하는 학생들을 돕기 위해 책에서 제시된 방법을 사용하는가를 제시함으로서 맺고자 한다. 비록 우리가 35명 초등학교 학생들, 150명의 중학교 학생, 혹은 200명의 중등학교 학생들과 일하는 요구에 감사하지만, 우리는 또한 이러한 방법이 여러분의 일을 보다 즐겁고 효과적으로 만든다고 믿으며, 다양한 장면에서 학생 동기화와 학습을 강화하는데 사용될 수 있다고 믿는다.

다음 사례는, 고등학교 영어 선생님이 대학원 과정에서 노력한 것의 부분으로서 완성한 프로젝트에서 간단하게 뽑아진 것으로, 여러분이 이 책을 통해 개별 학생이 잠재력을 발현을 돕기 위한 생각을 어떻게 병합하는가를 전형적으로 보여준 저자는 이 예를 다음과 같은 이유로 선택한다:

1. 140명의 학생을 매일 대하면서 실행하고 쓴 것이다.
2. 교사는 도움 없이 프로젝트를 개발하고 실행했다.
3. 교사는 주요 자원으로서 이 교재를 사용하여 코스를 마쳤다.

> 처음에는 빌이 1학년과 2학년 쓰기 수업에 있다는 것을 쉽게 알 수 있었다. 그는 조용하고, 눈에 거슬리지 않는 학생이었고, 학급 광대와 사회적 멋쟁이 사이의 장벽으로서 좌석 차트를 사용하게 되는 종류였다. 오히려, 그 자신에로 집중했다. 그는 전혀 손을 들지 않았고, 요청받으면 앞으로 나와서 적절한 답을 했는데 나는 빈번하게-그의 명백한 당황을 피하고자-그의 노력을 잘랐고 한손을 그의 주변에 흔들었다. 그는 절대 수업에 늦지 않았고; 복도를 지나도록 요청하지 않았고; 과제에 대한 지시나 교수에 대한 질문이 없었으며; 수업 중에 다른 사람을 보지 않고; 항상 강의에 세심하게 들었다. 그래서 140명의 다른 학생들이 매일 내게 와서 "창의적인 글쓰기"에 대해 다양한 수준의 능력과 열광을 보이는, 옆에 있던, 빌은, 처음에는 나의 많은 집중을 받지 않았다.
>
> 몇 주후에, 그러나 나는 사실 빌이 묘한 문제 유형이라는 것을 깨닫기 시작했다; 그는 과제를 하지 않고 있었다. 사실 그의 행동 유형은 "실패 증후군"-반복되는 실패로 인해 패배감과 무력감을 느낌-으로서 분류되는 듯이 보인다. 그래서 3주후에, 학급 평균 이하 성취로, 나는 학교 학생으로서 빌의 역사를 조사하기로 했다.
>
> 나는 초등학교에서 그가 교사들에게 아주 기쁨이었다는 것을 발견했다. 그의 행동과 시민의식에 대한 학점은 모범이었음을 말해주고, 학업 성적은 "만족함" 혹은 그이상이었다. 그러나 중고등학교에서, 그의 성적은 현저하게, 미끌어지기 시작했는데, 영어에서 7학년과 8학년을 통해 "D"를 받았다. 결과로서, 그의 주니어 고등학교 영어 선생님은 그를 고등학교 1학년 1학기동안 문장(Sentences)(낮은 수준 교정 쓰기 학급)에 배치했다. 거기에서는 의심할 여지없이, 프로그램이 잘 의도하는, 능력이 부족하며 평균 이하의 성취를 한다는 배지를 다는 것과 같은 오명이 따라다니게 된다. 여기서 그는 "C 마이너스"를 받아서 다음 해에는 문단(Paragraphs)학급으로 올라갔다.

즉 경로가 바뀌었나.

다음, 나는 빌의 현재 CAT 성적을 조사했다. 그의 나이 집단의 전반적인 이해를 위한 학년-수준 점수는 9.7이다; 빌의 점수는 7.7이다-2년 아래 성적 수준이다. 읽기 진단 평가(Gates Reading Test)에서 그는 8.3 이해 점수를 얻었다; 학년-수준 점수는 9.3이다. 그는 1년정도 아래 점수를 얻고 있으나, 성숙되고, 진보적인 정신 기능을 요구하는 복잡한 활동인, 쓰기와 같은 수업에서는 차이가 거의 없다. 그래서 그의 점수는 내가 요구한 과제의 대부분이 그의 능력밖이었음을 나타낸다.

나는 그의 다른 수업이 궁금했다. 그래서 나는 그가 다른 수업에서 어떻게 성공하고 있는지를 결정하기 위해 다른 교사들에게 진보 보고서를 보냈다. 결과는 점진적, 구체적, 기계적 연습을 요구하는 수업에서는 평균 이상이었다. 그러나 다수의 수업-추상적이고, 복잡한 인지적 과정을 요구하는-에서는 평균 이하였다. 불행히도, 패턴의 시작은, 개입없이, 조만간 포기를 이끌어낼 듯 싶었다.

글레써(Glasser)의 이론은 내가 감동받아야 함을 나타낸다; 양육하는 분위기를 제공하라. 나는 그가 알아차리도록, 매일 그가 교실에 들어올 때 웃으면서 안녕이라고 말하였다. 나는 일상적으로 다른 학생들에게도 했으며, 그가 과도하다고 여기지 않게 하였다. 그러나 매일 나는 그에게 말을 해서 습관이 되게 되었다. 다음 단계는 그가 제공한다. 그는 "이번 주의 뛰어난 운동선수"라는 보상을 받았는데, 물론, 그를 칭찬하고 그의 신문 그림을 어떤 종류의 영예를 받은 사람이 받는 "학급 인물"이라는 게시판에 놓았다. 그의 그림을 보면서 그는 급우들에게 양볼에 키스를 받았고, 나는 그의 가슴이 3인치는 커졌을 것이라고 믿는다.

그가 보다 편안함을 느끼고 학급에 "초대받는"다는 것을 느끼는 동안, 그는 자신감을 얻는듯 보였고, 과제에 반영되었다.(그래서 나는 또한 무의식적으로-의심하는 학생들과 싸울 때 학점을 더 주었는가?) 나는 가능한 성공의 신호를 확인하기 위해 많은 기회를 사용했다-효과적인 쓰기를 위한 수업 모델로서 잘 쓰여진 서술적 보고서(축구에 대해, 자연적으로)를 포함하여 그의 향상된 글쓰기를 칭찬하기. 기여 이론을 주장한 연구에 의하면, 낮은 성취 학생은 그들의 노력 덕분에 그들이 성공했다는 것을 회상시킬 필요가 있다고 한다. "행복한-그람"은 특히 잘된 서술적 문단을 언급하여 집으로 갔는데, 2주후에 그의 "목표 완성 보상"이 따랐고, 내 학급에서 그가 미끌어지는 것의 전환점으로 보여졌다.

이 개입을 하면서 나는 사회적 변화뿐 아니라 학문적 변화도 만들었다. 첫째, 나는 쓰기 과제에서 주제에 보다 융통성을 부여해서 빌(그리고 다른 학생이) 선택에 더 많은 기회를 갖도록 했다. 주제가 흥미로울수록, 그가 알고 있는 지식도 많아지며, 쓰기활동에 동기부여를 받게 된다. 나는 또한 그의 학습 유형을 측정하기 시작했고-내가 피드백을 요청받을 때 그가 잘하는 과제를 분석하고 그와 대화하였다. 결과로서, 과제를 위한 지시 후에, 나는 "걸어다니는" 시간을 그의 이해를 분명하게 하고 그의 독립적인 일을 살펴보기 위해 그와 사적인 접촉을 하는데 사용하여, 요청하는 제안을 해서 오해와 혼란을 지적하고 추수 도움을 제공하였다. 나는 또한 그의 쓰기에 성적을 매김에 있어 다른 접근을 사용하기 시작했다. 마틴과 로리드센(Martin & Lauridsen, 1974)은 [Developing Student Discipline and Motivation]에서 학생들은 개인적으로 학점을 받을 필요가 있다고 했다. 결과적으로, 나는 그에게 학문적으로 성숙한 다른 급우가 아닌 자신과 경쟁하게 하였고, 그의 지속적인 진보는 칭찬을 만들었다. 그리고 나서, 그가 확신과 자기-평가로 성장하였기 때문에, 다음 단계는 존슨과 존슨(Johnson & Johnson, 1987)의 제안을 시도하는 것으로 빌에게 집단에서 활동하도록 하는 것이다. 그들의 연구는 성공적으로 집단 활동은 자기 능력에 자신감을 증가시킨다고 주장한다. 그래서 나는 빌을 그가 학문적으로 사회적으로 모두 양립하는 또래 편집 집단에 참여시켰다. 이 장면에서, 그와 다른 집단 구성원 사이에 독립심이 자랐고, 사회성, 책임감 그리고 자기-평가가 길러졌다.

존스(Jones, 1980)에 의한 연구는 학생이 자기-성찰의 유형에 의해 행동 수정 책무성을 공유하여야 한다고 주장한다. 그래서 빌의 책무성은 매주 내가 작성한 진보 보고서에 개인적 기록을 하도록 하는 것에서 되었다. 그는 또한 게시판에서 매일 숙제를 복사하여 공책에 적었고 내용의 표 형태로 공책의 앞에 적어두었다. 과제를 완성하고 나서, 학점을 받아 되받으며, 공책에 연대기적으로 보관하며 숙제 페이지에는 검사 표시가 만들어진다. 뒷받침 활동으로서, 마감시한까지 숙제를 제출하지 않는 경우, 우리는 "숙제 경고"알림을 집으로 보내어, 부모의 사인을 받아, 2일안에 가져오도록 했다. 시간 내에 카드를 제출하지 않으면, 빌은 내가 집에 전화를 걸어 부모와 상황을 이야기한다는 것을 알게 된다. 그러나 이 뒷받침 활동 전략은 꼭 필수적인 것은 아니었다. 사실, 과거 5주 동안, 빌은 오직 한 번도 숙제를 해오지 않았다(왜냐하면 축구 경기가 늦게 끝나서 집으로 가는 버스를 오래 탔기 때문에).

제래 브로피(Jere Brophy, 1982)가 쓴 글은 내 개입을 가장 잘 요약한다:

예를 들면, 학급 요구를 대처하려는 시도를 기본적으로 포기한 실패 증후군 학생을 다루는 것에서, 효과적인 교사는 과제 요구를 줄이고 학생들이 마치 진실로 학급에서 성공할 수 없는 듯이 다루는 것에서 회피하는 데 혼란을 겪는다. 대신, 그들은 감정이입, 격려 그리고 요구를 혼합하여 학생들에게 접근한다. 이러한 교사는 학생이 능력이 있고 주어진 일은 너무 어렵지 않다는 것을 안심시킨다. 그리고 나서, 교사들은 학생들이 격려 받거나 지원을 필요로 하거나, 진보를 강화 받고, 그리고 성취를 위한 보상을 제공하는 계약을 제공받고, 학생의 목표를 설정하는 기회를 허용 받을 때 시작하여 도움을 준다. 일반적으로, 처벌의 위협을 통한 괴롭힘보다는 격려와 도움에 강조점이 있다. 실패-증후군 학생은 단지 그들이 성공할 수 있다고 듣는 것이 아니라, 할 수 있다고 확실하게 보여주는 것이고, 그렇게 하도록 도움을 받는 것이다.(p.23)

이러한 제안은 보다 실제적인 기대, 자기-신뢰가 제공된다면, 그리고 빌(Bill)이 할 수 있는 학생이 되었던 보다 편안한 학급을 만들어내는 것에서 이루어질 수 있다고 보여 진다.

실행해보기

이 장에서 해 본 *잠시멈추고*는 활동 이외에, 다음 활동은 이 장에서 제시된 매체를 여러분의 수업 목록에 병합시키도록 돕기 위해 제공된다.

활동 7.1

학생의 학문적 요구 관점에서 교실 환경을 평가하기

그림 7.1에 제시된 12가지 학생 학문적 요구에 대해, 여러분이 교실에서 요구에 대처하는 두가지 방법을 열거하라. 구체화 시켜라. 예를 들면: 나는 자신의 흥미를 따르는 학생의 요구에 반응하기 위해 흥미 센터를 사용하고 있다. 만약 여러분이 현재 가르치고 있지 않다면, 여러분이 현재 관찰하고 있는 학급을 선택하라.

다음으로, 여러분이 이러한 요구에 보다 효과적으로 대처하기 위해 가르치는 방법을 변경할 수 있는 구체적인 방법 두 가지를 열거하라.

활동 7.2

학습 과정을 풀기 위한 방법 선택

그림 7.4로 돌아가라. 여러분이 현재 수업에 사용하는 방법에 원을 표시하라. 다음, 흥미롭고 여러분이 가르치는 학생을 도울 수 있다고 믿는 방법 주위에 네모를 그려라. 끝으로, 여러분이 학생들과 적절하지 않거나 효과적이지 않다고 믿는 방법앞의 숫자에 x표시를 하라. 이 과제를 마치고, 너댓명의 동료와 만나라. 선택한 아이디어를 골라 교실에서 어떻게 작용하는지 공유하라. 항목에 박스를 그린 사람은 그것이 교실에서 어떻게 합쳐질 수 있는지를 제공하도록 하라.

활동 7.3

수정된 교수

여러분이 학생에게 가르치는 기술을 익히는데 어려움을 가진 학생을 골라라. 그림 7.17을 완성하고 여러분이 학생들이 성공하도록 도울 수 있는 수정할 수 있는 분야를 적어도 5개를 채워라. 다음, 이 방법 중 두 가지를 골라 실천하라. 그리고 나서, 다음 질문에 간단한 응답을 써라.

수정에 따라 학생들이 더 큰 성공을 경험하였는가?
그가 학습할 때 어떤 방법으로든지 변화가 있는가?
여러분이 수정한 후에 학생 태도나 행동에 다른 변화를 느낄 수 있는가?

끝으로, 학생을 면담하고 작업을 완성한 것에 대한 느낌을 토의하라.

활동 7.4

맥카시(McCarthy) 단원 계획 실천하기

여러분이 다음 달 안에 가르치거나 관찰할 단원을 선정하라. 여러분이 교생이거나 학급을 관찰 중이라면, 함께 일하는 교사에게 단원 선택을 도와달라고 하라. 유사한 학년 혹은 교과를 가르치는 다른 교사나 학생 3명과 함께 집단을 만들어라. 단원의 한 가지를 골라서 그림 7.11에 제시된 맥카시(McCarthy) 단원 계획 8가지와 연결되는 활동을 한 가지 이상 만들어라. 그런 다음 만일 여러분이 이 활동을 하는 전체 집단 혹은 다른 집단에 포함되어 있다면, 유사한 학년 수준 또는 유사한 교과 문제 내에서 학생들을 관찰하거나 과제를 수행하는 다른 세 집단과 함께 단원 활동과 교육 활동을 상호 토의함으로써 피드백을 얻어라(그리고 그들에게 선물을 주어라).

1. 다양한 형태의 단원과 보다 많이 관련된 학생들이 있는가?
2. 그 전보다 연관되며 더 책임감 있게 행동하는 학생들이 있는가?
3. 학생들은 이 단원에서 제공된 교육 내용에 대하여 일반적인 반응을 보였는가?

활동 7.5

학생들의 문제 행동 분석하기

행동에 문제를 가진 학생으로 문제를 겪고 있다면, 문제의 원인이 되는 교수 요소를 고려하는 것이 중요하다. 첫째, 학급에서 가장 다루기 어려운 학생이 이름을 써라. 다음으로, 그림 7.27에 여러분이 쓴 학생에 대하여 표를 완성하라. 그리고 나서 여러분의 대답을 조심스럽게 검토하고 다음 질문에 답하라:

이 학생이 우리 학급에서 이렇게 행동하는 이유는...

이 행동은 나에게 다음과 같은 것을 깨닫게 해 주었다...

이 학생이 학급에서 보다 적절하게 행동하도록 돕기 위해, 나는 ...을 할 필요가 있다.

내가 학급에서 혹은 이 특별한 학생과 변화해야 할 두 가지는...이다.

그림 7.27 학급 환경 분석하기

문제 행동을 일으켰던 학생이나 집단에게 다음 단원이나 과제를 제시할 때, 다음과 같은 것을 확인하라.

	대부분 항상	때때로	대부분 아니다
1. 학생이 항상 성적이 나빴던 교과인가?			
2. 학생이 제시되는 제재를 읽을 수 있는가?			
3. 기대되는 바를 학생이 정확하게 알 수 있는 과제인가?			
4. 과제가 난이도는 어렵지만 개인을 위해 성공적인 완성의 기회를 제공하는가?(학급 평균을 위한다기보다)			
5. 매체는 학생이 흥미를 느끼는 방식으로 제시되는가: 쓰기, 강의, 시청각, 프로그램 워크북, 단독 작업, 집단 과제 등? 매체 내용이 흥미로운가?			
6. 과제에 할당된 시간은 충분하여 흥미를 지속시키고 과제를 마음껏 완성할 수 있도록 하는가?			
7. 개인별 과제에 따라 등급이 나뉘어져서 성공적인 완성으로 좋은 성적을 얻을 수 있는가?			
8. 여러분이 학생에게 알려줄 수 있는 과제의 성공적인 완성 뒤에 따르는 기쁜 결과가 있는가?			
9. 과제의 최소 부분을 완성했을 때, 심지어 학생이 그것의 전부를 완성할 수 없을지라도, 따르는 동기유발을 위한 결과가 있는가?			
10. 과제를 정확하게 할 기회를 다시 한 번 주어 성적을 높일 수 있도록 하고 있는가?			
11. 학생이 노력을 거절할 때보다 과제를 수행하려고 할 때보다 집중하고 있는가?			

요약 SUMMARY

수 년동안, 학급 경영과 훈육에 관한 분야에서의 연구, 이론, 그리고 현직 교육 등은 학생 행동과 학생의 학습에 대한 태도 사이의 관계를 무시했다. 학급 경영은 학생의 과제 수행 행동을 어떻게 증가시키는가에 대해 초점을 두고, 상대적으로 교육과정과 교수법이 학생을 어떻게 동기화시키는가에는 덜 주목했다. 다행히, 교육자들은 점점 동기화와 행동 사이의 관계를 인식하기 시작했다. 이 장에서는 학생 학습에 동기화되어서 긍정적으로 교수 활동에 참여하는 정도에 영향을 미치는 주요 요소를 살펴보았다. 이러한 요소들이 무시될 때, 교사들은 학생의 행동을 통제하는 데 많은 시간을 소모하는 자신을 발견할 것이다. 그러나 이러한 학생 요구가 잘 이루어질 때, 학생의 교실 행동의 더 많은 부분이 학습 과제를 완성하는 것으로 나아가게 될 것이다.

제 4 부

학생 행동을 바꾸는 방법

제 8 장 규칙과 절차 위반에 대응하기

논리적으로 가르치기? 아니면 벌 주기?
폭력적인 행동에 대응하는 학급 규칙
방해에 반응하는 방법
반항하는 행동에 대응하기
계속적인 문제 행동을 해결하기
교사 기술 평가
요약

제 9 장 행동 문제를 해결하기 위한 문제 해결 사용

상황에 맞게 문제 해결하기
개별 학생과 문제 해결하기
학생 상호간 문제 해결하기
집단 문제 해결 방법
전교생에게 문제 해결 방법 가르치기
이행 활동
요약

제10장 개인적인 행동 변화 계획

행동주의적 관점에서 바라보기
환경 분석/기능 평가하기
새로운 행동 기술 개발을 돕기
팀을 짜서 긍정적 행동 변화 계획하기
이행 활동
요약

PART 4

학생 행동을 바꾸는 방법

세심하고 일관되게 사용한다면, 2부와 3부에서 제시된 방법은 학생 성취를 증가시키고 파괴적인 학생 행동을 유의미하게 제거할 수 있을 것이다. 그러나 많은 학생들은, 긍정적이고, 지지적이며, 잘 조직되었으며, 자극적인 학습 환경을 만들어내기 위한 우리의 노력에도 불구하고 주요 혹은 일관된 행동 문제를 일으켜왔다. 더욱이, 30명 혹은 그 정도 급우들과 상대적으로 적은 분야에서 학습하고 노력해야 하는 압력과 피할 수 없는 혼란은 일부 학생들이 이따금씩 그들의 행동을 잘못하게 되는 상황을 만들어서 행동을 통제하고 개선하는데서 도움을 요구하게 된다.

4부는 교사, 상담가, 아동 발달 전문가, 그리고 행정가 등이 학생들에게 책임지는 행동을 하도록 돕는 개입 전략을 많이 제시한다. 이러한 전략을 검토하고 실천할 때, 교육자들은 이 방법을 앞장에서 토론된 방법을 결합하여 사용할 때 더 효과적임을 명심하여야 한다. 사실, 연구자들은 성인이 젊은 사람들이 기본적인 심리적이고 학문적인 요구가 수용되지 않는 환경에서 수동적이며 긍정적으로 행동하도록 보증하는 행동 변화 전략을 실행함으로써 청소년을 해롭게 한다고 믿는다.

몇 가지 주요 개념은 8, 9 그리고 10장에서 제시된 내용을 강조한다. 첫째, 교사들은 학교에서 모든 사람이 책무성을 이해하고 협동적으로 일할 때 학생이 새로운 기술을 개발하고 책임지는 행동을 나타낼 수 있도록 돕기 위한 노력을 가장 효과적으로 할 수 있다. 1장에서 토의했듯이, 체계적 접근(systems approach)이라는 용어는 노력의 조화를 설명하는 것이다.

두 번째, 학생 행동 문제에 대응하여 만들어진 모든 개입은 본질적으로 교육적이어야 한다. 교육자로서, 우리는 학생의 무책임한 행동을 기술 부족과 개인적이고 학문적인 요구가 채워지지 않은 환경의 두 가지 요인에 기초하는 것으로서 볼 때 학생을 가장 효과적으로 도울 수 있을 것이다. 그래서 우리가 환경에 적응하려는 모든 시도를 한다면, 다음 단계는 새로운 기술을 학생이 개발하도록 돕는 것이나.

세 번째, 무책임하고, 비생산적인 학생 행동에 대응하기 위한 위계는 존재한다. 학생 참여와 문제 해결을 위한 책무성에 중점을 두는 개입에 따르는 긍정적인 학습 환경의 창출을 강조하는 개입을 먼저 실천한다면 학생들에게 가장 이익이 될 것이다. 외적 강화에 의존하거나 학생 행동에 대한 제한점을 바깥에 둔 방법들이 최신 수단으로서 사용될 것이다.

네 번째, 4부에서 제시된 행동 변화 개입을 강조하는 것은 학생이 모든 행동 변화를 위한 시도에 능동적으로 참여해야만 한다는 것이다. 학생들은 문제 해결에 참여되어야만 하고, 행동에 대한 자료가 수집되고 이해되어야 하며, 그리고 행동을 바꾸려는 목적을 가진 계약을 만들도록 하여야 한다. 끝으로, 행동에 대한 토론동안 학생이 제시한 것이 실행할 수 있지도 않고 바람직하지도 않지만, 그들은 많은 토론에서 다루어져야 하고 토의되는 문제와 실천되는 프로그램을 항상 알아야한다.

8장은 학습 환경을 방해하는 학생 행동을 어떻게 규정짓고 대응하는가를 고찰한다. 9장은 학생이 문제를 해결하기 위한 비폭력적인 방법을 배울 수 있는 지지하는 학급 공동체를 만들기 위한 여러분의 접근에 문제 해결과 갈등 대안을 합치기 위한 방법을 제시한다. 10장은 심각하고 계속되는 행동 문제를 경험하는 학생을 위한 개별 행동 변화 계획을 개발하기 위한 방법을 검토한다.

이 장을 통하여, 강조하고 싶은 것은 학생 인격을 강화하고 새로운 기술을 가르치는 개입에 대해서이다. 폭력적인 학생 행동을 단지 규칙과 벌에 의해서만 다룬다면 악화될 것이다. 1983년 청소년들의 공격적이고, 폭력적인 행동을 다루는 보고에서, the Panel on High Risk Youth of the National Research Council은 처벌적인 접근은 긍정적인 행동 변화를 일으키는 데 비성공적이라고 분명히 언급한다. 그들은 이러한 방법은 오로지 분노와 보복 그리고 폭력 패턴의 증가를 가져올 뿐이라고 경고한다. 대신에, 학생들에게는 양육받고 있으며 가치로운 존재라는 것을 깨닫게 하는 것이 도움이 된다고 했다. 그들은 또한 다른 사람의 권리를 폭력적으로 침해할 때, 그들 행동에 책임을 져야만 한다는 것을 깨달아야만 한다. 그러나 그들은 개인적으로 심리적으로 안전한 장소라고 느끼는 학급과 학교를 위한 변화가 필요한 환경에 대한 요소를 검토하기 위해 다른 학생과 직원들과 일해야 할 것이다. 그들은 또한 수고, 혼란 그리고 좌절 등을 표현하는 수용적인 방법을 개발하는 데 도움을 받아야 할 것이다. 훈육은 항상 세 가지 문제에 대답할 수 있어야한다: (1) 학급과 학교를 더 좋은 장소로 만들기 위해 변화되어야 할 것은 무엇인가? (2) 학생에 의해 이루어진 신체적 혹은 개인적 상처를 치유하기 위하여 이루어져야 할 것은 무엇인가? (3) 다른 사람의 권력을 침해함이 없이 합법적인 관심을 나타내는 다른 방법을 배우기 위해 필요한 것은 무엇인가? 학생의 행동 문제에 대응하는 성인이 이러한 3가지 문제를 강조할 때, 학생들은 일반적으로 훈육을 수용할 것이며 성인을 자기 마음대로하고 돌보지 않는 존재로 보지 않을 것이다.

>>> Chapter 8

규칙과 절차 위반에 대응하기

교사와 행정가들은 교사에게-부담을 지게하는, "딱딱한 방식(hard-line)"에서 전문적인 교육자로서 우리의 기술과 능력을 강조하는 교육적 접근으로 옮겨야 한다.

- Forrest Gathercoal(2001)

일부 교육자들에게, 훈육은 학생들의 행동을 통제하기 위해 교사에게 힘을 부여하는 권력의 수단이다...다른 교육자들에게, 훈육은 민주 사회에서 어떻게 함께 살아가는 방법에 대하여 가치의 세트를 가르치는 기회의 수단이다...훈육은 이러한 가치를 내면화하기 위해 학생들을 돕는 과정으로서 지각되며 그들의 욕구와 느낌에 대한 자기-통제를 개발하는 것이다.

- Nicholas Long and William Morse(1996)

예비 교사에게 수업을 가르치거나 베테랑 교육자와 워크샵을 할 때, 우리가 가장 빈번히 열정을 가지고 다루는 문제는, "학생들이 다른 사람의 권리를 침해하는 행동할 때 어떻게 할 것인가?"이다. 대부분 교육자들은 학생의 학습을 돕고 가장 많이 대처해야 하는 수업의 가장 적은 보상을 주는 측면의 하나인 파괴적인 학생의 행동에 대응하는 문제를 발견하는 것에 대하여 흥분된 마음으로 시작한다. 왜냐하면 많은 교사들은 학생의 학습시 파괴적인 행동에 대응하는 훈련과 기술이 부족하므로, 교사들은 모두 너무 자주 자신이 학생으로서 경험한 권위주의적 방법에 의지하는 자신을 발견한다. 이 점은 최근 젊은 교사가 연구자에게, "내 목소리는 학기를 시작할 때보다 한 옥타브 낮아요. 나는 학생에게 소리지르는 내가 밉지만, 무엇을 할 지 모르겠어요." 그녀는 교실에서 학생들이 책임감있게 행동하도록 돕는 보다 인격을 존중하고, 덜 권위적인 방법을 사용하고 싶지만, 그녀는 기술이 없어서 덜 권위주의적으로 대응하는 것을 모른다고 했다.

우리와 일했던 베테랑 교사는 또한 종종 권위주의적이며, 통제중심으로 대응하는 것에 좌절하고 교사들이 학생이던 시절인 수년전에 겪은 권위적인 훈육방법으로 잘 대처하지 못하는 것을 궁금해 했다. 저자는 이것이 대개 학생들이 권위를 보는 방법 때문이라고 믿는다. 첫째, 오늘날 학생들은 그들 권리에 대해 더 많이 알고 있다. 아동이 보여져야만 하며 듣지 않게 해야 한다는 생각은 그것이 통하던 시절보다 덜 상식적이다. 둘째, 아동이 가정에서 권위적인 성인의 모습을 본 방법은 20년전 전형적인 학생을 위한 것하고는 다르다. 저자 자신과 저자들과 일한 교사들도 굉장히 안정적이고, 사랑하며, 지지하는 환경을 가진 권위주의적인 가정에서 자랐다고 말한다. 권위주의적인 통제는, 그래서 안정감과 지지와 연관된다. 불행히도, 오늘날 많은 학생들은 권위주의적인 훈육을 신체적이고 심리적인 폭력과 포기와 관련지어 생각한다. 그래서 학생을 다루는 권위주의적인 방법에 따르기보다, 대처할 때, 학생들은 두려움, 분노, 화, 그리고 반항 등을 경험한다. 이것은 학교 직원에 의한 권위주의적인 방법이 가정에서 경험하는 것만큼의 신체적 혹은 심리적 손상은 아닐 것이라는 믿음을 과장시킨다.

권위주의적인 통제를 포기할 것에 관한 중요한 점은 이 접근이 학생이 나이가 들수록 확실히 효과가 적어진다는 것이다. 권위주의적인 방법은 1학년(비록 아동에 대한 효과는 해롭지만)에게 효과적일 수 있지만, 자아 정체감과 독립심을 키우는 발달단계에 들어서기 시작한, 나이든 학생에게는 덜 효과적이다.

학생이 다른 사람의 권리를 방해하는 행동에 대응하기 위하여 여러분의 시도를 결정하기 위한 또 다른 중요한 요소는, 앞서 언급한대로, 처벌적 방법이 증가하는 듯 보이는데, 반면에 필수적이기도 하지만, 분노와 고립감을 악화시키는데 기여하며 또한 폭력적 행동을 증가시킨다(Reiss & Ross, 1994). 더욱이, 연구는 문제 해결(Nelson, 1996)과 반복적인 가르침(Sugai, Horner, & Gresham, 2002)을 강조하는 학교 전반에 걸친 경영 방법이 긍정적이고, 안전한 학교 환경을 만들어내는데 가장 효과적이라고 주장한다.

비록 학문적 기술은 학생에게 아주 중요하지만 필요하다. 그래서 그들이 행동에 대한 긍정적이고, 생산적인 선택을 할 수 있는 기술이 있어야 한다. 우리가 줄 수 있는 가장 중요한 기술이며 위대한 선물의 하나는 단체에서 어떻게 효과적이고 생산적으로 행동하는 가이다. 더욱이, 행동에 대응하는 기술을 학생에게 모델링하는 것은 우리의 관심이며 어떻게 책임지는 행동을 하느냐를 가르치는 것은 수업의 부분으로서 굉장한 보상이 될 수 있다. 그래서 "학생들이 다른 사람의 권리를 방해하는 행동할 때 나는 어떻게 할까?"라는 질문을 생각할 때, 여러분은 "어떻게 무책임한 행동에 가장 효과적으로 생산적인 반응을 하는 모델이 되어서 이 중요한 기술을 학생들에게 가르칠 수 있을 것인가?"라는 문제를 다시 생각해 보아야 한다.

잠시 멈추고 8.1	학습 환경을 방해하여 다른 사람의 권리를 침해하는 학생 행동에 대응할 때 여러분의 목표는 무엇인가? 이 행동에 대응함에 있어 여러분이 성취하고자 하는 것에 대해 간단히 써보자. 이 장에서 제시된 방법을 읽고 실천할 때, 이 목표를 성취하기 위해 학생을 어떻게 도울 수 있을까?

논리적으로 가르치기? 아니면 벌 주기?

교육자가 학습 환경에 부정적인 영향을 미치는 학생 행동에 대응하는 효과적인 방법을 배우는 것은 다양한 요소를 고려해야 한다. 첫째, 학생 학습은 학습 환경에 방해가 최소화되는 안전하고, 조용한 장면 창출에 유의미하게 영향을 받는다. 둘째, 교사는 방해하는 행동을 보이는 학생의 수가 증가하는 처지에 놓여있다. 심지어 평균적인 유치원이전 학급에서 평균 3명의 아동이 방해하는 행동을 보여주었다(Gordon, Henry, Mashburn, & Ponder, 2001). 연구는 3장에서 7장에 제시된 방법과 관련한 것보다 구조화된 개입을 요구하는 행동 문제를 가진 학생이 10에서 20% 사이에 주장한다(Sugai, Horner, Lewis, & Cheney, 2002). 넬슨과 로버츠(Nelson & Roberts, 2000)는 99명의 초중등학생이 지속적인 파괴 행동을 보였는데, 이는 간단한 재지시적인 교사의 반응에 대해 278명의 통제학생들은 행동 문제가 적은 것과 비교된다. 통제 학생은 그 시간의 교사의 요구에 93% 즉각 따르는 반면, 문제 학생들은 단지 24% 학생만이 긍정적으로 반응했으며, 그들 반응의 나머지도 고분고분한 것이 아니며 부정적이었다. 실제로, 관찰된 모든 개입에서, 문제 학생은 교사가 바꾸고자 하는 행동을 멈추기 전에 평균 4.56 상호교환 시간을 요구했다. 기술을 개발하는 것은 결정적이며 성인 요구에 도전하는 경험을 가진 학생들이 조용하고 책임지는 여러분의 합당하고 전문적으로 제시된 요구에 반응하는 빈도를 증가시키도록 도울 것이다.

학생 학급 행동에 기술적이고 조심스럽게 대응해야 하는 세 번째 이유는 "압도적으로, 연구에서 발견된 결과는 대부분 학급에서 사무실로 보내지는 경우에, 아닌 것보다는 많지만, 유색인종과 가난한 학생을 위한 것이었다는 점에서 정직하다"는 것이 결정적이다(Milner, 2006). 스키바, 마이클, 나르도, 그리고 피터슨(Skiba & Michael & Nardo & Peterson, 2002)은 흑인 아메리칸 학생들이 다른 학생들이 규칙을 어겨서 받는 반응에서 더 큰 벌을 받는 경향이 많다고 보고했다. 이것에 대한 유의미한 이유는 "이러한 차별은 교사가 행동이 문화적으로 영향을 받는다는 것을 인식하지 못할 때; 비주류 집단의 행동에 대해 가치를 깎고, 비난하고, 처벌할 때; 그리고 그들의 경영이 일부 학생에게는 특권을 주는 반면, 일부 학생에게 외떨어지고 주변으로 몰아갈 때 일어난다"(Milner, 2006). 이러한 관심은 사무실로 보내지는 것과 퇴학당하는 것 사이에 직접적인 상관관계가 있다는 결과에 의해 더욱 지지받는다 (Skiba, 2002). 그들의 연구에 기초하여, 몬로에와 오비다(Monroe & Obidah, 2004)는 "사무실로 보내지는 것과 같은, 공식 절차를 거치지 않고 부적합한 행동을 설명하는 교사는, 재발하는 훈육 행동과 관련하여 학생이 손해보는 것을 피하도록 할 수 있다"(p.266). 그래서 교사가 이 장에서 제시된 기술적이고, 편견 없는 개입의 사용과 관련하여 3장에서 토의된 기대와 편견을 전문적으로 인식하는 것과 합치는 것이 기본적이다.

네 번째, 성인 요구에 협동적으로 대응하는 학생의 능력은 학교 성공과 관련한 기본적인 기술이다(Rimm-Kaufman, Pinata, & Cox, 2000). 끝으로, 성인 요구에 대응하는 데 어려움을 보이는 학생들은 심각한 행동 어려움을 계속적으로 가지기가 쉽다(Walker, Colvin, & Ramsey, 1995).

비록 교사들은 신속함, 단서 그리고 가르치는 개입 등으로 부적절한 학업적 행동에 대응하지만, 그들은 비판적이고, 처벌적인 대응을 강조하는 방법으로 학생 파괴에 대응하는 경향이 있다. 이것은 이해가 되는데, 왜냐하면, 학문적 실수에 비하면, 책임있는 행동을 나타내는 것에서의 잘못은 교사 업무에 큰 영향을 미쳐서 더 강한 정서적 비난을 불러일으킨다. 그러나 이 처벌적 대응은, 일반적으로 바람직한 학생 행동을 부추기거나 대응하는 선택적 방법을 학생에게 가르치는 점에서 비효과적이다(Nelson & Roberts, 2000).

그림 8.1은 문제를 가진 학생 행동을 고찰하는 두 가지 방법의 비교를 제시한다. 학교 직원은 너무 자주 기술 부족으로서 보다는 학생 태도 문제로서 부적당한 행동을 고찰하고 그로인해 그림 8.1의 오른편에 제시된 유추를 사용하여 대응한다. 우리는 현재 연구와 이론이 분명하게 그림 8.1의 왼편에 제시된 범례를 분명하게 지지한다고 믿는다. 행동 문제를 학업 문제와 유사하게 다룸으로써, 교사는 환경을 분석하고 대안적인 전략을 개발하여 학생을 도움에 있어 상당한 전문성을 사용하도록 허락받는다.

호주 학교에 관한 연구에서, 레비스(Lewis, 2001a)는 3,500 중・고등학생에 대한 교사의 훈육 방법에 대한 설문지를 실시했다. 그의 결과는 당황하지 않게 하는 단서와 학생 토론을 사용하는 관계-중심 훈육이 교사가 스스로 붙잡아 규제하고, 훈육 방법으로 자주 사용하는 공격적인 훈육 사용보다 더 책임감 있는 학생 행동과 관련된다고 주장한다. 같은 차원에서, 흑인 아메리칸, 멕시코계 백인 그리고 필리핀계 미국인 학생들과 일한 쉬츠(Sheets, 1996, 2002)는 학생들이 훈육의 강제적인 방법에 빈약하게 대응하는 것을 제외하고는 의사결정을 덜하게 할 때 알고자 하는 의지를 갖게 된다고 보고했다. 이 반응은 다음과 같은 사실에 의해 설명될 수 있다 :

학생들은 이미 그들이 가장 좋은 상황 아래에서 정당하게 취급받지 않을 수 있음을 믿고 있으며,

그들은 최악의 상황을 기대한다. 학교가 학생들과 "강인하게 될 때", 그들의 행동은 전혀 줄어들지 않을 문제 행동을 제외하고는 확언된다(Sheets & Gay, 1996. p.91).

상당한 다른 연구는 즉각적인 강력한 재가의 사용을 제시하는데, 거기에는 공식적인 비난, 학급에 남도록 요구받는 것, 그리고 한 명 혹은 다수 학생에 대해 잘못된 행동에 대한 집단 책임 등과 같이 학생에게 수용되지 않으며 비효과적인 것으로 인식되는 강력한 재가의 사용을 나타낸다(Hoy & Weinstein, 2006).

그림 8.1 **학업과 사회적 문제에 접근 비교**

교육자들이 학업 문제와 다르게 사회 문제에 접근하는 평이한 실천이 있다. 기본적으로, 학습 원리는 학업 문제를 재조정하는 데 사용되는 반면, 부정적인 결과는 전형적으로 사회적 문제를 다루는데 사용된다. 차이점은 다음과 같이 요약된다.

잘못의 종류	학업 문제를 위한 절차	사회 문제를 위한 절차
드문	학생이 바른 응답을 만들려고 노력한다는 가정. 잘못은 우연이라는 가정.	학생이 바르게 행동하려고 노력하지 않는다는 가정. 잘못은 계획적이라는 가정.
	도움 제공(모델-안내-테스트)	부정적인 결과 제공.
	보다 많은 연습 제공. 학생이 기술을 배우고 미래에 바르게 수행할 것이라는 가정.	실천에 대한 요구 없음. 학생이 올바른 선택을 하고 미래에 행동하는 가정.
흔한 (만성적)	학생이 잘못된 방법으로 배웠다는 가정.	학생이 협동하는데 혼란을 겪는다는 가정.
	학생이 (부주의하여) 잘못된 방법으로 배웠다는 가정.	학생이 올바른 것을 알고 들었다는 가정.
	문제 진단.	보다 부정적인 결과 제공.
	잘못된 규칙 규명 혹은 내용을 제시하는 보다 효과적인 방법 결정.	정상 맥락에서 학생 추출.
	설명 조정. 규칙 강조. 피드백 제공. 연습과 복습 제공.	정상 맥락에서 학생 제거 유지.
	학생이 기술을 배우고 미래에 바르게 수행할 것이라는 가정.	학생이 단원을 "배웠고" 미래에 행동할 것이라는 가정.

흥미롭게도, 연구는 부적합한 학생 행동과 노력하기 위해 보다 개인적이고, 교수적인 접근을 사용하고자 하는 교사는 교장에게 보다 많은 점수를 얻는다는 것을 나타내고 있다(Broph & McCaslin, 1992). 게다가, 아네, 그린우드 그리고 밀러((Agne & Greenwood & Miller, 1994)는 그 해의 교사로 뽑힌 교사들은 학생 행동 문제에 대응하는 그들의 역할을 통제 문제보다는 대인간, 기술-기초 문제로 보기 위해 동료 집단과 협동하는 경향이 있는 것으로 보고했다. 이 결과는 행정가와 교사 수행을 평가하는 다른 사람들이 교사가 학생들이 보다 효과적인 자기-관리자와 책임지는 시민이 되도록 돕는 것을 강조하는 의사 결정을 하도록 지지해야 한다는 것을 주장한다. 행정가들은 교수 방법과 일치하는 훈육방법을 갖는 이익에 고마워하게 될 것이다.

이 장의 다음 부분은 학급 훈육 절차를 검토하고 개발하는 것을 돕는다. 이것은 미미한 방해부터 폭력적인 행동에 이르는 방해하는 행동 범위에 대응하는 몇 가지 선택을 따르게 한다.

폭력적인 행동에 대응하는 학급 규칙

교실에서 학습 과제의 원활한 흐름을 강조하는 학급 절차를 만드는 것의 중요성에 대한 6장을 회상해보라. 아마 여러분이 개발할 가장 중요한 단일 절차는 학습 환경을 방해하여 다른 사람의 권리를 침해하는 방식으로 학생이 행동할 때 어떻게 대응할 것인가이다. 여러분이 그들에게 유능하게 돌보는 방법으로 학생에게 제시할 수 있는 한 가지 방법은 학습 환경을 파괴하는 학생에게 효과적으로 대응하는 여러분의 능력 자체이다. 게다가, 연구(Brophy, 1996)는 교사가 학생을 즉각적으로 행정가의 사무실로 보내는 것보다 책임 있는 행동을 개발하도록 돕는 학교에서 행동 문제가 덜 일어난다고 주장한다.

잠시 멈추고 8.2	학생들이 학습 환경을 파괴할 때 성인들이 하는 것에 대하여 간단히 써라. 특히, 학생에게 보다 감동을 주는 개인적인 전략보다는 여러분이 사용한 결과나 절차에 초점을 두라. 문장을 쓴 다음 그림 8.2에 나오는 퀴즈를 완성하여 여러분의 접근을 평가하여 점수를 계산하라. 여러분의 동료나 급우들과 결과를 이야기 나누고 퀴즈에서 높은 점수를 얻은 학급 체계의 내용과 수정이 필요한 것을 토론하라.

그림 8.2 학급 경영 퀴즈

마음 속에 학급 경영 체계 그림을 만들어라-학생들이 여러분과 함께 개발하고, 학습하고, 실천할 합리적인 규칙과 절차를 따르지 않는다면 어떻게 대응해야하는지. 비록 주관적이겠지만, 뛰어나면 5점을 주고 낮으면 0점을 주는 준거에 따라 여러분의 체계 점수를 매겨라.

_______ 분명함(여러분이 10명의 학생을 인터뷰한다면, 그들이 여러분이 설명한 방법으로 체계를 설명할 수 있는지)

_______ 순차적(즉시적인 거친 혹은 파괴적인 반응보다, 여러분은 강도에서 점차적으로 반응의 시리즈를 사용한다)

_______ 존중(반응은 학생의 인격이나 자아-평가를 강화하거나 유지한다)

_______ 교육적(체계에서 반응은 학생이 긍정적인 행동에 초점을 두거나 선택적인 행동을 학습하도록 돕는 신호를 제공한다)

_______ 환경 분석(문제가 일어났을 때, 여러분은 "어떤 학급 요인이 이 행동을 만들었으며, 어떻게 내가 이 행동이 일어날 가능성을 줄이도록 변화시킬 수 있을까?"

여러분이 이 퀴즈에서 높은 점수를 얻었다면, 여러분은 전문적으로 방어적이고, 이 책이 다른 방법과 함께 사용할 수 있다면, 학교에 대한 긍정적인 느낌과 책임있는 행동을 학생이 개발하는 것과 관련되어야만 하는 체계를 가지고 있는 것이다. 그림 8.3은 다른 사람의 권리를 무시하고 학습 환경의 효과성을 제한하는 학생 행동에 대응하기 위하여 여러분과 동료가 어떻게 할지를 고려하기 위해 여러분을 위한 추가적인 질문 시리즈를 제공한다.

1980년대 초기, 리 칸터(Lee Canter)는 "주장적 훈육(Assertive Discipline)"이라는 체계를 개발했다. 최초 형태에서, 이 프로그램은 학생에게 교실 규칙을 알려주는 것과 칠판에 아동의 이름을 놓아 규칙 파괴에 대응하는 것을 강조했다. 낮에 이루어진 추가적인 파괴는 학생 이름 뒤에 체크되어 놓여진다. 각 체크는 휴식이나 점심시간을 뺏길 지정된 시간을 의미하며, 체크의 지정된 수(보통 5)는 학급에서 학생이 제거되도록 한다. 보다 최근에, 일부 교사들은 이 방법을 변화시켜 카드홀더 옆에 게시판에 학생 이름을 놓았다. 색깔별 카드는 학생이 책임지는 행동을 했는지(책임감은 초록색, 경고는 노란색, 그리고 처벌이 곧 왔음을 알리는 빨간색)를 나타내기 위해 카드홀더 안에 놓여진다. 연구는 이러한 유형의 대응이 비효과적이라고 주장하며(Emmer & Aussiker, 1987; Nelson, 1996; Nelson, Martella, & Galand, 1998), 칸터(Canter)는 학급에서 그의 최고모델이 사용되지 않는다고 주장했다(Canter, 1996). 이러한 방법이 비효과적이라고 보여주는 한 가지 이유는 비록 그들이 비록 그림 8.2에서 제시된 처음 두 가지 준거에는 확실한 5점을 받지만, 나중 세 가지에는 0점을 받기 때문이다. 타율 4할은 야구 명예의 전당 측면에서 볼 때 한 지점에서 안타를 날리기가 쉽지만, 21세기에 그러한 타율 4할을 가진 학급 경영 계획은 비효과적일 뿐 아니라 상당한 학생과 부모의 비난을 받을 것이나.

그림 8.3 훈육에서 주요 개념

1. 나는 갈등을 교사로서 내 인생의 자연적이고, 중립적인 부분으로 보는가?
2. 나는 학생 행동을 바꾸기 위해 갈등 해결과 기술 수립을 사용하는가, 아니면 권력-지향 방법을 사용하는가?
3. 학생이 잘못 행동할 때, 그들 요구에 대처하는 올바른 절차를 가르치는가?
4. 나는 특히 학급에서 행동적으로 혹은 학업적으로 힘겨워하는 학생들에게 초대를 강화하는 전략을 가지고 있는가?
5. 나는 학급에서 갈등이 어떻게 해결되어야 하는지를 학생에게 가르치는가?
6. 학생 행동이 학급에서 제거되어야 하는 것일 때, 나는, 학생과 학생을 보내는 사람에게, 우리가 학생에 대해 걱정하며 단지 학생의 잘못된 행동에서 기인한 갈등을 해결하기 위한 보다 효과적인 포럼을 필요로 한다는 것임을 알려주는가?
7. 학생 행동 문제에 대한 내 모든 반응은 학생에게 새로운 기술을 제공하며 학급 환경이 학생의 요구를 기꺼이 충족시키고 보다 책임지는 행동을 하도록 수정하는 것을 지향하고 있는가?
8. 그들이 제거되는 장면으로 돌려보내기 전에, "논쟁"의 당사자에게 간단하게 수정할 계획을 토의할 기회는 있었는가?
9. 학생들이 심각한 행동 문제를 가지거나 계속 한다면, 분명하게 구조화된 형태에서 제한점들은 모든 당사자에 의해 동의되었는가?
10. 학생들이 심각한 행동 문제를 가지거나 계속 한다면, 학생을 돕는 계획을 만들기 위해 학생들과 만나서 일할 학교 팀 내에서의 절차가 있는가?

비생산적인 학생 행동에 대응하기 위한 전문적으로 책임을 지고, 효과적인 계획을 만들 때, 몇 가지 주요 요소가 있다.

1. 학생들은 규칙과 절차와 그들이 받을 결과를 분명하게 알아야 한다.
2. 학생들은 특정한 결과를 불러일으킬 행동을 계속할 때 분명하고, 정중한 신호를 받아야 한다.
3. 결과를 채택할 때는 가능한 일관성이 있어야 한다.
4. 학생들은 그들에게 돌아올 결과를 알아야 한다.
5. 결과는 그 자체가 교육적이어야 한다.

그림 8.4는 규칙이나 절차 어김에 대응하는 절차를 제시한 것이다. 이 방법은 학생들이 그들의 행동을 잘 알도록 돕는 신호를 먼저 사용하도록 한다. 학생들이 행동을 못 보거나 대응하는데 실패한다면, 학생의 이름을 말하고 정중하게 학급 규칙을 따르도록 요구하라.

수용하기 어려운 행동이 계속되어, 학생이 이 행동을 계속해야 한다고 알고 있다면, 그가 문제 대안을 마련할 시간을 선택하도록 해야 할 것이다. 관념적으로, 이러한 이런 학급에서 일어날 것인데, 학생이 수업으로부터 이익을 얻을 수 있으며 또한 참여하는 동안 해결될 것이라는 것을 깨닫는 곳이다. 적절한 쓰기 기술을 가진 학생들은 문제 해결 형태를 완성해야 하는 일과 필수적인 내용이 있는 영역을 안내받을 수 있다.

"전에는 사용하지 않았는데, 굉장한 제지력이 있음을 발견했어요."

학생들이 이 연속적인 과정에서 각 단계를 분명하게 이해하는 것이 중요하다. 이것은 그림 8.4에 있는 각 단계를 역할놀이 해보고 학생에게 학급 규칙을 어기는(여러분이 이야기하는 동안 옆 사람과 말하는 것과 같은) 것을 물어보는 것으로 이룰 수 있다. 그리고 나서 학생에게 지정된 단계를 채택할 때 부적당한 행동을 멈출 것인지를 물어라. 이 절차는 처음 세 번째 단계에 대응하는 것에 몇 명의 학생들이 참여할 때까지 계속될 수 있다. 여러분은 그리고 나서 대안과 계획을 쓰도록 학생에게 안내할 수 있다. 각 학생이 계획을 쓰면 여러분은 이것을 검사하고 이어서 학급과 그것을 토의한다.

몇 년 전 대학원 세미나에서, 저자 중 한 명은 고교 2학년과 3학년을 위한 대학 예비과정에서 학생에게 문제-해결을 가르치는 것은 필수적이 아니라고 논평했다. 저자 중 한 명이 5년 전 가르친 코스에 있었던 세미나 참가자는 초기에는 이 언급에 동의하지 않았다. 그는 말하기를 화학과 물리에서 그의 모든 고교 2학년과 3학년과 절차를 역할놀이 했다고 했다. 그는 기록하기를 학생들과 부모들은 이 과정의 가치를 자주 논평했다고 한다. 이 교사는 매년 12번 정도 4번째 단계를 사용할 필요가 있음에도, 효과적인 학급 경영 프로그램의 절대적 측면이라고 설득했다.

이것은 여러분이 기록하고, 이름을 적고, 혹은 합법적 형태로 바뀐 것의 결과가 아니라는 것을 이해하는 것이 중요하다. 이것은 단지 다른 사람의 권리를 방해하는 행동에 대응하는 결과의 예를 보여주는 것이다. 실제로, 식당이나 교수 만남에서 대응하는 방법과 닮지 않았다. 우리는 어떤 사람에게 나쁜 감정을 만들거나 환경이 덜 긍정적이게 만드는 방법으로 행동하는 사람의 의도를 잡으려고 노력해야 한다. 다음으로 그 사람에 대한 간단한 언급을

그림 8.4 학생이 규칙과 절차를 어길 때 대응하는 단계

단계	절차	보기
1.	비언어적 신호	규칙 차트를 가리킴.
2.	언어적 신호	"존, 우리 학급 규칙을 따라주렴."
3.	선택 학생의 문제 지시	"존, 내가 설명할 때 계속 이야기하면, 계획을 만들기 위해 선택될거야."
4.	계획 수립위해 지정된 장소로의 학생 이동	"존, 계획을 만들기 위해 시간을 갖도록 선택되었다."
5.	계획 수립을 위한 학생 이동 요구	"존, 나는 정말로 여기서 이것을 해결하기를 바란다. 우리가 할 수 없다면, 너는 계획을 세우기 위해 존슨 선생님을 만나야 할거야."

해야 한다. 끝으로, 우리는 다른 곳에서 행동을 보여주는 사람을 제안할 것이다. 이것은 성인이 다른 사람에게 주는 자연스럽고 적절한 신호이며, 학생에게 위엄을 주기에 효과적이다.

학교 수준 학생 경영 절차에 대한 연구에서, 론 넬슨(Ron Nelson)은 학생이 문제 해결을 위해 방에 남아서 생각할 시간을 제시했다(Nelson, 1996; Nelson, Martella, & Galand, 1998). 이 접근은 여기서 5번째 단계와 비슷하며 학생이 새로운 기술을 개발한 방법으로서 훈육 반응을 사용하기 위한 사려깊은 접근이다.

교사들이 자주 물어보는 한 가지 질문은 학생이 그들의 행동을 생각할 조용한 시간이 필요한 시점에 도달했을 때 문제-해결 서식을 완성하도록 하는 것이 바람직한 것인가에 대해서이다. 쓰기 서식은 학생 행동과 행동의 새로운 계획에 대한 학생 평가에 대하여 기록을 제시하는 이점을 가지고 있다. 또한 집단에서 떨어져있는 동안 학생에게 무엇인가를 할 과제를 제시하는 이점도 있다. 쓰기 서식의 불리한 점은 행동하려고 노력하는 학생이 학업적 과제와 씨름한다는 것이다. 학생들은 쓰기 과제를 완성하는 것을 자신의 쓰기능력 부족으로 인한 벌이라고 볼 수도 있다. 이 경우에, 학생은 종종 서식을 완성하도록 요구받으면 혼란과 분노로 대응한다. 이 주제에 대해 수 백 개의 학교 직원이 문자로 처리한 경험중의 하나는 학생에 대하여 알고 있는 지식을 기반으로 이 프로그램을 실천할 것인지를 결정 하는 것이 최선이라는 것을 보여준다. 최소한으로 쓰기를 요구하는 서식을 만드는 것 혹은 단지 교사 혹은 이 과정에 참여한 다른 성인과 그들의 문장을 이야기 나누도록 하는 것은 가능하다.

그림 8.5는 1학년 교사가 사용할 수 있는 문제-해결 형태의 예이다. 그림 8.6은 초등학교 고학년 혹은 중등학교 교실에서 사용할 서식을 제공한다. 학생이 서식을 완성하면, 정해진 장소에 두거나 교사에게 보여준 다음 학생은 자기 자리로 돌아간다. 물론, 서식에 쓴 대답에

대하여 학생과 간단한 토론을 갖는 것이 중요하다. 이것은 수업 끝 무렵이나 다음 시간 시작 즈음에 할 수 있다. 특히 학생이 수업에 돌아가서 초대받았다고 느끼고 여러분이 문제 해결할 필요가 있는 행동을 수용할 수 없을지라도, 여러분이 그들을 걱정하고, 그들 행동에 책임지는 능력이 있음을 존중하고, 그리고 그들이 수업에 돌아와서 기쁘다는 것을 느끼게 해주는 것은 중요하다. 다음 장은 심화된 토의와 학급에서 문제-해결을 어떻게 실천하는지의 예를 제공하며 문제 해결을 학교 수준 학생 경영 계획에 포함시키기 위한 방법을 제시한다.

그림 8.5 1학년 문제-해결 서식

이름 ____________________ 날짜 ____________

가장 잘하기 위해, 나는 다음과 같은 일을 할 필요가 있어요:

- □ 학교 성인의 지시에 따르기
- □ 학교 물건을 소중히 다루고 함께 쓰기
- □ 모든 사람을 존중하기
- □ 안전한 방법으로 행동하기
- □ 노력을 다하기

어떤 일이 있었나요 : ____________________

왜 이런 문제가 일어났나요 : ____________________

나는 책임지기 위해 이렇게 하겠어요: ____________________

내가 보기에는 이것이 책임감 있는 거예요!

아동 서명 ____________________

교사 서명 ____________________

부모 서명 ____________________

그림 8.6 문제-해결 서식

책임지는 선택

이름 ______________________ 날짜 ______________________

우리가 동의한 규칙들:

1. 다른 사람에게 정중하고 친절하게 대하기
2. 학교와 개인 재산을 소중하게 다루기
3. 선생님의 요구에 따르기
4. 수업을 준비하기
5. 열심히 노력하고 도움이 필요하다면 요청하기
6. 문제를 비폭력적으로 해결하기

다음 질문에 답하시오:

1. 여러분이 어긴 규칙은 무엇인가요? ______________________
____
2. 이 규칙을 어떻게 어겼나요? ______________________
____
3. 여러분, 선생님, 혹은 급우들에게 이것이 어떤 문제가 되나요?
____
4. 보다 책임감있고 학급 규칙을 따르기 위해 세워야 할 계획은 무엇인가요?
____
____
5. 교사나 다른 학생들이 어떻게 여러분을 도와주기를 바라나요?
____

나는, ______________________, 내가 쓴 계획에 잘 따르고 배우기에 더 좋은 장소를 만들기 위한 우리 학급의 모든 다른 규칙과 절차를 따르기 위해 노력할 것이다.

이 책에서 주장하는 모든 방법처럼, 여러분은 조심스럽게 수업 장면에의 적용가능성을 고려해야하고 비판적으로 새로운 방법을 사용했을 때 결과를 측정해야 한다. 규칙 어기는 것에 대응하기 위해 이전 방법을 실천해야 한다면, 파괴적인 행동을 과도하게 강조하는 방식으로 사용해서는 안 된다는 것을 보증하는 것이 결정적이다. 연구는 교사들이 종종 과제 수행 행동보다 파괴적인 행동에 보다 자주 주목하며, 이 행동이 과제 수행과 관련 없는 학생 행동을 증가시키는 경향이 있다는 것을 보여준다. 그래서 이 방법을 실천할 때, 바람직한 학생 행동을 자주 확인하고 새로운 접근이 실제로 과제 수행 행동을 증가시키는 것과 관련이 있는지를 측정하기 위해 학생 행동을 모니터한다.

학생이 지정된 장소로 가거나 서식을 완성하는 것을 거절한다면, 교사는 문제는 해결될 수 있고 교사는 진심으로 학생이 남아있기를 바란다고 표현할 필요가 있다. 예를 들면, 여러분이 "샘, 나는 우리가 이것을 함께 할 수 있다고 확신하고, 네가 학급에 남아있었으면 좋겠다. 네가 계획을 수립해야 한다면, 나는 가능한 빨리, 함께 해결할 수 있다고 확신해."와 같이 말할 수 있다. 학생이 계속 반항적이라면, 교사는 학생에게 선택을 하도록 할 필요가 있다. 예를 들면, 여러분은 "샘, 네가 여기서 하고 싶지 않다면, 너는 사무실에서 할 수도 있다. 나는 네가 걱정되며 여기에 남아있었으면 좋겠다."라고 말할 수 있다.

학생이 책임감있게 행동하도록 격려하는 강화의 규칙

우리가 종종 받는 또다른 질문은, "학생이 책임지는 행동을 하도록 격려하기 위해 강화를 사용하는 것은 잘못입니까?"이다. 교사들은 종종 그들이 학생이 긍정적인 행동을 하기 위해 강화 받아서는 안 되는데 왜냐하면 이것은 외부 강화에 의존하게 되며 학생 내적 책무성의 발달을 줄이기 때문이라는 것을 듣거나 읽었다는 것이다. 확실히, 교육자로서 우리의 목표는 학생들이 긍정적인 선택만을 혼자서 하도록 돕는 것인데 왜냐하면 이 선택은 그들과 다른 사람이 좋은 감정을 느끼고 효과적으로 배울 수 있도록 돕기 때문이다. 사실상 모든 사람은 의지보다 다른 외부 산출물에 의해 행동에 영향을 받는 것이 현실이다. 많은 사람은 그들이 경찰차를 볼 때 보다 안전하게 운전한다. 소수 교사만이 보수를 받지 않는다고 해도 일할 것이다. 어느 정도 사람들은 일에 대한 보상을 기대하고 즐긴다. 이것은 특히 일이 어렵거나 위험을 포함할 때 중요한데 학교에서 학생들의 행동이 다른 사람에게 문제를 만들어내는 상황일 때 그러하다. 대부분 우리는 우리가 잘 수행할 때 축하를 즐긴다. 어떤 사람은 단지 시합에서 이긴 팀의 행동을 볼 필요가 있는데 개인이 실질적인 진전이 중요한 목표 도달을 한 후에 축하받을 것을 기대한다는 것을 알게 된다.

그래서 우리는 그들이 책임지도록 행동하는 것에 노력과 우수성을 보일 때 다양한 강화의 형태를 학생에게 제공하도록 도움이 되는 상황이 있을 것이라는 것을 안다. 예를 들면, 이 책의 7차 교정판을 쓸 때, 선임연구자는 수년전에 학생이었던 베테랑 교사로부터 전화를 받았다. 교사는 시내 중심 학교에서 가르쳤는데, 가족을 양육하기 위해 직업을 떠났다가, 최근 학생들이 학업적으로 어려움을 겪는 다른 시내 중심 학교로 돌아와서 가르치고 있었다. 그녀가 전화한 것은 학급 경영에 대한 관심 때문이었다. 그녀는 학생들에게 혼란을 겪고 있어서, 목소리를 자주 높였고, 그녀가 자신이나 학생을 위해 좋다고 생각되는 것보다 덜 안전하고 덜 조직되었다고 믿고 있다. 그녀는 저자 책의 초기 출판을 다시 읽은 후에 공감하여, 긍정적인 학습 환경을 다시 세우기 시작했다. 그녀는 학생의 관심을 결정하는 학급 모임을 만들었고, 학생에 대한 행동 기대를 세우고 신호를 만들었으며, 문제 해결을 사용하기 시작했다. 그러나 그녀는 학생이 책임지는 행동을 하도록 강화를 사용하기 시작한 것에 관심을 표현했다. 그녀는 학생이 긍정적이고, 돌보는 학습 환경을 지지하는 행동을 했을 때 도장을 찍어주었고, 도장은 학용품과 학생이 갖고 싶은 것으로 교환되었다. 그녀는 이런 조합된 변화가 극적으로 보다 생산적인 학습 환경을 만들어 내는데 도움이 되었지만, 이것은 외부 통제를 강화하여 학생에게 상처가 되는 것은 아닌지를 물었다.

저자의 답변은 그녀가 하고 있는 것이 잘한다는 것이었다. 저자는 또한 학생이 행동을 잘하면 강화 받을 필요가 있다는 믿음을 공유하면서 몇 가지 제안을 했다. 첫째, 저자는 그녀에게 도장을 찍어주는 것과 몇 가지 형태의 언어적 문장을 함께 하면 학생이 자신의 행동이 자신과 다른 사람에게 도움이 되는가를 이해하는 데 도움이 될 것이라고 격려했다. 목적은 토큰 강화(도장)와 사회적 강화를 연합하여 사회적 강화가 점차적으로 외적 강화에 보다 집중하는 욕구를 대체하게 하는 것이다. 다른 중요한 목표는 사회적 강화가 학생에게 행동 자체가 가치로운 것인가를 이해하도록 돕는 정보를 제공하는 것이다. 둘째, 저자는 그녀에게 사회적 강화가 그녀가 제공하는 물질적 강화를 대체하도록 격려했다. 그래서 학생들이 좋은 행동을 할 때(아마 지정된 수의 도장을 받았다고 보여줄 때), 교사는 집으로 전화를 걸어서 부모나 보호자에게 자녀가 어떻게 책임지는 행동을 하고 있으며 어떻게 성공적으로 되고 있는지를 알려줄 수 있다. 교장, 상담가 혹은 다른 중요한 성인은 또한 학생과 대화 나누기, 점심같이 먹기, 집으로 전화하기 등에 의해 구체적 사회적 강화를 제공할 수 있다. 모든 경우에, 강조점은 학생이 어떻게 자신의 행동이 성공과 행복으로 이끄는가를 이해하도록 돕는 것에 있다.

왜 벌보다는 문제 해결에 초점을 두어야 할까?

문제 해결 대 벌의 주제에 대한 간단한 언급 없이 학급 경영 체계에 대한 토론을 끝낼 수는 없다. 우리가 베테랑 교사들과의 워크샵을 열었을 때 수년간 우리가 가장 빈번하게 듣는 질문은, "벌은 언제 사용하죠?"였다.

첫째, 우리는 학업과 행동 잘못에 대한 비교에 관한 앞선 토의로 돌아가 보겠다. 우리는 교육자의 두 가지 잘못된 대응방식이 학생이 새로운 기술을 개발하는 데에는 지지와 도움을 필요로 한다는 가정을 필요로 하고 있다고 강력하게 믿는다. 둘째, 기술 개발을 강조하는 데 실패한 것 외에, 벌에 대한 강조는 학습을 막는 것처럼 보인다. 교사가 보다 처벌적이라고 여겨지는 학급의 학생들은 학습이 그리 중요하지 않다고 표현했으며, 더 공격적이었고, 덜 학습하는 경향이 있었다. 셋째, 연구는 벌이 학생 행동을 변화시키기 위한 효과적인 방법이 아니라고 주장한다. 에머와 오시커(Emmer & Aussiker, 1987)는 훈육에 대한 네 가지 접근법-교사 효과성 훈련, 현실 요법, 주장적 훈육 그리고 아들리언-중심 접근-을 통합한 연구 평가 결과에 관한 문헌을 고찰했다. 그들은 또한 미국과 캐나다의 120개 지역 교육청을 접촉하여 이 프로그램에 대한 평가 연구를 얻었다. 이 결과는 가장 처벌-중심 접근(주장적 훈육)이 가장 효과가 낮다는 것을 나타낸다.

학생의 잘못된 행동에 대한 처벌적 반응의 효과에 대한 유사한 결과는 30년전에 베커, 엥겔만, 그리고 토마스(Becker & Engelmann & Thomas, 1975) 등에 의해 보고되었다. 이 연구자들은 교사가 파괴적인 학생 행동에 대한 처벌적인 통제 방식 반응 사용을 증가시키는 것을 요구받았을 때, 학급에서 잘못된 행동은 실제로 9에서 31%까지 증가시켰다.

넷째, 벌은 학생들이 행동에 대한 책무성을 수용하는 것보다 비난을 투사하도록 만든다. 벌은 학생이 화나게 만들거나 문제에 대한 개인적 책무성을 검토하는 것보다 벌에 대한 개인적 책무성을 비난하게 만드는 상황을 만드는 경향이 있다. 글레이저(Glasser, 1988)는 학교에서 일어나는 모든 훈육 문제의 95%는 학생 힘의 부족이며 잘못된 행동은 힘을 얻기 위한 시도라고 언급했다. 학생의 잘못된 행동에 대한 처벌적 대응은 학생에게 힘과 효과성의 느낌을 강화하기보다는 종종 퇴학이나 능동적으로 파괴적이며 반항적 반응을 이끌어내는 것으로 쏠리게 만든다.

다섯째, 문장쓰기, 부가적 과제 할당과 같은 활동을 사용하는 것과 처벌로서 학생을 유급시키는 것은 이러한 활동에 대한 부정적 태도를 만들어낸다. 벌을 받을 때 활동과 장면은 기피하려는 경향이 있다. 교사들은 과제나 쓰기에 이러한 연결을 하고 싶지 않다.

"교생으로서, 당신이 배워야 할 가장 중요한 것은 학생들이 여러분을 위해 어떻게 행동하도록 만드는가 예요. 나의 성공적인 훈육 방식은 이해, 확고함, 결정, 그리고 내가 노력한 모든 뇌물 등에 기초를 두고 있죠."

잉글랜더(Englander, 1986)는 학생의 잘못된 행동에 대한 처벌은 일상적이고 자연스러울지라도, 실용적이지 못하다고 언급했다. 이 분야에 대한 광범위한 배경과 연구에 대한 철저한 고찰에 기초하여, 그는 처벌에 대한 평가를 다음과 같이 요약했다: "벌이 매우 정교하고 복잡한 조건아래에서만 기능을 한다면, 학급에서 일관되게 사용하기에는 너무 복잡하다. 벌의 효과성을 최적화하기 위해 활용해야만 하는 통제들은 가성 혹은 학교 내에서 매일 매일 운영하기가 가능하지 않다"(pp.40-41).

잠시 멈추고 8.3	우리는 책을 덮어놓고 학급에서 방해하는 행동에 대응하기 위해 사용하고 싶은 절차를 대략 그려볼 것을 추천한다. 우리는 여러분이 학생들에게 가르칠 수 있도록 상세하게 써서, 학급에 붙여서, 만약 여러분이 초등학교나 중학교에 있다면, 보호자에게 알려줄 것을 권장한다.

방해에 대응하는 방법

비행은 학생들이 수업이 지루해서라기보다 밖으로 도는 행동이 더 흥미롭고, 또 다른 실패의 경험보다 좋은 선택임을 알기 때문에 자주 일어난다. 비슷하게, 학생들이 과제를 이해할 수 없고, 학습 활동에 참여하지 않고 있거나, 필요할 때 조력을 얻는 것이 불가능하기 때문에, 비생산적인 학생 행동이 자주 일어난다. 그러므로 대부분의 사소한 훈육 문제는 제7장에서 논의한 교육적 방법을 이행하거나, 제6장에서 논의한 과정을 이행하는 것으로 완화할 수 있다. 그럼에도 불구하고, 학생들이 30명의 급우와 교실에서 하루에 대략 6시간 동안 생활해야 할 때, 사소한 문제가 필연적으로 일어날 것이다. 효과적인 학급 경영에 있어서의 주요한 요인은, 사소한 문제가 주요한 문제가 되기 전에 사소한 학습중단을 다루는 교사의 능력이다.

교사들은 분열적 행동의 가능한 한 많은 예를 취급하는 것이 좋다. 학생이 교사 또는 다른 학생에게 도전하는 상황에서, 교사들이 즉시 학생을 상담가 또는 행정가에게 위탁하는 것은, 교사들이 교실에서 이러한 상황을 취급할 일반적 권위를 갖지 못한다는 것을 가리킨다. 교사가 학생을 염려하지 않음을 보여주는 것과 같이, 교사가 직접 학생을 다루지 않는 것 또한 학생에게 보여 질 수도 있다. 만일 교사가 일부 학생을 다른 사람들과 함께 직접적으로 다루면, 이 상황은 악화될 수 있다. 유색인종 학생들은 훈육이 그들에게 달리 적용되는 것으로 여긴다(Katz, 1999; Sheets, 2002, Ruck & Wortley, 2002). 저소득층 학생들은 또한 더 부유한 학생에 대한 처벌과는 다르게 반응되고 더 자주 훈육된다고 지각한다. 재미있게도, 더 부유한 가정의 학생들은 그들이 훈육에 있어 우선적으로 다루어진다고 가리킨다(Brantlinger, 1993). 우수한 학생에게 있어, 교사들은 더 많은 선택을 제공하고, 교사의 승낙이 필요한 교실 규칙에서 더 근면하지 않은 경향이 있다(Flowerday & Schraw, 2000).

대부분의 교육자는 그런 상황을 취급하기 위한 기술의 개발은 교육의 일부가 아니라고 보는 의견을 선호한다. 유사하게, 대부분의 교사들은 또한 개인의 욕구와 직면하는 학교에 도달하는 영리하고 매우 동기화된 학생을 가르치는 것을 좋아할 것이다. 실제로 교육은, 교육자가 광범위한 학생 행동의 도전과 학문적 도전의 폭넓은 배열을 취급할 수 있기를 요구한다.

저자는, 수천 명의 교사들에게 그들의 유년기와 청소년기를 회상하고, 그들이 비행을 저질렀을 때의 반응 방법을 기술하도록 요청했다. 당연하게도, 위협, 체벌과 특권을 잃는 것과 같은, 교육자들의 대다수와 대립된 방법을 기술하였다. 소수만이 조용한 대화, 문제 해결, 싸움 해결을 들었다. 그러므로 권위에 도전하거나 불손한 학생과 대면할 때, 대부분의 교육자는 적어도 약간은 대립된 방법 형태를 사용한다. 불행하게도, 이러한 형태의 반응은 보통 학생의 감정을 확대할 뿐이고 더 공격적이게 되며, 더 어린 아이들은 무서워하고 움츠리게 된다.

그의 책 [Lost Boys]에서, 가바리노(Garbarino, 1999)는 잠재적으로 과격한 학생과 함께 할 때의 중요한 개념을 논의한다. 그는 "이러한 아이들을 다루는 성인은 가능하면 위협의 경험을 줄이고, 청소년이 정서적으로 다루어지고 비공격적인 상태를 유지하도록 강압적 주장을 피해야 한다"(p. 220)고 진술한다. 과격한 청소년에 관한 그의 대규모 연구에 의거하여, 가바리노(Garbarino)도 청소년이 그들의 보호하는 동시에 학생과의 관계에서 양육적이고 공정한 성인을 이해할 수 있는 지지적이고 온화한 관계 형성의 중요성에 관해 진술했다. 당연히, 연구는 학생 행동에 대한 온화하고 명백한 방식으로 학생의 행동 문제에 반응하는 교사들은 학생의 비행에 관한 문제를 거의 갖고 있지 않다는 것을 시사한다(Roy, 1998; Tomal, 1998).

아래의 섹션은 일반적으로 학생의 행동과 감정에 긍정적인 영향을 주는 방법으로 학생의 비행에 반응하는 아이디어를 제공한다.

흐트러지는 행동을 다스리는 방법

1. 당신이 모든 학생의 근처에서 쉽게 움직일 수 있고, 모든 학생을 바라볼 수 있는 형태로 학생의 자리를 배열한다.
   당신이 모든 학생들을 볼 수 있고, 교실을 편안하게 다닐 수 있도록 교실을 정리하려고 노력하라. 만일 당신이 소집단과 집중적으로 학습할 시간을 만들고 싶다면, 당신이 학급을 정면으로 바라볼 수 있도록 학생의 뒤쪽에 위치하도록 노력하라.
2. 잠재적인 문제 또는 사소한 중단을 알아차리고, 반응하기 위해 학급을 자주 세밀히

살펴보아라.

초임 교사에게 가장 어려운 과업 중의 하나는 한 번에 하나 이상의 것에 응대하는 방법을 배우는 것이다. 교사들은 종종, 실망한 학생 또는 사소한 논쟁에서 유래한 잠재적인 문제를 알아차리는 데 실패할 정도로 집단 또는 개별 학생과의 일에 열중해 있다. 비록 가르치는 학생을 돌보는 것이 중요하지만, 교사들은 자주 학급을 조사하는 것을 배워야 한다. 31명의 중학교 체육 교사에 관한 연구에서, 존스톤(Johnston, 1995)은 교사들이 분열적 학생 행동에 바로 반응했을 때, 학생들이 시간의 76%에서 분명하고 즉각적으로 반응했던 것을 알았다. 그러나 만일 교사들이 보이지 않거나, 즉시 반응하지 않으면, 그들의 반응은 시간의 47%에서만 효과적이었다. 게다가, 교사들이 바르게 방향을 시정하는 학생을 선택했을 때 학생들이 시간의 86%를 따랐던 것에 반하여, 교사들이 틀린 학생들에게 말을 걸었을 때, 방향이 시정될 필요가 있었던 학생들은 시간의 46%만 반응했다. 분명히, 학급의 관찰과 학급을 순시하는 효과적인 움직임은 개발되어야 할 중요한 기술이다.

3. 교사의 간섭의 분열적인 영향은 그것이 감소시키고자 하는 중단보다 커서는 안된다.
   교사는 학생을 훈육하고자 학생들보다 더 많은 중단을 만든다. 가능할 때마다, 연필 깎기의 남용이나 책을 떨어뜨리는 것과 같은 사소한 중단은 무시하라. 만일 한 학생이 끊임없이 사소한 중단을 만들면, 이 문제는 그 학생과 은밀히 논의하는 것으로 효과적으로 다룰 수 있다. 만일 많은 학생이 소극적인 분열적인 행동을 일으킨다면 학급 회의에서 논의될 수 있다.
4. 부적절하게 화내는 교사의 반응은 긴장된 분위기를 만들고, 불복종과 분열적인 행동을 늘린다.
   쿠닌(Kounin, 1970)과 브로피와 에버츤(Brophy & Evertson, 1976)은 호된 교사의 비평과 관련된 "부정적인 파문 효과"의 증거를 발견해 내었다. 학생의 행동을 개선하기보다, 학생들을 심하게 훈육하는 학급에서 더 걱정하고 분열적인 경향이 있다. 그러므로 비록 확고부동함이 교실 행동에 긍정적인 영향을 줄 수 있지만, 그것은 교사의 온화함, 공손함, 설명과 관련되어야 한다.
5. 긍정적인 파문 효과는 문제에 대한 온화하고 즉각적인 반응과 관련된다.
   교사들이 조용하고 신속하게 학생의 분열적인 행동에 반응할 때, 다른 학생들은 그들 자신의 행동을 개선하는 것에 의해 반응한다.
6. 비행이 일어날 때, 첫 번째 단계는 학생과 조용하게 접촉하는 것이다.
   이는 학생의 어깨를 만지고 또는 학생이 과제를 잘 수행하기 위한 반응을 요구함으로써, 학생과 가깝게 다가가는 것에 의해, 언뜻 바라봄으로써 이루어질 수 있다. 학생에게 반응하도록 부탁할 때, 항상 학생이 답할 수 있는 질문을 해라. 만일 학생이 분명하게 토론에 귀를 기울이지 않고 있었더라면, "무스타페, 너는 톰의 답변에 대해 어떻게 생각하느냐?"와 같은 당신의 발문은 학생을 당혹하게 할 것이다. 그러나 무스타페에게 새로운 질문을 하고, 톰의 진술을 부연하고, 무스타페에게 선택을 요구하는 것은, 생산적으로 무스타페를 학급의 주류 활동에 전체로 통합할 수 있다. 학생과 긍정적인 최초의 접촉을 취하는 다른 방법은, 부정적인 행동과 맞서는 긍정적인 행동을 칭찬하는 것이다. 학생의 규칙을 지키지 않은 행동을 비판하기 보다는 오히려, 그녀 또는 그가 학급 토론에 관한 임무 또는 초점에 집중하는 순간 학생을 칭찬해라.

7. 학생이 드러내지 않는 학급 규칙 또는 과정의 학생을 상기하라.
   "오스카, 소피아가 일 하는 동안 괴롭히는 것을 그만두어라!"와 같이 소리 지르기보다, 단지 오스카에게 다가가 "오스카, 네가 규칙을 따르지 않고 있는 것을 알고 있니?", 또는 "오스카, 나는 네가 학급 규칙을 따를 것을 기대한다."와 같이 조용하게 요청한다. 당신은 또한 효과적인 학생처럼 보이는 것에 관해 당신이 개발한 목록을 손으로 가리킬 수도 있고, 학생이 이 기술을 사용할 것을 요청할 수 있다. 유사하게, 만일 전 학급이 분열적이거나, 책상을 청소하지 않고 정리하고 있으면, 학급에게 그들의 행동을 기술하고, 학생이 무시하는 교실 절차를 언급하도록 부탁해라.

"기분 푸세요. 누구도 첫 시간에 학급을 통제하기란 여간 힘든 일이 아니거든요."

8. 한두 학생들이 상당히 분열적일 때, 그들의 과업에 관한 다른 학생들의 주의에 집중하고, 그 다음 은밀히 분열적인 학생과 대화하는 것이 최선이다.
   "내가 톰과 밥의 문제 해결을 돕는 동안, 모두 조용하게 글쓰기를 하세요"라고 말할지도 모른다. 조용하고 분명하게 상황을 취급하는 것에 의해, 당신은 순번대로 다른 학생들에게 조용한 영향을 끼치는 당신의 능력을 가리킬 것이다.
9. 학생들에게 선택을 제공해라.

화나는 학생들에게 반응할 때, 그들에게 선택을 제공하는 것은 자주 도움이 된다. 이것은 누군가 학생들을 제어하려고 하거나 그들에게 무엇인가를 할 생각인, 그들의 지각을 줄이는 것을 돕고 능력과 힘에 대한 학생의 필요성에 반응한다. 예를 들면, 만일 학생이 말하는 것 대신에 교실을 떠날 준비가 되지 않은 것처럼 보이면, "나는 네가 이 곳을 떠나도록 10초를 더 줄 것이다. 그렇지 않다면 너는 더 큰 문제를 겪을 것이다!" 우리는 다음처럼 말할지도 모른다. "너 지금 꽤 화나 보이는구나. 이 문제를 해결하기 위해서 내 방이나 상담실에서 기다리지 않을래?"

고학년 담임의 저자에 의해 실시된 최근의 워크샵에서, 네브라스카주의 교사는, 한 학생의 엄마가 마트에 함께 가도록 부탁했을 때의 논쟁과 불쾌한 기분으로 어려움을 겪고 있었던 그녀의 아들을 담당하는 동안, 그녀가 선택을 제공하는 새로운 기술을 사용했던 방법을 공유했다. 그를 매수하거나 위협하는 대신에, 그녀는 아이-메시지(I-message)(그녀가 가야만 할 필요, 아들과 함께 하려는 그녀의 욕망)를 보냈고, 그에게 무엇이 여행을 더 즐겁게 할 수 있는가를 물었다. 소년은 배가 고프다고 했고, 차타고 가는 동안 간단한 식사를 원한다고 했다. 엄마는 건강에도 좋고 차 안에서 간단히 먹기 좋은 것이 무엇인지 물었다. 소년은 사과가 더러워지지도 않고 건강에도 좋다고 말했다. 엄마는 다음으로 여행을 더 즐겁게 할 뭔가가 있는지 그에게 물었고, 그는 아버지가 최근에 사 준 숫자놀이를 가지고 가고 싶다고 말했다. 엄마는 최근의 다른 여행과는 달리, 소년이 결정과 관련한 것에 즐거워했다고 말했고, 그들이 함께 매우 즐거운 시간을 가지게 되었다고 말했다.

10. 학생에게 친사회적 방법으로 행동과 관련한 긍정적인 결과를 생각나게 해라.
예를 들면, 당신은 이렇게 말할지도 모른다, "만일 네가 누군가와 충돌하는 일 없이 선에서 기다릴 수 있으면, 우리는 곧 쉬게 될 것이고, 놀 수 있는 시간이 더 많을 것이다" 또는, "만일 네가 너의 집단과 함께 협력하면, 너는 미술 작업에서 그들을 도울 수 있을 것이다. 만일 네가 도와주면 너는 네 집단의 계획에서 좋은 예술가가 될 수 있을 것이다."

11. 누가 바라는 방법으로 반응을 보이는 지에 관해 밀접하게 학생들의 행동을 강화해라.
예를 들면, 당신은 다음과 같이 말할 수 있다. "쥬안, 네가 조용하게 앉아 있어서 나의 수업에서 가르치는 것을 돕는구나. 고맙다."

12. 학생이 조력, 인정을 필요로 하는지 살펴보고 조력을 제공해라.
예를 들면, 직선을 그릴 수 없어서 학생이 겉돌고 어려움을 겪고 있다는 것을 알아차리면 당신은 학생에게 자를 제공할 수 있을 것이다. 이러한 형태의 빠른 환경 분석은 행동 문제를 줄이는 것에 효과가 있을 수 있다. 이것은 다음과 같은 설명으로 보충될 수 있다. "네가 올바른 장비를 가지기만 하면, 너는 정말로 훌륭하게 하는 구나, 루안나. 다음에 문제가 생기면, 무엇을 너를 도울 수 있을 지 생각해 보아라. 그러면 당황하지 않고 오히려 문제를 해결할 수 있을 거야"

"만약 수업 중에 학생들이 계속 이야기한다면, 방과 후에 남겨서 말 전달하기 놀이를 하세요."

13. 행동을 무시해라.

당신의 교수 능력 또는 학생의 학습 능력에 대한 제한된 간섭을 일으키는 행동들에 대해 무시하는 것이 최고이다. 비록 이 전략이 사소한 행동에 대해 효과적일 수 있지만, 그것은 또한 당신이 비행을 인식하지 못하거나 당신이 그 행동을 마음에 두지 않을 것을 제안한다. 게다가, 행동은 다른 학생의 주의에 의해 강화될지도 모른다. 사소한 비행은 무시하고, 적절한 행동에 대한 칭찬과 무시하는 것을 결합하는 것은 최고이다.

14. 당신이 그 행동을 멈추고 싶어 하는 것을 가리키는 신호를 사용해라.

이것은 당신이 효과적인 학생으로 여기는 것을 목록화한 것이나, 그런 학생이라고 생각한 학생이 학급을 분열시키는 것을 봄으로써 당신이 놀라는 것을 지적하여 단지 놀라거나 혼란스러워 하거나, 학급 규칙을 지적하는 것을 포함할 수 있다. 우리는 당신이 나쁜 눈을 사용하지 않거나 눈치 많은 교사들이 이상하게 가르쳤을 방법을 사용하지 말 것을 제안한다. 우리는 이것이 휴일 가족과의 식사에서, 또는 능력 회의에서 동료들에 의해 사용되지 않기를 바랄 것이다. 이와 같이, 그것이 긍정적인 교사-학생 관계를 용이하게 하는 행동이 아니고, 바람직한 교실 간섭이 아니다.

15. 근접 통제를 사용해라.

비행을 저지른 학생에게 좀 더 가까이 다가가라. 당신이 가르치기를 계속하면 이상적으로 할 수 있다.

16. 학생의 책상에 작은 주석(접착성의 노트가 좋다)을 놓아라.

이것은 수업이 끝났을 때, 곧 학생이 특히 즐기는 활동으로 바꿀 수 있는 진술, 또는 학생이 문제를 해결하기 위해 사용할지도 모르는 전략으로, 당신과의 대화에 초대할 수 있다.

17. 학생의 이름을 부르거나, 이야기 질문에서 학생의 이름을 사용하여라.
때때로 온화한 부적절한 행동은 지루함의 표시 또는 집중의 부족이다. 단지 간단한 약속을 제공하는 것으로 학생과 수업을 재접촉할 수 있다.

18. 유머를 사용하거나, 학생이 특히 흥미를 일으키게 될지도 모르는 약간의 화제와 접속하는 것에 의해 수업에 대한 관심을 늘려라.
예를 들면, 만일 수업이 나눗셈을 포함하면, 당신은 그것을 운동선수의 타율 또는 사격 비율이 계산되는 방법과 관계 지을 수도 있다. 유사하게, 법률에 관한 수업은 10대 운전자의 권리를 제한하는 것에 관한 임박한 법률에 대해 해설하는 것 위에 위치할 수 있다.

잠시 멈추고 8.4	학생이 더 책임감 있게 행동하도록 돕는 행동을 이끌어야 했던 상황에 대해 써 보자. 당신이 선택했던 방법을 실행해 보고 동료에게 실제 연기하도록 부탁해라. 당신이 반응했을 때 상대방이 어떻게 느꼈는지 다른 사람에게 물어보라. 당신의 방법은 효과적인가? 만약 그렇다면, 이유는? 그렇지 않다면, 당신의 반응을 어떻게 수정할 것인가?

반항하는 행동에 대응하기

아마 학생들을 대하는 성인에게 가장 요구되는 상황은 도전적인 행동에 대응하는 것일 것이다. 많은 교사들은 성인에게 도전하는 것이 받아들일 수 없었던 가정에서 양육되었다. 그러므로 어떤 학생의 도전에 대한 일반적인 성인의 반응은 실질적으로 통제하는 권한을 사용하는 것이다. 이러한 결과로 성인은 자주 아이에게 호통치고, 위협하며, 이름을 게시판에 적고, 교실에서 아이를 내쫓거나, 심지어 아이를 잡아채기도 한다. 비록 위치이동(교실에서 아이를 내보내기)이 최종적으로 필요할지도 모르지만, 위치이동에 앞서서 우리가 취할 수 있는 일련의 단계가 있다. 저자 중 한 명이 학생과의 직면에 대응하는 화제에 관하여 모든 학구의 교직원에게 언급하기 위해 한 학구에서 초청받았을 때, 이러한 방법을 배우는 것의 중요성을 강조하였다. 요청은 아이들의 과격한 행동에 관계하고 있었던 교사들의 놀라운 수에 의거했다.

곤란한 상황에 처한 학생을 돕기

당신과 학생들에게 싸움을 유발할지도 모르는 상황을 준비하라. 제6장에서 논의한 것처럼, 이것은 집단 학습, 검사 취득, 운동장에서의 직면 등 새롭거나 요구하고 있는 상황을 취급하는 것의 중요한 절차를 가르치는 것을 의미한다. 대화와 관련이 있는 것처럼, 그것은 학생과 우리의 감각을 효과적으로 다루는 것의 모형을 가르치는 것을 의미한다. 그림 8.7은 성공의 사다리라고 불리우는 것으로 저자는 그것이 학교 상황에서의 감정에 반응하기 위한 기초적인 언어와 도식을 효과적으로 제공한다는 것을 알았다. 시각적으로 일련의 12가지의 수업으로 지지되는 이 모형은, 문제가 일어났을 때, 우리 모두가 대부분의 일에서 수용할 수 있고 교칙을 아는 긍정적인 방법으로 사다리를 오르고, 교칙을 위반하고 일을 유지하는 우리 능력을 위협할 때 사다리의 아래 쪽으로 반응한다.

그림 8.7에서, 문제 위의 제3단계인 "직접적인 처리"는, 직사각형의 창문 옆을 따라가서, 그림 8.7의 아래에 위치한 바퀴에 놓여진다. 학생들은, 창문을 통해 제시된 문제들을 가지고 직접적으로 다룰 수 있도록 다양한 해답들이 놓여진 이 바퀴를 돌린다. 교직원이 학생에게 이 도구의 사용 방법을 가르치기 위해 활동적인 교육적 기술을 사용하는 것은 중요하다. 예를 들면, 학생들은 효과적으로 어떻게 "아이-메시지(I-message)"를 보내거나, 떠나야 하는지에 관해 배울 수 있다. 핵심은, 학생들이 그들의 감각을 다루는 비폭력적인 접근을 조력하기 위한 특정의 기술을 제공한다는 것이다. 다른 몇 개의 프로그램들은 싸움을 해결하기 위한 학생의 선택을 제시하는 유사한 원 또는 바퀴를 가진다. 우리가 많이 사용한 프로그램의 하나는 [Kelso's Choice : Conflict Management for Children]이다(O'neill & Glass, 1994). 이 프로그램은 학생들의 좌절이나 노여움에 반응하는 생산적인 방법을 고려하는 것에 켈소라는 이름의 개구리를 사용한다.

문제 행동이 잦은 아동과 긍정적인 관계 형성하기

이것은 제3장에서 기술한 방법 중 다수를 초대하여 사용하는 것을 포함한다. 앞서 제시한 것처럼, 학생들은 그들이 존경하고 그들을 염려한다고 믿는 성인의 면전에서 과격하게 반응하는 경향이 있다고는 보이지 않는다.

그림 8.7 성공의 사다리: 문제해결기술과 문제해결바퀴

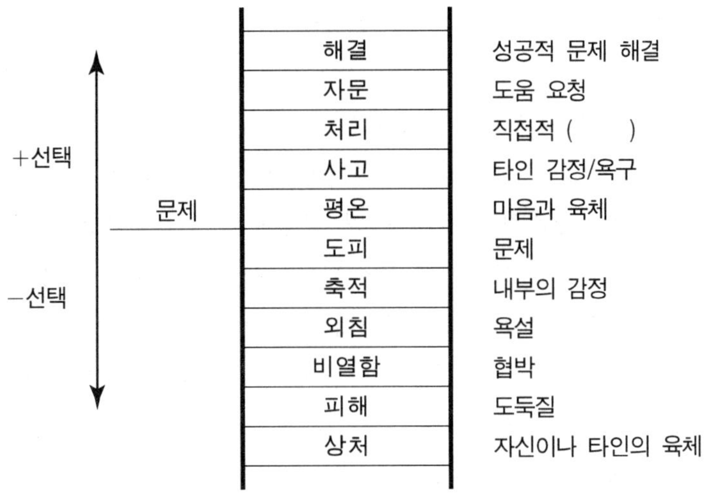

문제가 생겼을 때 이 전략을 사용해 보자

협박이나 싸움이 발생할 때, 즉시 성인에게 말하기

학생에게 분명하고, 예의바르며 단호하게 요구하기

3장에서 논의한 것처럼, 워커와 실베스터(Walker & Sylwester, 1998)는 친하고 직접적(알파 요청)인 교사의 요청과 종잡을 수 없고 막연한(베타 요청) 교사 요청을 구분하였다. 학생이 요청할 때 우리의 경험이 명쾌함과 간결함의 요구에 대해 조력하는 동안, 우리는 교사 요청과 관련된 정중함의 정도와 비언어적인 신호가 학생들의 반응을 결정하는 것에 있어서의 중요한 요인이라고 생각한다. 우리는 중요한 성분이 학생이 존중되고, 강제적으로 지시 받지 않는다고 느끼는 것이라고 생각한다. 예를 들면, 학생에게 그만 말하고, 자리로 돌아가도록 부탁할 때, "제레미아, 지금 바로 네 자리로 돌아가!"와 같이 교사가 외칠지도 모른다. 이것은 명백하고 간결하지만, 오히려 무례하고 호전적이다. 그 대신에, 교사는 확고하게 "제레미아, 네 자리로 돌아가렴. 만일 내 도움을 원하면, 손을 올려라."라고 말할 수도 있다.

명백하고, 공손하며 단호한 요청을 만드는 분명하게 많은 방법이 있다. 로드, 젠슨과 리아비스(Rhodes & Jenson & Reavis, 1993)는 "정밀한 요청"을 제시한다. 이것은 교사가 진술의 처음에 "부디"로 시작하는 요청을 하는 것이다. 만일 학생이 동의하지 않으면, 교사는 "네 도움이 필요해"라는 요청을 계속한다. 만일 학생이 따르지 않으면, 교사는 온화한 부정적인 결과를 경험하거나 승낙할 수 있는 선택을 제공한다. "너는 조용한 곳으로 옮겨가거나, 휴식시간에 문제 해결하기를 선택할 수 있다."라고, 말할 수도 있다.

"조니! 침묵을 지킬 수 있는 권리를 줄 테니 조용히 해보렴."

그들의 행동에 관해 단서를 줄 때, 경고의 단어를 사용하는 것보다는, 단어 회상을 사용하거나, 학생이 동의한 학급 교실 규칙을 참조하는 것이 더 효과적이다. 우리의 경험은 학생들이 다소 공격적인 것을 경고하는 용어를 찾고, 건설적인 방향으로 전환하여 더 나아가 직면하게 될 도전으로서 그것을 취할 수도 있다고 제안한다. 예절바른 언어를 사용하고, 학생이 동의했던 절차나 행동규준에 관해 학생들을 상기시키는 것은, 그들에게 경고하는 것보다는 강한 부정적인 감정을 불러일으킬 것 같지 않다.

유사하게, 그것은 학생이 행동을 종료할 때 보다 오히려 행동을 시작할 때의 요청에 일반적으로 더 효과적이다. 예를 들면, 학생이 과업을 완수할 수 없음으로 인하여 흥분하여 교실 주위를 돌아다니고 있을 때, 우리는 학생에게 돌아다니는 것을 그만두고, 앉으라고 학생에게 말하는 것에 관한 연구에서 상대방에게 점검해 보도록 부탁할 수도 있다.

자아통제 모형

자아통제는 우리의 취약성에 대한 보호를 요청하고, 물고기보다 더 영리할 것을 요구한다. 모든 가짜 미끼를 치는 것보다 더 잘 아는 책략이 풍부한 송어와 같이, 우리는 부적절한 설명에 의해 통제나 부정적인 주의를 얻을 학생의 시도에 의한 올가미에 걸리지 않도록 주의할 것임에 틀림없다.

도전적인 학생 행동에 대응할 때 온화함을 유지하는 것은 중요하다. 걱정하거나 분노하는 것은 학생의 감정적인 고민거리를 강화할지도 모르는 구조와 안전의 부족을 만든다. 게다가, 우리의 고조된 감정 상태는 학생에게 성인이 공격적이었던 다른 상황을 생각나게 할지도 모르고, 이것은 학생의 감정적인 스트레스를 늘릴지도 모른다. 마지막으로, 우리가 화내거나 비판할 때, 학생들은 우리 행동을 비난할 수도 있고 자신에 대한 책임을 지지 않을 수도 있다. 온화한 채로 있기 위해, 당신은 심호흡을 몇 번 하고, 당신에게 이 아이들과 함께 할 기술이 있다고 스스로에게 이야기하며, 만일 당신의 노력이 효과적이지 않다면, 학교 안에 있는 다른 사람들이 당신을 도울 것이라고 스스로에게 말하라.

문제행동을 감소시키기 위한 사려깊은 반응

사려깊게 반응하는 것은, 학생들이 학습을 멈추고, 말하는 것을 거절하며, 화난 것처럼 보이거나, 그들의 호흡 아래에서 설명을 하고, 불안하거나 풀이 죽은 것처럼 보이거나, 정신을 혼란하게 하는 것처럼 보이고, 외면함으로써 집단으로부터 벗어나는 것과 같은 그러한 이른 경고 신호를 인식하는 것을 요구한다. 학생이 이러한 표시 중 하나를 나타내거나, 당신이 진술하자마자 "지루해요!", "누가 이런 것을 배우고 싶어하나요?", "선생님은 저를 신경쓰지 않아요!" 등으로 말할 때, 당신은 다음을 취사선택할 수 있다.

1. 당신이 학생이 경험한 것을 확인할 때, 활발한 경청 기술을 확장할 수 있다.
   예를 들면, "네가 일이 너무 쉬워서 실망한 것처럼 들리는구나", 또는, "만일 내가 잘 설명했다고 생각하지 않았던 무엇인가를 하도록 부탁받았다면 화나기도 할텐데"라고 말할 수 있다.

2. 학생의 행동이 당신에게 불안을 만들고 있다는 것을 알리기 위해 아이-메시지(I-message)를 보내라.
   만일 당신이 긍정적인 관계를 저장해 놓았다면 이것은 특히 잘 한 일이다. 아이-메시지(I-message)는 또한 당신의 기대에 관한 명백하고 긍정적인 성명을 포함할 수 있다. 예를 들면, 당신은 다음처럼 말할지도 모른다. "레기, 나는 모든 학생들이 공손하게 급우를 다룰 것을 기대한다."

교사가 사이드미러로 아동들을 감시하는 그림
"출처 : www.CartoonStock.com"

3. 조력을 제공하라.
   당신은 다음처럼 말할지도 모른다. "네가 이해할 수 있을 정도로 내가 설명하지 않았던 것 같구나. 내가 그것을 다시 설명해도 되겠니?" 또는 "네가 그 일로 실망한 것처럼 들리는구나. 그것이 네게 더 흥미있도록 해결할 수 있는지 함께 살펴보자."
4. 취사선택권을 제공하라.
   당신은 다음처럼 말할지도 모른다. "만일 멜린다가 너를 괴롭힌다면, 잠시 동안 과학센터에 가는 건 어떻니?" 또는 "우리가 성공의 사다리를 공부했을 때 사용하는 것에 동의했던 전략 중의 하나를 사용할 수 있니?"
5. 긍정적인 선택과 그 결과를 예측해라.
   예를 들면, 당신은 다음처럼 말할지도 모른다. "만일 네가 2개의 문제를 시도해 보고, 그 다음 네 짝에게 도움을 구하면, 네가 무엇을 요청해야 하는 지 알 수 있을 것이고, 네가 너무 실망하기 전에 도움을 얻을 것이다."
6. 긍정적인 방법으로 예상을 진술해라.
   만약 한 학생이 순서와 상관없이 먼저 말하면 당신은 다음처럼 말할지도 모른다. "조오지, 모든 사람이 서로를 이해하는 것이 더 쉬울 정도로 요청될 때에만, 학급 토론동안 말할 수 있다는 우리의 합의를 잊지 마라."

7. 이용 가능한 선택권과 결과를 재조사하고, 학생이 선택할 공간과 시간을 주어라.
   예를 들면, 당신은 다음처럼 말할지도 모른다. "제레미, 우리의 생각을 공유하는 절차를 잊지 마라. 네가 손을 들면 내가 곧 네 이름을 부를 것이지만, 네가 그냥 말한다면, 우리는 휴식 시간 동안 약간의 연습을 할 필요가 있을 것이다."
8. 때때로 단지 물러서서 학생에게 공간을 주는 것이 최고이다.
   비록 이것이 주요한 직면이 일어났을 때 일반적인 경우에는 바람직하지 않지만, 학생이 흥분했을 때 이따금 사용될 수 있고, 만일 어떤 공간이 주어지면 학생이 안착할 수 있을 방법으로 사용할 수 있을 것이다.
9. 최종적으로는, 당신은 학생이 선택해야만 하는 것을 명료화할 수 있다.
   만일 학생이 토론을 붕괴시키기를 계속하면, 당신은 다음처럼 말할 수 있다. "셀레스테, 우리가 흥미있는 계획을 만들고 있기 때문에 나는 네가 여기에 머무르는 것을 원한다. 그러나 네가 토론동안 말하는 절차를 알아보거나, 우리가 이것을 풀 수 있을 때까지 문제해결센터에 가기로 결심할 필요 중 하나를 선택할 수 있다."
10. 학생을 위한 간단한 휴식을 제공하는 다른 방법을 주거나 심부름을 시켜라.
11. 제10장에서 논의할 것처럼, 실망하거나 성난 학생을 위해, 그들을 초조하게 하는 상황에 직면하고 있을 때, 그들이 어느 것을 선택할 수 있는지에 관한 전략의 메뉴를 개발하는 것을 도울 수 있다. 그림 8.8은 저자가 교사들이 흥분한 학생을 점차로 감소시키기 위한 목적으로, 온화하게 반응하는 기술을 개발하는 것을 도울 때에 널리 사용했던 모형을 제시하고 있다.

이것은 모든 학생들이 의견이 일치된 행동 표준을 따라간다는 교사의 예상을 가리키는 동안, 학생들의 존엄을 유지하는 것을 돕는 모든 성공의 사다리를 오르는 반응이다. 경험은, 이 반응을 사용하는 교사들이 그것이 중대한 행동 문제로서 다뤄져야 하는 곳에서, 학생의 비행이 확대하는 상황의 매우 낮은 사례를 가지는 것을 분명히 가리킨다.

그림 8.8 Deescalation Sequence **점감계열**(漸減系列)

단계 I : 정당화/명료화

정당화는 다음의 감정이다 : "그것은 누군가는 실망한다는 것이다. 그러나 너는 우리의 학급에서 그것 말고 다른 것을 얼마나 많이 나타낼 수 있겠는가?"

다른 사람에 대해 가지는 행동의 충격을 이해하기 위해 그들을 돕는다 : 아이-메시지(I-message)를 보낸다 : "내가 이 학급을 공부하는 안전한 장소가 되도록 돌보기 때문에, 네가 누군가에게 호통칠 때, 나는 염려한다."

그 행동이 누군가의 흥미를 진술해야만 하는 것을 위반하거나 학급 규칙을 위반한다고 생각하도록 돕는다 : "네가 누군가에게 호통칠 때, 네가 우리 학급 규칙의 하나를 위반하고 있다는 것을 아느냐?"

단계 II : 선택/취사선택—교육적 기능

"네가 실망하게 된다고 그녀에게 이야기할 수 있는 더 좋은 방법은 무엇일까?"

"현재 더 좋은 선택은 무엇일까?"

"조용한 장소에서 잠시 머물고 싶니? 아니면 책상에서 긴장을 풀고 싶니?"

"만일 네가 그녀의 권리를 계속 침해한다면, 교장선생님께 가서 문제를 해결해야만 한다."

단계 III : 초대

"나는 우리가 이것을 해결할 수 있다고 확신한다."

"내가 우리가 이것을 해결하는 방법을 성취할 수 있다고 알 정도로, 너는 최근에 좋은 선택들을 하고 있었단다."

"만일 네가 떠난다면 우리가 너를 그리워할 것이기 때문에, 나는 정말로 네가 여기에 머무르면서 문제를 해결하기 바란다."

잠시 멈추고 8.5

학생이 강한 감정을 강하게 나타내고, 이 감정을 조절하기 위해 조력을 필요로 하는 상황을 생각해 보자. 잠시, 학생이 무엇을 하고 있고, 말하고 있는 지 간단한 설명을 써 보자.

폭력적인 학생 행동 다루기

불행하게도, 제1장에서 논의한 것처럼, 교사들은 더욱 더 과격한 학생 행동에 직면하고 있다. 이런 행동 형태가 일어날 때, 당신이 행동이 멈출 것을 기대하는 견고하지만 예절 바른 성명을 할 필요가 있다. 당신은 다음처럼 말할지도 모른다. "나는 너희 둘이 화난 것을 이해한다. 그러나 우리는 학교에서 문제를 해결하는 다른 방법을 가지고 있다." 짐 페이와 데이비드 펑크(Jim Fay & David Funk, 1995)는 학생 행동 문제에 반응할 때 온화함을 유지하는 교사의 중요성을 논의한다. 그들은 감정적으로 반응하는 교사에게 있어 주요한 불리함이 "아이들의 주의집중은 감정에 의해 쉽게 사로잡힌다는 점이다. 교사가 노여움을 표시할 때, 아이는 겁에 질린다... 아이는 그렇게 실수에 관한 생각이나 행동의 새로운 계획이 거의 없이, 성인의 노여움에 관해 생각하는 것만으로도 바쁘다."(p. 36)라고 했다.

불행하게도, 화가난 후에 교사가 도착하는 상황들이 있을 것이고, 그 상황에서 교사는 학생과의 제한된 관계를 가질 수 있거나, 그 상황에서 학생은 자발적으로 내려오거나 차분해지지 않는다. 이런 상황이 빈번히 일어나기 때문에, 교사들에게 그들 자신과 학생을 과격한 행동으로부터 보호하는 절차를 가지는 것은 중요하다.

이러한 점에서, 교사를 위해 도움이 되는 몇 개의 전략이 있다. 첫째, 누군가에게 조력을 요청하는 것이 중요하다. 조력이 학생의 행동으로부터 다른 사람을 보호하기 위해 필요할지도 모른다. 오해없이 학생에 의해 부정확하게 보고되지 않도록 교사의 중재를 목격할 수 있는 성인을 가지는 것 또한 도움이 된다(교사가 온화함을 유지하고 그녀를 학생으로부터 보호하기 위해 그녀의 팔을 올렸을 때, "그녀가 내게 욕했다", 또는, "그녀가 나를 때렸다"처럼 말하는 것과 같이). 학생이 물리적으로 다른 학생 또는 교직원에게 공격했을 때, 많은 학교는 교무실에 통지하는 절차를 고안했다. 어떤 학교는 학생에게 레드카드를 주고, 뒤에 학급이나 공통지역의 이름을 적어서, 교무실로 가져가게 한다. 이것은 그들이 즉시 그들의 일을 중단하고, 학생을 돌볼 필요가 있다고 교무실에 알린다. 이것은 자주 운동장에서의 비상사태를 보고하거나, 싸움이 일어나는 것을 가리키기 위해 사용된다.

둘째, 교사는 학생의 폭력적인 반응의 가능성이 증가할 것으로 보이는 변명하거나 대결, 보복의 사용에 대비하여 보호해야만 한다(Murdick & Gartin, 1993). 교사는 강력한 감정을 지닌 학생의 권리를 지속적으로 인정하고, 도움을 제공하며, 학생에게 결과를 알려주어 행동을 지속시키고, 교사가 학생이 이 결과를 선택하지 않기를 바란다고 진술할 수 있다. 예를 들면, 당신은 다음처럼 말할지도 모른다. "네가 화났다는 것을 알지만, 우리가 이 문제를 해결할 수 있단다. 우리 둘이 따로 만나볼래?" 당신은 덧붙일 수도 있다. "만일 네가 학교에 대항하면 정학될 것이고 부모님을 모셔 와야 할 것이다. 나는 정말로 네가 오늘 학교에 머무르기를 원한다." 만일 2명의 학생이 관련되면, 당신이 최선의 방법을 알고 있고, 당신의 성명을 개별화하여 학생들에게 직접적으로 말하는 것이 대개 가장 효과적이다. 당신 "제레미, 정말로 내일은 우리의 토론에 참여하길 바란다. 그리고 나는 네가 내일 우리 반에서 이 문제를 평화롭게 해결하길 바란다."라고 말할지도 모른다.

셋째, 교사가 비위협적이고 비대립적이며 비언어적인 신호를 사용하는 것은 중요하다. 교사들은 온화하지만 안정된 목소리로 말할 필요가 있다. 교사들은 학생에게 긍정적인 관점으로 보이는, 개방된 위치에 서 있는 것이 더 효과적일 것이다. 학생들은 그들의 공간을 교사가 침범하거나 강압적으로 다가간다고 느껴지지 않는 적절한 공간을 제공받을 필요가 있다.

넷째, 다른 학생에게 그 장면에서 나가달라고 요청하는 것은 종종 좋은 생각이다. 특히 이것은, 다른 학생들이 싸움을 관찰하고 있고, 싸움을 부추기고 있을 때 일어날 것 같다. 학생이 교실에서 이성을 잃고 허둥대고, 교사의 시도에 점감하여 차분하게 반응하지 않을 때 그것은 또한 도움이 될지도 모른다. 다른 학생들에게 도서관이나 다른 지정된 공간에 가도록 요청하는 것은 청중 효과를 없앨 수 있고 더 합리적인 방법으로 교사에게 반응하도록 학생을 허락할 수 있다. 폭력이 일상화된 학교에서는, 당신이 학급에서 발생하는 어떠한 폭력에 대해서 어떻게 반응할 지를 연습하는 것이 유용할 수 있다. 이것은 성난 학생에게 말하거나 가까이 다가가지 않고 교실을 떠나는 것을 포함할지도 모른다.

조력을 기다리는 동안, 학생들과 말하기를 계속해라. 당신은 다음처럼 말할지도 모른다. "교장선생님을 모셔오라고 부탁했고, 우리가 교장선생님이나 다른 누군가를 모셔오기 전에 이 문제를 해결할 수 있기를 바란다. 너희 모두 화가 난다는 것을 알지만, 학교에서 우리는 폭력 없이 이 문제를 해결할 수 있다." 더욱 더, 학구는 중대한 범죄를 형사 고발하는 것으로 경찰에 위탁하기로 결정하고 있다. 만일 당신의 학구에 그런 정책이 있으면, 학생들에게 "만일 싸움이 계속되면, 경찰에게 연락할 것이다. 나는 우리가 학교에서 이것을 풀 수 있어서 너희 둘을 형사 고발하지 않았으면 좋겠다."라고 말하는 것을 생각할 수 있다.

일례로, 교직원들은 위기 방지 협회에서 제공하는 것 같은, 안전한 물리적 제지 기술 연수를 받는다. 학교는 조력이 필요한 것을 알리기 위해 코드 블루(code blue)같은 용어를 개발한다. 이것이 일어날 때, 훈련된 교직원이 위기가 발생한 지역에 가고, 학생들을 진정시키기 위해 점감 기술을 사용한다. 만일 학생들이 능숙한 점감법에 반응하는 것이 불가능하면, 이 직원은 그 상황에서 학생들을 직접 돕는 것이 요구될지도 모른다.

[Techniques for Managing Verbally and Physically Aggressive Students]에서, 존스와 카르(Johns & Carr, 1995, pp. 55-61)는 공격적인 행동을 다루는 정보를 다음과 같이 제공하고 있다:

1. 1온스의 예방이 1파운드의 처치만큼 가치 있다.
2. 교사의 긴장은 자주 위기 행동을 동요시킬 수 있다.
3. 항상 온화한 상태를 유지하라.
4. 당신의 목소리를 낮추라.
5. 말을 천천히 하라.
6. 위험을 최소화 하도록 환경을 정리해라.
7. 학생에게 공간을 주어라.
8. 당신의 자세를 인식하라.
9. 상해의 위험을 최소화할 수 있게 복장을 갖춰라.
10. 비행을 저지른 학생에게 그들 행동의 결과를 상기시켜라.
11. 말로 감정을 표출하도록 허락해라.
12. 관련 없는 해명은 무시한다 : 지금 이 문제에 집중하도록 학생의 이야기를 조정하라.

13. 신택을 제공해라.
14. 한계를 정하라.
15. 최후의 수단으로 물리적 제지 기술을 사용하라.
16. 학생이 차분해지면, 공격에 대응하는 대안을 가르치기 위해 이 사건을 이용해라.

저자 중의 한 명은 싸움과 관련하여 최근에 한 초등학교 교장과 토론했다. 제1장에서 논의한 학교에서 재직 중인 이 교장은, 자신의 학교에서 폭력에 대한 정책을 가지고 있지만, 교직원은 절대 비상사태를 제외하고는 학생을 제지하지 않는다고 말했다. 그러므로 만일 학생들이 싸우면, 다른 학생들이 확실하게 싸움을 멈추도록 부탁한다고 말한다. 만일 싸움이 계속되면, 다른 학생들은 청중 요인을 제거하기 위해 그 지역(또는 창문 덮개를 친다)에서 벗어난다. 교장이나 지정된 성인이 학생들의 싸움을 멈추도록 권하는 동안, 학생의 부모님과 경찰에 전화를 하게 된다. 그 교장은 학생의 신체적 안전을 보호하는 것이 필요하지 않는 한, 교육자가 물리적으로 그들을 제지하지 않을 것이라는 것을 학생들이 안다고 생각한다. 그녀는 또한 교육자에 의한 물리적 제지가, 학교에서 성인의 긍정적이고 지지적인 인식을 더럽히는 과격한 행위라고 생각한다. 그녀는 작년에 경찰을 부른 것은 단지 네 번뿐이었고, 과격한 학생 행동 사건이 극적으로 줄었다고 했다.

잠시 멈추고 8.6	과격한 학생 행동에 대응하기 위해 어떤 절차를 가지고 있는지 교장선생님이나 교감선생님과 토론하여 알아보라.

타임아웃 방법 사용하기

타임아웃 방법(Time-out)을 사용하는 것은 아이들의 행동을 다루는 것에 있어 가장 논쟁이 되는 중재 방법 중의 하나이다. 행동의 패러다임에서, 타임아웃은 부적절한 행동을 야기하는 강화의 제거이다. 그러므로 만일 교사가 학생이 급우나 교사의 주의에 기울이지 않는 행동을 하고 있다고 생각하면, 학생은 일정 시간동안 재강화자를 제거하기 위해 타임아웃 될 수 있다. 인지 행동 접근에서, 타임아웃은 그들이 해결하고 있는 문제 또는 다시 초조하게 하는 상황에 직면하여 사용하는 행동을 실행하는 기회에서, 학생이 유리하도록 학생을 진정시킬 기회를 준다. 부가적으로, 타임아웃은 타임아웃을 유발한 사건에 관한 그들의 지각을 공유하고, 학생들이 중요성, 능력과 힘의 더 큰 감각을 경험하도록 하는 교실 환경에 있어서의 변화를 위한 중재의 기회를 학생에게 제공할 수 있다.

보통 타임아웃의 사용이 연속될 수 있다는 것을 명심하는 것이 중요하다. 오랫동안, 저자는 교사들이 학생들에게 그들 자신을 진정시킬 조용한 시간을 유지하는 방법의 연속을 가르치는 것을 도왔다. 처음에는, 학생들이 "2번을 유지(take two)"(즉, 몇 분간 학생이 학습을 중지하고, 책상에서 긴장을 풀기)하도록 요청한다. 만일 학생들이 계속 혼란을 야기하거나, 자기 자리에서 간단히 요약하여 말하기를 해도 자신을 진정시키는 것이 불가능하면, 학생들이 갈 수 있는 곳을 교실에 마련하는 것이 도움이 된다(9장을 보라). 어쩌다 이것이 실패할 때, 학생들은 교내의 다른 곳에서 문제해결을 완수하도록 요청받는다(보통 문제해결을 위해 보조교사를 배치한 다른 교실). 이러한 절차를 학생에게 알려주고, 이것이 처벌이 아니라 통제되고 문제를 해결하는 방법이라는 것을 이해할 때, 그리고 학생들이 이러한 계열에서 존중받는다는 것을 알 때, 거의 대부분의 학생들은 문제해결교실 이상의 중재를 필요로 하지 않는다. 이러한 절차가 사용될 방법을 학생들이 알 수 있도록 이러한 절차를 역할놀이하고 이해하는 것은 비판적이다.

"존스 선생님, 조용히 하라고 했지, 밖에 나가서 수업하라고 하지 않았거든요."

교직원은 타임아웃의 사용을 강력하게 제거하고, 그것을 문제해결과 바꾸는 것을 고려해야 한다. 만일 학생이 학업의 어려움을 겪고 있을 때 우리가 학습을 개선하기 위해 타임아웃 설정에 그를 위치한다면, 우리는 비전문가로 여겨지고 아마도 민사 소송에 대해 책임을 져야 할 것이다. 그 대신에, 우리는 지지와 대안의 교육적인 전략을 제공하기로 기대 받을 것이다. 행동문제를 겪고 있는 학생에게 이를 추론할 때, 최선의 연습은 새로운 기술을 개발하는 것에 있어서 학생들을 돕는 것이다. 타임아웃의 사용은 우리가 학생을 고립시키지만, 새로운 기술로 반응하는 비효과적인 방법을 바꾸지 않고 있음을 제안한다. 그러므로 우리가 학생과 함께 하는 우리의 일에서 기술된 의도적인 목적과 실행 절차를 사용할 때, 우리는 우리 자신을 표현하고 우리의 일을 좀 더 전문화시킨다.

계속적인 문제 행동을 해결하기

이전의 방법은 분열적인 교실 행동의 개별 사건에 대한 반응으로 설계된다. 교육자는 또한 전문적으로 신뢰성 있는 반응의 사용에도 불구하고, 교실을 혼란케 하거나, 더욱 더 학문의 실패를 계속 경험하는 학생들과 직면한다. 이러한 일이 일어날 때, 몇 개의 옵션을 이용할 수 있다.

1. 바람직하지 않은 행동을 일으키는 요인과, 가능하다면, 학생이 학급에서 생산적으로 반응할 것이라는 가망을 늘리는 조정이 무엇인지 결정하기 위해 학급 환경을 조사해라.
2. 학생과 만나 문제를 논의하고 해결을 얻기 위해 시도하라.
3. 학부모 또는 보호자와 연락하고, 학생의 행동을 개선하는 시도와 학생의 문제에 관한 정보를 제공하라.
4. 학생의 행동 개선을 돕기 위해 행동 중재 형태를 이행하라.
5. 전교 학생 관리 계획과 관련한 결과를 위해 학생을 사무실(교장실)에 위탁하라.
6. 다음의 책임이 있는 집단을 위탁하라 : (1) 학생의 욕구, 장점과 행동 문제를 조사해라 (2) 학생을 돕기 위해 사용한 이전의 방법을 고찰하라. 그리고 (3) 학생과 함께 하는 일과 개별 행동을 설계하는 중요한 다른 사람들은, 학생의 욕구와 더 잘 만나도록 학습 환경을 수정하고, 학생에게 긍정적인 학습 환경에서 이익을 얻도록 돕는 새로운 기술을 제공하는 것을 목표로 한 계획을 변화시킨다. 그림 8.9는 이 과정의 개요를 제시한다.

전교 학생 관리 계획에 그림 8.9에서 제시된 것 같은 계열을 포함하는 것은 상당히 중요하다. 슬프게도, 그런 계획들의 가장 일반적 특징은 정학과 퇴학이고(Larson, 1998), 이러한 반응이 단지 비효과적인 것일 뿐만 아니라(Skiba & Knesting, 2002; Skiba & Peterson, 1999), 또한 부정적인 학교 행동을 늘린다는 것이다(Mayer, 1995). 게다가, 정학과 퇴학 정책이 소수민족 학생에게 더 불리한 방법으로 여겨지고(McEvoy & Welker, 2000), 특히 아프리카계 미국 남학생에게 영향을 더 미친다(Skiba, Peterson & Williams, 1997). 스키바와 피터슨(Skiba & Peterson, 1999)은, 아프리카계 미국학생과 라틴 아메리카계 미국 학생들의 행동이 다른 학생들의 행동보다 중대하지 않았을 수도 있다는 사실에도 불구하고, 그들은 이 배타적인 정책의 수취인이라고 보고했다. [Opportunities Suspended : The Devastating Consequences of Zero Tolerance Procedures]에서, Harvard University Advancement and

그림 8.9 **행동 중재 계열**

행동 문제 발생

↓

담임 교사는 효과적인 학급 경영 방법과 바람직한 방향으로 변화하는 이행의 사용을 평가함

↓

문제 행동의 지속

↓

1회 또는 그 이상의 학생과의 문제 해결 개시

↓

문제 행동의 지속

↓

학부모와의 접촉

↓

문제 행동 지속

사무실/해결 센터로 보내기 → 학생 문제 해결/학부모 접촉

교사는, 학생을 도울 수 있는 학급 경영의 수정이나 교수와 관련한 상담을 찾는다. → 교사의 새로운 아이디어/계획 사용

문제 행동 지속

사무실/해결 센터로 보내기

계획 재평가와 필요하다면 변경하기

문제 행동 지속

↓

더 형식적인 행동 평가를 위한 회부와 같은 사무실 회부
— 행동 중재 계획의 가능한 기능적인 행동 평가와 창조

Civil Right Project(2000)는, 아프리카계 미국학생들이 다수인 학교에서뿐만 아니라 또한 라틴 아메리카계 학생도 관용이 전혀 없는 정책에 포함된다고 지적했다. 이 학생들이 정학되었을 때, 그들은 또한 청소년사법제도에 포함된다는 것을 깨달을 것 같다. 게다가, 이 제한적 중재가, 학생의 행동에 대한 대인간의 구조적이고 훈육적인 방법과 교사의 역할을 검토하는 체계를 요구하는 것에 실패하고, 진지하게 학급에서의 학생의 학습 시간과 공부할 기회를 줄이며, 학생에게 새로운 기술을 가르치지 않는 것은 명백하다. 학교 실패를 경험하는 학생

들이 어울리지 않게 정학과 퇴학당하기 때문에(Morrison & D'Incau, 1997), 교직원이 더 문화적으로 반응하는 교수의 내용과 방법의 대안을 고려하는 것은 분열적인 학생 행동에 대한 학생들의 제거보다 전문적이고, 신뢰성이 있으며, 윤리적인 반응일 수 있음을 진지하게 생각하는 것이 더 본질적이다.

이 책의 나머지는 계속적이고 더욱 더 중대한 학생 행동 문제에 반응하는 방법을 제시한다. 제9장은 당신의 학급 경영 계획에 통합된 문제해결 방법을 조사하고, 제10장은 기능적인 행동 평가를 실시하고, 개별 행동 변경 계획을 개발하는 방법을 조사한다.

교사 기술 평가

활동 8.1

직면에 대한 반응

두 명의 동료와 함께 학생이 화를 내고, 교사와 직면하는 교실 상황을 연기해 보자(아마도 과제를 비판하거나, 할당된 일을 완수하는 것을 거부하는 상황). 역할놀이 후, 교사 역할을 한 사람에게 그가 직면했을 때의 느낌과, 반응을 선택한 이유, 그리고 선택한 변경이 무엇인지 토론한다. 또 학생에게 교사의 반응을 어떻게 지각하였는지와 관찰자와 중재 반응을 논의한다.

요약 SUMMARY

효과적인 학급 경영자인 교사들은, 학생들의 실망스러운 상황을 다루는 대안적 방법을 배우고, 학생이 자신의 행동을 책임지는 생각을 돕는 것을 강조하여, 비생산적인 학생 행동에 대응하는 긍정적인 방법을 개발하고 가르친다. 교사들이 부정적인 감정 상태와 빈약한 문제해결 기술을 가지고 학교에 오는 많은 학생들과 일을 하게 됨에 따라, 우리는 이 장과 다음 장에서 제시된 방법을 이행하는 것에 더 익숙하게 될 필요가 있다.

>>> Chapter 9

행동 문제를 해결하기 위한 문제 해결 사용

철학적으로, 모든 사람에게 자율성과 선택의 자유를 넓혀주고자 하는 바램에 대해서는 의문의 여지가 없다: 문제는 언제 그리고 어떻게 얼마나를 결정하는 것이다. 독립적으로 행동하고 현명하고 적절한 선택을 하는 능력은 행동의 다른 요소처럼 학습되어진다...아동은 단지 경험뿐만 아니라 올바른 종류의 경험을 할 필요가 있다. 그러므로 그는 위험에서 분명하게 조정해주며 적응하고 성공적인 행동을 격려하고, 촉진시키고, 강화하는 안내자를 필요로 한다.

– Gzrth Blackham & Adolf Silberman(1975)

사람들은 시간을 보낸다. 훈육으로 다루는 것은 시간을 요한다. 아동은 팩시밀리나 신용카드가 아니다. 그들이 잘못 행동할 때, 그것은 더 좋은 방법으로 학습하도록 도움받아야 한다는 것을 말하는 것이다. 그들은 행동을 동기화시키는 기본 욕구가 충족되지 못했음을 나타낸다.

– Allen N. Mendler(1992)

대화에서 학습된 부분은 대인간 추론이다–일상 문제 해결에서 서로 의사소통하고 의사결정을 공유하고, 타협에 이르고, 그리고 지지하는 능력이다. 학교는 현재 논리–수학적 추론에만 강조점을 두지 대인간 추론에는 거의 두지 않는다...대인간 추론은 친밀한 사람뿐만 아니라 공동체의 동료와 구성원을 포함하는 돌봄에 있어 필수적이다.

– Nel Noddings(1992)

갈등을 어떻게 건설적으로 다루는가를 배우는 학습에서 얻어진 이익은 분노하고 화가 난 학생이 잃어버린 학습 시간보다 가치가 있다. 비용–분석 관점에서, 교육자와 학생을 위한 가장 원만한 투자의 하나는 학급과 학교 내에서의 생산성은 학생에게 갈등을 어떻게 건설적으로 다루는가를 가르치는 것이 되도록 만드는 것이다.

– David & Roger Johnson(1991)

비생산적인 학생 행동에 효과적으로 대응하기 위한 몇 가지 방법이 앞 장에서 제시되었다면, 이번 장은 학생과 문제-해결 협의를 수립하는 기본적인 학급 경영 기술을 검토한다. 교사, 특히 중학교 교사는 종종, 이 장에서 나온 개념에 흥미를 가질 것이다. 비록 그들은 종종 적용된 수학문제와 문제 해결 혹은 시니어 프로젝트, 서비스 프로젝트, 그리고 포트폴리오 등의 사용 등에 초점을 둔 수학 교사 협의외의 교육과정 개정과 같은 교육과정 변화에 박수를 보내지만, 화가 난 학생들을 나누기 위한 갈등 해결이나 몇몇 혼란스런 학생들이 만든 문제를 해결하기 위한 학급 회의를 여는 것 등의 사용은 주저하고 있는 듯 보인다. 고용주가 믿는 기술이 고용인에게 필요하고, 사람들에게 갈등을 비폭력적으로 해결하도록 가르치기 위해 우리 사회에서 분명하고 거의 절대적인 필요한 것이라면, 중등학교는 학생 문제 행동을 해결하기 위해서 문제-해결 기술 사용을 거의 강조하지 않는다는 것이 놀랍다. 실제로, 아동을 신체적으로 학대하는 3백만 명의 부모가 있는 사회에서(Lewin, 1995) 우리가 질서정연하고, 안전하고, 구성원 모두가 존중받는 환경을 만들기 위한 방황과 노력에 대응하는 비폭력적이고, 해롭지 않은 방법을 모델화하고 가르치는 것이 절대적으로 기본적일 것이라는 것이다.

훈육에 대해 권위주의적이거나 문제-해결 접근을 사용하는 의사결정에 직면할 때, 저자의 한 명은 베타랑 주니어 고등학교 교사가 한 논평을 떠올린다. 전문성을 가르치는 것에 대해 젊은 교사 집단과 얘기할 때, 교사들은 교사가 되는 것이 불가능하고 매일 저녁마다 피곤해서 집으로 가지 않고 싶다고 이야기했다. 그러나 교사는 집으로 지쳐서 가는 이유에는 두 가지가 있다고 했다. 첫째는 학교에 남아서 또 하루가 갔고 학생들이 상대적으로 말을 잘 들었다는 안도의 한숨을 쉬는 것이다. 그는 이 느낌이 보통 훈육이 권위주의적이고, 권력-지향적인 방법을 사용하는 교사에게서 나온다고 한다. 이 유형의 교사는 종종 학생이 다음날 행동할 것과 그들이 하지 않는다면 어떻게 해야 할지를 걱정하느라고 저녁을 소비한다. 두 번째 유형은, 훈육에 대해 문제-해결 접근을 사용하는데 기초를 두고 있다. 그는 하루 종일 학생과 열린 상호작용을 하기 때문이라고 설명한다. 왜냐하면 그는 질병의 후자의 유형을 경험하기 때문에, 대부분 그의 일에 대하여 좋은 느낌을 갖고 일반적으로 아동들이 다음날 행동할 것을 고대하고 있다.

3장에서 학생들이 그들을 존중하는 교사와 책임지는 행동을 하고 싶은 학급을 어떻게 묘사하는가를 기억하라. 한 가지 특성은 학생과 학생의 학교 밖 상황을 이해하고자 한다는 것이다. 문제 해결 접근은 학생을 알고 그들의 관점을 설명으로 이끌어내도록 격려한다. 브렌드트로와 롱(Brendtro & Long, 1995)은 다음과 같은 예를 제공한다 :

> 새롭게 맞이한 3학년은 거칠어서 존중하기가 어려웠으므로, 매일 학급에서 사무실로 보내지게 되었다. 교장 선생님이 그와 그의 형제가 엄마에게 버림받은 지 얼마되지 않아 황량한 농장으로 이사왔다는 것을 알게 되었다는 것은 몇 주 후였다. 버림받았다는 두려움을 가득 안고, 아동들은 아무하고도 말하지 않고 매일 학교로 가는 버스를 타고 다녔다. (p.54)

우리가 학생을 도울 수 있다면, 우리는 그들이 상황을 어떻게 보는가를 분명하게 이해할 필요가 있다. 우리가 단지 학생을 처벌하거나 사무실로 보낸다면, 우리는 그들의 행동에 영향을 줄지도 모르는 것을 발견할 수 없을 것이며, 그들의 혼란을 크게 만들지도 모른다.

멘들러(Mendler, 1992)는 훈육의 사용에 대한 중요한 통찰을 다음과 같이 제시한다 :

> 우리가 깨달아야 할 것은, 훈육의 순종 모형은 항상 처지는 측면을 가지고 있다는 것에 반해, 오늘날 더 이상 작동하지 않는다는 것이다. "순종"방법의 결과로서 행동하는 아동들은 "존중"을 가지고 있거나 권위에 대한 두려움을 가지고 있는 아동들이다. 그리고 그들은 권위에 대한 존중이 없다면 순종을 멈출 것이다... 오늘날 성공적인 권위를 가지려면 다른 사람에게 희망을 주고 다른 사람의 삶에 메시지를 전하는 방법으로 이끄는 능력이 요구된다. (p.xi)

문제 해결은 훈육에 대한 순종적인 모델의 정반대이다. 다음에서 읽어서 알게 되듯이, 우리는 강력하게 교육자가 책임없는 학생 행동에 대응하는 방식은 학생이 새로운 기술을 배우도록 돕는 것이어야만 한다고 믿는다. 그림 9.1은 문제-해결과정에서 학생이 참여하는 것을 통해 강화되는 기술이나 능력의 목록을 제시한다.

그림 9.1 **문제 해결을 통해 강화되는 기술**

1. **선택적인 대안 사고.** 문제에 대한 다른 선택이나 잠재적 해결을 만들어내는 능력.
2. **순차적 사고.** 행동이 이끌어낼 결과를 생각하는 능력인데, 잠재적 대안의 결과를 고려하기 위한 대안의 고려는 범위 밖이다.
3. **원인적 사고.** 왜 특정한 사건이 일어나거나 일어날지에 대해 한 사건에서 다른 것으로 넘어가는 관련된 시간을 관련 맺는 능력.
4. **대인간 감수성.** 대인간 문제가 존재하는 것을 지각하는 능력.
5. **수단-목적 사고.** 주어진 목표에 도달하기 위해 이루어져야 할 단계적 계획; 수단-목적 사고는 통찰, 이전사고, 그리고 대안 목표를 고려하는 능력.
6. **관점 채택.** 각기 사람은 다른 동기를 가지고 있으며 다른 행동을 할 것이라는 사실을 알고 설명할 수 있는 개인의 능력.

잠시 멈추고 9.1

여러분이 가정과 학교에서 받은 훈육의 유형 중에서 가장 도움이 된 훈육은 무엇이었는가? 여러분의 행동에 대한 어떤 반응 유형이 다른 사람에게 가장 존중받는 것이라고 생각되는가? 가장 교육적인 반응은 어떤 것인가?

잠시 멈추고 9.2	동료나 일부 학생들과 학급이나 학교에서 사용한 훈육의 유형을 토의해보자. 그 접근은 자연적 혹은 임의적인 권위라고 설명될 수 있는가? 결과에 상관없이, 이 접근이 왜 존재하는지를 토의해보자.

상황에 맞게 문제 해결하기

언제 그리고 어떻게 문제 해결을 실행할지를 고려할 때, 교사들은 3가지 중요한 질문에 답해야 한다.

1. 학습 환경에 방해되는 학생 행동에 대응하기 위해 무엇을 하고 싶은가? 대부분 교사는 긍정적이고, 지지하는 학습 환경을 유지하는 것 외에, 학생들이 자신의 행동을 책임지고 사회적 기술을 개발하도록 가르치기를 원한다. 학생 자신의 행동을 검토하고 선택적 반응을 개발하도록 학생을 참여시키는 것에 의해, 문제 해결은 학생들이 자신의 행동에 큰 책무성을 수용하며 중요한 시민정신을 개발하도록 만든다.

   네브라스카주 링컨 카운티에 있는 교사는, 학급에서 행동 문제를 다루는 사고에 도움이 되는 개념을 발견했다고 한다. 그녀는 비록 교사가 상담하는 학생에게 책임을 질 수는 없지만, 학생의 학업적 기술 뿐만 아니라 광범위한 행동을 가르치는 것에서 교사들은 점차로 가장 잘하는 것에 책임을 질 수 있다고 하는데 그녀는 그녀의 반응을 행동 문제를 경험하는 학생과 일할 때 새로운 관점과 열정을 제공하는 새로운 행동을 가르치는 것으로서 정의한다.
2. 문제 해결을 학급 경영 계획에서 어떻게 사용할 것인가? 8장에서 토의되었듯이, 문제 해결은 학생이 학급에서 교사가 긍정적이고, 잘 구조화된 학습 환경을 만들기 위한 가장 잘하는 노력임에도 불구하고, 학생이 학급에서 비생산적으로 계속 행동할 때 몇 번 사용될 것이다. 문제 해결은 교사가 학생과 만나는 시간을 갖고 언어적으로 문제 해결을 하도록 하는 것이다. 덧붙여, 효과적인 학교 전반 학생 경영 프로그램은 또한 일관되거나 심각한 문제행동이 학급 밖 혹은 사무실로 보내지도록 될 때 문제 해결을 학생에게 하도록 한다.
3. 다른 교정적인 행동 경영 개입에 문제 해결을 어떻게 관련시킬 것인가? 심지어 학생이 자신의 문제를 스스로 해결하도록 만드는데 기술이 있는 교사들도 일부 학생이 신뢰관계를 수립을 요구하는 개입과 다른 사람에게 미치는 효과의 관점에서 한 사람을 평가하는 능력을 막는 주요 기술 부족이나 인격 장애 등을 가진 일부 학생들을 발견한다.

문제 해결은 긍정적이고, 지지하는 학습 환경을 만들기 위한 학급 환경을 바꾸기 위한 시도와 관련하여 따르거나 결합하는데 있어 교사가 사용해야 하는 개입이다. 그러나 교사들은 또한 문제 해결이 바람직한 결과를 가져오지 못할 때 다른 개별화된 개입 방법과 합칠 필요가 있다. 게다가, 교사들은 수업이 교사에게 도움과 지지를 제공하기 위한 다양한 방법을 합칠 수 없다면 심각한 행동 문제를 가진 학생을 돕는데 효과적일 수 없을 것이다.

개별 학생과 문제 해결하기

이 장에서 제시된 대로, 문제 해결에는 몇 가지 유형이 있다. 가장 많이 사용되는 문제 해결 접근은 윌리암 글레이저(Willam Galsser)의 "현실 치료"요법의 몇 가지 형태이다. 그림 9.2는 저자에 의해 수정된 글레이저(Glasser)의 7단계를 제시한다. 이 접근은 교사에 의해 직접 이루어졌는데 교사와 학생이 빠르게 학업 혹은 행동 문제와 관련된 문제를 해결하는데 도움이 된다.

몇몇 저자는 학생이 문제를 해결하고 그들의 행동에 대한 책무성을 가지도록 돕는 방법을 개발했다. 교사 효과성 훈련(Teacher Effectiveness Training)에서, 톰 고든(Tom Gordon, 1974)은 문제를 해결하기 위한 6단계를 제안했다. 프랭크 메이플(Frank Maple, 1977)의 [Shared Decision Making]는 문제를 효과적으로 해결하기 위해 필요한 다양한 기술을 설명하고 있다. 리처드 커윈과 알렌 멘들러(Richard Curwin & Allen Mendler, 1988)의 책, [Discipline with Dignity]과 멘들러(Mendler)의 후편, [What Do I Do When...? How to Achieve Discipline with Dignity in the Classroom]은, 학생이 자신의 문제를 해결하기 위한 능력을 개발하는 능력을 돕기 위한 좋은 정보를 제공하고 있다. 짐 페이(Jim Fay)의 [Teaching with Love and Logic](Fay & Funk, 1995)와 사랑과 논리로 훈육하는 것에 관한 워크샵은 이 실천을 알기위한 교사에게 좋은 기회를 제공하는데, 물론, 글래이저(Glasser)연구소를 통한 워크샵에서 얻는 것만큼이다. 보다 최근에, 론 넬슨(Ron Nelson)(Nelson, 1996; Nelson, Crabtree, Marchand-Martella, & Martella, 1998)은 "생각하는 시간"의 사용-학교 전반 학생 경영 계획에 수립된 문제-해결 접근-이 학생 행동 문제와 사무실로 보내지는 것에서 유의미한 감소를 가져왔다고 나타낸다.

심각한 정서적 그리고 행동적 문제를 가진 학생과 일하는 전문가들은 인생 여유 분기 개입으로서 알려진 문제 해결의 형태를 사용할 수 있다. 이 모형은, 최초에는 프리츠 레들(Fritz Redl)에 의해 개발되었고 나중에 윌리암 모스(William Morse), 니콜라스 롱(Nicholas Long), 그리고 다른 사람들(Long & Morse, 1996)에 의해 학교 장면에 맞도록 수정되었는데, 문제 사건에 대하여 보다 깊은 검토를 포함하고 있다. 이것은 사건이 사고나 지각의 역기능을 반영하는지를 결정하며, 반응의 대안적 방법뿐 아니라 패턴에 대한 통찰을 학생에게 제공한다.

끝으로, 많은 학교는 갈등을 해결하도록 개인을 돕기 위한 접근으로서 갈등 해결을 사용하고 있다. 이 과정은 문제-해결 방법하고는 다른데 왜냐하면 갈등을 해결하기 위한 두 부분을 돕는 대화를 용이하게 하는 세 번째 부분을 포함하고 있기 때문이다. 이 장은 글레이저(Glasser) 접근의 상세한 검토와 갈등 해결의 토의를 제공한다. 여러분이 인생 여유 분기 개입 모델에 흥미가 있다면, 이 장의 마지막 참고문헌을 조사해 볼 것을 권한다.

그림 9.2 **문제-해결 방법**

1단계 : 학생과 따뜻하고, 개인적인 관계를 수립하기
(학생과 "긍정적인 관계 은행 통장"을 만들기)

2단계 : 현재 행동을 다루기
"무엇이 일어났나?"
(시간 선/기능 측정)
"너는 무엇을 했니?"
(학생이 문제에서 그들의 역할에 대한 책임감을 갖도록 돕기. 통제의 내적 중심지를 개발하도록 돕기)

3단계 : 가치 판단 하기
"너에게 도움이 되었니?"
(학생이 행동과 깔린 가정을 생각해 보도록 돕기)
"다른 사람에게 도움이 되니?"
(학생의 사회적 인지를 강화하기)
"그것은 역할에 반대하는 것/시키는 문장에 폭력적인 것인가?"
(학생들이 자신과 다른 사람의 권리와 공동체에서 책무성을 이해하도록 돕기)

4단계 : 계획을 작성하기
"다르게 할 수 있는 것은 무엇이니?"
(사회적 기술 훈련)
"내가 무엇을 해야 하니?"
(권력부여/기능 측정)
"다른 학생이 무엇을 하기를 바라니?"
(권력부여/기능 측정)

5단계 : **논평하기**
"이것을 할 계획이니?"
(학생의 책무성/책임감을 강화하기)

6단계 : **추수지도**
"나는 나중에 확인하여 계획이 얼마나 진척되었는지를 볼게."
(지지하는/돌보는 환경)

7단계 : **기를 죽이지는 말되, 변명을 받아주지도 않기**
"계획이 안된다면, 왜 안되었는지 분석하여 새로운 계획을 짜자"
(학생과 일함에 있어 높은 기대와 유지)

효과적인 문제 해결을 위한 Glasse의 7단계

네 가지 요소는 글레이저(Glasser)의 모형이 학교 직원에게 아주 유용하게 만든다. 첫째, 문제 해결은 짧은 기간에 성취될 수 있다. 대부분 갈등은 5분 이내에 해결되는데, 단지 1분 혹은 2분 안에 대안이 개발될 수 있다. 그래서 집단으로부터 학생을 분리하여 토론이 개인적으로 일어나도록 하는 것이 바람직하지만, 다른 교수적 혹은 시키는 임무에서 의도를 돌려놓는 긴 토론에 포함될 필요는 없다. 둘째, 모형은 단계별 절차를 사용하므로, 배우기가 쉽다. 더욱이, 문제-해결 회기가 잘 안된다면, 여러분은 회기를 보다 효과적으로 만들기 위하여 어떤 것이 필요한지를 개발하여 각 단계를 분석할 수 있다.

셋째, 문제-해결 과정에서 학생들을 능동적으로 포함하는 것을 통해, 각 모형은 학생의 요구에 다양하게 대응한다. 오히려 교사 대 학생 논쟁 혹은 변화된 행동에 대한 보상을 제공하여 학생을 조정하려고 하는 상황을 만드는 것보다는, 학생이 행동을 고찰하거나 행동을 변화시키기 위한 계획을 만드는 것에 의미있게 참여하여야 한다. 끝으로, 모형의 초점이 구체적이고, 관찰 가능한 행동에 있기 때문에, 자료는 수집되어서 학생이 결과를 책임지고 설명할 수 있어야 한다. 관찰 가능한 행동에 놓인 강조는 여러분과 학생이 실제적으로 계획의 효과성을 분석할 수 있게 한다. 글레이저(Glasser)의 접근을 유능하게 사용하기 위해, 여러분은 각 단계를 이해하고 빈번하게 학생들과 접근을 사용할 필요가 있다.

1단계

첫 번째 단계는 3장에서 제시되었다. 여러분이 의사소통 전략과 교사-학생 관계를 개선시키기 위해 3장에서 설명된 다른 전략을 쓴다면, 학생들은 여러분이 돌본다는 느낌을 가질 것이며 거의 대부분 여러분과 행동을 변화하기 위해 검토하고 시도하려는 노력을 하고자 할 것이다.

2단계

두 번째 단계는 학생들에게 행동을 설명하도록 요구하는 것이다. 행동에 대하여 안다는 것은 어떠한 행동 변화 프로그램에서도 중요한 요소이다. 실제로, 학생 행동에 대한 인식의 단순한 증가는 행동에서 큰 변화와 연관되어진다. 여러분은 학생에게 "네가 어떻게 했길래 샐리가 저렇게 화가 났지?"와 같은 질문을 하여 행동을 설명하도록 도울 수 있다. 강조는 구체적이고 관측가능한 행동에 있어야 한다. 학생이 그가 나쁘거나 여러분에게 순종하지 않아서라고 말한다면, 학생에게 그는 어떤 요구에 순종하지 않았는지와 요구가 거절당할 때 무엇을 말하거나 했는지를 구체화하도록 돕는다.

학생들은 때때로 여러분의 요구에 "아무것도 아니예요 혹은 "나는 몰라요"라고 말하는 것으로 반응할 것이다. 여러분은 그때 몇 가지 선택을 할 수 있다. 첫째, 여러분은 "존, 나는 너에게 창피주거나 어려움에 빠뜨리고 싶지는 않아. 내가 하고 싶은 것은 문제를 해결하도록 돕는 것이고, 네가 무엇을 했는지를 알아서 무슨 일이 있었는지를 이해하고 싶어"와 같이 말할 수 있다. 학생을 위협하거나 벌에 강조를 두기보다 문제를 강조할 때, 학생들은 그들의 행동을 토의하고자 하는 의지를 가질 것이다.

둘째, 학생들은 그들이 한 것을 설명하는 것을 피하고 싶을 것인데 왜냐하면 과거에 그들이 한 것을 설명하는 것은 강한 처벌과 연관되기 때문이다. 우리는 학생에게 "무슨 일이 일어났니?"와 같은 것을 물으면서 시작하는 것이 도움이 된다는 것을 점차 발견했다. 이것은 학생에게 자신의 관점을 제공하며 우리에게는 행동의 맥락을 알려준다. 비록 무책임한 행동을 정당화하려는 시도를 허락하지만, 우리는 간단한 맥락이 제공되었을 때, 학생들이 행동과 모든 문제에 대한 책무성을 설명하고자 할 것이다. 다른 접근은 학생에게 그들이 여러분이 관찰한 것을 들었는지, 혹은 여러분이 없다면, 관찰할 것을 함께 이야기할 다른 사람이 있는지를 물어보는 것이다. 이 선택은 긍정적이며 협박이 아닌 상태로 제시되는 것이 중요하다. 이 선택을 대할 때, 학생은 그들의 행동을 정상적으로 토론할 것이다. 교사는 최근에 이 문제를 학생들에게 "무엇이 일어났는지에 대한 비디오 카메라를 내가 가지고 있다면, 나는 무엇을 보았겠니?"와 같이 물어서 해결했다. 학생은 이것은 비위협적이라고 생각하는데 왜냐하면 그들은 자신의 행동을 설명하지만, 그들이 지각한 것으로서 전체 사건을 설명할 수 있기 때문이다.

학생이 이 선택에 긍정적으로 반응하지 않는다면, 보통 학생이 정서적이며 가라앉히는데 시간이 필요하여 문제에 대해 생각을 할 필요가 있다는 것을 나타낸다. 이 상황을 "존, 문제에 대해 지금 말하는 것은 편해 보이지 않는구나. 잠시 쉰 다음에 다시 이야기하자." 식으로 학생에게 휴식을 제공하는 것은 종종 문제를 해결하는 긍정적인 대안을 만들어낼 수 있다.

3단계

일단 학생이 행동을 설명했다면, 여러분은 학생이 행동이 바람직하지를 결정하도록 도와야 한다. 학생은 행동을 바꾸어야만 한다고 결정하지 않는다면, 의미있고, 지속적인 변화를 만들어내지 못할 것이다. 이 정보에 기초하여, 연속적인 행동 변화 개입은 대화를 보다 사용하고 문제를 해결하기 위한 덜 일방적인 대안을 사용한다. 연구 결과는 이 접근이 보다 성공적이라는 것을 나타낸다.

글레이저(Glasser)는 주장하기를, 젊은 사람이 행동에 대해 가치있는 판단을 하도록 도울 때, 여러분은 다음과 같이 질문할 수 있다고 제안했다: "행동이 너에게 도움이 되니? 나에게 도움이 되니? 다른 사람에게 도움이 되니?" 학생이 분명하게 비생산적인 행동에 관여될 때, 그들은 거의 대부분 이러한 질문에 답하지 못할 것이다. 그들이 예라고 한다면, 다음과 같이 물을 수 있다. "어떻게 너에게 도움이 되니?" 혹은 "다른 사람에게 어떻게 도움이 되니?" 끝으로, 학생이 행동이 자기와 또래들에게 도움이 된다고 주장하면, 학교에서 여러분과 다른 사람에게 행동이 어떻게 문제가 되는지를 설명할 수 있을 것인데, 학교 규칙을 어기는 것이라든지 혹은 다른 사람의 권리를 침해하는 것이다 등등이다. 학생과 긍정적인 관계를 수립하였다면, 학생에게 행동에 변화가 필요하다는 것을 알게 하는 유인책을 제공할 수 있을 것이다.

젊은이가 가치 판단을 하도록 돕는 다른 접근은 그들 행동에 대한 이익과 불이익 혹은 이익과 손해를 열거해 보도록 하는 것이다. 보다 나이든 학생과 일할 때, 여러분은 쓰기의 이익과 손해를 열거해 보도록 할 수 있다. 그림 9.3은 이 과정을 도와주는 형태를 제공한다. 왜냐하면 이 절차는 단순한 문제 해결보다 시간을 요구하기 때문에, 상담가, 코치 혹은 학생과 보다 확장된 시간을 위한 만남 시간을 갖는 교사들에 의해 사용된다.

학생이 비생산적인 행동이 자신에게 이익이 된다고 하면서 계속하고자 한다고 일관되게 말한다면, 그녀가 구석으로 몰린다는 느낌을 갖는 것이거나 여러분의 인내를 시험해보는 것일 수 있다. 보통 짧은 기간의 토론은 연기되는 것이 최고이다. 학생이 비생산적인 행동이 수용되어야 한다고 계속 주장한다면, 여러분은 행동의 논리적 결과를 학생이 알도록 할 필요가 있다. 우리는 행동을 바꾸려는 결정을 학생이 하도록 돕기 위한 모든 가능한 접근이 고갈되지 않고는 이 점이 침해하는 것이 매우 조심스럽다. 그러나 이 개입을 사용하는 것이 필수적이라면, 사실에 바탕을 둔, 비위협적 방식으로 토의가 이루어져, 여러분은 행동이 왜 바꾸어져야 하는지를 학생이 설명하도록 도와야 한다. 여러분은 이렇게 말할 수 있을 것이다. "나는 네가 행동이 해로운 것으로 보지 않아서 유감이다. 내 일이지만, 우리의 학급을 안전하고, 편안한 장소로 만들어야 한단다. 그래서 행동에 대한 책무성을 선택하지 않는다면, 나는 책무성을 실천해야 한다." 학생이 행동이 변화될 필요가 없다고 계속 주장한다면, 여러분은 학생에게 행동이 계속 될 때 일어날 구체적인 결과를 알려주어야 한다.

그림 9.3 행동주의 상담의 이익-비용 모델

	단기	장기
이익		
비용		

4단계

학생이 행동을 정말 바꿀 필요가 있다고 말한 후에, 다음 단계는 변화를 만드는 실천가능한 계획을 만들도록 도와주는 것이다. 다음과 같이 물음으로써 시작할 수 있는데, "다른 사람을 괴롭히지 않고 공부할 수 있는 방법은 무엇이라고 생각하니?" 혹은 "음악 시간에 학습을 방해하지 않기 위해 네가 사용할 수 있는 계획이나 전략은 어떤 종류이니?" "다시는 안 할게요" 혹은 "더 열심히 할게요"와 같은 피상적인 문장으로 된 피상적인 계획은 받아들이지 마라. 여러분은 이 약속을 듣고 용서할지 모르지만, 그것은 상황을 효과적으로 다루는데 구체적인 접근을 제공하지 못한다. 결과적으로, 다음과 같이 말하는 것을 통해 약속에 대응할 수 있다. "나는 네가 안할 것이라고 말하니 반갑다. 확실히 도와줄게. 그런데 무엇을 할 수 있니? 작업하는 것이 혼란스러워지기 시작할 때 무엇을 할 수 있겠니?"

학생들은 자신의 문제를 해결하기 위해 사용된 계획/전략을 고치는데 신선하고 창의적이다. 그럼에도 불구하고, 학생들은 때로 대안을 생각할 수 없다고 말한다. 여러분의 첫 번째 대응은 상황에 대하여 그들이 생각하도록 격려하고 지정된 시간에 여러분에게 보고하도록 하는 것이다. 학생들은 자주 처음에 그들이 어른에게 제공했던 답에 익숙해서 그것을 옮기는 것에 혼란을 겪는다. 상황에 대해 생각을 마칠 시간이 되었을 때, 그들은 심사숙고한 계획으로 만든다. 학생이 실천 가능한 계획을 개발할 수 없다면, 여러분은 학생이 고려할 몇 가지 생각을 제공할 수 있다. 학생이 최종 결정을 하도록 몇 가지 의견을 제시하라. 대안을 선택함에 있어 이러한 참여는 학생이 계획을 수용하고 따르도록 증가시킬 것이다.

초등학교와 중학교 학생에게, 종종 떠오르는 문제에 다양한 상황에 대응하기 위한 계획이나 전략을 개발하기 위한 몇 가지 단원을 가르치는 것은 도움이 된다. 수업은 학생이 부적절한 행동을 하는 상황을 설명하고 상황에 대처하기 위한 대안적 행동을 열거하도록 요구될 수 있다. 이것은 학급에 게시될 수도 있는데, 그리고 학생은 학교 규칙을 어기고 문제 해결에 참여할 수 있는지에 대해 언급할 수 있다. 특히 어린 학생들과 일할 때, 무엇이 안전하고, 정당하며, 친절한 것인지에 대한 기본적 준거에 대한 계획을 평가하도록 요구하는 것이 도움이 될 수 있다. 그것은 어떻게 역할을 하며, 다른 사람의 느낌을 어떻게 만드는가?

계획은 상대적으로 단순하고 비구조화 되어야만 하는데, 과제를 하고 일을 완성하기 위하여 다른 학생과 일하도록 결정하는 것과 같은 것이다. 그러나 계획은 보다 구조화된 접근을 포함할 수도 있다. 사실, 덜 구조화된 대안이 실패했다면, 10장에서 설명될 많은 절차가 아동이 행동을 바꾸도록 돕기 위한 계획을 실천하기 위한 방법으로서 역할을 할 것이다. 예를 들면, 학생은 공식적 계약이나 행동에 대한 자기-모니터링 쓰기에 참여할 수 있다.

5단계

다음 단계는 여러분과 학생 모두가 분명하게 계획을 이해하고 학생에게 계획에 대한 논평을 하도록 요구하는 것이다. 여러분은 다음과 같이 말할 수 있는데, "좋아, 좋은 계획으로 보이는구나. 이제, 우리가 모두 이해했다는 것이 확실히 하려면, 일하다가 혼란스러우면 무엇을 해야하니?" 학생이 계획을 설명하고 난 후에, 여러분은 학생의 의사결정을 바꾸어 말하고 계획에서 여러분의 역할을 알도록 해라. 여러분은 "좋아, 네가 혼란스러우면 손을 드는 거야. 내가 바쁘고 너를 도울 수 없다면, 조용히 걸어가서 샐리에게 도움을 청하렴. 그리고 나서, 내가 임무가 끝나고 기회가 되는대로 네 일을 살펴봐 주마."라고 말할 수 있다. 비록 종종 구두 동의를 얻기에는 적당하게 단순하지만, 때로 쓰기와 같은 계획을 주는 것도 도움이 될 것이다. 이것은 특히 학생에게 문제 해결을 처음으로 설명했을 때나 구체화된 방법으로 행동하는데 동의하는 두 부분의 계약서에서 최종 계획을 만들 때 가치가 있다.

계획이 분명하게 되었다면, 학생은 계획을 실천하려는 논평을 해야 한다. 이 공인은 다음과 같이 물음으로써 가능하다. "이것이 좋은 계획이라고 믿니? 노력을 할거니?" 저자들은 종종 이 단계가 이 결정에 동의한 두 부분을 가리키는 악수로 결론맺는다.

6단계

6번째와 7번째 단계는 추수지도를 포함한다. 문제에 대하여 실천가능한 대안으로 고치는 것에서, 두 부분이 어떻게 계획이 이루어지는가를 토의하기 위해 언제 만나야 하는가를 정하는 것이 필수적이다. 6단계는 여러분에게 학생의 노력을 강화하고 떠오르는 문제에 대한 토의 기회를 제공한다. 계획이 그 날을 통해 자주 일어나는 행동을 포함한다면, 여러분은 같은 날에 계획이 만들어질 때 학생과 간단하게 만나야 한다. 더욱이, 여러분이 학생이 성공적으로 계획을 실천한다고 본다면, 노력하는 학생을 칭찬하라. 계획이 종종 일어나는 행동을 포함한다면 여러분은 학생이 다음 시간에 만나도록 할 수 있다. 추수지도는 오랜 시간을 필요로 하지 않는다. 여러분은 간단히 물을 수 있다. "계획은 잘 되니?" 계획이 잘 되고 있다면, 기쁨을 표현하고 학생에게 결과에 대해 어떻게 느끼는지를 말하도록 요구하라. 학생을 강화하고 싶다면, 교장에게 학생을 칭찬하게 하거나 학생의 가정에 긍정적인 기록을 보내는 것과 같은 부수적인 추수지도를 선택할 수 있다.

7단계

글레이저(Glasser) 모형의 최종 단계는 계획이 잘 되지 않는다면 무엇을 할 것인지를 결정하는 것이다. 우선, 비평적이거나 희생을 요하거나 학생을 처벌하려고 하지 말아라. 문제-해결 접근의 사용에 깔린 주요 가정은 긍정적이고 지지하는 환경에서 학생이 책임을 지려하고 적절하게 행동한다는 것이다. 그래서 계획을 실행하지 못하는 학생의 무능력은 처벌받아서는 안된다. 동시에, 여러분은 변명을 받아들여서도 안된다. 학생은 종종 다른 사람을 비난하여 행동 변화에 대한 실패를 방어한다. 학생이 다른 사람이 한 것을 묘사하기 보다는 그의 계획을 따르는데 실패한 원인으로 여긴다면, 여러분은 또 다른 문제-해결 협의를 시작해야 한다. 왜냐하면 학생은 이미 행동을 검토하여 그것을 변화시킬 결정을 했기 때문에, 첫 번째 3단계는 대개 완성하기 위해 1분 혹은 2분이 걸릴 것이다. 협의는 그래서 계획이 왜 안 되었는지를 학생에게 묻고 다른 계획을 개발하기 위해 도움이 되는 것에 강조를 두어야 한다. 행동이 다른 학생에게 해로운 것이라면, 운동장에서 아동 밀기와 같은, 여러분은 학생에게 행동이 계속될 때 일어날 수 있는 결과를 알려주어야만 한다. 비록 강조는 학생을 처벌하는 것보다 계획을 고치는 것에 두어야 하지만, 상황은 처벌을 일어나는 계획과 합치는 것이 필수적이다.

예화

다음 보기의 앞부분은 초등학교 고학년 그리고 중등학교 교사가 학생과 글레이저(Glasser)의 모형을 사용한 것인데 효과적인 의사소통 기술이 글레이저(Glasser)의 단계별 과정이 문제에 대한 긍정적인 해결을 만들어내기 위해 조합될 수 있다는 것을 나타낸다.

예시 1 : 초등학교 고학년

단계 1. 교 사 : 다비, 잠깐 나와 이야기할 수 있니?

다 비 : 네.

단계 2. 교 사 : 오늘 수학을 배운 후에, 나는 모든 사람의 보고서를 검토했다. 내가 네 보고서에서 무엇을 발견했는지 말할 수 있겠니?

다 비 : 마치지 못했어요.

단계 3. 교 사 : 맞아. 정시에 다 풀지 못하는 것이 너에게 도움이 될까?

다 비 : 아니라고 생각해요.

교 사 : 문제를 풀 준비가 되지 않았을 때 무슨 일이 일어났니?

다 비 : 존이 고칠 보고서가 없었어요.

교 사 : 그렇구나, 일어났던 다른 일들도 생각할 수 있겠니?

다 비 : 나는 학점이 나쁘고 다시 해야 해요.

교 사 : 좋아, 이 과제를 마쳐야 하는 게 어렵다면 내일까지 다른 것을 하는게 어때?

다 비 : 알겠습니다.

교 사 : 좋아, 다비, 푸는 것을 정각에 마치도록 시작하면 남을 필요없고 존에게 고치기 위해 완성된 보고서를 주는 것에 대해 좋은 느낌을 가질 수 있지 않겠니?

다 비 : 네.

단계 4. 교 사 : 다비, 나는 네가 성공하고 싶어 해서 기쁘다. 정각에 네 일을 하기 위해 도움받을 수 있는 계획을 생각할 수 있겠니?

다 비 : 아니요-나는 하려고 노력할게요.

교 사 : 음, 듣기에 최상이지만, 이 노력을 끝내기 위해 구체적인 계획을 생각할 수 있겠니?

다 비 : 오, 나는 학교에서 집으로 온 후에 할 수 있다고 생각하는데, 어머니는 매일 밤 미용실에서 집에 오기 전에요. 그러나 놀이도 좋아요.

교 사 : 음, 계획을 실천해보자. 어머니가 몇시에 오시지?

다 비 : 5시 30분에요.

교 사 : 그리고 학교에서 언제 집으로 가지?

다 비 : 3시 15분에요.

교 사 : 이제, 잠시 네가 놀 시간을 생각해 보자…

다 비 : 오, 알겠어요. 나는 4시 30분까지 놀고나서 4시 30분부터 5시 30분까지 공부하면 되요.

단계 5. 교 사 : 다비, 아주 멋진 생각이다! 나는 네가 과제를 마치기 위해 대부분 시간을 보내지 않기를 바라는데, 특히 네가 좋은 습관을 가졌을 때야! 그리고 엄마가 집으로 오셨을 때 다해놓고 있으면 멋지겠지? 이 계획을 얼마 동안 실천할 수 있겠니?

다 비 : 영원히!

교 사 : 와우!! 나 역시 흥분되지만, 며칠간만 실행하고 너에게 맞는지 이야기 해 보자.

다 비 : 좋아요. 오늘밤과 내일 밤에 해 볼게요.

교 사 : 대단해! 그리고 나서 존과 나는 목요일과 금요일에 숙제를 완성했는지 기대할 수 있겠네.

목요일(Thursday)

단계 6. 다 비 : 했어요. 나는 놀았구요, 30분안에 수학을 다 하고요(쉬웠어요!), 그리고 나서 엄마가 집에 왔을 때 TV를 보고 있었어요. 와, 그녀는 내 숙제를 보여주니까 놀랐어요!

교 사 : 다비, 나는 네가 할 줄 알았어! 네 계획에 대해 좋은 느낌을 가지고 있는 것 같은데, 내가 매우 흥분되는 것은 네가 좋은 느낌을 갖고 있고 그것이 네가 수학을 배우는데 도움이 될 것이기 때문이다.

예시 2 : 중학교

단계 1. 교 사 : 호레이스, 잠깐 나랑 얘기 좀 할래?

호레이스 : 네.

단계 2. 교 사 : 래리가 왜 그렇게 화나게 만들었니?

호레이스 : 나는 아무것도 안했어요.

교 사 : 호레이스, 나는 너를 창피주려거나 힘들게 하려는 게 아니야. 내가 하고 싶은 것은 문제를 해결하기 위해 돕고 싶은 거야. 그러나 우리가 문제를 해결하기 전에, 무엇이 일어났는지 이해하기 위해 무엇을 했는지 알 필요가 있어.

호레이스 : 글쎄요, 나는 래리의 책을 책상에서 밀어서 바닥으로 떨어지게 해서, 그의 보고서가 모두 어지러졌어요.

단계 3. 교 사 : 솔직해 주어서 고마워. 너는 정말 이 문제를 설명하려는 노력을 시도하는 것 같구나. 책을 미는 게 너나 래리에게 어떤 식으로 도움이 되니?

호레이스 : 아니요, 그는 내가 보고서를 제출하려는 순간 잉크를 칠하였고, 망쳐버렸어요. 그래서 나는 전부 다시 해야 해요.

단계 4. 교 사 : 나는 문제에서 네가 관련된 부분을 마치고 난 후에 이 문제에 대해 래리와 이야기할 거야. 어떤 종류의 실천을 해서 다음에 이와 같은 일어난다면 다른 사람에게 앙갚음하지 않을 수 있겠니?

호레이스 : 다시 안할게요.

교 사 : 나는 네가 안한다고 하니 기쁘다. 확실히 도움이 될거야. 그러나 그 밖에 우리가 무엇을 할 수 있지?

호레이스 : 나도 모르겠어요.

교 사 : 음, 내가 몇가지 의견을 정하고 네가 한가지를 골라 실천하면 어때?

호레이스 : 하여튼 좋아요.

교　　사 : 네가 느끼는 것을 아이(I)-메시지를 사용하여 보내면 어떻겠니? 예를 들면, "네가 내 숙제를 마치면 나는 그것을 다시 해야 할 때 화가 난다"처럼. 그렇지 않으면 일어나서 그에게 가서 그렇게 한 것에 감사하지 않는다는 것을 보여주는 거야. 이 계획중에 한가지가 마음에 드니, 호레이스?

호레이스 : 글쎄요, 우리가 아이(I)-메시지를 배웠기 때문에 선생님은 우리 문제에 그것을 실천하기를 원하는 것 같으니, 다음에는 아이-메시지를 사용할게요.

단계 5. 교　　사 : 좋아; 이제, 우리 모두가 이해했다는 확신을 하기 위해, 다음에 다른 사람이 너와 네 작품을 그렇게 한다면 어떻게 할 거니?

호레이스 : 그 사람에게 아이-메시지를 보낼게요.

교　　사 : 좋아; 나는 수일내로 확인하고 네가 잘하는지를 볼게.

수 일 후에(A Couple of days later)

단계 6. 호레이스 : 해냈어요! 게리가 어제 내 보고서의 한 장을 찢었는데, 나는 그에게 아이-메시지를 보냈고, 그는 정말로 내게 사과를 해 왔어요. 나는 믿을 수 없어요.

교　　사 : 나는 네가 계획을 실천했다는 것이 자랑스럽다. 결과에 행복해하는 네 반응을 알 수 있다.

잠시 멈추고 9.3	실제 혹은 잠재적인 문제를 아동이 해결하도록 돕는 7단계를 실천하는 대화를 써 보라. 둘째, 동료나 급우와 역할놀이 상황을 해 보라. 끝으로, 이 방법을 학교에서 학생들에게 사용하고 결과를 다른 사람과 토의해 보라.

학급에서 문제 해결을 실천하기

8장에서 토의된 것처럼, 문제 해결은 교사의 학급 경영 계획에서 가장 통합적인 부분일 때 가장 효과적일 것이다. 여러분은 스스로 이 방법이 어떻게 여러분의 계획에 스며들어야 하는지를 결정해야 한다. 일부 교사들은 쓰기 형태의 문제 해결에 배타적으로 초점을 둔다. 다른 교사들은 학생이 문제-해결 영역으로 가는 것, 문제에 대해 생각하는 것, 계획을 세우는 것 그리고 시간이 제한되었을 때 언어적으로 계획을 공유하는 것 등을 선호한다. 많은 교사들은 계속되는 규칙을 어긴 것의 결과로서 쓰기 과제와 단지 한 두 번 일어난 행동에 대한 반응으로 사용된 언어적 문제 해결 등의 두 가지 방법을 섞어 사용한다. 앞서 말한대로, 몇 가지 연구가 나타내는 것은, 학생 학급과 학교 행동 기대를 가르치는 것을 조합할 때, 문제 해결의 사용은 학생 행동에 긍정적인 효과를 가진다고 한다(Nelson, 1996; Nelson, Martella, &

Galand, 1998). 우리의 노력이 30에서 50% 정도 사무실로 보내는 것과 퇴학위험의 감소를 가져왔다는 것을 보여준다.

학급에서 사용된 다른 절차와 마찬가지로, 학생에게 절차를 사용하는 방법을 알려준다면 극적으로 보다 효과적이 될 것이다. 다음 10단계는 학생들에게 문제-해결 방법을 사용한 저자와 일한 저자들과 교사들의 것이다.

1. 학생들에게 유인물을 나누어주고 상층의 단계들을 써 보게 하라.
2. 각 단계를 토의하고 예를 제공하라.
3. 학생이 잘못 행동하는 역할놀이를 해보고 교사는 이 방법을 행동에 책무성을 갖도록 학생을 돕기 위해 사용한다.
4. 각 역할놀이에 토의를 이끌어라.
5. 학생과 교사의 역할을 모두 해보고 몇 가지 상황을 역할놀이 하라.
6. 이 상호작용을 반복하라.
7. 학급 규칙을 어기는 예를 학급 전체에 제공하고 각 학생에게 문제-해결 계획을 써보도록 하라.
8. 학생과 이야기 나누고 평가에서 학급의 도움을 얻어, 필요하다면, 몇 가지 계획을 수정하라.
9. 문제-해결 과정이 어떻게 학급 경영 계획과 관련되며 언어적이고 쓰는 계획에는 어떠한 차이가 있는지를 설명하라.
10. 학생에게 단계에 따른 단계 순서와 학급 경영 계획에 대한 퀴즈를 내라.

글래이저(Glasser)의 접근을 실천할 때, 그림 9.2에 제시된 7단계의 어느 것도 뛰어넘지 않는 것이 중요하다. 저자들은 종종 학생이 행동에 대해 가치를 말하지도 않았는데 계획을 만들라는 교사를 본다. 학생의 나이 혹은 문제의 특징에 관계없이, 성인은 제시된 순서에 따라 각 순서를 사용하고 진행하는 것이 결정적이다. 저자는 이 방법을 2세에서부터, 모든 연령의 학생과 4세에서부터 고등학교 졸업반까지, 그리고 영재에서부터 수감된 문제 청소년까지 사용했다. 저자는 확고하게 긍정적인 학습 환경을 증가시키고 학생들이 개인적으로 책무성을 학습하도록 돕는데 중심 요소가 있다고 믿는다. 글래이저(Glasser)의 접근을 사용하는 교사는 교사와 학교에 대한 학생 태도가 일반적으로 개선되었으며 학생이 행동에 보다 책무성을 갖도록 배울 수 있다는 것을 발견했다.

학생 상호간 문제 해결하기

두 명의 학생 사이에 문제를 해결하는 것은 성인이나 다른 학생과 관계를 쉽게 만든다. 다음 부분은 학생이 상호간 또래 갈등을 해결하도록 돕는 몇 가지 방법을 나타낸다.

교사가 주도하여 해결하기

학생과 또래 갈등을 교사가 해결하도록 돕는데 유용한 모형은 생각-느낌-행동 모형인데, 코리 던(Cory Dunn)에 의하면, 그는 오레곤 주 링컨 카운티에 있는 린(Linn), 벤튼(Benton)에 있는 지역 행동 후원회의 조정자이다. 그림 9.4는 이 방법을 설명한다. 이 접근을 실천함에 있어, 교사의 역할에 무엇이 일어났고, 어떻게 느끼고, 그리고 어떤 것을 해야한다고 믿는지 등의 설명을 차례로 하도록 하는 것이다. 각 설명후에, 다른 학생이 각 문장을 재진술 하여 다른 학생의 관점을 듣고 이해하는 느낌을 경험하도록 갖도록 한다. 이 과정은 학생이 배우고 실천에 앞서 방법을 연습한다면 보다 쉽게 실천할 수 있을 것이다.

그림 9.4 갈등을 해결하는 생각-느낌-행동 방법

다음은 생각-느낌-행동 모형에서 사용된 대화인데 정서적 문제를 가진 조그만 3학년 학생이 운동장에서 얼굴에 공을 맞아서 그의 안경이 부서진 사건에서 사용되었다. 학생에게 이 방법을 사용하도록 가르칠 때, 학생과 사용하기 편리한 때라면 언제라도, 누가 말하는 가를 나타내고 각 학생이 말하고 들을 기회를 가졌다는 것을 나타내기 위해 화살표(그림 9.4에서 보여지듯이)를 그리는 것이 유용하다.

교사가 학생 문제를 도와주는 방법

피터 : (울면서) 재가 공을 던져서 내 안경을 깼어요.

교사 : (피터 주변으로 팔을 내밀며) 네가 다쳐서 유감이다. 공이 날아와서 맞아서 놀랐겠다. 빌에게

이야기해서 어떤 일이 있었는지 알아보자. 빌, 여기로 잠깐 올래?(빌은 게임을 멈추고 교사와 피터에게 온다.) 피터, 무슨 일이 있었는지 빌에게 말할 수 있겠니?

피터 : 네가 공을 던져서 내 안경이 깨졌어.

교사 : 빌, 피터가 일어났다고 생각한 것을 뭐라고 말했니?

빌 : 나는 안경을 깨뜨리지 않았어요. 그는 그냥...

교사 : (빌을 막으며) 문제 해결을 위한 우리의 방법을 기억하렴, 빌. 네가 하길 바라는 것은 네가 피터에게 들은 것을 우리에게 말하는 것이야.

빌 : 그는 내가 공을 던져서 그의 얼굴에 맞혔고 안경을 깨뜨렸다고 했어요.

교사 : 고맙구나, 빌. 나는 네가 문제-해결 방법을 사용함으로써 책임감있고 돕고자하는 것에 감사한다. 이제, 빌, 네가 일어났다고 생각한 것을 피터에게 말해줄래?

빌 : 우리는 운동장에서 축구공을 잡으려고 하고 있었고 존이 내 머리위로 던져서 피터에게 맞았어요. 나는 가능한 높이 점프했지만, 너무 높았어요.

교사 : 피터, 빌이 말한 것을 말해줄래?

피터 : 그는 말하기를 공으로 나를 때린 게 아니라고 했어요.

교사 : 그가 일어났다고 말한 것은 무엇이지?

피터 : 그가 말하기를 존이 머리 위로 던져서 잡으려고 노력했다고 했어요.

교사 : 피터, 빌이 말한 것을 매우 잘 말했어. 이제, 피터, 네가 어떻게 느끼는지를 말해줄래?

피터 : 나는 안경이 깨져서 매우 슬프고 누군가 깨뜨려서 미치고 싶어요.

교사 : 빌, 피터가 어떻게 느끼는지를 우리에게 다시 말해줄래?

빌 : 그는 미치고 싶고 슬픈데 왜냐하면 그의 안경이 깨졌기 때문이예요.

교사 : 고맙다, 빌. 이제, 네가 어떻게 느끼는지를 피터에게 말해줄래?

빌 : 모르겠어요.

교사 : 음, 너는 행복하니, 슬프니, 화가 나니?

빌 : 내가 생각하기에 안경이 깨어져서 나도 슬프지만, 나는 그렇게 하지 않았어요.

교사 : 피터, 빌이 그가 어떻게 느낀다고 말했는지를 우리에게 말할 수 있니?

피터 : 그는 말하기를 그는 슬프지만 안경이 깨진 것은 내 잘못이라고 했어요.

교사 : 그가 네 안경이 깨어져서 슬프다고 말한 것은 옳지만, 그가 네 잘못이라고 말하지는 않았어; 그는 그가 깨뜨리지 않았다고 했어. 맞지, 피터, 이 문제를 해결하기 위해 우리가 해야된다고 생각되는 것을 우리에게 말해줄래?

피터 : 예, 누군가 나에게 새 안경을 사 주어야 해요. 우리 엄마는 내가 안경을 깨서 집으로 가면 나를 죽일 거예요.

교사 : 빌, 피터가 우리가 할 필요가 있는 것에 대해서 무엇이라고 말했니?

빌 : 그는 말하기를 내가 새로운 안경을 사주어야 한다고 했지만, 나는 정말 깨뜨리지 않았어요.

교사 : 글쎄, 그는 말하기를 누군가 새로운 안경을 위해 돈을 지불해야 한다고 했어. 나는 안경을 검사하려고 가져가려고 한다. 빌, 이 문제를 해결하기 위해 도울 수 있는 것은 무엇이라고 생각하니?

빌 : 글쎄요, 나는 존과 내가 사과하고 공을 던지는 장소에서 더 조심해야 한다고 생각해요. 그러나 피터는 서 있는 곳에서 더 조심할 필요가 있어요.
교사 : 피터, 빌이 뭐라고 말했니?
피터 : 그는 말하기를 그와 존이 사과하고 더 조심해야 한다고 했어요.
교사 : 또?
피터 : 예, 그는 말하기를 나도 서 있는 곳에서 잘 봐야 한다고 했어요.
교사 : 피터, 그 소리가 문제를 해결하기 위한 정당한 대안인 것 같니?
피터 : 예, 누군가 내 안경값을 지불하는 것 만큼요.
교사 : 빌, 문제를 우리가 해결했다고 생각하니?
빌 : 예.
교사 : 좋아, 얘들아, 악수하고 가서 빌에게 가서 존에게 네게 사과하도록 하자, 피터.

소년들은 악수를 하고 빌은 걸어가서 존에게 상황을 설명했다. 이 시점에서, 피터는 안경을 가지고 구부려 보기 시작했다. 이렇게 하면서, 그는 유연한 축을 가지고 있고 축은 원래 자리로 돌아간다는 것을 깨달았다.

피터 : 여기 봐, 안경은 부서진 게 아니야. 잠깐 휘어진 거야.
교사 : 잘 되었구나, 피터. 나는 정말로 기쁘다. 빌과 존이 오면 그들에게 말하자.

이 모형을 사용하는 것조차 시간을 필요로 하지만, 매우 효과적이다. 이 접근은 학생이 경청한다고 느끼고 문제 해결 기술을 개발하도록 할 뿐 아니라 학생들이 다른 사람의 관점을 이해하고 느낌을 규명하는 기술을 개발하도록 돕는다. 이 장의 앞부분에서 언급되었듯이, 행동 문제에 대한 반응으로서 모든 개입은 특성상 교육적이어야 한다. 이 접근은 학생이 행동 문제를 가진 학생이 대부분 부족한 다수의 기술을 개발하도록 돕는 것이다.

학생 상호 문제 해결 촉진하기

교사들은 학생들에게 자신의 갈등을 해결하도록 가르침으로써, 학생들이 중요한 사회적 기술과 개인 효능감을 개발하는 것을 도울 수 있다. 학생을 자신의 갈등을 해결하는 것에 포함하는 실제 절차는 아주 단순하다. 첫째 단계는 학급에서 절차를 논의하는 것이다. 당신은 학생들에게 문제를 가장 효과적으로 해결할 방법을 묻는 것으로, 화제를 소개할 수 있다. 고학년 학생과 학습할 때, 당신은 더 큰 사회의 국민 또는 개인이 의견의 차이를 해결하는 방법의 간단한 토론을 포함하고 싶어 할 수 있다. 보통 가장 효과적으로 해결되는 토론의 목적은 학생의 해결절차에의 관여를 늘리는 것이다. 제3자가 포함되는 때에도, 이 사람의 역할은 단지 의견이 일치하지 않고 있는 집단들 사이에서 건실적인 대화를 용이하게 할 뿐인 것이다. 학생들이 이 쟁점을 논의했다면, 당신은 학생에게 문제가 생길 때마다, 또는 당신이 학생들 사이에서의 불화를 교환하는 것에 일시적으로 개입해야 할 때마다 가르쳐야 하고, 그들의 차이를 해결하기 위해 만날 시간을 정하도록 요청받을 것이다.

학급 회의에 대한 적절한 구조를 제공하는 것은 중요하다. 당신은 그런 회의가 개최될 학급 내 장소를 알려주어야 한다. 저자는 학생들의 물리적 접촉이 일어나지 않도록 충분히 거리를 두고 그들의 차이를 논의할 수 있게, 바닥에 테이프로 2개의 선을 표시하는 교사를 알고 있다. 당신은 또한 갈등-해결 회의가 개최될 시간을 나타내고 싶어 할 수 있다. 학생들은 휴식시간, 점심시간, 또는 방과 후에 열릴 수도 있음을 알게 될 수 있다. 당신은 또한 학생들이 회의를 구성하는 것을 돕는 회의록을 제공할 수 있고, 그들의 해결을 보고받을 수 있다. 그림 9.5는 2~8학년 아이들이 사용한 형태이다. 마지막으로, 당신은 학생들이 생산적인 갈등 해결에 필요한 기술을 습득하는 것을 도울 수 있다. 학생들은 아이-메시지(I-messages)와 활발한 경청의 사용을 배울 수 있다. 당신은 또한 효과적인 갈등 해결을 모형화할 수 있고, 학급에서 전형적인 몇 개의 갈등을 실제 연기하도록 할 수 있다. 이 기술 구성은 시간이 많이 걸리지 않고, 학생들을 위한 즐거운 활동이며, 의미심장하게 긍정적인 해결을 가져오는 갈등-해결의 가망을 증가시킨다.

많은 학구는 갈등 관리 프로그램을 실행하였다. 1987년 봄에, 시카고 학구는 전체 고등학교에서 논쟁 해결에 관해 교육과정을 소개했다. 6주간의 단원은 전체적 갈등 해결뿐만 아니라 개인간에도 집중했다. 샌프란시스코의 지역사회 위원회에서 개발한 갈등관리프로그램 역시 광범위하게 사용되는 프로그램이다. 그것은 학생들에게 16시간의 의사소통과 문제해결 기술 훈련을 제공한다. 학생들은 그 다음 그들의 학교에서 중재자로 봉사한다. 초등학교에서, 학생 중재자는 그들의 역할을 나타내기 위해 밝은 갈등 관리자 T-셔츠를 입는다. Classroom Law Project(620 Main Street, Suite 102, Portland, Oregon 97205, www.classroomlaw.org)와 같은 초중학교 학생간 갈등 해결의 우수한 모델이 개발되고 실행되었다. 그림 9.6은 초등학교 학생들이 급우간 분쟁에서 학생들을 도울 때 사용하는 것을 가르치는 중재 절차를 제시한다.

그림 9.5 문제 해결 양식

함께 문제해결하기

1. 다른 사람을 화나게 한 원인은 무엇인가?

   학생 1 ______________________________

   학생 2 ______________________________

2. 위에 기술한 행동은 학교나 학급 규칙을 위반했는가? (예, 아니오) 만약 그렇다면 그것은 무엇인가?

   ____

3. 당신이 문제 해결을 위해 할 수 있는 합의나 계획은 무엇인가? 다음 문장을 완성해라.

   우리는 ______________________________를 할 것으로 결정했다.

4. 당신은 장래의 문제를 예방하기 위해 어떤 계획을 개발할 수 있는가? 다음 문장을 완성해라.

   만약 우리 중 한 명이 나중에 친구를 괴롭히면, 우리는 ____________________

   ______________________________ 할 것이다.

   학생 1 서명 ______________________________

   학생 2 서명 ______________________________

   날짜 ______________________________

잠시 멈추고 9.4

당신의 학생 갈등 관리 사용 방법에 대해 간단히 설명해 보라. 이러한 접근 방법을 사용할 학생 행동 형태를 기술하고, 어떠한 접근법을 사용할 것이고, 교수 및 학급 경영과 통합하는 방법을 설명해라.

학생의 피해 상황에 대처하기

[Early Violence Prevention : Tools for Teachers of Young Children]에서, 슬라비, 로에델, 아레조와 헨릭스(Slaby & Roedell & Arezzo & Henrix, 1995)는, 한 아이가 다른 한 아이에 대해 공격적일 때, 성인이 피해자에게 지지를 제공하고, 공격자를 위한 강화가 최소화 하는 것을 확실하게 하는 것이 중요하다고 했다.

그들은 교사가 공격자에 대한 피해자의 권리를 단호하게 진술하도록 도울 것을 제안한다. 교사가 피해자에게 말할지도 모른다, "어떠한 이유로도 너를 상처 입힐 수 없다; 그에게 발로 그만 차라고 말할 수 있다"(p.70). 피해자에게 이것을 이야기하는 것에 의해, 교사는 규칙을 명료화하고, 피해자에게 적절하게 자신을 주장할 도구를 제공하고 있다.

그림 9.6 **초등학교 갈등 관리 절차: 문제 해결 단계**

1. 자기 소개: "안녕, 내 이름은 _______이야. 나는 갈등 관리자이고, 얘는 _______이야."
2. 집단들에게 요청하기: "우리나 선생님과 함께 문제를 해결하고 싶니?" 필요하면, 문제를 해결하기 위해 조용한 장소로 이동한다.
3. 집단들에게 설명한다: "첫째로 너희들은 4개의 규칙에 동의해야 한다:
   a. 문제 해결에 동의해라.
   b. 이름을 부르지 않는다.
   c. 대화를 중단하지 마라.
   d. 진실을 말해라.
4. 갈등 관리자 #1는 학생#1에게 묻는다: "무슨 일이냐? 기분이 어떻니?"
   갈등 관리자 #1는 활발한 경청을 사용하여 학생#1에게 말했던 것을 반복한다: "그래서 네가 말하고 있는 것은 ...이다."
5. 갈등 관리자 #2는 학생 #2에게 묻는다: "무슨 일이냐? 기분이 어떻니?"
   갈등 관리자 #2는 활발한 경청을 사용하여 학생#2에게 말했던 것을 반복한다: "그래서 네가 말하고 있는 것은 ...이다."
6. 학생 #1에게 묻는다: "해결책이 있니?"
   학생 #2에게 묻는다: "그 해결책에 동의하니?"
   아니라면: "다른 해결책을 가지고 있니?" 그리고는, 양쪽 모두 해결책에 동의한다.
7. 논쟁자들에게 그들이 지금 동의한 것을 말하게 한다: "서로에게 지금 동의했던 것을 이야기해줄래?"
8. 양쪽 다 격려한다: "문제를 해결하기 위해 그렇게 부지런히 일 해 줘서 고맙다. 축하해."
9. 갈등 관리자 보고서에 기록한다.

저자는 즉각적인 교사 주의를 제공하여 규칙위반자의 행동을 강화하는 것을 예방하기 위해, 이 아이들과 함께 하기 전체 대안의 기술을 가르치는 것이 최고라고 기술했다. 이상적으로는, 언젠가 다음 시간에, 교사 또는 다른 성인이 공격자의 행동을 사용하여 만나려고 시도하는 욕구와 만나는 대안적인 행동을 조사하기 위해 공격자와 함께 일할 것이다. 학급에 있는 다른 아이들이 피해자를 지원하고 과도한 주의를 공격자에게 제공하지 않는 교사를 보는 것은 중요하다. 만일 교사가 공격자와 즉시 일을 한다면, 아이들이 가르치는 새로운 기술을 사용하는 것을 보고 내용을 듣는 것이 도움이 된다. 예를 들면, 교사는 "나는 네가 엔진을 사용하고 싶어 했다고 생각한다. 이 학급에서는 아무도 다른 사람을 해칠 수 없고, 누구도 붙잡을 수 없다. 만일 네가 그것을 가지고 놀고 싶어 하면, 네가 롤란도에게 그것을 사용할 수 있거나 함께 쓸 수 있는지 물어야한다."라고 말할지도 모른다.

유사하게, 교사는 다른 아이가 공격적일 때 피해자가 단호하게 반응하기 위한 기술을 개발하는 것을 돕고 싶어 할지도 모른다. 이것은 확고한 아이-메시지(I-message)를 보내거나, 그가 갈등-해결 회의를 통해 성인을 만날 필요가 있다고 공격자에게 이야기하는 것을 포함할지도 모른다. 비공격적으로 갈등을 해결하는 절차의 일부로 모든 학생들에게 그런 기술을 가르치는 것은 자주 도움이 될 것이다.

분열적인 행동에 대응하는 방법을 고려할 때, 적절한 행동을 강화하는 것의 중요성을 유의하는 것은 중요하다. 예를 들면, 만일 한 아이가 그 활동에 알맞은 역할을 가지고, 함께하자고 요청하는 대신, 게임에서 계속 공을 잡으려 하거나, 지배하고 있으면, 학생이 효과적으로 활동하고, 이 기술을 명명화하며, 새로운 행동과 관련한 긍정적인 결과를 지적하는 것이 중요하다. 이는 그 아이들을 위한 긍정적인 결과를 명명화하는 것뿐만 아니라 다른 아이들과 교사에게도 중요하다. 그러므로 교사는 "나는 네가 노는 것을 보는 것이 좋고, 오늘을 즐긴다. 다른 아이들은 네가 그들과 놀기를 좋아하는 것처럼 보이고, 네가 그들과 함께 사용하는 방법을 좋아한다."라고 진술할지도 모른다.

약한 학생을 괴롭히는 것은 오늘날의 많은 학교의 문제이다. 이 장 끝의 참조는 당신의 학교에서의 이슈에 반응하고 예방하기 위한 자료를 제공한다. 카우프만(Kauffman, 1997)은 효과적인 프로그램의 특징을 다음처럼 기술했다.

- 용인할 수 없는 행동에 대한 성인들의 명백하고 단호한 한계에 기초한 따뜻하고, 긍정적이며, 지지적인 학교 환경에 의해 특성을 부여받는 학교 분위기
- 호의적이고, 비폭력적인 허가는 즉각적이고 끊임없이 행동 기대의 위반에 적용됨
- 학교의 내외부에 있는 학생 활동의 연속적 모니터링과 감시
- 학생 상호 작용에의 성인 중재와 관찰된 협박을 중지시키는 권위의 가정
- 학교의 가치, 예상, 절차와 결과를 명료화하기 위해 약한 학생을 괴롭히는 것, 피해자, 부모님과 중립적 학생(비참가자)에 관한 이슈의 토론(p. 365)

공격적인 행동을 사용하는 일 없이 학생의 욕구에 대면하기 위해 약한 학생을 괴롭히는 아이들에게 특수한 기술을 제공하는 가치와 이러한 형태의 행동에 직면할 때, 우리는 단호하게 모든 학생들에게 기술을 제공하는 것의 중요성을 추가할 것이다. 약자를 괴롭히는 상황은 또한 기능적 평가(10장 참조)를 실시하는 것이 중요하다는 우수한 예이다. 기능으로서 이러한 행동이 학생에게 도움이 될 뿐만 아니라, 한 학생이 다른 학생들을 괴롭히거나 학생들이 고립되고 따돌림 당하는 등의 문제를 진정시킬지도 모르는 상황이 존재하는지를 아는 것은 중요하다. 우리의 중재는 다른 사람의 권리를 침해하는 일 없이 학생의 욕구와 만나는 기술을 학생들에게 제공하고, 학생에게 더 양육적인 공동체를 제공함으로써 이러한 화제 모두를 다루어야만 한다.

집단 문제 해결 방법

학급 회의

학급 회의는 학생과 교사 모두에게 문제가 학습에 부정적인 영향을 주는 주요한 문제가 되기 전에 개방적으로 해결하도록 한다. 사람들이 매일 많은 시간을 일을 하며 함께 할 때마다, 사소한 갈등을 개방적으로 해결하는데 사용하는 것은 중요하다. 윤활유를 바르지 않는 한, 매끄럽게 달리는 것처럼 보일지도 모르지만 갑자기 고장날 자동차 엔진처럼, 교실들은 적당한 점검과 세심한 정비를 필요로 한다. 긍정적이고 지지적인 분위기에서 이행될 때, 학급 회의는 매끄럽게 달리는 교실을 위한 윤활유로 적합하다.

학급 회의는 학생들을 자신의 문제를 해결하도록 고안된 프로그램의 일부이다. 학급 회의는 개인적 문제 해결 회의의 사용을 지원할 뿐 아니라, 학생들에게 그들의 사회적인 문제해결 기술을 개선하는 기회를 제공할 수 있다.

학급 회의의 사용은 학년 수준에 따라 변화할 것이다. 다음의 아이디어는 사회적이고 학업 기술 발전에 대한 주요한 책임을 가진 25~35명의 학생으로 구성된 초등학교와 중학교의 학급에 가장 잘 어울린다. 학급 회의는 또한 중학교와 고등학교의 중요한 구성 요소일 수 있다. 이 나이의 학생들은 한 학생 집단과 시간을 보내고, 또래의 반응에 더 민감하기 때문에, 교사가 한 명 또는 소수의 학생과 사적으로 학생 문제를 취급하는 동안 일반적으로 전체 학급에 영향을 끼치는 교육적인 행동의 문제에 집중하는 것이 최선이다. 학급회의는 일반적으로 중학교에서는 자주 개최되지 않고, 안건 또한 교사에 의해 제시된다. 학생들은 우리의 문제가 학급에서 논의된다는 요청에 의해 문제를 가져오도록 권해질 수 있다.

그럼에도 불구하고, 중학교에서 학급 회의의 가치를 낮게 평가하지 않는 것은 중요하다. 학생들은 숙제의 양과 시간, 수업의 질, 공동체로 취급되는 것이 가장 효과적일 수 있는 교실에서의 관계와 같은 다양한 관심을 가지고 있다. 교사들이 학생 행동에 관해서 만드는 중요한 결정은 집단에 영향을 끼치고, 학급구성원에 의해 논의되는 교실 밖에서의 화제가 학급 시간 동안 해결되고 생산적으로 논의될 수 있다. 우리는 학생들에게 집단이 어떻게 갈등을 해결할 수 있고 문제를 해결할 수 있는지를 가르치는 것이 중요하다고 생각한다. 집단 관심 해결에의 포함은 학생에게 능력과 권한 위임의 감각을 강화하고, 평생 기술의 중요한 모형을 제공한다.

비록 다음의 지침이 초등학교나 중학교 학급에 적용되지만, 그들은 중학교에서는 수정될 수도 있다. 예를 들면, 대부분의 경우 중학교 교사들은 문제가 일어나고, 학생들과 해결할 때 다음을 사용할 수 있다.

(1) 문제 진술
(2) 가능한 해결책의 브레인스토밍
(3) 해결책 선택

최근, 저자와 함께 일하던 한 교사는, 그녀의 고등학교 학급에 39명의 학생이 있어서, 이용 가능한 제한된 공간을 가진 학급에서 학생들과 함께 한 일이 있다. 학생들은 회의에서 집단 일이 용이하도록 교실 정돈을 설계하고, 작은 공간에서 효과적으로 학습할 수 있는 집단의 절차 개발을 정했다. 결과는 사려 깊고, 창조적이며 학급에 매우 도움이 되었다. 또한, 학생들은 자신의 문제를 해결해서 들떠 있었고, 그들이 확립한 지침을 기꺼이 따랐다.

학급회의의 이행을 위한 지침

학급 회의를 이행하는 첫 번째 단계는 학생들과 개념을 논의하는 것이다. 학생들은 학급 회의가 학급을 더 매끄럽게 하기 위해 변화할 필요가 있다고 생각하는 것뿐만 아니라 그들이 좋아하는 것을 논의할 기회를 제공할 것임을 알아야 한다. 학생들에게 회의가 중요한 이유에 관한 자신의 목록을 개발하도록 요청하라. 열정을 표시하고 학급 회의를 개최하는 것에 대한 관심을 나타내는 것은 중요하다.

"얘는 왈리인데, 우리와 선생님의 숙제 협상 대표입니다."

일단 학생들이 학급 회의가 왜 유용한지와 그들이 첫 번째 회의를 개최해서 흥분해 있는 이유를 논의했다면, 학급 회의를 위한 일반 지침을 제시한다. 우리가 당신 자신의 가이드라인을 만들어 보도록 권하지만, 저자는 다음의 지침이 초등학교와 중학교 학급 회의에 도움이 되는 것을 알았다.

1. 학급 회의는 원형으로 착석한 모든 참가자(교사를 포함)와 함께 개최될 것이다. 원의 크기가 너무 크면 학생의 관련을 줄이고 규칙을 지키지 않은 행동을 촉진할 것이다.
2. 학급집단에 관한 모든 문제가 논의될 수 있다. 문제가 학급에 영향을 끼치지 않는 2~3명의 개인간 문제는 학급 밖에서 해결될 것이다.

3. 모든 학급 회의에 앞서서 안건이 먼저 만들어질 것이다. 안건은 학생들이 게시판에 화제를 쓰는 것에 의해 만들어진다. 학생들은 안건 항목 뒤에 그들의 이름을 서명해야 한다. 학생들은 다른 학생의 이름을 항목화하지 않고 단지 이슈에 관해서만 재언급한다(만일 아이들이 쓸 수 없으면, 그들은 항목을 당신에게 이야기할 수 있고 당신이 그것을 안건으로 놓을 수 있다.) 그들이 게시판에 나타나는 순서에 의해 항목들이 논의될 것이다. 만일 안건 항목이 회의가 개최될 때 더 이상 적용되지 않으면, 그것은 목록에서 삭제될 것이다.
4. 학급 회의 동안의 토론은 항상 벌이 아닌 해결을 지향하게 된다. 학급 회의의 목표는 문제들의 긍정적인 해답을 발견해 내고, 사람들 또는 교실에서의 사건을 비판하지 않는 것이다.
5. 만일 개개 학생의 행동이 안건에 항목화되면, 그 항목은 학생의 허가 없이 논의되지 않을 것이다. 만일 학생이 행동을 논의하는 것에 동의하면, 당신은 회의의 목표가 학생을 돕는 것이라고 강조해야 한다. 그 청소년 또는 행동에 관한 비판적인 성명보다는 진술은 학생 행동에 집중하고, 아이-메시지(I-messages)로서 제시됨을 학생들에게 확실히 강조한다. 초점은 항상 학생에게 민감하고, 사려 깊은 피드백과 행동을 바꾸기 위한 긍정적인 제안을 제공하는 것이어야 한다.

   학생들은 그들의 행동을 학급 회의에서 논의하지 않기로 결심한 사람들에게 몇 개의 옵션을 이용할 수 있는 것을 알게 해야 한다. 첫째로, 다른 학생들이 학생들을 돕는 방법을 궁리하는 동안 그 학생은 학급을 떠날 수 있다. 당신은 그 다음 테이프로 토론을 기록할 수도 있고, 회의 동안에 그것을 다른 학생과 공유할 수 있다. 두 번째, 학생들은 당신과 학생들의 작은 집단 중 선택하여 논의하기로 결심할 수 있다. 학생의 허가로, 이 토론의 결과는 다음 학급 회의에 전체 학급과 공유될 수 있다. 마지막으로, 학생은 당신과 함께 문제를 논의할 수 있고, 문제를 누그러뜨리는 계획을 설계할 수 있다.
6. 학급회의에 포함하는 학생의 책임: (a) 말하기 위해 손을 들고 지명을 기다림; (b) 연설자의 이야기를 듣는 동안 다른 누군가와 이야기하지 않음; (c) 토론이 정리될 때까지 그 주제에 머무름; (d) 집단을 도울 생각의 공유에 관련됨; (e) 그리고 문제와 해결을 논의하는 데 사용하는 긍정적이고, 지지하는 말들.
7. 교사는 학급 회의 시작시 촉진자의 역할을 한다.

회의의 빈도와 한도

안건이 회의가 필요함을 알릴 때마다 학급 회의를 개최하는 것이 좋다. 학생들은 교실에서 중요한 이슈만을 항목화하는 것을 보조하게 된다. 그럼에도 불구하고, 초등학교 교실에서는 학급 회의가 한주에 1~2회 개최되는 것이 가능하다. 미해결 이슈가 문제를 만들어 학생의 학습을 유의미하게 줄이기 때문에, 학급 회의에 쓰이는 시간은 보통 증가된 과제수행 행동과 연관된 학문 이득으로 보상된다. 학급 회의가 안건의 존재와 관계없이 최소한 일주일에 한 번 개최된다. 주간 회의는 집단이 생각과 해결의 소중한 원천이라는 개념을 강화할 뿐만 아니라, 학생들, 관심과 기술을 유지하기 위해 필요하다. 만일 안건이 존재하지 않으면, 당신은 학급을 한 주의 긍정적인 관점의 토론이 되게 할 수 있다. 똑같이, 당신은 활동을 긍정적인 공유를 부추길 수도 있고, 학급이 긍정적이고 문제 없는 한 주를 보낸 것을 칭찬할 수 있다.

학급 회의의 길이는 학생의 관심 정도에 의해 변화할 것이다. 대부분의 초등학교 교사들은 회의가 10~20분 정도 계속될 수 있음을 알고 중학교 교사들은 30분이 최적임을 안다. 회의가 교수학습 시간의 중요한 부분을 차지하지 않도록, 중학교 교사들 또는 매주 5시간이상 학급을 담당하는 초등학교의 교과담당교사는, 학급 회의를 격주로 개최하거나 매주 회의를 15분으로 제한하기로 결심한다.

학급 회의 시작

학급 회의를 위한 목적과 일반 지침을 재확인함으로써 학급회의를 시작한다. 최초 회의 동안, 회의가 매끄럽게 계속되고 학생들이 좋은 습관을 전개할 수 있도록, 일반 절차와 뒤따르는 책임을 신중하고 확실하게 하기 위해 학생들의 행동을 모니터링하는 것이 매우 중요하다. 최초의 회의가 명백하고 유용하게 보이도록 하기 위해, 각 안건 항목은 분명히 해결되어야 한다. 여러 학생들에게 해결을 부연하게 하고, 개발된 어떤 계획이라도 실행한다는 집단의 약속을 요청한다. 학급의 결정을 회상할 수 있게, 당신은 초기의 각 결정을 기록하고 학급에서 눈에 띄는 장소에 그것을 게시할 수 있다. 긍정적인 감각은 또한 긍정적인 기록을 낭독함으로써 회의를 종료하는 것에 의해 강화될 수 있다. 당신은 한 학생에게 회의의 끝에 멋진 진술을 하게 함으로써 이를 실천할 수도 있다. 똑같이, 집단은 집단의 회원에게 멋진 진술을 말하도록 부탁할 수 있다.

이전 회의의 해결 결과에 관한 토론으로 회의를 시작하는 것으로 학생 해결의 가치를 강화한다. 학생들이 그들의 해결이 유용하지 않다고 생각하면, 그들은 곧 학급 회의에 대한 관심을 잃어버릴 것이다. 더욱이, 학급 회의가 문제해결 기술을 가르치기 위해 고안되기 때문에, 학생의 성공한 노력을 강화하고, 그들의 실패를 분석하며, 그들이 더 효과적인 해결을 개발하는 것을 돕는 것이 중요하다.

학급 회의에 학생 참여 늘리기

학급 회의 이행의 주요한 목표가 문제해결 집단에서 효과적으로 기능하는 것에 관계하는 학생 기술을 가르치는 것이기 때문에, 점차 학급 회의를 용이하게 하는 것에 대한 학생의 책임을 늘리는 것은 바람직하다. 초등학교 아이들과 하기 어렵지만, 3학년 학생들에게 학급 회의를 하는 것을 가르칠 수 있다. 저자는 4단계가 성공한 방법을 학생들에게 제공할 수 있음을 알았다.

1. 대략 10회의 학급 회의를 진행한 후에, 학생들에게 집단 회의를 용이하게 하는 지도자의 주요한 기능에 대해 기술한 유인물을 제시해라(그림 9.7). 전체학급과 함께 각 기능과 행동을 논의하고, 학생 자신이 이 중요한 기능을 갖고 회의를 이끌도록 요청할 것임을 그들에게 알린다.
2. 안건 항목 또는 교실 문제를 소개해라. 학급이 이 상황을 논의하는 동안, 당신이 만든 각 중재를 나타내고 정의한다. 당신이 3개의 기능 모두에 조력하기 때문에, 토론은 자주 중단될 것이다. 그러나 학생들은 보통 새로운 기술을 배워서 흥분해 있고, 당신의 교육적인 중재를 즐긴다.
3. 당신이 끊임없이 각 중재의 기능을 지적하는 3~4회의 실제 학급 회의를 실시한 후에, 한 학생을 만나서 토론에서의 지도자 역할을 하도록 가르친다. 다음 회의에, 당신이 다른 역할을 유지하는 동안 이 학생은 토론의 지도자로 봉사한다. 다음 회의에 앞서, 당신은 다른 한 학생에게 관찰자의 역할을 가르친다. 다음 회의에서, 이 학생은 이 기능을 수행한다. 회의 후, 당신은 제3의 학생들에게 관찰자의 역할을 가르치고, 이후에 학생들이 회의를 진행하는 동안 당신은 집단 책임에 의해 머무르는 집단의 회원이 된다.
4. 학생들이 역할과 관련되는 기술을 익힐 수 있고, 다른 학생들을 위해 효과적으로 모델화할 수 있게, 학생들은 5~6개의 회의를 통해 한 역할을 해야 한다. 만일 한 학생이 그 역할에 어려움을 겪으면, 회의 사이에 학생의 역할과 관련되는 기술을 가르치는 시간을 가진다. 학생들에게 이러한 형태의 경험을 제공하는 것에는 약간의 시간과 많은 제지와 인내가 필요하지만, 학생들은 더 긍정적이고, 생산적인 학급 구성원이 되는 것으로 그들의 새로운 기술에 응답한다. 정말로, 그들이 자긍심을 갖게 되고 또래를 받아들일 수 있게 되기 때문에, 행동-문제아들은 학급 회의의 생산적인 참가자로 활동할 때 특히 잘 반응한다.

그림 9.7 학급 회의에서의 역할

토론 지도자

1. 모든 사람이 편안하도록 하고, 방해가 되는 것들은 제거한다.
2. 모든 사람이 원형으로 앉아서 모두를 볼 수 있는지 확인해라.
3. 그의 관점을 알게 할 연설 시간을 제공하여라.
4. 화자에게 끄덕임 또는 미소를 보여준다.

5. 명료한 질문을 한다:
   a. 당신이 말하는 것이 ______________입니까?
   b. 당신이 느낀 것이 ______________입니까?
6. 요약한다:
   a. 당신이 말하고 싶은 다른 뭔가가 있습니까?
   b. 누군가 간단하게 요약해 보시겠습니까?

임무 관찰자

1. 작업이 정각에 끝나는 지 확인해라.
2. 시간을 잰다.
3. 문제 해결의 대안을 제안해라.
4. 문제 해결을 거들지 않는 행동을 지적해라.
5. 신중하게 듣고 토론 지도자가 하고 있는 것을 이해해라.
6. 안건을 이해하고 각 안건 항목을 큰소리로 말한다.

행동과 감정 관찰자

1. 이 토론에서 당신이 느낀 점은 무엇인가?
2. 우리가 지금 할 수 있는 것은 무엇인가?
   우리를 도울 수 있는 것은 무엇인가?
3. (○○야), 네게 무언가 묻게 만든 관심을 불러일으킨 것은 무엇인가?
   너는 그것이 무엇이고 네가 어떻게 느꼈는지 우리에게 말할 수 있니?
4. (○○야), 너는 대개 우리를 돕는 구나. 네게 이 문제에 대한 다른 아이디어가 있니?
5. 누군가 우리 토론을 개선할 새로운 아이디어를 생각했는가?
6. 토론에 대해 당신은 얼마나 가치가 있었다고 느끼는가? 그 이유는?

전교생에게 문제 해결 방법 가르치기

교사들은 학생이 신뢰성이 있는 행동을 배우고 선택하는 것을 도울 때에 다른 교사들, 상담교사 또는 행정가의 지원을 필요로 한다. 단지 교사가 학생과의 학습에서 목적에 도달하기 위해 일을 할 때, 다음의 방법과 통합될 때 전문적인 지원이 가장 효과적일 것이다:

(1) 학생들이 그들이 관심받고 있음을 알게 한다.
(2) 학생들이 타인의 감정에 대한 이해를 강화함으로써, 타인의 권리 침해를 이해하도록 돕는다.
(3) 그들의 좌절에 대처하기 위해 학생들에게 새로운 기술을 제공한다.

교장실 회부의 분석에서, 수가이, 카미누이와 콜빈(Sugai & Kameenui & Colvin, 1993)은

90% 이상의 학교 규칙 설자가 난지 부성석인 결과만을 포함한다고 보고했다. 유사하게, 적어도 중학교에서는, 학생들이 연관된 행동과 그들이 받게 되는 결과 사이에는 거의 관계가 없음을 시사한다(Skiba, Peterson & Williams, 1997). 학생 대다수가 교원에 의해 제공된 결과에 대해 노여움을 나타내는 것은 놀라운 일이 아니다(Costenbader & Markson, 1998). 재미있게도, 연구는 다수의 중재로 항목화되어 정학받은 학생들이 "행동의 결과로 정학받는 것의 대안을 배우고 싶다는 욕망"을 포함한 도움을 요청한다는 사실을 제시한다(Costenbader & Markson, 1998, p. 76).

교사들을 위한 가장 일반적인 지원 중의 하나는, 만일 학생들이 학급에서 성공적으로 학습을 완수할 수 없을 때 교내에서 학생들이 문제를 해결할 수 있는 다른 장소를 제공하는 것이다. 많은 초등학교에서, 학생들이 휴식을 취하고 문제를 해결할 수 있는 "친구 학급(buddy class)"이라고 불리는 장소가 제공된다. 다양한 연령 수준의 학급과의 관련을 포함하여, 이 학급은 또래와의 문제에서의 당혹감을 줄이는 것을 돕는다. 그것은 또한 동년배 급우의 청중효과를 줄인다. 저자가 관여한 많은 학교에서, 문제해결교실이 설립되었고 보조교사를 배치하였다. 이것은 학생들에게 교실 수업 붕괴 없이 문제해결로 명명된 성인과 직접 학습하는 것을 허락한다.

교장실로 가면서 선생님이 아동에게 "네가 우리에게 뭐라고 했는지 똑똑히 기억하렴: 만약 제대로 말하지 않으면 아무것도 말할 수 없게 해주마"

교직원마다 이러한 문제해결 시간을 취급하는 방법이 다양하다. 많은 경우에서, 학생은 진정되고, 일어난 일을 반성할 시간(대개 10분)을 가진다. 그들은 그 다음 교실로 복귀할 준비가 되어 있다는 신호를 보낼 수 있다. 학생의 복귀에 관해, 학생들은 교실 활동의 흐름에서 편리한 때 교사와 함께 문제를 해결하기를 기대한다. 다른 경우에서, "친구 학급"에서 학생들은 그림 8.5와 8.6같은 문제 해결 형태를 완수하도록 요청받는다. 이것이 성공적으로 완료되었을 때, 그들은 교실로 돌아온다. 다른 학교에서는, 학생들이 현재의 문제의 해결방법과 이런 일이 다시 일어났을 때 더 효과적으로 반응할 계획에 관한 더 짧은 문제해결 형태를 완수한다. 그들은 이 진술문을 교사에게 보여주고 되돌아간다. 중요한 개념은 학생들에게 문제가 일어난 상황에서 휴식을 취할 방법이 있다는 것이고, 그들이 결국 장래에 더 효과적으로 반응하는 방법에 관해 성인과 함께 효과적으로 토론하고 고려할 기회를 가지는 것이다. 학생들이 또 다른 상황으로 옮길 수 없는 경우들 또는 그들의 행동이 그 상황에서 계속 분열적일 때, 행정가 또는 상담교사와 같은 다른 교육자를 포함하는 것이 필요하다. 다시, 문제해결 방법을 위임받는 교직원은 다른 사람에게 학생들이 그들의 행동을 이해하는 것을 돕게 하고, 이를 새로운 기술을 습득하는 기회로 사용한다.

두 아동이 교장실에 들어가려 하면서 나누는 대화 "교장선생님은 이 문제를 해결하려 하지 않으실걸."

그러므로 상담교사나 행정가는 학생과 함께 문제를 해결하고, 학생을 교실에 다시 통합하기 위해 학생과 교사를 간단히 만나는 기회를 가진다. 분명하게, 이 절차는 학생이 싸움이나 교사에 대한 언어 폭력과 같은 심각한 문제 행동에 관계하고 있을 때 수정되어야 한다. 이런 경우에서는, 전교 학생 관리 체계는 정학을 필요로 할 수 있다. 그러나 학생이 학교로 되돌아올 때, 주요한 문제가 일어났던 상황에 다시 입학하는 학생에 앞서서 이 절차가 실행되는 것이 중요하다.

교직원은 또한 어떤 관점이 부모나 보호자에게 신뢰로운 선택에 있어서의 학생의 어려움을 알려주게 되느냐에 관해 결정해야 한다. 저자가 자문한 대부분의 학교에서, 교직원은 문제해결 기간을 지정한 상황을 설정했고, 이후 부모님께 이를 알렸다. 예를 들면, 부모님은 한 학생이 3개 이상의 문제를 해결하기 위해 6주간 학급을 떠나는 것이 필요한 때를 알게 될 것이다. 비록 그 교직원이 학생들이 더 신뢰성이 있는 행동을 전개하는 것을 돕는 것에 대해 책임이 있을 방법을 알리는 것이 학생과 가족에게 있어서 중요하지만 그것 또한 그들의 아이들이 학교에서 신뢰성이 있는 선택을 하는 데 어려움을 겪고 있는 그 가족들에게는 명령적인 방법이다. 보통 상담교사 또는 행정가와 일할 필요가 있는 학생의 경우에는 보호자와의 접촉을 필요로 한다.

잠시 멈추고 9.5	학급에서 조용하게 문제를 해결하는 것이 불가능한 학생들에게 반응하기 위해, 당신 학교의 교장이나 교감과 따로 만나 절차를 논의하고, 동료와 의논할 것을 권한다.

다른 공공장소나 운동장에서의 문제 해결하기

초등학교에서 학생들이 지원을 필요로 하는 행동들 중의 대부분은 보통 놀이터, 식당, 복도와 화장실과 같은 곳에서 일어난다. 무책임한 학생 행동에 대응하는 문제-해결 방법을 사용하는 교직원은 이 방법을 모든 학교 상황에 포함한다. 처음에, 이 교직원은 효과적으로 모든 학생들에게 공공장소에서 기대하는 행동을 가르친다. 그들은 또한 학생들이 이러한 행동의 시연에서 신뢰성이 있는 선택을 하는 경우 칭찬한다. 학생들이 좋지 않은 선택을 할 때, 교직원은 그들의 행동이 왜 문제인지 이유를 이해하고 대안 기술을 습득하도록 하기 위해 학생들과 일을 한다.

예를 들면, 저자가 일 했던 학교에서 한 학생이 운동장에서 잘못된 선택을 했다. 교직원은 학생이 진정하고 문제를 해결할 실마리를 가지게 한다. 문제를 일으킨 학생은 그 다음 지정된 장소로 옮기고, 교직원이 그 계획을 공유할 준비가 되어있다는 신호를 보낼 때까지 그 곳에 머물게 된다. 그 학생은 그 다음 교직원(운동장을 계속 살펴보는)과 만나서 계획을 공유한다. 만일 그 교직원이 그 계획이 생산적이라고 생각하면, 직원 회원 또는 학생이 날짜, 시간, 사건과 계획을 가리키는 양식에 기록한 후, 학생은 운동장으로 되돌아온다. 학급에서의 문제해결과 같이 정해진 기간 이내에, 학생들이 공공장소에서의 문제 해결이 요구된다고 규정된 사례의 지정된 수에 포함될 때, 학부모 또는 보호자에게 연락한다. 유사하게, 만일 학생이 진정되지 않거나 문제-해결 장소에 가기를 거절하면, 그는 다른 상담교사나 교장에게 보내어진다.

문제해결 방법을 사용하는 핵심은, 학교에서 학생을 존중하는 방법으로 학생의 행동에 관하여 책임지게 하는 것과 그들을 돕는 새로운 기술을 습득하도록 하는 것이다. 이 방법이 더 폭넓게 실행될 때, 그것은 더 효과적일 것이다.

사례 연구 : 젊은 교사의 문제해결을 위한 시도

다음의 예는 교직원이 끊임없이 문제해결 방법을 지원하지 않는다면, 효과적으로 실행된 문제해결 계열도 상처를 만들 수 있다는 이유를 제시한다. 교실 관리 절차의 역할을 맡은 젊고 매우 숙련된 교생에 관한 이 예는 저자 중의 한 명이 보여주었다. 이것은 문제해결의 효과적인 방법과, 효과적인 전교 학생 관리 계획 부재의 폐해를 함께 제공한다. 이름은 가명으로 처리했다.

얄궂게도, 우리가 이 절차에 관해서 토론하고 역할 연기한 후에, 나는 글래이저(Glasser)의 문제해결 방법을 이용할 기회를 가지게 되었다. 수요일 아침에, 대부분의 학생들이 교실에서 빠져나간 동안 나는 학교에서 수학 교재연구를 끝내고 있었다. 학생들이 밴드에서 돌아왔

"내가 하려고 했을 때 선생님이 '교장실에 가볼래?'라고 하셨을 때 내가 '거기에서 해 볼게요.'라고 말하지 않았어."

을 때, 나는 그들이 교실로 들어서는 것을 보고 학생들이 어떻게 활동했는지 알아보기 위해 그들과 말했다. 이행 시간이 때때로 문제가 될 수 있다. 그래서 가능할 때마다, 나는 어떤 불만을 뛰어넘도록 노력하곤 한다. 갑자기 제레미가 사나워지더니, 의자에 큰소리로 앉고, 다시 일어서더니, 공격적으로 롤란도에게 접근했다. 롤란도는 물러서려 했으나 제레미는 계속 그에게 다가갔다. 이 점에서, 나는 두 소년을 가로막고, 그들에게 어떤 문제가 있는지 물었다. 제레미는 화를 참지 못해 나를 밀어 젖히고, 롤란도의 어깨를 주먹으로 때렸다. 나는 롤란도를 더 때리지 못하도록 제미를 강제로 붙잡았고, 그의 행동 때문에 내가 이런 행동을 하게 되었다고 그에게 말했다. 나는 또한 그가 진정하면 그를 해제할 수 있다고 되풀이하여 이야기했고, 우리는 일어났던 일에 대해 말할 수 있게 되었다. 몇 초 뒤에, 내가 두 소년을 교무실에 데려갔을 때 제레미는 다소 산만해졌다. 글래이저(Glasser)의 방법을 사용하고, 제레미가 학급에서 친구를 공격한 이후 처음 나는 그와 말했다. 우리의 대화는 다음과 같다 :

교사 : 네가 한 일에 대해 말할 수 있다고 느껴서 기쁘고, 나는 우리가 네게 도움이 되는 계획을 이해할 수 있다고 믿는다. 나는 특히 네가 학급에서 많은 특별한 흥미를 함께 할 수 있기 때문에 네가 학급에서 함께 있게 하고싶고, 나는 우리들이 함께 이 문제를 해결하기를 원한다.

제레미 : (끄덕인다)

교사 : 교실에서 무슨 일이 일어났니? 무엇이 네가 교칙을 위반하도록 만들었니?

제레미 : 내가 롤란도를 때렸고요, 하지만 내가 미친 이유는... [제레미가 이 문제에서 관해 이따금 말하는 이래로, 나는 그에게 교실에서 직면한 원인이 된 이야기를 해달라고 했다. 제레미는 그와 롤란도가 운동장에서 놀고 있었을 때, 제레미가 멈추라고 말했지만, 롤란도가 계속 그를 밀고 발로 찼다고 말했다.]

교사 : 네가 처음에는 그만 차라고 그에게 말해서 기쁘구나. 그것은 문제를 다루는 좋은, 비폭력주의적인 방법이다. 그 다음 어떤 일이 일어났니?

제레미 : 나는 정말로 화가 나서 롤란도를 따라갔어요. 그는 도망치려고 했고, 난 정말 화가 나서

그를 때렸어요.

교사 : 그래, 내가 그 일부를 보았지. 롤란도를 때리는 것이 문제 해결에 도움이 되었니?

제레미 : 화가 나서 그를 때렸어요.

교사 : 그러나 그것이 네 문제를 해결했니? 롤란도를 때린 후 느낌은 어땠니?

제레미 : 좋지는 않았어요. 그 점에 대해 유감스럽게 생각해요. 그를 아프게 했을지도 몰라요.

교사 : 그래, 나도 그렇게 느꼈어. 네가 자제할 수 없었기 때문에 무서웠던 거니?

"네가 우리에게는 문제가 있다고 말했을 때마다,
난 항상 누가 문제를 가지고 있냐고 말했지?"

제레미 : (끄덕이고, 조금씩 울기 시작한다.)

교사 : 네가 롤란도를 때린 것이 롤란도의 너에 대한 생각을 도왔다고 생각하니?

제레미 : 아니오. 걔는 아마 깜짝 놀랐을 것 같아요.

교사 : 때리는 것이 교칙을 위반하는 건지 알고 있니?

제레미 : 예.

교사 : 좋아. 네가 한 일에 대해 정직하게 말해줘서 고맙다. 내가 이 일을 다 알 수 있도록 잘 도와주었구나. 나도 네가 롤란도를 바로 때리지 않고, 너를 차는 것을 그만두라고 롤란도에게 말했던 방법이 좋단다. 우리, 멈추라고 누군가에게 말하지 않고, 네가 할 수 있는 것에 관한 계획을 생각할 보자.

제레미 : 나는 도망칠 수 있고, 진정할 수 있어요. [제레미는 이미 이런 방법을 한 적이 있는데, 그는 수업 중 학교에서 다른 곳으로 도망간 적이 있다. 나는 그가 학교 환경이 너무 많은 스트레스를 주어서 그가 도망치고 싶었다고 생각한다.]

교사 : 그것은 상황을 벗어나기 위한 좋은 전략이긴 하지만, 때로는 조금 어려운 일이기도 하단다. 만약 네가 벗어나기 어려운 상황이란 것을 아는 경우에 대비하여, 또 다른 생각을 해 보지 않을래?

제레미 : 누군가에게 그것에 대해 이야기하겠어요.

교사 : 좋은 생각이구나. 누구랑 이야기하면 좋겠니?

제레미 : 모르겠어요. 선생님과 얘기하면 좋겠지만, 선생님은 항상 여기에 있지 않거든요.

교사 : 그래, 거 참 어려운 일이구나. 너와 함께 하는 것이 즐겁기 때문에 나도 그렇게 하고 싶구

나. 만약 내가 여기에 없을 때 너를 도울 수 있는 다른 성인 두 명에 대해 생각해 보겠니?
제레미 : 체육선생님과 과학 선생님께 말할 수 있을 것 같아요.
교사 : 참 좋은 계획이구나. 우리가 지금까지 말한 문제 해결 전략이 무엇이었지?
제레미 : 음, 첫째로 나는 멈추라고 그 사람에게 말하겠어요. 만일 그렇게 하지 않으면, 나는 도망가거나, 선생님께 이야기하겠어요.
교사 : 만일 내가 여기에 없으면?
제레미 : 그 다음 나는 과학 선생님이나 체육 선생님께 말하겠어요.
교사 : 이 계획에 동의할 수 있겠니?
제레미 : 예.
교사 : 그렇게 말해서 기쁘다. 정직하게 말하고 잘 협조해줘서 고맙다. 정말 네 행동에 책임을 질 수 있구나. 또 내가 도와야 할 일이 있니?
제레미 : 롤란도와도 이야기해 보세요.
교사 : 그래, 그럴 참이었단다. 지금 바로 그렇게 하고나서 우리 모두 함께 얘기할 수 있지?
제레미 : 예.

이 점에서, 나는 롤란도와 유사한 토론을 했다. 분명하게 롤란도와 다른 한 학생은 누가 그들의 사물함을 가장 빨리 열 수 있는지 시합을 하자고 했고, 다른 한 학생이 제레미가 롤란도를 붙잡아 달라고 요청했다. 제레미가 그렇게 했고, 롤란도는 불쾌했으며, 롤란도는 제레미에게 하지 말라고 말했다. 제레미가 붙잡는 것을 그만 두었을 때, 롤란도는 그를 밀어 젖히고, 몇 번 그를 찼다. 이 경우, 그 문제에 대한 롤란도의 반응은 내가 바로 지금 제레미와 완료했던 토론과 비슷했다. 롤란도는 제미와 유사한 계획을 했다. 그도 처음에는 말로 경고했고, 다른 사람이 그것을 들었을 거라고 생각했고(롤란도가 복도에서 큰 소리로 그렇게 말했지만, 제레미가 듣지 못했을 수도 있다고 인정했다.), 그리고 나서 그 일에 관해 선생님께 말했다. 롤란도와 개별 회의한 후, 나는 두 소년을 불러 모았고, 우리는 그들이 느낀 방식으로 그 일과, 그들의 계획이 장래의 문제를 예방할 수 있음을 이야기했다. 우리 모두는 그것이 생산적인 회의였다고 동의했다. 나는 그 둘 모두에게 그들의 계획이 어떻게 진행되고 있는지를 물어볼 것이라고 이야기했다. 그 두 소년들은 회의를 결론짓기 위해 악수했다.

문제 해결 절차 동안 내내, 나는 내가 가진 사법권을 넘지 않았는지 확인하기 위해 교장과 의사소통하고 있었다. 그는 내가 할 수 있는 최고로 상황을 잘 다루고 있다고 나에게 말했지만, 회의가 끝났을 때, 그는 내가 했던 것을 정확하게 알고 싶어했다. 그러므로, 내가 제레미와 롤란도와 이야기를 끝낸 후에, 나는 문제가 어떻게 해결되었다고 확신하는 것을 교장에게 말했다. 이 시점에서 "그런데, 당신은 그들의 행동에 대한 이유로 벌을 주어야 한다는 것을 알고 있지요."라고 교장이 말했다. 나는 그것이 "글쎄요, 당신이 문제를 귀엽게 해결했으니, 이제 진짜 문제를 해결해 봅시다."와 같이, 은연 중에 그가 매우 실망한다고 느꼈다는 메시지를 보내는 것처럼 여겨졌다. 내가 벌이 장래의 문제를 해결하는 것을 도울 것이라고 느끼지 않기 때문에, 나는 이 생각에 동의하지 않았다. 소년들과의 대화에서, 그들 모두 다 벌 받는 것보다 그들의 문제를 해결하는 적당한 전략과 기술을 필요로 한다는 것은 나에게 있어서 명백했다. 나는 그러나 교장의 말투가 나를 위협하는 것 같아서, 교장에게 어떻게 말해야 할지 확신하지 못했다. 그는 "받아들일 수 있는" 약간의 벌을 제공하고, 나에게 두 소년 중 한 명을 선택하게 했다. 나는 그들에게 점심 휴식동안 15분간 나와 함께 있게 하기로 결정했다. 교장의 "받아들일 수 있는" 목록에서, 이것은 소년들에게 배우는 기회 이상의 여러 가지 화제에 대해 말할 기회를 우리들에게 허락할 것이다. 게다가, 나에게는 둘이 더 비공식적 상황에서 어떻게 상호작용하는지 살펴 볼 기회가 될 것이다.

점심을 먹은 후, 나는 교장이 그의 사무실에서 나에게 전화를 했을 때 무엇인가가 형편이 나빠졌다는 것을 알아차렸다. 그가 소년들에게서 약간의 "새로운 정보"를 들었고, 그는 어떤 일이 일어났는지 내게 다시 한 번 들어야겠다고 말했다. 그가 다시 나에게서 이야기를 듣고 난 후에, 그는 그의 사무실에서 소년들에게 전화를 해서, 근본적으로 그들에게 오히려 감정적인 이야기를 하고, 비꼬는 언어를 사용했으며, 진술의 품위를 손상시켰다. 교장은 그 다음 양쪽 소년들이 회부될 것이라고 말했는데, 그것은 제레미를 정학시키기 위해 롤란도의 부모와 만날 것이라는 것을 의미했다. 교장은 또한 제레미에게 "지금부터 너는 일주일간 정학을 받는 첫 번째 단계에 놓이게 된다. 내가 버스에서 너를 정학한 지 겨우 2주 지났지? 그 때 네게 뭐라고 메시지를 주었니, 제레미?"라고 말했다. 이 시점에서 주역은 교장실 롤란도를 학급으로 되돌아가게 했고, 제레미를 교장실 의자에 앉게 했다. 그는 그 다음 2개의 회부 양식에 기록하라고 나에게 말했다. "구체적일 필요는 없고, 단지 기본적인 일만 쓰세요."라고 그가 말했다. 나는 그 양식을 완료하고 난 후, 내가 두 소년들이 더 이상의 문제를 예방하기 위해 사려깊게 생각한 후 만든 개개의 계획과 두 소년들과 문제해결 회의를 개최한 사실을 기록할 수 있는지 물었다. 교장이 동의했다.

이 예는 교사가 효과적으로 문제를 해결한 상황뿐만 아니라 학생들의 행동 문제를 해결하는 것에 있어서 두 학생들과 교사에게 부정적인 영향을 준 권한위임의 감각과 관계의 사례도 함께 제시한다. 이러한 형태의 상황은 전교 학생 관리 계획을 개발하기 위해 교직원이 협동적으로 일을 하는 것에 의해 예방될 수 있다.

이행 활동

활동 9.1은 당신의 학생 행동 문제에의 반응이 학생들의 학습 환경과 새로운 기술의 개발에 관해 긍정적으로 느끼는지 조사하는 것을 가능하게 할 것이다. 활동 9.2는 글래이저(Glasser)의 모형을 사용하는 당신의 효과를 분석하는 것을 도울 수 있다.

활동 9.1

비생산적인 학생 행동에 대한 당신의 반응 조사하기

식당과 같은 공공장소에서 학생들이 다른 학생들의 권리를 침해했던, 그리고 부적절한 행동에 관계된 최근의 몇몇 사건들을 잠시 생각해보자.

나의 반응은 효과적인 성인의 의사소통이었는가?
나의 반응은 학생이 중요하다고 느끼는 것을 도왔는가?
나의 반응은 학생을 점감시켰는가?
나의 반응은 학생을 존중하였는가?
나의 반응은 학생의 생각이나 감각을 나타낼 기회를 제공했는가?
나의 반응은 학생이 유사한 상황에서 사용할 수 있는 새로운 기술의 습득을 도왔는가?
학생의 부모나 보호자에게 내가 사용한 반응과 유사한 것을 권할 수 있는가?
만일 학생이 생각했던 나의 행동에 관해서 내 관리자가 내게 말하려 한다면, 그들이 나의 학생들에게 반응할 때 내가 사용했던 것들과 유사한 반응을 보이길 원하는가?
학생이 학교에 대해 긍정적인 생각을 하고, 학습할 준비가 되어 있다고 느끼고 했는가?
나의 반응은 학생에게 학습 공간 또는 집에서 문제를 다루는 것에 관계하고 있을 때 성인이 사용할 수 있는 모형을 제공했는가?

활동 9.2

글래이저 (Glasser) 문제 해결 대화 분석

교실에서 부적절한 행동을 하는 학생을 선택하고, 글래이저(Glasser)의 모델을 사용하여 문제를 해결해라. 아래 항목의 문제에 답하는 것으로 분석하라. 이 조사는 진행된 변경이 정확하고 명료하게 하는 방법을 도울 것이다. 비록 축어적으로 대화를 보고하는 것이 불가능할 것이지만, 가능한 한 특별하고 정확하게 각 단계의 본질을 요약해라.

단계 1. 어떤 활동 또는 방법이 당신이 학생을 염려한다고 느끼게 사용되었는가?
단계 2. 당신이 학생의 행동을 기술하는 것을 도와줌으로써 일어났던 대화를 기록해라. 당신이 물었던 문제와 당신이 받았던 대답을 정확하게 회상하려 노력해라.
단계 3. 당신이 학생의 가치 판단을 도와줌으로써 일어났던 대화를 기록해라.
단계 4. 당신이 학생의 계획 수립을 돕고, 마침내 개발된 계획을 사용하는 동안 일어났던 대화를 기록해라.
단계 5. 당신이 학생에게 계획에 전념하도록 부탁했던 방법을 기록해라. 학생은 열성적으로 동의했는가? 그 이유는?
단계 6. 계획 이후 후속 작업이 바로 시행되었는가? 후속 상호 작용을 기록해라.
단계 7. 학생을 처벌하거나 비꼬는 말을 사용하였는가? 그랬다면, 그 상황을 설명해라. 만일 계획이 비효과적이면, 당신이 학생을 문제에 직면시켰을 때 일어났던 대화를 기록해라. 당신은 단계 1에서 시작하였는가? 당신은 처벌을 좋아하지 않는가?

만일 당신의 중재가 성공하였다면, 그 모형이 당신과 학생을 위해 기여했다고 생각하는 이유를 세 가지 써 보라.

이 방법의 사용이 효과적이 아니었다면, 각 단계에 대한 당신의 분석을 신중히 조사하라. 또한, 당신 자신에게 이 질문을 해 보라:

당신은 연속하여 각 단계를 사용했는가?

당신은 학생의 문제 해결을 돕고 있었는가? 아니면, 당신이 그들을 위해 문제를 해결하였는가?

당신의 문제해결 상호 작용은 긍정적이었고 비폭력적이었는가?

대화를 분석하고, 이 질문에 답하며, 접근이 이 경우처럼 당신에게 사용되지 않았던 이유를 세 가지 논하라. 학생을 포함하고 있는 요인들을 항목화하지 않는다: 당신 자신의 행동에 집중하라.

요약 SUMMARY

부적절한 학생 행동에 반응하기 위한 문제 해결의 관점이 30년 이상동안 존재했다. 그러나 교사들, 교실 관리 계획과 전교 학생 관리 체계가 놀라울 정도로 적은 비율로만 체계적 수행이 이루어짐을 여러 연구뿐만 아니라 경험도 보여주고 있다. 바르게 적용될 때, 문제해결이 학생들의 많은 중요한 사회정서적 욕구에 반응하고, 학교에서 비생산적으로 끊임없이 행동하는 많은 학생들에 의해 경험된 광범위하게 유용한 기술 적자를 조정하는 것을 돕기 때문에 이것은 불행하다. 다행히도, 갈등 해결의 강조 증가와 그 이익이 교실 훈육 문제를 줄이는 것을 지지하고 있는 조사가, 문제해결의 사용에 대해 긍정적인 분위기를 만드는 것을 도왔다. 이 장은, 교실에서의 또래 갈등을 해결하기 위해 이 방법을 사용하는 아이디어뿐만 아니라 학급 관리 계획과 문제해결을 통합하는 특수한 몇 개의 방법을 기술하고 있다. 저자들과 경험은 이 방법을 사용하는 교사들이 문제를 해결하고, 그들의 행동에 대한 책임을 지는 학생의 능력뿐만 아니라 그들이 생성하는 긍정적인 학생 태도에 감동하는 것을 가리킨다.

>>> Chapter 10

개인적인 행동 변화 계획

학급에서 문제 행동을 다루는 전략은 직접적으로 적응할 수 있는 행동 패턴을 가르치는 것을 강조하고 있다. 이러한 경향에 깔린 기본 가정은 많은 학생들은, 특히 위험에 빠진, 학교 성공을 위해 요구되는 기본적인 능력을 학습하지 못했다는 것이다.

- Walker, Colvin, & Ramsey(1995)

목표가 인간적이라면, 우리는 그들에게 유용한 가장 효과적인 수단을 제공해야만 한다. 많은 경우에, 적용된 행동 분석 절차의 입증된 효과성은 가장 친절한 선택이도록 만든다.

- Walker, Colvin, Ramsey(1995)

70년대 초기 학급 행동주의는, 강화를 제공하는 것과 결과의 강조와 더불어, 자기-경영과 사회적 기술 훈련에 강조를 두는 인지적 행동주의에로 가고 있었다.

- Vern Jones(1996)

학생들은 경우에 따라 구체적인 행동을 변화시키도록 돕는 아주 구조화된 프로그램을 필요로 한다. 연구자들은 심지어 교사가 효과적으로 6, 8 그리고 9장에서 설명된 방법을 효과적으로 실천할지라도, 대략 5에서 7%의 학생이 개별화된 개입의 일부 형태를 얻을 것이라고 주장한다(Lewis, Sugai, & Colvin, 1998; Taylor-Green et al., 1997). 우리는 3,4,5 그리고 7장에서 실천하는 방법들이 교사들이 숙련되게 사용하는 기술과 전략 내에 포함될 때, 이 숫자는 상당하게 줄어들지도 모른다. 그럼에도 불구하고, 가장 좋은 학급과 학교 환경 내에서 책임감있고 성공적으로 기능하도록 학생을 돕기 위한 개별화 계획이 필요한 학생이 어느 정도 있다. 어떤 학생들은 획득될 수 있고 설명가능한 행동을 하도록 돕기 위한 계속되는 노력을 필요로 한다. 학급 교사들은 행동 변화 프로그램을 실시하기 위한 시간을 많이 보내리라 기대되기는 어려우나, 효과적이기 위해서, 교사는 학급에서 효과적이라고 인정된 행동 경영 방법을 종합하도록 해야만 한다. 학생 요구에 맞는 대인 관계와 교수에 의해 특정지어지는 학급 장면에서 실천될 때, 이러한 방법들은 종종 학생 행동에 극적으로 긍정적인 효과를 준다.

학생이 경험하는 행동 문제의 포함에 대한 강조와 심각한 혼란이나 적응 문제를 경험한 가족과 사는 학생 수의 증가는 적절한 행동을 하기 위해 상당한 도움을 필요로 하는 학생들과 교사들이 부딪히는 장면을 만들어낸다. 그래서 교사들은 이 장에서 설명하는 기술을 사용한다. 그러나 교사들은 먼저 모든 학생이 교사와 또래에 의해 수용되는 학급을 만들어야 하고, 학급 규칙과 절차는 동의되고 일관되게 지켜지며, 학생들은 성공할 수 있는 흥미로운 일에 참여하며, 그리고 문제해결이 사용되지 않는 등의 조건이 충족되지 않는다면 이 방법을 사용하는데 망설여야 한다. 학생의 개인적 심리적 그리고 학문적 요구가 충족되지 않는 환경에서 학생을 순종하는 태도로 만들기 위해 행동주의적 접근을 적용하는 것은 비전문적이다. 학생이 긍정적인 학습 환경에 적응하도록 돕기 위해 개별화된 행동 변화 계획을 사용하는 것은, 그러나 능력있는 교사가 되기 위한 부분으로서 중요하다.

많은 교육자들은 행동을 변화하도록 학생을 돕기 위해 구조화된 절차를 사용하는 것에 대한 염려를 표현한다. 그들은 이것이 그들의 역할이 아니거나 학생의 행동을 변화시키도록 돕기 위해 구체적 개입을 개발하는 것은 너무 강제적이라고 믿는다. 우리가 학습 문제를 고치고 학생에게 읽기, 쓰기, 그리고 수학 등의 기본적인 기술을 익히도록 특별한 프로그램과 튜터를 제공하는 것처럼, 우리는 수용될 기술을 개발하고 학급 집단의 생산적인 구성원이 되도록 학생들을 돕기 위해 다양한 접근을 사용할 필요가 있다. 학생들에게 이러한 기술이 없을 때, 그들은 잠재적인 학업에 도달하지 못할 뿐 아니라 교사와 다른 학생이 일하는 것을 방해할 것이다. 우리가 학습 환경을 방해하는 행동을 가진 학생을 위한 개별 행동 변화 계획을 개발하는데 실패할 때 모든 사람은 실패한다.

1998년에서 2000년까지 선임 연구원은 와싱에 있는 밴쿠버지역 교육청에서 행동 문제를 가진 학생들을 위한 프로그램 코디네이터로 일했다. 여기에서 그는 심각한 문제 행동을 가진 학생들과 노력하는 22명의 교사뿐 아니라 교장, 교사, 상담가, 학교 심리학자, 의사, 그리고 부모 등과 학급에 남아있을 수 있도록 하는 개별 행동 개입 프로그램을 개발하도록 도왔다. 그는 학생들을 돕기 위한 교사의 의도와 이것을 성취하기 위해 학급 일상을 수정하고자 하는 그들의 의지에 대해 굉장히 감명받았다. 또한 분명한 것은 이러한 학생을 돕기 위한 중재 계획을 개발하기 위해 교사들에게 지원이 필요하다는 것이다. 이 기술을 개발하기 위한 가장 효과적인 접근은 심각하고 계속되는 행동 문제를 경험하는 학생을 위한 개별화된 개입 계획을 만들기 위해 협동하는 교사들의 팀과 일하는 것이다. 이 과정은 다음과 같은 단계를 포함할 때 가장 효과적이다.

1. 행동에 대하여 자료를 수집하라. 얼마나 자주 일어나는가? 어떤 조건하에서 일어나는가? 어떤 요소가 행동에 영향을 미친다고 생각하는가?

2. 9장에서 설명된 것과 같은 문제-해결 회기를 수립하기 위해 학생을 만나라. 구체적 계획을 개발하기 위해 여러분과 학생에게 신뢰를 주라.
3. 문제 행동의 빈도에 대하여 자료를 계속 수집하라.
4. 계획이 어떻게 되어가는가 토의하기 위해 학생을 추수지도하라.
5. 행동이 개선되지 않는다면, 이 장에서 서술된 것과 같은 행동 간여 계획을 개발하라.
6. 자료 수집을 계속하라.
7. 행동이 여전히 부정적으로 학생의 학습이나 다른 학생의 학습에 영향을 끼친다면, 상황을 토의하고 새로운 계획을 짜기 위해 팀(다른 교사, 상담가 혹은 학교 심리학자, 그리고 행정가)을 만나라.
8. 이 과정을 통해, 학급 경영과 학교 전반에 걸친 학생 경영 계획을 계속 실용화하라. 단지 여러분과 학생이 문제 해결에 참여하기 때문에 여러분은 학생이 행동에 책무성을 잃어버리지 않도록 돕는 계획을 개발했다.

이 장은 자신과 다른 학생의 학습에 부정적인 영향을 계속적으로 미치는 학생 행동을 위한 계획을 개발하기 위한 주요 요소를 제시한다. 그것은 행동 변화 개입의 사용을 토의하는 것에서 시작한다. 다음, 우리는 학생이 부적절한 행동을 하게 되는 원인이 되는 문제 행동을 규명하고 요소를 분석하는 개념에 대해 토의한다(종종 기능적 평가functional assessment 라고 부른다). 이것은 학생이 중요한 새로운 사회적 기술을 개발하도록 돕는 몇 가지 인지적 행동 전략의 토의에 따른다. 끝으로, 우리는 개별화된 행동 변화 간여 계획의 개발을 용이하게 하는 팀 계획 과정을 토의한다.

행동주의적 관점에서 바라보기

행동주의적 개입은, 많은 방법에서, 교사들에게 오해를 불러왔다. 반면에, 일부 교사들은 훈육 문제에 답을 주지도 않으면서 복잡하고, 시간을 소모하는 접근으로서 행동주의적 방법을 보았다. 반면에, 많은 교사들은 행동주의를 조작적이고, 학생과 일하는 것에 과도하게 억압적인 접근으로 보았다. 그 답은 이 양극 사이 어딘가에 존재한다. 행동주의적 방법은 모든 훈육 문제를 해결할 수도 없고 해결해서도 안 된다. 돌보는 환경에서 효과적으로 가르치기 위한 대안은 없다. 행동주의는 필연적으로 기계적이고, 조작적인 과학일 필요는 없다. 오히려, 교사가 학생의 행동을 잘 이해하고 학생 행동에서 일관성있는 긍정적이고 논리적인 결과를 적용하도록 개선시키기 위해 사용되어질 수 있다. 더욱이, 많은 행동주의적 간여는 상대적으로 단순해서 학급 장면에서 빠르고 편안하게 적용될 수 있다.

오늘날 대부분 교사들은 특별한 요구를 가진 광범위한 학생들과 일하도록 요구받을 수 있다. 이러한 학생들이 치명적인 알콜 의존, 행동 분열, ADHD, 혹은 아주 특별한 구조나 사회적 기술 훈련을 필요로 하는 수백만 학생의 한 명에 해당되든지 간에, 교사들은 이러한 학생들을 돕기 위한 다양한 기술을 필요로 한다.

"실제로, 그것은 오히려 행동 수정 요법의 오래된 형태란다."

알베르토와 트라우트만(Alberto & Troutman, 2006)은 [Applied Behavior Analysis for Teachers]에서, 행동주의적 원리의 효과적인 사용의 목적은 학생에게 유용한 선택을 감소시키는 것이 아니라, 증가시키는 것이다. 과정에서 실패한 학생들은 상급 학교 진학이나 취업에 덜 기회를 갖는다. 항상 파괴적이고 학업적 과제에 어려움을 갖는 학생들은 스포츠에 참여하거나, 방과후에 여가를 갖거나, 미래에 도움이 될 친사회적 행동을 개발함에 있어 선택에 제한을 갖는다.

행동과 환경의 관계는 상호적이다. 자신의 학습에 부정적인 영향을 끼치고 다른 사람의 권리를 파괴하는 행동을 하는 학생들은 성공적인 학습자가 되거나 광범위한 교우관계 형성 선택을 덜 하는 것 같다. 학생이 그들의 행동을 다루기 위한 새로운 기술을 개발하도록 힘을 주는 것은 그들을 위해 문을 닫는 것보다 여는 것이다. 이 장에서 제시된 방법은 학생들이 그들을 존중하는 방법으로 참여하고 힘을 가지도록 실천할 수 있고 실천해야만 한다. 이 방법은 또한 학생의 자유와 긍정적인 자존심을 증가시킨다.

이 책을 통하여 토의된 것처럼, 숙련되고 돌보는 교육자는 각 학생에게 필요한 도움을 제공한다. 이것은 가장 좋은 가능한 교육 프로그램을 제공하기 위해 학생의 개인적, 정서적, 그리고 지적인 기술을 측정하고, 학생, 부모, 그리고 다른 교육자와 일하는 것을 의미한다. 일부 학생에게 이것은 이 장에서 설명한 간여를 포함할 것이다.

행동주의적 개입에 깔린 기본적 가정

행동주의는 진정으로 구체적 절차의 설정보다 보다 원리적이고 보다 방법론적이다. 그것은 행동을 바꾸기 위하여 구체적 자료를 검토하고 실험적으로 타당한 절차를 적용하는 것에 기초를 두고 있나. 아주 간단히, 행동주의는 행동을 변화시키는 접근이다. 이 접근은 세 가지 주요 가정에 기초를 두고 있다: (1) 행동은 관련된 경력과 결과에 의해 영향받는다; (2) 행동 변화 프로그램은 구체적이고, 관찰 가능한 행동에 초점을 두어야 한다; 그리고 (3) 자료 수집은 행동을 바꾸기 위해 신중하고 체계적일 필요가 있다.

행동은 선례에 영향받는다

행동주의자는 경력과 결과의 중요성을 알고 있다. 결과 혹은 행동에 따른 사건에 대해, 행동적 접근은 인간 행동의 조심스러운 연구를 통하여 세 가지 기본 규칙을 개발했다: (1) 행동은 보다 빈번하게 일어나는 보상에 의해 즉시 따른다, (2) 행동은 더 이상 강화되지 않을 때 소멸될 것이다, 그리고 (3) 행동은 바람직하지 않은 결과가 덜 일어남으로서 친밀하게 따를 것이다. 그러나 행동주의자는, 경력 혹은 자극 조건을 무시하지 않는다. 학생들은 그들이 행동을 수행할 능력을 소유하고 있지 않다면 행동을 만들어내기 위해 강화받지 못할 것이다. 그래서 우리는 새로운 행동을 시도하는 모험을 하는 긍정적인 환경을 만들어서 아동에게 점차적으로 새로운 기술을 개발하는데 도움을 체계적으로 제공해야만 한다.

행동변화 프로그램은 행동에 초점을 두어야 한다

우리가 학생이 새로운 기술을 개발하거나 바람직하지 않은 행동을 제거하도록 신중하고 체계적으로 돕고자 한다면, 우리는 구체적이고, 관찰가능한 행동을 다루어야만 한다. 교사나 학생에게 학생이 파괴적이며 어쩔 수 없다고 말하는 것은 도움이 되지 않는다. 우리가 학생이 더 배우고자 하고 또래에 의해 더 인기가 있을 것이라고 말해서 그가 교사와 다른 학생에게 방해되는 시간의 수가 줄이고, 다른 사람을 때리는 수가 감소한다면 훨씬 도움이 될 것이다. 헤아릴 수 있는 관찰 가능한 행동에 강조를 두는 것은 학생의 행동을 체계적으로 바꾸기 위한 프록램을 개발하는 첫 번 째 단계이다.

행동을 고치기 위해서는 자료 수집이 필요하다

이 기본적 가정이 자료 수집에 시간이 너무 걸린다고 말하는 교사에 의해 종종 비난받는다는 것은 놀랍다. 효과적인 교사는 학생이 가져야할 구체적인 기술을 가리키는 행동을 평가하는 학문적 교수 프로그램을 기초로 한다. 이 단계는 새로운 기술을 개발하기 위해 특별하게 고안된 활동에 의한다. 끝으로, 기술을 어떻게 잘 배우고 어떤 활동이 따라야하는지를 결정하기 위해 사용한다. 학생 행동에 대한 자료를 수집하는 것은 유사한 목적이다. 문제가 어디 있는지, 어떻게 심각한 문제가 발생하는지, 그리고 행동에 의미있게 영향을 미치기 위해 개입이 사용되는지를 결정해야 한다. 교사가 자료의 일부 형태를 모으는데 실패한다면, 그들은 학생 행동을 정확하게 측정하는데 실패할 것이다. 자료없이, 우리는 객관적으로 학생 행동이 실제로 다른 또래와 의미있게 다른지, 혹은 어떤 행동에 가장 변화가 필요한지를 결정할 수 없을 것이다.

자료 수집은 또한 우리에게 학생 행동 변화를 결정하기 위한 처치를 평가하도록 한다. 자료를 수집하지 않았다면, 새로운 프로그램 혹은 간여가 행동에 즉각적인 변화를 일으키지 못할 때 혼란스럽기 쉽다. 자료 수집으로, 우리는 학생 행동에 작지만 유의미한 변화를 알아차릴 수 있다. 행동은 종종 천천히 변화하므로, 우리는 개입의 효과를 잘못 해석할 수도 있다. 우수한 예는 비평에서 발견된다. 교사들은 비평이나 비난을 사용하는 것이 이러한 원인이 즉각적인, 비록 대개 일시적인, 학생 행동 변화 때문이다. 그러나 긴 안목에서, 바람직하지 않은 행동은 종종 교사의 집중에 의해 강화받기 때문에 증가되기도 한다. 자료 수집과 분석은 교사가 비효과적인 행동 변화 전략이나 일시적인 접근으로 유의미하나 점진적인 성공을 계속 거두는 것에서 교사를 보호할 수 있다.

행동주의적 개입의 유리한 점

학생이 행동을 바꾸도록 돕는 행동주의적 개입을 사용하는 몇가지 유리한 점이 있다. 첫째, 일부 젊은이들은 책임감있는 행동을 개발함에 있어 특별한 도움을 필요로 한다. 특별한 교육이나 아동 심리치료에서 광범위하게 일하는 사람은 치명적인 알콜 의존이나 치명적인 알콜 증후군을 경험하는 학생이 보다 구조화를 요구하며 생산적인 행동에 대한 분명한 보상과 비생산적인 행동에 대한 결과를 분명하게 제공받는 학급 체계로부터 불균형하게 이익을 얻을 것이다.

행동주의적 개입의 두 번째 이익은 광범위한 연구가 분명하게 이러한 개입이 효과적일 수 있다고 나타내는 것이다. 연구는, 체계적으로 적용된, 이 장에서 제시된 방법과, 다른 행동적 방법들이 보다 생산적인 행동을 학생이 하도록 도울 수 있다는 것이다. 교육자가 개선에 대한 보상의 사용이나 축하를 포함하는 학교에서 극적인 변화를 일으키는 것에서 성공을 한 교육자들에 대한 다수 프로젝트에 주목하는 것이 중요하다(Freiberg, 1996; Sugai, Hoerner & Gresham, 2002; Wager, 1993).

우리는 명심해야 하는데, 비록 강화가 조심스럽고 신중하게 사용되어야 할 필요가 있지만, 우리의 대부분은 우리가 보상을 받기 때문에 많이 그렇게 한다. 우리가 어느 정도 일치하느냐에 상관없이, 매우 소수의 교사는 그들이 급여를 받지 않더라도 매일 열심히 일하러 갈 것이다. 새로운 행동을 시도하기 위해 위험을 감수하고 유의미한 노력을 하는 아동들은 성공에 대해 축하받을 필요가 있다. 문제는 우리가 축하하느냐가 아니라, 오히려 어떻게 하느냐에 있다. 강화는 다른 사람, 집단 축하, 혹은 학생 성취에 대해 써주는 형태에서 자긍심이나 감사로 표현될 수 있다. 이것은 실제로 외재적이나, 그들은 우리 삶의 건강한 조직의 부분으로서 나타나고, 부정적이고 바람직하지 않은 것으로서 보여지는 무엇으로서는 아니다. 더욱이, 행동주의적 개입은 학급에서 다른 학생에게 긍정적인 효과를 가질 수도 있지만, 반면에 비난은 학급 방해를 증가시키는 효과를 가진 부정적인 리플을 만들어낸다.

학생 자아개념과 또래 관계에 대해 특히 걱정하는 교사들은 종종 행동주의적 개입이 아동을 고립되고 외톨이로 만든다고 주장한다. 그러나 연구는 학생들의 행동을 개선하도록 돕는 것에 의해, 행동주의적 처치 프로그램은 학생과 또래의 관계를 개선시킬 수 있다고 언급한다.

행동주의적 개입 간여의 불리한 점

행동주의적 개입과 관련된 주요 불이익은 체계적으로 결과를 조작하는 것에 의해 학생 행동을 변화시키는 것에 둔 강조는 교사가 학생의 비생산적인 행동의 원인이 되는 교사 자신 교수법이나 가능한 다른 학급 요소를 강조하는 것에 대하여 가치를 깎아내리는 것이 문제가 된다.

두 번째 학생 행동을 변화시키기 위한 행동주의적 전략의 불이익은 일부 행동주의적 접근이 외적 통제를 강조한다는 것이다. 경고없이 사용되지 않는다면, 이것은 아동의 능력과 힘을 위한 요구에 반대로 작용할 것이며 자율화를 바라는 청소년의 바람에 극적으로 갈등을 일으키게 될 지도 모른다. 외적 보상의 사용 역시 낮은 수준의 도덕성 발달을 강화하는 경향이 있다. 그래서 행동주의적 방법의 지나친 강조는 다른 사람의 조망을 이해하고 자신의 행동이 자신과 다른 사람 모두에게 영향을 미치는 것에 기초하여 의사결정을 하기 위한 학습의 중요한 발달적 과업을 손상시킬지 모른다. 심각한 행동 문제를 경험하는 젊은이들과 일하는 것은 다시 부모가 되는 과정으로서 보여질 수 있다. 이 젊은이들은 학습된 사회적 기술이 없거나 효과적으로 기능하는 것에 대해 긍정적인 느낌을 얻지 못했을지 모른다. 돌보는 것처럼, 효과적인 부모는, 그들 자신의 환경을 통제하는 사랑과 자아존중과 기술을 제공할 필요를 가진 성인이다. 비록 이것이 행동주의적 방법에 이해 실행될 필요가 있지만, 이 간여는 주요 처치 프로그램이 되어서는 안 된다. 행동주의적 개입에 대한 강조는 광범위하게 덜 제한적이고, 덜 통제-지향적인 처치 간여가 학생에게 중요한 발달 과업을 성취하도록 방향을 바꾸어준다면, 행동주의는 능력있고 긍정적인 개인이 되기 위해 학생의 능력에 부정적인 영향을 가질 것이다.

행동주의적 개입이 가진 마지막 불이익은 보다 바람직하게 만드는 목표에 부정적인 내포를 가질지도 모른다는 것이다. 연구는 사람들이 과제 수행에 대해 외재적 보상을 받을 때 흥미로운 것으로 보며, 과제는 곧바로 재미없는 것으로 인식되어져서 과제-수행 행동과 과제 수행이 감소된다는 것을 발견했다(Ryan & Stiller, 1991). 게다가, 콘(Kohn, 1991)은 보상이 "아동이 관대하거나 존중받는 존재가 되는 것에 합치점을 갖도록 돕는데" 실패하는 반면 (p.500), 슈바르츠(Schwartz, 1988)는 그들이 노력에 대한 보상을 받을 때 개인이 더욱 융통성있고 혁신적이지 못하다고 보고했다. 결과적으로, 가능할 때마다, 우리는 학생 행동을 변화시키는 외적 통제-지향 접근을 최소한으로 사용해야 한다. 장기적인 관점에서, 이 제한은 개인적인 능력에 대해 보다 큰 느낌과 바람직한 행동의 본래 가치에 보다 내면화된 합치점을 더욱 강화할 것이다.

잠시 멈추고 10.1	개인 혹은 집단 행동에 대하여 혼란스럽거나 관심을 가져본 적이 있는가? 여러분이 행동에 긍정적으로 영향을 미치기 위해 행동의 관심을 가지기 전과 후에 일어날 것을 결정하기 위해 어떤 노력을 했는가?

환경 분석/기능 평가하기

[What Do I Do When…? How to Achieve Discipline with Dignity]이라는 책에서, 멘들러(Mendler)는 각 학생을 위한 구체적 간여를 결정하기 위하여 환경을 조사하는 것의 중요성을 특히 강조하였는데 그는 쓰기를, "대부분 훈육 프로그램은 전략과 기술에 강조점을 잘못 두고 있다. 최신의 속임수 장치는 조니(Johnny)처럼 행동하도록 해준다...능력있는 교사는 잘못된 행동을 바르게 잡기 위한 전략으로 만들기 위한 이유나 기능을 얻을 필요가 있다"라고 하였다.

최근 수년간 몇가지 큰 소송이 지역 교육청을 상대로 학습 환경에서 학생을 과도하게 제거하려는 움직임에 대하여 이루어졌다. 이러한 법적 행위에 대응하여, 다수의 주에서는 현재 정식 기초위에 제한적 간여가 언제든지 이루어지는 명령을 만들었는데, 그것은 교직원이 학생 행동 문제에 원인이 될 수 있는 원인을 결정하기 위하여 에 학교 환경을 검토하여 부가적으로 학생이 행동을 실행하는 것에 대한 선례에 대응하기 위한 새로운 기술을 개발하는 것을 돕는 계획을 개발하기 위한 명령이다(California, Hughes Bill: A.B. 2586, 1990; Indiana Public Act 89-191: Behavioral Interventions for Students with Disabilities). 특수교육 진흥법(Individuals with Disabilities Education Act, IDEA)은 교육청 직원이 정지 혹은 중간 선택적 교육 대치에 변화가 생긴 때로부터 10일째 혹은 전에 기능적 평가를 수행하도록 요구한다.

이러한 법률의 의도는 학생이 행동 문제를 경험할 때, 교육자가 조심스럽게 학교와 학급 환경을 학생의 분노, 좌절, 그리고 비생산적 행동을 일으키는 요인을 결정하기 위해 조사할 것을 확실하게 하는 것이다. 학생이 창피해하기보다, 교육자가 이러한 교수 전략, 의도, 학급 또래 관계 그리고 교사-학생 관계 등과 같은 요인을 고려하는 것이 결정적이다. 알피 콘(Alfie Kohn)은 이러한 개념을 강조하며 다음과 같이 썼다.

> 문제가 되는 것은 잠재해있는 이유와 느낌이다. 훈육 프로그램은 (일시적으로) 행동을 변화시킬 수 있으나, 사람들이 성장하도록 도울 수 없다. 후자는 학급에서 매우 다른 지향을 요구한다: 이러한 동기에 영향을 주는 방법을 설명뿐만 아니라 그것에 떠오르는 동기를 이해하기 위해 나타나는 행동을 "통하여" 살피는 것이다.(p.69)

마찬가지로, 교육자가 학생이 학교 환경에서 효과적으로 기능하는 데 기본적인 사회적 기술이 부족한지를 결정하는 것이 필수적이다. 아마도 그 학생은 친구를 사귀는 방법의 학습 혹은 혼란스러운 사건에 대한 기술적인 대응에서 이로움을 얻을 것이다. 다시말해, 교육자로서 우리는 창의적이고 효과적으로 사회적 기술 부족을 설명할 수 있다. 이러한 학생들을 포기하고 비난하는 대신, 숙련된 교육자는 성공적인 학습 경험을 학생에게 가르치기 위해 설명될 수 있는 요인들을 고려할 것이다.

상당한 연구는 현재 기능적 평가가 행동 문제가 심각하거나 지속적인 아동들을 위한 간여를 결정하기 위한 연구에 효과적일 수 있다는 것을 나타낸다. 심각한 행동 그리고 정서적 문제를 가진 학생의 행동 문제에 대한 원인을 진단하고 간여를 제안하기 위해 기능적 평가 방법을 처음으로 사용한 연구에서, 던랩(Dunlap)과 동료들은 "학급 변인과 개인 학생의 행동적 도전 사이에 기능적 관계에 대한 경험적 시범은 교사와 상담가가 아동의 요구에 관련된 개입을 논리적으로 설계하도록 만든다"고 쓰고 있다. 저자는 이 강조점이 교사에게 학생의 행동을 수정하도록 돕는데 가장 성공적인 사려깊고, 전문적인 결정을 내릴 기회를 제공하리라 믿는다.

비록 단순히 언급된대로, 기능적 평가에 대해 상당히 많이 쓰여졌지만, 완전한 기능적 행동 평가 과정은 네 가지 요소를 포함한다.

1. 기능적 평가
2. 긍정적인 행동 변화 계획
3. 계획의 실천
4. 계획에 대한 계속적인 모니터링과 조절

더욱이, 기능적 행동 평가가 완성되었을 때, 우리는 다음 네 가지 질문에 대하여 답을 할 수 있을 것이다:

1. 현재 행동의 원인이 되는 배경과 결과는 무엇인가?
2. 학생들에게 그 행동이 도움이 되는 것은 무엇인가?
3. 학생 행동을 변화시킬 수 있는 환경적 변화는 무엇인가?
4. 학생들에게 보다 책임감있게 행동하고 다른 사람의 권리를 침해하는 행동을 하지 않고 욕구를 충족하도록 가르칠 수 있는 행동은 무엇인가?

바람직하지 않은 행동이 왜 일어나는가를 결정하기 위한 정보를 수집하는 것은 기능적 평가를 수립함에 있어 첫 번째 단계이다. 기능적 평가는 학생, 부모, 교사, 카운슬러, 행정가 그리고 조교 등과 면담같은 간접적인 방법으로 완성되어질 수 있다. 대개 행동이 변화되는 것과 관련되는 사건이나 요소에 대한 자료를 수집하기 위한 직접적인 관찰을 포함할 수 있다.

그림 10.1은 수백명의 교사에게 자신의 학급 경영과 교수 책임감을 검토하도록 그들을 돕기 위해 비생산적인 행동을 하는 개별 학생이나 집단 학생에게 한 요인으로서 사용한 양식이다. 이 양식은 평가 도구로서 사용되고자 했던 것은 아니다. 대신, 교사 혹은 교사와 동료 혹은 상담 등이 경영과 교수와 관련된 한가지 혹은 그 이상의 분야에서 근거가 될 수 있다.

교실 장면에서 복합적 요구에 대처하기 위해 여러분이 학습환경을 수정하고 학생들에게 특별한 도움을 제공하기 위해 사용했던 간여를 검토하는 것은 중요하다. 저자 중 한 명이 제시한 그림 10.2는 K-8학년 지역 교육청이 다른 교사나 전문가로부터 도움을 추구하기 앞서 그들의 간여를 측정하도록 돕기 위해 개발하는 것에 도움을 주었다. 이 양식의 목적은 단지 교사들에게 학생이 긍정적인 학습 경험을 갖도록 돕는 것을 목표로 하는 타당하고 책임감있는 교실 간여 정도를 고려하도록 돕는 것이다.

그림 10.1 학생을 교실에서 제거하거나 특수 교육 대상자로 추천하기 전 개입

		그렇다	가끔	아니다
Level 1: 학급 경영과 교수				
1.1	교사가 학생들과 긍정적으로 상호작용한다.			
1.2	교사가 학생들에게 높은 기대를 갖고 의사소통한다.			
1.3	학생이 또래들과 협동학습이나 또래 튜터를 통해 능동적으로 참여한다.			
1.4	학급 절차는 학생들에게 가르쳐졌고 이 학생은 절차를 이해하고 있는 것으로 보여진다.			
1.5	학생에게 이해되는 것은 학급에서 일관성있게 일어나는 일이다.			
1.6	학생의 교수 프로그램은 그들의 학문적 요구에 적절하다.			
1.7	학생은 학문적 목적 설정과 자기 기록의 형태로 참여할 수 있다.			
1.8	교실에 학생 행동을 다루는 규칙이 붙여져 있다.			
1.9	규칙은 적절하고, 간결하고, 긍정적으로 진술되고, 모든 학생을 포함하고 있다.			
1.10	부적절한 행동에 대한 결과는 모든 학생들에게 분명하게 안내되었다.			
1.11	결과는 적절하고, 공정하고, 일관성있게 실천된다.			
1.12	학생은 그들이 규칙과 결과를 이해하고 있음을 증명한다.			
1.13	교사는 문제를 토의하기 위해 학생을 개인적으로 만났고 학생을 돕기 위해 실천하기 위해 동의하는 양측을 위한 계획을 만들었다.			
Level 2 : 개별 행동 프로그램				
2.1	학문적 그리고/혹은 행동 프로그램은 개발되었고 일관성있게 실천되었으며 적어도 4주이상 관련되는 자료가 수집되었다.			
2.2	원래 프로그램(2.1)이 효과가 없다면 대안 프로그램이 실천되었다.			

잠시 멈추고 10.2

활동 10.1과 10.2를 완성하고 이것이 학생들에게 학교에서 보다 효과적인 까닭을 생각해 보자.

그림 10.2 학습환경에서 관찰과 평가

학생:________________ 주민등록번호________ 생일:______

유용한 구체적 개입에 ㅇ표	책임있는 사람	구체적 개입 날짜	결과와 반복을 구체적으로
I. 교실 환경			
A. 선호하는 좌석을 제공 (즉, 개인열람석, 칸막이, 또래와 움직임)			
B. 학교 물건을 찾기 쉽거나 흐트러짐을 최소화하기 위한 위치 변경			
C. 잠시동안 교실에서 조용한 공간배당			
D. 교실 행동에 대한 규칙과 결과를 설명하고 게시			
E. 목표 학생에 대한 교사 접근을 증가			
F. 기타 :			
II. 교수법 수정			
A. 학생의 기존 기능을 측정			
B. 다음에 의해 소집단이나 개별 교육 실시 :			
1. 교사			
2. 조교			
3. 또래 튜터			
4. 학년 구분없는 튜터			
5. 자원자			
C. 매체 변경			
1. 단지 기본적 기능만을 설명			
2. 제시된 매체 어휘 단순화			
3. 작업량 감소			
4. 속도를 변경			
5. 프로그램화된 매체 사용(즉, SRA, 컴퓨터 드릴, 수학 키트 등)			
6. 기술을 반복과 강화(즉, 테이프, 게임, 활동센터)			
7. 기초 교재 변경			
8. 분절에서 과제와 평가를 제공			
9. 계산기/컴퓨터 사용			
10. 학습 보조물 제공(즉, 주요 생각 강조, 대강, 학습 지침, 줄, 구체적 매체 등)			
D. 매체 조직(즉, 폴더, 공책, 숙제)			
E. 시간 배당 장치(즉, 타이머 사용, 시간 배당 설정 등)			
F. 적절하거나 부적절한 행동을 가리키기 위하여 신호나 제스처를 사용			
G. 학생 반응을 다양화(즉, 칠판에 쓰기, 아트 프로젝트, 언어 대답, 조작을 통한 테이핑 등)			

Ⅲ. **동기화/행동 전략**

A. 과제 적절성 측정
B. 성취할 과제의 우선 순위 부여
C. 사적으로 토의하고 행동과 결과에 대해 설명
D. 행동 수정 기술 사용(즉, 적절한 행동에 대한 강화, 신호 사용, 몸짓 등)
E. 아동 동기를 최대화 혹은 최소화하기 위해 집단 변화의 빈도 변경
F. 스케줄/집단 변화
G. 과제 변경(즉, 작업량 감소, 언어 대답 등)
H. 사회적 작업/카운슬러/심리학자 등에게 아동을 추천
I. 교사, 학생, 그리고 행정가에 의해 모니터된 개인 과제/행동 평가지, 차트, 체크리스트 등의 제공
J. 보상/결과 체계 등을 설정 :
1. 목표 설정-대상 개인 행동
2. 계약 수립
3. 메뉴에서 선택된 강화 제공(즉, 사회적 칭찬, 명백한/스티커, 자유시간, 게임, 칭찬 공책)
K. 매일/주간 진도 보고서
L. 부모/교사/교장/아동 면담, 주간, 두 달에 한번 등
M. 기타 :

Ⅳ. **부모 면담/지지**

A. 노트를 집으로 배부(즉, 매일 혹은 주간 진도 보고서, 칭찬 공책)
B. 부모/교사 확인(즉, 과제 평가지/공책에 상호 사인)
C. 전화 면담(즉, 주간, 월간 혹은 필요시)
D. 가정/학교/학습/행동 계약
E. 지역 교육청에 연결(부모집단/TAP)
F. 기타 :
H. 교수법 변경
1. 사전 질문/검사
2. 보상/강화 제공
3. 학생에게 지시를 반복하도록 요구하고 그가 이해한 것을 확실하게 하기 위해 할 일을 말하도록 하기
I. 성적 변경 :
1. 구체적으로 감소된 작업량에 대해
2. 기본 기능 수행 검토
J. 기타 :

날짜	교사의 사인	날짜	교장의 사인, CST 구성원 혹은 또래 상담가

여러분 자신의 행동을 검토하는 것 외에, 학생의 학급 행동을 체계적이며 구체적으로 분석하는 것은 매우 가치있을 수 있다. 그림 10.3은 학생 행동에 영향을 주는 요인을 결정하는데 도움을 두기 위해 수백명의 교사에게 저자가 사용했던 양식을 제시한다. 이 양식의 첫 번째 페이지 아래에 있는 질문인, "이 행동이 학생들에게 이익이 되는 것은 어떤 점이라고 생각하는가?"에 주목하라. 이것은 기능적 행동 평가를 수립함에 있어 주요 질문이다. 실제로, 이것은 과정이 기능적 행동 평가라는 용어로 불리는 이유이다. 이 질문은 모든 행동이 목적을 위해 봉사한다는 믿음에 기초하고 있다. 비록 우리는 우리 행동이나 그 목적을 항상 인식하지 못하지만, 실질적으로 우리가 하는 모든 것은 그것이 우리가 원하는 것을 제공해준다고 믿기 때문에 하는 것이다.

그림 10.3 기능적 행동 평가 양식

학생 이름 ______________________ 생일 ____________

학교 ______________ 학년 __________ 날짜 ____________

문제 행동을 구체적이고, 관찰가능한 용어로 서술하라.

얼마나 자주 문제 행동을 일으키는가(즉, 매일/주당 횟수)?

행동이 일반적으로 어디서(어떤 장면에서) 일어나는가?

- □ 교실
- □ 운동장
- □ 복도
- □ 특정 교과시간(구체적으로)
- □ 버스
- □ 집
- □ 식당
- □ 기타 ______________________

문제 행동에 앞서 어떤 선례가 나타나는 듯이 보였는가(즉, 하루 중 시간, 교수 활동의 유형)?

행동을 강화하고 유지하도록 하는 결과가 어떻게 되었는가?

학생에게 이 행동이 유익하다고 생각되는 것은 어떤 점인가?

이 행동을 수정하기 위해 이미 시도한 것은 무엇인가?(구체적으로; 개입과 수정된 복사본을 붙여라).

문제 행동을 일으킬 것 같은 학생에게 가능성을 줄이기 위해 어떤 환경적 교정이 이루어졌는가?

문제 행동으로서 같은 기능을 하는 대안적 행동을 학생에게 제공함에 있어 가장 도움이 된다고 믿는 개입은 어떤 것인가?

인사/계획 수립에 참여자:

이름/제목	이름/제목
이름/제목	이름/제목
이름/제목	이름/제목

잠시 멈추고 10.3 활동 10.1과 10.2에서 생각했던 동일한 학생을 생각하고 이 장의 끝부분에 있는 활동 10.3을 완성하라.

여러분이 마지막 두 개를 완성했다면, 여러분은 기능적 행동 평가의 주요 모습을 완성할 수 있을 것이다. 여러분은 이 학생을 돕기 위해 시도했던 간여뿐만 아니라 학생의 행동에 영향을 주는 교실과 학교 요인에 대하여 정보를 가지고 있다. 여러분은 행동이 학생에게 도움이 되는 기능에 관하여 몇 가지 가설을 가지고 있다. 다음 단계는 학생과 일하는 사람들을 인터뷰해서 그들이 학생 행동에 영향을 준다고 믿는 요인들을 발견하는 것이다. 학급 담임으로서, 여러분은 관찰에 기초하여 학생에 대한 광범위한 정보를 가지고 있다. 다음 단계는 여러분의 가설이 사실인지를 결정하기 위하여 새로운 지각이 학생에게 수용되었는지를 관찰하는 것이다. 예를 들면, 여러분이 학생이 과제를 완성할 수 없다고 느낄 때 지나치게 행동하게 순종적이지 않는다는 가설을 세운다면, 성공하기 쉬운 장면에서 가설은 타당한지와 과제가 어려운 상황에서 가설이 타당한지를 보라. 여러분의 관찰이 실제로 타당하다면, 여러분의 다음 단계는 긍정적인 행동 변화 계획을 만드는 것이다(종종 행동 간여 계획 behavior intervention plan이라고 불린다). 여러분은 학생에게 제시된 학업 과제를 변화시킬 수 있고, 또래 튜터를 제공할 수 있고, 학문적 과제 등등에 대처했을 때 생산적으로 대처하는 전략을 학생에게 가르칠 수 있다. 그러한 계획을 만들기 전에, 우리는 이 장의 나머지를 읽을 것을 추천한다. 이 장의 후반부에서 우리는 긍정적인 행동 변화 계획을 개발하기 위한 과정을 설명하고 여러분에게 하나 혹은 그 이상의 계획을 만들어볼 기회를 제공할 것이다. 다음 페이지에서 저자 중 한 명이 개발한 행동 개입 계획의 두 가지 예를 설명할 것이다. 이것은 계획이 어떻게 살펴지고 여러분이 학생들이 좀더 책임감있고, 만족스러운 행동을 개발하도록 도울 대 사용할 수 있는 전략에 관한 이어지는 부분에 대한 소개를 제공해야 하는지에 대한 스키마(도식)로서 제공된다.

사례

다음 사례 연구는 정규 수업 시간에 행동 문제를 일으키는 개별 학생과 집단을 위한 효과적인 간여 계획을 개발함에 있어 기능적 평가의 잠재력을 보여준다.

사례 1 : 초등학교

최근 저자는 아주 폭력적인 3학년 아동과 일하는 교사에게 도움을 달라는 요청을 받고 주의력 결핍 장애와 심각한 정서 문제를 모두 가지고 있는 것을 알았다. 소년은 자주 학급 주변을 방황하고, 다른 학생을 때리며, 이상한 소리를 내고, 책상에 머리를 세게 부딪치고는 했다. 이러한 행동이 제일 자주 일어나는 때를 물어보자, 교사는 방황하고 다른 사람을 괴롭히는 것은 오전에 일어나고, 반면에 이상한 소리와 머리를 부딪치는 것은 점심 직후에 일어난다고 대답했다. 이러한 행동이 일어날 때 학생은 어떤 행동에 참여하고 있는지를 물어보자, 교사는 아침에는 수학이 가장 많고 오후에는 국어가 많다고 했다. 교사는 학생이 학문적 영역에서 영재라고 믿고 있었는데, 수학은 매우 잘하지만 국어에는 거의 소질이 없었다.

저자는 학생과 점심을 먹고, 소년의 잠재적 행동과 가능한 정신적 건강 문제에 대해 이미 알고 있는 대로, 최소한의 평균적인 사회적 기술을 나타내는 것을 관찰되는 것이 놀라웠다.

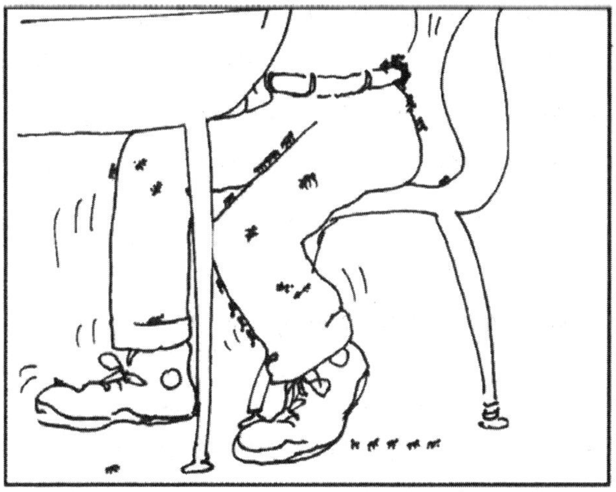

행동 문제를 위한 성급한 특수 교육 배치를 받은 후에, 학교 직원은 마티가 정말로 그의 바지에 개미를 가지고 다닌다는 것을 알고 당황스러워했다.

점심이후에 저자는 소년의 교실을 방문해서 국어시간을 끝날 때까지 대략 40분정도 관찰했다. 학생은 교실 뒤 오른쪽 끝에 세 명의 학생들의 줄지어 앉아 있었다. 학생은 알파벳을 쓰는 몇 가지 활동을 하고 있었고, 학생은 과제를 완성하기 시작했다. 5분이 안되어서 학생은 움직이기 시작했고 이상한 소리를 내기 시작했다. 저자는 걸어가서 그것은 소년이 비정상적인 행동으로 보인다고 말했다. 소년은 과제가 따분하다고 말했다. 그러나 학생은 과제보다는 도전을 찾고 있는 것으로 보였다. 그는 겨우 몇 줄 완성했는데, 급우들은 그가 완성한 양의 5배를 완성했다. 저자는 학생에게 그가 똑똑하다는 것을 강조해서 말하고 응답하도록 하는 것이 어려운 것으로 보였다고 말한다. 저자는 학생에게 똑똑한 사람들은 다른 사람보다 어려운 일을 몇 가지 발견한다고 알려주었다. 예를 들면, 저자는 아주 지적인 사람들에게 생각되지만, 그리기가 매우 어렵다고 생각한다. 학생은 코끼리를 그릴 수 있는지를 저자에게 물었다. 학생은 저자가 실제로 그림을 잘 못 그린다는 것에 매우 기뻐하고 공감했다. 저자는 심지어 똑똑한 사람들도 몇가지를 개선할 필요가 있으며 학생이 왜 알파벳 쓰기를 개선하는 것이 유용한지를 물었다. 학생은 빠르게 알파벳을 쓰면 다른 활동들도 잘할 것이라고 대답했다. 저자는 학생에게 이것은 유용한 도구가 되므로 학생이 그 일을 매우 쉽다고 생각하는 학생 중의 한 명이 아닐지라도 개선해야 한다고 말했다. 학생은 5가지 문제를 풀기로 하고 다했을 때 저자에게 신호를 보내기로 했다. 겨우 몇 분 안에 학생이 신호를 보내왔다. 학생의 노력을 강화한 후에, 저자는 학생에게 다른 목표를 설정하도록 했다. 학생은 두 가지 영역을 선택하여 교사가 신호할 때까지 집중하도록 요구받았다. 교사가 학습지를 고치고 있을 때, 학생은 손을 들어 9개 연속적인 질문에 대답했다(교사가 나중에 말하기를 일 년 동안 보지 못했던 일이라고 했다). 그가 9번째 질문에 답하도록 학생을 부르지 않자, 학생은 움직이며 이상한 소리를 내기 시작했다. 이 시점에서 저자는 그와 학생이 상담실에서 잠깐 만나도록 했다. 처음 만남에서, 학생은 그의 학교생활 전부가 따분하며 어려움에 처해있기 때문이라고 했다. 토의가 계속되면서, 학생은 학업이 어려운 것과 도전이 아니라는 것을 구별할 수 있게 되었다. 그는 그의 폭력적인 행동이 과제에서 빠져나오기 위해서 사용되었다는 것을 알고 몇 가지 새로운 전략이 필요함에 동의했다.

그림 10.4는 저자와 이 학생 사이에 체결된 계획이나 계약을 제시한다. 흥미롭게도, 저자는 학생에게 폭력적인 행동 없이 좌절을 이겨내는 아침이나 오후에 초점을 두도록 제안한다. 학생은 그가 똑똑하므로 2주 동안 할 수 있을 것이라고 반박하였다. 저자는 마침내 주고 그가 아는 것을 동의서에 쓰도록 허락했다. 학생은 8일간 수학시간에 이상한 소리를 내거

그림 10.4 환경을 수정하기 위한 약속

_________와 번 존스가 _________위해 _________ 약속한 계획

문제 : 수업중에 떠들고 이상한 행동하는 것

떠들고 이상한 행동을 하는 이유

1) 너무 쉬워서
2) 너무 어려워서
3) 오래 앉아있어야 해서
4) 또래들로부터 주목받으려고

	너무 쉽거나 따분할 때	너무 어려울 때	학생이 침착하지 못할 때
계획	1) 일을 마친 후 자유시간을 가지기 2) 심화 과제 하기	1) 목표를 정하고 도달하면 쉬는 시간 갖기 2) (스트레치, 지정된 구역 걷기) 3) 해결 책상에 가기	1) 몸을 쪼그리기 2) 다리를 뻗되 다른 사람 방해하지 않기 3) 해결 책상에 걸어가기

위의 계획이 왜 좋은 생각인가?

1) 나는 다른 사람을 괴롭히거나 규칙을 어기지 않아도 되므로
2) 노력을 오래 할 수 있으므로
3) 더 배우고 더 성숙하게 행동할 수 있으므로

보상 :

___________는 2주간 이 계획을 실천하면, 샤프 연필과 편지를 보상으로 번 존스에게 받는 것에 동의합니다.

서명 :

___________________	___________________
학생	교사
번 존스	부모

기억하렴, _________야, 심지어 똑똑한 사람조차 기술을 배워야 한단다! 우리는 모두 장점과 약점을 가지고 있어.

계획 시작한 날 : _____________ 계획 끝나는 날 : _____________

나 다른 학생을 방해하지 않았다. 그가 9일째에 실패했을 때, 학생은 추가로 열흘 더 하겠다고 말했다. 그가 10일을 채우려면 2일만 더 하면 되었지만, 학생은 더 높은 기준을 주장했다. 학생은 그의 목적을 달성했고 몇 주를 더 지속했다.

대부분 사례에서 기능 평가는 교실 장면에서 학생에게 단지 사회적 기술 뿐만 아니라 중요한 수정까지 필요로 한다는 것을 제안할 것이다. 이 경우에, 개입의 중요한 측면은 학생에게 대안 수학 문제를 제공하고 목표 설정을 실용화하며 언어과목에서 컴퓨터의 사용 등을 포함하고 있다는 것이다. 비록 학생의 행동이 항상 교사가 선호하는 것은 아니지만, 그는 실제로 가장 관심을 받는 두 가지 행동을 제거했다. 해가갈수록, 이 학생에게는 부적절한 행동을 모니터하고 보다 나은 선택으로 대체할 수 있도록 보다 깊은 간여가 필요할 것이다.

사례 2 : 고등학교

몇 년전, 저자 중 한명은 1학기에 51회 교무실에 불려온 고등학교 2학년을 상담해 달라는 부탁을 받았다. 학기말에 그는 첫 번째 그리고 두 번째 수업에서 외떨어져서 교무실에 앉아 있어야 했다. 흥미롭게도, 학생은 학교 주요 사무실에서 가장 편안해보이는 의자에 앉아있도록 허락받았다. 게다가, 이 의자는 학생에게 학교의 일상적인 아름다운 전망과 흥미로운 대화의 폭넓은 실용성을 제공하고 있었다.

저자가 행동 패턴에 대한 자료를 요청했을 때, 교감이 가지고 있는 교무실로 불려온 이유 뿐이었다. 하루 중 어떤 시간에 그랬는지, 어떤 선례가 있었는지, 혹은 심지어 잘못된 행동의 유형에 대하여 분명한 언급조차 없었다. 학생과 상담교사를 인터뷰한 후, 초기 학교 생활에서 상당한 어려움을 가지고 있었다는 것이 명백하게 드러났다. 흥미롭게도, 그가 가장 어려워하는 수업 두 가지는 이 시기 동안 이었고, 학생은 자주 엄마와 갈등을 일으켜 흔들면서 학교에 도착했다. 게다가, 학생을 훈육시키기 위해 사무실로 보내는 것은 그의 행동을 교정하려는 교사들에게 공격적인 반응을 나타내도록 하였다. 나타나는 패턴은 학생이 학문적 어려움을 겪을 때, 능동적이고 과제를 수행하지 않았으며, 교사들에 의해 명령받으며, 무례하고 공격적인 방식으로 대응하였다.

첫 번째 결정은 학생의 스케줄을 조정해서 하루를 그가 좋아하고 신뢰하는 교사와 적절하게 성공을 경험한 교과로 시작하도록 했다. 이것은 학생이 어려움을 경험했던 독서실과 다른 교과에도 이어졌다. 이것은 학생이 매우 잘하는 체육 교과에도 되풀이되었다. 이 패턴은 하루동안 계속 되었다. 다음, 학생은 그가 행동을 수정하도록 요구하는 교사들을 좋아하는 방법을 물었다. 그는 교사들이 이것을 할 필요가 있고 상담교사에게 그가 행동을 바꾸도록 요구하는 방식으로 표현되었다고 느끼는 문장을 제시했다. 담당 교사들 모두는 덜 경쟁적인 요구를 연습하기 위한 짧은 모임에 참석했고 학생에게 설명할 때 사용하는 것에 동의했다.

끝으로, 학생은 교사들이 하는 논평이나 요구에 대응함에 있어 개인적인 사회적 기술 훈련을 제공받았다.

결과는 매우 보상적이었다. 학생은 봄학기동안 단지 세 번 교무실에 불려왔다. 비록 그의 과제 수행은 잠재력보다 약간 아래에 있지만, 그는 모든 2학기 과목을 통과했다.

새로운 행동 기술 개발을 돕기

9장에서 토의된 문제-해결 방법에 덧붙이자면, 세 가지 기본적인, 학생이 행동을 모니터하고 바꾸도록 돕기 위한 잘-연구된 행동 경영 접근이 있다. 첫 번째 방법은, 자기-모니터링인데, 학생들이 자신의 행동을 세어 기록하는 것을 돕는다. 두 번째 접근은, 사회적 기술 훈련인데, 그들의 요구에 대처하기 위한 새로운 기술을 학생들에게 가르치는 것을 포함한다. 세 번째 방법은 학생들이 사용하기는 어렵다고 생각하지만 그들의 레파토리에 기술을 사용하도록 격려하는 것을 돕기 위한 동의나 계약의 형태를 그들과 개발하는 것이다. 이 부분은 이러한 세 가지 일반적인 접근을 실천함에 있어 구체적인 절차를 제시한다.

자기-모니터링

학생들은 긍정적으로 보여지고 그들의 행동을 통제하는 능력과 힘을 나타내고 싶어한다. 그러나 종종 학생들은 비생산적인 행동의 정도를 알지 못한다. 더욱이 일부 어린이들은 외부 신호의 도움없이는 정서와 행동을 통제하는데 어려움을 겪고 있다. 자기-모니터링은 자신의 행동을 모니터하고 기록하는 체계를 세움에 있어 개별 혹은 집단의 학생들을 돕는 것을 포함한다. 이 절차는 학생을 행동 변화 프로그램에 포함시킬 뿐만 아니라 수집된 자료에서 보낸 시간의 양을 유의미하게 줄인다. 더욱이, 아마도 자기-모니터링은 통제의 내면 초점을 만들도록 도울 것이기 때문에, 다른 상황과 다른 행동에도 일반화될 수 있는 이 연구와 결합된 행동에서 변화를 만들 것이다.

자기-모니터링은 30년 이상 문헌에서 보고되었고 다양한 학생으로 이루어진 특수한 비생산적인 행동의 광범위한 변화에서 효과적임이 밝혀졌다. 초기 연구에서, 맥켄지와 러샐(McKenzie & Rushall)은 학생의 행동을 게시판에 기록하게 하는 것이 수영 시간에 계속 늦고, 결석하고 혹은 참여하지 않는 행동을 개선하는데 효과적이라고 보고했다. 보던, 홀, 그리고 미츠(Borden & Hall & Mitts)는 출석과 결석하는 행동 그리고 개선에 대한 칭찬을 받는 것을 자기-모니터하게 하는 것이 역사 과목에 낙제한 8학년 소녀에게 효과적인 간여였음을 증명했다. 이 처치 조건에서 소녀의 출석 행동은 30에서 80% 증가했다. 자기-모니터링을 계획을 개발할 때, 우리는 교사들에게 학생의 성공을 축하하기 위해 사회적 강화만을 사용하도록 격려했다. 학생은 그들의 자료를 미리 선정된 중요한 사람에게 보여줄 수 있다. 우리의 경험은 다른 부가적인 강화는 필요하지 않음을 제안한다. 비록 자기-모니터링이 그 자체로서 뛰어난 결과를 제공하지만, 이 장의 후반부에서 제시되듯이, 그것은 자기-교수, 자기-평가, 그리고 자기-강화 등의 전략과 효과적으로 결합될 수 있다(Cole, 1992; DiGangi & Maag, 1992).

절차

학생들에게 자신의 행동을 세도록 가르칠 때, 첫 번째 단계는 학생이 정확하게 행동을 설명하게 하는 것이다. 여러분은 이 기술을 바람직하고 바람직하지 않은 행동을 설명하도록 요구함으로써 가르칠 수 있다. 두 번째 단계는 자료를 기록하는 방법을 개발하는 것이다. 대부분의 경우 여러분은 자료를 세서 학생들에게 결과를 보여주고자 할 것이다. 어떤 경우에, 단지 이러한 결과를 보는 것만이 학생의 행동을 유의미하게 줄이도록 학생을 강화하기에 충분할지도 모른다. 다른 경우에, 학생들은 자료가 부정확하다고 믿는 것을 나타낼 수 있다. 이 경우에, 학생들은 특별하게 행동을 세고 싶어할 수 있다. 몇 년 전 저자 중 한 명이 수업시간에 27회나 떠든 7학년 학생을 상담한 적이 있다. 학생은 이 자료(선생님이 3일간 기록한 것에 기초하여)를 보자, 격렬하게 이 자료가 부정확하고 선생님에게 이것이 잘못되었음을 알려주겠다고 했다. 그는 그 뒤로 10일간 다시는 떠들지 않았다. 사실, 교사는 그를 만나서 수업 시간에 참여시키려고 했지만, 대응에 앞서 그의 손이 먼저 올라갔다.

특히 어린아이들을 상담할 때, 세어있는 행동을 시각적으로 보여주는 것으로 시작하는 것이 도움이 된다. 카운툰(countoon)은 이런 목적을 위해 사용된다. 카운툰은 세어질 행동의 그림과 학생이 행동이 일어날 때마다 기록할 표를 포함하고 있다. 그림 10.5는 학생이 손들지 않고 얼마나 떠드는지를 알도록 도와주는 데 사용된다. 고학년들은 부적절한 행동을 했을 때마다 기록하고 싶어하지 않는다. 그러나 그들은 항상 3×5 카드나 공책에 기록하고 싶어할 것이다. 우리가 알고 있는 고등학교 상담가는 학생들이 행동에 책임을 질 수 있도록 돕기 위해 그림 10.6에서 보여지는 양식을 개발했다.

세 번째 단계는 자기-모니터링을 실천하는 것이다. 우리는 여러분에게 상대적으로 짧은 시간을 택하도록 권하며 그것이 발달적으로 적합하다는 것을 권한다. 예를 들면, 2학년이 2회 10분간 떠드는 것을 모니터하는 반면, 고등학교 1학년은 수업시간동안 이런 행동을 모니터할 것이다. 네 번째 단계는 30초간 만나서 학생에게 결과를 설명하는 것이다. 또한 그래프로 그리면 그들이 이루어낸 진보를 실제로 볼 수 있다.

다섯 번째 단계는 학생들에게 강화의 형태를 제공하는 것이다. 대부분 경우에 교사로부터 듣는 언어적 칭찬은 적절한데 왜냐하면 학생들이 행동을 개선하는 것과 결합된 능력과 권한

부여에서 개인적 만족을 얻을 것이기 때문이다. 일부 경우에, 언어적 칭찬은 중요한 성인에게까지 확대될 필요가 있다. 다른 경우에, 행동이 개선될 가능성이 증가될 특별한 행동을 학생에게 제공할 필요가 있을 것이다.

그림 10.5 카운툰(countoon)

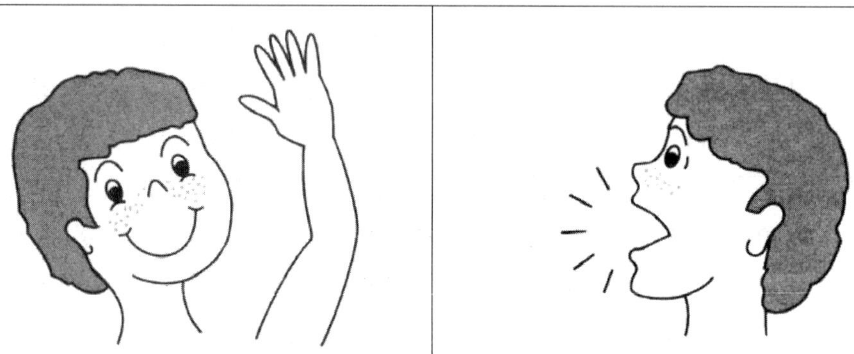

1	2	3	4	5	6	7	8	9	10	1	2	3	4	5	6	7	8	9	10
11	12	13	14	15	16	17	18	19	20	11	12	13	14	15	16	17	18	19	20
21	22	23	24	25						21	22	23	24	25					

손을 드는 횟수를 세어 보세요. 말하는 횟수를 세어 보세요.

그림 10.6 학생 자기-모니터 양식

학생의 이름 ________________________________

시간	하기로 되어 있는 수업	(학생 이름)이 한 것 (+ 혹은 0)
9:55		
10:05		
10:15		
10:25		
10:35		

____

교사의 서명

우리는 수 백 명의 교사와 교생에게 학생이 보다 책임감 있게 행동하고 보다 성공적인 학생이 되도록 돕기 위해 자기-모니터링을 사용하도록 했다. 연구에 대한 경험과 문헌 고찰에서 우리는 이것이 매우 가치 있는 방법이라고 제안한다.

비록 대부분 학생이 다섯 단계를 마친 후 그들의 행동을 정확하게 모니터하겠지만, 어떤 학생들은 보다 많은 도움을 필요로 할 것이다. 여러분이 학생에게 행동을 정확하게 셀 수 있도록 하기 위해 실천할 수 있는 부가적인 방법이 있다.

학생이 기록한 자료가 여러분이나 다른 성인이 입력한 자료와 거의 일치한다는 것으로 강화를 시작하라. 그들의 행동을 정확하게 기록하도록 배울 때, 정확성에 대한 강화는 비생산적인 행동에서 감소하는 것을 보상하는 것으로 대치될 수 있다.

다른 절차는 성인에 의해 기록된 행동에 대한 학생에게 강화를 주는 것이다. 학생의 행동이 개선될 때, 자신이 행동을 모니터하고 개선된 행동에 대해 지정된 강화를 받을 수 있다. 끝으로, 강화는 떨어져나가고 학생은 단지 행동을 통제하고 기록하는 것에 대한 칭찬을 받는다.

잠시 멈추고 10.4	자신과 급우의 학습을 방해하는 행동을 하는 학생을 대상으로 학생과 다른 사람에게 이익이 되도록 바꾸는 구체적인 행동을 선택하라. 다음, 이 행동을 자기-모니터할 수 있는 포맷을 개발하라. 가능하다면, 학생과 만나서, 자기-모니터링을 토의하고, 학생이 지정된 시간에 행동을 자기-모니터하도록 하라.

다음 사례 연구는 교생과 젊은 교사가 이 방법으로 1학년 그리고 7학년 교실에서 실천한 방법이다.

사례 3 : 초등학교

이 사례는 도심지 학교에서 특히 어려움을 겪고 있던 1학년 교사가 실천한 것이다. 그녀의 학생들은 유치원에 늦게 다녀서, 복잡하기 때문에, 지역 교육청 행정 사무실에 있는 떨어져 있는 방에서 유치원을 보냈다. 결과적으로, 아동은 고학년들과의 적은 상호작용을 가진채로 1학년에 들어왔다. 게다가, 그들의 유치원 수업은 한 달 늦게 이루어졌기 때문에, 일년 동안 몇몇 교사를 만났다. 그들은 또한 일반적으로 특별하게 성숙되어 있고, 학습이 덜 되었으며, 한부모 가정에서 반 이상을 살아왔다. 다음 내용은 교사의 연구 보고서에서 직접 가져온 것이다.

내 수업이 많이 분산되는 것은 내 말에 귀 기울이지 않는 학생들 때문이다. 학생들은 앉아서 말 없이 작업하고, 책상을 열고 닫는 것, 다른 사람에게 말을 걸기 위해 책상으로 걸어가는 것, 등등을 배울 필요가 있었다. 나는 자기-관리 기술, 혹은 카운툰(countoon)을 수업에 도입하기로 했다. 이 집단은 나를 기쁘게 하고자 했으며 나에게 잘 보이고 싶어했지만, 그들은 자신들의 행동을 통제할 수 있는 내적 기술이 부족했다. 이 기술은 그들의 행동을 모니터하고 통제하는 그들의 능력을 보여주도록 만든다. 나는 그들이 과제를 수행하지 않는 정도를 알고 있다고 생각하지 않는다. 일부 아이들은 외부 규제 없이 행동을 통제할 수 없다. 아동에게 자신들의 행동에 대한 자료를 수집하도록 할 때, 때로 이 행동은 드라마틱한 결과를 만들어내기 위한 외적 구조를 충분히 제공할 수 있다.

나는 5명의 아이들의 자료를 수집하는 것으로 연구를 시작했는데, 그들이 과제를 수행하지 않는 정도를 알아보기 위해서였다. 나는 능력, 행동, 배경 등등에 있어 매우 다른 5명을 선택했다. 나는 10분 간격으로 3회 좌석에 앉아서 하는 행동을 기록했으며, 결과는 (그림10.7) 10분 간격, 과제에 참여하지 않는 행동 빈도는 학생당 평균 8회였다. 그래서 나는 개인적으로 학생들에게 내가 수집한 자료를 알려주고 전체 학생들에게 내가 관찰한 학생의 이름을 말하지 않고 자료를 알려주었다. 그들이 과제 수행을 하지 않는 정도를 깨닫고 있다고는 내가 생각하지 않고 있음을 그들에게 강조하려고 노력했다. 그리고 나서 우리는 과제를 수행하지 않는 것이라고 생각되는 행동에 대해 토의하고, 모형을 만들고, 역할놀이를 했다. 이 행동은 한 사람 혹은 다른 사람에게 큰소리로 말하는 것; 내가 하라고 가르친 것과는 다른 행동을 하는 것; 책상에서 나와 교실을 돌아다니는 것; 혹은 입이나 책상을 열어 시끄러운 소리를 내는 것, 연필을 굴리는 것; 등등을 포함한다. 그들은 나에게 도움이 필요하다면, 손을 들어야 한다는 것을 알고 있었는데, 왜냐하면 나는 특별하게 쉬는 시간을 두지 않고, 그들이 필요할 때 화장실을 가도록 하고 있었기 때문이다. 학생들은 그들의 행동을 기록하는 방법을 배워야 할 필요가 있었고, 나는 프로젝트의 이 국면에 상당한 시간을 투자했다. 또한, 학생들이 행동 자료를 수집하는 것에 참여함으로 인해, 내가 행동 모니터에 소비하는 시간은 줄어들었다. 자기-모니터링은 통제의 내면화된 원천을 만들고, 다른 상황과 다른 행동에 일반화될 수 있다고 기대되는 접근과 결합되는 행동에서의 변화시킨다.

우리가 행동에 대해 충분하게 연습하고 토의한 후에, 나는 학생에게 카운툰(countoon)을 주었다. 카운툰(countoon)은 바람직한 행동 그림을 가지고 있고, 동물들이 학습지를 하는데 참여하는 것을 보여주었다. 처음에는 5명의 학생을 연구에 참여시켰으나, 학급과 토의한 후에, 나는 모든 학생에게 카운툰(countoon)을 주기로 결정했다. 이 연구에서 결과는 기초 데이터에 설명된 5명만을 포함시킬 것이지만, 정말 깨달은 것은 모든 학생이 참여하는 것은, 그들에게 떠드는 것과 행동하는 것에 대해 알게 하면서, 과제를 수행하지 않는 시간을 추적하면서, 상처가 되지 않는다는 것이다. 카운툰(countoon)의 각 네모 안에는 과제수행을 하지 않는 횟수를 기록했다. 매 10분 간격으로, 우리는 크레용으로 박스를 동그라미해서 아동이 우리가 한 간격을 지킬 수 있게 했다. 그런 방식으로, 학생은 과제 수행을 하지 않는 행동이 없다면, 네모는 우리가 간격을 지키고 있음을 보여주기 위해 동그라미한 채로 남아있다. 나는 프로그램을 6일간 실시했고, 하루에 두 번 매10분마다 행동을 모니터하도록 했다. 일반적으로 이 모니터링은 수학이나 과학시간에 이루어졌고, 우리가 동물 새끼에 대한 소책자를 공부할 때였다. 아동 중 일부는 대부분 과제 수행을 하지 않는 행동을 완전하게 그만두었다. 그들은 프로그램에서 빠졌고 우리가 보다 자주 행동을 추적할 것이 요구되었다. 나는 정말로 그들이 상황을 통제할 수 있다고 느낀다. 왜냐하면 결과가 우호적이어서, 그들은 학급 파티에서 칭찬과 점수를 받았고 교실 분위기는 카운툰(countoon)을 사용하는 동안 유의미하게 개선되었다. 내가 처음에 수집한 기초자료를 위한 다섯 명의 학생들은 평균 8회의 과제를 수행하지 않는 행동에서 과제 수집동안 10분간격에 3회미만으로 줄었다. 내가 추수 자료를 수집할 때, 그들에 대한 지식없이, 그들은 다소 진보하였으며, 보다 말이 많아졌지만, 전반적인 과제를 수행하지 않는 태도는 절반 이하였다.

그림 10.7 초등학교 교실에서 자기-모니터링 프로그램

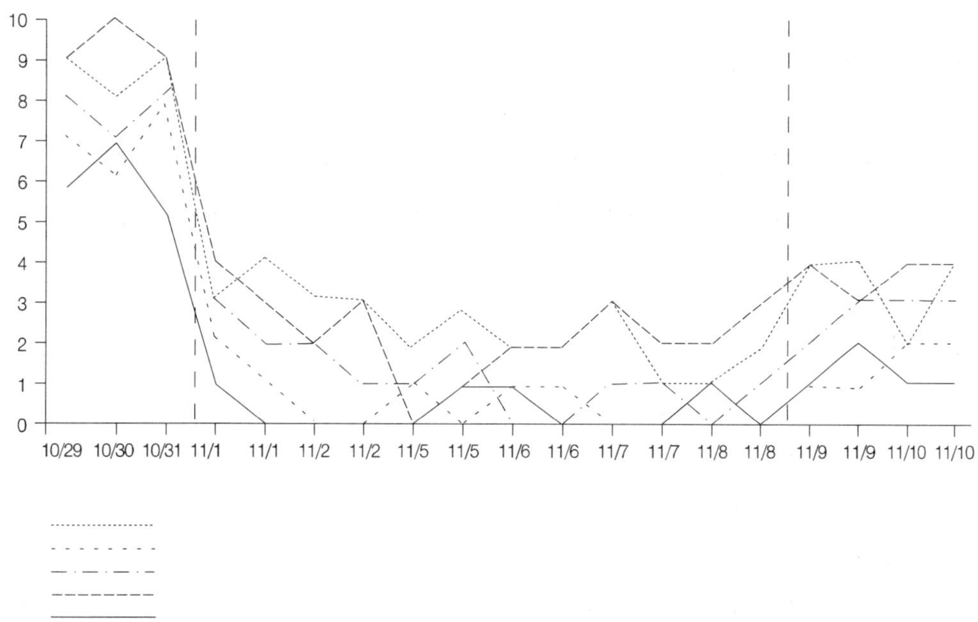

사례 4 : 중학교

다음 연구는 마지막 학습 장면에서 학생의 행동에 대하여 관심있는 교사가 실천한 것이다. 그녀는 아무 도움없이 학급 경영의 과정에서 교육과정을 위한 프로젝트로서 실천했다.

배경

사무엘(가명)은 심각한 정서 장애를 가진 7학년 학생이다. 그는 유치원때부터 같은 학교 지역 교육청에 참여하였고 1학년이후 계속 특수 교육을 받고 있다. 그는 WISC의 언어와 수행 척도에서 평균 범위이지만 그의 학업적 성취는 잠재력에 미치지 못한다. 우드콕-존슨(Woodcock-Johnson) 심리교육 검사지에서는 평균적인 지식 점수, 낮은 평균 읽기 점수, 수학에서 약간의 부족, 그리고 쓰기에서 심각한 부족 등이 보인다.

보다 정밀한 그가 시각 운동 과제와 시각 기억력에 약함을 보여준다. 그는 잘 들을 때 지식을 잘 얻는다. 언어는 그의 연령에 적절하다. 그는 사고와 생각을 적절하게 표현하고 좋은 대화 기술을 갖고 있다. 그는 피어스 해리스(Piers Harris) 아동 자아 개념 척도에서 5% 수준아래 있었다.

문제 행동

사무엘은 9번째 수업에 들어온다. 그는 지극히 과제를 수행하지 않는 행동을 보이는데, 떠들고, 과제에 그림을 그리고, 다른 학생의 주의를 흐트러뜨리며, 일반적으로 시간을 낭비하는 것 등을 포함한다. 나는 15분간 다양한 개입을 시도했는데, 좌석을 바꾼다든지, 방과후에 남게 한다든지, 그를 눈여겨 본다든지 등이다. 이러한 노력에도 불구하고 문제는 계속되었다.

개입 계획

3일 동안 나는 같은 수업에서 사무엘과 다른 3명에 대한 기초 자료를 수집했다. 결과는 3명의 통제 집단 학생들은 40분 동안 평균 과제를 수행하지 않는 행동이 6.7%인데 반해, 사무엘은 같은 시기에 50%의 과제를 수행하지 않는 행동을 보였다.

나는 사무엘에게 그래프를 보여주고 그가 과제를 수행하지 않는 행동에 대한 나의 관심을 말했다. 우리는 좋은 정보를 나누었으며, 그의 인지적 그리고 학문적 장점에 대해 알게 해주는 활력있는 이야기였다. 나는 사무엘에게 5일동안 사용하기를 바라는 카운툰(countoon)(그림 10.6과 유사한)을 보여주었다. 그는 시계를 보며(과제를 방해하지 않고) 그가 과제를 수행한 매 5분마다 표 끝에 +를, 과제를 하지 않으면 0을 표시해 놓았다. 나는 같은 일을 계속 했으며 이고, 시간이 끝났을 때 우리의 결과를 신중하게 비교해볼 것이라고 했다. 학급에서 아무도 우리의 프로젝트를 몰랐다. 이것은 사무엘에게는 아주 중요했다. 자기-모니터링 기록 용지는 매일 그의 폴더에 있었고, 그는 그것을 토의하기 위해 방과후에 남아있었다.

결과

자기-모니터링의 첫 날 사무엘은 시계를 열심히 보았는데 그 행동은 정말로 산만했다. 우리는 방과 후에 토의했다. 다음날 보다 좋아졌고, 그는 3일째에 더 좋아졌다. 4일과 6일째 되는 날에는, 과제를 수행하지 않는 행동을 오직 한 번만 기록했다. 우리의 자료 비교는 유사했다. 언어적 피드백은 계획에 따라 이루어졌고, 사무엘은 칭찬과 개인적 관심에 잘 반응했다.

다음 주 사무엘은 내가 가져온 자료를 알지만 그는 더 이상 자기-모니터링 자료가 없었다. 우리는 그의 매일 행동을 이야기했고 자료를 살폈다. 결과(그림 10.8)는 우리 모두를 기쁘게 했다. 사무엘은 정말로 3번째 주에는 과제를 수행하지 않는 행동이 평균 5%를 유지했다. 그는 믿을 수 없을 정도의 숙제를 해 왔고 역시 다른 교사들로부터도 긍정적인 피드백을 받았다.

그림 10.8 장애를 가진 7학년 학생과 진행한 자기-모니터링 프로젝트

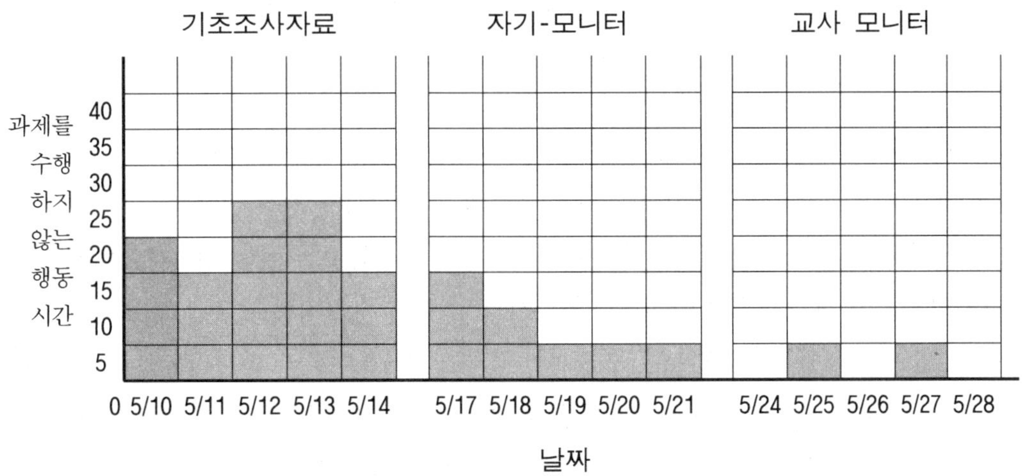

결과에 대한 생각

나는 정말로 이 프로젝트에 대한 결과에 흥분된다. 내가 불가능하다고 생각했던 것을 3주 동안 프로젝트와 함께 할 수 있었다. 나는 사무엘이 가장 어려운 학생이라 생각했고 정말로 이 연구를 사용하여 극적인 결과를 얻을 것이라고는 생각하지 않았었다.

자기교수법

비록 자기 모니터링이 그 자체로 우수한 결과를 제공할 수 있지만, 이는 종종 자기 지시, 자기 평가, 자기 강화와 결합된다(Di-Gangi & Maag, 1992). 학교 환경에서 끊임없이 밖으로 도는 학생들은 생산적으로 감정을 제어하거나 표현하는 것이 어려워 보인다. 부분적으로는 이 학생들이 다수의 실패 경험을 하고 자신감이 부족하기 때문에, 그들의 또래가 아주 편안하게 취급하는 상황에 직면할 때 그들은 자주 열정적인 감정으로 대응한다.

학생들이 더 효과적으로 좌절과 스트레스에 반응하는 것을 돕는 한 가지 방법은, 그들에게 신호를 주는 언어 지시를 얻기 위해 그들에게 더 적절하게 행동하는 것을 가르치는 것이다. 이 방법은 주의력결핍과잉행동장애(ADHD)를 가진 학생이나 충동적이라고 분류되는 학생들이 그들의 행동을 모니터링하기 위해 조용한 언어를 사용하는 것에서, 일반적인 청소년들보다 덜 숙련되어 있다는 개념에 의거한다. 어려운 문제에 직면할 때, "좋아, 다시 한 번 더 노력할거야. 그리고 만일 내가 그것을 할 수 없으면 선생님께 도움을 구할 거야"라고 성공적인 학생들은 그들 자신에게 말할지도 모른다. 초조하게 만드는 일에 직면할 때 행동 문제를 가진 학생들은 이처럼 그들의 행동을 감시하고, 생산적으로 반응하는 능력이 부족할지도 모른다. 이 학생들은 또한 부정적인 익명의 언어를 사용할지도 모른다. "나는 멍청해서 이것을 할 수 없어."라고 그 자신에게 말할지도 모른다. 이 내면화된 진술은 학생의 문제를 결합하고, 부정적인 감정을 강화한다.

합리적 정서적 상담(rational-emotive therapy : RET) 원리에 따르면, 학생의 행동은 그들이 자주 만드는 부정적이고 비생산적인 진술 대신에, 긍정적이고 사려 깊게 내면화된 진술을 돕는 것에 의해 변화할 수 있다. 연구는 이 방법이 학생들의 걱정을 성공적으로 줄일 수 있고, 행동-문제 학생의 학문적 수행을 향상시키며, 규칙-파괴 행동을 줄이고, 또래들에게서 덜 놀림을 받게 되었음을 가리킨다. 기초적인 절차는 학생들에게 더 효과적으로 그들의 행동을 제어하기 위해 조용한 진술의 사용을 가르치는 것을 포함한다. 우리는 학생들을 초조하게 만드는 특정 환경에 직면할 때, 그들이 만들 수 있는 특정 진술을 제공하는 것으로 그렇게 할 수 있다. 수학 문제 해결 수업에서 실망한 학생은, "만일 내가 긴장을 풀고 천천히 한다면, 나는 이것을 할 수 있을 거야. 처음에 해야 할 일은 오른쪽에 2를 추가하는 거야."라고 말할 수 있다. 똑같이, 게임에 져서 화가 난 학생에게는 다음과 같이 말하도록 가르칠 수 있다. "좋아, 이번엔 졌지만, 문제없어. 만일 내가 공을 돌려주고, 선 밖으로 나가면 다른 애들이 나를 더 좋아할 거야." 우리는 학생들에게 우리의 감독 하에 자기 지시를 하는 기회를 제공하여, 그들이 실행할 수 있는 작업에 관한 기술 습득을 도울 수 있다. 꽤 단순한 작업에 종사하는 동안, 학생들은 처음에 우리가 제공한 진술을 해 보도록 권해질지도 모른다. 학생들은 그 다음 스스로 이 진술을 되풀이 하도록 부탁받을 수 있다. 다음에, 그들이 작업을 완료하는 것에 따라 단어를 속삭이도록 부탁받을 수 있다. 마지막으로, 그들 자신에게 말해 보도록 권해질 수 있다. 만일 당신이 이 절차를 더욱 상세히 연구하고 싶다면, 당신은 워크맨(Workman, 1995)의 [Teaching Behavioral Self-Control to Students]와, 지폴리와 멜로이(Zirpoli & Melloy, 2001)의 [Behavior Management Applications for Teachers]를 통해 추가적인 실제 제안을 발견할 수 있다.

유사한 방법은 문제 상황을 다루기 위해 자기 이야기와 개발 변경 방식에 관한, 양쪽 모두에 집중하는 것이다. 학생들은 그들이 끊임없이 부적절한 방법에 반응하는 상황을 실제 연기하도록 부탁받을 수 있다. 역할놀이가 진전됨에 따라, 학생들은 비생산적인 자기 이야기를 그들의 행동을 제어하는 것을 돕는 진술과 바꿔 보도록 권해진다. 유사하게, 교사와 다른 학생들은 반응에 관한 변경 방식을 제공한다. 예를 들면, 게임에서 휴식하고 있으며 즉시 선택받지 않는 것에 반응하는 한 소년에게, 자기 이야기를 "아무도 나를 좋아하지 않아", 또는, "나는 쓸모없어"와 같은 진술을, "나는 곧 선택될 것이다. 나는 다른 아이들이 나보다 약간 더 이 게임에 자신이 있다고 생각해."와 같이 자신의 말을 바꾸도록 요청할 수 있다. 학생은 또한 학급 회의에서 아이-메시지(I-message)를 사용하여 또래가 그를 팀에서 뽑도록 하는 긍정적인 사회적 기술을 배움으로써 선발되거나, 학습에 도움을 주도록 학습할 수도 있다.

자기 지시의 또 다른 방법은 자기 이완의 기술을 가르치는 것을 포함한다. 이것은 긴장을 푸는 방법에 대해 초기에 직접적인 교수를 제공하는 교사 또는 상담가에 의해 완성될 수 있다. 학생들은 다른 근육을 풀고, 이완하여 긴장을 푸는 것을 배울 수 있다. 더 간단한 긍정적인 방법은, 요가와 같은 호흡기술을 청소년에게 가르치거나, 그들에게 그들의 몸이 반응하도록 요청하고, 몸을 통해 따뜻하고 이완하는 물질을 상상하도록 요청하는 것이다. 학생들이 이완 방법을 배운 후에, 그들이 긴장 또는 걱정을 경험할 때 이 방법을 사용해 보도록 권해질 수 있다. 이완 절차 사용이 필요할 때, 우리는 그들에게 신호를 제공하여 겉도는 학생을 도울 수 있다. 우리는 평가와 휴식 또는 회의와 같은 긴장을 유발하고 있거나 흥미로운 활동 전후에 전체 학급에서 이 기술의 사용을 강화할 수 있다.

이완은 또한 인지적 사전 연습(자기 이야기와 유사한 전략)에 관련하여 사용할 수 있다. 걱정 또는 부적절한 학생 행동을 유발할 수 있는 활동을 시작하기 전에, 우리는 학생들에게 눈을 감게 할 수 있고, 이완된 상태로 시작할 수 있다. 우리는 그 다음 다가오는 상황과 바람직한 학생 행동을 기술한다. 집회 전에, 우리는 학생들에게 조용히 체육관으로 걸어가는 그 자신을 상상하게 할 수 있고, 실행동안 조용하게 앉아 적절한 시간에 박수치도록 할 수 있다. 학생들이 활동을 실행하기 전에 이완 상태에서 시각적으로 연습할 때, 그들의 행동은 의미심장하게 개선될 수 있다.

자기 지시에의 최종적인 접근은 긍정적인 확신이다. 작년에, 우리 딸이 초임교사일 때, 그녀의 4~5학년 복식학급에서 사용했던 방법을 공유했다. 그녀는 다음과 같이 기술했다:

> 매일 아침 나는 학생을 칭찬할 때 바구니에 24개의 막대를 준비하여 칭찬막대 2개 중 하나를 그들에게 준다. 학생들은 그 날 동안 책상에 막대를 테이프로 붙인다. 휴식 시간에 나는 일어서서 2개의 칭찬 중의 하나를 큰 소리로 말한다. 같은 내용의 칭찬이 적힌 막대를 고른 사람은 다음에 큰 소리로 따라 말한다. 우리 학급의 절반이 칭찬을 하고 다른 절반이 칭찬을 받는다. 아침에 학생들이 도착하기 전에 만일 내가 쪽지를 타이프하고 인쇄할 시간이 없으면, 칭찬을 게시판에 적은 후에 학생들이 그 날 동안 사용하고 싶은 것을 선택하게 한다.
>
> 이러한 매일의 활동의 연장으로, 우리는 자주 자긍심과 칭찬을 논의했다. 우리는 당신 자신을 사랑하고 돌보는 중요성과, 다른 사람들이 말로 당신을 괴롭히지 않게 하는 것의 중요성에 관해 말했다. 그들이 도전에 직면할 때, 그들이 편안해하고 하는 일에 대해 자신 있다고 느낄, 충분한 긍정적인 자기 시행을 학생들에게 가르칠 수 있기를 희망한다.
>
> 어떤 국가수준의 평가가 시행되기 전에, 우리는 양탄자 위에 모여서 왁자지껄하게 이야기 했고, 내가 한 구절을 말하면 그들이 내가 말한 것을 되풀이하도록 했다. 예를 들면, "내가 평가받는 것이 좋아, 이 번 평가에서 최선을 다 할거야."와 같이 내가 말하면 학급은 이를 되풀이한다.

사회적 기술 훈련

영속적인 중대한 행동 문제(또래와의 드문 접촉과 학급 토론에서의 드문 참가와 같은 공격적 행동을 포함하여)를 가진 학생은, 사회적인 기술의 부족을 보여주고 있다. 그러므로, 계속되는 비생산적인 학생 행동에 대한 책임 있는 반응은, 대개 행동을 개발할 때에 학생의 중요 원인 변경을 돕는 노력을 포함할 것이다.

사회적 기술 훈련은 많은 형태로 현재 사용되고 있다. 첫째, 교직원은 학생들에게 친사회적 기술을 제공할 전교 계획의 일부로 모든 학급에서 사회적인 기술 훈련을 이행할지도 모른다. 둘째, 어떤 학교는 학생들이 특히 필요한 사회적 기술을 습득하도록 학년별로 팀을 조직한다. 셋째, 많은 학교는 특정의 사회적 기술이 부족한 것처럼 보이는 학생들에게 작은 집단으로 사회적인 기술 교수를 실시한다. 마지막으로, 많은 교직원은 학생이 일 대 일의 지원으로 개개의 아이들에게 그들이 중대하거나 계속적 행동 문제에 더 효과적으로 반응할 필요가 있는 기술을 습득할 때에, 특정 환경을 제공하기 위해 사회적인 기술 훈련을 사용한다. 이 장의 끝에 제시된 제재는, 3가지 형태의 사회적 기술 훈련을 제공한다. 이 섹션은 독자에게 사회적인 기술을 가르치는 것에 대한 개별화된 접근법을 효과적으로 개발하는 정보를 제공한다. 우리는, 그것이 학생에게 가장 효과적이고, 심각한 행동 문제를 가진 학생을 위해 거의 항상 필요한 것이기 때문에 이 분야에 집중한다.

대규모 연구는 학교 환경에서의 행동적 문제를 경험하는 학생들에게 사회적인 기술 훈련의 이익을 지원한다. 게다가, 사회적인 기술 훈련은 정신 건강 분야에서 더욱 더 증가되어 사용되고 있다. [Triumph over Fear]에서, 제릴린 로스(Jerilyn Ross, 1994)는 근심, 공황, 공격과 공포증을 가진 환자를 대상으로 목표설정의 이점을 조사했다. 똑같이, [The Good News about Depression]에서 마크 골드(Mark Gold, 1995)는, "현대의 상담은 지금 바로 일상생활에 적용하는 실제적인 전략을 강조한다. 비분석적 상담은 새로운 패턴을 가르치지만, 그것은 사람의 현재의 생각, 행동과 관계에 관해 직접 언급함으로써 그렇게 한다."라고 진술했다(p.306). 마지막으로, 펜 예방 프로그램(Penn Prevention Program)에서, 셀링맨(Seligman, 1995)은 사춘기에 거절과 의기소침을 경험한 상처받기 쉬운 학생을 돕는 사회적 기술과 우울증에 맞서는 아동을 위한 인지적 기술이 그 프로그램의 두 가지 핵심이라고 기술했다.

사회적 기술 수업 실천하기

사회적 기술 수업 이행의 첫째 단계는 학생이 개발할 필요가 있는 기술을 결정하는 것이다. 이것은 기능적 평가를 완수하는 것에 의해 가장 잘 결정된다. 앞서 논의한 것과 같이, 이것은 행동 문제가 일어나는 실제 환경을 신중하게 조사하는 것을 포함하고, 문제를 이끄는 것을 보여주는 데 실패한 학생에게 특정 기술을 결심시킨다. 예를 들면, 게임에의 참여가 거절될 때 다른 친구를 때리고 화내는 학생은 게임에 포함되길 요청하는 기술이 부족하거나 또래를 멀리하지 않는 방법으로 게임하는 방법이 부족한 것일지도 모른다. 똑같이, 합리적인 성인의 요청을 복종하는 데 실패하는 학생은 정정 또는 지시를 받는 기술이 부족할지도 모른다. 이 장 앞에서 논의한 것처럼, 관찰될 수 있는 특정 행동을 선택하는 것은 명령적이다. 학생의 나쁜 태도를 바꾸기 위해 사회적인 기술 훈련을 사용하는 것은 가능하지 않다. 학생은 그러나 성인으로부터의 정정에 반응하는 더 긍정적이고 생산적인 방법을 배우게 될지도 모른다.

이 섹션의 나머지 부분은 어떤 나이 수준이든지 개개의 학생 또는 학생집단과 함께 사용될 수 있는 일반적인 수업의 개요(그림 10.9)를 제공하고, 논의한다. 그림 10.9에서 제시된 것처럼, 절차는 학생이 비효과적인 행동을 확인하는 것을 돕는 것에서 시작된다. 이것은 문제해결(그림 9.2)에 있어서의 두 번째 단계와 유사하다. 다음으로, 학생은 행동을 바꾸는 이유를 확인하는 것을 돕게 된다. 이것은 문제해결의 제3단계와 유사하고, 거기에서 학생은 행동을 평가한다. 이것은 학생이 표현할 수 없고, 행동을 바꾸는 이유를 수용할 수 없다면 비판적이고, 행동 변경이 어떠한 장기적 효과를 가질 것이라는 가능성이 거의 없다.

그림 10.9 사회적인 기술 수업 설계

부적절한 행동 기술

____

새로운 행동을 위한 근거

____

적절한 행동의 기술

____

새로운 행동 기술 구성 요소

____

1. ______________________
2. ______________________
3. ______________________
4. ______________________
5. ______________________
6. ______________________

모형 설명의 예

____

학생 연습의 예

____

최초의 연습과 다르면 자연적인 설정 연습

____

독립 연습 과제

____

개별 또는 집단 강화 전략

____

다음 단계는 계획을 세우는 문제-해결 단계와 유사하다. 차이는 사회적인 기술 훈련 안에서, 노력이 세밀하게 새로운 행동의 구성 요소를 상술하는 것이다. 예를 들면, 한 학생이 부정적인 또래의 설명에 직면할 때 긍정적인 자기 이야기 또는 이완을 사용할 생각이라면, 이 행동의 특정 단계를 기술할 필요가 있을 것이다.

긍정적인 대안 행동이 확인되고 그 구성 요소가 된 이후에, 다음 단계는 성인을 위해 행동을 보여주거나, 모델화하는 것이다. 학생이 새로운 기술을 습득하는 것을 돕고 있는 사람이 새로운 기술을 사용하고 있는 학생을 실제 연기할 동안 이것은 교사, 또래 등을 포함한 다른 사람의 역할을 연기하는 학생을 포함할 수 있다.

명백한 다음 단계는 학생에게 행동을 연습하게 하는 것이나. 이것은 처음에는 학급, 교장실 또는 훈련이 필요한 어느 곳에서든 실시될 것이다. 이하의 단계는 중요하게 강조된다. 학생이 그것을 사용할 것과 유사한 환경에서 새로운 행동을 연습할 기회를 가지는 것을 확실하게 하기 위해서 이는 절대적으로 필요하다. 예를 들면, 만일 운동장에서 또래와 문제가 일어나면, 새로운 행동은 운동장에서 또래와 함께 연습될 필요가 있다.

다음 단계는 학생이 새로운 기술을 사용했을 때 일어났던 것에 관해 집단 또는 개별 성인에게 보고하고 새로운 기술을 시도하는 작업을 할당하는 것이다. 자주, 이것은 그가 새로운 기술을 사용하려고 할 특정 환경을 결정하는 학생을 포함할 것이다. 그림 10.10은 학생에게 제시될 수 있는 독립 연습 형태의 예를 제공한다.

최종 단계는 학생이 새로운 기술을 사용하는 보상을 받을 것인지에 관한 결정을 포함한다. 저자는 한때, 발달적으로 지체된 1학년에게 새로운 일련의 기술을 가르치고, 그들이 한 주마다 기술을 사용하는 것을 볼 때마다 칠판에 기록하는 학급을 담당한 교사와 함께 일을 했다. 처음에는, 5개의 기술이 사용되었을 때, 전체 학급에게 간단한 활동 강화를 제공하였다. 나중에는, 이것은 10개의 기술을 사용한 후에 보상하는 것으로 바뀌었다.

다양한 방법에서, 사회적인 기술 훈련은 단순히 학생들과의 문제 해결을 이행하는 더 상세하고 특수한 형태이다. 당신이 이전 장에서 제시된 문제해결 방법을 사용하여, 학생에게 행동을 실제 연기하게 하고, 새로운 행동을 사용하며, 학생에게 결과 보고의 임무를 주고, 학생을 위한 새로운 행동(계획으로서 개발된)을 실제로 보여주는 것에 의해 그것을 확장하기로 결정하는 많은 예가 있다. 우리는 많은 학생들이 그들의 계획에서 행동을 시도하는 것이 편안하다고 느끼고 이해하기 위해 이 추가적인 구조와 교육을 필요로 하는 것을 알았다.

저자들은 그림 10.9에서 제시한 방법을 사용하여 교사와의 상호작용에서 노여움을 관리하는 데 어려움을 가진 ADD 1학년 학생에서 고등학교 고학년학생까지 서열화된 학생과 함께 일했다. 문자 그대로 저자와 함께 일을 했던 수많은 교사들은 학생의 행동을 바꾸기 위해 사회적인 기술 훈련을 사용했던 행동 계획을 완료했다. 이하의 2개의 사례 연구는 우리가 중대하거나 끊임없는 행동 문제를 경험하고 있는 학생들을 돕는 교사, 상담가와 교장에게 제시한 프로그램의 형태를 예증한다.

"사과는 내 착한 학생들이 주었고, 스트레스 공은 학급의 어릿광대가 줬어요."

그림 10.10 사회적 기술 개별 연습 학습지

학생 : *토드* 날짜 : *10월 20일* 기술 : *도움 요청*

단계 : 1. *자신에게 자문하기 "나 혼자 할 수 있을까?"*

2. *손을 들어 올리기*

3. *기다린다. 나는 내가 조용히 기다릴 수 있다는 것을 알고있다.*

4. *정중하게 요청한다.*

내가 어떻게 했는가?

왜 이것을 선택했는가? 나는 모든 단계를 이수했다.

사례 1: 공격적인 6학년 남학생

수년 전, 과격한 행동을 경험하는 워렌(가명)으로 이름 붙여진 학생과 일을 하도록 부탁받았다. 기능적인 평가의 일부로서, 저자와 워렌의 상담가는 워렌이 운동장 놀이기구의 한 편에서 다른 친구가 손을 치지 않으면 계속 게임에 참가할 수 있는 게임에 참가하는 것을 관찰했다. 워렌은 영리하게 철봉에 매달린 선수 중의 한 명을 가두고, 그가 철봉에서 떨어져 태그하기만을 기다리고 있었다. 워렌이 기다릴 때, 다른 게임을 하고 있는 학생은 워렌의 이름을 불렀고 그가 응답하기 위해 돌아섰다. 불행하게도, 바로 그 순간 가두어 진 학생이 팔을 뻗었고 부주의하게 워렌의 머리 한 쪽을 때리게 되었다. 워렌은 극도로 화를 냈다. 그가 갑자기 작은 학생을 운동장으로 밀었고 배를 차려 했다. 그는 뒤로 물러났고, 운동장에 누워서 잔뜩 웅크리고 있었다.

이 시점에서 상담가와 저자가 개입했다. 우리는 민 학생을 조사했고, 워렌에게 상담가의 사무실에서 우리와 함께 하자고 요청했다. 저자는 처음에 워렌에게 일어났던 일과 사건과의 연좌를 분석하는 것을 도왔다. 그가 화났을 때 다르게 반응할 수 있는지 묻게 될 때, 워렌의 반응은, "그를 차서는 안된다"였다. 이 점에서, 저자는 그림 10.9에서의 개요를 따르는 사회적인 기술 수업을 완수하기로 결정했다. 워렌의 행동이 문제인 이유를 이해하는 것을 돕고, 그의 노여움을 다루기 위해 변경 방법을 생성하는 것에 포함시켰다. 그 다음, 그는 저자가 워렌의 역할을 하는 역할놀이에 참여하도록 부탁받았나. 이후에, 상황은 워렌이 새 선략을 사용하도록 되풀이되었다. 다음 단계는 운동장에서 이를 연습하는 전략이었고, 마지막으로 여러 학생들이 포함되고 그가 넘어뜨린 학생과 함께 이를 연습하는 것이었다. 이 시점에서 저자가 그와 일을 함께 하도록 허락을 받기 위해 워렌의 엄마에게 연락했던 교장은, 학생을 정학하지 않기로 결정했다. 그녀의 정당성은 학생이 상처를 입지 않는 것이었고, 워렌이 학교로 되돌아오기 전에 완수되었다.

8장과 9장에서 논의한 것처럼, 저자는, 어떤 과격한 감정폭발이나 주요한 개인 간의 갈등 후에, 관련된 집단이 상황에 반응하기 위한 대안의 전략을 개발하고, 교섭하며, 이 전략을 함께 실행하는 일에 포함되는 것이 비판적이라고 강력하게 믿고 있다. 이러한 형태로 다시 돌아가는 것은 문제가 일어났던 지원 공동체에의 연계와 사회적이고 감정적인 기술을 형성하는 것에 있어 절대적이다.

사례 2 : 학교에서 도망간 5학년 여학생

학교에서 도주한 경력이 있던 아카시아(가명)라고 이름 붙여진 소녀와 최근 일을 했다. 교원은 그녀가 학교에 남도록 권하기 위해 몇 개의 계약을 썼으나, 행동은 같은 비율로 계속되었다. 기능적인 평가의 일부로서 아카시아를 관찰하는 동안, 저자는 그녀가 화났을 때, 그녀 학급의 두 소녀가 그녀를 진정시키는 것을 돕는 것에 아주 숙련되었다는 것을 알아차렸다. 그들은 지원을 제공하고, 지탱하는 코멘트를 하며, 심지어 그녀의 등을 두드려 주었다. 이것에 관해 묻게 될 때, 교사는 아카시아가 이러한 중재에 잘 반응했지만 도움을 주는 학생 중 한 명만이 포함되면 더 어려워한다고 보고했다. 아카시아와 이 학생 중의 한 명만이 위치하는 이유를 물었을 때, 교사는 그녀의 협력적인 집단을 교대시킨다는 점에 주의했다. 더 이상의 평가는 이벤트에 관한 명백한 형태가 아카시아가 학급을 떠날 정도로 이성을 잃고 허둥대게 만드는 것과 관련되지 않는 것을 가리켰다. 그것은 그러므로 아카시아에게 지지를 제공한 두 학생 중의 한 명이 집단에 포함되는 환경의 수정을 결심시키게 되었다.

다음 단계는 그녀의 걱정과 좌절에 반응하기 위해 아카시아에게 대안 전략을 제공하는 것을 포함했다. 아카시아가 축구를 했기 때문에, 그녀와 상담가가 옐로카드와 레드카드를 개발하기로 결정하였다. 옐로카드는 만일 그녀가 자신을 진정시키고자 학급에 남을 필요가 있으면 아카시아가 사용할 일련의 전략을 포함한 것이다. 그녀가 학급에 남을 수 없다고 느꼈을 때 사용하는 레드카드는 아카시아를 위해 4개의 옵션을 포함했다. 이러한 카드들은 그녀가 전략에 앞서 상자에서 점검할 수 있었고, 카드를 사용하고 난 후에는 내용을 지우고 재사용할 수 있도록 계획된 얇은 조각으로 만들어 졌다. 그 다음, 아카시아에게 그녀의 레드

카드에 항목화된 분야에서의 할 일의 계획을 개발하고 방문할 기회와 각각의 전략을 연습할 기회가 제공되었다.

결과는 아카시아가 학급에서 당황할 때, 그녀가 그녀의 전략을 자주 사용했고, 학년도의 나머지 기간 동안 학교를 그만두지 않았다. 관찰과 토론은 그녀의 걱정과 좌절과 관련된 원인이 되는 학급 요인을 결정하기 위해 계속되었다.

우리는 당신이, 사회적인 환경에 효과적으로 반응하는 기술의 부족을 보여줬던 많은 학생들과 함께 일을 하거나 관찰했다고 생각한다. 사회적인 기술 훈련은 학생들을 허락하는 기술의 새로운 목록을 개발할 때에, 학생들이 이 환경에서 성공하는 것을 돕기 위해 당신의 교수 기술을 사용할 기회를 제공한다.

잠시 멈추고 10.5	사회적 관계를 성공적으로 맺지 못하는 학생의 까닭을 생각해보고 이 학생을 돕기 위해 그림 10.9를 작성해라.

계약 만들기

행동 계약은 하나 이상의 정당에게 주어진 상황에서 반응을 보일 것인 방법을 가리키는 적어도 2개 이상의 정당 사이의 협정이다. 행동 계약은 특수하고, 자주 글로 써진, 각 개인이 표현할 정확한 행동을 나타내고 있는 합의를 제공한다. 더욱이, 행동 계약은 자주 특정 강화 또는 결과가 계약에서 항목화된 행동을 실행하는 데 실패하거나, 실행하는 것과 결합했던 것을 가리킨다. 그러므로 행동 계약은 문제 해결이나 자기 관리보다 더 구조화된 개입이다. 행동 계약은 학생들에게 그들이 외부의, 구체적인 견고한 이익이나 부정적인 결과의 형식 없이 끊임없이 표현하는 것이 불가능했던 행동을 실행해 보도록 권하는 구조를 제공한다.

행동 계약이 학생의 특정 행동을 보여주는 것을 위임하는 것을 돕기 때문에, 이 행동이 학생의 목록에 미리 존재해야 하는 것을 깨닫는 것은 중요하다. 예를 들면, 만일 이 기술을 사용하여 놀림 당할 때 아이-메시지(I-message)를 보내거나 떠나가는 것에서의 기술을 보여주지 않은 학생에게 요청한다면 계약은 불공평하고 실패할 것이다. 이 경우, 학생이 새로운 기술을 사용하도록 격려하는 계약을 개발하기 전에 이 상황에 반응하기 위한 특정 기술을 개발하는 것을 지원하는 것이 첫 번째로 필요할 것이다.

계약 협의

계약이 민감하고 간결하게 협상되지 않는 한, 당신은 그것이 효과적으로 기록되었음에도 실패할 것임을 알지도 모른다. 계약은 이상적으로는 당신이 학생의 행동 묘사를 돕고, 그것을 변경할 필요가 있다고 결정하며, 계획 변경을 제안하는 교사-학생 토론의 결과여야 한다. 학생들이 원하던 변경을 초래하는 데 실패했던 이전의 계획 또는 계획을 궁리하는 것이 불가능할 때, 당신은 그들이 더 구조화된 행동 계약을 개발하는 것을 도울 수 있다.

효과적인 행동 계약은 아래 변인들의 진술을 포함한다 :

1. 계약의 목표는 무엇인가? 왜 이 계약을 개발하였는가?
2. 학생이 보상받거나, 결과에 동의하기 위해 실행해야 하는 특정 행동은 무엇인가?
3. 어떤 강화물 또는 결과가 사용될 것인가?
4. 사용할 시간의 정도는?
5. 누가 행동을 감시할 것이고 어떻게 그것을 감시할 것인가?
6. 얼마나 자주, 그리고 누구와 계약을 평가할 것인가?

행동 계약은 많은 형태로 학생에게 제시될 수 있다. 초등학생과의 단기 계약에는 이 6개의 구성 요소를 모두 포함할 필요가 없다. 중요한 요인은 아이가 분명히 계약을 이해하는 것이다. 그림 10.11은 당신이 초등학교 학생과 계약하기 위해 사용할 수 있는 형태의 예이고,

그림 10.11 초등학생용 계약

나는 뛰어넘을 수 있다

만약 : 내가 쉬는 시간에 싸우지 않고 놀이를 한다면

그리고나서 : 나는 10분 동안 게르빌루스쥐와 놀 수 있다.

날짜 ______________________ 이름 ______________________

선생님 이름 ______________________ 나를 도와 줄 친구 이름 ______________________

그림 10.12 초등학교 고학년 또는 중학생용 계약

매트는 위대하다
늦지 않는다.

나는 5일 동안 연속으로 체육수업에 정각 오전 11시에 참여할 것이다.
알랜은 매트와 함께 수업에 참여하는 것을 돕는다고 신청했다.
우리 선생님은 매일 내가 정각에 수업에 참가하는 것을 잘 하는지 나에게 말하여 주실 것이다.
이를 축하하기 위해 나는 체육수업의 학생 조력자가 되어 2일 동안 심판 활동을 할 수 있다.

날짜 ____________________

위대한 사람 ____________________

조력자 ____________________

선생님 ____________________

그림 10.13 고등학생용 계약

계약의 이유

신뢰성 있는 행동

내가 (신뢰성이 있는 행동)을 (시간의 총계) 동안 한다면, 나는 (긍정적인 결과)를 얻을 것이다.
만일 내가 하지 않으면(신뢰성이 있는 행동), 나는 (부정적인 결과)를 얻을 것이다.

교사 서명 ____________________

학생 서명 ____________________

날짜 ____________________

그림 10.12는 중학생을 위한 형태이나. 그림 10.13은 고등학생과 성공적으로 사용했던 형식이다. 계약 개발을 기록할 필요는 없지만, 기록하여 합의하는 것은 각 집단의 책임을 분명하게 하는 경향이 있다. 가능할 때마다, 학생들은 계약 기간 결정에 관계하고 있어야 하다. 교사들은 또한 학생들이 계약에 관해 그들의 감정을 나타내는 것을 도와야 한다. 마지막으로, 계약이 결정되면, 학생은 분명히 계약의 개요를 바꾸어 말할 수 있어야 한다.

강화 절차와 결과 선정

작성된 계약이 사용될 때와 학생과 계약을 결정하는 방법을 정하면, 다음 단계는 행동 계약에 포함될 수 있는 결과(긍정적이고 부정적인)의 다양한 형태를 이해하는 것을 포함한다.

문제-해결 방법이 행동주의적인 방법을 사용하기 전에 실행되어야 할 그 때, 당신은 계약의 중재를 강화물과 결과가 가장 적게 제한되는 자연스러운 형태로 시작해야 한다. 그림 10.14는 강화의 계층적인 방법과 행동 계약에서 사용되는 결과를 제시한다. 당신은 계층 아래의 강화물의 형태에 의거한 계약의 합의를 사용하려 하는 것에 의해 시작해야 한다. 실패하는 경우에만 당신은 더 상위의 강화물에 의거한 계약을 개발한다.

그림 10.14는 교사들이 처음에는 일반적 수업의 일부이고, 모든 학생들이 이용할 수 있는 사회적이고 활동적인 강화물을 사용한다는 것에 주목한다. 비록 상표 강화물이 활동의 단축보다 자연스럽지 않은 것처럼 보일지도 모르지만, 만일 학생들이 일정 기간 동안 적절하게 행동하면 우리는 등급 형태에서의 상표 강화물과, 평가 점수 또는 보수를 제공한다는 약속을 끊임없이 제공한다. 더욱이, 우리는 가능할 때마다 긍정적인 행동에 집중한다. 활동 단축 형태에서의 결과는 자연적인 강화물이 학생의 행동 변경을 돕는 것에 비효과적이라고 판명난 후에만 사용되어야 한다. 반응 비용이 복잡한 중재이고, 더 단순한 중재들이 실패하지 않는 한 사용되어서는 안 되기 때문에, 반응 비용(점수를 없애는 절차 또는 학생이 좋지 않은 행동을 했을 때의 보상)을 이행하는 것보다 바람직하게 활동의 단축이 항목화된다. 활동 단축은 학생에게 행동하기 위해 휴식의 형태에 머무르는 것을 요구함으로써 학생의 행동을 제한하는 것이 임무를 완수한 학생에게 사탕을 제공하는 것보다 더 논리적인 중재이기 때문에 실제 강화 앞에 놓인다. 더욱이, 실제 강화의 사용은 원하는 행동이 실제 보상 없이 나타나는 것을 보증할 수 없다고 제안한다. 이 진술은 학생행동의 장기적 개량을 위해 미묘하지만, 잠재적으로 강력한 부정적인 결과를 가진다.

다음 섹션에서는, 그림 10.14에 항목화된 결과의 처음 네 가지 형태를 이행하는 절차를 제시한다. 소수의 교사만이 반응 비용 또는 실제 강화를 사용하기 때문에, 이 결과는 논의되지 않는다. 만일 당신이 이것에 흥미가 있으면, 이 장 끝의 강화물에 언급해라.

그림 10.14 행동 계약 계층

실제 강화
사회적, 상표, 그리고 활동 강화와 반응 비용
활동의 단축
사회적, 상표, 그리고 활동 강화
활동 강화
사회적 강화

사회적 강화

사회적 강화는 학생이 행동을 발하는 빈도를 늘리는 경향이 있는 다른 사람의 행동을 참조한다. 만일 학생이 임무를 계속 수행할 때 당신이 미소를 지으면, 미소는 사회적인 강화물로 적합했을지 모른다. 똑같이, 만일 한 아이가 집단에서 떨어졌을 때 계속 추적해서 되돌아오면, 추적하는 것에 주의집중하는 것이 사회적인 강화물이 될 수 있다. 사회적 강화는 학생의 행동에 영향을 주기 위한 자발적인 교육 전략일 뿐만 아니라 계약의 강화로도 사용될 수 있다.

체계적으로 학생의 행동을 개선하는 방법으로서 사회적 강화를 사용할 때, 당신은 광범위하게 유용한 강화물을 사용하는 기술을 개발해야 하고, 강화를 주는 방법을 배워야 하며, 언제 그것을 사용해야 하는지 배워야 한다. 많은 형태의 사회적인 강화 중에서, 가장 명백한 것은 학생들에게 긍정적인 물건을 말하는 것을 포함한다. 사회적인 강화를 줄 때, 끊임없이 같은 단어 또는 문구를 사용하지 않도록 주의해라. 학생들은 격려와 평가의 창조적 표현을 다르게 평가한다. 그림 10.15는 여러 학년 수준에서 사용될 수 있는 사회적인 강화물을 항목화한다.

사회적인 강화를 사용할 때, 특히 특정 행동 강화에 주의해라. 학생의 일 또는 행동에 대해 언급할 때 교사들은 흔히 '멋져, 훌륭해'와 같은 단어를 사용한다. 불행하게도, 이러한 형태의 강화는 학생에게 행동의 관점이 강화되고 있다는 특정 정보를 제공하지 않는다. 그러므로 칭찬받고 있는 행동을 기술하는 것이 중요하다. 빌이 주의 깊게 듣고 있을 때, "멋지다, 빌"하고 말하는 것보다 "빌, 네가 토론에 귀를 기울이는 방법이 바르구나. 그것이 네가 과제를 잘 해결하도록 도울 것이다."라고 말할 수 있다.

그림 10.15 사회적인 강화물

칭찬하는 단어들과 어구

- 좋다
- 좋구나
- 우수하다
- 영리하구나
- 잘한다
- 좋은 생각이다
- 상당히 좋게 보인다
- 주의를 기울였구나
- 부모님께 보내주렴
- 친절하구나
- 고마워; 그것에 만족한다
- 잘 하고 있어
- 쉽게 하는구나
- 산뜻하구나
- 네가 숙제한 방식이 마음에 든다
- 흥미롭구나
- 정말 멋지다
- 와아
- 잘하고 있어
- 훌륭하다
- 아름답다
- 네 도움에 감사한다
- 잘 제시해보렴
- 잘 설명해보렴
- 흥미롭구나
- 흥미롭다
- 대단해
- 그게 좋다
- 정확하다

표현

- 미소
- 윙크
- 머리 끄덕이기
- 흥미를 보이기
- 웃기

사회적 접촉

- 함께 걷기
- 함께 앉기
- 함께 점심 먹기
- 함께 게임 하기
- 방과 후 함께 공부하기
- 악수하기

비록 교사들이 사회적 강화물의 대규모 목록을 개발해야 하고, 특정 행동을 칭찬하는 것을 배워야 하지만, 언제 학생들을 강화해야 하는지에 관해 배우는 것이 더 중요하다. 사회적 강화가 학생 행동을 바꿀 때 자주 효과가 없는 이유는 그것이 교사들에 의해 효과 없이 사용되기 때문이다. 몇몇 연구는 교사들이 잘못된 시간에 자주 사회적 강화를 시행하는 것을 증명했다. 워커, 홉스와 프리겐바움(Walker & Hops & Fiegenbaum, 1976)은 5명의 겉도는 아이들과 교사 사이의 상호 작용을 관찰했다. 결과는 5명의 교사들이 매 시간마다 겉도는 아이의 적절한 행동을 칭찬했지만, 그들이 각 시간마다 9번의 부적절한 행동을 보인 것으로 나타났다. 똑같이, 워커와 버클리(Walker & Buckley, 1973)는 초등학급 교사를 관찰하고, 비록 성공한 학생과 교사의 상호작용의 82%가 적절한 행동이었지만, 행동 문제를 가진 학생 반응의 89%가 부적절한 행동을 따라갔던 것을 알았다. 이것들과 다른 연구는, 우리가 긍정적인 사회적 강화의 사용을 늘리고, 이 강화를 받아들일 수 있는 학생 행동에 관해 수반되게 하려 해야 한다고 제안한다. 무책임한 행동의 높은 비율을 보여주는 아이가 긍정적인 행동을 보여줄 때, 우리는 즉시 이 행동을 강화하려고 해야 한다.

사회적 강화는 학생 행동을 바꾸는 자발적인 방법으로 보이나, 그것 또한 행동 계약에 포함될 수 있다. 사회적 강화가 값싸고, 용이하게 이용할 수 있으며, 제공하기 쉽기 때문에, 우리는 학생과 이 형태의 강화를 우리의 최초 계약에 포함하려고 해야 한다. 이처럼 사회적인 강화를 사용할 때 사용할 수 있는 몇 개의 방법들이 있다. 계약은 어느 학생이 바람직한 행동 변경을 가져오기 위한 결과로서 또래들, 교사, 행정가나 경영자로부터 사회적 강화를 받느냐에 관해 개발될 수 있다. 우리는 또한 부모님을 그들의 아이가 학교에서 적절하게 행동하는 사회적인 강화를 제공하는 것에 관련시킬 수 있다. 계약은 만일 학생이 상술된 행동이나 학문 목표에 도달하면, 우리가 가정으로 부모에게 결과를 보낼 것을 가리킬지도 모르고, 부모님은 학생에게 특정의 긍정적 진술의 지정된 수를 제공하는 것으로 응답할 것이다.

활동 강화

사회적 강화가 모든 학생에게 신속하거나 중요한 변경을 초래하는 강력하고 충분한 강화물이 아니기 때문에, 우리는 강화물의 다른 형태를 사용할 필요가 있다. 여러 가지 우선 활동에의 참여는 바람직한 행동의 자연스럽고 쉬운 없어도 되는 또 다른 보상이다.

활동 강화에 있어서의 첫 번째 단계는 학생들이 강화하는 것을 발견해 내는 활동을 항목화하는 것이다. 학생들은 이 절차에 관계하는 것을 즐기고, 자주 창조적이고 놀라운 생각을 제공한다. 그림 10.16은 학급 활동 강화물을 항목화한다. 두 번째 단계는 아이가 활동 강화물을 얻기 위해 해야 하는 것을 명기하고 있는 계약을 개발하는 것이다. 활동 강화물이 사용될 때마다, 사회적 강화가 차차 활동 강화물과 관련되는 자산을 강화하는 것을 얻을 수 있게, 그들은 사회적인 강화와 함께 하게 되어야 한다.

자주 활동 강화물과 관련되는 지연되는 만족(강화를 기다리는 동안 학생은 실망하게 된다)의 문제는 학생이 보상을 받기 위해 기다려야 하는 시간이 차차 넓어지는 것에 의해 다뤄질 수 있다. 첫 번째로 계약을 이행할 때, 학생이 바란 행동을 실행하는 직후에 활동에 관련될 수 있는 것을 알게 할 수 있다. 학생의 행동이 향상되는 것에 따라, 학생은 강화가 제공되기 전에 그녀가 더 오랫동안 기다려야 할 것일 뿐만 아니라, 더욱 더 적절한 행동을 보여줘야

그림 10.16 **활동 강화물**

집단 지도자 되기	주말 동안 학급 애완동물 집에 가져가기
앞서 가기	노래 지휘
심부름 가기	팀의 주장되기
물건 수집	교장에게 읽기
청소 돕기	비디오 보기
그를 필요로 하는 곳에 위치하기	새로운 책 읽기
학급 애완동물 보살피기	영화 보기
국기에 대한 경례 인도	음악 듣기
학급에서 농담하기	학급에서 게임 하기
풍자극에 참여하기	칠판에 쓰기: 흰색 또는 채색 분필
파티 하기	자석 또는 과학 분필 가지고 놀기
꼭두각시 인형 만들기와 인형극 하기	코드와 퍼즐 풀기
학습 관련 미술품을 만들기	집단 앞에서 실행하기 : 노래; 시 낭독; 춤, 곡예 또는 마술
교사와 특별한 시간을 보내기	학급 비평을 위한 책을 선택하기
휴식을 위한 게임 선택하기	논의할 집단 화제 선택하기
여분 또는 더 긴 휴식 얻기	친구에게 책 읽어주기
노래하도록 선택되기	친구와 독서하기
퍼즐하기	도움을 필요로 하는 동급생을 가르칠 권리
데생, 그림, 점토, 채색 등등	도서관에서의 자유 시간
집단 활동 선택	그가 하고 싶은 것을 물어보는 것
좋은 평가기록을 부모에게 보여주기 (알림장에 붙여줌)	이어폰으로 CD나 라디오 듣기
다른 학급 방문	학급 여행 또는 프로젝트 계획하기
교사 보조	교무실에서 근무하기
조용하게 친구와 놀기 위해 게임을 선택하고 10분간 휴식하기	도서관에서 근무하기
건설적 물질을 조립하기	게임하기: tic-tac-toe, 퍼즐, 점 연결하기
소리 내어 읽을 시간 얻기	부모님 앞에서 실행하기

할 것임을 알게 될 수 있다.

활동 강화물을 사용하는 흥미 있는 방법은 그들이 특히 흥미 있는 것을 찾은 가정 학습 장비를 취하기 위해 학생을 허락하는 것을 포함한다. 학생 계약은 만일 그가 계약 상태와 만나면 2일 동안 CD 또는 비디오를 취할 수 있음을 가리킬지도 모른다. 비록 이 형태의 강화가 첫눈에 실제 강화물처럼 보일지도 모르지만, 학생은 빌린 항목을 사용하기도 하나, 소멸하지도 않아, 강화물의 영원한 소유를 받기도 한다. 강화물은 학생에게 학교 자산을 포함하는 활동 참가에 의해 그 자신을 강화하는 기회를 제공한다. 본질적으로 학생은 학교에서 보다 오히려 집에서의 강화 이벤트에 관련된다. 집을 포함하는 또 다른 방법은 학생에 의해 선택된 활동에서 집에서 누군가와 시간을 보내는 활동 강화물과 같은 것을 고르도록 학생을 허락하는 것이다.

사회적 강화, 상표 강화, 행동 강화

상표 강화는 학생들이 장래 시간 강화를 위해 매매할 수 있는 수표, 칩 또는 다른 실제 항목의 형태로 즉각적인 강화를 받는 체제를 말한다. 학급에서 상표 강화 시스템을 이행하는 5개의 기초적 단계들이 있다. 상표 시스템을 소개하기 전에, 당신은 특히 각 단계가 어떻게 완성될 것인지 결정해야 한다.

1. 프로그램을 언제, 누구와 이행할 지 결정한다.

당신은 자습 동안의 행동이 다른 형태의 개입을 부추기는 당신의 시도에도 불구하고 상당히 분열적인 행동을 계속하는 2명의 아이들에게 상표 시스템을 사용하기로 결심할지도 모른다.

2. 강화할 특정 행동을 선택한다.

개개의 학생과 일을 할 때, 당신은 학생이 자기 자리에서 과제를 하고, 친구와 이야기하지 않으며 과제를 잘 수행할 때 2분마다 학생에게 상표를 줄 것이라고 진술할지도 모른다. 전체 학급과 일을 할 때, 강화될 행동(학급 규칙에 의거할지도 모른다)의 목록을 생성하는 것은 바람직하다.

3. 언제 상표를 줄 것인지 결정한다.

심하게 겉도는 학생과 일을 할 때, 기대하는 행동이 일어날 때마다 상표를 줄 수도 있다. 학생 행동이 통제되기 시작하는 것에 따라, 당신과 학생은 기대하는 행동(상표 모음)의 사건을 기록할 수 있고, 이 합계는 기록되거나, 실제 상표를 지정된 시간 끝에 학생에게 줄 수 있다. 전체 학급에서 상표 시스템을 사용할 때, 당신은 강화를 위한 임의 시간 설정을 사용하기로 결심할지도 모른다. 임의 강화 시스템을 사용하는 것에서, 당신은 집단과 함께 공부할 때 학급을 순회하면서 적절하게 행동하는 학생들에게 상표를 줄 수 있다. 당신이 학생들을 돌봐주지 않거나, 불공평하게 일부 학생들에 집중하지 않도록 주의할 것임에 틀림없지만, 임의 강화 계획은 경영하기 쉽고, 받아들일 수 있는 행동을 높은 비율로 유도한다. 만일 당신이 설정된 시간 강화를 사용하면, 당신은 단지 그들이 지정된 수의 행동 기준을 만날 때마다, 그들이 득점을 얻을 것이라고 학급에게 이야기한다. 그들이 득점표의 어떤 수에 도달할 때, 그들은 조용하게 이야기하기, 여분의 휴식 시간 등을 위한 5분과 같은 집단 강화를 받을 것이나.

4. 상표를 시행하는 방법을 결정한다.

상표를 주는 다양한 방법들이 있다. 프로그램에 관계하고 있는 각 학생은 책상에 테이프로 카드를 붙여서 받을 수 있고, 학생이 기대하는 행동을 표시할 때마다 당신은 카드에 표시할 수 있다. 어린 아이들과 일을 할 때, 교사들이 이따금 장소를 학생이 적절하게 행동하면 컨테이너에 상표를 떨어뜨려줄 수 있게, 각 학생의 책상에 상자나 캔을 놓을 수도 있다. 주간에 학급이나 교사가 바뀌는 학생과 학습할 때, 여행 카드(그림 10.17)를 사용할 수도 있다. 기대하는 행동을 카드에 쓰고, 각 학기의 끝에 학생은 한 학기 동안 표시된 수를 조사하여 보상을 받는다.

5. 획득한 상표를 기록하는 절차를 선택한다.

대부분의 상표 시스템이 일정 기간에 걸쳐 상표를 획득하는 것을 포함하기 때문에, 각 아동이 축적한 상표 수를 기록하는 시스템을 궁리하는 것이 필요하다. 또한, 아이들이 선수 활동에서의 상표를 매매할 수 있기 때문에, 소비된 상표의 기록과 남은 상표의 수를 기록해야 한다.

그림 10.17 여행 카드

학생이름 ______________ 학년 ______________ 날짜 ______________

교시	정시에 학급에 도착	필요한 교재의 준비	과제 제출	학급 규칙 준수	학급에의 참여	교사의 서명
1						
2						
3						
4						
5						
6						
7						

저자는 30년 이상 동안 이 시스템을 사용하였고, 우리는 이것이 학생의 학교 환경에 있어서의 다른 변화와 관련될 필요가 있다고 생각한다. 우리는 너무나 자주 학생의 학문적이고 사회적/개인적인 욕구와 만나지 않는 환경에서 학생의 행동을 "통제"하였다. 그러나 더 이해력이 있는 프로그램의 일부로서 사용될 때, 우리는 상표 강화 시스템이 구체적인 목표와

즉각적인 피드백을 학생들에게 제공한다고 믿고, 그것은 학생들과, 그들의 교사와 부모/보호자가 학생의 행동에 관해서 자료와 통신을 가지는 것을 돕는다.

활동 단축

활동 단축은 부적절한 학생 행동이 기대하는 활동의 제거를 뒤따르는 어떤 환경이라도 참조한다. 시간이 시작된 이래로 학생의 행동을 바꾸는 이 방법이 사용되었으나, 그것은 형식적인 타임아웃 절차로 많은 주목을 받았다.

1. 학생들은 활동이 단축될 것이고 제한이 얼마나 오랫동안 효과적일 지의 방법인 활동 단축을 유도하는 행동을 이해해야 한다.
2. 활동 단축에 관한 규칙은 끊임없이, 그리고 공정하게 사용되어야 한다. 만일 운동장에서 싸우는 것이 다음 휴식에 참가하지 못하게 되는 것이라면, 이 제한은 모든 예에서 모든 학생들에게 적용되어야 한다. 당신은 또한 운동장 시설과 활동이 긍정적인 놀이를 지원하는지, 규칙들이 분명히 이해되는지, 그리고 학생들이 필연적인 운동장 갈등을 해결하는 방법을 배웠는지 생각해야 한다.
3. 활동 단축은 활동 그 자체로써 보다 더 바람직한 대안을 제공하는 경우를 알고 있어야 한다. 학생들은 비교적 긍정적인 결과로서의 학생 관점이 아니라 처벌로 여겨지는 것을 받음으로써 부적절하게 행동할지도 모른다. 휴식하기 위해 빈둥거리며 학습하는 학생은, 휴식이 학급에서의 시간이 즐거운 것으로 여겨지거나 기대하지않은 것으로 인식되기 때문이다. 이 상황에서 활동 단축을 계속 사용하는 것은 아이가 운동장에서 문제를 일으키는 중요한 사회적 기술 결손을 다루는 것을 방해할지도 모른다.
4. 체벌을 사용하지 않고, 흥미로운 방법으로 부정적인 결과를 표현한다. 벌이 필요한 진실한 후회를 전한다. 이 태도는 학생들이 당신을 비난하기 보다는 오히려 그들의 행동에 대한 책임을 수용하도록 돕는다. 벌은 결코 화로 표현되어서는 안된다. 그것은 학생이 학대받고, 비난을 당신에게 양도해 보도록 할 뿐이다.
5. 학생에게 활동 단축을 제시할 때, 항상 어느 특정 행동이 바람직하지 않은 결과를 초래하는 것에 대한 책임이 있음을 학생에게 알린다. 학생은 또한 결과를 예방할 수 있었던 바람직한 행동을 생각하게 해야 한다.
6. 벌을 제시할 때, 무엇이 벌을 종료하게 하는지를 학생에게 알린다. 당신은 학생이 문제-해결 형태를 조용히 완료한 후에 학급 활동으로 되돌아올 수 있다고 학생에게 알릴지도 모른다.

7. 가능할 때마다, 활동 단축은 논리상 벌을 필요로 했던 행동과 관련이 있어야 한다. 만일 아이가 싸우는 일 없이 운동장을 이용할 수 없으면, 학생이 더 적절하게 또래와 상호 작용하는 계획을 개발할 수 있을 때까지 그녀가 휴식할 수 없음이 논리적이다. 그들이 운동장에서 싸웠기 때문에 문장을 기록하고 방과후 남기는 것은 비논리적이다.
8. 활동 단축은 가능할 때마다 학생이 바람직하지 않은 행동을 되풀이한 실행을 막을 것인지를 새로운 기술을 개발하는 것을 돕는 것을 겨냥하는 활동들로 합병되어야 한다. 그러므로 기대하는 활동에서 제외될 때, 학생은 문제를 조사하는 것에 관계하고 있어야 하고, 그것을 해결하는 계획을 개발해야 한다.
9. 활동 단축이 바람직하지 않은 행동을 줄이거나, 기대하는 행동을 늘리는 것에 효과적인지에 관해 결정하는 것을 돕기 위한 자료를 모은다. 어떤 형태라도 벌이 다수의 부정적인 부작용을 가질지도 모르기 때문에, 만일 자료가 효과가 없음을 가리키면 그것은 그만두게 되어야 한다.
10. 학생의 행동을 바꾸는 벌 방법은 가능한 빨리 단계적으로 실행되어야 하고, 문제해결, 자기 관리 또는 사회적 활동 강화와 같은, 더 긍정적인 방법으로 교체되어야 한다.

집단 계약

집단 계약은 전 집단이 보상을 받거나 이전에 준 점수를 잃거나 전 집단이 기대하는 방법으로 반응하는 특권을 준 상황을 포함한다. 일부 작가들은 집단 계약을 개개의 학생 행동이 전 집단을 위해 기대하는 활동에 의해 강화되는 프로그램을 포함하는 것으로서 정의하지만, 이 기술은 더 정확히 활동 강화물이라고 분류된다.

사례 1 : 고등학교 밴드부와의 계약

학급에서 말하는 것을 줄이기 위한 계약을 사용했던 고등학교 밴드부 교사에 의해 집단 계약의 우수한 예가 최근 제시되었다. 이 사건에서, 학생들은 결과와 보수가 그들의 행동을 바꾸는 것을 도울 것이라고 정했다. 그들이 과제이탈 행동을 할 때마다 밴드부 수업에서의 휴식을 기록하는 것에 동의했다. 그들은 또한 만일 그들이 8일 동안 과제이탈행동을 30분간 하지 않는 목표를 달성할 수 있으면, 그들이 보상으로 점심을 먹기로 정했다. 그림 10.18은 이러한 중재와 관련된 자료를 제시한다. 자료는 과제이탈 행동이 학급에 대하여 17.2분에서 2.88분으로 줄어든 것을 가리킨다. 이 교사는 또한 학생들이 자료를 받고, 해결을 결정하는 것에의 관련을 요청받을 때, 극적인 결과를 얻게 될 수 있음을 알았다.

그림 10.18 집단 행동 계약

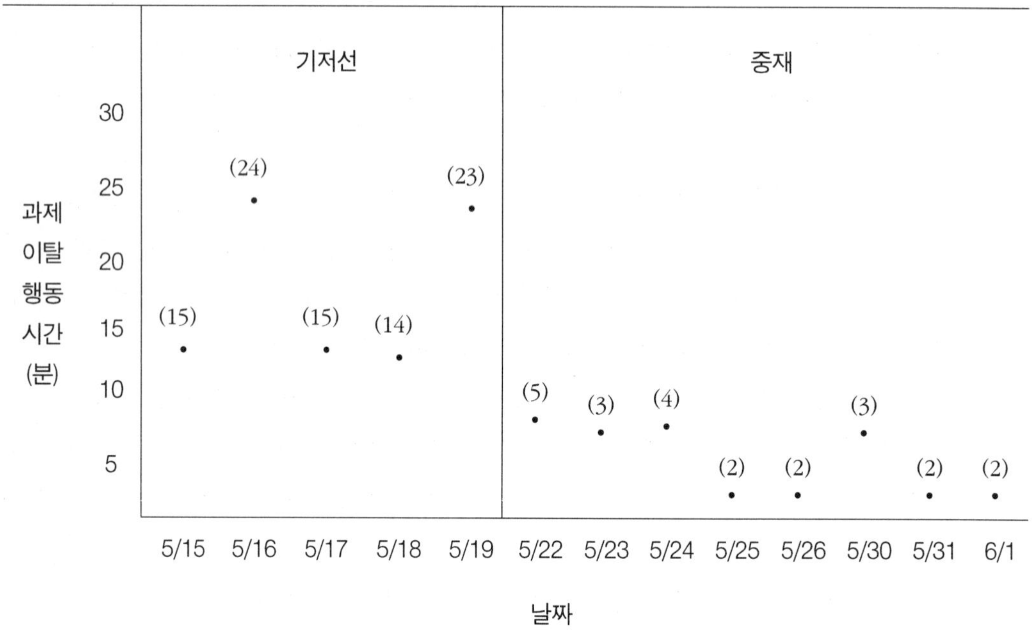

잠시 멈추고 10.6	책임있게 행동하기 어려운 학생을 선택하여 긍정적인 반응을 보이도록 돕는 계약을 개발해라.

팀을 짜서 긍정적 행동 변화 계획하기

많은 교사들은 이 책에서 기술한 전략을 실행하는 것을 배웠다. 그러나 긍정적인 학생 행동을 촉진하는 학급 환경을 만드는 사람의 기술 수준에 관계없이, 일부 학생들은 심지어 가장 우수하고 헌신적인 교육자의 독창성과 인내를 잡아당기는 도전을 보여준다. 그러므로 교육자가 무엇이 학생의 비생산적인 행동을 유발하고, 학생이 더 긍정적인 학교 경험을 하는 것을 돕는 변경 계획을 세우며, 긍정적인 행동을 개발하는 지를 결정하기 위해 협력적으로 일하는 구조를 개발하는 것은 본질적이다. 기능적인 평가에 관한 섹션에서 상세해 논의한 것에 따라, 그것이 선행조건, 결과와 이 결과가 학생에게 봉사하는 기능의 긍정적인 이해에 의거할 때 계획의 발전은 가장 효과적일 것이다. 집단 회원은 이 중요한 요인에 관해서 가설을 만들 때에 상당히 가치 있을 수 있다. 똑같이, 학생이 더 성공한 것을 도울지도 모르는 환경에서 집단 회원들은 브레인스토밍의 수정에 도움이 될 수 있고 학생이 성장하는 것을 돕기 위한 전략은 학생이 타인의 권리를 침해하는 일 없이 욕구와 만나는 것이 가능하게 하는 행동들을 대리한다. 마지막으로, 집단 회원들은 학생이 새로운 행동 기술을 습득하는 것을 돕는 것을 목표로 한 중재를 일으키고, 충족시키며, 평가할 때에 도움이 될 수 있다.

팀의 구성원

이 질문에 대한 한 가지의 해답은 없다. 교사 팀과 함께한 많은 기간 동안, 그러나 우리는 효과적인 팀들이 자주 학생, 상담가 또는 학교 심리학자, 행정가, 부모 또는 보호자와 일을 하는 2명의 학급 교사를 포함한다는 것을 알았다. 이 팀 구성은 접근을 학생과 더 제한된 배경으로 개인뿐만 아니라 학생과 학생의 행동에 관한 직접의 지식을 가지는 학생 행동으로 일을 할 때 특별한 전문적 지식을 다수의 개인들에게 제공한다.

[A Positive Approach to Understanding and Addressing Challenging Behaviors]에서, 카렌 토퍼(Karen Topper)와 그녀의 동료들은 그런 팀의 구성과 기능의 상세한 토론을 제공한다(Topper et al., 1994). 많은 팀들이 가족 회원 없이 작용하는 동안, 이 저자는 강하게 가족 회원들의 참가를 지원하고, 가족이 참가하는 이익을 아래와 같이 항목화했다.

- 학생의 전체 역사에 관한 지식과 아이의 삶에서 계속하고 있는 것의 총체적 그림
- 학생의 강점, 이익과 욕구, 그리고 학생이 학교 환경 밖에서 필요로 하는 기술의 심층 지식
- 학생 행동의 도전을 다루는 것에 가장 도움이 되는 전략의 계속적인 경험과 지식
- 학생의 삶에서의 중요한 지지와 자원인 사람들에 관한 지식
- 학교에서 학생의 기능에 영향을 줄지도 모르는 최근의 지식 또는 계속적인 스트레스 요인
- 환경을 통해 예방, 교수와 반응 전략을 촉진하는 방법에 관한 지식(p.32)

비록 우리가 부모님과 학생들의 참가를 평가하지만, 학생들의 관련은 학생들의 나이와 행동의 엄격함에 의존한다. 부모의 관련은 또한 교직원이 협력하여 일을 하고, 학생이 책임 있게 행동하는 것을 도왔던 방법을 개발하는 것이 불가능했을 때 가장 유익하고 적절하다. 처음에, 우리는 계획을 개발하기 위해 이런 모임 없이 만나는 팀을 위해, 그리고 부모와 학생과 만나기 위한 교사 또는 상담가를 위해 대부분의 시간이 효과적이고 합리적이라고 믿는다.

긍정적 행동 변화 계획하기

팀의 책임은, 학생이 다른 사람의 권리를 침해하고 있고, 학생의 학습능력에 해를 끼치는 행동의 사용 없이 학생의 욕구와 만나는 것을 돕는, 긍정적인 행동 변경 계획을 만드는 것이다. 그런 계획의 개발은 교직원에 의해 구조화된 접근방법을 사용함으로써 촉진될 수 있다.

효과적인 절차는 다음 단계를 포함한다.

1. 변경할 필요가 있는 특정 학생의 행동을 결정해라.
2. 기능적인 행동 평가를 실시해라.
3. 학생을 지지하는 학교 환경에서 만들어질 필요가 있는 변경을 결정해라.
4. 학생의 새로운 행동 기술 개발을 돕기 위한 전략을 결정해라.
5. 각 중재를 충족시키기 위한 책임을 교직원에게 부과해라.
6. 중재 효과를 평가할 목적으로 수집할 자료를 결정해라.
7. 프로그램을 재조사하기 위한 날짜를 정해라.

당신이 2개 이상의 행동에 집중하지 않고, 각 행동에 대해 3개 이상의 중재를 개발하지 않을 것을 제안한다.

그림 10.19는 저자가 긍정적인 행동 변경 계획을 개발하기 위해 사용한 형태이다. 양식 상층부의 괄호의 수는 그 작업에 할당된 시간(분)을 가리킨다. 양식 하단부는 하나 이상의 중재의 이행과, 그 계획을 사용하는 것에 있어서 달성된 진보와 이행 모두를 모니터링하는 데 동의한 사람이 멘터와 관련된 동의를 한 개인을 항목화했다. 그림 10.20은 저자들이 4학년 소년을 담당하는 교직원을 위해 개발된 긍정적인 행동 변경 계획을 제시한다.

그림 10.19 **긍정적인 행동 변경 계획의 개발**

(3) 공동체 상호 작용이 필요한가?	(7) 변경하기위한 행동	(12) 중재 계획	(5) 책임있는 사람	(3) 평가 자료
	1	1a. 1b.		
	2.	2a. 2b.		

역할 : 발표자
기록자
촉진자
시간조정자

서명

교사	교사	교사(모니터)
교사	상담가	교장
날짜		

모니터는 프로그램이 잘 기능하는지 결정하기 위해 7일 이내에 조사하는 것에 동의한다.

그림 10.20 제이슨의 긍정적인 행동 변경 계획

변경하려는 행동	중재	책임자	자료
합리적 성인 요청 준수의 불이행	1. 후속 요청을 위한 역할 연기. 학급과 교사 모두를 위해 행동해라. 이는 제이슨이 대집단 학습을 할 수 없을 때, 조용한 학습을 위해 자리 옮기는 방법을 가르치는 것을 포함할 것이다.	상담가 또는 교장	행동 득점표
	2. 제이슨에게 새로운 기술을 사용하기 위해 자주 주의와 강화를 제공해라.		
	3. 그가 부적절할 때 학생들에게 그를 무시하는 것을 가르쳐라.	담임교사	
	4. 교장 또는 다른 중요한 성인에게 제이슨의 향상정도를 보인다.	상담가 또는 교사	
	5. 제이슨이 요청을 따르는 데 실패한 시간의 허용되는 최대의 수에 도달할 때의 일관된 타임 아웃 실시.	교사	
불충분한 또래 관계	1. 학생을 돕기 위한 학급회의는 제이슨을 무시하고, 강화하는 방법을 배운다.	교사	
	2. 그가 지시 등을 듣지 않고 있을 때 또래가 그를 돕는 보조가 되게 한다.	교사	
	3. 아마 제이슨은 부적절한 주의를 얻을 필요가 있기 보다는, 오히려 모델이 되어서 유치원 또는 1학년 학급의 보조교사를 할 수 있을 것이다.	유치원이나 1학년 교사와 담임교사	
	4. 휴식을 위한 특정 활동에 관해 학급에서 제이슨과 여러 학생이 함께 활동한다.	상담가	

잠시 멈추고 10.7

학생들이 더 좋은 선택을 하도록 돕기 위해 팀으로 활동하는 것도 상당히 중요하다. 그림 10.19의 양식을 사용하여 긍정적인 행동 변경 계획을 개발해라. 이 계획을 실행하고 결과를 재조사하기 위해 팀을 구성하고 만나라.

이행 활동

활동 10.1

당신의 학급 경영 행동 평가

학생의 행동이 자신과 학급에게 문제를 만들었던 학생에 대해 생각해라. 이 학생의 생각으로, 그림 10.1의 중재 형태를 완료하고, 다음 질문에 답해라.

1. 이 학생을 위한 더 명백히 구조적이고, 매력적인 환경을 만들 당신의 학급에서 당신이 변경할 수 있는 것은 무엇인가?
2. 이 학생이 더 책임있게 행동하도록 돕기 위해 당신은 이미 시도한 중재는 무엇인가?
3. 당신이 수집한 자료에 의거하여, 당신은 이 학생을 돕는 데 효과적인 방법이 무엇이라고 생각하는가?

활동 10.2

사전회부 중재 평가

학생의 행동이 자신 또는 학급에게 손해를 주는 학생을 위해, 다음과 같이 표시하여 그림 10.2의 형태를 완료해라.

(1) 당신이 이행한 중재에 원 표시하기,
(2) 당신이 학생을 도울 것이라고 생각하는 것과 당신이 시도하기 원하는 것에 네모 표시하기
(3) 당신의 가르치는 환경에서 적당하지 않거나 실행할 수 있게 보이지 않는 중재에 ×표시하기

당신이 이것을 완료한 후에, 한 명 이상의 동료 교사 또는 친구와 당신이 했던 것과 당신이 하려고 하는 새로운 중재를 고른 까닭을 공유해라.

활동 10.3

학업기능 평가의 완수

학생의 행동이 그 자신이나 학급에서 문제가 되었던 학생에 대해 생각해라. 이 학생의 생각으로, 그림 10.3의 형태를 완수하고, 이하의 항목들에 응답하라.

1. 이 학생의 비생산적인 행동에 관해 알게 된 것에 대해 가능한 많은 특별한 일들을 항목화하라.
2. 이 발견에 기초하여, 이 학생이 더 책임감있게 행동하도록 돕기 위해 당신이 학급에서 변화시킨 것은 무엇인가?

이하의 활동들은 당신의 자료 수집 기술과 행동 중재 사용을 개선하는 것을 도울 수 있다.

활동 10.4

학생 행동의 긍정적인 규정

왼쪽의 난에 항목화된 5개의 형용사들 각각에 대해, 학생에 의해 형용사로 기술될 수 있는 3개의 특별히 주목할 만한 학생의 행동을 기록하라.

일반 서술자(敍述者)	특정 행동 서술자
화난	1.
	2.
	3.
동기가 없는	1.
	2.
	3.
지나치게 활동적인	1.
	2.
	3.
비협력적인	1.
	2.
	3.
부적당한	1.
	2.
	3.

활동 10.5

사회적 기술 단원의 개발

비판적인 피드백을 수용하고, 지시를 따르거나, 또래의 논평에 대한 반응과 같은, 하나 이상의 사회적인 기술이 부족한 것처럼 보이는 학생에 대해 생각해 보자.이 학생을 위해 그림 10.9를 사용하여 사회적인 기술 수업을 개발한다.

활동 10.6

자기 모니터링의 사용

소리내어 말하거나 이상한 소리를 만드는 것처럼, 다른 사람의 학습이나 자신의 학습에 부정적인 영향을 주는 독특한 행동을 보이는 학생에 대해 생각해 보자. 이 학생이 자신의 행동을 알 수 있도록 돕는 자기 모니터링 형태를 개발한다. 또한 결과를 기록하기 위한 형태를 결정한다. 동료에게 보여주고, 그 사람이 당신에게 피드백을 제공하게 한다.

활동 10.7

행동 중재의 이행과 평가

학급뿐 아니라 학생에게도 손해가 되는 개별 학생의 행동을 선택한다. 행동적 용어로 행동을 기술하고, 적어도 30분씩 2회 동안 기초 자료를 수집하고, 결과를 그래프로 나타낸다.

다음으로, 이 장에서 기술한 계약을 개발하는 절차 중 하나를 선택하고, 기록된 학생과의 계약을 발달한다.

5일 동안 이 계약을 이행한다. 계약이 유효한 모든 시간 동안 자료를 모으고 기록한다.

5일간의 마지막에 학생과 함께 결과를 논의하고, (1) 계약 유지, (2) 강화를 줄이거나, 분류단계에서의 낮은 강화물을 사용하는 동안 개선된 행동을 요구함으로써 계약을 변경함, (3) 계약의 중지를 결정한다.

마지막으로, 이 진술을 완료한다:

학생의 행동은...
5일의 마지막에 그 학생은 ...라고 말했다.
나는 놀랐다...
나는 기뻤다...

활동 10.8

긍정적인 행동 변경 계획의 개발

그림 10.3을 완수한 학생에게 긍정적인 행동 변화 계획을 개발하고, 그림 10.19를 사용하도록 선물해라.

요약 SUMMARY

비록 교사들이 일련의 세련된 행동 변화 중재를 개발하는 것에 대해 책임이 없다고 해도, 교사들이 극적으로 학생 행동에 영향을 줄 수 있는 여러 가지 효과적이고, 효과적인 방법이 있다. 증가하고 있는 위험에 처한 학생들과 함께 하는 교사들에게, 그들은 이러한 여러 가지 방법들을 이행할 수 있는 것에서 도움이 될 것이다.

교사들은 더욱 더 학생 행동 문제와 그들의 중재가 학생 행동을 바꾸는 것을 목표로 했다라고 실증하도록 요청될 것이다. 이 장은 이 중요한 작업을 달성하기 위한 방법을 제공한다. 이 장은 학생들이 앞서 탐색한 계약의 사용을 통해 자신의 행동이 가지는 책임과 그 이상을 인식하고, 자료 수집에의 관련을 돕는 방법을 기술한다.

교사를 위한 경험과 연구(Jones, 1991)가 거의 80%가 학급에서 사용하는 것으로 밝혀졌고, 그 방법들이 학습시간의 대략 80% 정도 효과적임이 밝혀졌다.

비록 이 교사들이 그들의 사전행동에 호소한 학급 경영의 품질과 지시가 그들의 주요한 책임이라는 것을 깨닫지만, 그들은 8~10장에서 논의한 방법을 사용하는 것이 개개의 학생 행동에의 주요한 긍정적인 영향을 제공한다는 것을 알고 있다. 더욱이, 그들은 학생들을 돕는 그들의 능력이 전문적인 보상이고, 다른 학생들의 학습과 행동에 긍정적인 영향을 제공한다는 것을 안다.

부록 A
초등학교 교내 공공장소에서 사용가능한 절차

운동장

- **목표**: 학생들은 모든 기구의 사용과 게임에서 안전하게 놀이할 수 있다.
- **신뢰할 수 있는 운동장 행동**

1. 운동장에서는 과격한 놀이를 할 수 없다.
2. 종이 울리면, 학생들은 하던 행동을 멈추고 빨리 줄을 맞춰 선다.
3. 학생들은 "정지/생각/계획"(STP)을 사용하여 서로의 차이를 구분한다.
4. 학생들은 다른 학생을 존중하고 교직원의 지시를 따른다.
5. 학생들은 입실해도 좋다는 허락이 있기 전까지, 학교 수업이 시작되기 전과 모든 휴식 시간에는 건물 밖에서 기다린다.
6. 학생들은 도랑이나 구덩이, 진흙에 들어가지 않고 구릉 아래에 있어야 한다.
7. 학생들은 바위, 나무껍질, 막대와 기타 다른 위험한 물건을 가지고 있지 않는다.
8. 학생들은 운동장에서만 놀이할 수 있고, 안뜰, 잔디밭이나 수풀에서 놀지 않는다.
9. 학생들은 자부심을 가지고 학교 건물을 잘 보존하고 운동장에 쓰레기를 버리지 않는다.
10. 학생들은 기구를 함께 사용한다(예를 들면, 그네는 25번까지 탄다 등).
11. 학생들은 운동장에서 사탕을 먹지 않고 껌을 씹지 않는다.
12. 학생들은 칼과 같은 위험한 물건을 소지하지 않고, 라디오, 녹음기, mp3, 딱딱한 야구공이나 장난감 등을 학교에 가져오지 않는다.
13. 유치원부터 3학년까지의 학생들은 점심시간 동안 첫 번째 종이 울리기 전까지 구름사다리에 갈 수 없다.
14. 학생들은 방과 후에 운동장에 남아있지 않고, 오후 3시 이전까지 운동장으로 놀러오지 않는다.
15. 학교에 있는 동안, 학생들은 부모나 선생님 또는 교장선생님에게 알리지 않은 채 운동장을 벗어날 수 없고, 운동장을 지키는 분에게 반드시 알려야한다.

화장실

▶ 목표 : 링컨초등학교의 화장실은 안전하고 깨끗하다.

▶ 신뢰할 수 있는 화장실 행동

1. 화장실은 휴식시간 마지막 종이 울리기 전까지 사용할 수 있다.
2. 수업시간에는 화장실 사용허락을 받은 학생들만이 사용할 수 있다.
3. 화장실은 용도에 맞게 사용하고 떠나기 전 정리정돈해야 한다.
4. 화장지는 변기에 버리고, 기타 다른 종이는 휴지통에 버린다.
5. 사용 후 변기 물을 내린다.
6. 사용 후 문 손잡이를 열어둔다.
7. 손을 씻는다.

복도

▶ 목표 : 복도 및 통행로는 사람들이 서로를 존중하고 예의바르게 상호작용하는 조용하고 안전한 환경이다.

▶ 신뢰할 수 있는 복도 행동

1. 학생들은 복도에서 안전하게 통행한다.
2. 복도에서는 일반적으로 크지 않은 목소리로 대화한다(만약 대화하는 사람이 멀리 떨어져 있다면, 평상시 목소리로 대화할 수 있게 가까이 다가간다).
3. 공부 시간에는, 학생들은 복도를 지나갈 수 있는 통행허가를 받아야한다.
4. 모든 사람들이 서로를 존중한다.
5. 만약 성인이 학생에게 말을 할 경우, 멈춰서서 그 사람과 이야기를 한다.
6. 만약 성인이 학생에게 바른 행동을 요구할 경우, 성인이 말하는 행동을 따른다.
7. 오전 8시 15분 이전에는 복도로 들어올 수 없고, 사정이 있는 경우 성인이 반드시 동행해야 한다.
8. 방과 후에는 곧장 집으로 가야한다.

교내식당

▶ 목표 : 배식 줄과 식사 장소는 사람들이 예의바르고 서로를 존중하며 상호작용하는 조용하고 안전한 환경이다.

▶ 신뢰할 수 있는 식당에서의 행동

◉ 배식 줄서기

1. 줄을 서는 동안, 학생들은 손과 발, 그리고 자신의 물건을 얌전히 둔다.
2. 배식 줄에 서 있는 동안 학생들은 작은 목소리로 대화한다.
3. 학생들은 배식을 위해 급식당번과 배식자의 두 줄로 서야 한다: 급식자는 학습 센터의 가운데에 가깝게 줄을 서고 배식자는 식탁에 가깝게 줄을 선다.
4. 생활지도 아동은 생활지도 담당자의 자리에 서있고, 조용하게 걸어다닌다.
5. 학생들은 식탁에 앉기 전에 점심과 우유, 간식 등을 살 수 있다.

◉ 식당에서의 절차

1. 학생들은 서로 이야기할 때 작은 목소리로 대화한다.
2. 학생들은 손, 발과 소지품을 가지런히 둔다.
3. 도움이 필요한 경우에는 자기 자리에 앉아서 손을 든다.
4. 학생들은 조용히 식사하고, 예절을 지킨다.
5. 학생들은 급식실에서 반드시 걸어다닌다.
6. 모든 사람들은 다른 사람들을 존중해야 한다.

◉ 급식 후 해산

1. 학생들은 자신이 사용한 공간을 깨끗이 정리한다.
2. 종이 울리면, 감독자는 식탁과 바닥이 깨끗하게 정리되어 있는지 확인한다.
3. 급식을 천천히 먹는 사람은 식탁의 인원이 다 찰 경우 다른 식탁으로 옮겨간다.
4. 급식 후 급식실을 나갈 때에는 조용히 뒷문으로 나간다.
5. 점심 도시락은 운동장에 지정된 학급용 공간에 놓아둔다.
6. 학생들은 교실로 입실해도 좋다는 허락을 받기 전까지 운동장에 있어야 한다.

집회

▶ 목표 : 링컨 초등학교 학생들은 집회 시간에 지시를 따르고, 집회에 잘 참여하며 경청하여 존중받을 수 있는 행동을 보여줄 것이다.

▶ 신뢰할 수 있는 조회 행동

1. 진행자가 마이크로 "주목해 주세요"라고 하면, 말하지 않고 진행자를 바라본다.
2. 잘 듣는다.
3. 학생들은 자신이 앉을 자리를 잘 듣고 선생님의 지시를 따른다.
4. 모든 학생들은 프로그램이 시작될 때까지 조용히 기다리거나 조용히 대화한다.
5. 발표자와 의사소통할 때 눈과 귀를 집중한다.
6. 소리 지르거나, 휘파람을 불거나 누군가를 밀치지 않는다.
7. 프로그램이 끝나면, 진행자가 발표자에게 감사 인사를 하고 조회를 마칠 것이다.
8. 학생들은 집회가 끝난 후 자리에 조용히 앉아서 기다리다, 선생님의 지시에 따라 집회 장소를 빠져 나간다.

참고문헌

Adelman, H., & Taylor, L. (2002). School counselors and school reform: New directions. *Professional School Counselor, 5*, 235–248.

Agne, K., Greenwood, G., & Miller, L. (1994). Relationships between teacher belief systems and teacher effectiveness. *The Journal of Research and Development in Education, 27*, 141–152.

Alberto, P., & Troutman, A. (2006). *Applied behavior analysis for teachers.* Upper Saddle River, NJ: Merrill.

Aleem, D., & Moles, O. (1993). *Review of research on ways to attain goal six: Creating safe, disciplined, and drug-free schools.* Washington, DC: OERI.

Algozzine, B., Audette, B., Ellis, E., Marr, M., & White, R. (2000). Supporting teachers, principals, and students through unified discipline. *Teaching Exceptional Children, 33*, 42–47.

Allen, T., & Plax, T. (1999). Group communications in the formal educational context. In F. R. Lawrence (Ed.), *The handbook of group communication theory & research* (pp. 493–515). Thousand Oaks, CA: Sage.

American Association of University Women. (1993). *Hostile hallways: The AAUW survey on sexual harassment in America's schools.* Washington, DC: American Association of University Women Foundation.

American Association of University Women Educational Foundation. (1992). *The AAUW report: How schools shortchange girls.* Washington, DC: National Education Association.

America's children: Key national indicators of well-being. (2002). Vienna, VA: Health Resources and Services Administration Information Center.

Anderson, C., & Bushman, B. (2002). The effects of media on violence in society. *Science, 295*, 2377–2378.

Anderson, L., Evertson, C., & Brophy, J. (1979). An experimental study of effective teaching in first grade reading groups. *Elementary School Journal, 79*, 193–223.

Antil, L., Jenkins, J., Wayne, S., & Vadasy, P. (1998). Cooperative learning: Prevalence, conceptualizations, and the relation between research and practice. *American Educational Research Journal, 35*, 419–454.

Archer, A., & Gleason, M. (1989). *Skills for school success.* North Billerica, MA: Curriculum Associates.

Archer, A., & Gleason, M. (1994). *Advanced skills for school success.* North Billerica, MA: Curriculum Associates.

Arunkumar, R., Midgley, C., & Urdan, T. (1999). Perceiving high or low home-school dissonance: Longitudinal effects on adolescent emotional and academic well-being. *Journal of Research on Adolescence, 9*, 441–466.

Athenanasiou, M. Geil, M., Hazel, C., & Copeland, E. (2002). A look inside school based consultation. A qualitative study of the beliefs and practices of school psychologists and teachers. *School Psychology Quarterly, 17*, 258–298.

Atwell, N. (1998). *In the middle: New understandings about writing, reading, and learning.* Portsmouth, NH: Boynton/Cook.

August, D., & Hakuta, K. (1997). *Improving schooling for language-minority children: A research agenda.* Washington, DC: National Research Council.

Baker, J., Terry, T., Bridger, R., & Winsor, A. (1997). Schools as caring communities: A relational approach to school reform. *School Psychology Review, 26*, 586–602.

Ballenger, C. (1992). Because you like us: The language of control. *Harvard Educational Review, 62* (2), 199–208.

Banks, J. (1988). *Multiethnic education: Theory and practice.* Boston: Allyn & Bacon.

Banks, J. (1997). *Educating citizens in a multicultural society.* New York: Teachers College Press.

Banks, J., & McGee Banks, C. (1993). *Multicultural education: Issues and perspectives* (2nd ed.). Boston: Allyn & Bacon.

Barone, F. (1997). Bullying in the classroom: It doesn't have to happen. *Phi Delta Kappan, 79*, 80–82.

Barone, M. (2001). The many faces of America. *U.S. News and World Report*, March 19, 18–20.

Barth, R. (1990). *Improving schools from within.* San Francisco: Jossey-Bass.

Battistich, V., Solomon, D., Watson, M., & Schaps, E. (1997). Caring school communities. *Educational Psychologist, 32*, 137–151.

Bauer, E. (1973). Personal space: A study of blacks and whites. *Sociometry, 36*, 402–408.

Baumann, J. (1992). Organizing and managing a whole language classroom. *Reading Research and Instruction, 31*, 1–14.

Baumeister, R. (1993). *Self-esteem: The puzzle of low self-regard.* New York: Plenum.

Beane, J. (Ed.). (1995). *Toward a coherent curriculum*. Reston, VA: Association for Supervision and Curriculum Development.

Beane, J. (1997). *Curriculum integration: Designing the core of democratic education*. New York: Teachers College Press.

Becker, W., Engelmann, S., & Thomas, D. (1975). *Teaching 1: Classroom management*. Champaign, IL: Research Press.

Belenky, M., Clinchy, B., Goldberger, N., & Tarule, J. (1986). *Women's ways of knowing: Development of self, body and mind*. New York: Basic Books.

Bennett, C. (1999). *Comprehensive multicultural education: Theory and practice* (4th ed.). Boston: Allyn & Bacon.

Benson, P., Scales, P., Leffert, N., & Roehlkepartain, E. (1999). *A fragile foundation: The state of developmental assets among American youth*. Minneapolis, MN: Search Institute.

Berliner, D. (1984). The half-full glass: A review of research on teaching. In P. Hosford (Ed.), *Using what we know about teaching*. Alexandria, VA: Association for Supervision and Curriculum Development.

Berry, B. (1995). School restructuring and teacher power: The case of Keels elementary. In A. Lieberman (Ed.), *The work of restructuring schools: Building from the ground up*. New York: Teachers College Press.

Bigelow, B., Christenson, L., Karp, S., Miner, B., & Peterson, B. (1994). *Rethinking our classrooms: Teaching for equity and justice, Volume One*. Milwaukee, WI: Rethinking Schools.

Bigelow, B., Harvey, B., Karp, S., & Miller, L. (2001). *Rethinking our classrooms: Teaching for equity and justice, Volume 2*. Milwaukee, WI: Rethinking Schools.

Binns, K., Steinberg, A., & Amorosi, S. (1997). *The Metropolitan Life Survey of the American Teacher 1998: Building family-school partnerships: Views of teachers and students*. New York: Louis Harris & Associates.

Blackham, G., & Silberman, A. (1975). *Modification of child and adolescent behavior*. Belmont, CA: Wadsworth.

Bloom, B. (Ed). (1956). *Taxonomy of educational objectives, handbook I: Cognitive domain*. New York: David McKay.

Borba, M. (1989). *Esteem builders: A K–8 curriculum for improving student achievement, behavior and school climate*. Rolling Hills Estates, CA: Jalmer.

Bosworth, K. (1995). Caring for others and being cared for. *Phi Delta Kappan*, *76*, 686–693.

Bowers, C., & Flinders, D. (1990). *Responsive teaching*. New York: Teachers College Press.

Bowlby, J. (1982). *Attachment and loss: Vol. 1. Attachment*. New York: Basic Books.

Brantlinger, E. (1993). *The politics of social class in secondary school: Views of affluent and impoverished youth*. New York: Teachers College Press.

Brendtro, L., Brokenleg, M., & VonBockern, S. (1990). *Reclaiming youth at risk: Our hope for the future*. Bloomington, IN: National Educational Service.

Brendtro, L., & Long, N. (1995). Breaking the cycle of conflict. *Educational Leadership*, *52*, 52–56.

Brickhouse, N., & Bodner, G. (1992). The beginning science teacher: Classroom narratives of convictions and constraints. *Journal of Research in Science Teaching*, *29*, 471–485.

Broden, M., Hall, R., & Mitts, B. (1971). The effect of self-recording on the classroom behavior of two eighth-grade students. *Journal of Applied Behavior Analysis*, *4*, 191–199.

Brophy, J. (1981). Teacher praise: A functional analysis. *Review of Educational Research*, *51*, 5–32.

Brophy, J. (1982). Classroom management and learning. *American Education*, *18*, 20–23.

Brophy, J. (1983). Research on the self-fulfilling prophecy and teacher expectations. *Journal of Educational Psychology*, *75*, 631–661.

Brophy, J. (1986a, April). *Teacher effects research and teacher quality*. Paper presented at the annual meeting of the American Educational Research Association, San Francisco.

Brophy, J. (1986b, April). *Socializing students' motivation to learn*. Paper presented at the annual meeting of the American Educational Research Association, San Francisco.

Brophy, J. (1988). Educating teachers about managing classrooms and students. *Teaching and Teacher Education*, *4* (1), 1–18.

Brophy, J. (1996). *Teaching problem students*. New York: Guilford Press.

Brophy, J. (1999). Perspectives on classroom management: Yesterday, today, and tomorrow. In J. Freiberg (Ed.), *Beyond behaviorism: Changing the classroom management paradigm*. Boston: Allyn & Bacon.

Brophy, J., & Evertson, C. (1976). *Learning from teaching: A developmental perspective*. Boston: Allyn & Bacon.

Brophy, J., & Good, T. (1971). Teacher's communication of differential expectations for children's classroom performance: Some behavior data. *Journal of Educational Psychology*, *61*, 365–374.

Brophy, J., & Good, T. (1974). *Teacher-student relationships: Causes and consequences.* New York: Holt, Rinehart and Winston.

Brophy, J., & McCaslin, M. (1992). Teachers' reports of how they perceive and cope with problem students. *The Elementary School Journal, 93,* 3–68.

Bruner, J. (1996). *The culture of education.* Cambridge, MA: Harvard University Press.

Bryk, A., & Schneider, B. (2002). *Trust in schools: A core resource for improvement.* New York: Russell Sage.

Burke, K. (1994). *The mindful school: How to assess authentic learning.* Arlington Heights, IL: IRI/Skylight Training and Publishing, Inc.

Butler, J. (1993). *Transforming the curriculum: Teaching about women of color.* In J. Banks & C. McGee Banks (Eds.), *Multicultural education* (pp. 149–167). Boston: Allyn & Bacon.

Butler, R., & Nisan, M. (1986). Effects of no feedback, task-related comments, and grades on intrinsic motivation and performance. *Journal of Educational Psychology, 78,* 210–216.

Campbell, L., Campbell, B., & Dickerson, D. (1999). *Teaching and learning through multiple intelligences* (2nd ed.). Boston: Allyn & Bacon.

Canfield, J., & Siccone, F. (1992). *One hundred ways to develop student self-esteem and responsibility.* Boston: Allyn & Bacon.

Canter, L. (1996, March/April). First, the rapport—then, the rules. *Learning,* 12–14.

Canter, L., & Canter, M. (1976). *Assertive discipline.* Los Angeles: Lee Canter Associates.

Caprara, G., Barbaranelli, C., Borgogni, L., & Steca, P. (2003). Efficacy beliefs as determinants of teachers' job satisfaction. *Journal of Educational Psychology, 95,* 821–832.

Carr, S., & Punzo, R. (1993). The effects of self-monitoring of academic accuracy and productivity on the performance of students with behavioral disorders. *Behavioral Disorders, 18* (4), 241–250.

Chalfant, J., VanDusgen Pysh, M., & Moultrie, R. (1979). Teacher assistance teams: A model for within-building problem solving. *Learning Disability Quarterly, 2,* 85–96.

Chavkin, N., & Gonzales, D. (1995). *Forging partnerships between Mexican-American parents and the schools.* ERIC Digest, ED 388489. Charleston, WV: ERIC Clearinghouse on Rural Education and Small Schools.

Christenson, S., & Sheridan, S. (2001). *Schools and families: Creating essential connections for learning.* New York: Guilford Press.

Cisneros, S. (1991). *The house on Mango Street.* New York: Vintage Books.

Clandinin, D., & Connelly, F. (1986). Rhythms in teaching: The narrative study of teachers' personal practical knowledge of classrooms. *Teaching and Teacher Education, 2* (4), 377–387.

Cole, C. (1992). Self-management interventions in the schools. *School Psychology Review, 21*(2), 188–192.

Cole, S., Horvath, B., Chapman, C., Deschenes, C., Ebeling, D., & Sprague, J. (2000a). *Adapting curriculum and instruction in inclusive classrooms: A teacher's desk reference* (2nd ed.). Bloomington: Indiana Institute on Disability and Community.

Cole, S., Horvath, B., Chapman, C., Deschenes, C., Ebeling, D., & Sprague, J. (2000b). *Adapting curriculum and instruction in inclusive classrooms: Staff development kit* (2nd ed.). Bloomington: Indiana Institute on Disability and Community.

Collins, M. (1992). Making a difference in the classroom. *Special Report, 65.* Grove City, PA: Public Policy Education Fund.

Combs, A., & Taylor, C. (1952). The effect of the perception of mild degrees of threat on performance. *Journal of Abnormal and Social Psychology, 47,* 420–424.

Comer, J., Haynes, N., Joyner, E., & Ben-Avie, M. (1996). *Rallying the whole village: The Comer process for reforming education.* New York: Teachers College Press.

Cooper, H., & Good, T. (1983). *Pygmalion grows up.* New York: Longman.

Cooper, P. (2003). Effective White teachers of Black children. Teaching within a community. *Journal of Teacher Education, 54,* 413–427.

Coopersmith, S. (1967). *The antecedents of self-esteem.* San Francisco: Freeman.

Corbett, D., & Wilson, B. (2002). What urban students say about good teaching. *Educational Leadership, 60,* 18–22.

Corno, L. (2001). Volitional aspects of self-regulated learning. In B. Zimmerman & D. Schunk (Eds.), *Self-regulated learning and academic achievement: Theoretical perspectives* (2nd ed., pp. 191–226). Mahwah, NJ: Lawrence Erlbaum.

Costenbader, V., & Markson, S. (1998). School suspension: A study with secondary school students. *Journal of School Psychology, 36,* 59–82.

Cothran, D., & Ennis, C. (1997). Students' and teachers' perceptions of conflict and power. *Teaching and Teacher Education, 13,* 541–553.

Cousins, J., & Walker, C. (2000). Predictors of educators' valuing of systemic inquiry in schools. *Canadian Journal of Program Evaluation*, Special Issue, 25–53.

Covaleskie, J. (1992). Discipline and morality: Beyond rules and consequences. *Educational Reform, 56*, 173–183.

Covington, M., & Beery, R. (1976). *Self-worth and school learning*. New York: Holt, Rinehart and Winston.

Craig, W., & Pepler, D. (1996). Understanding bullying at school: What can we do about it? In S. Miller, J. Brodine, & T. Miller (Eds.), *Safe by design* (pp. 247–260). Seattle, WA: Committee for Children.

Crank, J., & Bulgren, J. (1993). Visual depictions as information organizers for enhancing achievement of students with learning disabilities. *Learning Disabilities Research and Practice, 8*, 140–147.

Cummins, J. (1996). *Negotiating identities: Education for empowerment in a diverse society*. Ontario, CA: California Association for Bilingual Education.

Curwin, R., & Fuhrmann, B. (1975). *Discovering your teaching self: Humanistic approaches to effective teaching*. Englewood Cliffs, NJ: Prentice Hall.

Curwin, R., & Mendler, A. (1988). *Discipline with dignity*. Reston, VA: Association for Supervision and Curriculum Development.

Cushman, K. (2003). *Fires in the bathroom: Advice for teachers from high school students*. New York: New Press.

Cusick, P. (1994). *The educational system: Its nature and logic*. New York: McGraw-Hill.

Dalton, M., & Zanville, H. (2002). *Oregon research report: Student teacher study—2000-2001 cohort*. Salem: Oregon Quality Assurance in Teaching Project.

Dalton, T., Martella, R., & Marchand-Martella, N. (1999). The effects of a self-management program in reducing off-task behavior. *Journal of Behavioral Education, 9*, 157–176.

Dana, N. (1992, February). *Toward preparing the monocultural teacher for the multicultural classroom*. Paper presented at the 72nd meeting of the Association of Teacher Educators, Orlando, FL. (ERIC Document Reproduction Service No. ED 350 272).

Darling-Hammond, L. (1997). *The right to learn: A blueprint for creating schools that work*. San Francisco: Jossey-Bass.

Davidson, A. (1999). Negotiating social differences: Youths' assessments of educators' strategies. *Urban Education, 34*, 338–369.

Delpit, L. (1995). *Other people's children: Cultural conflict in the classroom*. New York: New Press.

Deschenes, C., Ebeling, D., & Sprague, J. (1994). *Adapting curriculum and instruction in inclusive classrooms: A teacher's desk reference*. Bloomington, IN: The Center for School and Community Integration.

DiGangi, S., & Maag, J. (1992). A component analysis of self-management training with behaviorally disordered youth. *Behavioral Disorders, 17*, 281–290.

Dishion, T., French, D., & Patterson, G. (1995). The development and ecology of antisocial behavior. In D. Cicchetti & D. Cohen (Eds.), *Developmental Psychopathology, Volume 2*. New York: Wiley.

Dodge, K., Pettit, G., & Bates, J. (1997). How the experience of early physical abuse leads childen to become chronically aggressive. In C. Cicchetti & S. Toth (Eds.), *Developmental psychopathology: Developmental perspectives on trauma: Vol. 9, Theory, Research, and Intervention* (pp. 263–288). Rochester, NY: University of Rochester Press.

Dorman, G. (1981). *Middle grades assessment program*. Chapel Hill, NC: Center for Early Adolescence.

Doyle, W. (1983). Academic work. *Review of Educational Research, 53*, 159–199.

Doyle, W. (1986). Classroom organization and management. In M. C. Wittrock (Ed.), *Handbook of research on teaching* (3rd ed.). New York: Macmillan.

Dreikurs, R., & Cassel, P. (1972). *Discipline without tears: What to do with children who misbehave*. New York: Hawthorn.

Dreikurs, R., Grunwald, B., & Pepper, F. (1971). *Maintaining sanity in the classroom: Illustrated teaching techniques*. New York: Harper and Row.

Dryfoos, J. (1990). *Adolescents at risk: Prevalence and prevention*. New York: Oxford University Press.

Duke, D., & Trautvetter, S. (2001). *Reducing the negative effects of large schools*. Washington, DC: National Clearing House of Educational Facilities.

Dunlap, G., Kern, L., dePercel, M., Clarke, S., Wilson, D., Childs, K., et al. (1993). Functional analysis of classroom variables for students with emotional and behavioral disorders. *Behavioral Disorders, 18*, 275–291.

Dunn, R. (1983). Learning style and its relation to exceptionality at both ends of the spectrum. *Exceptional Children, 49*, 496–506.

Dunn, R., Beaudry, J., & Klavas, A. (1989). Survey of research on learning styles. *Educational Leadership, 46*, 50–58.

Dunn, R., & DeBello, T. (Eds.). (1999). *Improved test scores, attitudes, and behaviors in American's schools: Supervisor's success stories*. Westport, CT: Bergin Garvery.

Dunn, R., Thies, A., & Honigsfeld, A. (2001). *Synthesis of the Dunn and Dunn learning-style model research: Analysis from a neuropsychological perspective.* Jamaica, NY: St. John's University School of Education and Human Services.

Dunst, C., McWilliams, R., & Holbert, K. (1986). Assessment of preschool classroom environments. *Diagnostique, 11*, 212–232.

Duval, R. (1997). *Building character and community in the classroom.* Cypress, CA: Creative Teaching Press.

Dweck, C. (1975). The role of expectations and attributions in the alleviation of learned helplessness. *Journal of Personality and Social Psychology, 31*, 674–685.

Eccles, J., & Wigfield, A. (1985). Teacher expectations and student motivation. In J. Dusek, V. Hall, & W. Meyer (Eds.), *Teacher expectancies.* Hillsdale, NJ: Erlbaum.

Edwards, K., Ellis, D., Ko, L., Saifer, S., & Stuczynski, A., (2005). *Classroom to community and back: Using culturally responsive standards-based teaching to strengthen family and community partnerships and increase student achievement.* Portland, OR: Northwest Regional Educational Laboratory.

Elam, S., & Rose, L. (1995). Phi Delta Kappan/Gallup Poll of the Public's Attitudes Toward Public Schools. *Phi Delta Kappan*, 77, 41–55.

Elias, M., Gara, M., Schuyler, T., Branden-Muller, L., & Sayette, M. (1991). The promotion of social competence: Longitudinal study of a preventive school-based program. *American Journal of Orthopsychiatry, 61*, 409–417.

Elkind, D. (1967). Egocentrism in adolescence. *Child Development, 38*, 1025–1034.

Elkind, D. (1981). *The hurried child: Growing up too fast too soon.* Reading, MA: Addison-Wesley.

Emmer, E., & Aussiker, A. (1987, April). *School and classroom discipline programs: How well do they work?* Paper presented at the annual meeting of the American Educational Research Association, Washington, DC.

Emmer, E., & Aussiker, A. (1990). School and classroom discipline programs: How well do they work? In O. C. Moles (Ed.), *Student discipline strategies: Research and practice* (pp. 129–165). Albany: State University of New York Press.

Emmer, E., Evertson, C., & Anderson, L. (1980). Effective management at the beginning of the school year. *Elementary School Journal, 80*, 219–231.

Emmer, E., Evertson, C., Sanford, J., Clements, B., & Worsham, M. (1981). *Organizing and managing the junior high school classroom.* Austin, TX: Research and Development Center for Teacher Education.

Emmer, E., Evertson, C., & Worsham, M. (2006). *Classroom management for middle and high school teachers.* Boston: Allyn & Bacon.

Emmer, E., & Gerwels, M. (2006). Classroom management in middle school and high school. In C. Evertson & C. Weinstein (Eds.) *Handbook of classroom management: Research, practice, and contemporary issues.* Mahwah, NJ: Lawrence Erlbaum.

Englander, M. (1986). *Strategies for classroom discipline.* New York: Praeger.

Ennis, C., & McCauley, M. (2002). Creating urban classroom communities worthy of trust. *Journal of Curriculum Studies, 34*(2), 149–172.

Epstein, J. (1995). School/family/community partnerships: Caring for the children we share. *Phi Delta Kappan, 76*, 701–712.

Epstein, J., Coates, L., Salinas, K., Sanders, M., & Simon, B. (1997). *School, family, and community partnerships: Your handbook for action.* Thousand Oaks, CA: Sage.

Epstein, J., & Sanders, M. (1998). What we learn from international studies of school-family-community partnerships. *Childhood Education, 74*, 392–394.

Erikson, E. (1963). *Childhood and society* (2nd ed.). New York: Norton.

Erikson, E. (1968). *Identity, youth, and crisis.* New York: Norton.

Evertson, C. (1985). Training teachers in classroom management: An experimental study in secondary school classrooms. *Journal of Educational Research, 79*, 51–58.

Evertson, C., & Emmer, E. (1982a). Effective management at the beginning of the school year in junior high school classes. *Journal of Educational Psychology, 74*, 485–498.

Evertson, C., & Emmer, E. (1982b). Preventive classroom management. In D. Duke (Ed.), *Helping teachers manage classrooms.* Alexandria, VA: Association for Supervision and Curriculum Development.

Evertson, C., Emmer, E., Sanford, J., & Clements, B. (1983). Improving classroom management: An experiment in elementary school classrooms. *Elementary School Journal, 84*, 173–188.

Evertson, C., Emmer, E., & Worsham, M. (2006). *Classroom management for elementary teachers.* Boston: Allyn & Bacon.

Evertson, C., & Harris, A. (1992). Synthesis of research: What we know about managing classrooms. *Educational Leadership, 49*, 74–78.

Evertson, C., & Harris, A. (1995, September). Classroom organization and management program: Revalidation submissions to the Program Effectiveness Panel (PEP). U.S. Department of Education. Nashville, TN: Peabody College, Vanderbilt University. (ERIC Document Reproduction Service No. 403-247.)

Evertson, C., & Harris, A. (1999). Support for managing learner-centered classrooms. In H. J. Freiberg (Ed.), *Beyond Behaviorism* (pp. 59–74). Needham Heights, MA: Allyn & Bacon.

Evertson, C., & Randolph, C. (1995). Classroom management in the learning-centered classroom. In A. C. Ornstein (Ed.), *Teaching: Theory and Practice* (pp. 118–131). Boston: Allyn & Bacon.

Evertson, C., & Smithey, M. (2000). Mentoring effects on protégés classroom practice: An experimental study. *Journal of Educational Research, 93*, 294–304.

Evertson, C., & Weinstein, C. (Eds.). (2006). (Eds.). *Handbook of classroom management: Research, practice, and contemporary issues.* Mahwah, NJ: Lawrence Erlbaum.

Farmer, T., Farmer, E., & Gut, D. (1999). Implications of social development research for school-based interventions for aggressive youth with EBD. *Journal of Emotional and Behavioral Disorders*, 7, 130–136.

Fay, J., & Funk, D. (1995). *Teaching with love and logic.* Golden, CO: The Love and Logic Press.

Feather, N. (Ed.). (1982). *Expectations and actions.* Hillsdale, NJ: Erlbaum.

Feitler, F., & Tokar, E. (1992). Getting a handle on teacher stress: How bad is the problem? *Educational Leadership, 49*, 456–458.

Felsman, J., & Vaillant, G. (1987). Resilient children as adults: A 40-year study. In E. J. Anderson & B. J. Cohler (Eds.), *The Invulnerable Child.* New York: Guilford Press.

Fideler, E., & Haskelhorn, D. (1999). *Learning the ropes: Urban teacher induction programs and practices in the United States.* Belmont, MA: Recruiting New Teachers.

Fifer, F. (1986). Effective classroom management. *Academic Therapy, 21*, 401–410.

Finders, M. (1997). *Just girls: Hidden literacies and life in junior high.* New York: Teachers College Press.

Fine, M., & Somerville, J. I. (Eds.). (1998). *Small schools, big imaginations: A creative look at urban public schools.* Chicago: Cross City Campaign for Urban School Reform.

Fisher, C., Berliner, D., Filby, N., Marliave, R., Cahen, L., & Dishaw, M. (1980). Teaching behaviors, academic learning time, and student achievement: An overview. In C. Denham & A. Lieberman (Eds.), *Time to learn* (pp. 7–32). Washington, DC: National Institute of Education.

Fisher, C., Filby, N., Marliave, R., Cahen, L., Dishaw, M., Moore, J., et al. (1978). *Teaching behaviors, academic learning time and student achievement* (Report of Phase III–B, Beginning Teacher Evaluation Study. Tech. Rep. V–1). San Francisco: Far West Laboratory for Educational Research and Development.

Florida Office of Economic and Demographic Research (2000). *Former Florida teacher survey results.* Tallahassee, FL: Office of Economic and Demographic Research.

Flowerday, T., & Schraw, G. (2000). Teachers' beliefs about instructional choice: A phenomenological study. *Journal of Educational Psychology, 92*, 634–635.

Ford, M. (1992). *Motivating humans: Goals, emotions, and personal agency beliefs.* Newbury Park, CA: Sage.

Frankland, C., Edmonson, H., & Turnbull, A. (2001). Positive behavioral support: Family, school, and community partnerships. *Beyond Behavior, 11*, 7–9.

Freeman, D., & Freeman, Y. (2001). *Between worlds: Access to second language acquisition.* Portsmouth, NH: Heinemann.

Freeman, Y., & Freeman, D. (2002). *Closing the achievement gap: How to reach limited-formal-schooling and long-term English learners.* Portsmouth, NH: Heinemann.

Freiberg, H., Connell, M., & Lorentz, J. (2001). Effects of consistency management on student mathematics achievement in seven Chapter I schools. *Journal of Education for Students Placed at Risk, 6*(3), 249–270.

Freiberg, J. (1996). From tourists to citizens in the classroom. *Educational Leadership, 54*, 32–36.

Freiberg, J. (Ed.). (1999). *Beyond behaviorism: Changing the classroom management paradigm.* Boston: Allyn & Bacon.

Freiberg, J., & Driscoll, A. (2005). *Universal teaching strategies* (4th ed.). Boston: Allyn & Bacon.

Freiberg, J., & Lapointe, J. (2006). Research-based programs for preventing and solving discipline problems. In C. Evertson & C. Weinstein (Eds.), *Handbook of classroom management: Research, practice, and contemporary issues.* Mahwah, NJ: Lawrence Erlbaum.

Freiberg, J., Stein, T., & Huang, S. (1995). Effects of a classroom management intervention on student achievement in inner-city elementary schools. *Educational Research and Evaluation, 1*, 36–66.

Frericks, A. (1974, March). *Labeling of students by prospective teachers.* Paper presented at the American Educational Research Association Convention, Chicago.

Frey, K., Hirschstein, M., & Guzzo, B. (2000). Second step: Preventing aggression by promoting social competence. *Journal of Emotional and Behavioral Disorders, 8,* 102–112.

Fries, K., & Cochran-Smith, M. (2006). Teacher research and classroom management: What questions do teachers ask? In C. Evertson & C. Weinstein (Eds.) *Handbook of Classroom Management: Research, Practice, and Contemporary Issues.* Mahwah, NJ: Lawrence Erlbaum.

Futrell, M., Gomez, J., & Bedden, D. (2003). Teaching the children of a new America. *Phi Delta Kappan, 84,* 381–385.

Ganser, T. (1999, April). *Reconsidering the relevance of Veenman's (1994) meta-analysis of the perceived problems of beginning teachers.* Paper presented at the annual meeting of the American Educational Research Association, Montreal, Canada.

Garbarino, J. (1999). *Lost boys: Why our sons turn violent and how we can save them.* New York: Free Press.

Garcia, E. (1999). *Student cultural diversity: Understanding and meeting the challenge* (2nd ed.). Boston: Houghton Mifflin.

Gardner, H. (1999a). *Intelligence reframed: Multiple intelligences for the 21st century.* New York: Basic Books.

Gardner, H. (1999b). *The disciplined mind: What all students should understand.* New York: Simon & Schuster.

Garner, P. (1995). Schools by scoundrels: The views of disruptive pupils in mainstream schools in England and the United States. In M. Lloyd-Smith & J. D. Davies (Eds.), *On the margins: The educational experience of "problem" students* (pp. 17–30). Staffordshire, England: Trentham Books.

Gathercoal, F. (2001). *Judicious discipline* (5th ed.). San Francisco: Caddo Gap Press.

Gay, G. (1993). Ethnic minorities and educational equality. In J. Banks & C. Banks (Eds.), *Multicultural education.* Boston: Allyn & Bacon.

Gay, G. (2004). Curriculum theory and multicultural education. In J. Banks & C. McGee Banks (Eds.), *Handbook of research on multicultural education* (2nd ed.; pp. 30–49). San Francisco: Jossey-Bass.

Gersten, R., & Jimenez, R. (1994). A delicate balance: Enhancing literature instruction for students of English as a second language. *The Reading Teacher, 47,* 439–449.

Gibbs, J. (2000). *Tribes: A new way of learning and being together.* Sausalito, CA: Center Source.

Gilberts, G., Agran, M., Hughes, C., & Wehmeyer, M. (2001). The effects of peer delivered self-monitoring strategies on the participation of students with severe disabilities in general education classrooms. *Journal of the Association for Persons with Severe Handicaps, 26,* 25–36.

Gilmer, J. (1985). *Factors related to the success and failure of teacher assistance teams in elementary schools.* Unpublished doctoral dissertation, University of Arizona, Tucson.

Ginott, H. (1972). *Teacher and child: A book for parents and teachers.* New York: Macmillan.

Glasser, W. (1965). *Reality therapy.* New York: Harper and Row.

Glasser, W. (1986). *Control theory in the classroom.* New York: Harper and Row.

Glasser, W. (1988). On students' needs and team learning: A conversation with William Glasser. R. Brandt (Ed.), *Educational Leadership, 45,* 38–45.

Glasser, W. (1990). *The quality school: Managing students without coercion.* New York: Harper and Row.

Gold, M. S. (1995). *The good news about depression: Breakthrough medical treatments that can work for you.* New York: Bantam Books.

Goldstein, A. (1999, December 20). The victims: Never again. *Time, 154,* 53–57.

Goleman, D. (1995). *Emotional intelligence.* New York: Bantam Books.

Golly, A. (1994). The use and effects of alpha and beta commands in elementary classroom settings. Unpublished doctoral dissertation. University of Oregon.

Good, T. (1983). Classroom research: A decade of progress. *Educational Psychologist, 18,* 127–144.

Good, T., & Brophy, J. (1987). *Looking in classrooms* (4th ed.). New York: Harper and Row.

Good, T., & Brophy, J. (1994). *Looking in classrooms* (6th ed.). New York: Harper and Row.

Good, T., & Brophy, J. (2003). *Looking in classrooms* (8th ed.). New York: Longman.

Goodenow, C., & Grady, K. (1993). The relationship of school belonging and friends' values to academic motivation among urban adolescent students. *Journal of Experimental Education, 62,* 60–71.

Goodlad, J. (1983). A study of schooling: Some implications for school improvement. *Phi Delta Kappan, 64,* 552–558.

Goodlad, J. (1984). *A place called school: Prospects for the future.* New York: McGraw-Hill.

Gordon, C., Henry, G., Mashburn, A., & Ponder, B. (2001). *Pre-kindergarten longitudinal study: Findings from the 1999–2000 school year.* Atlanta, GA: Office of School Readiness.

Gordon, T. (1974). *Teacher effectiveness training.* New York: Wyden.

Grant, R. (1993). Strategic training using text headings to improve students' processing of content. *Journal of Reading, 36,* 382–388.

Greenberg, M., Domitrovich, C., & Bumbarger, B. (2001). The prevention of mental disorders in school-aged children: Current state of the field. *Prevention & Treatment, 4,* 1–62.

Greenberg, M., Kusche, C., Cook, E., & Quamma, J. (1995). Promoting emotional competence in school-aged children: The effects of the PATHS curriculum. *Development and Psychopathology,* 7, 117–136.

Gresham, F. (1998). Social skills training: Should we raze, remodel, or rebuild? *Behavioral Disorders, 24,* 19–25.

Grolnick W., & Slowiaczek, M. (1994). Parents' involvement in children's schooling: A multidimensional conceptualization and motivational model. *Child Development, 65,* 237–252.

Grossman, D., Neckermann, H., Koepsell, T., Liu, P., Asher, K., Beland, K., et al. (1997). Effectiveness of a violence prevention curriculum among children in elementary school: A randomized controlled trial. *Journal of the American Medical Association, 277,* 1605–1611.

Guskey, T., & Passaro, P. (1994). Teacher efficacy: A study of construct dimensions. *American Educational Research Journal, 31,* 627–643.

Hagstrom, D. (2004). *From outrageous to inspired: How to build a community of leaders in our schools.* San Francisco: Jossey-Bass.

Hale-Benson, J. (1986). *Black children: Their roots, culture and learning styles* (Rev. ed.). Baltimore: Johns Hopkins University Press.

Haley, P., & Berry, K. (1988). *Home and school as partners: Helping parents help their children.* Andover, MA: Regional Laboratory for Educational Improvement of the Northeast and Islands.

Halford, J. (1998). Easing the way for new teachers. *Educational Leadership, 55*(5), 33–36.

Hamayan, E. (1994). Language development of low-literacy students. In F. Genesee (Ed.), *Educating second language children: The whole child, the whole curriculum, the whole community* (pp. 278–300). New York: Cambridge Press.

Hamre, B., & Pianta, R. (2001). Early teacher–child relationships and the trajectory of children's school outcomes through eighth grade. *Child Development,* 72, 625–638.

Hargreaves, A. (2000). Mixed emotions: teachers' perceptions of their interactions with students. *Teaching and Teacher Education, 16,* 811–826.

Harrington, C., & Boardman, S. (1997). *Paths to success: Beating the odds in American society.* Cambridge, MA: Harvard University Press.

Harter, S. (1996). Teacher and classmate influences on scholastic motivation, self-esteem, and level of voice in adolescents. In J. Juvonen & K. Wentzel (Eds.), *Social motivation: Understanding children's school adjustment* (pp. 11–42). New York: Cambridge.

Harvard University Advancement Project and the Civil Rights Project. (2000). *Opportunities suspended: The devastating consequences of zero tolerance and school discipline policies.* http://www.law.harvard.edu/group/civilrights/conferences/zero/zt_report2.html.

Hattie, J., Biggs, J., & Purdie, N. (1996). Effects of learning skills interventions on student learning: A meta-analysis. *Review of Educational Research, 66,* 99–136.

Hawkins, D., Doueck, H., & Lishner, D. (1988). Changing teaching practices in mainstream classrooms to improve bonding and behavior of low achievers. *American Educational Research Journal, 25,* 31–50.

Haycock, K. (1998). Good teaching matters . . . a lot. *Thinking K–16, 3,* 1–14.

Hayek, R. (1987). The teacher assistance team: A pre-referral support team. *Focus on Exceptional Children, 20,* 1–7.

Helmer, S., & Eddy, C. (2003). *Look at me when I talk to you: ESL learners in non-ESL classrooms.* Toronto, Ontario: Pippin.

Herbert, E., & Worthy, T. (2001). Does the first year of teaching have to be a bad one? A case study of success. *Teacher and Teacher Education, 17,* 897–911.

Hoover-Dempsey, K., Battiato, A., Walker, J., Reed, R., DeJong, J., & Jones, D. (2002). Parental involvement in homework. *Educational Psychologist, 36,* 195–209.

Hoy, A., & Weinstein, C. (2006). Student and teacher perception on classroom management. In C. Evertson & C. Weinstein (Eds.), *Handbook of classroom management: Research, practice, and contemporary issues.* Mahwah, NJ: Lawrence Erlbaum.

Huggins, P., Manion, D., Shakarian, L., & Moen, L. (1997). *Multiple intelligences: Helping kids discover the many ways to be smart.* Longmont, CO: Sopris West.

Hughes, J., Cavell, T., & Willson, V. (2001). Further support for the developmental significance of the quality of the teacher-student relationship. *Journal of School Psychology, 39*, 289–302.

Hunter, J., & Csikszentmihalyi, M. (2003). The positive psychology of interested adolescents. *Journal of Adolescence and Youth, 32*, 27–35.

Hutchinson, S., Murdock, S., Williamson, R., & Cronin, M. (2000). Self-recording PLUS encouragement equals improved behavior. *Teaching Exceptional Children, 32*, 54–58.

Hyman, I., & Perone, D. (1998). The other side of school violence: Educator policies and practices that may contribute to student misbehavior. *Journal of School Psychology, 36*, 7–27.

Igoa, C. (1995). *The inner world of the immigrant child.* New York: St. Martin's Press.

Jacques, K. (2000). Solicitous tenderness: Discipline and responsibility in the classroom. In H. Cooper & R. Hyland (Eds.), *Children's perceptions of learning with trainee teachers* (pp. 166–177). London: Routledge.

Johns, B., & Carr, V. (1995). *Techniques for managing verbally and physically aggressive students.* Denver, CO: Love.

Johns, K., & Espinoza, C. (1996). Management strategies for culturally diverse classrooms. Bloomington, IN: Phi Delta Kappa Educational Foundation.

Johnson, B., Whitington, V., & Oswald, M. (1994). Teacher's views of school discipline: A theoretical framework. *Cambridge Journal of Education, 24*, 262–278.

Johnson, D., & Johnson, R. (1975). *Learning together and alone: Group theory and group skills.* Englewood Cliffs, NJ: Prentice-Hall.

Johnson, D., & Johnson, R. (1987). *Learning together and alone: Cooperative, competitive, and individualistic learning* (2nd ed.). Englewood Cliffs, NJ: Prentice Hall.

Johnson, D., & Johnson, R. (1991). *Teaching students to be peacemakers.* Edina, MN: Interaction Book Company.

Johnson, D., Johnson, R., & Holubec, E. (1993). *Cooperation in the classroom.* Edina, MN: Interaction Book Company.

Johnson, D., Johnson, R., & Holubec, E. (1998). *Cooperation in the classroom*, (8th edition). Edina, MN: Interaction Book Company.

Johnson, R., & Johnson, D. (1985). *Cooperative learning: Warm-ups, grouping strategies and group activities.* Edina, MN: Interaction Book Company.

Johnston, B. (1995). "Withitness": Real or fictional? *The Physical Educator, 51*, 22–28.

Jones, F. (1987). *Positive classroom discipline.* New York: McGraw-Hill.

Jones, V. (1980). *Adolescents with behavior problems: Strategies for teaching, counseling, and parent involvement.* Boston: Allyn & Bacon.

Jones, V. (1982). Training teachers to be effective classroom managers. In D. Duke (Ed.), *Helping teachers manage classrooms* (pp. 52–68). Alexandria, VA: Association of Supervision and Curriculum Development.

Jones, V. (1986). Classroom management in the United States: Trends and critical issues. In D. Tattum (Ed.), *Management of disruptive pupil behaviour in schools* (pp. 69–90). Chichester, England: Wiley.

Jones, V. (1987). Major components in a comprehensive program for seriously emotionally disturbed children. In R. Rutherford, M. Nelson, & S. Forness (Eds.), *Severe behavior disorders of children and youth* (pp. 94–121). Boston: Little, Brown.

Jones, V. (1991). Experienced teachers' assessment of classroom management skills presented in a summer course. *Journal of Instructional Psychology, 18*, 103–109.

Jones, V. (1996). Classroom management. In J. Silula (Ed.), *Handbook of Research on Teacher Education.* (2nd ed.) (pp. 503–521). New York: Macmillan.

Jones, V. (2002). Creating communities of support: The missing link in dealing with student behavior problems and reducing violence in schools. *Beyond Behavior, 11*, 16–19.

Jones, V. (in press). How do teachers learn to be effective classroom managers? In C. Evertson & C. Weinstein (Eds.), *Handbook for classroom management: Research, practice, and contemporary issues.* Mahwah, NJ: Lawrence Erlbaum.

Jones, V., Dohrn, E., & Dunn, C. (2004). *Creating effective programs for students with emotional and behavior disorders: Interdisciplinary approaches for adding meaning and hope to behavior change interventions.* Boston: Allyn & Bacon.

Jones, V., & Jones, L. (1991). *Responsible school discipline.* Boston: Allyn & Bacon.

Jones, V., & Waksman, S. (1985). *State of Oregon technical assistance paper on the identification and treatment of seriously emotionally disturbed students.* Salem: Oregon State Department of Education.

Juvonen, J., & Graham, S. (2001). *Peer harassment in school: The plight of the vulnerable and victimized.* New York: Guilford Press.

Kagan, S. (1989). *Cooperative learning: Resources for teachers.* Laguna Niguel, CA: Resources for Teachers.

Kahle, J. (1990). Why girls don't know. In M. Rowe (Ed.), *What research says to the science teacher: The process of knowing.* Washington, DC: National Science Testing Association.

Kameenui, E., Carnine, D., Dixon, R., Simmons, D., & Coyne, M. (2002). *Effective teaching strategies that accommodate diverse learners* (2nd ed.). Upper Saddle River, NJ: Merrill Prentice Hall.

Kaplan, C. (1992). Teachers' punishment histories and their selection of disciplinary strategies. *Contemporary Psychology, 17* (3), 258–265.

Katz, S. (1999). Teaching in tensions: Latino immigrant youth, their teachers, and the structures of schooling. *Teachers College Record, 100,* 809–840.

Kauffman, J. (1997). *Characteristics of emotional and behavioral disorders of children and youth* (6th ed.). Upper Saddle River, NJ: Merrill.

Kauffman, J. (2001). *Characteristics of emotional and behavioral disorders of children and youth* (7th ed.). Upper Saddle River, NJ: Merrill Prentice Hall.

Kauffman, J., & Burbach, H. (1997). On creating a climate of classroom civility. *Phi Delta Kappan, 79,* 320–325.

Kaufman, P., Bradby, D., & Owings, J. (1992). *National longitudinal study of 1988: Characteristics of at-risk students in NELS: 88.* Washington, DC: U.S. Office of Education, Office of Educational Research and Improvement.

Kazdin, A. (1991). Effectiveness of psychotherapy with children and adolescents. *Journal of Consulting and Clinical Psychology, 59,* 785–798.

Kellam, S., Ling, X., Merisca, R., Brown, C., & Ialongo, N. (1998). The effect of level of aggression in the first grade classroom on the course and malleability of aggressive behavior in middle school. *Development and Psychopathology, 10,* 165–185.

Keller, B. (2000). Small schools found to cut price of poverty. *Education Week* (February 9), p. 6.

Kessler, R. (1998, August 13). Cited in M. Elias, "Rich or poor, more kids struggle with symptoms." *USA Today,* p. D1.

Kleinfeld, J. (1972). *Instructional style and the intellectual performance of Indian and Eskimo students.* Project No. I-J-027 (Final Report). Washington, DC: Office of Education, U.S. Department of Health, Education, and Welfare.

Klonsky, M. (1996). *Small schools: The numbers tell a story.* Small Schools Workshop: College of Education, University of Illinois at Chicago.

Kohn, A. (1991). Caring kids: The role of the schools. *Phi Delta Kappan,* 72, 496–506.

Kohn, A. (1993). *Punishment by rewards: The trouble with gold stars, incentive plans, A's, praise, and other bribes.* Boston: Houghton Mifflin.

Kohn, A. (1996). *Beyond discipline: From compliance to community.* Alexandria, VA: Association for Supervision and Curriculum Development.

Kosciw, J. (2004). *The 2003 National School Climate Survey: The School-Related Experiences of Our Nation's Lesbian, Gay, Bisexual and Transgender Youth.* New York: Gay, Lesbian and Straight Education Network.

Kounin, J. (1970). *Discipline and group management in classrooms.* New York: Holt, Rinehart and Winston.

Krathwohl, D., Bloom, B., & Masia, B. (1964). *Taxonomy of educational objectives, handbook II: Affective domain.* New York: David McKay.

Kusche, C., & Greenberg, M. (2000). *PATHS: Promoting alternative thinking strategies: A comprehensive curriculum for preventing bullying and increasing critical-thinking skills in grades K–6.* South Deerfield, MA: Channing Bete Company.

Kuykendall, C. (2004). *From rage to hope: Strategies for reclaiming Black and Hispanic students* (2nd ed.). Bloomington, IN: National Education Service.

LaBenne, W., & Green, B. (1969). *Educational implications of self-concept theory.* Pacific Palisades, CA: Goodyear.

Ladd, K. (2000). A comparison of teacher education programs and graduate's perceptions of experiences. *Dissertation Abstracts International* (University Microfilms No. 9998491).

Ladson-Billings, G. (1994). *The dreamkeepers: Successful teachers of African American children.* San Francisco: Jossey-Bass.

Laird, R., Jordan, K., Dodge, K., Pettit, G., & Bates, J. (2001). Peer rejection in childhood, involvement with antisocial peers in early adolescence, and the development of externalizing behavior problems. *Development and Psychopathology, 13,* 337–354.

Lampert, M. (2001). *Teaching problems and the problems of teaching.* New Haven, CT: Yale University Press.

Langdon, C. (1997). The fourth Phi Delta Kappa poll on teachers' attitudes toward the public schools. *Phi Delta Kappan, 79,* 212–221.

Langdon, C. (1999). The fifth Phi Delta Kappan poll of teachers' attitudes toward the public schools. *Phi Delta Kappan, 8*, 611–620.

Larson, J. (1998). Managing student aggression in high schools: Implications for practice. *Psychology in the Schools, 35*, 283–295.

Lazear, D. (1999). *Eight ways of knowing: Teaching for multiple intelligences* (3rd ed.). Arlington Heights, IL: SkyLight Training and Publishing.

Lee, V. (1991, August). *Sexism in single-sex and coeducational secondary school classrooms.* Paper presented at the annual meeting of the American Sociological Association, Cincinnati, OH.

Lee, V., & Loeb, S. (2000). School size in Chicago elementary schools: Effects on teachers' attitudes and students' achievement. *American Educational Research Journal, 37*, 3–31.

Lewin, T. (1995, December 7). Parents poll shows child abuse to be more common. *New York Times*, p. B16.

Lewis, C., Schaps, E., & Watson, M. (1996). The caring classroom's academic edge. *Educational Leadership, 54*, 16–21.

Lewis, R. (2001a). Classroom discipline and student responsibility: The students' view. *Teacher and Teacher Education, 17*, 307–319.

Lewis, R., & St. John, N. (1974). Contribution of cross-racial friendship to minority group achievement in desegregated classrooms. *Sociometry, 37*, 79–91.

Lewis, T. (2001b). Building infrastructure to enhance schoolwide systems of positive behavioral support: Essential features of technical assistance. *Beyond Behavior, 11*, 10–12.

Lewis, T., Sugai, G., & Colvin, G. (1998). Reducing problem behavior through a school-wide system of effective behavioral support: Investigation of a school-wide social skills training program and contextual interventions. *School Psychology Review, 27*, 446–459.

Lightfoot, S. L. (1983). *The good high school.* New York: Basic Books.

Lipsitz, J. (1984). *Successful schools for young adolescents.* New Brunswick, NJ: Transaction Books.

Long, N., & Morse, W. (1996). *Conflict in the classroom: The education of at-risk and troubled students.* Austin, TX: Pro-Ed.

Lotan, R. (2006). Managing groupwork in the heterogeneous classroom. In C. Evertson & C. Weinstein (Eds.), *Handbook of classroom management: Research, practice, and contemporary issues.* Mahwah, NJ: Lawrence Erlbaum.

Lundeen, C. (2002). The study of beginning teachers' perceived problems with classroom management and adult relationships throughout the first year of teaching. Unpublished doctoral dissertation, University of North Carolina at Chapel Hill.

Macias, J. (1987). The hidden curriculum of Papago teachers: American Indian strategies for mitigating cultural discontinuity in early school. In G. Spindler & L. Spindler (Eds.), *Interpretive ethnography of education: At home and abroad* (pp. 363–380). Hillsdale, NJ: Lawrence Erlbaum.

Maher, C. (1987). Involving behaviorally disordered adolescents in instructional planning: Effectiveness of the GOAL procedures. *Journal of Child and Adolescent Psychotherapy, 4*, 204–210.

Maple, F. (1977). *Shared decision making.* Beverly Hills, CA: Sage.

Martin, R., & Lauridsen, D. (1974). *Developing student discipline and motivation.* Champaign, IL: Research Press.

Marzano, R. (2003). *What works in schools: Translating research into action.* Alexandria, VA: Association for Supervision and Curriculum Development.

Marzano, R., Marzano, J., & Pickering, D. (2003). *Classroom management that works.* Alexandria, VA: Association for Supervision and Curriculum Development.

Maslow, A, (1968). *Toward a psychology of being.* New York: D. Van Nostrand.

Masterson, J., & Costello, J. (1980). *From borderline adolescent to functioning adult: The test of time.* New York: Brunner/Mazel.

Mastropieri, M., & Scruggs, T. (1991). *Teaching students ways to remember: Strategies for learning mnemonically.* Cambridge, MA: Brookline.

Mayer, G. (1995). Preventing antisocial behavior in the schools. *Journal of Applied Behavior Analysis, 28*, 467–478.

Mayer, G., & Leone, P. (1999). A structural analysis of school violence and disruption: Implications for creating safer schools. *Education & Treatment of Children, 22*, 333–356.

McCarthy, B. (1987). *The 4-MAT system: Teaching to learning styles with right/left mode techniques.* Barrington, IL: Excel.

McCaslin, M., Bozack, A., Napoleon, L., Thomas, A., Vasquez, V., Wayman, V., & Zhang, J. (2006). Self-regulated learning and classroom management: Theory, research, and considerations for classroom practice. In C. Evertson & C. Weinstein (Eds.), *Handbook of classroom management: Research, practice, and contemporary issues.* Mahwah, NJ: Lawrence Erlbaum.

McCaslin, M., & Good, T. (1992). Compliant cognition: The misalliance of management and instructional goals in current school reform. *Educational Researcher, 21* (3), 4–17.

McCaslin, M., & Good, T. (1996). *Listening to students.* New York: HarperCollins.

McCormack, C. (2001). Investigating the impact of an internship on the classroom management beliefs of preservice teachers. *The Professional Educator, 23*(2), 11–22.

McDougall, D. (1998). Research on self-management techniques used by students with disabilities in general education setting: A descriptive review. *Remedial and Special Education, 19,* 310–320.

McEvoy, A., & Welker, R. (2000). Antisocial behavior, academic failure and school climate: A critical review. *Journal of Emotional and Behavioral Disorders, 8,* 130–141.

McIntyre, T. (1996). Does the way we teach create behavior disorders in culturally different children? *Education and Treatment of Children, 19,* 354–370.

McKenzie, T., & Rushall, B. (1974). Effects of self-recording on attendance and performance in a competitive swimming training program. *Journal of Applied Behavior Analysis,* 7, 199–206.

McKeown, H. (1998). Do you know where the parents of your children are? In E. Lee, D. Menkart, & Okazawa-Rey, M. *Beyond heroes and holidays: A practical guide to K–12 anti-racist, multicultural education and staff development* (pp. 88–91). Washington, DC; Network of Educators on the Americas.

McLaughlin, H. (1992, April). *Seeking solidarity and responsibility: The classroom contexts of control and negotiation.* Paper presented at the annual meeting of the American Educational Research Association, San Francisco. (ERIC Document Reproduction Service No. ED 349 644).

McNeely, C., Nonnemaker, J., & Blum, R. (2002). Promoting school connectedness: Evidence from the National Longitudinal Study of Adolescent Health, *Journal of School Health,* 72, 138–146.

Meier, D. (1995). *The power of their ideas.* Boston: Beacon Press.

Meister, D., & Jenks, C. (2000). Making the transition from preservice to inservice teaching: Beginning teachers' reflections. *Action in Teacher Education, 23,* 1–11.

Mendler, A. (1992). *What do I do when . . . ? How to achieve discipline with dignity in the classroom.* Bloomington, IN: National Educational Services.

Michie, G. (1999). *Holler if you hear me: The education of a teacher and his students.* New York: Teachers College Press.

Milner, R. (2006). Classroom management in urban classrooms. In C. Evertson & C. Weinstein (Eds.), *Handbook of classroom management: Research, practice, and contemporary issues.* Mahwah, NJ: Lawrence Erlbaum.

Mitchell, A. (1998). African-American teachers: Unique roles and universal lessons. *Education and Urban Society, 31,* 104–122.

Monroe, C., & Obidah, J. (2004). The influence of cultural synchronization on teachers' perceptions of disruption: A case study of an African-American middle school classroom. *Journal of Teacher Education, 55,* 256–268.

Morrison, G., & D'Incau, B. (1997). The web of zero tolerance: Characteristics of students who are recommended for expulsion from school. *Education and Treatment of Children, 20,* 316–335.

Morse, W. (1987). Introduction to the special issue. *Teaching Exceptional Children, 4,* 4–6.

Morse, W. (1994). The role of caring in teaching children with behavior problems. *Contemporary Education, 65,* 132–136.

Mortimore, P., & Sammons, P. (1987). New evidence on effective elementary schools. *Educational Leadership, 45,* 4–8.

Muller, C., Katz, S., & Dance, L. (1999). Investing in teaching and learning: Dynamics of the teacher-student relationship from each actor's perspective. *Urban Education, 34,* 292–337.

Murdick, N., & Gartin, B. (1993). How to handle students exhibiting violent behavior. *The Clearing House, 66,* 278–280.

Murray, C., & Greenberg, M. (2000). Children's relationship with teachers and bonds with school: An investigation of patterns and correlates in middle childhood. *Psychology in the Schools, 38,* 425–446.

Nagel, N. (1996). *Learning through real-world problem solving.* Thousand Oaks, CA: Corwin.

Nagel, N. (2001). Empowering young students to become active citizens through real world problem solving. *Education and Democracy, 14,* 6–9.

National Center for Education Statistics. (1996). *How safe are the public schools?* Washington, DC: U.S.

Department of Education, Office of Educational Research and Improvement.

National Center for Education Statistics. (1999). *Indicators of school crime and safety, 1998.* Washington, DC: U.S. Department of Education, Office of Educational Research and Improvement.

National Center for Educational Statistics (2001). *Indicators of school crime and safety, 2001.* Washington, DC: U.S. Department of Education, Office of Educational Research and Improvement.

National Center for Education Statistics. (2002). *Indicators of school crime and safety, 2002.* Washington, DC: U.S. Department of Education, Office of Educational Research and Improvement.

National Center for Educational Statistics. (2005). *Digest of Educational Statistics, 2005.* Washington, DC: U.S. Department of Education, Institute of Education Sciences.

Nelson, J. (1996). Designing schools to meet the needs of students who exhibit disruptive behavior. *Journal of Emotional and Behavioral Disorders, 4,* 147–161.

Nelson, J., Crabtree, M., Marchand-Martella, N., & Martella, R. (1998). Teaching good behavior in the whole school. *Teaching Exceptional Children, 30,* 4–9.

Nelson, J., & Roberts, M. (2000). Ongoing reciprocal teacher-student interactions involving disruptive behaviors in general education classrooms. *Journal of Emotional and Behavioral Disorders, 8,* 27–37, 48.

Nelson, R., Martella, R., & Galand, B. (1998). The effects of teaching school expectations and establishing a consistent consequence on formal office disciplinary actions. *Journal of Emotional and Behavioral Disorders, 6,* 153–161.

Nichols, P. (1999). *Clear thinking: Talking back to whispering shadows.* Iowa City, IA: River Lights Publishers.

Nichols, P., & Shaw, M. (1999). *Whispering shadows: Think clearly and claim your personal power.* Iowa City, IA: River Lights Publishers.

Nickerson, C., Lollis, C., & Porter, E. (1980). *Miraculous me.* Seattle, WA: Comprehensive Health Education Foundation.

Nielson, G. (1983). *Borderline and acting out adolescents: A developmental approach.* New York: Human Sciences Press.

Nims, D., & Wilson, R. (1998). Violence prevention preparation: A survey of colleges of education and departments of teacher education. (ERIC Document Reproduction Service No. ED 418 052).

Noblit, G. (1993). Power and caring. *American Educational Research Journal, 30,* 23–38.

Noddings, N. (1984). *Caring, a feminine approach to ethics and moral education.* Berkeley: University of California Press.

Noddings, N. (1992). *The challenge to care in schools: An alternative approach to education.* New York: Teachers College Press.

Noguera, P. (1995). Preventing and producing violence: A critical analysis of responses to school violence. *Harvard Educational Review, 65,* 189–212.

Noguera, P. (2003). Schools, prisons, and social implications of punishment: Rethinking disciplinary practices. *Theory into Practice, 42,* 341–350.

Norris, J. (2003). Looking at classroom management from a social and emotional learning lens. *Theory into Practice, 42,* 313–318.

O'Leary, D., & O'Leary, S. (Eds.). (1977). *Classroom management: The successful use of behavior modification* (2nd ed.). New York: Pergamon Press.

Olsen, L., & Jaramillo, A. (Eds.), (1999). *Turning the tides of exclusion: A guide for educators and advocates for immigrant students.* Oakland, CA: Coast Litho.

O'Neil, J. (1991). A generation adrift? *Educational Leadership, 49,* 4–10.

O'Neill, B., & Glass, D. (1994). *Kelso's choice: Conflict management for children.* Winchester, OR: Rhinestone Press.

Oregonian. (1996, September 4). Back to School. E1.

Paley, V. (1989). *White teacher.* Cambridge, MA: Harvard University Press.

Peregoy, S. F., & Boyle, O. F. (1993). As presented in Grant, R. (1995). Meeting the needs of young second language learners. In E. Garcia & B. McLaughlin (Eds.), *Meeting the challenge of linguistic and cultural diversity in early childhood education* (pp. 1–17). New York: Teachers College Press.

Petersen, R., Pietrzak, D., & Speaker, K. (1998). The enemy within: a national study on school violence and prevention. *Urban Education, 33,* 331–359.

Phelan, P., Davidson, A., & Cao, H. (1992). Speaking up: Students' perspectives on school. *Phi Delta Kappan, 73,* 695–704.

Pianta, R. (2006). Classroom management and relationships between children and teachers: Implications for research and practice. In C. Evertson & C. Weinstein (Eds.), *Handbook of classroom management: Research, practice, and contemporary issues.* Mahwah, NJ: Lawrence Erlbaum.

Pianta, R., Howes, C., Burchinal, M., Bryant, D., Clifford, R., Early, D., & Barbarin, O. (2004). *Features of pre-kindergarten programs, classrooms, and teachers: Do they predict observed classroom quality and child-teacher interactions?* Manuscript submitted for publication.

Pianta, R., Steinberg, M., & Rollins, K. (1995). The first two years of school: Teacher–child relationships and deflections in children's classroom adjustment. *Development and Psychopathology*, 7, 295–312.

Pigge, F., & Marso, R. (1997). A seven year longitudinal multi-factor assessment of teaching concerns development through preparation and early years of teaching. *Teaching and Teacher Education, 13*(2), 225–235.

Pilarski, M. (1994). Student teachers: Underprepared for classroom management? *Teaching Education, 6*(1), 77–80.

Pipher, M. (1994). *Reviving Ophelia: Saving the selves of adolescent girls.* New York: Ballatine Books.

Pipho, C. (2000). A new reform model for teachers and teaching. *Phi Delta Kappan, 81*(6), 421–423.

Plank, S., McDill, E., McPartland, J., & Jordan, W. (2001). Situation and repertoire: Civility, incivility, cursing and politeness in an urban high school. *Teachers College Record, 103*, 504–525.

Pomeroy, E. (1999). The teacher–student relationship in secondary school: Insights from excluded students. *British Journal of Sociology of Education, 20*, 465–482.

Posthuma, B. (1999). *Small groups in counseling and therapy* (3rd ed.). Boston: Allyn & Bacon.

Postman, M., & Weingartner, D. (1969). *Teaching as a subversive activity.* New York: Delacorte.

Price, G. (1980). Which learning style elements are stable and which tend to change? *Learning Styles Network Newsletter, 1*, 1.

Purcell-Gates, V. (1995). *Other people's words: The cycle of low literacy.* Cambridge, MA: Harvard University Press.

Purkey, W. (1970). *Self-concept and school achievement.* Englewood Cliffs, NJ: Prentice Hall.

Purkey, W., & Novak, J. (1984). *Inviting school success: A self-concept approach to teaching and learning* (2nd ed.). Belmont, CA: Wadsworth.

Ratzki, A. (1988). The remarkable impact of creating a school community. *American Educator, 12*, 10–43.

Reiss, A., & Ross, J. (Eds.). (1994). *Understanding and preventing violence, volume 3: Social influences.* Washington, DC: National Academies Press.

Resnick, M., Bearman, P., Blum, R., et al., (1997). Protecting adolescents from harm: Findings from the National Longitudinal Study on Adolescent Health, *JAMA, 278*, 823–832.

Reyes, P., Scribner, J., & Scribner, A. (Eds.). (1999). *Lessons from high-performing Hispanic schools: Creating learning communities.* New York: Teachers College Press.

Rhodes, G., Jenson, W., & Reavis, H. (1993). *The tough kid book.* Longmont, CO: Sopris West.

Rimm-Kaufman, S., Pinata, R., & Cox, M. (2000). Teachers' judgments of problems in the transition to kindergarten. *Early Childhood Research Quarterly, 15*, 147–167.

Roderick, T. (2001). *A school of our own: Parents, power, and community at the East Harlem block schools.* New York: Teachers College Press.

Roehler, L., Duffy, G., & Meloth, M. (1987). The effects and some distinguishing characteristics of explicit teacher explanation during reading instruction. In J. Niles (Ed.), *Changing perspectives on research in reading/language processing and instruction.* Rochester, NY: National Reading Conference.

Roeser, R., Eccles, J., & Sameroff, A. (1998). Academic and emotional functioning in early adolescence: Longitudinal relations, patterns, and prediction by experience in middle school. *Development and Psychopathology, 10*, 321–352.

Roeser, R., & Galloway, K. (2002). Studying motivation to learn during early adolescence: A holistic perspective. In F. Pajares & T. Urban (Eds.), *Academic motivation of adolescents* (pp. 331–372). Greenwich, CT: LAP Information Age Publishing.

Rose, L., & Gallup, A. (2005). The 37th Annual Phi Delta Kappan/Gallup Poll on the public's attitudes toward the public schools. *Phi Delta Kappan, 87*, 41–63.

Rosenholtz, S., & Simpson, C. (1984). Classroom organization and student stratification. *Elementary School Journal, 85*, 21–37.

Rosenshine, B. (1980). How time is spent in elementary classrooms. In C. Denham & A. Lieberman (Eds.), *Time to learn.* Washington, DC: National Institute of Education.

Rosenshine, B. (1983). Teaching functions in instructional programs. *Elementary School Journal, 83*, 335–351.

Rosenthal, R., & Jacobson, L. (1968). *Pygmalion in the classroom: Teacher expectation and pupils' intellectual development.* New York: Holt, Rinehart and Winston.

Ross, J. (1994). *Triumph over fear: A book of help and hope for people with anxiety, panic attacks and phobias.* New York: Bantam Books.

Rowe, M. (1986). Wait time: Slowing down may be a way of speeding up! *Journal of Teacher Education, 37*, 43–50.

Roy, P. (1998, June). *Teacher behaviors that affect discipline referrals and off-task behavior.* Paper presented at the meeting of Annual Research Colloquium at the State University of West Georgia, Carrollton.

Ruck, M., & Wortley, S. (2002). Racial and ethnic minority high school students' perceptions of school disciplinary practices: A look at some Canadian findings. *Journal of Youth and Adolescence, 3,* 185–195.

Rutter, M., Maughan, B., Mortimore, P., Ouston, J., & Smith, A. (1979). *Fifteen thousand hours.* Cambridge, MA: Harvard University Press.

Ryan, R., & Stiller, J. (1991). The social contexts of internalization: Parent and teacher influences on autonomy, motivation and learning. *Advances in Motivation and Achievement,* 7, 114–149.

Sadker, D., & Sadker, M. (1985). Is the o.k. classroom o.k.? *Phi Delta Kappan, 66,* 358–361.

Saklofske, D., Michaluk, B., & Randhawa, B. (1988). Teachers efficacy and teaching behaviors. *Psychological Report, 63,* 407–414.

Sandia National Laboratories. (1993). Future requirements: Workforce skills. *Journal of Educational Research, 86* (5), 293–297.

Sanford, J., Emmer, E., & Clements, B. (1983). Improving classroom management. *Educational Leadership, 41,* 56–60.

Scales, P. (1994). Strengthening middle grade teacher preparation programs. *Middle School Journal, 26*(1), 59–65.

Schiraldi, V., & Ziedenberg, J. (2001). *Schools and suspensions: Self-reported crime and the growing use of suspension.* Washington, DC: Justice Policy Institute.

Schmuck, R., & Schmuck, P. (2001). *Group processes in the classroom* (8th ed.). Boston: McGraw Hill.

Schneider, E. (1996). Giving students a voice in the classroom. *Educational Leadership, 54,* 22–26.

Schunk, D. (1983). Reward contingencies and the development of children's skills and self-efficacy. *Journal of Educational Psychology, 75,* 511–518.

Schwartz, B. (1988). The experimental synthesis of behavior: In G. H. Bower, (Ed.), *The psychology of learning and motivation* (p. 22). San Diego, CA: Academic Press.

Schwartz, D., Pettit, G., Dodge, K., & Bates, J. (2000). Friendship as a moderating factor in the pathway between early harsh home environment and later victimization in the peer group. *Developmental Psychology, 36,* 646–662.

Search Institute. (1998). *Healthy communities.* Minneapolis, MN: Author.

Seligman, M. (1995). *The optimistic child.* Boston: Houghton Mifflin.

Sergiovanni, T. (1994). *Building community in schools.* San Francisco: Jossey-Bass.

Shade, B. (1989). Afro-American cognitive patterns: A review of the research. In B. Shade (Ed.), *Cultural, style, and the educative process.* Springfield, IL: Charles C. Thomas.

Shamow, L., & Miller, J. (2001). Parents' at-home and at-school academic involvement with young adolescents. *Journal of Early Adolescence, 21,* 68–91.

Sheets, R. (1994, February). *Student voice: Factors that cause teacher/student confrontations in a pluralistic classroom.* Paper presented at the annual conference of the National Association of Minority Education, Seattle, WA. (ERIC Document Reproduction Service No. ED371089).

Sheets, R. (1996). Urban classroom conflict: Student-teacher perception: Ethnic integrity, solidarity, and resistance. *The Urban Review, 28,* 165–183.

Sheets, R. (2002). "You're just a kid that's there"—Chicano perception of disciplinary events. *Journal of Latinos and Education, 1,* 105–122.

Sheets, R., & Gay, G. (1996). Student perceptions of disciplinary conflict in ethnically diverse classroom. *NASSP Bulletin, 80,* 84–94.

Shernoff, D., Csikszentmihalyi, M., Schneider, B., & Shernoff, E. (2003). Student engagement in high school classrooms from the perspective of flow theory. *School Psychology Quarterly, 18,* 158–176.

Shimahara, N., & Sakai, A. (1995). *Learning to teach in two cultures: Japan and the United States.* New York: Garland.

Shinn, M., Stoner, G., & Walker, H. (Eds.). (2002). *Interventions for academic and behavior problems: Preventive and remedial approaches.* Silver Springs, MD: National Association of School Psychologists.

Shores, R., & Wehby, J. (1999). Analyzing the classroom social behavior of students with EBD. *Journal of Emotional and Behavioral Disorders,* 7, 194–199.

Skiba, R., & Knesting, K. (2002). Zero tolerance, zero evidence: An analysis of school disciplinary practice. In R. Skiba & G. Noam (Eds.), *Zero tolerance: Can suspension and expulsion keep school safe? New directions for youth development* (pp. 17–43). San Francisco: Jossey-Bass.

Skiba, R., Michael, R., Nardo, A., & Peterson, R. (2002). The color of discipline: Sources of racial and gender disproportionality in school punishment. *The Urban Review, 34,* 317–342.

Skiba, R., & Peterson, R. (1999). The dark side of zero tolerance: Can punishment lead to safe schools? *Phi Delta Kappan, 80*, 372–376, 381–382.

Skiba, R., Peterson, R., & Williams, T. (1997). Office referrals and suspension: Disciplinary intervention in middle schools. *Education and Treatment of Children, 20*, 295–315.

Slaby, R., Roedell, W., Arezzo, D., & Hendrix, K. (1995). *Early violence prevention: Tools for teachers of young children.* Washington, DC: National Association for the Education of Young Children.

Sleeter, C. (Ed.). (1991). *Empowerment through multicultural education.* Albany: State University of New York Press.

Smith, G. (2002). Place-based education: Learning where we are. *Phi Delta Kappan, 83*, 584–594.

Smith, W. (1936). *Constructive school discipline.* New York: American Book Company.

Solomon, D., Battistich, V., Watson, M., Schaps, E., & Lewis, C. (2000). A six-district study of educational change: Direct and mediated effects of the Child Development Project. *Social Psychology of Education, 4*, 3–51.

Soodak, L., & McCarthy, M. (2006). Classroom management in inclusive settings. In C. Evertson & C. Weinstein (Eds.), *Handbook of classroom management: Research, practice, and contemporary issues.* Mahwah, NJ: Lawrence Erlbaum.

Soodak, L., & Podell, D. (1993). Teacher efficacy and student problem as factors in special education referral. *Journal of Special Education, 27*, 66–81.

Spencer-Hall, D. (1981). Looking behind the teacher's back. *Elementary School Journal, 81*, 281–289.

Sprick, R., Garrison, M., & Howard, L. (1998). *CHAMPs: A proactive and positive approach to classroom management.* Longmont, CO: Sopris West.

Stallings, J., & Mohlman, G. (1981). *Principal leadership style, school policy, teacher change and student behavior in eight secondary schools* (Final Report). Washington, DC: National Institute of Education.

Steiner, C. (1977). *The original warm fuzzy tale.* Sacramento, CA: Jalmar Press.

Steiner, C. (1983). *The original warm fuzzy tale.* Sacramento, CA: Jalmar.

Stewart-Wells, G. (2000). *An investigation of student teacher and teacher educator perceptions of their teacher education programs and the role classroom management plays or should play in preservice education.* Doctoral dissertation, Claremont Graduate School, San Diego State University.

Stiggins, R. (2001). Student-involved classroom assessment(3rded.). UpperSaddleRiver, NJ: MerrillPrentice Hall.

Stipek, D. (1988). *Motivation to learn: From theory to practice.* Englewood Cliffs, NJ: Prentice Hall.

Stroot, S., Fowlker, J., Langholz, S., Stedman, P., Steffer, L., & Valtman, A. (1999). Impact of a collaborative peer assistance and review model on entry-year teachers in a large urban school setting. *Journal of Teacher Education, 50*(1), 27–41.

Strout, M. (2005). Positive behavioral support on the classroom level: Considerations and strategies. *Beyond Behavior, 14*, 3–8.

Sugai, G. (1997). School-wide behavioral systems. *Research Connections in Special Education, 1*, 1–8.

Sugai, G., & Horner, R. (1999). Discipline and behavioral support: Preferred processes and practices. *Preventing School Failure, 43*, 6–13.

Sugai, G., & Horner, R. (2001). Features of an effective behavior support at the school district level. *Beyond Behavior, 11*, 16–19.

Sugai, G., Horner, R., & Gresham, F. (2002). Behaviorally effective school environments. In M. R. Shinn, G. Stoner, & H. M. Walker (Eds.), *Interventions for academic and behavior problems: Preventive and remedial approaches* (pp. 315–350). Silver Springs, MD: National Association of School Psychologists.

Sugai, G., Horner, R., Lewis, T., & Cheney, D. (2002, July). *Positive behavior supports.* Paper presented at the OSEP Research Project Directors' Conference, Washington, DC.

Sugai, G., Kameenui, E., & Colvin, G. (1993). *Project PREPARE: Promoting responsible, empirical and proactive alternatives in regular education for students with behavior disorders.* Unpublished data. Eugene: University of Oregon, College of Education.

Sui-Chu, E., & Willms, J. (1996). Effects of parental involvement on eighth-grade achievement. *Sociology of Education, 69*, 126–141.

Sullivan, (1988). Special study groups: Motivating underachievers. *Middle School Journal, 19*, 20–21.

Sutherland, K., & Wehby, J. (2001). Exploring the relationship between increased opportunities to respond to academic requests and the academic and behavioral outcomes of students with EBD. *Remedial and Special Education, 22*, 113–121.

Sylwester, R. (1999). In search of the roots of adolescent aggression. *Educational Leadership, 57*, 65–69.

Sylwester, R. (2000). *A biological brain in a cultural classroom.* Thousand Oaks, CA: Corwin Press.

Taylor-Greene, S., Brown, D., Nelson, L., Longton, J., Gassman, T., Cohen, J. Swartz, J., Horner, R., Sugai, G., & Hall, S. (1997). School-wide behavioral support: Starting the year off right. *Journal of Behavioral Education*, 7, 99–112.

Teel, K., Debruin-Parecki, A., & Covington, M. (1998). Teaching strategies that honor and motivate inner-city African American students: A school/university collaboration. *Teaching and Teacher Education, 145*, 479–495.

Testerman, J. (1996). Holding at-risk students: The secret is one-one-one. *Phi Delta Kappan*, 77, 364–366.

Tetreault, M. (1993). Classrooms for diversity: Rethinking curriculum and pedagogy. In J. Banks & C. McGee Banks (Eds.), *Multicultural education*. Boston: Allyn & Bacon.

The 2000 Annual Report on School Safety. (2000). Washington, DC: U.S. Department of Education and U.S. Department of Justice.

Thomas, W., & Collier, V. (1997). *School effectiveness for language minority students*. Washington, DC: National Clearinghouse of Bilingual Education.

Thorson, S. (2003). *Listening to students: Reflections on secondary classroom management*. Boston: Allyn & Bacon.

Tobin, K. (1987). The role of wait time in higher cognitive level learning. *Review of Educational Research*, 57, 69–95.

Toby, J. (1993, Winter). Everyday school violence: How disorder fuels it. *American Educator*, 46.

Tomal, D. (1998, October). *A five-styles teacher discipline model*. Paper presented at the annual meeting of the Midwestern Educational Research Association, Chicago, IL.

Tomlinson, C. (1999). *The differentiated classroom: Responding to the needs of all learners*. Alexandria, VA: Association for Supervision and Curriculum Development.

Tomlinson, C. (2005). *How to differentiate instruction in mixed ability classrooms*. Upper Saddle River, NJ: Pearson.

Tomlinson, C., & Kalbfleisch, M. (1998). Teach me, teach my brain: A call for differentiated instruction. *Educational Leadership*, 56, 52–55.

Topper, K., Williams, W., Leo, K., Hamilton, R., & Fox, T. (1994). *A positive approach to understanding and addressing challenging behaviors: Supporting educators and families to include students with emotional and behavioral difficulties in regular education*. Burlington, VT: Center for Developmental Disabilities, University of Vermont.

Tschannen-Moran, M., Woolfolk, H., & Hoy, W. (1998). Teacher efficacy: Its meaning and measure. *Review of Educational Research, 68*, 202–248.

The 2000 annual report on school safety. Washington, DC: Department of Education.

Turnbaugh, A. (1986). A view from the center. *National Center on Effective Secondary Schools Newsletter, 1*, 8–10.

U.S. Department of Education. (2000). *Effective alternative strategies: Grant competition to reduce student suspensions and expulsions and ensure educational progress of suspended and expelled students*. Washington, DC. Safe and drug free schools programs. OMB#1810-0551.

U.S. Department of Education. (2005). *The condition of education 2005: Special analysis, mobility in the workforce*. Washington, DC: U.S. Department of Education, National Center for Educational Statistics.

Valdez, G. (2001). *Learning and not learning English: Latino students in American schools*. New York: Teachers College Press.

Valenzuela, A. (1999). *Subtractive schooling: U.S.-Mexican youth and the politics of caring*. Albany: State University of New York Press.

Van Voorhis, F. (2001). Interactive science homework: an experiment in home and school connection. *National Association of Secondary School Principals' Bulletin, 85*, 20–32.

Vernelle, B. (1994). *Understanding and using groups*. London: Whiting Birch.

Wager, B. R. (1993). No more suspensions: Creating a shared ethical community. *Educational Leadership, 50*(4), 34–37.

Walker, H., & Buckley, N. (1973). Teacher attention to appropriate and inappropriate classroom behavior: An individual case study. *Focus on Exceptional Children, 5*, 5–11.

Walker, H., Colvin, G., & Ramsey, E. (1995). *Antisocial behavior in school: Strategies and best practices*. Pacific Grove, CA: Brooks/Cole.

Walker, H., Hops, H., & Fiegenbaum, E. (1976). Deviant classroom behavior as a function of combinations of social and token reinforcement and cost contingency. *Behavior Therapy*, 7, 76–88.

Walker, H., & Sylwester, R. (1998). Reducing students' refusal and resistance. *Teaching Exceptional Children, 30*, 52–58.

Walker, J., & Hoover-Dempsey, K. (2006). Why research on parental involvement is important to classroom management. In C. Evertson & C. Weinstein (Eds.), *Handbook of classroom management: Research, practice, and contemporary issues.* Mahwah, NJ: Lawrence Erlbaum.

Walqui, A. (2000). *Strategies for success: engaging immigrant students in secondary schools.* ERIC Report EDO-FLO-00-03. Washington, DC: Center for Applied Linguistics.

Wang, M., Haertel, G., & Walberg, H. (1993). Toward a knowledge base for school learning. *Review of Educational Research, 63*, 249–294.

Ward, J. (1995). Cultivating a morality of care in African American adolescents: A culture-based model of violence prevention. *Harvard Educational Review, 65*, 175–188.

Wasley, P., Fine, M., Gladden, M., Holland, N., King, S., Mosak, E., et al. (2000). *Small Schools: Great Strides.* New York: Bank Street College of Education.

Watson, M., & Ecken, L. (2003). *Learning to trust: Transforming difficult elementary classrooms through developmental discipline.* San Francisco: Jossey-Bass.

Wayson, W., & Pinnell, G. (1982). Creating a living curriculum for teaching self-discipline. In D. Duke (Ed.), *Helping teachers manage classrooms.* Alexandria, VA: Association for Supervision and Curriculum Development.

Wehby, J., Symons, F., & Shores, R. (1995). A descriptive analysis of aggressive behavior in classrooms for children with emotional and behavioral disorders. *Behavioral Disorders, 20*, 87–105.

Wehlage, G., Rutter, R., Smith, G., Lesko, N., & Fernandez, R. (1989). *Reducing the risk: Schools as communities of support.* Philadelphia: Falmer Press.

Weiner, B. (1979). A theory of motivation for some classroom experiences. *Journal of Educational Psychology, 71*, 3–25.

Weiner, B. (1990). History of motivational research in education. *Journal of Educational Psychology, 82*, 177–188.

Weinstein, C. (1998). "I want to be nice, but I have to be mean": Exploring prospective teachers' conceptions of caring and order. *Teaching and Teacher Education, 14*, 153–163.

Weinstein, C. (2003). *Elementary classroom management: Lessons from research and practice.* Boston: McGraw Hill.

Weinstein, C., & Mignano, A. (2003). *Elementary classroom management: Lessons from research and practice.* Boston: McGraw Hill.

Weinstein, C., Thomlinson-Clarke, S., & Curran, M. (2004). Toward a conception of culturally responsive classroom management. *Journal of Teacher Education, 55*, 25–38.

Weinstein, R., Gregory, A., & Strambler, M. (2004). Intractable self-fulfilling prophecies: *Brown v Board of Education. American Psychologist, 59*, 511–520.

Weis, L., & Centrie, C. (2002). On the power of separate spaces: Teachers and students righting selves and future. *American Educational Research Journal, 39*, 7–36.

Wentzel, K. (1997). Student motivation in middle school: The role of perceived pedagogical caring. *Journal of Educational Psychology, 89*, 411–419.

Wentzel, K. (1998). Social support and adjustment in middle school: The role of parents, teachers, and peers. *Journal of Educational Psychology, 90*, 202–209.

Wentzel, K. (2002). Are effective teachers like good parents? Interpersonal predictors of school adjustment in early adolescence. *Child Development, 73*, 287–301.

Wentzel, K. (2003). School adjustment. In W. Reynolds, & G. Miller (Eds.), *Handbook of Psychology, Vol. 7: Educational Psychology* (pp. 235–258). New York: Wiley.

Wentzel, K. (2006). A social motivation perspective for classroom management. In C. Evertson & C. Weinstein (Eds.), *Handbook of classroom management: Research, practice, and contemporary issues.* Mahwah, NJ: Lawrence Erlbaum.

Wentzel, K., Battle, A., & Cusick, L. (2000, March). *Teacher and peer contributions to classroom climate in middle school: Relations to school adjustment.* Paper presented at the annual meeting of the American Educational Association, Seattle, WA.

Werner, E., & Smith, R. (1992). *Overcoming the odds: High risk children from birth to adulthood.* Ithaca, NY: Cornell University Press.

Whitney, L., Golez, F., Nagel, G., & Nieto, C. (2002). Listening to voices of practicing teachers to examine the effectiveness of a teacher education program. *Action in Teacher Education, 23*(4), 69–76.

Williams, D. (1992). Parental involvement teacher preparation: Challenges to teacher education. In L. Kaplan (Ed.), *Education and the family.* Boston: Allyn & Bacon.

Williams, R., Alley, R., & Henson, K. (1999). *Managing secondary classrooms: Principles & strategies for effective classroom instruction.* Boston: Allyn & Bacon.

Wineburg, S. (1987). The self-fulfilling prophecy. *Educational Researcher, 16*, 28–37.

Wlodkowski, R., & Ginsberg, M. (1995). A framework for culturally responsive teaching. *Educational Leadership, 53*, 17–21.

Wolery, M., Bailey, D., & Sugai, G. (1998). *Effective teaching: Principles and procedures of applied behavior analysis with exceptional students.* Boston: Allyn & Bacon.

Wolery, M., Werts, M., Caldwell, M., Snyder, N., & Lisowski, L. (1995). Experienced teachers' perceptions of resources and supports for inclusion. *Education and Training in Mental Retardation and Developmental Disabilities, 30*, 15–26.

Wolfe, L., Heron, T., & Goddard, Y. (2000). Effects of self-monitoring on the on-task behavior and written language performance of elementary students with learning disabilities. *Journal of Behavioral Education, 10*, 49–73.

Wolfgang, C. (2001). *Solving discipline problems: Methods and models for today's teachers.* New York: Wiley.

Wolfolk, A., & Weinstein, C. (2006). Students' and teachers' beliefs and perspectives about classroom management. In C. Evertson & C. Weinstein (Eds.), *Handbook of classroom management: Research, practice, and contemporary issues.* Mahwah, NJ: Lawrence Erlbaum.

Wood, S., Murdock, J., & Cronin, M. (2002). Self-monitoring and at-risk middle school students. *Behavior Modification, 26*, 605–626.

Workman, E. (1995). *Teaching behavioral self-control to students.* Austin, TX: Pro-Ed.

Workplace Essential Skills. (2002). Washington, DC: Employment and Training Administration, Office of Policy and Research, Office of Education Research and Improvement (ED).

Wright, S., Horn, S., & Sanders, W. (1997). Teacher and classroom context effects on student achievement: Implications for teacher evaluation. *Journal of Personnel Evaluation in Education, 11*, 57–67.

Yaffe, E. (1995). Expensive, illegal, and wrong: Sexual harassment in our schools. *Phi Delta Kappan*, 77, 3, K1–K15.

Yoshikawa, H. (1994). Prevention as cumulative protection: Effects of early family support and education on chronic delinquency and its risks. *Psychological Bulletin, 115*, 28–54.

Younger, M., & Warrington, M. (1999). "He's such a nice man, but he's so boring, you have to really make a conscious effort to learn: The views of Gemma, Daniel and their contemporaries on teacher quality and effectiveness. *Educational Review, 51*, 231–241.

Zahorik, J. (1996). Elementary and secondary teachers' reports of how they make learning interesting. *Elementary School Journal, 96*, 551–565.

Zirpoli, T., & Melloy, K. (2001). *Behavior management applications for teachers* (3rd ed.). Upper Saddle River, NJ: Merrill Prentice Hall.

찾아보기

역자 소개

■ **이병진**

교육학박사

현재 한국교원대학교 교육과학계열 명예교수

■ **권동택**

교육학박사

현재 한국교원대학교 교육과학계열 교수

■ **정광순**

교육학박사

현재 한국교원대학교 초등교육연구소 연구원

■ **윤수미**

한국교원대학교 대학원 박사과정 수료

현재 경기 이황초등학교 교사

■ **신문승**

한국교원대학교 대학원 박사과정 재학

현재 경기 오학초등학교 교사

공동체로서의 학급만들기

2008년 9월 25일 인쇄
2008년 9월 30일 발행

공 역 **이병진, 권동택, 정광순, 윤수미, 신문승**
발행자 **박준식**

발행처 도서출판 원미사
서울 성북구 장위동 65-192호 우남빌딩 202호
전화 : 02) 919-9630, 942-1276
등록 : 1994년 1월 18일(제6-192호)
E-mail : wonmisa@unitel.co.kr

※ 잘못된 책은 교환해 드립니다.
정가 23,000원

ISBN : 978-89-5544-138-3